うかる！行政書士

2025年度版
一問一答／過去問セレクション

平林 勉
伊藤塾 編

日本経済新聞出版

は し が き

「行政書士試験の対策として、過去問は何年分やればよいか？」

これは、受験生共通の悩みであり、よく相談を受けることでもあります。

　もし、時間が無制限にあるのであれば、試験制度が大きく変わった 2006（平成 18）年から昨年までの過去問すべてを何回も解くというのが理想的です。しかし、社会人であれ、学生であれ、試験勉強に使える時間は限られています。

　そこで、行政書士試験に必要な知識を効率よく勉強できるよう問題を選び、かつ、丁寧に学べるよう編集したのが本書です。

　本試験問題は、基本的に 5 肢択一式で出題されます。これをそのまま解くと、「他の選択肢との関係で 4 番が正解かな？」、「なんとなく 3 番のほうが正しい気がする」というように、他の選択肢をヒントにして解答してしまうことがあります。これ自体は、有効な解法であり、問題を解くうえで大事なことでもあります。

　しかし、普段の学習においては、正確な知識を習得し、問題文に対して、知識を正確にあてはめるといった訓練が重要です。そのためには、一切のヒントを排除し、一問一問に対して、しっかりと向き合うことが必要です。

　本書では、この訓練を効果的に行えるよう、本試験問題を分解し、一問一答形式に再構成しました。選択肢をそれぞれ独立した問題として扱うことで、他の選択肢に頼らず解答する力を養うことができます。また、学習効率が上がるように、各問題を体系的に並べ直すなどして、掲載順にもこだわりました。さらに、比較事項や関連事項を意識しながら学習することができるように工夫も凝らしています。

　本書の問題を丁寧に検討することで、どんな問題にも負けない底力を身につけることができます。本書を有効活用して、ぜひ行政書士試験の合格を勝ち取ってください。

2025 年 4 月

伊藤塾行政書士試験科講師

平林　勉

目次

はしがき ……………………………………………………………………………… iii

本書の効果的な使い方 …………………………………………………………… x

本書の構成 ……………………………………………………………………… xi

〈購入者特典〉無料講義動画のご案内 ……………………………………… xiv

憲　法

Part 1　憲法総論 ……………………………………………………………… 2
Chapter 1　憲法総論 …………………………………………………………… 2
Chapter 2　天　皇 ……………………………………………………………… 2

Part 2　人　権 ……………………………………………………………… 8
Chapter 1　人権総論 …………………………………………………………… 8
Chapter 2　包括的基本権と法の下の平等 …………………………………… 18
　　　　　　1　生命・自由・幸福追求権 ………………………………… 18
　　　　　　2　法の下の平等 ……………………………………………… 24
Chapter 3　精神的自由①（内心の自由等） ………………………………… 32
　　　　　　1　思想・良心の自由 ………………………………………… 32
　　　　　　2　信教の自由 ………………………………………………… 32
　　　　　　3　学問の自由 ………………………………………………… 36
Chapter 4　精神的自由②（表現の自由等） ………………………………… 38
Chapter 5　経済的自由・人身の自由 ……………………………………… 44
　　　　　　1　経済的自由 ………………………………………………… 44
　　　　　　2　人身の自由 ………………………………………………… 46
Chapter 6　受益権・社会権・参政権 ……………………………………… 50

Part 3　統　治 ……………………………………………………………… 58
Chapter 1　国　会 ……………………………………………………………… 58
Chapter 2　内　閣 ……………………………………………………………… 68
Chapter 3　裁判所 ……………………………………………………………… 72
Chapter 4　財　政 ……………………………………………………………… 80
Chapter 5　地方自治 …………………………………………………………… 84
Chapter 6　憲法改正 …………………………………………………………… 84

民　法

Part 1 **総　則** ･･ 88
Chapter 1　権利の主体 ･･ 88
Chapter 2　法律行為 ･･ 100
Chapter 3　意思表示 ･･ 102
Chapter 4　無効と取消し ･･････････････････････････････････････ 108
Chapter 5　代　理 ･･ 112
Chapter 6　条件・期限・期間 ･･････････････････････････････････ 118
Chapter 7　時　効 ･･ 120

Part 2 **物　権** ･･ 134
Chapter 1　物権法総説 ･･････････････････････････････････････ 134
Chapter 2　物権変動 ･･ 136
Chapter 3　占有権 ･･･ 142
Chapter 4　所有権 ･･･ 148
Chapter 5　用益物権 ･･･ 152

Part 3 **担保物権** ･･･ 158
Chapter 1　留置権 ･･･ 158
Chapter 2　先取特権 ･･･ 160
Chapter 3　質　権 ･･･ 164
Chapter 4　抵当権 ･･･ 166
Chapter 5　非典型担保物権 ･･･････････････････････････････････ 178

Part 4 **債権総論** ･･･ 182
Chapter 1　総　論 ･･･ 182
Chapter 2　債権の効力 ･･････････････････････････････････････ 184
Chapter 3　責任財産の保全 ･･･････････････････････････････････ 188
　　　　　　1　債権者代位権 ･･････････････････････････････････ 188
　　　　　　2　詐害行為取消権 ･･････････････････････････････ 190
Chapter 4　多数当事者の債権・債務 ･･･････････････････････････ 194
　　　　　　1　連帯債務等 ･･････････････････････････････････ 194
　　　　　　2　保証債務等 ･･････････････････････････････････ 198
Chapter 5　債権・債務の移転 ･･････････････････････････････････ 204
Chapter 6　債権の消滅 ･･････････････････････････････････････ 208

Part 5 **契約総論（債権各論①）** ･･･････････････････････････ 216
Chapter 1　契約の意義・成立 ･･････････････････････････････････ 216
Chapter 2　契約の効力 ･･････････････････････････････････････ 218
Chapter 3　契約の解除 ･･････････････････････････････････････ 222

v

Part 6 **契約各論（債権各論②）** ･･････････････ 230

Chapter 1 財産移転型契約 ･･･････････････ 230
    1 贈与契約 ･･･････････････････････ 230
    2 売買契約 ･･･････････････････････ 232
Chapter 2 貸借型契約 ･･･････････････････ 236
Chapter 3 労務提供型契約・その他 ･･･････ 244
    1 請負契約 ･･･････････････････････ 244
    2 委任契約 ･･･････････････････････ 246
    3 寄託契約 ･･･････････････････････ 250
    4 組合契約 ･･･････････････････････ 250

Part 7 **契約以外の債権発生原因（債権各論③）** ･･ 256

Chapter 1 事務管理 ･･･････････････････ 256
Chapter 2 不当利得 ･･･････････････････ 258
Chapter 3 不法行為 ･･･････････････････ 260

Part 8 **親族法** ･･････････････････････ 278

Chapter 1 親族法総説 ･･･････････････ 278
Chapter 2 夫婦関係 ･･･････････････････ 278
Chapter 3 親子関係・後見等 ･･･････････ 280
Chapter 4 扶 養 ･････････････････････ 288

Part 9 **相続法** ･･････････････････････ 294

Chapter 1 相続法総説 ･･･････････････ 294
Chapter 2 遺 言 ･････････････････････ 298
Chapter 3 配偶者居住権 ･･･････････････ 302

商　法

Part 1 **株式会社** ･･･････････････････ 308

Chapter 1 株式会社総論・総則 ･･･････････ 308
Chapter 2 株 式 ･････････････････････ 308
    1 総 論 ･････････････････････････ 308
    2 株式の内容 ･････････････････････ 310
    3 株式買取請求 ･･･････････････････ 314
    4 株主名簿等 ･････････････････････ 314
    5 株式の譲渡 ･････････････････････ 316
    6 自己株式の取得等 ･････････････････ 320
    7 株式の併合等 ･･･････････････････ 322
    8 単元株式 ･･･････････････････････ 322
Chapter 3 機 関 ･････････････････････ 324
    1 機関設計 ･･･････････････････････ 324

vi

	2	株主総会	328
	3	取締役等	334
	4	その他	342
Chapter 4	設　立		348
Chapter 5	資金調達		358
Chapter 6	組織変更等		358
Chapter 7	計　算		360
Chapter 8	その他		362

Part 2 **持分会社** 374

Part 3 **商法総則・商行為** 376
Chapter 1　商法総則 376
Chapter 2　商行為 382

行政法

Part 1 **行政法の一般的な法理論** 396
Chapter 1　行政法総論 396
　　1　公法と私法の関係 396
　　2　行政裁量 404
Chapter 2　行政組織法等 414
Chapter 3　行政作用法 418
　　1　行政行為の分類・効力 418
　　2　行政行為の撤回・職権取消し 424
　　3　その他の行政行為に関する問題 426
　　4　行政上の強制措置 428
Chapter 4　その他の行政作用 438
　　1　行政立法 438
　　2　行政契約 446
　　3　行政調査 450

Part 2 **行政手続法** 456
　　1　総　説 456
　　2　申請に対する処分 464
　　3　不利益処分 474
　　4　行政指導・届出 488
　　5　命令等 494

Part 3 **行政救済法** 506
Chapter 1　行政不服審査法 506
　　1　総　説 506
　　2　要件・審理手続 510

vii

		3	執行停止	528
		4	審理の終結等	532
		5	再調査の請求等・その他	540
Chapter 2	行政事件訴訟法			548
		1	訴訟類型	548
		2	訴訟要件①（処分性）	554
		3	訴訟要件②（原告適格）	562
		4	訴訟要件③（訴えの利益）	566
		5	訴訟要件④（その他）	574
		6	審理手続	578
		7	執行停止	582
		8	判決等	586
		9	その他の訴訟	590
		10	教　示	606
Chapter 3	国家賠償法			610
		1	国家賠償法1条	610
		2	国家賠償法2条	628
		3	国家賠償法その他	636
Chapter 4	損失補償制度			640

Part 4　地方自治法　644

Chapter 1	地方公共団体の組織			644
Chapter 2	住民の直接参政制度			648
		1	選挙権・被選挙権	648
		2	直接請求	650
		3	住民監査請求・住民訴訟	656
Chapter 3	地方公共団体の機関			670
Chapter 4	地方公共団体の権能			680
		1	地方公共団体の事務	680
		2	条例制定	684
		3	地方公共団体の財務	690
Chapter 5	国と地方公共団体及び地方公共団体相互の関係			696

基礎法学

Part 1　基礎法学　708

Chapter 1	法とは何か・法の分類等	708
Chapter 2	法の効力・法の適用等	710
Chapter 3	法と裁判・裁判制度等	716
Chapter 4	司法制度等	724
Chapter 5	法の解釈・法律用語等	726

基礎知識

Part 1　一般知識 ………………………………………………… 734

Chapter 1　政　治 ………………………………………… 734
　　1　選挙制度 ……………………………………………… 734
　　2　政党政治 ……………………………………………… 734
　　3　国際政治 ……………………………………………… 736

Chapter 2　経　済 ………………………………………… 736
　　1　国際経済 ……………………………………………… 736
　　2　日本の経済 …………………………………………… 738

Chapter 3　社　会 ………………………………………… 740
　　1　社会保障 ……………………………………………… 740
　　2　環境問題 ……………………………………………… 740

Part 2　諸法令 ……………………………………………………… 744

Chapter 1　行政書士法 …………………………………… 744
　　1　行政書士の業務 ……………………………………… 744
　　2　行政書士の資格・欠格事由 ………………………… 746
　　3　行政書士の登録 ……………………………………… 746
　　4　行政書士の義務 ……………………………………… 748
　　5　行政書士に対する懲戒 ……………………………… 748

Chapter 2　戸籍法 ………………………………………… 750
　　1　戸籍の届出（通則） ………………………………… 750
　　2　戸籍の届出（各則） ………………………………… 750

Chapter 3　住民基本台帳法 ……………………………… 752
　　1　住民票の作成・記載事項 …………………………… 752
　　2　住民票の写し等の交付 ……………………………… 754
　　3　戸籍の附票 …………………………………………… 754
　　4　届　出 ………………………………………………… 754

Part 3　情報系（個人情報保護） ……………………………… 758

Chapter 1　総　説 ………………………………………… 758
Chapter 2　定　義 ………………………………………… 760
Chapter 3　国及び地方公共団体の責務等 ……………… 764
Chapter 4　個人情報取扱事業者等の義務等 …………… 766
Chapter 5　行政機関等の義務等 ………………………… 770
Chapter 6　個人情報保護委員会 ………………………… 774
Chapter 7　罰則・その他 ………………………………… 776

ix

本書の効果的な使い方

　本書は、「総合テキスト」や「総合問題集」等でひととおりの学習を終えた後、知識の確認や弱点発見、全体的な学習の調整として使ってください。

　単に問題と解答を覚えるだけの学習では、本試験の問題に対応することはできません。一問一問に対して、以下のポイントを意識して解くようにしましょう。

①何が問われているか（出題テーマ・論点の把握）
②どの条文・判例を使って解くべきか（正確な知識の想起）
③本問ではどうなるか（知識のあてはめ）

　このように一問一問を丁寧に解くことにより、問題を解くうえでの基本的な考え方を身につけることができます。
　一方で、本試験の問題は、基本的に5肢択一式での出題であることから、各選択肢で難易度に差があったり、他の選択肢と比較をしてより妥当なものを選ばなければならないこともあるため、一問一答形式の問題だけを解き続けていると、この感覚を養うことができません。そこで、本書で知識の理解・記憶を深めたら、必ず『うかる！ 行政書士 総合問題集』（日本経済新聞出版）などの5肢択一式の問題も検討するようにしてください。『うかる！ 行政書士 総合問題集』と一問一答形式の本書を相互に利用して学習することが大事です。
　そうすることで、各問題に対する正確な知識を深めつつ、本試験の出題傾向や解答の感覚をつかむことができます。

　このように本書を活用すれば、単なる暗記にとどまらず、問題文を正しく理解し、適切に解答する力を養うことができます。

「一問一答」のみを闇雲に解き続けていても、合格する力を身につけることはできません。疑問点や理解・記憶が弱い部分はテキストを参照する。全体の問題を確認したい場合には、5肢択一式の問題も解いてみる。各書籍の用途に応じて、相互に学習するようにしましょう。なお、学習のサポートとして、解答部分を隠せるしおりをつけましたので、ご活用ください。

本書の構成

過去問を選択肢ごとに分解した一問一答形式の問題集です。

左ページに「問題」、右ページにその「正誤」と「解説」を、見開きで掲載しています。

学習効果を高める各種アイコン

本書では、学習効果を高めるため、比較すべき問題、関連する問題、講義で理解すべき問題、知識を整理しておきたい問題について、それぞれにアイコンをつけています。各アイコンの特長と活用方法は以下のとおりです。

比較

問題同士を「比較」することで理解が深まる問題につけています。
似た制度や論点を扱う問題を読み比べ、「なぜ違うのか」を意識することで、理解が深まり、記憶がより強固なものとなります。

関連

関連づけて解くことで理解が深まる問題につけています。
同じ条文や判例が繰り返し出題されていることを実感でき、問題文の言い回しや問われ方が違っていても、同じ知識で対応できることを確認できます。問題の形式が変わっても必要な知識は共通である点を意識して、学習に取り組んでみてください。

理解

講義を通じて理解すべき問題につけています。
受験生がよく抱く疑問やつまずきやすいポイントは、多くの場合共通しています。本書では、長年の受験指導で繰り返し寄せられた質問をもとに、ミニ講義動画を用意しました。悩むポイントは皆同じですので、 が付いた問題では、ミニ講義動画を効果的に活用してください。

図表1

知識を整理しておきたい問題につけています。
知識を視覚的に整理した図表を、PartまたはChapterの後に適宜掲載しています。問題を解いた後に、周辺知識の確認・記憶の素材として活用してください。

xi

1 「総合テキスト」とのリンク

『うかる！ 行政書士 総合テキスト』の該当Chapterへのリンクを示しています。復習や知識の定着に活用してください。

Part 3 行政救済法

Chapter 1 行政不服審査法

総合テキスト ▶▶▶ Chapter 6

1 総説

H23-14-1

1 行政不服審査制度は「国民の権利利益の救済を図る」ことを目的としているので、同法に基づく不服申立てを行うことができるのは、日本国籍を有する者に限られる。

H27-15-5

2 審査請求は、簡易迅速に国民の権利利益の救済を図るための制度であるから、審査請求に対する審査庁の判断が一定期間内に示されない場合、審査請求が審査庁によって認容されたとみなされる。

R1-16-1

3 地方公共団体は、行政不服審査法の規定の趣旨にのっとり、国民が簡易迅速かつ公正な手続の下で広く行政庁に対する不服申立てをすることができるために必要な措置を講ずるよう努めなければならない。

R5-26-2

4 行政不服審査法は、地方公共団体には、それぞれ常設の不服審査機関（行政不服審査会等）を置かなければならないと定めている。

---

2 重要度

各問題の重要度を、高いほうからA、B、Cの3段階でランク付けしています。このランクを参考に、メリハリをつけて学習を進めてください。

A 基礎的な知識であり、繰り返し出題されている問題です。必ず押さえてください。

B 基礎的な知識を応用させる問題です。基礎知識が身についてから押さえてください。

C 頻出知識ではありません。体系を意識するうえで参考にしてください。

3 チェック欄

問題を解き終えたら、「適切な理由とともに解答できた：○」、「解答はできたが、まだ不安がある：△」、「間違えてしまった：×」というように、理解度に応じてチェックを入れておきましょう。優先して解くべき問題を把握しやすくすることができます。進捗状況の確認や弱点の把握に役立ててください。

5 解　説

問題ごとに解説を掲載しています。正誤の根拠となる条文や判例も示しています。重要度A及びBの問題の解説には、問題に対してポイントとなる部分や重要なキーワードを色文字にして強調しています。この色文字部分は、特にしっかりと理解・記憶をするように努めましょう。

1　✕　行政不服審査法は、「国民の権利利益の救済を図る」ことを目的としているが（1条1項）、ここでの「国民」とは外国人を排除する趣旨ではないと解されている。また、法人のほか、権利能力なき社団・財団も不服申立てを行うことができる（10条、61条、66条1項参照）。

2　✕　行政不服審査法上、審査請求に対する審査庁の判断が一定期間内に示されない場合、審査請求が審査庁によって認容されたとみなされるという規定は存在しない。なお、個別法において、所定の期間を経過したときは棄却裁決があったものとみなすことができるとする規定がある（生活保護法65条2項参照）。

3　✕　行政不服審査法に、本問のような規定は存在しない。なお、類似の規定が行政手続法46条に置かれている。

4　✕　行政不服審査法に、地方公共団体には、それぞれ常設の不服審査機関を置かなければならない、とする規定は存在しない。

5　✕　行政不服審査法は、行政事件訴訟法とは異なり、公法上の法律関係の確認を求めることは認めていない。

行政不服審査法の出題傾向

行政不服審査法は、行政手続法や行政事件訴訟法に規定されている内容とミックスして出題するという傾向が目立ちます。例えば、行政手続法に規定されている地方公共団体の適用除外に関する規定（行政手続法3条3項）や行政指導中止等の求め等が、あたかも行政不服審査法にあるかのように問題を作り、受験生を惑わせようとするのです。常日頃から、この3法は比較しながら学習する必要があるでしょう。

---

4 問題の出典

過去問について、「出題年度」「問題番号」「選択肢番号」を記載しています。
たとえば、「R5-26-2」は、令和5年度の問題26の選択肢2として出題されたことを示します。出題元の5肢択一式問題を確認するときなどに活用してください。
選択肢番号の後に「改」と付いている場合は、法改正などに対応して内容を改変した問題であることを表します。
なお、過去の出題実績がない分野ではあるものの、特に重要だと考えられるものについては、適宜「オリジナル問題」を掲載しています。

6 平林講師からのアドバイス

よくある質問事項や受験生がつまずきやすい内容について、平林講師が実際に伊藤塾の講義で話していることをもとにアドバイスしています。学習の指針や疑問点の解消等に役立ててください。

無料講義動画のご案内

担当講師：平林 勉

購入者特典として、本書に掲載されている問題のうち、▶(理解)のついた問題にはミニ講義動画を用意しました。この動画では、「毎年必ず聞かれる問題」や「くりかえし聞かれる問題」について、本書の編者である平林講師が自ら解説します。

実際に講義を行っている講師ならではの視点で、わかりやすく、実践的な解説をご覧いただけます。

受験生が疑問に思ったり悩んだりするポイントは、実は共通していることが多いものです。この講義動画を視聴することで、これまで曖昧だった部分がクリアになり、理解が深まるだけでなく、問題への応用力も養えるようになります。

ぜひ本書とあわせてご利用ください。この講義は、**無料**でご視聴いただけます。

伊藤塾の専用サイトより簡単にアクセスできますので、PCやスマートフォンで学習効果を高めてください。

無料講義動画はこちらから ▶▶▶

https://www.itojuku.co.jp/book/newbook/gyosei/index.html

講義動画を視聴することで問題への理解が深まります。本書との相乗効果で実力UPをはかりましょう。

※動画の公開開始・終了日は、専用サイトにてご案内いたします。
※動画視聴の際の通信料は、お客様負担となります。

もっと合格力をつけたい人のための 学習ガイド

1 書籍を教材とした講座を開講予定

▶ 伊藤塾講座として新たにリリース

　毎年多くの合格者を輩出している伊藤塾の平林 勉講師が、『一問一答過去問セレクション』を教材にした講座を新たに開講します。

　映像講義がプラスされることで、解答・解説の内容がさらにわかりやすくなり、より深く理解することができます。

　問題を解くプロセスやどの知識を使って問題を解くべきかなど、たくわえた知識をさらに試験で使える知識にレベルアップさせていきます。

書籍講座の
ご案内は
こちら ▶▶▶

2 合格に役立つ講義を聴いてみよう！

▶ YouTube 行政書士チャンネル

　伊藤塾チャンネルに加え、新たに行政書士チャンネルを開設しました。学習テクニックや重要な論点の解説、本試験の出題ポイント、実務の講演会など、定期的に伊藤塾講師陣や実務家による合格に役立つ動画を配信しています。

　また、伊藤塾出身の合格者のコメントやインタビューも多数掲載していますので、受験期間中のモチベーションアップやその維持にもお役立ていただけます。知識の補充、理解力の向上、モチベーションコントロールのために、どうぞ有効活用してください。

今すぐチェック ▶▶▶

3 合格に役立つ情報を手に入れよう！

▶ 伊藤塾行政書士試験科 公式メールマガジン「かなえ～る」

　行政書士試験受験生の夢を"かなえる"ために"エール"を贈る。それが、メールマガジン「かなえ～る」です。
　登録は無料です。どうぞ、この機会にご登録ください。

今すぐチェック ▶▶▶

▶ 伊藤塾オフィシャルSNS

　学習に役立つ内容から試験情報、イベント情報や新しい講座の情報など、受験生に役立つ情報をさまざまなSNSで随時発信しています。本書で学習を開始したら、ぜひフォロー、ご登録をしてください！

◆ X（旧Twitter）

今すぐチェック ▶▶▶

◆ Facebook

今すぐチェック ▶▶▶

◆ LINE

今すぐチェック ▶▶▶

◆ note

今すぐチェック ▶▶▶

◆ Instagram

今すぐチェック ▶▶▶

4 行政書士試験対策の無料イベントを体験してみよう！

▶ 無料公開講座等

　伊藤塾では、その時期に応じたガイダンスや公開講座等を、伊藤塾Webサイトや YouTube Live 等で随時開催し、行政書士受験生の学習をサポートしています。最新情報を手に入れて、学習に弾みをつけましょう！

無料公開動画・イベントの一例	
随時	体験講義・ガイダンス・オンライン質問会
9月～	行政書士試験突破！ 必勝講義、一問一答動画
11月	行政書士本試験速報会、分析会、相談会
随時	明日の行政書士講座 （活躍中の実務家による"行政書士の今"を伝える講演会）

今すぐチェック ▶▶▶

5 あなたに合った合格プランを相談しよう！

▶ 講師等によるカウンセリング制度

　伊藤塾は、良質な講義に加えて、一人ひとりの学習進度に合わせて行う個別指導を大切にしています。

　その1つとして、講師、合格者、実務家によるカウンセリング制度があります。あなたの学習環境や勉強に使える時間に合わせて具体的で明確な解決方法を提案しています。

　受講生以外(※)でもご利用いただけますので、勉強方法などお悩みのときはお気軽にご活用ください。

※受講生以外の方のご利用は1回となります。

今すぐチェック ▶▶▶

伊藤塾Webサイトをチェック
https://www.itojuku.co.jp/

伊藤塾 行政書士　🔍 検索

憲 法

Part 1 憲法総論

Part 2 人 権

Part 3 統 治

Part 1 憲法総論

Chapter 1 憲法総論　　　総合テキスト ▶▶▶ Chapter 1

H29-7-1

1　通常の法律より改正手続が困難な憲法を硬性憲法、法律と同等の手続で改正できる憲法を軟性憲法という。ドイツやフランスの場合のように頻繁に改正される憲法は、法律より改正が困難であっても軟性憲法に分類される。

H29-7-2

2　憲法の定義をめぐっては、成文の憲法典という法形式だけでなく、国家統治の基本形態など規定内容に着目する場合があり、後者は実質的意味の憲法と呼ばれる。実質的意味の憲法は、成文の憲法典以外の形式をとって存在することもある。

H29-7-5

3　憲法には通常前文が付されるが、その内容・性格は憲法によって様々に異なっている。日本国憲法の前文の場合は、政治的宣言にすぎず、法規範性を有しないと一般に解されている。

Chapter 2 天　皇　　　総合テキスト ▶▶▶ Chapter 11

H29-3-4

1　憲法上の象徴としての天皇には民事裁判権は及ばないが、私人としての天皇については当然に民事裁判権が及ぶ。

H18-4-ア

2　「内閣総理大臣の指名」は、憲法上、天皇の国事行為として認められている。

1 ✗ 憲法改正に法律の制定よりも困難な手続を定める憲法を「硬性憲法」といい、通常の立法手続で改正することができる憲法を「軟性憲法」という。この分類は、憲法改正の手続が通常の立法手続と同じであるか、それよりも困難な手続であるかという点を基準とするものであり、頻繁に改正される憲法が軟性憲法に分類されるというわけではない。

2 ○ 「実質的意味の憲法」の意義については、本問のとおりであり、成文・不文を問わない。これに対して、「形式的意味の憲法」とは、憲法の存在形式に着目したものであり、憲法典という「法形式」をとって存在している憲法を指す。

3 ✗ 通説的見解によれば、憲法において「前文」は、本文とともに憲法典の一部を構成し、本文と同様に、憲法上の各国家機関やそれらの作用に対して一定の拘束力を持ち、法規範的性格を有するものとされている。

1 ✗ 判例は、「天皇は日本国の象徴であり日本国民統合の象徴であることにかんがみ、天皇には民事裁判権が及ばないものと解するのが相当である」としており（最判平元.11.20）、本問のように、「私人としての天皇については当然に民事裁判権が及ぶ」とはしていない。

図表

2 ✗ 天皇の国事行為として認められているのは、内閣総理大臣の任命であって（6条1項）、指名ではない。内閣総理大臣の指名は国会の権能である（67条1項）。

H18-4-イ

3 「憲法改正、法律、政令及び条約の裁可」は、憲法上、天皇の国事行為として認められている。

H18-4-ウ

4 「国務大臣の任免」は、憲法上、天皇の国事行為として認められている。

H18-4-エ

5 「大赦、特赦、減刑、刑の執行の免除及び復権の決定」は、憲法上、天皇の国事行為として認められている。

H18-4-オ

6 「衆議院の解散」は、憲法上、天皇の国事行為として認められている。

R5-7-1

7 国会が議決した予算の公布は、法律、政令、条約などの公布と同様に、憲法上、天皇の国事行為とされている。

R2-6-4

8 衆議院が内閣不信任案を可決し、または信任案を否決したとき、内閣は衆議院を解散できるが、この場合には、内閣によりすでに解散が決定されているので、天皇は、内閣の助言と承認を経ず、国事行為として衆議院議員選挙の公示を行うことができると解される。

3 ✕ 　天皇の国事行為として認められているのは、**憲法改正、法律、政令及び条約の公布**であって（7条1号）、裁可ではない。

4 ✕ 　天皇の国事行為として認められているのは、**国務大臣の任免を認証**することである（7条5号）。国務大臣の任免は内閣総理大臣の権能である（68条）。

5 ✕ 　天皇の国事行為として認められているのは、**大赦、特赦、減刑、刑の執行の免除及び復権を認証**することであり（7条6号）、決定ではない。これらの決定は、内閣の権能である（73条7号）。

6 ⭘ 　天皇の国事行為として、**衆議院の解散が認められている**（7条3号）。

7 ✕ 　**予算の公布**は、天皇の**国事行為とはされていない**（7条参照）。

8 ✕ 　憲法7条柱書は、「**天皇は、内閣の助言と承認により、国民のために、左の国事に関する行為を行ふ。**」と規定している。そして、同条3号で「衆議院を解散すること。」と規定し、4号で「**国会議員の総選挙の施行を公示すること。**」と規定している。衆議院議員選挙の公示は、同号の「公示」にあたる。したがって、内閣によりすでに解散が決定されていたとしても、衆議院議員選挙の公示を行う際には、内閣の助言と承認を経る必要がある。

憲法

part 1 憲法総論

chap 2 天皇

知識を整理

図表 天皇の国事行為

天皇の国事行為	憲法に明示されている 実質的決定権の所在
内閣総理大臣の任命（6条1項）	国会（6条1項、67条1項）
最高裁判所長官の任命（6条2項)	内閣（6条2項)
憲法改正の公布（7条1号）	国民（96条）
法律の公布（7条1号）	国会（59条1項）
政令の公布（7条1号）	内閣（73条6号）
条約の公布（7条1号）	内閣と国会の協働（73条3号、61条）
国務大臣の任免の認証（7条5号）	内閣総理大臣（68条）
恩赦の認証（7条6号）	内閣（73条7号）
批准書等の認証（7条8号）	内閣（73条3号）

憲
法

part
1
憲法総論

Part 2 人権

Chapter 1 人権総論

総合テキスト ▶▶▶ Chapter 2

H29-3-2

1 会社は、自然人と同様、国や政党の特定の政策を支持、推進し、または反対するなどの政治的行為をなす自由を有する。

H18-6-1

2 憲法13条以下で保障される諸権利のなかで、明示的に「国民」を主語としている権利については、日本に在留する外国人に対して保障が及ばないとするのが、判例である。

H19-6-2

3 日本に在留する外国人のうちでも、永住者等であってその居住する区域の地方公共団体と特に緊密な関係を持っている者に、法律によって地方公共団体の長、その議会の議員等に対する選挙権を付与することは、憲法上禁止されない。

H19-6-3

4 普通地方公共団体は、条例等の定めるところによりその職員に在留外国人を採用することを認められているが、この際に、その処遇について合理的な理由に基づいて日本国民と異なる取扱いをすることは許される。

H27-3-4

5 最高裁判所の判例によれば、国の統治のあり方については国民が最終的な責任を負うべきものである以上、外国人が公権力の行使等を行う地方公務員に就任することはわが国の法体系の想定するところではない。

H27-3-5

6 最高裁判所の判例によれば、社会保障上の施策において在留外国人をどのように処遇するかについては、国は、特別の条約の存しない限り、その政治的判断によってこれを決定することができる。

1 ○ そのとおりである（八幡製鉄事件：最大判昭45.6.24）。

図表1

2 ✗ 判例は、「基本的人権の保障は、権利の性質上日本国民のみをその対象としていると解されるものを除き、わが国に在留する外国人に対しても等しく及ぶもの」と判示しており（マクリーン事件：最大判昭53.10.4）、「国民」を主語としているかによって保障の及ぶ範囲を決定しているわけではない。

3 ○ そのとおりである（定住外国人地方参政権事件：最判平7.2.28）。

4 ○ 判例は、普通地方公共団体が職員に採用した在留外国人と日本人との異なる取扱いについて、「合理的な理由に基づくものである限り、憲法14条1項に違反するものでもない」としている（最大判平17.1.26）。

5 ○ 国民主権の原理に基づき、国及び普通地方公共団体による統治のあり方については日本国の統治者としての国民が最終的な責任を負うべきものであること（1条、15条1項参照）に照らし、原則として日本の国籍を有する者が公権力行使等地方公務員に就任することが想定されているとみるべきであり、我が国以外の国家に帰属し、その国家との間でその国民としての権利義務を有する外国人が公権力行使等地方公務員に就任することは、本来我が国の法体系の想定するところではない（最大判平17.1.26）。

6 ○ そのとおりである（塩見訴訟：最判平元.3.2）。

H19-6-5

7 外国人は、憲法上日本に入国する自由を保障されてはいないが、憲法22条1項は、居住・移転の自由の一部として海外渡航の自由も保障していると解されるため、日本に在留する外国人が一時的に海外旅行のため出国し再入国する自由も認められる。

H27-3-3

8 最高裁判所の判例によれば、政治活動の自由は、わが国の政治的意思決定またはその実施に影響を及ぼす活動等、外国人の地位にかんがみこれを認めることが相当でないと解されるものを除き、その保障が及ぶ。

H19-6-1

9 国家機関が国民に対して正当な理由なく指紋の押なつを強制することは、憲法13条の趣旨に反して許されず、また、この自由の保障は我が国に在留する外国人にも等しく及ぶと解される。

H23-3-3

10 指紋は、性質上万人不同、終生不変とはいえ、指先の紋様にすぎず、それ自体では個人の私生活や人格、思想等個人の内心に関する情報ではないから、プライバシーとして保護されるものではない。

判例問題に対するアプローチ法

判例は、①争点、②結論、③主な理由を端的に押さえておきましょう。詳しく学習したことがない判例であっても、「あの判例は合憲の結論だったはずだ。この選択肢の文章は、違憲の方向に流れるものだから、誤っている気がするな」というような現場思考をすることができます。近年の憲法の問題では、このような思考ができるかが重要です。

7 ✗ 憲法22条は外国人の日本国に入国することについては何ら規定していないものというべきであり、このことは、国際慣習法上、外国人の入国の許否は当該国家の自由裁量により決定し得るものであって、特別の条約が存しない限り、**国家は外国人の入国を許可する義務を負わない**ものであることと、その考えを同じくするものと考えられる（最大判昭32.6.19）。そして、外国人には、入国の自由と在留権が否認されていることからすると、「憲法上、外国へ一時旅行する自由を保障されているものでない」から、**再入国の自由も保障されない**（最判平4.11.16）。

8 ○ 判例は、憲法第3章の諸規定による基本的人権の保障は、権利の性質上日本国民のみをその対象としていると解されるものを除き、我が国に在留する外国人に対しても等しく及ぶものと解すべきであり、政治活動の自由についても、**我が国の政治的意思決定又はその実施に影響を及ぼす活動等外国人の地位にかんがみこれを認めることが相当でないと解されるものを除き、その保障が及ぶ**としている（マクリーン事件：最大判昭53.10.4）。

9 ○ そのとおりである（指紋押捺事件：最判平7.12.15）。

関連

10 ✗ 判例によれば、指紋は、指先の紋様であり、**それ自体では個人の私生活や人格等、個人の内心に関する情報**となるものではないが、性質上万人不同性、終生不変性を持つので、採取された指紋の利用方法次第では個人の私生活あるいはプライバシーが侵害される危険性がある。そして、**個人の私生活上の自由の1つとして、何人もみだりに指紋の押捺を強制されない自由を有する**としている（指紋押捺事件）。

H24-7-3

11 国民全体の奉仕者である公務員の争議行為を禁止すること自体は憲法に違反しないが、争議行為をあおる行為の処罰が憲法上許されるのは、違法性が強い争議行為に対し、争議行為に通常随伴しない態様で行われる場合に限られる。

H24-7-4

12 公務員の争議行為は禁止されているが、政治的目的のために行われる争議行為は、表現の自由としての側面も有するので、これを規制することは許されない。

H24-7-5

13 人事院勧告は公務員の争議行為禁止の代償措置であるから、勧告にしたがった給与改定が行われないような場合には、それに抗議して争議行為を行った公務員に対し懲戒処分を行うことは許されない。

H29-3-3

14 公務員は政治的行為を制約されているが、処罰対象となり得る政治的行為は、公務員としての職務遂行の政治的中立性を害するおそれが、実質的に認められるものに限られる。

R1-7-3

15 最高裁判所の判例によれば、司法権を行使する裁判官に対する政治運動禁止の要請は、一般職の国家公務員に対する政治的行為禁止の要請よりも強い。

11 ✗ 　判例によれば、公務員の行う争議行為のうち、法律によって違法とされるものとそうでないものとの区別を認め、さらに、違法とされる争議行為にも違法性の強いものと弱いものとの区別を立て、あおり行為等の罪として刑事制裁を科されるのはそのうち**違法性の強い争議行為に対するものに限ると解する**ことは、刑事制裁を科し得る場合と科し得ない場合との限界が**明確性を欠くことなどから、許されない**（全農林警職法事件：最大判昭48.4.25）。

12 ✗ 　判例は、「勤労者なるがゆえに、本来経済的地位向上のための手段として認められた争議行為をその政治的主張貫徹のための手段として使用しうる特権をもつものとはいえないから、かかる**争議行為が表現の自由として特別に保障されるということは、本来ありえ」**ず、また、「**公務員は、もともと合憲である法律によって争議行為をすること自体が禁止**されているのであるから、勤労者たる公務員は、かかる政治的目的のために争議行為をすることは、二重の意味で許されない」としている（全農林警職法事件）。

13 ✗ 　判例の中には、人事院勧告の不実施を契機として、その完全実施等の要求を掲げて行われた争議行為に関与したことを理由としてされた公務員に対する懲戒処分について、**著しく妥当性を欠き懲戒権者の裁量権の範囲を逸脱したものとはいえない**としたものがある（最判平12.3.17）。

14 ⭕ 　国家公務員法102条１項は、「職員は、政党又は政治的目的のために、寄附金その他の利益を求め、若しくは受領し、又は何らの方法を以てするを問わず、これらの行為に関与し、あるいは選挙権の行使を除く外、人事院規則で定める政治的行為をしてはならない。」と規定している。同項にいう「政治的行為」について、判例は、「本法〔国家公務員法〕102条１項の文言、趣旨、目的や規制される政治活動の自由の重要性に加え、同項の規定が刑罰法規の構成要件となることを考慮すると、同項にいう**『政治的行為』とは、公務員の職務の遂行の政治的中立性を損なうおそれが、観念的なものにとどまらず、現実的に起こり得るものとして実質的に認められるものを指」**すとしている（国家公務員法違反被告事件：最判平24.12.7）。

15 ⭕ 　そのとおりである（寺西判事補事件：最大決平10.12.1）。

R1-7-4

16 最高裁判所の判例によれば、政治運動を理由とした懲戒が憲法21条に違反するか否かは、当該政治運動の目的や効果、裁判官の関わり合いの程度の3点から判断されなければならない。

R5-3-ウ

17 裁判官が「積極的に政治運動をすること」の禁止が、意見表明そのものの制約ではなく、その行動のもたらす弊害の防止をねらいとして行われる場合、そこでの意見表明の自由の制約は、単に行動の禁止に伴う限度での間接的、付随的な制約にすぎない。

H18-6-2

18 国家権力の統制下にある在監者(被収容者)に対しては、新聞、書籍を閲読する自由は、憲法上保障されるべきではないとするのが、判例である。

R5-3-エ

19 刑事施設の被収容者に対する新聞閲読の自由の制限が、被収容者の知ることのできる思想内容そのものの制約ではなく、施設内の規律・秩序の維持をねらいとして行われる場合、そこでの制約は、施設管理上必要な措置に伴う間接的、付随的な制約にすぎない。

16 ✗ 　判例は、「裁判官に対し『積極的に政治運動をすること』を禁止することは、必然的に裁判官の表現の自由を一定範囲で制約することにはなるが、右制約が合理的で必要やむを得ない限度にとどまるものである限り、憲法の許容するところであるといわなければならず、右の禁止の目的が正当であって、その目的と禁止との間に合理的関連性があり、禁止により得られる利益と失われる利益との均衡を失するものでないなら、憲法21条1項に違反しないというべきである」としている（寺西判事補事件：最大決平10.12.1）。

---

17 ⭕ 　判例は、「裁判官が積極的に政治運動をすることを、これに内包される意見表明そのものの制約をねらいとしてではなく、その行動のもたらす弊害の防止をねらいとして禁止するときは、同時にそれにより意見表明の自由が制約されることにはなるが、それは単に行動の禁止に伴う限度での間接的、付随的な制約にすぎず、かつ、積極的に政治運動をすること以外の行為により意見を表明する自由までをも制約するものではない」としている（寺西判事補事件）。

---

18 ✗ 　判例は、在監者（現被収容者、以下同）に対する新聞、書籍等の閲読の自由を制限する場合であっても、監獄（現刑事収容施設）内の規律及び秩序の維持のために真に必要と認められる限度にとどめられるべきものであるとしており、**在監者に対しても新聞、書籍を閲読する自由が保障されている**（「よど号」ハイジャック新聞記事抹消事件：最大判昭58.6.22）。

---

19 ✗ 　判例は、被拘禁者の新聞紙、図書等の閲読の自由の制限が許されるためには、「当該閲読を許すことにより右の規律及び秩序が害される一般的、抽象的なおそれがあるというだけでは足りず、被拘禁者の性向、行状、監獄〔現刑事収容施設、以下同〕内の管理、保安の状況、当該新聞紙、図書等の内容その他の具体的事情のもとにおいて、その閲読を許すことにより監獄内の規律及び秩序の維持上放置することのできない程度の障害が生ずる相当の蓋然性があると認められることが必要であり、かつ、その場合においても、右の制限の程度は、右の障害発生の防止のために必要かつ合理的な範囲にとどまるべきものと解する」としており、間接的、付随的な制約にすぎないとは述べていない（「よど号」ハイジャック新聞記事抹消事件）。

憲法

part 2 人権

chap 1 人権総論

H18-3-1

20 憲法の定める基本的人権のうち重要なものは、単に国家権力に対する自由権を保障するのみではなく、社会生活の秩序原理でもある。これは、一定の範囲において、国民相互の法律関係に対して直接の意味を有する。

H18-3-2

21 人の思想、信条は身体と同様本来自由であるべきものであり、その自由は憲法19条の保障するところでもあるから、企業が労働者を雇傭する場合等、一方が他方より優越した地位にある場合に、その意に反してみだりにこれを侵してはならないことは明白である。

H25-4-5

22 企業者が、労働者の思想信条を理由に雇い入れを拒むことは、思想信条の自由の重要性に鑑み許されないが、いったん雇い入れた後は、思想信条を理由に不利益な取り扱いがなされてもこれを当然に違法とすることはできない。

H18-3-4

23 私人による差別的行為であっても、それが公権力との重要な関わり合いの下で生じた場合や、その私人が国の行為に準じるような高度に公的な機能を行使している場合には、法の下の平等を定める憲法14条が直接に適用される。

H18-3-5

24 憲法19条、21条、23条等のいわゆる自由権的基本権の保障規定は、国又は公共団体の統治行動に対して個人の基本的な自由と平等を保障することを目的とした規定であって、専ら国又は公共団体と個人との関係を規律するものであり、私人相互間の関係について当然に適用ないし類推適用されるものでない。

H25-4-2

25 私立学校は、建学の精神に基づく独自の教育方針を立て、学則を制定することができるが、学生の政治活動を理由に退学処分を行うことは憲法19条に反し許されない。

20 ✗ 　判例は、憲法19条、14条は、もっぱら国又は公共団体と個人との関係を規律するものであり、私人相互の関係を直接規律することを予定するものではないとしており、国民相互の法律関係に対して直接の意味を有するとしているわけではない（三菱樹脂事件：最大判昭48.12.12）。

---

21 ✗ 　判例は、企業は労働者を雇用するにあたり、契約締結の自由を有するので、企業が、労働者の特定の思想、信条を理由に雇い入れることを拒んでも、それを当然に違法とすることはできないとしている（三菱樹脂事件）。

関連

---

22 ✗ 　判例によれば、企業者は契約締結の自由を有し、自己の営業のために労働者を雇傭するにあたり、いかなる者を雇い入れるか、いかなる条件でこれを雇うかについて、法律その他による特別の制限がない限り、原則として自由にこれを決定することができるのであって、企業者が特定の思想、信条を有する者をそのゆえをもって雇い入れることを拒んでも、それを当然に違法とすることはできない（三菱樹脂事件）。

---

23 ✗ 　判例は、私人間の関係においても、相互の社会的力関係の相違から、一方が他方に優越し、事実上後者が前者の意思に服従せざるを得ない場合があるものの、このような場合に限り、憲法の基本権保障規定の適用ないしは類推適用を認めるべきであるとする見解は採用することはできないとしている（三菱樹脂事件）。

関連

---

24 ○ 　判例は、憲法19条、14条は、同法第3章のその他の自由権的基本権の保障規定と同じく、もっぱら国又は公共団体と個人との関係を規律するものであり、私人相互の関係について当然に適用ないし類推適用されるものではないとしている（三菱樹脂事件）。

---

25 ✗ 　判例によれば、私立学校が伝統ないし校風と教育方針を学則等において具体化し、これを実践することは当然に認められる。そして、実社会の政治的社会的活動にあたる行為を理由として私立学校が退学処分を行うことは、直ちに学生の学問の自由及び教育を受ける権利を侵害し公序良俗に違反するものでなく、また、当該退学処分は学生らの思想、信条を理由とする差別的取扱いではない（昭和女子大事件：最判昭49.7.19）。

17

H25-4-4

26 自衛隊基地建設に関連して、国が私人と対等な立場で締結する私法上の契約は、実質的に公権力の発動と同視できるような特段の事情がない限り、憲法9条の直接適用を受けない。

Chapter 2　包括的基本権と法の下の平等　総合テキスト ▶▶▶ Chapter 3

1　生命・自由・幸福追求権

H26-3-1

1 幸福追求権について、学説は憲法に列挙されていない新しい人権の根拠となる一般的かつ包括的な権利であると解するが、判例は立法による具体化を必要とするプログラム規定だという立場をとる。

R6-4-1

2 個人のプライバシーに属する事実をみだりに公表されない利益は、法的保護の対象となるというべきであり、過去の逮捕歴もこれに含まれる。

R6-4-4

3 インターネット上の検索サービスにおいて、ある人物Xの名前で検索をすると、Xの過去の逮捕歴に関する記事等が表示される。当該事実を公表されない法的利益と、当該情報を検索結果として提供する理由に関する諸事情を比較衡量した結果、前者が優越することが明らかな場合には、Xは、検索事業者に対してURL等の情報を当該検索結果から削除することを求めることができる。

26 ⭕ 判例によれば、国が行政の主体としてではなく私人と対等の立場に立って、私人との間で個々的に締結する私法上の契約は、当該契約がその成立の経緯及び内容において**実質的にみて公権力の発動たる行為と何ら変わりがないといえるような特段の事情のない限り、憲法9条の直接適用を受けない**としている（百里基地訴訟：最判平元.6.20）。

---

1 ❌ **幸福追求権は、憲法に列挙されていない新しい人権の根拠となる一般的かつ包括的な権利であると解するのが現在の通説**である。したがって、前段は正しい。他方、**幸福追求権の規定は、現在では具体的権利性を有するとするのが通説の立場**であり、判例においても、みだりにその容ぼう・姿態等を撮影されない自由などを、憲法13条を根拠に認めている（京都府学連事件：最大判昭44.12.24参照）。したがって、後段は誤っている。なお、プログラム規定とは、生存権（25条）の法的性質において問題となる説である。

- -

2 ⭕ 判例は、「個人のプライバシーに属する事実をみだりに公表されない利益は、法的保護の対象となるというべきである」とし、「児童買春をしたとの被疑事実に基づき**逮捕されたという本件事実は、他人にみだりに知られたくない抗告人のプライバシーに属する事実である**」としている（最判平29.1.31）。

- -

3 ⭕ 判例は、「検索事業者が、ある者に関する条件による検索の求めに応じ、その者のプライバシーに属する事実を含む記事等が掲載されたウェブサイトのURL等情報を検索結果の一部として提供する行為が違法となるか否かは……当該事実を公表されない法的利益と当該URL等情報を検索結果として提供する理由に関する**諸事情を比較衡量して判断すべきもので、その結果、当該事実を公表されない法的利益が優越することが明らかな場合には**、検索事業者に対し、当該URL等情報を検索結果から削除することを求めることができるものと解するのが相当である」としている（最判平29.1.31）。

R6-4-5

4　過去の逮捕歴がプライバシーに含まれるとしても、児童買春のように、児童への性的搾取・虐待として強い社会的非難の対象とされ、罰則で禁止されている行為は、一定の期間の経過後も公共の利害に関する事柄でありうる。

H23-3-2

5　前科は、個人の名誉や信用に直接関わる事項であるから、事件それ自体を公表することに歴史的または社会的な意義が認められるような場合であっても、事件当事者の実名を明らかにすることは許されない。

H23-3-5

6　いわゆる住基ネットによって管理、利用等される氏名・生年月日・性別・住所からなる本人確認情報は、社会生活上は一定の範囲の他者には当然開示されることが想定され、個人の内面に関わるような秘匿性の高い情報とはいえない。

H26-3-3

7　プライバシーの権利について、個人の私的領域に他者を無断で立ち入らせないという消極的側面と並んで、積極的に自己に関する情報をコントロールする権利という側面も認める見解が有力である。

R3-4-1

8　個人の容ぼうや姿態は公道上などで誰もが容易に確認できるものであるから、個人の私生活上の自由の一つとして、警察官によって本人の承諾なしにみだりにその容ぼう・姿態を撮影されない自由を認めることはできない。

4 ○　判例は、「児童買春をしたとの被疑事実に基づき逮捕されたという本件事実は、他人にみだりに知られたくない抗告人のプライバシーに属する事実であるものではあるが、児童買春が児童に対する性的搾取及び性的虐待と位置付けられており、社会的に強い非難の対象とされ、罰則をもって禁止されていることに照らし、今なお公共の利害に関する事項であるといえる」としている（最判平29.1.31）。

5 ×　判例によれば、ある者の前科等にかかわる事実は、名誉あるいは信用に直接にかかわる事項であるから、その者は、みだりにこれを公表されないことにつき、法的保護に値する利益を有する。しかし、ある者の前科等にかかわる事実は、他面、それが刑事事件ないし刑事裁判という社会一般の関心あるいは批判の対象となるべき事項にかかわるものであるから、事件それ自体を公表することに歴史的又は社会的な意義が認められるような場合には、事件の当事者についても、その実名を明らかにすることが許されないとはいえない（最判平6.2.8）。

比較

6 ○　そのとおりである（最判平20.3.6）。

7 ○　個人の私的領域に他者を無断で立ち入らせないという消極的なものと理解されてきたプライバシーの権利は、情報化社会の進展に伴い、「積極的に自己に関する情報をコントロールする権利」と捉えられて、自由権的側面のみならず、プライバシーの保護を公権力に対して積極的に請求していくという側面が重視されるようになってきていると解されている。

8 ×　判例は、「憲法13条は、『すべて国民は、個人として尊重される。生命、自由及び幸福追求に対する国民の権利については、公共の福祉に反しない限り、立法その他の国政の上で、最大の尊重を必要とする。』と規定しているのであつて、これは、国民の私生活上の自由が、警察権等の国家権力の行使に対しても保護されるべきことを規定しているものということができる。そして、個人の私生活上の自由の一つとして、何人も、その承諾なしに、みだりにその容ぼう・姿態（以下『容ぼう等』という。）を撮影されない自由を有するものというべきである」としている（京都府学連事件：最大判昭44.12.24）。

H23-3-1

9 何人も、その承諾なしにみだりに容貌等を撮影されない自由を有するので、犯罪捜査のための警察官による写真撮影は、犯人以外の第三者の容貌が含まれない限度で許される。

R3-4-4

10 速度違反車両の自動撮影を行う装置により運転者本人の容ぼうを写真撮影することは憲法上許容されるが、運転者の近くにいるため除外できないことを理由としてであっても、同乗者の容ぼうまで撮影することは許されない。

R3-4-5

11 GPS端末を秘かに車両に装着する捜査手法は、車両使用者の行動を継続的・網羅的に把握するものであるが、公道上の所在を肉眼で把握したりカメラで撮影したりする手法と本質的に異ならず、憲法が保障する私的領域を侵害するものではない。

R6-3-5

12 婚姻前に築いた個人の信用、評価、名誉感情等を婚姻後も維持する利益等は、憲法上保障される人格権の一内容とはいえず、当該利益を婚姻及び家族に関する法制度の在り方を検討する際に考慮するか否かは、専ら立法裁量の問題である。

9 ✗ 判例によれば、個人の私生活上の自由の1つとして、何人も、その承諾なしに、みだりにその容ぼう等を撮影されない自由を有するが、この自由も、公共の福祉のため必要のある場合には相当の制限を受ける。そして、「犯罪を捜査することは、公共の福祉のため警察に与えられた国家作用の1つであり、警察にはこれを遂行すべき責務があるのであるから（警察法2条1項参照）、警察官が犯罪捜査の必要上写真を撮影する際、その対象の中に犯人のみならず第三者である個人の容ぼう等が含まれても、これが許容される場合がありうる」としている（京都府学連事件：最大判昭44.12.24）。

10 ✗ 判例は、「速度違反車両の自動撮影を行う本件自動速度監視装置による運転者の容ぼうの写真撮影は、現に犯罪が行われている場合になされ、犯罪の性質、態様からいつて緊急に証拠保全をする必要性があり、その方法も一般的に許容される限度を超えない相当なものであるから、憲法13条に違反せず、また、右写真撮影の際、運転者の近くにいるため除外できない状況にある同乗者の容ぼうを撮影することになつても、憲法13条、21条に違反しない」としている（最判昭61.2.14）。

11 ✗ 判例は、「GPS捜査は、対象車両の時々刻々の位置情報を検索し、把握すべく行われるものであるが、その性質上、公道上のもののみならず、個人のプライバシーが強く保護されるべき場所や空間に関わるものも含めて、対象車両及びその使用者の所在と移動状況を逐一把握することを可能にする。このような捜査手法は、個人の行動を継続的、網羅的に把握することを必然的に伴うから、個人のプライバシーを侵害し得るものであり、また、そのような侵害を可能とする機器を個人の所持品に秘かに装着することによって行う点において、公道上の所在を肉眼で把握したりカメラで撮影したりするような手法とは異なり、公権力による私的領域への侵入を伴うものというべきである」としている（最大判平29.3.15）。

12 ✗ 判例は、「婚姻前に築いた個人の信用、評価、名誉感情等を婚姻後も維持する利益等は、憲法上の権利として保障される人格権の一内容であるとまではいえないものの、……氏を含めた婚姻及び家族に関する法制度の在り方を検討するに当たって考慮すべき人格的利益であるとはいえるのであり、憲法24条の認める立法裁量の範囲を超えるものであるか否かの検討に当たって考慮すべき事項であると考えられる」としている（女子再婚禁止期間事件：最大判平27.12.16）。

R6-3-1

13 氏名は、社会的にみれば、個人を他人から識別し特定する機能を有するものであるが、同時に、その個人からみれば、人が個人として尊重される基礎であり、その個人の人格の象徴であって、人格権の一内容を構成する。

R6-3-4

14 現行の法制度の下における氏の性質等に鑑みると、婚姻の際に「氏の変更を強制されない自由」が憲法上の権利として保障される人格権の一内容であるとはいえない。

2 法の下の平等

R1-4-4

15 最高裁判所の判例によれば、厳密に父性の推定が重複することを回避するための期間（100日）を超えて女性の再婚を禁止する民法の規定は、婚姻および家族に関する事項について国会に認められる合理的な立法裁量の範囲を超え、憲法に違反するに至った。

R1-4-2

16 最高裁判所の判例によれば、国籍法が血統主義を採用することには合理性があるが、日本国民との法律上の親子関係の存否に加え、日本との密接な結びつきの指標として一定の要件を設け、これを満たす場合に限り出生後の国籍取得を認めるとする立法目的には、合理的な根拠がないため不合理な差別に当たる。

R1-4-5

17 最高裁判所の判例によれば、夫婦となろうとする者の間の個々の協議の結果として夫の氏を選択する夫婦が圧倒的多数を占める状況は実質的に法の下の平等に違反する状態といいうるが、婚姻前の氏の通称使用が広く定着していることからすると、直ちに違憲とまではいえない。

13 ◯ 　判例は、「氏名は、社会的にみれば、個人を他人から識別し特定する機能を有するものであるが、同時に、その個人からみれば、人が個人として尊重される基礎であり、その**個人の人格の象徴であって、人格権の一内容を構成する**」としている（女子再婚禁止期間事件：最大判平27.12.16）。

14 ◯ 　判例は、「現行の法制度の下における氏の性質等に鑑みると、婚姻の際に**『氏の変更を強制されない自由』が憲法上の権利として保障される人格権の一内容であるとはいえない**」としている（女子再婚禁止期間事件）。

15 ◯ 　そのとおりである（女子再婚禁止期間事件）。

16 ✖ 　判例は、「国籍法3条1項は、……血統主義を基調としつつ、日本国民との法律上の親子関係の存在に加え我が国との密接な結び付きの指標となる一定の要件を設けて、これらを満たす場合に限り出生後における日本国籍の取得を認めることとしたものと解される。……上記の**立法目的自体には、合理的な根拠があるというべき**である」としている（国籍法違憲判決：最大判平20.6.4）。

17 ✖ 　判例は、民法750条について、「本件規定は、夫婦が夫又は妻の氏を称するものとしており……その文言上性別に基づく法的な差別的取扱いを定めているわけではなく、本件規定の定める夫婦同氏制それ自体に男女間の形式的な不平等が存在するわけではない。我が国において、**夫婦となろうとする者の間の個々の協議の結果として夫の氏を選択する夫婦が圧倒的多数を占めることが認められるとしても、それが、本件規定の在り方自体から生じた結果であるということはできない**。したがって、本件規定は、憲法14条1項に違反するものではない」としている（夫婦別姓訴訟判決：最大判平27.12.16）。本問は、「実質的に法の下の平等に違反する状態といいうる」としている点で、誤っている。

R1-4-1

18 最高裁判所の判例によれば、嫡出でない子の法定相続分を嫡出子の2分の1とする民法の規定は、当該規定が補充的に機能する規定であることから本来は立法裁量が広く認められる事柄であるが、法律婚の保護という立法目的に照らすと著しく不合理であり、憲法に違反する。

R1-4-3

19 最高裁判所の判例によれば、出生届に嫡出子または嫡出でない子の別を記載すべきものとする戸籍法の規定は、嫡出でない子について嫡出子との関係で不合理な差別的取扱いを定めたものであり、憲法に違反する。

H28-7-4

20 尊属に対する殺人を、高度の社会的非難に当たるものとして一般殺人とは区別して類型化し、法律上刑の加重要件とする規定を設けることは、それ自体が不合理な差別として憲法に違反する。

18 ✗ 判例は、「法律婚という制度自体は我が国に定着しているとしても、……認識の変化に伴い、上記制度の下で父母が婚姻関係になかったという、子にとっては自ら選択ないし修正する余地のない事柄を理由としてその子に不利益を及ぼすことは許されず、子を個人として尊重し、その権利を保障すべきであるという考えが確立されてきているものということができる。……立法府の裁量権を考慮しても、嫡出子と嫡出でない子の法定相続分を区別する合理的な根拠は失われていたというべきである。したがって、本件規定は、……憲法14条1項に違反していたものというべきである」としている（非嫡出子相続分差別規定違憲決定：最大決平25.9.4）。よって、法律婚の保護という立法目的に照らすと著しく不合理とは述べていない。

19 ✗ 判例は、戸籍法49条2項1号について、「民法及び戸籍法において法律上の父子関係等や子に係る戸籍上の取扱いについて定められている規律が父母の婚姻関係の有無によって異なるのは、法律婚主義の制度の下における身分関係上の差異及びこれを前提とする戸籍処理上の差異であって、本件規定は、上記のような身分関係上及び戸籍処理上の差異を踏まえ、戸籍事務を管掌する市町村長の事務処理の便宜に資するものとして、出生の届出に係る届書に嫡出子又は嫡出でない子の別を記載すべきことを定めているにとどまる。……本件規定それ自体によって、嫡出でない子について嫡出子との間で子又はその父母の法的地位に差異がもたらされるものとはいえない。……本件規定は、嫡出でない子について嫡出子との関係で不合理な差別的取扱いを定めたものとはいえず、憲法14条1項に違反するものではない」としている（最判平25.9.26）。

20 ✗ 判例は、「尊属の殺害は通常の殺人に比して一般に高度の社会的道義的非難を受けて然るべきであるとして、このことをその処罰に反映させても、あながち不合理であるとはいえない。そこで、……さらに進んでこのことを類型化し、法律上、刑の加重要件とする規定を設けても、かかる差別的取扱いをもってただちに合理的な根拠を欠くものと断ずることはできず、したがってまた、憲法14条1項に違反するということもできない」としている（尊属殺重罰規定違憲判決：最大判昭48.4.4）。なお、同判決は、尊属殺の法定刑を死刑又は無期懲役刑のみに限っている点において、その立法目的達成のため必要な限度をはるかに超え、著しく不合理な差別的取扱いをするものであり、憲法14条1項に違反するとしている。

H26-5-1

21 判例によれば、議員定数配分規定は、その性質上不可分の一体をなすものと解すべきであり、憲法に違反する不平等を生ぜしめている部分のみならず、全体として違憲の瑕疵を帯びるものと解すべきである。

H26-5-2

22 判例によれば、投票価値の不平等が、国会の合理的裁量の範囲を超えると判断される場合には、選挙は違憲・違法となるが、不均衡の是正のために国会に認められる合理的是正期間を経過していなければ、事情判決の法理により選挙を有効とすることも許される。

H26-5-3

23 判例によれば、衆議院議員選挙については、的確に民意を反映する要請が強く働くので、議員1人当たりの人口が平等に保たれることが重視されるべきであり、国会がそれ以外の要素を考慮することは許されない。

R6-6-1

24 都道府県が歴史的にも政治的、経済的、社会的にも独自の意義と実体を有する単位である以上、参議院の選挙区選出議員に都道府県代表的な意義を付与し、その枠内で投票価値の平等の実現を図ることは、憲法上許容される。

21 ○ そのとおりである（最大判昭60.7.17）。

理解

22 ✗ 判例によれば、議員定数の不均衡が憲法の選挙権の平等の要求に反する程度になっていたとしても、直ちに違憲と判断されるわけではなく、不均衡の是正のための合理的期間を経過した場合に、初めて議員定数配分規定が違憲と判断され得ることになる（最大判平8.9.11参照）。そして、合理的期間内に是正がされず、議員定数配分規定が違憲とされる場合であっても、選挙を無効とすることにより生じる「憲法の所期しない結果」を回避するために、いわゆる事情判決の法理に基づいて、選挙が違法である旨を宣言するにとどめ、選挙自体は無効とはしないものとされている（最大判昭51.4.14）。

23 ✗ 判例は、「憲法は、衆議院議員の選挙につき全国を多数の選挙区に分けて実施する制度が採用される場合には、選挙制度の仕組みのうち定数配分及び選挙区割りを決定するについて、議員1人当たりの選挙人数又は人口ができる限り平等に保たれることを最も重要かつ基本的な基準とすることを求めているというべきであるが、それ以外の要素も合理性を有する限り国会において考慮することを許容しているものといえる」としている（最大判平23.3.23）。

24 ✗ 判例は、「具体的な選挙制度の仕組みを決定するに当たり、一定の地域の住民の意思を集約的に反映させるという意義ないし機能を加味する観点から、政治的に一つのまとまりを有する単位である都道府県の意義や実体等を一つの要素として考慮すること自体が否定されるべきものであるとはいえず、投票価値の平等の要請との調和が保たれる限りにおいて、このような要素を踏まえた選挙制度を構築することが直ちに国会の合理的な裁量を超えるものとは解されない」としている（最大判令5.10.18）。したがって、判例は、「投票価値の平等の要請との調和が保たれる限り」において「都道府県の意義や実体等を一つの要素として考慮すること自体」は否定していないが、本問の「都道府県代表的な意義を付与し、その枠内で投票価値の平等の実現を図ることは、憲法上許容される」とはしていない。

H26-5-5

25 判例によれば、地方公共団体の議会の議員の定数配分については、地方自治の本旨にもとづき各地方公共団体が地方の実情に応じ条例で定めることができるので、人口比例が基本的な基準として適用されるわけではない。

H28-7-1

26 憲法が条例制定権を認める以上、条例の内容をめぐり地域間で差異が生じることは当然に予期されることであるから、一定の行為の規制につき、ある地域でのみ罰則規定が置かれている場合でも、地域差のゆえに違憲ということはできない。

R1-5-2

27 最高裁判所の判例によれば、立候補の自由は、選挙権の自由な行使と表裏の関係にあり、自由かつ公正な選挙を維持する上で、きわめて重要な基本的人権であることに鑑みれば、これに対する制約は特に慎重でなければならない。

R1-5-1

28 最高裁判所の判例によれば、国民の選挙権それ自体を制限することは原則として許されず、制約が正当化されるためにはやむを得ない事由がなければならないが、選挙権を行使するための条件は立法府が選択する選挙制度によって具体化されるものであるから、選挙権行使の制約をめぐっては国会の広い裁量が認められる。

R1-5-5

29 最高裁判所の判例によれば、比例代表選挙において、選挙人が政党等を選択して投票し、各政党等の得票数の多寡に応じて、政党等があらかじめ定めた当該名簿の順位に従って当選人を決定する方式は、投票の結果、すなわち選挙人の総意により当選人が決定される点で選挙人が候補者個人を直接選択して投票する方式と異ならず、直接選挙といい得る。

25 ✗　最高裁判所は、公職選挙法15条7項（現15条8項「各選挙区におい
て選挙すべき地方公共団体の議会の議員の数は、人口に比例して、条例で
定めなければならない。ただし、特別の事情があるときは、おおむね人口
を基準とし、地域間の均衡を考慮して定めることができる。」）の規定は、
「憲法の……要請を受け、地方公共団体の議会の議員の定数配分につき、
人口比例を最も重要かつ基本的な基準とし、各選挙人の投票価値が平等で
あるべきことを強く要求していることが明らかである」としている（最判
昭59.5.17）。

---

26 ⭕　そのとおりである（最大判昭33.10.15）。

---

27 ⭕　そのとおりである（三井美唄炭鉱労組事件：最大判昭43.12.4）。

---

28 ✗　判例は、「国民の選挙権又はその行使を制限することは原則として許さ
れず、国民の選挙権又はその行使を制限するためには、そのような制限を
することがやむを得ないと認められる事由がなければならないというべき
である。そして、そのような制限をすることなしには選挙の公正を確保し
つつ選挙権の行使を認めることが事実上不能ないし著しく困難であると認
められる場合でない限り、上記のやむを得ない事由があるとはいえず、こ
のような事由なしに国民の選挙権の行使を制限することは、憲法15条1
項及び3項、43条1項並びに44条ただし書に違反するといわざるを得な
い」としている（在外日本人選挙権訴訟：最大判平17.9.14）。

---

29 ⭕　そのとおりである（最大判平11.11.10）。

Chapter 3 精神的自由①(内心の自由等) 総合テキスト ▶▶▶ Chapter 4

1 思想・良心の自由

H21-5-1

1 憲法19条の「思想及び良心の自由」は、「信教の自由」(20条1項)の保障対象を宗教以外の世俗的な世界観・人生観等にまで拡大したものであるため、信教の自由の場合と同様に、固有の組織と教義体系を持つ思想・世界観のみが保護される。

H21-5-2

2 憲法19条の「思想及び良心の自由」は、国民がいかなる思想を抱いているかについて国家権力が開示を強制することを禁止するものであるため、謝罪広告の強制は、それが事態の真相を告白し陳謝の意を表するに止まる程度であっても許されない。

2 信教の自由

H28-6-5

3 解散命令などの宗教法人に関する法的規制が、信者の宗教上の行為を法的に制約する効果を伴わないとしてもそこに何らかの支障を生じさせるならば、信教の自由の重要性に配慮し、規制が憲法上許容されるか慎重に吟味しなければならない。

H21-5-5

4 憲法20条3項は、国と宗教とのかかわり合いが、その目的と効果に照らして相当な限度を超えた場合にこれを禁止する趣旨であるため、国公立学校で真摯な宗教的理由から体育実技を履修できない学生に対して代替措置を認めることを一切禁じるものではない。

H21-5-3

5 憲法20条1項の「信教の自由」は、公認された宗教に属さない宗教的少数派であった人たちにも、多数派と同等の法的保護を与えるために導入されたものであるため、すべての宗教に平等に適用される法律は違憲となることはない。

1 ✕　思想・良心の自由（19条）の保護の対象については、人の内心活動一般であるとする見解（広義説）や、一定の内心活動に限定されるとする見解（狭義説）があるが、**いずれの見解においても、固有の組織と教義体系を持つ思想・価値観のみを保護の対象と解するわけではない。**

2 ✕　判例は、謝罪広告の強制は、**それが単に事態の真相を告白し陳謝の意を表明するに止まる程度のものであれば、**加害者の良心の自由を侵害せず、許されるとしている（謝罪広告事件：最大判昭31.7.4）。

3 ⭕️　判例は、「宗教法人に関する法的規制が、信者の宗教上の行為を法的に制約する効果を伴わないとしても、**これに何らかの支障を生じさせることがあるとするならば、**憲法の保障する精神的自由の一つとしての信教の自由の重要性に思いを致し、**憲法がそのような規制を許容するものであるかどうかを慎重に吟味しなければならない**」としている（宗教法人オウム真理教解散命令事件：最決平8.1.30）。

4 ⭕️　そのとおりである（剣道実技拒否事件：最判平8.3.8）。

5 ✕　憲法20条1項は、前段において信教の自由を保障すると同時に、後段において政教分離原則を定めている。政教分離原則の規定は、国家と宗教との分離を制度として保障することにより、間接的に信教の自由の保障を確保するものである（津地鎮祭事件：最大判昭52.7.13）。したがって、**国が特定の宗教に特権を付与することのほか、宗教団体すべてに対して特権を付与することも禁止される。**

H21-5-4

6 憲法20条3項は、国が宗教教育のように自ら特定宗教を宣伝する活動を行うことを禁止する趣旨であるため、宗教団体の行う宗教上の祭祀に際して国が公金を支出することが同項に違反することはない。

H28-6-1

7 憲法が国およびその機関に対し禁ずる宗教的活動とは、その目的・効果が宗教に対する援助、助長、圧迫、干渉に当たるような行為、あるいは宗教と過度のかかわり合いをもつ行為のいずれかをいう。

H28-6-4

8 信仰の自由の保障は私人間にも間接的に及ぶので、自己の信仰上の静謐を他者の宗教上の行為によって害された場合、原則として、かかる宗教上の感情を被侵害利益として損害賠償や差止めを請求するなど、法的救済を求めることができる。

H28-6-3

9 神社が主催する行事に際し、県が公費から比較的低額の玉串料等を奉納することは、慣習化した社会的儀礼であると見ることができるので、当然に憲法に違反するとはいえない。

H28-6-2

10 憲法は、宗教と何らかのかかわり合いのある行為を行っている組織ないし団体であれば、これに対する公金の支出を禁じていると解されるが、宗教活動を本来の目的としない組織はこれに該当しない。

6 ✖ 　憲法 20 条 3 項は、国の宗教的活動を禁止している（政教分離原則）。そして、宗教団体への補助金の支出等、宗教とのかかわり合いをもたらす行為の目的及び効果にかんがみ、**そのかかわり合いが相当とされる限度を超える場合には、当該行為は同項により禁止される宗教的活動にあたる**とされる（津地鎮祭事件：最大判昭 52.7.13）。

関連

---

7 ✖ 　判例は、「憲法 20 条 3 項……にいう宗教的活動とは、……およそ国及びその機関の活動で宗教とのかかわり合いをもつすべての行為を指すものではなく、そのかかわり合いが右にいう相当とされる限度を超えるものに限られるというべきであつて、**当該行為の目的が宗教的意義をもち、その効果が宗教に対する援助、助長、促進又は圧迫、干渉等になるような行為をいうもの**」としており（津地鎮祭事件）、問題文のように宗教と過度のかかわり合いを持つ行為という表現は用いておらず、また問題文のいずれかに該当すれば憲法 20 条 3 項の「宗教的活動」にあたるとしているわけではない。

---

8 ✖ 　判例は、「宗教上の人格権であるとする**静謐な宗教的環境の下で信仰生活を送るべき利益なるものは、これを直ちに法的利益として認めることができない**」としている（最大判昭 63.6.1）。

---

9 ✖ 　判例は、「原審は、その支出の程度は、少額で社会的な儀礼の程度にとどまっており、……本件支出は、神道に対する援助、助長、促進又は他の宗教に対する圧迫、干渉等になるようなものではないから、憲法 20 条 3 項、89 条に違反しないと判断した。……原審の右判断は是認することができない。……**県が本件玉串料等……神社に前記のとおり奉納したことは、……憲法 20 条 3 項の禁止する宗教的活動に当たる**」としている（愛媛玉串料訴訟事件：最大判平 9.4.2）。

---

10 ✖ 　判例は、「憲法 89 条にいう**『宗教上の組織若しくは団体』とは、宗教と何らかのかかわり合いのある行為を行っている組織ないし団体のすべてを意味するものではなく**、国家が当該組織ないし団体に対し特権を付与したり、また、当該組織ないし団体の使用、便益若しくは維持のため、公金その他の公の財産を支出し又はその利用に供したりすることが、特定の宗教に対する援助、助長、促進又は圧迫、干渉等になり、憲法上の政教分離原則に反すると解されるものをいう」としている（最判平 5.2.16）。

憲法

part **2**

人権

chap **3**

精神的自由 ① （内心の自由等）

35

3　学問の自由

H30-4-1

11　学問研究を使命とする人や施設による研究は、真理探究のためのものであるとの推定が働くと、学説上考えられてきた。

H30-4-2

12　先端科学技術をめぐる研究は、その特性上一定の制約に服する場合もあるが、学問の自由の一環である点に留意して、日本では罰則によって特定の種類の研究活動を規制することまではしていない。

R6-5-2

13　教科書は執筆者の学術研究の結果の発表を目的とするものではなく、また、教科書検定は検定基準に違反する場合に教科書の形態での研究結果の発表を制限するにすぎないので、教科書検定は学問の自由を保障した憲法の規定には違反しない。

R6-5-5

14　普通教育では、児童生徒に十分な批判能力がなく、また、全国的に一定の教育水準を確保すべき強い要請があること等からすれば、教師に完全な教授の自由を認めることはとうてい許されない。

R1-6-1

15　最高裁判所の判例によれば、国は、広く適切な教育政策を樹立、実施すべき者として、また、子供自身の利益を擁護し、子供の成長に対する社会公共の利益と関心にこたえるため、必要かつ相当な範囲で教育内容についてもこれを決定する権能を有する。

H18-6-4

16　「学問の自由は、これを保障する」と規定する憲法23条は、大学に対して、固有権としての自治権を保障したものであるとするのが、通説である。

11 ⭕ 学問研究は、自由な立場での研究が要請され、戦前の天皇機関説事件の場合のように、政府による干渉は許されてはならないとされているので、**大学等の学問研究を使命とする人や施設による研究は、真理探究のためのものであるとの推定が働く**と、学説上考えられてきた。

12 ❌ ヒトに関するクローン技術等の規制に関する法律3条は、「何人も、人クローン胚、ヒト動物交雑胚、ヒト性融合胚又はヒト性集合胚を人又は動物の胎内に移植してはならない。」と規定し、16条は「第3条の規定に違反した者は、10年以下の懲役若しくは1,000万円以下の罰金に処し、又はこれを併科する。」と規定している。

13 ⭕ 判例は、「教科書は、教科課程の構成に応じて組織排列された教科の主たる教材として、普通教育の場において使用される児童、生徒用の図書であって……、学術研究の結果の発表を目的とするものではなく、本件検定は、申請図書に記述された研究結果が、……当該学校、当該教科、当該科目、当該学年の児童、生徒の教育として取り上げるにふさわしい内容と認められないときなど旧検定基準の各条件に違反する場合に、**教科書の形態における研究結果の発表を制限するにすぎない**」としている（第一次家永訴訟：最判平5.3.16）。

14 ⭕ 判例は、「普通教育においては、子どもの側に学校や教師を選択する余地が乏しく、教育の機会均等をはかる上からも全国的に一定の水準を確保すべき強い要請があること等に思いをいたすときは、**普通教育における教師に完全な教授の自由を認めることは、とうてい許されない**ところといわなければならない」としている（旭川学テ事件：最大判昭51.5.21）。

15 ⭕ そのとおりである（旭川学テ事件、第一次家永訴訟）。

16 ❌ 憲法23条が保障する大学の自治は、固有権としての自治権を保障したものでなく、**制度的保障**と解されている。

H30-4-3

17 判例によれば、大学の学生が学問の自由を享有し、また大学当局の自治的管理による施設を利用できるのは、大学の本質に基づき、大学の教授その他の研究者の有する特別な学問の自由と自治の効果としてである。

Chapter 4　精神的自由②（表現の自由等）　総合テキスト ▶▶▶ Chapter 5

H25-7-1

1 判例によれば、報道機関の取材の自由は憲法21条1項の規定の保障の下にあることはいうまでもないが、この自由は他の国民一般にも平等に保障されるものであり、司法記者クラブ所属の報道機関の記者に対してのみ法廷内でのメモ採取を許可することが許されるかは、それが表現の自由に関わることに鑑みても、法の下の平等との関係で慎重な審査を必要とする。

H25-7-2

2 判例によれば、憲法82条1項は、裁判の対審及び判決が公開の法廷で行われるべきことを定めているが、その趣旨は、裁判を一般に公開して裁判が公正に行われることを制度として保障し、ひいては裁判に対する国民の信頼を確保しようとすることにある。

17 ⭕　そのとおりである（東大ポポロ事件：最大判昭 38.5.22）。

> **思想・良心の自由に関する重要判例**
> 　思想・良心の自由については、ピアノ伴奏拒否事件（最判平 19.2.27）と君が代起立斉唱事件（最判平 23.5.30）からの出題が予想されます。特に、君が代起立斉唱事件は、「思想・良心の自由についての間接的な制約となる面があることは否定し難い」としている点がポイントです。テキスト等で判旨を丁寧に読んでおきましょう。

1 ❌　レペタ事件において、最高裁判所は、博多駅テレビフィルム提出命令事件（最大決昭 44.11.26）における決定を引用し、「報道機関の報道は、民主主義社会において、国民が国政に関与するにつき、重要な判断の資料を提供するものであって、事実の報道の自由は、表現の自由を定めた憲法 21 条の規定の保障の下にあることはいうまでもな」いとしたうえで、「このような報道機関の報道が正しい内容をもつためには、報道のための取材の自由も、憲法 21 条の規定の精神に照らし、十分尊重に値するものである」としている（最大判平元.3.8）。したがって、報道機関の取材の自由が「憲法 21 条 1 項の規定の保障の下にある」とする本問前段は、最高裁判所の判決の趣旨とは異なっている。また、最高裁判所は、「報道の公共性、ひいては報道のための取材の自由に対する配慮に基づき、司法記者クラブ所属の報道機関の記者に対してのみ法廷においてメモを取ることを許可することも、合理性を欠く措置ということはできない」としており、司法記者クラブ所属の報道機関の記者に対してのみ法廷においてメモを取ることを許可することと憲法 14 条 1 項との関係について、本問後段のような内容は述べていない。

2 ⭕　そのとおりである（レペタ事件：最大判平元.3.8）。

H25-7-3

3 　判例によれば、憲法21条1項は表現の自由を保障しており、各人が自由にさまざまな意見、知識、情報に接し、これを摂取する機会をもつことは、個人の人格発展にも民主主義社会にとっても必要不可欠であるから、情報を摂取する自由は、右規定の趣旨、目的から、いわばその派生原理として当然に導かれる。

H25-7-4

4 　判例によれば、さまざまな意見、知識、情報に接し、これを摂取することを補助するものとしてなされる限り、筆記行為の自由は、憲法21条1項の規定の精神に照らして尊重されるべきであるが、これは憲法21条1項の規定によって直接保障される表現の自由そのものとは異なるから、その制限又は禁止には、表現の自由に制約を加える場合に一般に必要とされる厳格な基準が要求されるものではない。

H25-7-5

5 　判例によれば、傍聴人のメモを取る行為が公正かつ円滑な訴訟の運営を妨げるに至ることは通常はあり得ないのであって、特段の事情のない限り、これを傍聴人の自由に任せるべきであり、それが憲法21条1項の規定の精神に合致する。

H23-3-4

6 　犯罪を犯した少年に関する犯人情報、履歴情報はプライバシーとして保護されるべき情報であるから、当該少年を特定することが可能な記事を掲載した場合には、特段の事情がない限り、不法行為が成立する。

R2-4-1

7 　表現の内容規制とは、ある表現が伝達しようとするメッセージを理由とした規制であり、政府の転覆を煽動する文書の禁止、国家機密に属する情報の公表の禁止などがその例である。

R2-4-2

8 　表現の内容を理由とした規制であっても、高い価値の表現でないことを理由に通常の内容規制よりも緩やかに審査され、規制が許されるべきだとされる場合があり、営利を目的とした表現や、人種的憎悪をあおる表現などがその例である。

3 ⭕ そのとおりである（レペタ事件：最大判平元.3.8）。

4 ⭕ そのとおりである（レペタ事件）。

5 ⭕ 判例は、法廷内における傍聴人のメモ採取について、「公正かつ円滑な訴訟の運営が妨げられるおそれが生ずる場合のあり得ることは否定できない」とする一方で、本問のように述べている（レペタ事件）。

6 ❌ 判例によれば、犯行時少年であった者の犯行態様、経歴等を記載した記事がその者の名誉を毀損し、プライバシーを侵害する内容を含むものとしても、当該記事の掲載によって不法行為が成立するか否かは、被侵害利益ごとに違法性阻却事由の有無等を審理し、個別具体的に判断すべきものである（最判平15.3.14）。

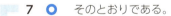

7 ⭕ そのとおりである。

関連

8 ⭕ 営利的言論や憎悪的表現（人種差別表現のような少数者に有害で攻撃的と考えられる表現）は、低い価値の表現と考えられ、政治的表現（高い価値の表現）と区別される。したがって、営利を目的とした表現や、人種的憎悪をあおる表現が、高い価値の表現でないことを理由に通常の内容規制よりも緩やかに審査され、規制が許されるべきだとされる場合がある。

R2-4-3

9 表現内容中立規制とは、表現が伝達しようとするメッセージの内容には直接関係なく行われる規制であり、学校近くでの騒音の制限、一定の選挙運動の制限などがその例である。

R5-3-ア

10 選挙における戸別訪問の禁止が、意見表明そのものの制約ではなく、意見表明の手段方法のもたらす弊害の防止をねらいとして行われる場合、それは戸別訪問以外の手段方法による意見表明の自由を制約するものではなく、単に手段方法の禁止に伴う限度での間接的、付随的な制約にすぎない。

R2-4-4

11 表現行為を事前に規制することは原則として許されないとされ、検閲は判例によれば絶対的に禁じられるが、裁判所による表現行為の事前差し止めは厳格な要件のもとで許容される場合がある。

R1-6-2

12 最高裁判所の判例によれば、教科書検定による不合格処分は、発表前の審査によって一般図書としての発行を制限するため、表現の自由の事前抑制に該当するが、思想内容の禁止が目的ではないから、検閲には当たらず、憲法21条2項前段の規定に違反するものではない。

R1-6-3

13 最高裁判所の判例によれば、教育の中立・公正、教育水準の確保などを実現するための必要性、教科書という特殊な形態での発行を禁ずるにすぎないという制限の程度などを考慮すると、ここでの表現の自由の制限は合理的で必要やむを得ない限度のものというべきである。

関連

9 ◯　表現内容中立規制とは、表現をそれが伝達する**メッセージの内容や伝達効果に直接関係なく制限する規制**をいう。そして、学校近くでの騒音の制限や一定の選挙運動の制限は、表現内容中立規制にあたる。

10 ◯　判例は、「戸別訪問の禁止によつて失われる利益は、それにより戸別訪問という手段方法による意見表明の自由が制約されることではあるが、それは、もとより**戸別訪問以外の手段方法による意見表明の自由を制約するものではなく、単に手段方法の禁止に伴う限度での間接的、付随的な制約にすぎない**」としている（戸別訪問禁止規定違反事件：最判昭56.6.15）。

図表2

11 ◯　そのとおりである（税関検査合憲判決：最大判昭59.12.12、「北方ジャーナル」事件：最大判昭61.6.11）。

関連

12 ✕　判例は、「不合格図書をそのまま**一般図書として発行し、教師、児童、生徒を含む国民一般にこれを発表すること、すなわち思想の自由市場に登場させることは、何ら妨げられるところはない**」として、教科書検定による不合格処分が事前抑制に該当しないとし、また、「憲法21条2項にいう検閲とは、行政権が主体となって、思想内容等の表現物を対象とし、その全部又は一部の発表の禁止を目的とし、対象とされる一定の表現物につき網羅的一般的に、発表前にその内容を審査した上、不適当と認めるものの発表を禁止することを特質として備えるものを指すと解すべきである。本件検定は、……一般図書としての発行を何ら妨げるものではなく、**発表禁止目的や発表前の審査などの特質がないから、検閲に当たらず、憲法21条2項前段の規定に違反するものではない**」としている（第一次家永訴訟：最判平5.3.16）。

13 ◯　そのとおりである（第一次家永訴訟）。

R2-4-5

14 表現行為の規制には明確性が求められるため、表現行為を規制する刑罰法規の法文が漠然不明確であったり、過度に広汎であったりする場合には、そうした文言の射程を限定的に解釈し合憲とすることは、判例によれば許されない。

司法書士試験
R2-1-エ

15 集会の用に供される公共施設につき、公の秩序を乱すおそれがある場合には使用を許可してはならないとする条例の規制は、「公の秩序を乱すおそれがある場合」について、集会の自由を保障することの重要性よりも、集会の開催により人の生命、身体又は財産が侵害され、公共の安全が損なわれる危険を回避し、防止することの必要性が優越する場合をいうものと限定して解釈し、その危険の程度としては、明らかな差し迫った危険が発生することが具体的に予見されることが必要であると解する限り、憲法第21条第1項に違反するものではない。

Chapter 5 経済的自由・人身の自由　　総合テキスト ▶▶▶ Chapter 6

1 経済的自由

R4-4-1

1 インターネットを介した医薬品販売規制の合憲性が争われた最高裁判所判決（最判令3.3.18）の趣旨によれば、憲法22条1項が保障するのは職業選択の自由のみであるが、職業活動の内容や態様に関する自由もまた、この規定の精神に照らして十分尊重に値する。後者に対する制約は、公共の福祉のために必要かつ合理的なものであることを要する。

H26-4-4

2 判例によれば、憲法の他の条項をあわせ考察すると、憲法は、全体として、福祉国家的理想のもとに、社会経済の均衡のとれた調和的発展を企図しており、その見地から、すべての国民にいわゆる生存権を保障し、その一環として、国民の勤労権を保障する等、経済的劣位に立つ者に対する適切な保護政策を要請していることは明らかである。

14 ✗　判例は、「本条例の全体から読み取ることができる趣旨、さらには本条例施行規則の規定等を総合すれば、本条例が規制の対象としている『暴走族』は、本条例2条7号の定義にもかかわらず、暴走行為を目的として結成された集団である本来的な意味における暴走族の外には、服装、旗、言動などにおいてこのような暴走族に類似し社会通念上これと同視することができる集団に限られるものと解され……このように限定的に解釈すれば、本条例16条1項1号、17条、19条の規定による規制は、……いまだ憲法21条1項、31条に違反するとまではいえない」としている（広島市暴走族追放条例事件：最判平19.9.18）。したがって、**判例は、刑罰法規の文言の射程を限定的に解釈し、刑罰法規を合憲**としている。

---

15 ○　そのとおりである（泉佐野市民会館事件：最判平7.3.7）。

1 ✗　判例は、「憲法22条1項は、狭義における**職業選択の自由のみならず、職業活動の自由も保障している**」としている。したがって、憲法22条1項が保障するのは職業選択の自由のみではない（最判令3.3.18）。

---

2 ○　そのとおりである（小売市場事件：最大判昭47.11.22）。なお、経済的弱者の保護等を目的として職業選択の自由に規制を加えることは、一般的に**積極目的規制**といわれる。

H26-4-5

3 判例によれば、個人の経済活動に対する法的規制は、個人の自由な経済活動からもたらされる諸々の弊害が社会公共の安全と秩序の維持の見地から看過することができないような場合に、消極的に、かような弊害を除去ないし緩和するために必要かつ合理的な規制である限りにおいてのみ許されるべきである。

H29-4-1

4 奈良県ため池条例事件（最大判昭38.6.26）における判決の論旨は、「社会生活上のやむを得ない必要のゆえに、ため池の堤とうを使用する財産上の権利を有する者は何人も、条例による制約を受忍する責務を負うというべきである」としている。

H29-4-2

5 奈良県ため池条例事件（最大判昭38.6.26）における判決の論旨は、「ため池の破損、決かいの原因となるため池の堤とうの使用行為は、憲法でも、民法でも適法な財産権の行使として保障されていない」としている。

H29-4-3

6 奈良県ため池条例事件（最大判昭38.6.26）における判決の論旨は、「憲法、民法の保障する財産権の行使の埒外にある行為を条例をもって禁止、処罰しても憲法および法律に抵触またはこれを逸脱するものとはいえない」としている。

2 人身の自由

R2-7-ア

7 第三者所有物没収事件の法廷意見の見解によると、第三者の所有物の没収は、所有物を没収される第三者にも告知、弁解、防禦の機会を与えることが必要であり、これなしに没収することは、適正な法律手続によらないで財産権を侵害することになる。

3 ✗ 判例は、「個人の経済活動に対する法的規制は、個人の自由な経済活動からもたらされる諸々の弊害が社会公共の安全と秩序の維持の見地から看過することができないような場合に、消極的にかような弊害を除去ないし緩和するために必要かつ合理的な規制である限りにおいて許されるべきことはいうまでもない」としたうえで、「のみならず、憲法の他の条項をあわせ考察すると、憲法は、全体として、福祉国家的理想のもとに、社会経済の均衡のとれた調和的発展を企図しており、その見地から、すべての国民にいわゆる生存権を保障し、その一環として、国民の勤労権を保障する等、経済的劣位に立つ者に対する適切な保護政策を要請していることは明らかである」としている（小売市場事件：最大判昭47.11.22）。したがって、消極的に弊害を除去ないし緩和するために必要かつ合理的な規制のみに限定して許されるとしているわけではない。

4 ⭕ そのとおりである（奈良県ため池条例違反事件：最大判昭38.6.26）。

5 ⭕ そのとおりである（奈良県ため池条例違反事件）。

6 ⭕ そのとおりである（奈良県ため池条例違反事件）。

7 ⭕ 判例は、「第三者の所有物の没収は、……所有物を没収せられる第三者についても、告知、弁解、防禦の機会を与えることが必要であつて、これなくして第三者の所有物を没収することは、適正な法律手続によらないで、財産権を侵害する制裁を科するに外ならない」としている（第三者所有物没収事件：最大判昭37.11.28）。

R4-5-1

8 告知、弁解、防御の機会を与えることなく所有物を没収することは許されないが、貨物の密輸出で有罪となった被告人が、そうした手続的保障がないままに第三者の所有物が没収されたことを理由に、手続の違憲性を主張することはできない。

R1-6-5

9 最高裁判所の判例によれば、行政処分には、憲法31条による法定手続の保障が及ぶと解すべき場合があるにしても、行政手続は行政目的に応じて多種多様であるから、常に必ず行政処分の相手方に告知、弁解、防御の機会を与える必要はなく、教科書検定の手続は憲法31条に違反しない。

R4-5-2

10 憲法は被疑者に対して弁護人に依頼する権利を保障するが、被疑者が弁護人と接見する機会の保障は捜査権の行使との間で合理的な調整に服さざるを得ないので、憲法は接見交通の機会までも実質的に保障するものとは言えない。

R4-5-3

11 審理の著しい遅延の結果、迅速な裁判を受ける被告人の権利が害されたと認められる異常な事態が生じた場合であっても、法令上これに対処すべき具体的規定が存在しなければ、迅速な裁判を受ける権利を根拠に救済手段をとることはできない。

8 ✗ 　判例は、「第三者の所有物を没収する場合において、その没収に関して当該所有者に対し、何ら告知、弁解、防禦の機会を与えることなく、その**所有権を奪うことは、著しく不合理であつて、憲法の容認しないところである**といわなければならない」としている（第三者所有物没収事件：最大判昭37.11.28）。

9 ⭕ 　判例は、「行政処分については、憲法31条による法定手続の保障が及ぶと解すべき場合があるにしても、それぞれの行政目的に応じて多種多様であるから、常に必ず行政処分の相手方に告知、弁解、防御の機会を与えるなどの一定の手続を必要とするものではない。……本件検定が憲法31条の法意に反するということはできない」としている（第一次家永訴訟：最判平5.3.16）。

10 ✗ 　判例は、「憲法34条前段は、何人も直ちに弁護人に依頼する権利を与えられなければ抑留・拘禁されることがないことを規定し、刑訴法39条1項は、この趣旨にのつとり、身体の拘束を受けている被疑者・被告人は、弁護人又は弁護人となろうとする者（以下『弁護人等』という。）と立会人なしに接見し、書類や物の授受をすることができると規定する。この弁護人等との接見交通権は、身体を拘束された被疑者が弁護人の援助を受けることができるための刑事手続上最も重要な基本的権利に属するものであるとともに、弁護人からいえばその固有権の最も重要なものの一つであることはいうまでもない。……**弁護人等の接見交通権が前記のように憲法の保障に由来するものであることにかんがみれば、……被疑者が防禦の準備をする権利を不当に制限することは許されるべきではない**」としている（杉山事件：最判昭53.7.10）。したがって、憲法は、接見交通の機会までも実質的に保障するものといえる。

11 ✗ 　判例は、「憲法37条1項の保障する迅速な裁判をうける権利は、憲法の保障する基本的な人権の一つであり、右条項は、単に迅速な裁判を一般的に保障するために必要な立法上および司法行政上の措置をとるべきことを要請するにとどまらず、さらに個々の刑事事件について、現実に右の保障に明らかに反し、**審理の著しい遅延の結果、迅速な裁判をうける被告人の権利が害せられたと認められる異常な事態が生じた場合**には、これに対処すべき**具体的規定がなくても**、もはや当該被告人に対する手続の続行を許さず、**その審理を打ち切るという非常救済手段がとられるべきことをも認めている趣旨の規定である**」としている（高田事件：最大判昭47.12.20）。

R3-4-2

12 憲法は、住居、書類および所持品について侵入、捜索および押収を受けることのない権利を定めるが、その保障対象には、住居、書類および所持品に限らずこれらに準ずる私的領域に侵入されることのない権利が含まれる。

R4-5-4

13 不利益供述の強要の禁止に関する憲法の保障は、純然たる刑事手続においてばかりだけでなく、それ以外にも、実質上、刑事責任追及のための資料の取得収集に直接結びつく作用を一般的に有する手続には、等しく及ぶ。

R4-5-5

14 不正な方法で課税を免れた行為について、これを犯罪として刑罰を科すだけでなく、追徴税（加算税）を併科することは、刑罰と追徴税の目的の違いを考慮したとしても、実質的な二重処罰にあたり許されない。

Chapter 6 受益権・社会権・参政権　総合テキスト ▶▶▶ Chapter 7

R5-4-1

1 憲法は何人に対しても平穏に請願する権利を保障しているので、請願を受けた機関はそれを誠実に処理せねばならず、請願の内容を審理および判定する法的義務が課される。

H30-5-3

2 憲法25条2項は、社会的立法および社会的施設の創造拡充により個々の国民の生活権を充実すべき国の一般的責務を、同条1項は、国が個々の国民に対しそうした生活権を実現すべき具体的義務を負っていることを、それぞれ定めたものと解される。

12 ○　そのとおりである（最大判平29.3.15）。

13 ○　そのとおりである（川崎民商事件：最大判昭47.11.22）。

14 ✕　判例は、「法が追徴税を行政機関の行政手続により租税の形式により課すべきものとしたことは追徴税を課せらるべき納税義務違反者の行為を犯罪とし、これに対する刑罰として、これを課する趣旨でないこと明らかである。追徴税のかような性質にかんがみれば、**憲法39条の規定は刑罰たる罰金と追徴税とを併科することを禁止する趣旨を含むものでない**と解するのが相当である」としている（法人税額更正決定取消等請求事件：最大判昭33.4.30）。

1 ✕　憲法は、何人に対しても平穏に請願する権利を保障している（16条）。さらに、請願を受けた機関は、それを誠実に処理すべきものとされている（請願法5条）。なお、受理機関には請願を受理しなければならない義務はあっても、**請願の内容を審理・判定する法的義務はない**と解されている。

2 ✕　判例は、「同条〔憲法25条〕2項は『国は、すべての生活部面について、社会福祉、社会保障及び公衆衛生の向上及び増進に努めなければならない。』と規定しているが、この規定が、同じく福祉国家の理念に基づき、社会的立法及び社会的施設の創造拡充に努力すべきことを国の責務として宣言したものであること、そして、同条〔憲法25条〕1項は、国が個々の国民に対して具体的・現実的に右のような義務を有することを規定したものではなく、同条2項によつて国の責務であるとされている社会的立法及び社会的施設の創造拡充により個々の国民の具体的・現実的な生活権が設定充実されてゆくものである」としている（堀木訴訟：最大判昭57.7.7）。

51

R5-4-3

3 憲法が保障する裁判を受ける権利は、刑事事件においては裁判所の裁判によらなければ刑罰を科せられないことを意味しており、この点では自由権的な側面を有している。

H30-5-1

4 憲法が保障する「健康で文化的な最低限度の生活」を営む権利のうち、「最低限度の生活」はある程度明確に確定できるが、「健康で文化的な生活」は抽象度の高い概念であり、その具体化に当たっては立法府・行政府の広い裁量が認められる。

H30-5-2

5 行政府が、現実の生活条件を無視して著しく低い基準を設定する等、憲法および生活保護法の趣旨・目的に反し、法律によって与えられた裁量権の限界を越えた場合または裁量権を濫用した場合には、違法な行為として司法審査の対象となり得る。

H30-5-4

6 現になされている生活保護の減額措置を行う場合には、生存権の自由権的側面の侵害が問題となるから、減額措置の妥当性や手続の適正さについて、裁判所は通常の自由権の制約と同様の厳格な審査を行うべきである。

R6-5-4

7 国民の教育を受ける権利を定める憲法規定の背後には、みずから学習することのできない子どもは、その学習要求を充足するための教育を自己に施すことを大人一般に対して要求する権利を有するとの観念が存在している。

3 ⭕ 憲法が保障する裁判を受ける権利は、刑事事件においては裁判所の裁判によらなければ刑罰を科せられないことを意味しており（憲法32条、37条1項参照）、この点では、自由権的な側面を有しているといえる。

関連

4 ❌ 判例は、「健康で文化的な最低限度の生活なるものは、抽象的な相対的概念であり、その具体的内容は、文化の発達、国民経済の進展に伴つて向上するのはもとより、多数の不確定的要素を総合考量してはじめて決定できるものである。したがつて、何が健康で文化的な最低限度の生活であるかの認定判断は、いちおう、厚生大臣の合目的的な裁量に委されており、その判断は、当不当の問題として政府の政治責任が問われることはあつても、直ちに違法の問題を生ずることはない」としている（朝日訴訟：最大判昭42.5.24）。

5 ⭕ 判例は、「現実の生活条件を無視して著しく低い基準を設定する等憲法および生活保護法の趣旨・目的に反し、法律によつて与えられた裁量権の限界をこえた場合または裁量権を濫用した場合には、違法な行為として司法審査の対象となることをまぬかれない」としている（朝日訴訟）。

6 ❌ 生活保護法に基づく生活扶助につきこれまで認められていた70歳以上の高齢者を対象とする老齢加算額が減額され、最終的に老齢加算制度が廃止されたことに伴って生活保護変更決定を受けた者が処分の取消しを求めた訴訟において、判例は、老齢加算の減額・廃止措置の妥当性や手続の適正さについて、厳格な審査は行わず、老齢加算の減額・廃止措置の判断は、厚生労働大臣に専門技術的かつ政策的な裁量権が認められるとしている（老齢加算廃止訴訟：最判平24.2.28参照）。

7 ⭕ 判例は、「26条の規定の背後には、国民各自が、一個の人間として、また、一市民として、成長・発達し、自己の人格を完成・実現するために必要な学習をする固有の権利を有すること、特に子どもは、その学習要求を充足するための教育を自己に施すことを大人一般に対して要求する権利を有するとの観念が存在している」としている（旭川学テ事件：最大判昭51.5.21）。

R6-5-1

8 義務教育は無償とするとの憲法の規定は、授業料不徴収を意味しており、それ以外に、教科書、学用品その他教育に必要な一切の費用を無償としなければならないことまでも定めたものと解することはできない。

H20-4-3

9 労働基本権に関する憲法上の規定は、国の責務を宣言するもので、個々の国民に直接に具体的権利を付与したものではなく、国の立法措置によってはじめて具体的権利が生じる。

H24-7-1

10 組合員の生活向上のために、統一候補を決定し、組合を挙げてその選挙運動を推進することなども労働組合の活動として許されるので、組合の方針に反し対立候補として立候補した組合員を統制違反者として処分することも許される。

H24-7-2

11 労働者の権利利益に直接関係する立法や行政措置を促進し、またはこれに反対する活動は、政治活動としての一面をもち、組合員の政治的思想・見解等とも無関係ではないが、労働組合の目的の範囲内の活動とみることができるので、組合員に費用負担などを求めることも許される。

8 ⭘ 　判例は、「義務教育に要する一切の費用は、当然国がこれを負担しなければならないものとはいえない……。憲法26条2項後段の意義は、国が義務教育を提供するにつき有償としないこと、換言すれば、子女の保護者に対しその子女に普通教育を受けさせるにつき、その対価を徴収しないことを定めたものであり、教育提供に対する対価とは授業料を意味するものと認められるから、同条項の無償とは授業料の不徴収と解するのが相当である」としている（教科書代金負担請求訴訟：最大判昭39.2.26）。

9 ✕ 　判例は、「28条は、いわゆる労働基本権、すなわち、勤労者の団結する権利および団体交渉その他の団体行動をする権利を保障している」と判示している（全逓東京中郵判決：最大判昭41.10.26）。

10 ✕ 　判例によれば、労働組合が、地方議会議員の選挙にあたり、いわゆる統一候補を決定し、組合を挙げて選挙運動を推進している場合において、統一候補の選にもれた組合員が、組合の方針に反して立候補しようとするときは、これを断念するよう勧告又は説得することは許されるが、その域を超えて、立候補を取りやめることを要求し、これに従わないことを理由に統制違反者として処分することは、組合の統制権の限界を超えるものとして許されない（三井美唄炭鉱労組事件：最大判昭43.12.4）。

11 ⭘ 　判例によれば、労働組合の政治的活動について、これと異なる政治的思想、見解、判断等を持つ個々の組合員に対して協力を義務づけることは、原則として許されない。ただし、労働者の権利利益に直接関係する立法や行政措置の促進又は反対のためにする活動については、組合員の政治的思想、見解、判断等と全く無関係ではあり得ないが、それとの関連性は稀薄であり、むしろ組合員個人の政治的立場の相違を超えて労働組合本来の目的を達成するための広い意味における経済的活動であるとみられるものであって、このような活動について組合員の協力を要求しても、その政治的自由に対する制約の程度は極めて軽微なものということができるから、このような活動については、労働組合の自主的な政策決定が優先され、組合員の費用負担を含む協力義務が認められる（最判昭50.11.28）。

憲法

part 2 人権

chap 6 受益権・社会権・参政権

55

知識を整理

📊 図表 1 外国人の人権

参政権	国政レベルの選挙権は、国民主権の原理（憲法前文 1 項、1 条）に照らし、外国人には保障されない。地方選挙に関しても、保障されない点は同様だが、憲法第 8 章の地方自治に関する規定の趣旨に照らし、法律をもって選挙権を付与する措置を講ずることは、憲法上禁止されない（定住外国人地方参政権事件：最判平 7.2.28　許容説）。
公権力行使等地方公務員への任用	合理的な理由に基づいて日本国民である職員と在留外国人である職員とを区別するものであり、上記の措置は、憲法 14 条 1 項に違反するものではないと解するのが相当である（最大判平 17.1.26）。
入国の自由	外国人には保障されない（最大判昭 32.6.19）。なぜならば、自国の安全と福祉に危害を及ぼすおそれがある外国人の入国を拒否することは、国際慣習法上、主権の属性として、国家の裁量に委ねられているからである。
出国の自由	外国人に保障されないと解する理由はないから、22 条 2 項によって保障される（最大判昭 32.12.25）。
再入国の自由	入国の自由や在留権が保障されないこととの均衡から、保障されない（森川キャサリーン事件：最判平 4.11.16）。
政治活動の自由	我が国の政治的意思決定又はその実施に影響を及ぼす活動等外国人の地位にかんがみこれを認めることが相当でないと解されるものを除き、その保障が及ぶ。 もっとも、在留期間中の憲法の基本的人権の保障を受ける行為を在留期間の更新の際に消極的な事情として斟酌されないことまでの保障が与えられているものと解することはできない（マクリーン事件：最判昭 53.10.4）。
指紋押捺を強制されない自由	我が国に在留する外国人にも等しく及ぶと解される。 もっとも、指紋押捺制度を定めた外国人登録法の規定が憲法 13 条に違反するものではない（指紋押捺事件：最判平 7.12.15）。
社会権	社会保障上の施策において在留外国人をどのように処遇するかについては、国の政治的判断に委ねられているから、限られた財源の下で福祉的給付を行うにあたり、自国民を在留外国人より優先的に扱うことも許される（塩見訴訟：最判平元.3.2）。

📊 図表 2 検閲の該当性

	税関検査	教科書検定	北方ジャーナル
結　論	非該当	非該当	非該当
事案の特殊性	国外ですでに発表済み	一般図書として販売できる	行政権が主体ではない

Part 3 統 治

Chapter 1 国 会

総合テキスト ▶▶▶ Chapter 8

H25-5-1

1 アメリカでは、国会議員と執行府の長の双方が国民によって直接選挙されるが、権力分立の趣旨を徹底するために、大統領による議会の解散と議会による大統領の不信任のメカニズムが組み込まれている。

H25-5-3

2 伝統的には、議会の立法権の本質は、国民に権利・利益を付与する法規範の制定であると考えられてきたが、行政国家化の進展とともに、国民の権利を制限したり義務を課したりするという側面が重視されるようになった。

H25-5-4

3 一般性・抽象性を欠いた個別具体的な事件についての法律（処分的法律）であっても、権力分立の核心を侵さず、社会国家にふさわしい実質的・合理的な取扱いの違いを設定する趣旨のものであれば、必ずしも権力分立や平等原則の趣旨に反するものではないとの見解も有力である。

H25-5-2

4 政党が政治において主導的役割を演じる政党国家化が進むと、議院内閣制の国では議会の多数党が内閣を組織するようになり、内閣不信任案の可決という形での議会による内閣の責任追及の仕組みが、一般には、より実効的に機能するようになった。

登場人物のひっかけ

統治分野において、繰り返し出題されているのが、登場人物をすり替えるというひっかけです。例えば、憲法50条では、「両議院の議員は、……国会の会期中逮捕されず」と規定していますが、この「両議院の議員」を「国務大臣」にすり替えたうえで誤りの選択肢が作られていることが多いのです。条文を素読する際には、「誰に関する規定なのか」を意識しましょう。

1 ✘　一般に、大統領制においては、大統領と議会との相互の抑制・均衡が重視され、両者は厳格に分離した関係にあるとされるため、**任期途中に大統領が議会の不信任決議によって辞職するということはなく、また、議会が大統領によって解散されるということもない。**

2 ✘　伝統的に、**議会の立法権の本質は、国民の権利・自由を直接に制限し、義務を課す法規範である**と考えられてきた。これは、一般的な法規範のうち、少なくとも国民の自由や財産の制限に関する法規範の定立は議会に留保するというものである。他方で、行政国家化の進展とともに、**社会的・経済的弱者の保護という観点から、行政による積極的な配慮を求めることのできる権利（社会権等）が重視**されるようになっている。

3 ⭕　通説的見解によれば、「法規」の要件として、法律の受範者が不特定多数であり（一般性）、その規律する事件が不特定多数であること（抽象性）が挙げられる。このような通説的見解からは、本問のような一般性・抽象性を欠いた個別具体的な事件についての法律（いわゆる措置立法等）の合憲性などが問題となり得る。この点については、本問のような要件を満たす法律であれば、権力分立や平等原則の趣旨に反せず、合憲であるとする有力な見解がある。

4 ✘　議院内閣制を採用する国家において、いわゆる政党国家化が進み、議会の多数党が内閣を組織するようになった場合、**一般には、議会と内閣とが対抗するという関係は希薄になる**ため、内閣不信任案の可決という形での議会による内閣の責任追及の仕組みが実効的に機能するようになるとはいえない。

R3-6-1

5 憲法で、国会が国の「唯一の」立法機関であるとされるのは、憲法自身が定める例外を除き、内閣の法案提出権を否定し（国会中心立法の原則）、かつ、議員立法の活性化を求めること（国会単独立法の原則）を意味すると解されている。

R3-6-2

6 憲法で、国会が国の「唯一の」立法機関であるとされるのは、憲法自身が定める例外を除き、国権の最高機関は国会であり（国会中心立法の原則）、かつ、内閣の独立命令は禁止されること（国会単独立法の原則）を意味すると解されている。

R3-6-3

7 憲法で、国会が国の「唯一の」立法機関であるとされるのは、憲法自身が定める例外を除き、法律は国会の議決のみで成立し（国会単独立法の原則）、かつ、天皇による公布を要しないこと（国会中心立法の原則）を意味すると解されている。

R3-6-4

8 憲法で、国会が国の「唯一の」立法機関であるとされるのは、憲法自身が定める例外を除き、国会が立法権を独占し（国会中心立法の原則）、かつ、法律は国会の議決のみで成立すること（国会単独立法の原則）を意味すると解されている。

R3-6-5

9 憲法で、国会が国の「唯一の」立法機関であるとされるのは、憲法自身が定める例外を除き、国権の最高機関は国会であり（国会中心立法の原則）、かつ、立法権の委任は禁止されること（国会単独立法の原則）を意味すると解されている。

H20-6-1

10 「各都道府県の知事・副知事その他知事の任命する職員が参議院議員となる。」という制度を設けることは、最高裁判所の判例を前提とした場合、憲法改正は必要ではない。

5 ✘ 　憲法41条にいう「唯一」とは、（1）国会中心立法の原則と、（2）国会単独立法の原則を意味している。（1）**国会中心立法の原則とは、憲法で定める例外（各議院規則、裁判所規則）を除いては、国会以外による立法を認めない原則**である。行政による命令の形での立法を許さない趣旨と考えられるが、個別的・具体的な委任がある委任立法の場合は、国会による民主的コントロールが及ぶため許容されると解されている。また、（2）**国会単独立法の原則とは、憲法で定める例外（95条の住民投票）を除いては、国会以外の機関が関与することなく、国会の議決だけで法律が成立するという原則**である。内閣の法案提出権は立法に対する内閣の関与にみえるが、国会が自由に修正・否決できるため許容されると解されている。

---

6 ✘ 　設問5の解説参照。

---

7 ✘ 　設問5の解説参照。

---

8 ⭕ 　設問5の解説参照。

---

9 ✘ 　設問5の解説参照。

---

10 ✘ 　両議院は、**全国民を代表する選挙された議員でこれを組織**する（43条1項）。また、**国会議員は、国民の選挙によって選ばれなければならない**（15条1項、3項参照）。したがって、各都道府県の知事・副知事その他知事の任命する職員が参議院議員となることは、憲法43条1項等に違反するから、その改革には憲法改正が必要となる。

B
□□□
H20-6-5

11 「政党による立候補者名簿の届出が不可能な選挙制度にする。」という制度を設けることは、最高裁判所の判例を前提とした場合、憲法改正は必要ではない。

B
□□□
R1-3-1

12 衆参両議院の比例代表選出議員に欠員が出た場合、当選順位に従い繰上補充が行われるが、名簿登載者のうち、除名、離党その他の事由により名簿届出政党等に所属する者でなくなった旨の届出がなされているものは、繰上補充の対象とならない。

B
□□□
R5-5-1

13 衆議院比例代表選出議員または参議院比例代表選出議員について、名簿を届け出た政党から、除名、離党その他の事由により当該議員が政党に所属する者でなくなった旨の届出がなされた場合、当該議員は当選を失う。

A
□□□
R6-6-3

14 同時に行われる二つの選挙に同一の候補者が重複して立候補することを認めるか否かは、国会が裁量により決定することができる事項であり、衆議院議員選挙で小選挙区選挙と比例代表選挙との重複立候補を認める制度は憲法に違反しない。

A
□□□
R6-6-4

15 政党を媒体として国民の政治意思を国政に反映させる名簿式比例代表制を採用することは国会の裁量に属し、名簿登載者個人には投票したいがその属する政党には投票したくないという意思を認めない非拘束名簿式比例代表制もまた同様である。

A
□□□
R6-6-5

16 参議院の比例代表選出議員について、政党が優先的に当選者となるべき候補者を定めることができる特定枠制度は、選挙人の総意によって当選人が決定される点で、選挙人が候補者個人を直接選択して投票する方式と異ならず、憲法に違反しない。

11 〇 　政党による立候補者の届出を保障する憲法上の規定はない。したがって、政党による立候補者名簿の届出が不可能な選挙制度にする改革について、憲法改正は必要でない。

12 〇 　衆参両議院の比例代表選出議員に欠員が出た場合について、公職選挙法112条2項、4項で、当選順位に従い繰上補充が行われることが規定されている。そして、同条7項が準用する98条3項前段は、「……衆議院名簿登載者又は参議院名簿登載者で、当選人とならなかつたものにつき除名、離党その他の事由により当該衆議院名簿届出政党等又は参議院名簿届出政党等に所属する者でなくなつた旨の届出が、……選挙長にされているときは、これを当選人と定めることができない。」と規定している。

13 ✗ 　公職選挙法99条の2第1項は、「衆議院（比例代表選出）議員の選挙における当選人……は、その選挙の期日以後において、当該当選人が衆議院名簿登載者であつた衆議院名簿届出政党等以外の政党その他の政治団体で、当該選挙における衆議院名簿届出政党等であるもの……に所属する者となつたときは、当選を失う。」と規定している。所属政党を離れて無所属となった場合や、選挙時には存在しなかった新たな政党等に所属した場合、当該議員は当選を失わない。

14 〇 　そのとおりである（最判平13.12.18）。

15 〇 　そのとおりである（最大判平16.1.14）。

16 〇 　そのとおりである（最判令2.10.23）。

R6-7-1

17 両議院の議員には国庫から相当額の歳費を受ける権利が保障されており、議員全員を対象とした一律の措置としてであっても、議員の任期の途中に歳費の減額を行うことはできない。

H24-4-2

18 両議院の議員は、法律の定める場合を除いては、国会の会期中逮捕されず、会期前に逮捕された議員は、開会後直ちにこれを釈放しなければならない。

R1-3-2

19 両議院の議員は、国会の会期中逮捕されないとの不逮捕特権が認められ、憲法が定めるところにより、院外における現行犯の場合でも逮捕されない。

R6-7-2

20 両議院の議員は、国会の会期中は、法律の定める場合を除いては逮捕されることがなく、また所属する議院の同意がなければ訴追されない。

H24-4-4

21 国務大臣は、議院で行った演説、討論又は表決について、院外で責任を問われない。

H28-5-3改

22 「両議院の議員は、議院で行った演説、討論または表決について、院外で責任を問われない」という記述は、憲法上明文で規定されていない。

17 ✗ 　憲法49条は、「両議院の議員は、法律の定めるところにより、国庫から相当額の歳費を受ける。」と規定しており、両議院の議員には、歳費受領権が認められている。もっとも、**本問後段のような規定はない。**なお、**裁判官の場合は国会議員とは異なり、在任中減額することができない旨が憲法上明記されている**（79条6項、80条2項）。

18 ✗ 　憲法上、「両議院の議員は、法律の定める場合を除いては、国会の会期中逮捕されず、会期前に逮捕された議員は、**その議院の要求があれば、会期中これを釈放しなければならない。**」と規定されており（50条）、本問のように、会期前に逮捕された議員について「開会後直ちにこれを釈放しなければならない」とは規定されていない。

関連

19 ✗ 　憲法50条は、「両議院の議員は、法律の定める場合を除いては、国会の会期中逮捕されず、会期前に逮捕された議員は、その議院の要求があれば、会期中これを釈放しなければならない。」と規定しており、これを受けて、国会法33条は、「各議院の議員は、**院外における現行犯罪の場合を除いては、会期中その院の許諾がなければ逮捕されない。**」と規定している。

20 ✗ 　憲法50条は、「両議院の議員は、法律の定める場合を除いては、国会の会期中逮捕されず、会期前に逮捕された議員は、その議院の要求があれば、会期中これを釈放しなければならない。」と規定している。そして、同条の「法律の定める場合」とは、院外における現行犯の場合や院による許諾があった場合を指す（国会法33条、34条参照）。もっとも、**国会の会期中であっても訴追することは可能**（憲法75条参照）である。したがって、本問は、議院の同意がなければ訴追されないとしている点で誤りである。

21 ✗ 　憲法上、本問のような規定はない。なお、本問のように、「議院で行った演説、討論又は表決について、院外で責任を問われない」と**規定されているのは、両議院の議員である**（51条）。

比較

22 ✗ 　憲法51条は、「**両議院の議員は、**議院で行つた演説、討論又は表決について、**院外で責任を問はれない。**」と規定している。

R6-7-3

23 両議院の議員には、議院で行った演説、討論、表決について免責特権が認められているが、議場外の行為については、議員の職務として行ったものであっても、免責の対象とならない。

R4-6-3

24 参議院の緊急集会は、衆議院の解散により国会が閉会している期間に、参議院の総議員の4分の1以上の要求があった場合、内閣によりその召集が決定される。

R6-7-4

25 参議院の緊急集会は、衆議院の解散中に開催されるものであるが、その際にも、議員に不逮捕特権や免責特権の保障が及ぶ。

R5-5-2

26 議員の資格争訟の裁判は、国権の最高機関である国会に認められた権能であるから、両院から選出された国会議員による裁判の結果、いずれかの議院の議員が議席を失った場合には、議席喪失の当否について司法審査は及ばない。

H28-5-4改

27 「両議院は、各々その総議員の3分の1以上の出席がなければ、議事を開き議決することができない」という記述は、憲法上明文で規定されていない。

H28-5-1改

28 「出席議員の5分の1以上の要求があれば、各議員の表決は、これを会議録に記載しなければならない」という記述は、憲法上明文で規定されていない。

H28-5-5改

29 「衆議院で可決し、参議院でこれと異なった議決をした法律案は、衆議院で出席議員の3分の2以上の多数で再び可決したときは、法律となる」という記述は、憲法上明文で規定されていない。

23 ✕ 憲法51条は、「両議院の議員は、議院で行つた演説、討論又は表決について、院外で責任を問はれない。」と規定している。そして、免責特権の対象となる行為について、院内における議員の演説・討論・表決の自由を最大限に保障しようとする免責特権の沿革的趣旨から、国会議員の職務遂行に付随する行為をも当然に含むと解されている。

24 ✕ 憲法54条2項は、「衆議院が解散されたときは、参議院は、同時に閉会となる。但し、内閣は、国に緊急の必要があるときは、参議院の緊急集会を求めることができる。」と規定している。したがって、参議院の総議員の4分の1以上の要求があった場合に、その召集が決定されるわけではない。

25 ◯ 憲法54条2項本文は、「衆議院が解散されたときは、参議院は、同時に閉会となる。」と規定している。しかし、衆議院の総選挙が行われ特別会が召集されるまでの間に、緊急事態に対処する必要が生じる場合があり得る。そこで、憲法は、参議院の緊急集会を定めている（同項ただし書、3項）。緊急集会は国会の権能を代行するものであるため、開催中の参議院議員には不逮捕特権（50条）や免責特権（51条）が認められる。

26 ✕ 議員の資格争訟の裁判は、議院の権能である（55条）。なお、資格争訟の裁判の結果、議員が議席を失った場合、議席喪失の当否につき、司法審査は及ばない。

27 ✕ 憲法56条1項は、「両議院は、各々その総議員の3分の1以上の出席がなければ、議事を開き議決することができない。」と規定している。

28 ✕ 憲法57条3項は、「出席議員の5分の1以上の要求があれば、各議員の表決は、これを会議録に記載しなければならない。」と規定している。

29 ✕ 憲法59条2項は、「衆議院で可決し、参議院でこれと異なつた議決をした法律案は、衆議院で出席議員の3分の2以上の多数で再び可決したときは、法律となる。」と規定している。

H21-7-3

30 衆議院で可決された法律案を参議院が否決した場合には、両院協議会を必ずしも開かなくてもよい。

H21-7-1

31 衆議院が先議した予算について参議院が異なった議決を行った場合には、両院協議会を必ずしも開かなくてもよい。

H21-7-4

32 衆議院が承認した条約を参議院が承認しない場合には、両院協議会を必ずしも開かなくてもよい。

H21-7-2

33 内閣総理大臣の指名について衆参両院が異なった議決を行った場合には、両院協議会を必ずしも開かなくてもよい。

Chapter 2　内　閣

総合テキスト ▶▶▶ Chapter 9

H29-5-2

1 憲法は明文で、閣議により内閣が職務を行うべきことを定めているが、閣議の意思決定方法については規定しておらず、慣例により全員一致で閣議決定が行われてきた。

R5-5-3

2 閣議による内閣の意思決定は、慣例上全員一致によるものとされてきたので、これを前提にすれば、衆議院の解散の決定にあたり反対する大臣がいるような場合には、当該大臣を罷免して内閣としての意思決定を行うことになる。

30 〇 　衆議院で可決し、参議院でこれと異なった議決をした法律案は、衆議院で出席議員の3分の2以上の多数で再び可決したときは、法律となる（59条2項）。そして、この場合においては、衆議院が、両院協議会を開くことを求めることを妨げないと規定されており、**両院協議会の開催は任意的**である（同条3項）。

図表

31 ✕ 　衆議院が先議した予算について、参議院で衆議院と異なった議決をした場合は、**両院協議会を開かなければならず**、両院協議会で意見が一致しないときは、衆議院の議決が国会の議決とされる（60条2項）。

関連

32 ✕ 　条約の締結に必要な国会の承認については、予算についての国会の議決に関する規定が準用されており（61条・60条2項）、本問の場合、**両院協議会を必ず開かなければならない。**

33 ✕ 　内閣総理大臣の指名について、衆議院と参議院とが異なった議決をした場合は、**両院協議会を開かなければならず**、両院協議会で意見が一致しないときは、衆議院の議決が国会の議決とされる（67条2項）。

1 ✕ 　**憲法上、「閣議により内閣が職務を行うべきこと」は定められておらず**、内閣法4条1項において、「内閣がその職権を行うのは、閣議によるものとする。」と規定されている。なお、閣議の議事に関する原則については、憲法及び法令に規定はなく、**慣例に従って運用されており、閣議決定は、全会一致をもって行うものとされている。**

関連

2 〇 　閣議については、議事に関する特別の規定はなく、すべて慣習によるとされており、議事は全会一致で決められるとされている。また、**内閣総理大臣は、任意に国務大臣を罷免することができる**（憲法68条2項）。したがって、閣議決定が全員一致によることを前提とするのであれば、内閣総理大臣は、反対する大臣を罷免して、内閣としての意思決定を行うことになる。

3 内閣の存立は衆議院の信任に依存するので、内閣は行政権の行使について、参議院に対しては連帯責任を負わない。

H29-5-5

4 国務大臣は、裁判により、心身の故障のために職務を執ることができないと決定された場合を除いては、問責決議によらなければ罷免されない。

H24-4-5

5 内閣総理大臣は、国会の同意を得て国務大臣を任命するが、その過半数は国会議員でなければならない。

H29-5-1

6 内閣総理大臣が欠けたとき、内閣は総辞職をしなければならないが、この場合の内閣は、あらたに内閣総理大臣が任命されるまで引き続きその職務を行う。

R4-6-4

7 内閣は、事前に、時宜によっては事後に、国会の承認を経て条約を締結するが、やむを得ない事情があれば、事前または事後の国会の承認なく条約を締結できる。

R4-6-1

8 内閣は、国会が閉会中で法律の制定が困難な場合には、事後に国会の承認を得ることを条件に、法律にかわる政令を制定することができる。

R4-6-2

9 「内閣は、法律案を作成し、国会に提出して、その審議を受け議決を経なければならない」という記述は、憲法上明文で規定されていない。

H28-5-2改

3 ✕　憲法66条3項は、「内閣は、行政権の行使について、**国会に対し連帯して責任を負ふ。**」と規定している。ここでいう「国会」とは、衆議院及び参議院の両議院を指し、内閣は各議院に対して責任を負うものとされる。

4 ✕　憲法上、**本問のような規定はない**。なお、憲法上、国務大臣の罷免に関しては、「内閣総理大臣は、任意に国務大臣を罷免することができる。」と規定されている（68条2項）。また、**裁判官の身分保障**について、「裁判官は、裁判により、**心身の故障のために職務を執ることができないと決定された場合を除いては**、公の弾劾によらなければ**罷免されない**。」と規定されている（78条前段）。

5 ✕　憲法68条1項は、「**内閣総理大臣は、国務大臣を任命する**。但し、その過半数は、国会議員の中から選ばれなければならない。」と規定しており、国務大臣の任命について国会の同意を得ることは必要とされていない。

6 ○　そのとおりである（70条、71条）。

7 ✕　憲法73条柱書は、「内閣は、他の一般行政事務の外、左の事務を行ふ。」と規定しており、同条3号は、「条約を締結すること。但し、**事前に、時宜によつては事後に、国会の承認を経ることを必要**とする。」と規定している。したがって、やむを得ない事情があったとしても、事前又は事後の国会の承認なく条約を締結することはできない。

8 ✕　憲法73条は、「内閣は、他の一般行政事務の外、左の事務を行ふ。」と規定しており、同条6号本文は、「**この憲法及び法律の規定を実施するために、政令を制定すること。**」と規定している。法律の制定が困難な場合に、法律にかわる政令を制定することができる旨の規定はない。

9 ○　本問は、憲法上明文で規定されていない。なお、**内閣法5条**は、「内閣総理大臣は、内閣を代表して**内閣提出の法律案**、予算その他の議案を国会に**提出**し、一般国務及び外交関係について国会に報告する。」と規定している。

H29-5-4

10 法律および政令には、その執行責任を明確にするため、全て主任の国務大臣が署名し、内閣総理大臣が連署することを必要とする。

H24-4-1

11 国務大臣は、その在任中、内閣総理大臣の同意がなければ、訴追されない。

H29-5-3

12 内閣の円滑な職務遂行を保障するために、憲法は明文で、国務大臣はその在任中逮捕されず、また在任中は内閣総理大臣の同意がなければ訴追されない、と規定した。

Chapter 3 裁判所

総合テキスト ▶▶▶ Chapter 10

H27-6-1

1 最高裁判所の判例によれば、具体的な権利義務ないしは法律関係に関する紛争であっても、信仰対象の価値または教義に関する判断が前提問題となる場合には、法令の適用による解決には適さず、裁判所の審査は及ばない。

H19-5-2

2 法律が、国会の両議院によって議決を経たものとされ、適法な手続によって公布されている場合、裁判所は両院の自主性を尊重して、法律制定の際の議事手続の瑕疵について審理しその有効無効を判断するべきではない。

R2-6-2

3 内閣による衆議院の解散は、高度の政治性を有する国家行為であるから、解散が憲法の明文規定に反して行われるなど、一見極めて明白に違憲無効と認められる場合を除き、司法審査は及ばないとするのが判例である。

10 ◯ そのとおりである（憲法74条）。これは、法律の執行や政令の制定・執行について、その責任の所在を明らかにする趣旨であるとされる。

11 ◯ そのとおりである（75条本文）。

関連

12 ✗ 憲法75条本文は、「国務大臣は、その在任中、内閣総理大臣の同意がなければ、訴追されない。」と規定しているが、憲法上、「国務大臣はその在任中逮捕されない」旨の規定はない。

1 ◯ 訴訟が具体的な権利義務ないし法律関係に関する紛争の形式をとっており、信仰の対象の価値ないし宗教上の教義に関する判断は請求の当否を決するについての前提問題にとどまるものとされていても、それが訴訟の帰すうを左右する必要不可欠のものであり、紛争の核心となっている場合には、その訴訟は、「法律上の争訟」にあたらず、裁判所の審判の対象となり得ない（板まんだら事件：最判昭56.4.7）。

2 ◯ 警察法が、両院において議決を経たものとされ適法な手続によって公布されている以上、裁判所は両院の自主性を尊重すべく同法制定の議事手続に関する事実を審理してその有効無効を判断すべきでないため（警察法改正無効事件：最大判昭37.3.7）、裁判所の法令審査権は、国会の両院における法律制定の際の議事手続の瑕疵には及ばない。

関連

3 ✗ 衆議院解散の効力が争われた事件において、判例は、「かかる国家行為は裁判所の審査権の外にあり、その判断は主権者たる国民に対して政治的責任を負うところの政府、国会等の政治部門の判断に委され、最終的には国民の政治判断に委ねられている」としている（苫米地事件：最大判昭35.6.8）。本問は、一見極めて明白に違憲無効と認められる場合を除く、という留保を付けている点が、誤りである。

H27-6-3

4 最高裁判所の判例によれば、衆議院の解散は高度の政治性を伴う国家行為であって、その有効無効の判断は法的に不可能であるから、そもそも法律上の争訟の解決という司法権の埒外にあり、裁判所の審査は及ばない。

R1-3-3

5 両議院には憲法上自律権が認められており、所属議員への懲罰については司法審査が及ばないが、除名処分については、一般市民法秩序と関連するため、裁判所は審査を行うことができる。

R6-7-5

6 議院が所属議員に科した懲罰には、議院自律権の趣旨から司法審査は及ばないのが原則であるが、除名に関しては、手続の適正さについて審査が及ぶとするのが最高裁判所の判例である。

司法権の限界

　法律上の争訟とは、①当事者間の具体的な権利義務ないし法律関係の存否に関する紛争であって、かつ、②それが法令の適用により終局的に解決することができるものをいいます。裁判所は、法律上の争訟について裁判をしますが、事柄の性質上、裁判所の審査に適しないと認められる場合もあるでしょう。これが司法権の限界の問題です。

4 ✘ いわゆる衆議院の抜き打ち解散の有効性が問題となった事案において、最高裁判所は、衆議院の解散のような「直接国家統治の基本に関する高度に政治性のある国家行為のごときはたとえそれが**法律上の争訟となり、これに対する有効無効の判断が法律上可能である場合であっても**、かかる国家行為は裁判所の**審査権の外にあ」ると判示**しており（苫米地事件：最大判昭35.6.8）、本問のように、「衆議院の解散……の有効無効の判断は法的に不可能であるから、そもそも法律上の争訟の解決という司法権の埓外にあ」るとはしていない。

関連

5 ✘ 憲法58条2項は、「両議院は、各々その会議その他の手続及び内部の規律に関する規則を定め、又、院内の秩序をみだした議員を懲罰することができる。但し、議員を除名するには、出席議員の3分の2以上の多数による議決を必要とする。」と規定している。そして、この懲罰権は、各議院が組織体としての秩序を維持し、その機能の運営を円滑ならしめるために、**議院の自律権の一内容として憲法上明文をもって保障されたものであるから、懲罰の種類を問わず、裁判所の司法審査は及ばない**と解されている。

---

6 ✘ 憲法58条2項は、「両議院は、各々その会議その他の手続及び内部の規律に関する規則を定め、又、院内の秩序をみだした議員を懲罰することができる。但し、議員を除名するには、出席議員の3分の2以上の多数による議決を必要とする。」と規定している。この議決については、議院の自律的な審査に委ねる趣旨から、その結論を裁判所で争うことはできないと解されている。本問のように、**議員の除名に関して「手続の適正さについて審査が及ぶ」とした最高裁判所の判例はない。**

R1-3-4改

7 地方議会の自律権は、議院の自律権とは異なり法律上認められたものにすぎないが、地方議会議員に対する出席停止の懲罰については、議会の自律的な権能に基づいてされたものとして、議会に一定の裁量が認められるべきであるから、裁判所は、その適否を判断することができない。

H27-6-2

8 最高裁判所の判例によれば、大学による単位授与行為（認定）は、純然たる大学内部の問題として大学の自律的判断にゆだねられるべきものであり、一般市民法秩序と直接の関係を有すると認めるにたる特段の事情がない限り、裁判所の審査は及ばない。

H27-6-4

9 最高裁判所の判例によれば、政党の結社としての自律性からすると、政党の党員に対する処分は原則として自律的運営にゆだねるべきであり、一般市民法秩序と直接の関係を有しない内部的問題にとどまる限りは、裁判所の審査は及ばない。

R1-7-1

10 裁判官の身分保障を手続的に確保するため、罷免については国会に設置された弾劾裁判所が、懲戒については独立の懲戒委員会が決定を行う。

R5-5-4

11 最高裁判所の裁判官は、任命後初めて行われる衆議院議員総選挙の際に国民の審査に付されるが、その後、最高裁判所の長官に任命された場合は、任命後最初の衆議院議員総選挙の際に、長官として改めて国民の審査に付される。

7 ✘　判例は、「普通地方公共団体の議会の議員に対する出席停止の懲罰の適否は、司法審査の対象となるというべきである」としている（最大判令2.11.25）。

8 ○　大学による単位授与（認定）行為は、他にそれが一般市民法秩序と直接の関係を有するものであることを肯認するに足りる特段の事情のない限り、純然たる大学内部の問題として大学の自主的、自律的な判断に委ねられるべきものであって、裁判所の司法審査の対象にはならない（富山大学事件：最判昭52.3.15）。

9 ○　政党が党員に対してした処分は、一般市民法秩序と直接の関係を有しない内部的な問題にとどまる限り、裁判所の審判権は及ばない（共産党袴田事件：最判昭63.12.20）。

10 ✘　憲法78条は、「裁判官は……公の弾劾によらなければ罷免されない。裁判官の懲戒処分は、行政機関がこれを行ふことはできない。」と規定している。そして、64条1項は、「国会は、罷免の訴追を受けた裁判官を裁判するため、両議院の議員で組織する弾劾裁判所を設ける。」と規定しているから、罷免については国会に設置された弾劾裁判所が決定を行う。また、裁判所法49条は、「裁判官は、職務上の義務に違反し、若しくは職務を怠り、又は品位を辱める行状があつたときは、別に法律で定めるところにより裁判によつて懲戒される。」と規定している。そして、懲戒を行う実際の裁判手続は裁判官分限法に定められており、懲戒については独立の懲戒委員会が決定を行うとはされていない。

11 ✘　憲法79条2項は、「最高裁判所の裁判官の任命は、その任命後初めて行はれる衆議院議員総選挙の際国民の審査に付し、その後10年を経過した後初めて行はれる衆議院議員総選挙の際更に審査に付し、その後も同様とする。」と規定している。最高裁判所の長官について、本問のような規定はない。

R4-7-3

12 証人尋問の際に、傍聴人と証人との間で遮へい措置が採られても、審理が公開されていることに変わりはないから、裁判の公開に関する憲法の規定には違反しない。

R4-7-1

13 裁判は、公開法廷における対審および判決によらなければならないので、カメラ取材を裁判所の許可の下に置き、開廷中のカメラ取材を制限することは、原則として許されない。

R4-7-5

14 裁判官の懲戒の裁判は行政処分の性質を有するが、裁判官の身分に関わる手続であるから、裁判の公開の原則が適用され、審問は公開されなければならない。

R5-4-5

15 憲法は、裁判は公開の法廷における対審および判決によってなされると定めているが、訴訟の非訟化の趨勢をふまえれば、純然たる訴訟事件であっても公開の法廷における対審および判決によらない柔軟な処理が許されるとするのが判例である。

12 ○　判例は、「証人尋問が公判期日において行われる場合、傍聴人と証人との間で遮へい措置が採られ、あるいはビデオリンク方式によることとされ、さらには、ビデオリンク方式によった上で傍聴人と証人との間で遮へい措置が採られても、審理が公開されていることに変わりはないから、これらの規定〔刑事訴訟法現157条の5第2項等〕は、憲法82条1項、37条1項に違反するものではない」としている（最判平17.4.14）。

13 ✕　判例は、「憲法が裁判の対審及び判決を公開法廷で行うことを規定しているのは、手続を一般に公開してその審判が公正に行われることを保障する趣旨にほかならないのであるから、たとい公判廷の状況を一般に報道するための取材活動であつても、その活動が公判廷における審判の秩序を乱し被告人その他訴訟関係人の正当な利益を不当に害するがごときものは、もとより許されないところであるといわなければならない」としている（北海タイムス事件：最大決昭33.2.17）。したがって、開廷中のカメラ取材を制限することは、原則として許されないわけではない。

14 ✕　憲法82条1項は、「裁判の対審及び判決は、公開法廷でこれを行ふ。」と規定している。同条で公開を要する「裁判」とは、権利義務の存否を確定する「性質上純然たる訴訟事件」をいう（最大決昭35.7.6参照）。裁判官の懲戒は、裁判所が裁判という形式をとるが、その実質においては非訟事件であるため、「性質上純然たる訴訟事件」にはあたらない。したがって、裁判官の懲戒の裁判は、裁判の公開の原則は適用されない。

関連

15 ✕　判例は、「純然たる訴訟事件の裁判については、前記のごとき公開の原則の下における対審及び判決によるべき旨を定めたのであつて、これにより、近代民主社会における人権の保障が全うされるのである。従つて、若し性質上純然たる訴訟事件につき、当事者の意思いかんに拘わらず終局的に、事実を確定し当事者の主張する権利義務の存否を確定するような裁判が、憲法所定の例外の場合を除き、公開の法廷における対審及び判決によつてなされないとするならば、それは憲法82条に違反すると共に、同32条が基本的人権として裁判請求権を認めた趣旨をも没却するものといわねばならない」としている（最大決昭35.7.6）。

Chapter 4 財 政

総合テキスト ▶▶▶ Chapter 12

H22-6-ア

1 国または地方公共団体が、特別の給付に対する反対給付として徴収する金銭は、その形式を問わず、憲法84条に規定する租税に当たる。

H22-6-イ

2 市町村が行う国民健康保険の保険料は、被保険者において保険給付を受け得ることに対する反対給付として徴収されるから、憲法84条は直接適用される。

H22-6-エ

3 市町村が行う国民健康保険の保険料は、租税以外の公課ではあるが、賦課徴収の強制の度合いにおいては租税に類似する性質を有するので、憲法84条の趣旨が及ぶ。

H27-7-1

4 国費の支出は国会の議決に基づくことを要するが、国による債務の負担は直ちに支出を伴うものではないので、必ずしも国会の議決に基づく必要はない。

1 ✗　国又は地方公共団体が、課税権に基づき、その経費にあてるための資金を調達する目的をもって、「特別の給付に対する反対給付としてでなく」、一定の要件に該当するすべての者に対して課する金銭給付は、その形式のいかんにかかわらず、憲法84条に規定する租税に該当する（最大判平18.3.1）。

比較

2 ✗　判例は、市町村が行う国民健康保険の保険料は、被保険者において保険給付を受け得ることに対する反対給付として徴収されるものであり、また、国民健康保険が強制加入とされ、保険料が強制徴収されるのは、保険給付を受ける被保険者をなるべく保険事故を生ずべき者の全部とし、保険事故により生ずる個人の経済的損害を加入者相互において分担すべきであるとする社会保険としての国民健康保険の目的及び性質に由来するものであるとして、保険料に憲法84条の規定が直接に適用されることはないというべきであるとした（最大判平18.3.1）。

3 ○　判例は、「租税以外の公課であっても、賦課徴収の強制の度合い等の点において租税に類似する性質を有するものについては、憲法84条の趣旨が及ぶと解すべきであるが、その場合であっても、租税以外の公課は、租税とその性質が共通する点や異なる点があり、また、賦課徴収の目的に応じて多種多様であるから、賦課要件が法律又は条例にどの程度明確に定められるべきかなどその規律の在り方については、当該公課の性質、賦課徴収の目的、その強制の度合い等を総合考慮して判断すべきものである。」とした。そのうえで同判例は、「市町村が行う国民健康保険は、保険料を徴収する方式のものであっても、強制加入とされ、保険料が強制徴収され、賦課徴収の強制の度合いにおいては租税に類似する性質を有するものであるから、これについても憲法84条の趣旨が及ぶと解すべきである」とした（最大判平18.3.1）。

4 ✗　国費を支出し、又は国が債務を負担するには、国会の議決に基づくことを必要とする（85条）。

H27-7-2

5 予算の提出権は内閣にのみ認められているので、国会は予算を修正することができず、一括して承認するか不承認とするかについて議決を行う。

H24-5-4

6 予見し難い予算の不足に充てるため、国会の議決に基づいて予備費を設け、内閣の責任でこれを支出することができる。

R4-6-5

7 新年度開始までに予算が成立せず、しかも暫定予算も成立しない場合、内閣は、新年度予算成立までの間、自らの判断で予備費を設け予算を執行することができる。

R5-7-4

8 皇室の費用はすべて、予算に計上して国会の議決を経なければならないが、皇室が財産を譲り受けたり、賜与したりするような場合には、国会の議決に基く必要はない。

R5-7-5

9 国の収入支出の決算は、内閣が、毎年そのすべてについて国会の承認の議決を得たうえで、会計検査院に提出し、その審査を受けなければならない。

H27-7-5

10 国の歳出の決算は毎年会計検査院の検査を受けなければならないが、収入の見積もりにすぎない歳入の決算については、会計検査院の検査を受ける必要はない。

5 ✗　内閣は、毎会計年度の予算を作成し、国会に提出して、その審議を受け議決を経なければならない（86条）。したがって、予算の提出権は内閣に認められている。しかし、**国会は、予算を減額修正することができ、また、増額修正も、内閣の予算案提出権を損なわない範囲内において可能**であると解されている。国会は予算を修正することができないとする本問後段は、誤りである。

6 ○　そのとおりである（87条1項）。

7 ✗　憲法87条1項は、「予見し難い予算の不足に充てるため、国会の議決に基づいて予備費を設け、内閣の責任でこれを支出することができる。」と規定しており、同条2項は、「すべて**予備費の支出については、内閣は、事後に国会の承諾を得なければならない。**」と規定している。したがって、内閣が自らの判断で予備費を設けることはできない。

8 ✗　憲法88条後段において、「すべて皇室の費用は、予算に計上して国会の議決を経なければならない。」と規定している。したがって、本問の前段は妥当である。もっとも、8条は、「**皇室に財産を譲り渡し、又は皇室が、財産を譲り受け、若しくは賜与することは、国会の議決に基かなければならない。**」と規定している。よって、後段が誤りである。

関連

9 ✗　憲法90条1項は、「国の収入支出の決算は、**すべて毎年会計検査院がこれを検査**し、内閣は、次の年度に、**その検査報告とともに、これを国会に提出**しなければならない。」と規定している。

10 ✗　**国の収入支出の決算**は、**すべて毎年会計検査院がこれを検査**し、内閣は、次の年度に、その検査報告とともに、これを国会に提出しなければならない（90条1項）。したがって、歳入の決算についても、会計検査院の検査を受けなければならない。

Chapter 5 地方自治

総合テキスト ▶▶▶ Chapter 13

R1-3-5

1 地方議会の議員は、住民から直接選挙されるので、国会議員と同様に免責特権が認められ、議会で行った演説、討論または表決について議会外で責任を問われない。

Chapter 6 憲法改正

総合テキスト ▶▶▶ Chapter 14

H18-6-5

1 憲法改正には限界があり、この憲法が保障する基本的人権を憲法改正手続によって削除することは、論理的に許されないとするのが、通説である。

H29-7-4

2 憲法には最高法規として、国内の法秩序において最上位の強い効力が認められることも多い。日本国憲法も最高法規としての性格を備えるが、判例によれば、国際協調主義がとられているため、条約は国内法として憲法より強い効力を有する。

H29-7-3

3 憲法は、公権力担当者を拘束する規範であると同時に、主権者が自らを拘束する規範でもある。日本国憲法においても、公務員のみならず国民もまた、憲法を尊重し擁護する義務を負うと明文で規定されている。

1 ✖ 判例は、「憲法上、国権の最高機関たる国会について、広範な議院自律権を認め、ことに、議員の発言について、憲法51条に、いわゆる免責特権を与えているからといつて、その理をそのまま直ちに地方議会にあてはめ、地方議会についても、国会と同様の議会自治・議会自律の原則を認め、さらに、**地方議会議員の発言についても、いわゆる免責特権を憲法上保障しているものと解すべき根拠はない**」としている（最大判昭42.5.24）。

1 ⭕ 憲法改正に限界があるとする説（通説）によれば、人権と国民主権とが、ともに「個人の尊厳」の原理に支えられ、不可分に結び合って共存の関係にあると解される。そして、**憲法改正によっても「根本規範」ともいうべき人権宣言の基本原則を改変することは許されない**と解されている。

2 ✖ 憲法98条1項は、「この憲法は、国の最高法規であつて、その条規に反する法律、命令、詔勅及び国務に関するその他の行為の全部又は一部は、その効力を有しない。」と規定しているところ、条約については、国際的な法規範であることから、憲法と条約との優劣関係が問題となる。

この点について、条約優位説に立つ場合、条約は違憲審査（81条）の対象とはならないという結論が導かれるところ、旧日米安全保障条約の違憲性が争われた砂川事件において、最高裁判所は、当該条約が高度の政治性を有することを理由として、憲法判断を差し控えている（最大判昭34.12.16）。この判決は、条約であることを理由として憲法判断を差し控えたわけではないため、**条約一般については、違憲審査の対象になり得る**ものと解されている。したがって、判例によれば、「条約は国内法として憲法より強い効力を有する」とされているわけではない。

3 ✖ 憲法99条は、「天皇又は摂政及び国務大臣、国会議員、裁判官その他の公務員は、この憲法を尊重し擁護する義務を負ふ。」と規定しており、「**国民**」が憲法尊重擁護義務を負うことは規定していない。

知識を整理

図表 衆議院の優越

	法律案	予算案	条　約	内閣総理大臣の指名
衆議院の先議権	な　し	あ　り	な　し	な　し
参議院が議決しない日数の要件	60日	30日	30日	10日
議決しない場合の効果	否決とみなすことができる	衆議院の議決を優先	衆議院の議決を優先	衆議院の議決を優先
再議決	出席議員の3分の2以上の多数決	不　要	不　要	不　要
両院協議会	任意的	必要的	必要的	必要的

民　　法

Part 1	総　　則
Part 2	物　　権
Part 3	担保物権
Part 4	債権総論
Part 5	契約総論（債権各論①）
Part 6	契約各論（債権各論②）
Part 7	契約以外の債権発生原因 （債権各論③）
Part 8	親族法
Part 9	相続法

Part 1 総　則

Chapter 1 権利の主体

総合テキスト ▶▶▶ Chapter 3

H24-27-1

1　胎児に対する不法行為に基づく当該胎児の損害賠償請求権については、胎児は既に生まれたものとみなされるので、胎児の母は、胎児の出生前に胎児を代理して不法行為の加害者に対し損害賠償請求をすることができる。

H24-27-5

2　後見開始の審判を受ける前の法律行為については、制限行為能力を理由として当該法律行為を取り消すことはできないが、その者が当該法律行為の時に意思能力を有しないときは、意思能力の不存在を立証して当該法律行為の無効を主張することができる。

H22-27-1

3　AがBに対してA所有の動産を譲渡する旨の意思表示をしたが、Aが、精神上の障害により事理を弁識する能力を欠く常況にある場合、Aは当然に成年被後見人であるから、制限行為能力者であることを理由として当該意思表示に基づく譲渡契約を取り消すことができる。

H30-35-3

4　成年後見は、精神上の障害により事理を弁識する能力が著しく不十分である者について、家庭裁判所の審判によって開始する。

H27-27-ア

5　家庭裁判所が後見開始の審判をするときには、成年被後見人に成年後見人を付するとともに、成年後見人の事務を監督する成年後見監督人を選任しなければならない。

H18-27-3

6　制限行為能力者が成年被後見人であり、相手方が成年被後見人に日用品を売却した場合であっても、成年被後見人は制限行為能力を理由として自己の行為を取り消すことができる。

理解

1 ✗ 判例は、胎児には権利能力がなく、他人が胎児を代理して行為をすることができず、胎児が生きて生まれると停止条件的に損害賠償や相続に関する権利が胎児中に遡って生じるという立場をとっている（大判昭7.10.6）。

2 ◯ 後見開始の審判を受ける前の法律行為であっても、その者が当該法律行為の時に意思能力を有しないときは、意思能力の不存在を立証して当該法律行為の無効を主張することができる（3条の2参照）。

関連

3 ✗ 精神上の障害により事理を弁識する能力を欠く常況にある場合でも当然に成年被後見人となるわけではなく、家庭裁判所の後見開始の審判を受ける必要がある（7条）。したがって、この審判を受けていなければ制限行為能力者であることを理由として契約を取り消すことはできない。

4 ✗ 精神上の障害により事理を弁識する能力を欠く常況にある者については、家庭裁判所は、本人等の請求により、後見開始の審判をすることができる（7条）。本問は、成年後見開始の要件を、「精神上の障害により事理を弁識する能力が著しく不十分である者」としている点で、誤りである。

5 ✗ 後見開始の審判を受けた者は、成年被後見人とし、これに成年後見人を付する（8条）。そして、家庭裁判所は、必要があると認めるときは、被後見人、その親族若しくは後見人の請求により又は職権で、後見監督人を選任することができる（849条）。したがって、成年後見監督人は必ずしも選任されるわけではない。

6 ✗ 成年被後見人の法律行為は、原則として取り消し得る（9条本文）。もっとも、「日用品の購入その他日常生活に関する行為」については、例外的に取り消すことができない（同条ただし書）。したがって、本問における日用品を売却する行為は、「日用品の購入その他日常生活に関する行為」に含まれるから、取り消すことはできない。

H22-27-2

7 AがBに対してA所有の動産を譲渡する旨の意思表示をしたが、Aが、被保佐人であり、当該意思表示に基づく譲渡契約の締結につき保佐人の同意を得ていない場合、Aおよび保佐人は常に譲渡契約を取り消すことができる。

H27-27-イ

8 被保佐人がその保佐人の同意を得なければならない行為は、法に定められている行為に限られ、家庭裁判所は、本人や保佐人等の請求があったときでも、被保佐人が法に定められている行為以外の行為をする場合にその保佐人の同意を得なければならない旨の審判をすることはできない。

R2-27-2

9 保佐人は、民法が定める被保佐人の一定の行為について同意権を有するほか、家庭裁判所が保佐人に代理権を付与する旨の審判をしたときには特定の法律行為の代理権も有する。

H27-27-ウ

10 家庭裁判所は、本人や保佐人等の請求によって、被保佐人のために特定の法律行為について保佐人に代理権を付与する旨の審判をすることができるが、本人以外の者の請求によってその審判をするには、本人の同意がなければならない。

H27-27-エ

11 家庭裁判所は、本人や配偶者等の請求により、補助開始の審判をすることができるが、本人以外の者の請求によって補助開始の審判をするには、本人の同意がなければならない。

H18-27-5改

12 制限行為能力者が被補助人であり、補助人の同意を得なければならない行為を被補助人が補助人の同意を得てした場合であっても、相手方は、制限行為能力を理由として被補助人の行為を取り消すことができる。

7 ✗ 　保佐人の同意がない場合に取り消すことができる行為は限定されている（13条1項各号参照）。したがって、本問の動産を譲渡する旨の意思表示に基づく譲渡契約が同条各号に該当する行為でなかった場合は取り消すことができない。

8 ✗ 　家庭裁判所は、本人や保佐人等の請求により、被保佐人が民法13条1項各号に掲げる行為以外の行為をする場合であっても、その保佐人の同意を得なければならない旨の審判をすることができる（13条2項）。

9 ○ 　民法13条1項柱書本文は、「被保佐人が次に掲げる行為をするには、その保佐人の同意を得なければならない。」と規定し、同条各号に掲げる一定の行為について、保佐人の同意権を認めている。また、876条の4第1項は、「家庭裁判所は、第11条本文に規定する者又は保佐人若しくは保佐監督人の請求によって、被保佐人のために特定の法律行為について保佐人に代理権を付与する旨の審判をすることができる。」と規定している。

図表1

10 ○ 　そのとおりである（876条の4第1項、2項）。

11 ○ 　精神上の障害により事理を弁識する能力が不十分である者については、家庭裁判所は、本人、配偶者、4親等内の親族、後見人、後見監督人、保佐人、保佐監督人又は検察官の請求により、補助開始の審判をすることができる（15条1項本文）。そして、本人以外の者の請求により補助開始の審判をするには、本人の同意がなければならない（同条2項本文）。

12 ✗ 　補助人の同意を得なければならない行為を被補助人が同意を得てした場合には取り消すことができない（17条4項参照）。また、制限行為能力者の相手方は取消権者には含まれないので、制限行為能力を理由に取り消すことはできない（120条1項）。

H27-27-オ

13　後見開始の審判をする場合において、本人が被保佐人または被補助人であるときは、家庭裁判所は、その本人に係る保佐開始または補助開始の審判を取り消す必要はないが、保佐開始の審判をする場合において、本人が成年被後見人であるときは、家庭裁判所は、その本人に係る後見開始の審判を取り消さなければならない。

R2-27-3

14　家庭裁判所は、被補助人の特定の法律行為につき補助人の同意を要する旨の審判、および補助人に代理権を付与する旨の審判をすることができる。

H18-27-2

15　制限行為能力者が未成年者の場合、相手方は、未成年者本人に対して、1か月以上の期間を定めてその行為を追認するかどうかを催告することができ、その期間内に確答がなければその行為を追認したものとみなされる。

R2-27-4

16　被保佐人が保佐人の同意を要する行為をその同意を得ずに行った場合において、相手方が被保佐人に対して、一定期間内に保佐人の追認を得るべき旨の催告をしたが、その期間内に回答がなかったときは、当該行為を追認したものと擬制される。

H26-28-5

17　Aが自己所有の甲土地をBに売却する旨の契約（以下、「本件売買契約」という。）が締結された。Aは未成年者であったが、その旨をBに告げずに本件売買契約を締結した場合、制限行為能力者であることの黙秘は詐術にあたるため、Aは未成年者であることを理由として本件売買契約を取り消すことはできない。

13 ✗　後見開始の審判をする場合において、**本人が被保佐人又は被補助人であるときは、家庭裁判所は、その本人にかかる保佐開始又は補助開始の審判を取り消さなければならない**（19条1項）。したがって、本問の前段が誤りである。なお、本問の後段は正しい（同条2項）。

14 ○　民法17条1項は、「家庭裁判所は、第15条第1項本文に規定する者又は補助人若しくは補助監督人の**請求により、被補助人が特定の法律行為をするにはその補助人の同意を得なければならない旨の審判をすることができる。** ただし、その審判によりその同意を得なければならないものとすることができる行為は、第13条第1項に規定する行為の一部に限る。」と規定している。また、876条の9第1項は、「家庭裁判所は、第15条第1項本文に規定する者又は補助人若しくは補助監督人の**請求によって、被補助人のために特定の法律行為について補助人に代理権を付与する旨の審判をすることができる。**」と規定している。

15 ✗　未成年者には催告の受領能力がない（98条の2柱書類推適用）ことから、**未成年者本人に対する催告は無効**であり、何らの効力も生じない。したがって、本問の催告によって、未成年者がその行為を追認したものとみなされることはない。なお、民法20条1項は、「制限行為能力者が行為能力者となった後」に適用される条文であるから、本問での適用はない。

比較

16 ✗　民法20条4項は、「制限行為能力者の相手方は、被保佐人又は第17条第1項の審判を受けた被補助人に対しては、第1項の期間内にその保佐人又は補助人の追認を得るべき旨の催告をすることができる。この場合において、その**被保佐人又は被補助人がその期間内にその追認を得た旨の通知を発しないときは、その行為を取り消したものとみなす。**」としている。したがって、本問は、「追認したものと擬制される」としている点で誤りである。

17 ✗　**制限行為能力者が単に黙秘していただけでは、詐術に該当しないため、取り消すことができる**（21条、最判昭44.2.13）。なお、他の言動とあいまって、相手方を誤信させ、又は誤信を強めた場合には、「詐術」に該当する（同判例）。

関連

R2-27-5

18 制限行為能力者が、相手方に制限行為能力者であることを黙秘して法律行為を行った場合であっても、それが他の言動と相まって相手方を誤信させ、または誤信を強めたものと認められるときは、詐術にあたる。

H18-27-4

19 制限行為能力者が被保佐人であり、保佐人の同意を得なければならない行為を被保佐人が保佐人の同意またはそれに代わる家庭裁判所の許可を得ずにした場合において、被保佐人が相手方に対して行為能力者であると信じさせるために詐術を用いたときには、制限行為能力を理由としてこの行為を取り消すことはできない。

H18-28-エ

20 住所が複数ある場合には、本籍地を住所とみなす。

H18-28-オ

21 住民票に記載されている住所と本籍地が異なる場合には、住民票に記載されている住所を民法上の住所とみなす。

H18-28-ア

22 住所が知れない場合において、居所を住所とみなすことはできない。

H18-28-イ

23 日本に住所を有しない外国人は、日本における居所をその者の住所とみなすことはできない。

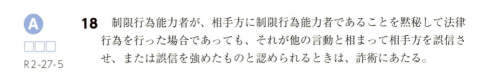
H18-28-ウ

24 ある行為について仮住所を選定したときは、その行為に関しては、その仮住所を住所とみなす。

18 〇 判例は、「（無能力者が）無能力者であることを黙秘していた場合でも、それが、無能力者の他の言動などと相俟って、**相手方を誤信させ、または誤信を強めたものと認められるときは、なお詐術に当たるというべき**である」としている（最判昭44.2.13）。

19 〇 被保佐人が、保佐人の同意を得なければならない行為を、保佐人の同意等を得ずにした場合、原則として取り消すことができる（13条4項）。もっとも、**制限行為能力者が行為能力者であると信じさせるために詐術を用いたときには、取り消すことはできない**（21条）。

20 ✕ 民法上、住所が複数ある場合には、本籍地を住所とみなすという規定は存在しない。

21 ✕ 民法上、住民票に記載されている住所と本籍地が異なる場合には、住民票に記載されている住所を民法上の住所とみなすという規定は存在しない。

22 ✕ 住所が知れない場合には、居所が住所とみなされる（23条1項）。

23 ✕ 日本に住所を有しない者は、その者が日本人又は外国人のいずれであるかを問わず、日本における居所がその者の住所とみなされる（23条2項本文）。

24 〇 そのとおりである（24条）。

R3-28-2

25 Aが従来の住所または居所を去って行方不明となった。Aが自己の財産につき管理人を置かなかったときは、利害関係人または検察官の請求により、家庭裁判所は、その財産の管理について必要な処分を命ずることができる。

R3-28-3

26 Aが従来の住所または居所を去って行方不明となった。Aが自己の財産につき管理人を置いた場合において、Aの生死が明らかでないときは、利害関係人または検察官の請求により、家庭裁判所は、管理人を改任することができる。

R3-28-1

27 Aが従来の住所または居所を去って行方不明となった。Aは自己の財産につき管理人を置いていたが、権限について定めていなかった場合であっても、管理人は、保存行為およびその財産の性質を変えない範囲内において利用または改良を行うことができる。

R3-28-4

28 Aが従来の住所または居所を去って行方不明となった。Aの生死が7年間明らかでないときは、利害関係人の請求により、家庭裁判所はAについて失踪の宣告をすることができ、これにより、Aは、失踪の宣告を受けた時に死亡したものとみなされる。

R6-27-2

29 失踪の宣告を受けた者が実際には生存しており、不法行為により身体的被害を受けていたとしても、失踪の宣告が取り消されなければ、損害賠償請求権は発生しない。

H24-27-2

30 失踪の宣告を受けた者は、死亡したものとみなされ、権利能力を喪失するため、生存することの証明がなされ失踪の宣告が取り消された場合でも、失踪の宣告後その取消し前になされた行為はすべて効力を生じない。

R6-27-4

31 失踪の宣告によって失踪者の財産を得た者は、失踪の宣告が取り消されたときは、その受けた利益の全部を返還しなければならない。

25 ⭕ 民法25条1項前段は、「従来の住所又は居所を去った者……がその財産の管理人……を置かなかったときは、家庭裁判所は、利害関係人又は検察官の請求により、その財産の管理について必要な処分を命ずることができる。」と規定している。

26 ⭕ 民法26条は、「不在者が管理人を置いた場合において、その不在者の生死が明らかでないときは、家庭裁判所は、利害関係人又は検察官の請求により、管理人を改任することができる。」と規定している。

27 ⭕ 管理人は、民法103条に規定する権限を超える行為を必要とするときは、家庭裁判所の許可を得て、その行為をすることができる（28条前段）。103条各号は、「保存行為」、「代理の目的である物又は権利の性質を変えない範囲内において、その利用又は改良を目的とする行為」をそれぞれ掲げている。

28 ❌ 普通失踪により失踪宣告を受けた者は7年の期間が満了した時に、死亡したものとみなされる（30条1項、31条）。したがって、本問は、死亡したものとみなされる時期を「失踪の宣告を受けた時」としている点が誤りである。

29 ❌ 失踪宣告された者の権利能力には失踪宣告の効果は及ばないと解されている。したがって、失踪者が不法行為の被害者である場合には、失踪者は加害者に対し、損害賠償請求することができる。

30 ❌ 失踪者が生存すること又は民法31条に規定する時と異なる時に死亡したことの証明があったときは、家庭裁判所は、本人又は利害関係人の請求により、失踪の宣告を取り消さなければならない。この場合において、その取消しは、失踪の宣告後その取消し前に善意でした行為の効力に影響を及ぼさない（32条1項）。

31 ❌ 失踪の宣告によって失踪者の財産を得た者は、失踪の宣告が取り消されたときは、現に利益を受けている限度においてのみ、その財産を返還する義務を負う（32条2項ただし書）。

R6-27-5

32 失踪の宣告によって失踪者の所有する甲土地を相続した者が、甲土地を第三者に売却した後に、失踪者の生存が判明し、この者の失踪の宣告が取り消された。この場合において、相続人が失踪者の生存について善意であったときは、第三者が悪意であっても、甲土地の売買契約による所有権移転の効果に影響しない。

H19-35-ア

33 Aが死亡した場合において（Aの死亡時には、配偶者B、Bとの間の子CおよびAの母Dがいるものとする。）、Aの死亡と近接した時にCも死亡したが、CがAの死亡後もなお生存していたことが明らかでない場合には、反対の証明がなされない限り、Aを相続するのはBおよびDである。

H26-27-5

34 A、B、CおよびDは、共同で事業を営む目的で「X会」という団体を設立した。X会が権利能力なき社団である場合、構成員であるA、B、CおよびDは、全員の同意をもって、総有の廃止その他X会の社団財産の処分に関する定めのなされない限り、X会の社団財産につき持分権を有さず、また、社団財産の分割を求めることができない。

H29-27-イ

35 自然人A（以下「A」という。）が団体B（以下「B」という。）に所属しており、Bが権利能力のない社団である場合には、Bの財産は、Bを構成するAら総社員の総有に属する。

H26-27-3

36 A、B、CおよびDは、共同で事業を営む目的で「X会」という団体を設立した。X会が権利能力なき社団である場合、X会の取引上の債務については、その構成員全員に1個の債務として総有的に帰属し、X会の社団財産がその債務のための責任財産になるとともに、構成員であるA、B、CおよびDも各自が連帯して責任を負う。

H26-27-1

37 A、B、CおよびDは、共同で事業を営む目的で「X会」という団体を設立した。X会が権利能力なき社団であり、Aがその代表者である場合、X会の資産として不動産があるときは、その不動産の公示方法として、Aは、A個人の名義で所有権の登記をすることができる。

32 ✗　失踪宣告の取消しは、失踪の宣告後その取消し前に善意でした行為の効力に影響を及ぼさない（32条1項後段）。もっとも、ここでいう「善意」とは、**契約当事者双方が善意であることを要する**（大判昭13.2.7）。

33 ⭕　数人の者が死亡した場合において、そのうちの1人が他の者の死亡後になお生存していたことが明らかでないときは、これらの者は、同時に死亡したものと推定される（32条の2）。したがって、**同時死亡者相互間では相続関係は生じない**から、反対の証明がなされないときには、CはAを相続せず、Aの相続人はB及びDとなる（889条1項1号、890条前段）。

34 ⭕　権利能力なき社団の財産は、構成員全員の総有であると解されるため、**社団財産につき持分権を有さず、また、社団財産の分割を求めることはできない**（最判昭32.11.14、最判昭49.9.30）。したがって、A、B、C及びDは、社団財産につき持分権を有さず、社団財産の分割請求をすることはできない。

35 ⭕　権利能力なき社団の財産は、**総社員の総有に属する**とされている（最判昭32.11.14参照）。

36 ✗　権利能力なき社団の代表者が社団名義でした取引上の債務は、その社団の構成員全員に総有的に帰属し、**社団の総有財産だけがその責任財産**となり、**構成員各自は、個人的債務ないし責任を負わない**（最判昭48.10.9）。したがって、X会の取引上の債務について、A、B、C及びD各自が連帯して責任を負うわけではない。

37 ⭕　権利能力なき社団の資産である不動産は、本来は、構成員の総有に属するものであるが、構成員全員のために信託的に社団代表者個人の所有とされるものであるから、**代表者は自己の名義でその登記をすることができる**（最判昭47.6.2）。したがって、Aは、A個人の名義で所有権の登記をすることができる。

H29-27-ア

38 自然人A（以下「A」という。）が団体B（以下「B」という。）に所属しており、Bが法人である場合に、AがBの理事として第三者と法律行為をするときは、Aは、Bの代表としてではなく、Bの構成員全員の代理人として当該法律行為を行う。

Chapter 2　法律行為

総合テキスト ▶▶▶ Chapter 2

H25-34-1

1 Aは、配偶者がいるにもかかわらず、配偶者以外のBと不倫関係にあり、その関係を維持する目的で、A所有の甲建物をBに贈与した。甲建物がAからBに引き渡されていない場合に、A・B間の贈与が書面によってなされたときには、Aは、Bからの引渡請求を拒むことはできない。

H30-27-1

2 食品の製造販売を業とする者が、有害物質の混入した食品を、食品衛生法に抵触するものであることを知りながら、あえて製造販売し取引を継続していた場合には、当該取引は、公序良俗に反して無効である。

H30-27-5

3 男子の定年年齢を60歳、女子の定年年齢を55歳とする旨の会社の就業規則は、経営上の観点から男女別定年制を設けなければならない合理的理由が認められない場合、公序良俗に反して無効である。

100

38 ✗ 理事は、一般社団法人を代表する（一般社団・財団法人法77条1項本文）。したがって、Aは、Bの構成員全員の代理人としてではなく、Bの代表として、第三者との法律行為を行う。

1 ✗ 本問のように不倫関係を維持する目的で物を贈与する契約は、公序良俗に反し無効であり（90条）、所有権の移転は認められない（最大判昭45.10.21参照）。したがって、Aは、Bからの甲建物の引渡請求を拒むことができる。

2 ◯ 判例は、食品の製造販売を業とする者が、有害物質の混入した食品を、食品衛生法に抵触するものであることを知りながら、あえてこれを製造のうえ、同じ販売業者である者の要請に応じて売り渡し、その取引を継続したという場合、「一般大衆の購買のルートに乗せたものと認められ、その結果公衆衛生を害するに至るであろうことはみやすき道理であるから、そのような取引は民法90条に抵触し無効のものと解するを相当とする」としている（最判昭39.1.23）。

3 ◯ 判例は、「……会社の企業経営上の観点から定年年齢において女子を差別しなければならない合理的理由は認められない」としたうえで、「……会社の就業規則中女子の定年年齢を男子より低く定めた部分は、専ら女子であることのみを理由として差別したことに帰着するものであり、性別のみによる不合理な差別を定めたものとして民法90条の規定により無効であると解するのが相当である……」としている（最判昭56.3.24）。

Chapter 3 意思表示

総合テキスト ▶▶▶ Chapter 6

H22-27-4

1　Aが、高額な動産を妻に内緒で購入したことをとがめられたため、その場を取り繕うために、その場にたまたま居合わせたBを引き合いに出し、世話になっているBに贈与するつもりで購入したものだと言って、贈与するつもりがないのに「差し上げます」と引き渡した場合、当該意思表示は原則として有効である。

H20-27-イ

2　Aが自己の所有する甲土地をBと通謀してBに売却（仮装売買）した場合に、Bが甲土地をAに無断でCに転売したときは、善意のCに対して、AはA・B間の売買の無効を対抗することはできないが、Bはこれを対抗することができる。

H22-27-5

3　Aが、差押えを免れるためにBと謀って動産をBに譲渡したことにしていたところ、Bが事情を知らないCに売却した場合、Cに過失があるときには、Aは、Cに対してA・B間の譲渡契約の無効を主張できる。

R4-27-2

4　AはBと通謀してA所有の土地をBに仮装譲渡したところ、Bが当該土地を悪意のCに譲渡し、さらにCが善意のDに譲渡した。この場合、Aは、虚偽表示の無効をDに対抗できない。

R4-27-4

5　AはBと通謀してA所有の土地をBに仮装譲渡したところ、Bの債権者である善意のCが、当該土地に対して差押えを行った。この場合、Aは、虚偽表示の無効をCに対抗できない。

H20-27-オ

6　Aが自己の所有する甲土地をBと通謀してBに売却（仮装売買）した場合に、Bの一般債権者FがA・B間の仮装売買について善意のときは、Aは、Fに対して、Fの甲土地に対する差押えの前であっても、A・B間の売買の無効を対抗することができない。

1 ○ 意思表示は、**表意者がその真意ではないことを知ってしたときであっても、そのためにその効力を妨げられない**（93条1項本文）。したがって、Aの意思表示は原則として有効である。

2 ✕ 虚偽の意思表示の無効は、**善意の第三者に対抗することができない**（94条2項）。したがって、本問の場合、Aだけでなく、Bも、善意のCに対抗することができない。

図表2

3 ✕ 虚偽表示による意思表示の無効は、善意の第三者に対抗することができない（94条2項）。虚偽表示による意思表示の無効は、単に善意の第三者に対抗することができないとしているのみであり、**第三者には無過失までは要求されない**。したがって、第三者Cに過失があるときであっても善意であれば、Aは、Cに対してA・B間の譲渡契約の無効を主張することができない。

4 ○ 判例によれば、善意の転得者を保護すべき要請は直接の第三者と異ならないため、**転得者も「第三者」に含まれる**（最判昭28.10.1）。したがって、Aは、虚偽表示の無効を土地の転得者である善意のDに対して対抗することができない。

5 ○ 判例によれば、**仮装譲渡された土地を差し押さえた譲受人の一般債権者も「第三者」にあたる**（大判昭12.2.9）。したがって、Aは、虚偽表示の無効をCに対抗することができない。

比較

6 ✕ **仮装名義人の単なる債権者は、民法94条2項の「第三者」にあたらない**（大判大9.7.23）。したがって、Aは、差押え前のFに対しては、A・B間の売買の無効を対抗することができる。

R4-27-3

7 AはBと通謀してA所有の土地をBに仮装譲渡したところ、Bは善意の債権者Cのために当該土地に抵当権を設定した。この場合、Aは、虚偽表示の無効をCに対抗できない。

H27-28-4

8 仮装の売買契約に基づく売買代金債権が他に譲渡された場合、債権の譲受人は第三者にあたらないため、譲受人は、譲受債権の発生原因が虚偽表示によるものであることについて善意であっても、買主に対して売買代金の支払を求めることができない。

R4-27-1

9 AはBと通謀してA所有の土地をBに仮装譲渡したところ、Bは当該土地上に建物を建築し、これを善意のCに賃貸した。この場合、Aは、虚偽表示の無効をCに対抗できない。

H19-27-5

10 AがB所有の土地をCに売却した場合に、所有権者Bが自らA名義で登記をして虚偽の外形を積極的に作出し、そのまま放置していたときは、Bは、Aを所有者だと信頼して買ったCに対抗できない。

H30-29-ア

11 Aが登記簿上の所有名義人である甲土地をBが買い受ける旨の契約(以下「本件売買契約」という。)をA・B間で締結した。甲土地は実際にはCの所有に属していたが、CがAに無断で甲土地の所有名義人をAとしていた場合において、Aがその事情を知らないBとの間で本件売買契約を締結したときであっても、BはCに対して甲土地の引渡しを求めることができない。

H25-27-ア改

12 一般取引の通念にかかわりなく、当該表意者のみにとって、法律行為の主要部分につき錯誤がなければ当該意思表示をしなかったであろうということが認められる場合、当該表意者は、当該意思表示を錯誤により取消しを主張することができる。

7 ⭕ 判例によれば、仮装譲渡された土地に抵当権の設定を受けた抵当権者は、虚偽表示の外形を基礎として新たな独立の法律上の利害関係を有するに至ったといえるため「第三者」にあたる（大判大4.12.17）。したがって、Aは、虚偽表示の無効をCに対抗することができない。

8 ❌ 仮装債権の譲受人は、民法94条2項の第三者に該当する（大判昭13.12.17）。したがって、当該債権の譲受人は、譲受債権の発生原因が虚偽表示によるものであることについて善意であれば、買主に対して売買代金の支払を求め得る。

9 ❌ 判例は、「土地の仮装譲受人が……土地上に建物を建築してこれを他人に賃貸した場合、……建物賃借人は、仮装譲渡された土地については法律上の利害関係を有するものとは認められないから、民法94条2項所定の第三者にはあたらない」としている（最判昭57.6.8）。Cは、仮装譲渡された土地上の建物を借りた者であるため、「第三者」に該当しない。したがって、Aは、Cに対して、虚偽表示の無効を対抗することができる。

10 ⭕ 虚偽の登記等の外形を作出した権利者は、民法94条2項の類推適用により、その外形を信頼して取引した善意の第三者に対して、登記名義人に所有権が移転していないことをもって対抗できない（最判昭29.8.20等）。

関連

11 ❌ 判例は、不動産の所有者甲が、乙にその所有権を移転する意思がないのに、乙名義を使用して他からの所有権移転登記を受けたときは、当該登記について乙の承諾がない場合においても、民法94条2項を類推適用して、甲は、乙が不動産の所有権を取得しなかったことをもって、善意の第三者に対抗することができないとしている（最判昭45.7.24）。本問では、甲土地の所有者であるCは、Aに無断で甲土地の所有名義人をAとし、第三者であるBは当該事情について善意であるから、Cは、Aに甲土地の所有権が移転していないことをBに対抗できない。したがって、BはCに対して甲土地の引渡しを求めることができる。

12 ❌ 意思表示は、次に掲げる錯誤〔民法95条1項各号〕に基づくものであって、その錯誤が法律行為の目的及び取引上の社会通念に照らして重要なものであるときは、取り消すことができる（95条1項柱書）。

関連

H25-27-イ改

13 法律行為の相手方の誤認（人違い）の錯誤については、売買においては動機の錯誤となるが、賃貸借や委任においては動機の錯誤とはならない。

H25-27-ウ改

14 動機の錯誤については、表意者が相手方にその動機を意思表示の内容に加えるものとして明示的に表示したときは動機の錯誤として取り消しうるが、動機が黙示的に表示されるにとどまるときは動機の錯誤として取り消しうることはない。

H25-27-オ改

15 表意者が錯誤に陥ったことについて重大な過失があったときは、表意者は、原則として自ら意思表示の取消しを主張することができない。この場合には、相手方が、表意者に重大な過失があったことについて主張・立証しなければならない。

H20-29-1

16 AからBに不動産の売却が行われ、BはこれをさらにCに転売したところ、AがBの詐欺を理由に売買契約を取り消した場合に、Cは善意かつ無過失であれば登記を備えなくても保護される。

H26-28-ウ

17 Aが自己所有の甲土地をBに売却する旨の契約（以下、「本件売買契約」という。）が締結された。AがDの強迫によって本件売買契約を締結した場合、この事実をBが知らず、かつ知らなかったことにつき過失がなかったときは、AはDの強迫を理由として本件売買契約を取り消すことができない。

H22-27-3

18 AがBに対してA所有の動産を譲渡する旨の意思表示をしたが、この動産が骨董品であり、Aが、鑑定人の故意に行った虚偽の鑑定結果に騙された結果、Bに対して時価よりも相当程度安価で当該動産を譲渡するという意思表示をした場合、Bがこの事情を知っているか否かにかかわらず、Aは当該意思表示を取り消すことができない。

106

13 ✗ 法律行為の相手方の誤認（人違い）の錯誤については、**個人に重点を置く法律行為である委任等**では、**動機の錯誤**（95条1項2号）**となり得る**。これに対して、**売買契約のように継続的な関係を残さないもの**においては、通常、個人よりも契約の対象物が重視されるため、**動機の錯誤**（同号）**とはならないことが多い**とされている（大判明40.2.25参照）。

14 ✗ 動機の錯誤による意思表示の取消しは、その事項が法律行為の基礎とされていることが表示されていたときに限りすることができる（95条1項2号、2項）。この場合の**「表示」とは、明示的に表示される必要はなく、黙示の表示でもよい**とされている（最判平元.9.14参照）。

15 ○ 錯誤に陥ったことについて表意者に重大な過失があったときは、表意者は、原則として自らその取消しを主張することができない（95条3項柱書）。そして、錯誤取消しに関する**「重大な過失」があったことについては、相手方が主張・立証する必要**があると解されている（大判大7.12.3）。

16 ○ 詐欺による意思表示の取消しは、**善意でかつ過失がない第三者に対抗することができない**（96条3項）。「第三者」とは、取消前に利害関係に入った者である。また、「第三者」として保護されるには、**登記は不要**である（最判昭49.9.26）。

17 ✗ 強迫による意思表示は、取り消すことができる（96条1項）。**詐欺の場合と異なり、取消の可否は、相手方の善意・悪意や過失の有無に左右されない**（同条2項参照）。

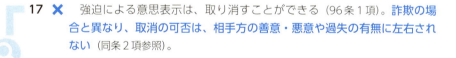
比較

18 ✗ 相手方に対する意思表示について第三者が詐欺を行った場合においては、**相手方がその事実を知り、又は知ることができたときに限り**、その意思表示を取り消すことができる（96条2項）。したがって、本問の場合、第三者である鑑定人によりＡが騙された事実を相手方であるＢが知っていた場合又は知ることができた場合に限り、Ａは当該意思表示を取り消すことができる。

H19-33-オ

19　AはBから中古車を購入する交渉を進めていたが、購入条件についてほぼ折り合いがついたので、Bに対して書面を郵送して購入の申込みの意思表示を行った。Aは、その際、承諾の意思表示について「8月末日まで」と期間を定めて申し入れていたが、その後、契約の成否について疑問が生じ、知り合いの法律家Cに、「Bの承諾の通知は8月28日に郵送されてきました。私の不在中に配偶者がそれを受け取り私のひきだしにしまい込みましたが、そのことを私に告げるのをうっかり忘れていましたので、私がその通知に気がついたのは9月20日になってからでした。私は、Bが車を売ってくれないものと思って落胆し、すでに別の車を購入してしまいました。もう、Bの車は要らないのですが、それでもBとの売買契約は成立したのでしょうか。」との相談を持ちかけた。Aの質問に対し、Cは「はい、そのとおりです。」と答えるべきである。

R3-27-3

20　契約の申込みの意思表示に対して承諾の意思表示が郵送でなされた場合、当該意思表示が相手方に到達しなければ意思表示が完成せず契約が成立しないとすると取引の迅速性が損なわれることになるから、当該承諾の意思表示が発信された時点で契約が成立する。

R3-27-5

21　意思表示の相手方が、その意思表示を受けた時に意思能力を有しなかったとき、または制限行為能力者であったときは、その意思表示をもってその相手方に対抗することができない。

Chapter 4　無効と取消し

総合テキスト ▶▶▶ Chapter 7

H23-27-ウ改

1　BがAから絵画を購入するに際して、Bに錯誤が認められる場合、取消しは誰からでも主張することができるわけではないから、Bから当該絵画を譲り受けたCは、AB間の売買契約につき錯誤による取消しを主張することができない。

19 ○　承諾の期間の定めのある申込みに対して申込者がその期間内に承諾の通知を受けたときは、契約は成立する。そして、「意思表示は、その通知が相手方に到達した時からその効力を生ずる。」（97条1項）とされ、「到達」とは、相手方によって直接受領され、又は了知されることを要するものではなく、意思表示又は通知を記載した書面が、それらの者のいわゆる支配圏内に置かれることをもって足りる（最判昭43.12.17）。本問では、Bの承諾の通知は期間内に郵送され、Aの配偶者がこれを受け取りAのひきだしにしまっているから、Aの支配圏内に置かれたといえ、承諾の意思表示はAの下に期間内に到達している。したがって、本件契約は成立する。

---

20 ✗　意思表示は、相手方への到達によって効力を生じる（97条1項）。申込みに対する承諾も、申込者に承諾が到達することによって契約が成立するため、意思表示が発信された時点ではない。

---

21 ✗　民法98条の2柱書本文は、「意思表示の相手方がその意思表示を受けた時に意思能力を有しなかったとき又は未成年者若しくは成年被後見人であったときは、その意思表示をもってその相手方に対抗することができない。」と規定している。制限行為能力者であっても、被保佐人及び被補助人には意思表示の受領能力が認められるため、その意思表示をもってその相手方に対抗することができる。したがって、本問は誤りである。

関連

1 ○　錯誤、詐欺又は強迫によって取り消すことができる行為は、瑕疵ある意思表示をした者又はその代理人若しくは承継人に限り、取り消すことができる（120条2項）。したがって、CはBの錯誤を理由としてA・B間の上記売買契約を取り消すことができない。

H23-27-ア

2　BがAに騙されてAから金銭を借り入れ、CがBの保証人となった場合、CはAの詐欺を理由としてAB間の金銭消費貸借契約を取り消すことができる。

H24-27-4

3　成年被後見人の法律行為について、成年後見人は、これを取り消し、または追認することができるが、成年被後見人は、事理弁識能力を欠く常況にあるため、後見開始の審判が取り消されない限り、これを取り消し、または追認することはできない。

R6-28-2

4　売買契約が無効であるにもかかわらず、既に当事者双方の債務の履行が完了している場合、売主は受け取った金銭を善意で費消していたとしても、その全額を返還しなければならない。

R6-28-1

5　贈与契約が無効であるにもかかわらず、既に贈与者の履行が完了している場合、受贈者は受け取った目的物を贈与者に返還しなければならず、それが滅失して返還できないときは、贈与契約が無効であることを知らなかったとしても、その目的物の現存利益の返還では足りない。

H18-27-1

6　制限行為能力者が自己の行為を取り消したときには、相手方は受け取っていた物を返還しなければならないが、相手方は、制限行為能力を理由とする取消しであることを理由に、現に利益を受けている限度で返還をすれば足りる。

H23-27-オ

7　未成年者であるBが親権者の同意を得ずにAから金銭を借り入れたが、後に当該金銭消費貸借契約が取り消された場合、BはAに対し、受領した金銭につき現存利益のみを返還すれば足りる。

2 ✗ 詐欺によって取り消すことができる行為は、**詐欺による意思表示をした者又はその代理人若しくは承継人に限り、取り消すことができる**（120条2項）。Cは、Aの詐欺による意思表示に基づく債務を保証した者にすぎないから、取り消すことはできない。

3 ✗ 行為能力の制限によって取り消すことができる行為は、**制限行為能力者又はその代理人、承継人若しくは同意をすることができる者に限り、取り消すことができる**（120条1項）。

4 ○ 無効な行為に基づく債務の履行として給付を受けた者は、**相手方を原状に復させる義務を負う**（121条の2第1項）。したがって、本問の売主は、受け取った金銭の全額を返還しなければならない。

5 ✗ **無効な無償行為に基づく債務の履行として給付を受けた者**は、給付を受けた当時その行為が無効であること（給付を受けた後に取り消されたことにより初めから無効であったものとみなされた行為にあっては、給付を受けた当時その行為が取り消すことができるものであること）**を知らなかったとき**は、その行為によって現に利益を受けている限度において、返還の義務を負う（121条の2第2項）。贈与は無償行為であるため、本問の受贈者は現存利益の返還の義務を負う。

比較

6 ✗ **現に利益を受けている限度で返還をすれば足りるのは、制限行為能力者**である（121条の2第3項後段）。相手方について民法121条の2第3項後段の適用はなく、相手方は、121条の2第1項に基づいて原状に復させる義務を負う。

7 ○ 取り消された行為は、初めから無効であったものとみなされる（121条）。この場合、**制限行為能力者は、その行為によって現に利益を受けている限度において、返還の義務を負う**（121条の2第3項後段）。

H23-27-イ

8　BがAに騙されてAから絵画を購入し、これをCに転売した場合、その後になってBがAの詐欺に気がついたとしても、当該絵画を第三者に譲渡してしまった以上は、もはやBはAとの売買契約を取り消すことはできない。

R6-28-5

9　取り消すことができる契約につき、取消権を有する当事者が、追認をすることができる時以後に、異議をとどめずにその履行を請求した場合、これにより同人は取消権を失う。

H23-27-エ

10　BがAに強迫されて絵画を購入した場合、Bが追認をすることができる時から取消権を5年間行使しないときは、追認があったものと推定される。

H26-28-ア

11　Aが自己所有の甲土地をBに売却する旨の契約（以下、「本件売買契約」という。）が締結された。AはBの強迫によって本件売買契約を締結したが、その後もBに対する畏怖の状態が続いたので取消しの意思表示をしないまま10年が経過した。このような場合であっても、AはBの強迫を理由として本件売買契約を取り消すことができる。

Chapter 5　代　理

総合テキスト ▶▶▶ Chapter 8

H24-28-3

1　代理人は本人のために自ら法律行為を行うのであるから、代理行為の瑕疵は、代理人について決するが、使者は本人の行う法律行為を完成させるために本人の完了した意思決定を相手方に伝達するにすぎないから、当該意思表示の瑕疵は、本人について決する。

8 ✕　取消権者が、**追認をすることができる時以後**に、取り消すことができる行為によって取得した権利の全部又は一部の譲渡をした場合、取り消すことができる行為について追認をしたものとみなされる（法定追認　125条、5号）。もっとも、詐欺の場合は、詐欺が終わって表意者が詐欺に気がついた後でなければ取消しの原因となっていた状況が消滅した後（124条1項）とはいえない。

---

9 〇　**追認をすることができる時以後**に、取り消すことができる契約について、取消権を有する当事者が、**異議をとどめずにその履行の請求**をした場合、**追認をしたものとみなされ**、同人は取消権を失う（125条、2号、122条）。

---

10 ✕　取消権は、**追認をすることができる時から5年間行使しない**ときは、**時効によって消滅する**（126条前段）。

---

11 〇　取消権は、**追認をすることができる時から5年間行使しない**ときは、時効によって消滅する（126条前段）。ここでいう**「追認をすることができる時」とは、取消しの原因となっていた状況が消滅し、かつ、取消権を有することを知った後**であることを意味する（124条1項）。Aは畏怖の状態から脱していないため、取消しの原因となっていた状況が消滅したとはいえない。

1 〇　意思表示の効力が意思の不存在、錯誤、詐欺、強迫又はある事情を知っていたこと若しくは知らなかったことにつき過失があったことによって影響を受けるべき場合には、その**事実の有無は、代理人について決するもの**とする（101条1項）。また、使者については、その意思決定は本人の下で完了しており、使者はこれを相手方に伝えるのみであり、その意思表示の**瑕疵は本人について決する**。

H24-28-2

2 　代理人は、本人のために法律行為を行う者であるから、代理権の授与のときに意思能力および行為能力を有することが必要であるのに対し、使者は、本人の完了した意思決定を相手方に伝達する者であるから、その選任のときに意思能力および行為能力を有することは必要ではない。

H24-28-5

3 　代理人は、法律または本人の意思に基づいて本人のために法律行為を行う者であるから、本人に無断で復代理人を選任することは認められないのに対し、使者は、単に本人の完了した意思決定を相手方に伝達するにすぎないから、本人に無断で別の者を使者に選任することも認められる。

H21-27-5

4 　Aの代理人Bが、Cを騙してC所有の建物を安い値で買った場合、AがBの欺罔行為につき善意無過失であったときには、B自身の欺罔行為なので、CはBの詐欺を理由にした売買契約の取消しをAに主張することはできない。

H21-27-1

5 　Aは留守中の財産の管理につき単に妻Bに任せるといって海外へ単身赴任したところ、BがAの現金をA名義の定期預金としたときは、代理権の範囲外の行為に当たり、その効果はAに帰属しない。

H21-27-3

6 　A所有の建物を売却する代理権をAから与えられたBが、自らその買主となった場合に、そのままBが移転登記を済ませてしまったときには、AB間の売買契約について、Aに効果が帰属する。

H28-28-1

7 　Aが所有する甲土地につき、Aの長男BがAに無断で同人の代理人と称してCに売却した（以下「本件売買契約」という。）。Aが死亡してBが単独相続した場合、Bは本人の資格に基づいて本件売買契約につき追認を拒絶することができない。

2 ✕　代理人は、**行為能力を有する者である必要はなく**（102条本文）、制限行為能力者でもよい。なお、本問の使者に関する記述については正しい。

3 ✕　委任による代理人は、**本人の許諾を得たとき、又はやむを得ない事由があるときであれば**、復代理人を選任することができる（104条）。また、法定代理人は、自己の責任で復代理人を選任することができる（105条前段）。

4 ✕　代理人が詐欺を行った場合、**相手方は、代理人の欺罔行為についての本人の善意・悪意を問わず、意思表示を取り消すことができる**（96条1項）。代理人が相手方に詐欺を行った場合、本人自らが詐欺を行ったのと同視されるべきだからである。

5 ✕　**権限の定めのない代理人**は、**①保存行為、②代理の目的である物の性質を変えない範囲内において**、その利用又は改良を目的とする行為のみをする権限を有する（103条）。そして、現金を預金にする行為は利用行為にあたる。本問において、BがAの現金をA名義の定期預金とした行為は利用行為にあたるので、代理権の権限内の行為であり、その効果はAに帰属する。

6 ✕　同一の法律行為については、債務の履行及び本人があらかじめ許諾した行為を除き、**相手方の代理人となり（自己契約）、又は当事者双方の代理人となること（双方代理）はできない**（108条1項）。このような本条に違反する行為は無権代理行為になる。本問において、Bは自ら買主になり、相手方Aの代理人となっているので、Bの行為は自己契約として無権代理行為になり、本人Aの追認がない本問においては、Aに効果は帰属しない（113条1項）。

7 ◯　無権代理人が本人を相続し、本人と代理人との資格が同一人に帰するに至った場合においては、本人が自ら法律行為をしたのと同様な法律上の地位を生じるため、**相続により無権代理行為が当然に有効**となる（最判昭40.6.18）。

図表3

H28-28-3

8 Aが所有する甲土地につき、Aの長男BがAに無断で同人の代理人と称してCに売却した（以下「本件売買契約」という。）。Aが本件売買契約につき追認を拒絶した後に死亡してBが単独相続した場合、Bは本件売買契約の追認を拒絶することができないため、本件売買契約は有効となる。

H20-28-4

9 Aの子Bが、Aに無断でAの代理人としてA所有の土地をCに売却する契約を結んだ。Aが追認または追認拒絶をしないまま死亡してBがAを相続した場合、共同相続人の有無にかかわらず、この売買契約は当然に有効となる。

H28-28-5

10 Aが所有する甲土地につき、Aの長男BがAに無断で同人の代理人と称してCに売却した（以下「本件売買契約」という。）。Aが死亡してBがAの妻Dと共に共同相続した場合、Dの追認がなければ本件売買契約は有効とならず、Bの相続分に相当する部分においても当然に有効となるものではない。

H28-28-4

11 Aが所有する甲土地につき、Aの長男BがAに無断で同人の代理人と称してCに売却した（以下「本件売買契約」という。）。Bが死亡してAが相続した場合、Aは本人の資格において本件売買契約の追認を拒絶することができるが、無権代理人の責任を免れることはできない。

H28-28-2

12 Aが所有する甲土地につき、Aの長男BがAに無断で同人の代理人と称してCに売却した（以下「本件売買契約」という。）。Bが死亡してAの妻DがAと共に共同相続した後、Aも死亡してDが相続するに至った場合、Dは本人の資格で無権代理行為の追認を拒絶する余地はない。

H20-28-5

13 Aの子Bが、Aに無断でAの代理人としてA所有の土地をCに売却する契約を結んだ。Cが相当の期間を定めてこの売買契約を追認するかどうかをAに対して回答するよう催告したが、Aからは期間中に回答がなかった場合、Aは追認を拒絶したものと推定される。

8 ✗ 　本人が無権代理行為の追認拒絶をした後に、無権代理人が本人を相続した場合、本人が追認を拒絶すれば、無権代理行為の効力が本人に及ばないことが確定する。この場合、無権代理人が本人の追認拒絶の効果を主張することは、それ自体信義則に反せず、**単独相続か共同相続かを問わず、確定した効果を承継**する（最判平10.7.17）。

9 ✗ 　無権代理人が本人を共同相続した場合には、共同相続人全員が共同して無権代理行為を追認しない限り、**無権代理人の相続分に相当する部分においても、無権代理行為は当然には有効とはならない**（最判平5.1.21）。

10 ○ 　追認権は、その性質上、相続人全員に不可分的に帰属するので、共同相続人全員が共同して追認権を行使しない限り、**無権代理行為は、無権代理人の相続分に相当する部分についても有効とならない**（最判平5.1.21）。

関連

11 ○ 　本人が無権代理人を相続した場合、本人は、追認拒絶をすることができる。相続人たる本人が被相続人の無権代理行為を拒絶しても、何ら信義則に反しないからである。もっとも、**追認拒絶をできるとしても、相手方は、相続人である本人に対して、無権代理人の責任**（117条1項）**の承継を主張することができる**（最判昭48.7.3）。

12 ○ 　**相続人が無権代理人を相続した後に本人を相続した場合**、相続人が本人の資格で無権代理行為の**追認を拒絶する余地はない**（最判昭63.3.1）。

13 ✗ 　無権代理人がした契約について、相手方は、本人に対し、相当の期間を定めて、その期間内に追認をするかどうかを確答すべき旨の催告をすることができる（114条前段）。この場合において、**本人がその期間内に確答をしないときは、追認を拒絶したものとみなされる**（同条後段）。

H20-28-1

14 Aの子Bが、Aに無断でAの代理人としてA所有の土地をCに売却する契約を結んだ。CはAが追認した後であっても、この売買契約を取り消すことができる。

H19-27-4改

15 B所有の土地をAが自己をBの代理人と称してCに売却した場合に、A自身が自己に代理権のないことを知らなかったとき、Cは、Aに代理権のないことを過失によって知らなかったとしても、無権代理を行ったAに対して責任を追及できる。

R6-32-4

16 A所有の動産甲（以下「甲」という。）を、BがCに売却する契約において、Bが、B自身をAの代理人と偽って、Aを売主、Cを買主として本件契約を締結した場合、Bに本件契約の代理権がないことを知らなかったが、そのことについて過失があるCは、本件契約が無効となった場合であっても、Bに対して履行または損害賠償の請求をすることができない。

H20-28-2

17 Aの子Bが、Aに無断でAの代理人としてA所有の土地をCに売却する契約を結んだ。Bが未成年者である場合、Aがこの売買契約の追認を拒絶したならば、CはBに対して履行の請求をすることはできるが、損害賠償の請求をすることはできない。

Chapter 6 条件・期限・期間

総合テキスト ▶▶▶ Chapter 9

H30-28-オ

1 A・B間で締結された契約（以下「本件契約」という。）に附款がある場合に関して、本件契約が金銭消費貸借契約であり、借主Bが将来社会的に成功を収めた場合に返済する旨の条項（いわゆる出世払い約款）が定められている場合、この条項は停止条件を定めたものであるから、Bは社会的な成功を収めない限り返済義務を負うものではない。

図表4

14 ✗ 　無権代理人がした契約は、**本人が追認をしない間に限り**、相手方が取り消すことができる（115条本文）。

15 ✗ 　無権代理人は、本人の追認を得ることができなかったときは、相手方の選択に従い、相手方に対して履行又は損害賠償の責任を負う（無権代理人の責任　117条1項）。もっとも、無権代理人が自己に代理権のないことを知らない場合、**無権代理人が代理権を有しないことを相手方が過失によって知らなかったときは、この責任を相手方は追及することができない**（同条2項2号ただし書）。

関連

16 ✗ 　無権代理人が代理権を有しないことを**相手方が過失によって知らなかったときは、原則として**、無権代理人は相手方に対して履行又は損害賠償の**責任を負わないが、無権代理人が自己に代理権がないことを知っていたとき**は、無権代理人は相手方に対して履行又は損害賠償の**責任を負う**（117条2項2号）。本問のBは、自身をAの代理人と偽っているため、自己に代理権がないことについて悪意である。したがって、Cは、Bに対して履行又は損害賠償の請求をすることができる。

17 ✗ 　**無権代理人が行為能力の制限を受けていたときは**、無権代理人は相手方に対して**履行又は損害賠償の責任を負わない**（117条2項3号）。

1 ✗ 　いわゆる「出世払い約款」については、出世しなければ返済する必要がないという趣旨であれば条件であるが、出世する可能性がある間は返済を猶予し、出世した時又は成功しないことが確定した時に返済するという趣旨であれば期限である。判例には、「出世払い約款」については、条件ではなく不確定期限を定めたものであるとしているものが存在する（大判大4.3.24等）。したがって、Aが、Bの社会的な成功を収める見込みがなくなった段階で返済せよという趣旨で、本件条項を付けた場合、Bは、社会的な成功を収められなかったとしても、返済義務を負うことがある。

H30-28-ウ

2 A・B間で締結された契約（以下「本件契約」という。）に附款がある場合に関して、本件契約が和解契約であり、Bは一定の行為をしないこと、もしBが当該禁止行為をした場合にはAに対して違約金を支払う旨の条項が定められている場合、Aが、第三者Cを介してBの当該禁止行為を誘発したときであっても、BはAに対して違約金支払の義務を負う。

Chapter 7　時　効

総合テキスト ▶▶▶ Chapter 10

R1-27-ア

1 時効による債権の消滅の効果は、時効期間の経過とともに確定的に生ずるものではなく、時効が援用されたときにはじめて確定的に生ずるものである。

H28-27-イ

2 AのBに対する甲債権につき消滅時効が完成した場合において、甲債権のために保証人となったDは、甲債権が消滅すればAに対して負っている債務を免れる地位にあるため、甲債権につき消滅時効を援用することができる。

H28-27-ア

3 AのBに対する甲債権につき消滅時効が完成した場合において、Aが甲債権の担保としてC所有の不動産に抵当権を有しているときは、物上保証人Cは、Aに対して債務を負っていないが、甲債権が消滅すれば同不動産の処分を免れる地位にあるため、甲債権につき消滅時効を援用することができる。

H28-27-オ

4 AのBに対する甲債権につき消滅時効が完成した場合において、Aが甲債権の担保としてB所有の不動産に抵当権を有しているときは、同不動産をBから取得したGは、甲債権が消滅すれば抵当権の負担を免れる地位にあるが、このような利益は反射的なものにすぎないため、甲債権につき消滅時効を援用することができない。

H28-27-ウ

5 AのBに対する甲債権につき消滅時効が完成した場合において、Bの詐害行為によってB所有の不動産を取得したEは、甲債権が消滅すればAによる詐害行為取消権の行使を免れる地位にあるが、このような利益は反射的なものにすぎないため、甲債権につき消滅時効を援用することができない。

2 ✘ 条件が成就することによって利益を受ける当事者が不正にその条件を成就させたときは、相手方は、その条件が成就しなかったものとみなすことができる（130条2項）。

1 ◯ そのとおりである（最判昭61.3.17）。

2 ◯ 保証人は、主たる債務の消滅時効を援用することができる（145条かっこ書）。

3 ◯ 他人の債務のために自己所有の不動産に抵当権を設定した物上保証人は、当該抵当権の被担保債権の消滅時効を援用することができる（145条かっこ書）。

関連

4 ✘ 抵当不動産の第三取得者は、当該抵当権の被担保債権の消滅時効を援用することができる（145条かっこ書）。

5 ✘ 詐害行為の受益者は、詐害行為取消権を行使する債権者の債権について、時効の利益を直接受ける者にあたり、その消滅時効を援用することができる（最判平10.6.22）。

H25-32-ア

6　Aは、B所有の甲土地上に乙建物を建てて保存登記をし、乙建物をCが使用している。Aが、甲土地についての正当な権原に基づかないで乙建物を建て、Cとの間の建物賃貸借契約に基づいて乙建物をCに使用させている場合に、乙建物建築後20年が経過したときには、Cは、Bに対して甲土地にかかるAの取得時効を援用することができる。

H28-27-エ

7　AのBに対する甲債権につき消滅時効が完成した場合において、Aが甲債権の担保としてB所有の不動産に抵当権を有しているときは、Aの後順位抵当権者Fは、Aの抵当権の被担保債権の消滅により直接利益を受ける者に該当しないため、甲債権につき消滅時効を援用することができない。

R1-27-ウ

8　被相続人の占有により取得時効が完成していた場合に、その共同相続人の一人は、自己の相続分の限度においてのみ取得時効を援用することができる。

H22-28-1改

9　債務者Aの債権者Bに対する債務の承認によって被担保債権の時効が更新された場合に、物上保証人Cは、当該被担保債権について生じた消滅時効の更新の効力を否定することはできない。

H22-28-5改

10　A所有の甲地をB・Cの2人が占有して取得時効が完成しそうな場合に、Bについてだけ時効の完成猶予があったときは、Bの取得時効のみ完成が猶予され、Cの取得時効の完成が猶予されることはない。

6 ✗ 　建物賃借人は、建物賃貸人による土地の所有権の取得時効を援用することはできない。時効の援用権者である「当事者」（145条）とは、時効により直接に利益を受ける者に限定されると解されるところ、建物賃借人は、建物賃貸人による敷地所有権の取得時効の完成によって直接利益を受ける者ではないから、建物賃貸人による土地の所有権の取得時効を援用することはできない（最判昭44.7.15）。

7 ⭕ 　先順位抵当権の被担保債権が消滅し、先順位抵当権が消滅すると、後順位抵当権の順位が上昇するが、これは事実上の利益にすぎない。したがって、後順位抵当権者は、時効により直接利益を受ける者に該当するものではなく、先順位抵当権の被担保債権の消滅時効を援用することができない（最判平11.10.21）。

8 ⭕ 　そのとおりである（最判平13.7.10）。

9 ⭕ 　判例は、物上保証人は、債務者の承認により被担保債権について生じた消滅時効中断の効力を否定することができないとしている（最判平7.3.10）。民法改正により、承認による中断は更新（152条1項）に改められたが、同判決は妥当する。

10 ⭕ 　時効の完成猶予は、当事者及びその承継人の間においてのみ、その効力を有する（時効の完成猶予の相対効　153条1項）。

時効の完成猶予と更新のイメージ

　時効の完成猶予は、時効の完成を一時猶予するものです。これに対して、時効の更新は、それまでの時効のカウントをリセットするものです。基本的に、権利者が（ひとまず）その権利を行使する意思を明らかにすれば時効の完成が猶予され、その権利の存在について確証まで得られたと評価できれば時効が更新されます。

H23-28-1

11　A所有の甲土地につき、20年間占有を継続してきたBが取得時効を援用した場合、取得時効の成立を否定するためには、Aの側において、他主占有事情の立証では足りず、Bの占有が賃貸借など他主占有権原に基づいて開始された旨を立証しなければならない。

H18-29-1

12　Aは、B所有の土地をBの所有であると知りつつ所有の意思をもって平穏かつ公然に10年間占有した場合に、その土地の所有権を取得する。

H19-27-2

13　AがB所有の土地をCに売却した場合に、Cは、悪意または有過失であっても、20年間、所有の意思をもって平穏かつ公然とBの土地を占有継続すれば、Cは土地の所有権を時効取得する。

H23-28-2

14　A所有の乙土地につき、Bが5年間占有した後にCがこれを相続して、さらに10年間占有を継続した時点において、CがBの占有と併合して取得時効を援用した場合、C自身が占有開始時に悪意であったときは、Bが占有開始時に善意であり、かつ無過失であったとしても時効取得は認められない。

R5-28-5

15　Aが所有する甲土地（以下「甲」という。）につき、Bの所有権の取得時効が完成し、その後、Bがこれを援用した。Bの時効完成後に、GがAから甲を買い受けて所有権移転登記を了した場合、Bは、Gに対して、登記なくして時効による所有権取得をもって対抗することはできず、その際にBが甲の占有開始時点を任意に選択してその成立を主張することは許されない。

R5-28-2

16　Aが所有する甲土地（以下「甲」という。）につき、Bの所有権の取得時効が完成し、その後、Bがこれを援用した。Bの時効完成後に、DがAから甲を買い受けて所有権移転登記を了した場合、Bは、Dに対して、Dが背信的悪意者であったと認められる特段の事情があるときでも、登記なくして時効による所有権取得を対抗することはできない。

11 ✗ 取得時効が成立するためには「所有の意思」を有する占有（自主占有）が必要であるが（162条1項）、自主占有は推定されるから（186条1項）、取得時効の成立を否定する側が所有の意思がない占有（他主占有）であることを立証しなければならない。そして、他主占有は、占有取得の原因である権原（他主占有権原）、又は占有に関する事情（他主占有事情）により外形的客観的に定められる（最判昭58.3.24）。

12 ✗ 所有権を時効取得するためには、所有の意思をもって、平穏かつ公然と他人の物を、「20年間」占有することが必要である（162条1項）。そして、「10年間」の占有で時効取得できるのは、占有者が占有の開始の時に善意無過失である場合に限られる（同条2項）。

13 ○ 20年間、所有の意思をもって、平穏に、かつ、公然と他人の物を占有した者は、その所有権を取得する（取得時効 162条1項）。この場合は、占有者の善意無過失は要件とならない。

14 ✗ 10年間の占有による時効取得のためには、その占有の開始の時に、善意無過失であれば足りる（162条2項）。この規定は、占有主体に変更があって承継された2個以上の占有があわせて主張される場合（187条1項）についても適用され、この場合にはその主張にかかる最初の占有者につきその占有開始の時点においてこれを判定すれば足りる（最判昭53.3.6）。したがって、本問の場合、Bが占有開始時に善意無過失であることから、時効取得が認められ得る。

15 ○ 時効により不動産の所有権を取得した場合でも、その登記がないときは、時効取得者は、時効完成後に原所有者から所有権を取得し登記を経た第三者に対し、所有権の取得を対抗することができない（最判昭33.8.28）。また、時効期間は、時効の基礎たる事実の開始された時を起算点として計算すべきであり、時効援用者において任意に起算点を選択し、時効完成の時期を早めたり遅らせたりすることはできない（最判昭35.7.27）。

16 ✗ 設問15の前段の判例解説参照（最判昭33.8.28）。もっとも、当該第三者が背信的悪意者であるときには、登記がなくても時効取得をもって対抗することができる（最判平18.1.17）。したがって、Dが背信的悪意者であったと認められる特段の事情があるときは、BはDに対して、登記なくして時効による所有権取得を対抗することができる。

H25-28-5

17　不動産を時効により取得した占有者は、取得時効が完成した後にその不動産を譲り受けて登記をした者に対して、その譲受人が背信的悪意者であるときには、登記がなくても時効取得をもって対抗することができるが、その譲受人が背信的悪意者であると認められるためには、同人が当該不動産を譲り受けた時点において、少なくとも、その占有者が取得時効の成立に必要な要件を充足していることについて認識していたことを要する。

R5-28-1

18　Aが所有する甲土地（以下「甲」という。）につき、Bの所有権の取得時効が完成し、その後、Bがこれを援用した。Bの時効完成前に、CがAから甲を買い受けて所有権移転登記を了した場合、Bは、Cに対して、登記なくして時効による所有権取得をもって対抗することができる。

R5-28-4

19　Aが所有する甲土地（以下「甲」という。）につき、Bの所有権の取得時効が完成し、その後、Bがこれを援用した。Bの時効完成後に、FがAから甲につき抵当権の設定を受けてその登記を了した場合、Bは、抵当権設定登記後引き続き甲の占有を取得時効の成立に必要な期間継続したときは、BがFに対し時効を援用すれば、Bが抵当権の存在を容認していたなどの抵当権の消滅を妨げる特段の事情がない限り、甲を時効取得し、その結果、Fの抵当権は消滅する。

R5-28-3

20　Aが所有する甲土地（以下「甲」という。）につき、Bの所有権の取得時効が完成し、その後、Bがこれを援用した。Bの時効完成後に、EがAから甲を買い受けて所有権移転登記を了した場合、その後さらにBが甲の占有を取得時効の成立に必要な期間継続したときは、Bは、Eに対し時効を援用すれば、時効による所有権取得をもって登記なくして対抗することができる。

H21-28-C

21　「30年程前に私の祖父が亡くなりました。祖父は唯一の遺産であった自宅の土地・建物を祖父の知人に遺贈したため、相続人であった私の父は直ちに遺留分を主張して、当該土地・建物についての共有持分が認められたのですが、その登記をしないまま今日に至っています。このたび父が亡くなり、父を単独相続した私が先方に共有持分についての登記への協力を求めたところ、20年以上経過しているので時効だといって応じてもらえません。私は移転登記を求めることはできますか。」との相談に対し、民法の規定および判例に照らし、「できます」と回答しうる。

17 ✕ 　設問16の後段の判例（最判平18.1.17）では、取得時効の成立要件を充足していることをすべて具体的に認識していなかったとしても、**時効取得者が多年にわたる占有継続を認識していた第三者は、背信的悪意者と認められる場合がある**とされている。

18 ◯ 　不動産の時効取得者は、**取得時効の進行中に原権利者から当該不動産の譲渡を受けその旨の移転登記を経由した者**に対しては、**登記がなくても**、時効による所有権の取得を**主張することができる**（最判昭41.11.22）。

19 ◯ 　不動産の取得時効の完成後、所有権移転登記がされることのないまま、第三者が原所有者から抵当権の設定を受けて抵当権設定登記を了した場合において、当該不動産の時効取得者である占有者が、その後引き続き時効取得に必要な期間占有を継続したときは、**当該占有者が当該抵当権の存在を容認していたなど抵当権の消滅を妨げる特段の事情がない限り、当該占有者は、当該不動産を時効取得し、その結果、当該抵当権は消滅**する（最判平24.3.16）。

20 ◯ 　時効により不動産の所有権を取得した場合であっても、その登記がないときは、時効取得者は、時効完成後に原所有者から所有権を取得し登記を経た第三者に対し、所有権の取得を対抗することができない（最判昭33.8.28）。もっとも、**第三者の登記後、引き続き時効取得に要する期間占有を継続した場合には、その第三者に対し、登記を経由しなくとも時効による権利の取得を対抗し得る**（最判昭36.7.20）。

21 ◯ 　共有においては、持分権自体が1つの所有権であって、ただ、他の共有者の持分権のために量的に制限された状態であるとされる。そして、**所有権には消滅時効がない**。したがって、共有持分権に基づく物権的請求権としての登記請求権も時効により消滅しない。

R5-27-1

22 債権者が権利を行使できることを知った時から5年間行使しないときは、その債権は、時効によって消滅する。

R5-27-2

23 不法行為による損害賠償請求権以外の債権（人の生命又は身体の侵害による損害賠償請求権を除く）は、その権利について行使することができることを知らない場合でも、その権利を行使できる時から10年間行使しないときには、時効によって消滅する。

R5-27-3

24 人の生命又は身体の侵害による損害賠償請求権は、その権利について行使することができることを知らない場合でも、その債権を行使できる時から20年間行使しないときには、時効によって消滅する。

R5-27-4

25 人の生命又は身体を害する不法行為による損害賠償請求権は、被害者又はその法定代理人が損害及び加害者を知った時から3年間行使しないときは、時効によって消滅する。

R5-27-5

26 債権又は所有権以外の財産権は、権利を行使することができる時から20年間行使しないときは、時効によって消滅する。

22 ○ 　債権は、債権者が権利を行使することができることを**知った時から５年間**行使しないときは、時効によって消滅する（166条１項１号）。

図表5

---

23 ○ 　不法行為による損害賠償請求権以外の債権（人の生命又は身体の侵害による損害賠償請求権を除く）は、**権利を行使することができる時から10年間**行使しないときは、時効によって消滅する（166条１項２号、167条、724条２号参照）。その権利について行使することができることを知らない場合も同様である。

---

24 ○ 　人の生命又は身体の侵害による損害賠償請求権については、債務不履行を理由とするものであれ、不法行為を理由とするものであれ、その**債権を行使できる時から20年間**行使しないときは、時効によって消滅する（167条、724条２号）。その権利について行使することができることを知らない場合も同様である。

---

25 ✕ 　**人の生命又は身体を害する不法行為**による損害賠償請求権は、被害者又はその法定代理人が損害及び加害者を知った時から**５年間**行使しないときは、時効によって消滅する（724条１号、724条の２）。したがって、本問は「３年間」としている点で誤っている。

---

26 ○ 　債権又は所有権以外の財産権は、**権利を行使することができる時から20年間**行使しないときは、時効によって消滅する（166条２項）。

民法

part
1
総則

chap
7
時効

129

知識を整理

📊 図表 1 本人以外の者が請求する場合の本人の同意

後見開始の審判	不　要
保佐開始の審判	不　要
補助開始の審判	必　要
補助人の同意を要する旨の審判	必　要
13条2項による保佐人の同意を要する行為の追加	不　要
保佐人に代理権を付与する旨の審判	必　要
補助人に代理権を付与する旨の審判	必　要

📊 図表 2 意思表示の効力

	意思表示の当事者間		第三者保護規定
	原　則	例　外	
心裡留保 （93条）	有　効	悪意又は有過失の相手方に対しては無効	善意の第三者に無効を主張できない
虚偽表示 （94条）	無　効	な　し	善意の第三者に無効を主張できない
錯　誤 （95条）	取消し可	表意者に重過失がある場合は取消し不可（※）	善意無過失の第三者に取消しを主張できない
詐　欺 （96条）	取消し可	な　し	善意無過失の第三者に取消しを主張できない
強　迫 （96条）	取消し可	な　し	な　し

※　相手方が悪意又は重過失の場合、共通錯誤の場合は取消し可（95条3項1号、2号）。

📊 図表 3 無権代理と相続

	判示事項	判　旨
無権代理人が本人を相続した場合 （最判昭 40.6.18）	無権代理人が本人を単独相続した場合における無権代理行為の効力	無権代理人の地位と本人の地位が融合し、相続により無権代理行為が当然に有効となる。
無権代理人が本人を共同相続した場合 （最判平 5.1.21）	無権代理人が本人を共同相続した場合における無権代理行為の効力	共同相続人全員が共同して無権代理行為を追認しない限り、無権代理人の相続分に相当する部分においても、無権代理行為が当然に有効となるものではない。
本人による追認拒絶後の無権代理人の本人相続 （最判平 10.7.17）	本人が無権代理行為の追認を拒絶した後に無権代理人が本人を相続した場合における無権代理行為の効力	本人が無権代理行為の追認を拒絶した場合には、その後無権代理人が本人を相続したとしても、無権代理行為が有効になるものではない。
本人が無権代理人を相続した場合 （最判昭 37.4.20）	本人が無権代理人の地位を相続した場合における無権代理行為の効力	本人が無権代理行為の追認を拒絶したとしても、信義則に反するものではないから、無権代理行為は本人の相続により当然に有効となるものではない。
本人が無権代理人を相続した場合の責任 （最判昭 48.7.3）	117 条と無権代理人を相続した本人の責任	無権代理人を相続した本人は、無権代理人が 117 条により相手方に債務を負担していたときには、無権代理行為について追認を拒絶できる地位にあったことを理由として、当該債務を免れることができない。
相続人が無権代理人と本人の両方を相続した場合 （最判昭 63.3.1）	相続人が無権代理人と本人の両方を相続した場合における無権代理行為の効力	無権代理人を相続した者は、無権代理人の地位を包括的に承継するので、無権代理人が本人を相続した場合と同様に考え、追認を拒絶することができない。

民
法

part
1
総
則

■ 図表 4 無権代理人と取引をした相手方の保護

方　法	内　容	相手方の主観的要件の比較
催告権 （114条）	①　本人に対して、相当の期間を定めて、その期間内に追認するかどうかを確答すべき旨を催告することができる。 ②　本人がその期間内に確答しないときは、追認を拒絶したものとみなされる。	善意・悪意を問わない
取消権 （115条）	相手方は、本人が追認するまでは、無権代理人と締結した契約を取り消すことができる。	善　意
無権代理人に対する責任追及 （117条）	①　要件 ・他人の代理人として契約をした者が代理権を証明できなかったこと ・本人の追認が得られなかったこと ・相手方が善意・無過失であること ・無権代理人が行為能力を有すること ②　効果 ・無権代理人に対して、履行の請求か損害賠償請求のどちらかを請求することができる（※1）。	善意無過失 （※2）

※1　表見代理は、無権代理の一種であり、表見代理責任と無権代理責任は併存する。すなわち、表見代理が成立する場合にも、相手方は、無権代理人に対する責任を追及することができる。

　　　無権代理人は、表見代理の成立を理由に、相手方に対して自己が無権代理人としての責任を負わないと主張することはできない（判例）。

※2　無権代理人自身が代理権を有しないことを知っていたときは、たとえ相手方に過失があったとしても、無権代理人への責任追及が認められる（117条2項2号ただし書）。

📖 図表 5 　不法行為・債務不履行に基づく損賠償請求求権の消滅時効

	不法行為責任	債務不履行責任
原　則	主観的起算点から3年 客観的起算点から20年 （724条）	主観的起算点から5年 客観的起算点から10年 （166条1項）
生命・身体 侵害の場合	主観的起算点から5年 客観的起算点から20年 （167条、724条の2）	

民法

part
1
総
則

Part 2 物　権

Chapter 1 物権法総説

総合テキスト ▶▶▶ Chapter 11

R3-29-2

1 D所有の丙土地上に権原なくE所有の未登記の丁建物が存在し、Eが丁建物を未登記のままFに譲渡した場合、Eは、Dに対して丁建物の収去および丙土地の明渡しの義務を負わない。

H29-31-5

2 Dが所有する丙土地の上に、Eが権原なく丁建物を建設し、自己所有名義で建物保存登記を行った上でこれをFに譲渡したが、建物所有権登記がE名義のままとなっていた場合、Dは登記名義人であるEに対して丁建物の収去を求めることができる。

H20-30-イ

3 Aは、自己所有の土地につき、Bとの間で賃貸借契約を締結した（賃借権の登記は未了）。AがBにこの土地の引渡しをしようとしたところ、この契約の直後にCがAに無断でこの土地を占拠し、その後も資材置場として使用していることが明らかとなった。Cは明渡請求に応ずる様子もない。この場合、Aは、自己の土地所有権に基づき土地明渡請求をすることができる。

H29-29-ウ

4 構成部分の変動する集合動産について、一括して譲渡担保の目的とすることは認められない。

134

比較

1 ○ 判例は、「未登記建物の所有者が未登記のままこれを第三者に譲渡した場合には、これにより確定的に所有権を失うことになるから、その後、その意思に基づかずに譲渡人名義に所有権取得の登記がされても、右譲渡人は、土地所有者による建物収去・土地明渡しの請求につき、建物の所有権の喪失により土地を占有していないことを主張することができる」としている（最判平6.2.8）。

2 ○ 判例は、「他人の土地上の建物の所有権を取得した者が自らの意思に基づいて所有権取得の登記を経由した場合には、たとい建物を他に譲渡したとしても、引き続き右登記名義を保有する限り、土地所有者に対し、右譲渡による建物所有権の喪失を主張して建物収去・土地明渡しの義務を免れることはできない」としている（最判平6.2.8）。

3 ○ 所有権を有する者は、物権的返還請求権を有する（189条2項、202条1項参照）。これらの条項には「本権の訴え」とあり、物権的請求権のあることを前提としている。

4 ✕ 構成部分の変動する集合動産についても、その種類、所在場所及び量的範囲を指定するなんらかの方法で目的物の範囲が特定される場合には、一個の集合物として譲渡担保の目的となり得る（最判昭54.2.15）。

Chapter 2 物権変動

総合テキスト ▶▶▶ Chapter 12

H18-30-3

1 Aは、B所有の甲土地について地上権の設定を受けて、同土地上に乙建物を建築した。Aが同建物を建築するについては、そのための資金としてC銀行から融資を受けた。この場合、Bが死亡し、Bの相続人Dが甲土地を相続したときは、Aは、甲土地についての地上権登記または乙建物についての保存登記を経由していない限り、Dに対し、Aの甲土地についての地上権を対抗することはできない。

H20-29-2

2 AからBに不動産の売却が行われた後に、AがBの詐欺を理由に売買契約を取り消したにもかかわらず、Bがこの不動産をCに転売してしまった場合に、Cは善意であっても登記を備えなければ保護されない。

H20-29-3

3 AからBに不動産の売却が行われ、BはこれをさらにCに転売したところ、Bに代金不払いが生じたため、AはBに対し相当の期間を定めて履行を催告したうえで、その売買契約を解除した場合に、Cは善意であれば登記を備えなくても保護される。

H20-29-4

4 AからBに不動産の売却が行われたが、Bに代金不払いが生じたため、AはBに対し相当の期間を定めて履行を催告したうえで、その売買契約を解除した場合に、Bから解除後にその不動産を買い受けたCは、善意であっても登記を備えなければ保護されない。

H20-29-5

5 AからBに不動産の売却が行われ、BはこれをさらにCに転売したところ、A・Bの取引がA・Bにより合意解除された場合に、Cは善意であっても登記を備えなければ保護されない。

1 ✗ Aが、地上権の設定という物権変動を、第三者に対抗するためには、甲土地についての地上権の登記又は乙建物についての保存登記が必要である（民法177条、借地借家法10条1項）。この点について、「第三者」とは、当事者若しくはその包括承継人以外の者で不動産に関する物権の得喪及び変更の登記のないことを主張する正当の利益を有する者をいう。本問において、Dは、Bの包括承継人たる相続人であるから、「第三者」にはあたらない。したがって、Aは、かかる登記を経由することなく、Dに対し、Aの甲土地についての地上権を対抗することができる。

図表1

2 ○ 被詐欺者と取消後の第三者との関係は、対抗関係（民法177条）として処理される（大判昭17.9.30）。

関連

3 ✗ 当事者の一方がその解除権を行使したとき、第三者の権利を害することはできない（545条1項ただし書）。解除前の第三者が保護を受けるためには、当該権利につき対抗要件としての登記（177条）を備えていなければならない（最判昭33.6.14）。

4 ○ 解除後の第三者が保護を受けるためには、当該権利につき対抗要件としての登記（177条）を備えていなければならない（大判昭14.7.7）。

5 ○ 合意解除前の第三者が保護を受けるためには、当該権利につき登記を備えていなければならない（最判昭33.6.14）。

R6-29-1

6 甲土地（以下「甲」という。）を所有するAが死亡して、その子であるBおよびCについて相続が開始した。遺産分割が終了していないにもかかわらず、甲につきBが虚偽の登記申請に基づいて単独所有名義で相続登記手続を行った上で、これをDに売却して所有権移転登記手続が行われた場合、Cは、Dに対して、Cの法定相続分に基づく持分権を登記なくして主張することができる。

H30-29-ウ

7 Aが登記簿上の所有名義人である甲土地をBが買い受ける旨の契約（以下「本件売買契約」という。）をA・B間で締結した。甲土地が相続によりAおよびEの共有に属していたところ、AがEに無断でAの単独所有名義の登記をしてBとの間で本件売買契約を締結し、Bが所有権移転登記をした場合において、Bがその事情を知らず、かつ、過失がないときは、Bは甲土地の全部について所有権を取得する。

R6-29-4

8 甲土地（以下「甲」という。）を所有するAが死亡して、その子であるBおよびCについて相続が開始した。Bが相続を放棄したため、甲はCが単独で相続することとなったが、Cが相続登記手続をしないうちに、Bの債権者であるGが甲に関するBの法定相続分に基づく持分権につき差押えを申し立てた場合、Cは、当該差押えの無効を主張することができない。

R6-29-2

9 甲土地（以下「甲」という。）を所有するAが死亡して、その子であるBおよびCについて相続が開始した。遺産分割により甲をCが単独で相続することとなったが、Cが相続登記手続をしないうちに、Bが甲に関する自己の法定相続分に基づく持分権につき相続登記手続を行った上で、これをEに売却して持分権移転登記手続が行われた場合、Cは、Eに対して、Eの持分権が自己に帰属する旨を主張することができない。

6 **○** Bは、Cの持分については、無権利者であり、また登記に公信力はない からDはCの法定相続分を取得することはできない。また、**相続による権 利の承継は**、遺産の分割によるものかどうかにかかわらず、**法定相続分を 超える部分については、登記、登録その他の対抗要件を備えなければ、第 三者に対抗することができない**（899条の2第1項）。したがって、**法定相 続分を超えない部分については、登記なくして対抗することができる**（同 項反対解釈、最判昭38.2.22）。したがって、Cは、Dに対して、Cの法定相 続分に基づく持分権を登記なくして主張することができる。

7 **✗** 判例は、本問と同様の事案において、「相続財産に属する不動産につき 単独所有権移転の登記をした共同相続人中の乙ならびに乙から単独所有 権移転の登記をうけた第三取得者丙に対し、**他の共同相続人甲は自己の 持分を登記なくして対抗しうるもの**と解すべきである」としている（最判 昭38.2.22）。よって、Bは、甲土地のA持分については権利を取得するこ とができるが、同土地のE持分については、権利を取得することができな い。

8 **✗** 相続の放棄をした者は、その相続に関しては、初めから相続人とならな かったものとみなされる（939条）。判例も、**相続放棄の「効力は絶対的 で、何人に対しても登記等なくしてその効力を生ずる」**としている（最判 昭42.1.20）。そのため、民法899条の2第1項の「次条及び第901条の 規定により算定した相続分」とは、相続放棄により定まる相続分をいう。 したがって、899条の2第1項の「相続分」を超えない取得であるため、 Cは、登記なくしてGに対抗することができる。

9 **○** 民法909条は、「遺産の分割は、相続開始の時にさかのぼってその効力 を生ずる。ただし、第三者の権利を害することはできない。」と規定して いるが、同条ただし書の趣旨は、遺産分割の遡及効により害される第三者 を保護する点にあるため、遺産分割後の第三者は、同条ただし書の「第三 者」に該当しない。もっとも、**相続による権利の承継は**、遺産の分割によ るものかどうかにかかわらず、**法定相続分を超える部分については、登 記、登録その他の対抗要件を備えなければ、第三者に対抗することができ ない**（899条の2第1項）。したがって、Eの持分は、Cの法定相続分を超 える部分であるから、登記を具備していないCは、Eに対して、Eの持分 権が自己に帰属する旨を主張することができない。

R6-29-3

10 甲土地（以下「甲」という。）を所有するAが死亡して、その子であるBおよびCについて相続が開始した。AがをCに遺贈していたが、Cが所有権移転登記手続をしないうちに、Bが甲に関する自己の法定相続分に基づく持分権につき相続登記手続を行った上で、これをFに売却して持分権移転登記手続が行われた場合、Cは、Fに対して、Fの持分権が自己に帰属する旨を主張することができない。

R6-29-5

11 甲土地（以下「甲」という。）を所有するAが死亡して、その子であるBおよびCについて相続が開始した。Aが「甲をCに相続させる」旨の特定財産承継遺言を行っていたが、Cが相続登記手続をしないうちに、Bが甲に関するBの法定相続分に基づく持分権につき相続登記手続を行った上で、これをHに売却して持分権移転登記手続が行われた場合、民法の規定によれば、Cは、Hに対して、Hの持分権が自己に帰属する旨を主張することができない。

H30-29-エ

12 Aが登記簿上の所有名義人である甲土地をBが買い受ける旨の契約（以下「本件売買契約」という。）をA・B間で締結した。甲土地はAの所有に属していたところ、本件売買契約が締結され、B名義での所有権移転の仮登記がされた場合において、Aが甲土地をその事情を知らないFに売却し所有権移転登記をしたときは、Bは本登記をしない限りFに対して所有権の取得を対抗することができない。

R1-29-1

13 Aは自己所有の甲機械をBに譲渡したが、その引渡しをしないうちにAの債権者であるCが甲機械に対して差押えを行った。この場合において、Bは、差押えに先立って甲機械の所有権を取得したことを理由として、Cによる強制執行の不許を求めることはできない。

10 ⭕ 　遺贈による権利の取得は、「相続による権利の承継」にはあたらないため、民法899条の2第1項は適用されない。もっとも、判例は、**遺贈の場合においても不動産の二重譲渡等における場合と同様、登記をもって物権変動の対抗要件とする**ものとしている（177条、最判昭39.3.6）。したがって、登記を具備していないCは、Fに対して、Fの持分権が自己に帰属する旨を主張することができない。

---

11 ⭕ 　特定財産承継遺言（「相続させる」旨の遺言）に基づく権利の承継は、民法899条の2第1項の「相続による権利の承継」にあたるため、同条が適用される。そのため、**法定相続分を超える部分の承継については、登記等を備えなければ、第三者に対抗することはできない**。したがって、登記を具備していないCは、Hに対して、Hの持分権が自己に帰属する旨を主張することはできない。

---

12 ⭕ 　仮登記とは、本登記をなすべき実体的又は手続的要件が具備しない場合に、将来なされる本登記の順位をあらかじめ確保しておくためになされる登記をいう（不動産登記法105条、106条参照）。**仮登記は、民法177条の規定する対抗力を有せず**、上記の要件を満たした後、本登記をすることにより、仮登記後、本登記をするまでに生じた第三者の権利の登記を、自己の権利と抵触する範囲内で、否定することができる（仮登記の順位の保全効　不動産登記法106条、109条2項）。したがって、Bは、本登記をしない限り、Fに対して所有権の取得を対抗することができない。

---

13 ⭕ 　動産に関する物権の譲渡は、その動産の引渡しがなければ、第三者に対抗することができない（民法178条）。**「第三者」とは、当事者及び包括承継人以外の者で、対抗要件の欠缺を主張するにつき、正当な利益を有する者**をいう。本問において、Bは、甲機械の引渡しを受けていない。また、Aの債権者であるCは、甲機械に対して差押えを行っているため、178条の「第三者」に該当する。

R1-29-2

14 Dは自己所有の乙機械をEに賃貸し、Eはその引渡しを受けて使用収益を開始したが、Dは賃貸借期間の途中でFに対して乙機械を譲渡した。FがEに対して所有権に基づいて乙機械の引渡しを求めた場合には、Eは乙機械の動産賃借権をもってFに対抗することができないため、D・F間において乙機械に関する指図による占有移転が行われていなかったとしても、EはFの請求に応じなければならない。

R1-29-3

15 Gは自己所有の丙機械をHに寄託し、Hがその引渡しを受けて保管していたところ、GはIに対して丙機械を譲渡した。この場合に、HがGに代って一時丙機械を保管するに過ぎないときには、Hは、G・I間の譲渡を否認するにつき正当な利害関係を有していないので、Iの所有権に基づく引渡しの請求に応じなければならない。

Chapter 3 占有権

総合テキスト ▶▶▶ Chapter 13

R4-28-5

1 Aが所有する動産戊（以下「戊」という。）を保管することをBに寄託し、これをBに引き渡した後、Aは戊をCに譲渡した場合、Aが、Bに対して以後Cの所有物として戊を占有するよう指示し、Cが、これを承諾したときは、戊についてAからCへの引渡しが認められる。

H23-29-イ

2 A所有のカメラをBが処分権限なしに占有していたところ、CがBに所有権があると誤信し、かつ、そのように信じたことに過失なくBから同カメラを買い受けた。この場合、Cは、カメラの占有を平穏、公然、善意、無過失で始めたときにカメラの所有権を即時取得するが、その要件としての平穏、公然、善意は推定されるのに対して、無過失は推定されないので、Cは無過失の占有であることを自ら立証しなければならない。

14 ✗ **動産の賃借人**は、民法178条の**「第三者」に該当する**（大判大4.2.2）。そのため、Fは、乙機械の賃借人Eに対して、乙機械の「引渡し」を受けていなければ、その所有権を対抗することができない。したがって、Eは、D・F間において乙機械に関する指図による占有移転が行われていなければ、Fの請求に応じなくてよい。

比較

15 〇 動産の寄託を受け、**一時それを保管するにすぎない者**は、民法178条の**「第三者」に該当しない**（最判昭29.8.31）。

1 〇 民法184条は、「代理人によって占有をする場合において、**本人がその代理人に対して以後第三者のためにその物を占有することを命じ、その第三者がこれを承諾**したときは、その第三者は、占有権を取得する。」と規定している（指図による占有移転）。指図による占有移転は、178条の「引渡し」にあたる。本問では、Aが戊の占有者Bに対し、以後Cのために占有することを命じ、Cが承諾しているため、戊について、AからCへの指図による占有移転があったといえる。したがって、戊についてAからCへの引渡しが認められる。

2 ✗ 占有者は、所有の意思をもって、善意で、平穏に、かつ、公然と占有をするものと推定される（186条1項）。また、占有者が占有物について行使する権利は、適法に有するものと推定される（188条）から、即時取得者においては、譲渡人である占有者に権利があると信じるについて**無過失であることが推定**される（最判昭41.6.9）。

H23-29-ウ

3　A所有のカメラをBが処分権限なしに占有していたところ、CがBに所有権があると誤信し、かつ、そのように信じたことに過失なくBから同カメラを買い受けた。Bは、Cにカメラを売却し、以後Cのために占有する旨の意思表示をし、引き続きカメラを所持していた場合、Cは、一応即時取得によりカメラの所有権を取得するが、現実の引渡しを受けるまでは、その所有権の取得は確定的ではなく、後に現実の引渡しを受けることによって確定的に所有権を取得する。

R4-28-3

4　Aが所有する丙土地（以下「丙」という。）を無権利者であるBがCに売却し、Cが所有権を取得したものと信じて丙の占有を開始した場合、Aから本権の訴えがないときは、Cは、丙を耕作することによって得た収穫物を取得することができる。

R1-31-3

5　債務者が他人の所有に属する動産につき質権を設定した場合であっても、債権者は、その動産が債務者の所有物であることについて過失なく信じたときは、質権を即時取得することができる。

H23-29-ア

6　A所有のカメラをBが処分権限なしに占有していたところ、CがBに所有権があると誤信し、かつ、そのように信じたことに過失なくBから同カメラを買い受けた。この場合、CがAのカメラを即時取得するのは、Bの占有に公信力が認められるからであり、その結果、Bがカメラの所有者であったとして扱われるので、Cの所有権はBから承継取得したものである。

H19-29-2

7　美術商Aは、画廊に保管しておいた自己所有の絵画が盗難に遭い、悔しい思いをしていたが、ある日、Bが運営する個人美術館を訪ねた際、そこに盗まれた絵画が掲げられているのを発見した。Aは、Bから事情を聴いたところ、その絵画は、ある日それまで面識のなかったCがBのもとに持ち込み買取りを求めたものであることがわかった。Bに即時取得が成立しているとして、Aは、買取りの日から2年以内であれば、Bに対して、保管に要した費用を支払って、その絵画の引渡しを求めることができる。ただし、Cは商人ではないものとする。

図表2

3 ✗ 　占有改定の方法による占有取得では外観上の占有状態に変更がないため、即時取得は認められない（最判昭35.2.11）。

4 ○ 　民法189条1項は、「善意の占有者は、占有物から生ずる果実を取得する。」と規定している。丙を耕作することによって得た収穫物は天然果実であるため（88条1項）、善意で丙の占有を始めたCは、当該収穫物を取得することができる。

5 ○ 　取引行為によって、平穏に、かつ、公然と動産の占有を始めた者は、善意であり、かつ、過失がないときは、即時にその動産について行使する権利を取得する（192条）。「取引行為」には、質権設定契約も含まれる。したがって、債務者が他人の所有する動産につき質権を設定した場合であっても、債権者は、その動産が債務者の所有物であることについて過失なく信じたときは、質権を即時取得することができる。

6 ✗ 　民法192条に基づく即時取得は、譲渡人の所有権に基づいて取得するものではないから、原始取得であると解されている。

7 ✗ 　即時取得が成立する場合において盗品の回復請求が認められるのは、「盗難の時から2年間」である（193条）。

即時取得と94条2項類推適用

　即時取得と似たものとして、不動産物権変動においては94条2項類推適用という考え方があります。いずれも、無権利者から物を譲り受けた者を保護するものですが、両者には、大きな違いがあります。それは、真実の権利者の帰責事由を要求するか否かです。即時取得においては、真実の権利者に帰責事由があることは要求されませんが、94条2項類推適用においては、真実の権利者の帰責事由が要求されます。この点は、注意しておきましょう。

H19-29-3

8 　美術商Aは、画廊に保管しておいた自己所有の絵画が盗難に遭い、悔しい思いをしていたが、ある日、Bが運営する個人美術館を訪ねた際、そこに盗まれた絵画が掲げられているのを発見した。Aは、Bから事情を聴いたところ、その絵画は、ある日それまで面識のなかったCがBのもとに持ち込み買取りを求めたものであることがわかった。Bに即時取得が成立しているとして、Aは、盗難の日から2年以内であれば、Bに対してまったく無償で、その絵画の引渡しを求めることができる。ただし、Cは商人ではないものとする。

H19-29-4

9 　美術商Aは、画廊に保管しておいた自己所有の絵画が盗難に遭い、悔しい思いをしていたが、ある日、Bが運営する個人美術館を訪ねた際、そこに盗まれた絵画が掲げられているのを発見した。Aは、Bから事情を聴いたところ、その絵画はBがオークションで落札したものであることがわかった。Bに即時取得が成立しているとして、Aは、盗難の日から2年以内であれば、Bに対して保管に要した費用を支払って、その絵画の引渡しを求めることができる。

H29-31-3

10 　占有者がその占有を奪われたときは、占有回収の訴えにより、その物の返還を請求することはできるが、損害の賠償を請求することはできない。

R4-28-4

11 　Aが所有する動産丁（以下「丁」という。）を保管することをBに寄託し、これに基づいてBが丁を占有していたところ、丁をCに盗取された場合、Bは、占有回収の訴えにより、Cに対して丁の返還を請求することができる。

H20-30-エ

12 　Aは、自己所有の土地につき、Bとの間で賃貸借契約を締結した（賃借権の登記は未了）。AがBにこの土地の引渡しをしようとしたところ、この契約の直後にCがAに無断でこの土地を占拠し、その後も資材置場として使用していることが明らかとなった。Cは明渡請求に応ずる様子もない。この場合、Bは、占有回収の訴えに基づき土地明渡請求をすることができる。

8 ○ 　民法193条に基づく盗品の回復請求は、原則として無償ですることができる。もっとも、占有者が、盗品を、**競売若しくは公の市場において、又はその物と同種の物を販売する商人から、善意で買い受けたとき**は、被害者は、占有者が支払った代価を弁償しなければ、その物を回復することができない（194条）。Bは商人でないCから本件絵画を買い受けているから、同条の適用はない。したがって、Aは、Bに対して、原則どおり無償で本件絵画の引渡しを求めることができる。

9 ✗ 　占有者が、盗品を、**競売において、善意で買い受けたとき**は、被害者は、占有者が支払った代価を弁償しなければ、その物を回復することができない（194条）。Bは本件絵画をオークションで落札しているところ、オークションは「競売」にあたるから、同条が適用される。したがって、Aは、Bに対して、Bの支払った代価を弁償しなければ、その物を回復することができない。本問は、「保管に要した費用を支払って」としている点が誤りである。

10 ✗ 　占有者がその占有を奪われたときは、占有回収の訴えにより、**その物の返還及び損害の賠償を請求**することができる（200条1項）。

11 ○ 　**他人のために物を占有する者**は、占有回収の訴えにより**奪われた物の返還を請求できる**（197条、200条1項）。したがって、Aのために丁を保管しているBは、占有回収の訴えにより、Cに対して丁の返還を請求することができる。

12 ✗ 　占有回収の訴え（200条1項）をするためには、**占有者であることが必要**である。Bは本問土地の引渡しを受けておらず、占有者とはいえない。

Chapter 4 所有権

総合テキスト ▶▶▶ Chapter 14

H24-29-1

1 甲土地を所有するAは、甲土地に隣接するB所有の乙土地を通行している。甲土地が乙土地に囲まれて公道に通じていない場合、AがBに対して囲繞地通行権を主張するためには、Aは甲土地の所有権の登記を具備していなければならない。

H24-29-3

2 甲土地を所有するAは、甲土地に隣接するB所有の乙土地を通行している。AがBとの間の賃貸借契約に基づいて乙土地を通行している場合において、その後に甲土地がCに売却されたときは、これによりCも当然に乙土地を通行することができる。

H27-29-2改

3 甲土地を所有するAとその隣地の乙土地を所有するBとの間の相隣関係に関して、甲土地に所在するAの竹木の枝が境界線を越えて乙土地に侵入した場合には、Aの所在を知ることができないときであっても、Bは、自らその枝を切除することができない。

H27-29-3

4 甲土地を所有するAとその隣地の乙土地を所有するBとの間の相隣関係に関して、甲土地に所在するAの竹木の根が境界線を越えて乙土地に侵入した場合に、Bは、その根を切除することはできず、Aにその根を切除させなければならない。

H20-33-3

5 A、B、C3人がDから自動車1台を購入する契約をし、その売買代金として300万円の債務を負っている場合に、購入した自動車がA、B、C3人の共有となったときは、Aは、自動車の全部について、その持分に応じた使用をすることができる。

148

1 ✗ 判例は、他の土地に囲まれて公道に通じない土地（袋地）の所有権を取得した者は、所有権取得登記を経由していなくても、その土地を囲んでいる他の土地（囲繞地）の所有者ないしこれにつき利用権を有する者に対して公道に至るための他の土地の通行権（囲繞地通行権）を主張することができるとしている（最判昭47.4.14）。

比較

- -

2 ✗ Ａ・Ｂ間の**賃貸借契約に基づく乙土地の通行権は債権**であるので、当然には当事者以外の者が主張し得るものではない。

- -

3 ✗ 隣地の竹木の枝が境界線を越えるときは、その竹木の所有者に、その枝を切除させることができる（233条1項）。したがって、**「枝」は、原則として、自ら切除することはできない**。もっとも、①竹木の所有者に枝を切除するよう催告したにもかかわらず、竹木の所有者が相当の期間内に切除しないとき、②**竹木の所有者を知ることができず、又はその所在を知ることができない**とき、③急迫の事情があるときは、土地の所有者は、自らその枝を切り取ることができる（同条3項）。

比較

- -

4 ✗ 隣地の竹木の根が境界線を越えるときは、その根を切り取ることができる（233条4項）。**「根」は、自ら切除することができる。**

- -

5 ⭕ 各共有者は、共有物の**全部について、その持分に応じた使用**をすることができる（249条1項）。

関連

H28-29-イ

6 A、BおよびCが甲土地を共有し、甲土地上には乙建物が存在している。Eが、A、BおよびCが共有する乙建物をAの承諾のもとに賃借して居住し、甲土地を占有使用する場合、BおよびCは、Eに対し当然には乙建物の明渡しを請求することはできない。

H28-29-ア

7 A、BおよびCが甲土地を共有し、甲土地上には乙建物が存在している。DがA、BおよびCに無断で甲土地上に乙建物を建てて甲土地を占有使用している場合、Aは、Dに対し、単独で建物の収去および土地の明渡しならびに土地の占拠により生じた損害全額の賠償を求めることができる。

H26-29-イ改

8 A、BおよびCは費用を出し合って、別荘地である甲土地および同地上に築造された乙建物を購入し、持分割合を均等として共有名義での所有権移転登記を行った。Cが甲土地および乙建物にかかる自己の持分をDに譲渡し、その旨の登記がなされたが、CD間の譲渡契約は錯誤により取り消された。この場合、AおよびBは、自己の持分が害されているわけではないので、単独でDに対してCD間の移転登記の抹消を求めることはできない。

H26-29-エ

9 A、BおよびCは費用を出し合って、別荘地である甲土地および同地上に築造された乙建物を購入し、持分割合を均等として共有名義での所有権移転登記を行った。Cには相続人となるべき者はなく、内縁の妻Eと共に生活していたところ、Cが死亡した。この場合、甲土地および乙建物にかかるCの持分は、特別縁故者に当たるEに分与されないことが確定した後でなければ、他の共有者であるAおよびBに帰属しない。

H28-29-オ

10 A、BおよびCが甲土地を共有し、甲土地上には乙建物が存在している。A、BおよびCが乙建物を共有する場合において、Aが死亡して相続人が存在しないときは、Aの甲土地および乙建物の持分は、BおよびCに帰属する。

6 ○ 共有者の協議に基づかないで一部の共有者から共有物の占有使用を承認された第三者は、その占有が承認をした共有者の持分に基づくものと認められる限度で共有物を占有使用する権限を有するから、**他の共有者は右の第三者に対しては当然には共有物の明渡しを請求することはできない**（最判昭63.5.20）。

7 × 共有者に無断で建物を建て、共有物を妨害する者に対して、各共有者は単独で妨害を排除することができる（大判大7.4.19、大判大10.7.18）。また、共有物に対する不法行為による**損害賠償請求権は、各共有者が自己の持分についてのみこれを行使することができる**（最判昭41.3.3）。したがって、Aは、Dに対し、単独で建物の収去及び土地の明渡しを求めることはできるが、損害全額の賠償を求めることはできない。

図表3

8 × C・D間の譲渡契約は錯誤により取り消されたため（95条1項）、Dは甲土地及び乙建物について無権利者である。したがって、A及びBは、それぞれ**単独**で、Dに対してC・D間の**持分移転登記の抹消を求めることができる**（最判昭31.5.10、最判平15.7.11参照）。

関連

9 ○ 共有者が死亡した場合の他の共有者への権利帰属を規定する民法255条と特別縁故者への分与の規定である958条の2の規定の優先関係について、判例は、特別縁故者の保護や被相続人の意思との合致の観点から、**958条の2を優先的に適用**するとしている（最判平元.11.24）。

10 ○ 共有者の1人が、その持分を放棄したとき、又は**死亡して相続人がないとき**は、その持分は、**他の共有者に帰属**する（255条）。

H22-29-ア

11 A・B・Cの3人が、甲土地、乙土地、丙土地のすべてについて、どれも3分の1ずつの持分権をもって共有している場合、各共有者は、いつでも共有物の分割を請求することができるから、たとえA・B・Cの間で5年間の共有物分割禁止の契約があっても同契約は無効であり、Aは、BおよびCに対して甲土地、乙土地および丙土地の分割を請求することができる。

H22-29-エ

12 A・B・Cの3人が、甲土地、乙土地、丙土地のすべてについて、どれも3分の1ずつの持分権をもって共有している場合に、Aが、BおよびCに対して、甲土地、乙土地および丙土地の分割を請求したときは、裁判所は、Aの申立てがあれば、甲土地、乙土地および丙土地をAの単独所有とし、BおよびCに対してAから各自の持分権の価格を賠償させる方法をとらなければならない。

Chapter 5　用益物権

総合テキスト ▶▶▶ Chapter 15

R1-30-オ

1 A所有の甲土地とB所有の乙土地が隣接し、甲土地の上にはC所有の丙建物が存在している。Cが、地上権設定行為に基づいて甲土地上に丙建物を築造していたところ、期間の満了により地上権が消滅した場合において、Aが時価で丙建物を買い取る旨を申し出たときは、Cは、正当な事由がない限りこれを拒むことができない。

H29-29-ア

2 他人の土地の地下または空間の一部について、工作物を所有するため、上下の範囲を定めて地上権を設定することは認められない。

R1-30-ア

3 A所有の甲土地とB所有の乙土地が隣接し、甲土地の上にはC所有の丙建物が存在している。Bが、甲土地に乙土地からの排水のための地役権をA・B間で設定し登記していた場合において、CがAに無断で甲土地に丙建物を築造してその建物の一部が乙土地からの排水の円滑な流れを阻害するときは、Bは、Cに対して地役権に基づき丙建物全部の収去および甲土地の明渡しを求めることができる。

11 ✗　各共有者は、いつでも共有物の分割を請求することができるが、5年を超えない期間で分割をしない特約をすることができる（256条1項）。したがって、本問の分割禁止の契約は有効である。

12 ✗　共有物について、裁判所によって分割する場合、裁判所は、共有者に債務を負担させて、他の共有者の持分の全部又は一部を取得させる方法により、共有物の分割を命ずることができる（258条2項2号）。そして、判例も、特段の事情が存するときは、共有物を共有者のうちの1人の単独所有又は数人の共有とし、これらの者から他の共有者に対して持分の価格を賠償させる方法、すなわち全面的価格賠償の方法による分割をすることも許されるものというべきであるとしており、このような方法をとらなければならないとはしていない（最判平8.10.31）。

1 ○　地上権者の権利が消滅した時に、土地の所有者が時価で土地上の工作物又は竹木を買い取る旨を通知したときは、地上権者は、正当な理由がなければ、これを拒むことができない（269条1項ただし書）。

2 ✗　地下又は空間は、工作物を所有するため、上下の範囲を定めて地上権の目的とすることができる（269条の2第1項前段）。これを、区分地上権という。

3 ✗　地役権は物権であり、その侵害に対して物権的請求権を行使することができる。ただし、地役権は承役地を占有する権利を含まないので、返還請求権は認められず、妨害排除・妨害予防請求権だけが認められる。本問において、甲土地の明渡しを求めることは返還請求権の行使であると考えられるから、地役権者のBにかかる請求は認められない。

比較

R1-30-イ

4　A所有の甲土地とB所有の乙土地が隣接し、甲土地の上にはC所有の丙建物が存在している。A・B間で、乙土地の眺望を確保するため、甲土地にいかなる工作物も築造しないことを内容とする地役権を設定し登記していた場合において、Cが賃借権に基づいて甲土地に丙建物を築造したときは、Bは地役権に基づき建物の収去を求めることができる。

H29-29-オ

5　地役権は、継続的に行使され、かつ、外形上認識することができるものに限り、時効によって取得することができる。

H24-29-4

6　甲土地を所有するAは、甲土地に隣接するB所有の乙土地を通行している。Aは、少なくとも20年にわたって、自己のためにする意思をもって、平穏、かつ、公然と乙土地の一部を通行していれば、A自らが通路を開設していなくても、乙土地上に通行地役権を時効取得することができる。

H22-28-4改

7　甲地の共有者A・B・Cの3人が乙地の上に通行地役権を時効取得しそうな場合に、乙地の所有者Dは、A・B・Cのうち誰か1人に対して時効の更新が生ずれば、時効の更新の効力はA・B・Cの3人に及ぶ。

H22-28-3改

8　要役地である甲地をA・B・Cの3人が共有しているが、承役地である乙地の通行地役権について消滅時効が進行している場合に、Aのみが通行地役権を行使して消滅時効を更新したときは、時効の更新の効力はA・B・Cの3人に及ぶ。

4 ◯ **地役権は物権であり、その侵害に対して物権的請求権を行使することができる**。また、地役権者は、設定行為で定めた目的に従い、他人の土地を自己の土地の便益に供する権利を有する（280条本文）。本問において、眺望を確保するため、甲土地にいかなる建物も建築しないというBの地役権は、Cが甲土地に丙建物を建築したことによって侵害されているといえるから、**妨害排除請求**として、Bは地役権に基づき丙建物の収去を求めることができる。

関連

5 ◯ そのとおりである（283条）。

---

6 ✕ 判例は、民法283条にいう「継続」の要件を満たすには、承役地たるべき他人所有の土地の上に通路の開設があっただけでは足りないのであって、**その開設が要役地所有者によってなされたことを要する**としている（最判昭33.2.14）。

比較

7 ✕ **共有者に対する地役権の時効の更新**は、地役権を行使する**各共有者に対してしなければ、その効力を生じない**（284条2項）。したがって、共有者A・B・Cのうちだれか1人に対してのみ、Dが時効の更新の手続をとったとしても、時効の更新の効力は生じない。

---

8 ◯ 要役地が数人の共有に属する場合において、**その1人のために地役権の消滅時効の更新があるときは、その更新は、他の共有者のためにも、その効力を生ずる**（292条）。したがって、共有者の1人であるAのみが通行地役権を行使して、消滅時効を更新したときは、時効の更新の効力は、Aのみならず、他の共有者B・Cにも及ぶ。

知識を整理

図表 1 不動産物権変動に関する整理

	○○前の第三者との関係	○○後の第三者との関係
制限行為能力による取消し	取消権者は、すべての第三者に対抗できる。	登記の先後でその優劣を決する（対抗問題177条）。
錯誤取消し	取消権者は、善意無過失の第三者に対抗することはできない（95条4項）。	
詐欺取消し	取消権者は、善意無過失の第三者に対抗することはできない（96条3項）。	
強迫取消し	取消権者は、すべての第三者に対抗できる。	
時効取得	時効取得者は、時効完成前の第三者に対しては、登記なくして時効による権利取得を対抗することができる。	
解除	解除権者は、登記を備えた第三者に対しては解除による原状回復を対抗することはできない（545条1項ただし書）。	

図表 2 即時取得

意義	取引行為によって、平穏に、かつ、公然と動産の占有を始めた者は、善意であり、かつ、過失がないときは、即時にその動産について行使する権利を取得する（192条）。
要件	① 動産であること → 未登録自動車 〇、既登録自動車 × ② 有効な取引の存在 → 相続による場合 ×、山林の伐採 ×、制限行為能力者、無権代理人からの取得、錯誤・詐欺など意思表示の瑕疵・欠缺がある場合 × ③ 無権利・無権限者からの取得 ④ 平穏・公然・善意・無過失 　　平穏、公然、善意は186条1項で、無過失は188条で推定 ⑤ 占有を取得すること・占有改定 → ×
効果	所有権等の原始取得

図表3 共有物の変更・管理・保存

	意 義	要 件	具体例
変更行為 （251条）	共有物の性質・形状を物理的に変化させたり、法律的に処分したりすること ※ 共有物の形状・効用の著しい変更を伴わない場合（軽微変更）は含まない。	共有者全員の同意が必要（251条1項）	・共有山林の大規模な伐採 ・共有物全部の売却
管理行為 （252条 1〜4項）	変更にも保存行為にもあたらないもの ※ 利用・改良行為のほか、軽微変更も含まれる。	持分価格の過半数で決する（252条1項）。 ※ ただし、共有者間の決定に基づいて使用する共有者に特別の影響を及ぼすべきときは、その承諾が必要（同条3項）	・使用収益方法の決定 ・共有物の短期賃貸借
保存行為 （252条 5項）	共有物の現状を維持する行為	各共有者が単独で可能（252条5項）	・共有物の修繕 ・妨害の排除 ・保存登記

民法

part
2

物権

Part 3 担保物権

Chapter 1 留置権

総合テキスト ▶▶▶ Chapter 17

H27-30-1

1　Aは自己所有の建物をBに売却し登記をBに移転した上で、建物の引渡しは代金と引換えにすることを約していたが、Bが代金を支払わないうちにCに当該建物を転売し移転登記を済ませてしまった場合、Aは、Cからの建物引渡請求に対して、Bに対する代金債権を保全するために留置権を行使することができる。

H27-30-2

2　Aが自己所有の建物をBに売却し引き渡したが、登記をBに移転する前にCに二重に売却しCが先に登記を備えた場合、Bは、Cからの建物引渡請求に対して、Aに対する損害賠償債権を保全するために留置権を行使することができる。

H27-30-5

3　Aが自己所有の建物をBに賃貸しBからAへ敷金が交付された場合において、賃貸借契約が終了したときは、Bは、Aからの建物明渡請求に対して、Aに対する敷金返還請求権を保全するために、同時履行の抗弁権を主張することも留置権を行使することもできない。

H21-32-ア

4　A・B間の家屋売買契約が解除されても、買主Aは解除前に支出した有益費の償還を受けるまで家屋を留置することができるが、Aは、留置中にこれを使用することにより、法律上の原因なく利得することとなるから、その利得を不当利得として返還する義務がある。

1 ○ A所有の物を買い受けたBが、売買代金を支払わないままこれをCに譲渡した場合には、Aは、Cからの物の引渡請求に対して、**未払代金債権を被担保債権とする留置権を主張することができる**（最判昭47.11.16）。

比較

2 × 不動産の二重譲渡において、第1の買主が登記をする前に、第2の買主が先に登記を備えた場合、**第1の買主が売主に対して有する損害賠償請求権に基づいて、第2の買主に対して不動産の留置権を主張することはできない**（最判昭43.11.21）。

3 ○ 賃借人の賃貸人に対する敷金返還請求権は、賃借人が賃借物を返還した時に発生するので、**敷金返還請求と賃借物の返還請求とは、同時履行の関係に立たない**（最判昭49.9.2、622条の2第1項1号）。また、留置権については、賃借物の返還請求が先履行の関係に立つため、**賃借人が賃貸人に対して留置権を取得する余地はない**（295条1項ただし書）。したがって、Bは、Aからの建物明渡請求に対して、Aに対する敷金返還請求権を保全するために、同時履行の抗弁権を主張することも留置権を主張することもできない。

比較

4 ○ 当事者の一方がその解除権を行使したときは、各当事者は、その相手方を原状に復させる義務を負う（545条1項本文）。有益費については、その価格の増加が現存する場合に限り、回復者の選択に従い、その支出した金額又は増価額を償還させることができる（196条2項本文参照）。したがって、Aが支出した有益費につき、AのBに対する償還請求権が認められる。そして、この**償還請求権を担保するために、その家屋につき留置権が認められる**（295条1項）。もっとも、Aが家屋の使用により受ける**家賃相当額の利益は不当利得となり、Bに返還する義務がある**（大判昭13.12.17参照）。

H27-30-4

5 Aが自己所有の建物をBに賃貸したが、Bの賃料不払いがあったため賃貸借契約を解除したところ、その後も建物の占有をBが続け、有益費を支出したときは、Bは、Aからの建物明渡請求に対して、Aに対する有益費償還請求権を保全するために留置権を行使することはできない。

R3-30-2

6 留置権者は、債務者の承諾を得なければ、留置物について使用・賃貸・担保供与をなすことができず、留置権者が債務者の承諾を得ずに留置物を使用した場合、留置権は直ちに消滅する。

H29-33-2

7 Aは自己所有の甲機械（以下「甲」という。）をBに賃貸し（以下、これを「本件賃貸借契約」という。）、その後、本件賃貸借契約の期間中にCがBから甲の修理を請け負い、Cによる修理が終了した。CがBに対して甲を返還しようとしたところ、Bから修理代金の提供がなかったため、Cは甲を保管することとした。Cが甲を留置している間は留置権の行使が認められるため、修理代金債権に関する消滅時効は進行しない。

Chapter 2　先取特権

総合テキスト ▶▶▶ Chapter 18

H19-30-エ

1 Aは、Bから建物を賃借し、Aは、その建物内に電気製品（以下、本件動産という）等を備え付けている。Aがその所有物である本件動産をDに売った場合に、Aの取得する売買代金について、Bは、Dの支払い前に差押えをすれば、先取特権を行使することができる。

H26-30-3

2 動産売買の先取特権に基づく物上代位につき、動産の買主が第三取得者に対して有する転売代金債権が譲渡され、譲受人が第三者に対する対抗要件を備えた場合であっても、当該動産の元来の売主は、第三取得者がその譲受人に転売代金を弁済していない限り、当該転売代金債権を差し押さえて物上代位権を行使することができる。

160

5 ◯ 占有開始時には権原があったが、その後に無権原となった者が有益費を支出した場合、民法295条2項が適用ないし類推適用され、**悪意有過失の占有者の留置権の主張をすることはできない**（大判大10.12.23）。

6 ✕ 民法298条2項本文は、「留置権者は、債務者の承諾を得なければ、留置物を使用し、賃貸し、又は担保に供することができない。」と規定し、同条3項は、「留置権者が前2項の規定に違反したときは、**債務者は、留置権の消滅を請求することができる。**」と規定している。留置権の消滅を請求することができるのであって、直ちに消滅するのではない。

7 ✕ **留置権の行使は、債権の消滅時効の進行を妨げない**（300条）。したがって、Cが修理代金債権を被担保債権として、甲を留置していたとしても、修理代金債権に関する消滅時効は進行する。

1 ◯ 先取特権は、その目的物の売却、賃貸、滅失又は損傷によって債務者が受けるべき金銭その他の物に対しても、行使することができる（物上代位304条1項本文）。ただし、**先取特権者は、その払渡し又は引渡しの前に差押えをしなければならない**（同項ただし書）。したがって、Aの取得する売買代金について、BはDの支払前に差押えをしているから、先取特権を行使することができる。

2 ✕ 動産売買の先取特権者は、**物上代位の目的債権が譲渡され、第三者に対する対抗要件が備えられた後**においては、目的債権を差し押さえて物上代位権を行使することができない（最判平17.2.22）。

H26-30-4

3 動産売買の先取特権に基づく物上代位につき、買主がその動産を用いて第三者のために請負工事を行った場合であっても、当該動産の請負代金全体に占める価格の割合や請負人（買主）の仕事内容に照らして、請負代金債権の全部または一部をもって転売代金債権と同視するに足りる特段の事情が認められるときは、動産の売主はその請負代金債権を差し押さえて物上代位権を行使することができる。

H28-30-2

4 不動産工事の先取特権は、工事によって生じた不動産の価格の増加が現存する場合に限り、その増価額についてのみ存在する。

H19-30-イ

5 Aは、Bから建物を賃借し、Aは、その建物内に電気製品（以下、本件動産という）等を備え付けている。Aが本件動産をCから買ったが、まだCに対して代金の支払いがない場合において、本件動産についてCの先取特権がBの先取特権よりも優先する。

H28-30-5

6 同一の不動産について不動産保存の先取特権と不動産工事の先取特権が互いに競合する場合、各先取特権者は、その債権額の割合に応じて弁済を受ける。

H28-30-1

7 不動産の保存の先取特権は、保存行為を完了後、直ちに登記をしたときはその効力が保存され、同一不動産上に登記された既存の抵当権に優先する。

H28-30-3

8 不動産売買の先取特権は、売買契約と同時に、不動産の代価またはその利息の弁済がされていない旨を登記したときでも、同一不動産上に登記された既存の抵当権に優先しない。

理解

3 ○　請負工事に用いられた動産の売主は、**原則として、請負人が注文者に対して有する請負代金債権に対して動産売買の先取特権に基づく物上代位権を行使することができない**が、請負代金全体に占める当該動産価額の割合や請負契約における請負人との債務の内容等に照らして**請負代金の全部又は一部を動産の転売による代金債権と同視するに足りる特段の事情がある場合**には、請負人が注文者に対して有する請負代金債権に対しても、動産売買先取特権に基づく**物上代位権の行使が認められる**（最決平10.12.18）。

4 ○　不動産工事の先取特権は、工事の設計、施工又は監理をする者が債務者の不動産に関してした工事の費用に関し、その不動産について存在する（327条1項）。その先取特権は、**工事によって生じた不動産の価格の増加が現存する場合に限り、その増価額についてのみ存在**する（同条2項）。

5 ✗　Bは、賃料その他の賃貸借関係から生じたAの債務に関し、本件動産の上に先取特権を取得する（312条）。また、Cは、本件動産の代価及びその利息に関し、本件動産の上に先取特権を取得する（321条）。そして、**同一の動産において、不動産賃貸の先取特権と動産売買の先取特権が競合する場合、前者が優先**する（330条1項）。したがって、本問の場合、Bの先取特権がCの先取特権よりも優先する。

関連

6 ✗　同一の不動産について特別の先取特権が互いに競合する場合には、その**優先権の順位は、民法325条各号に掲げる順序（不動産の保存の先取特権、不動産工事の先取特権、不動産売買の先取特権の順）に従う**（331条1項）。したがって、同一の不動産について不動産の保存の先取特権と不動産工事の先取特権が互いに競合する場合、不動産の保存の先取特権が優先的に弁済を受けることとなる。

7 ○　不動産の保存の先取特権の効力を保存するためには、保存行為が完了した後直ちに登記をしなければならない（337条）。**当該登記をした先取特権は、抵当権に先立って行使することができる**（339条）。したがって、本問の先取特権は、同一不動産上に登記された既存の抵当権に優先する。

8 ○　民法337条、338条の規定に従って登記をした先取特権は、抵当権に先立って行使することができる（339条）。本条の規定は、不動産の保存の先取特権・不動産の工事の先取特権に限られ、**不動産の売買の先取特権と抵当権の優劣は、登記の先後により決する**（177条）。

H25-29-1

9 Aが自己所有の事務機器甲（以下、「甲」という。）をBに売却する旨の売買契約が締結されたが、BはAに対して売買代金を支払わないうちに甲をCに転売してしまった。Aが甲をすでにBに引き渡しており、さらにBがこれをCに引き渡した場合であっても、Aは、Bから売買代金の支払いを受けていないときは、甲につき先取特権を行使することができる。

R2-28-ウ

10 先取特権の目的動産が売買契約に基づいて第三取得者に引き渡されると、その後は先取特権を当該動産に対して行使できないこととなるが、この引渡しには、現実の移転を伴わない占有改定による引渡しは含まれない。

Chapter 3 質　権

総合テキスト ▶▶▶ Chapter 19

R1-31-2

1 不動産質権は、目的不動産を債権者に引き渡すことによってその効力を生ずるが、不動産質権者は、質権設定登記をしなければ、その質権をもって第三者に対抗することができない。

R2-28-エ

2 質権が成立するためには目的物の引渡しが必要であるが、この引渡しには、設定者を以後、質権者の代理人として占有させる、占有改定による引渡しは含まれない。

R1-31-1

3 動産質権者は、継続して質物を占有しなければ、その質権をもって第三者に対抗することができず、また、質物の占有を第三者によって奪われたときは、占有回収の訴えによってのみ、その質物を回復することができる。

9 ✖ 動産売買の先取特権（321条）は、債務者（買主）がその目的である動産をその第三取得者に引き渡した後は、その動産について行使することができない（333条）。本問では、買主Bが売買の目的動産である甲を第三者Cに転売して引き渡している。したがって、Aは、甲について先取特権を行使することができない。

10 ✖ 民法333条は、「先取特権は、債務者がその目的である動産をその第三取得者に引き渡した後は、その動産について行使することができない。」と規定している。同条の「引き渡し」には、占有改定も含まれる（大判大6.7.26）。

1 ⭕ 質権の設定は、債権者にその目的物を引き渡すことによって、その効力を生ずる（344条）。不動産質権者は、質権設定登記をしなければ、その質権をもって第三者に対抗することができない（177条）。

2 ⭕ 民法344条は、「質権の設定は、債権者にその目的物を引き渡すことによって、その効力を生ずる。」と規定している。もっとも、345条は、「質権者は、質権設定者に、自己に代わって質物の占有をさせることができない。」と規定している。したがって、占有改定は344条の「引き渡すこと」にあたらない。

3 ⭕ 動産質権者は、継続して質物を占有しなければ、その質権をもって第三者に対抗することができない（352条）。動産質権者は、質物の占有を奪われたときは、占有回収の訴えによってのみ、その質物を回復することができる（353条）。

Chapter 4 抵当権

総合テキスト ▶▶▶ Chapter 20

H18-30-2

1　Aは、B所有の甲土地について地上権の設定を受けて、同土地上に乙建物を建築した。Aが同建物を建築するについては、そのための資金としてC銀行から融資を受けた。この場合、AがC銀行のために抵当権を設定するには、乙建物のみを抵当権の目的とすることができ、Aの甲土地に対する地上権を抵当権の目的とすることはできない。

H30-30-1

2　抵当権の効力は抵当不動産の従物にも及ぶが、抵当不動産とは別個に従物について対抗要件を具備しなければ、その旨を第三者に対して対抗することができない。

H20-31-1

3　AはBに金銭を貸し付け、この貸金債権を担保するためにB所有の土地の上に建っているB所有の建物に抵当権の設定を受けて、その登記を備えた。Aの抵当権が実行された場合、抵当権設定時に建物内に置いていたB所有の家電製品のテレビには抵当権の効力は及ばない。

H30-30-2

4　借地上の建物に抵当権が設定された場合において、その建物の抵当権の効力は、特段の合意がない限り借地権には及ばない。

H20-31-3

5　AはBに金銭を貸し付け、この貸金債権を担保するためにB所有の土地の上に建っているB所有の建物に抵当権の設定を受けて、その登記を備えた。抵当権設定登記後にBが同抵当建物をEに賃貸した場合、BのAに対する債務不履行後に生じた賃料について抵当権の効力が及ぶので、抵当権の実行としてAはこの賃料から優先的に弁済を受けることができる。

1 ✕ 抵当権の目的とすることができるのは、**不動産**（369条1項）、**地上権**及び**永小作権**（同条2項）である。したがって、Aは甲土地に対する地上権を抵当権の目的とすることができる。

関連

2 ✕ 判例は、不動産に抵当権を設定した場合、反対の意思表示がない限り、抵当権の効力は、**抵当権設定当時不動産の常用のためにこれに付属させた動産（従物）にも及ぶ**としている（大連判大8.3.15）。そして、この場合、抵当権の効力の及ぶ従物については、**別個に対抗要件を具備する必要はない**（最判昭44.3.28参照）。

3 ◯ 抵当権は、抵当地の上に存する建物を除き、その目的である**不動産に付加して一体となっている物に及ぶ**（370条）。もっとも、テレビは付加一体物にあたらない。また、抵当権設定時に存在した従物にも、抵当権の効力が及ぶが（87条2項、大連判大8.3.15）、テレビは従物にあたらない。したがって、テレビに抵当権の効力は及ばない。

4 ✕ 判例は、「土地賃借人の所有する地上建物に設定された抵当権の実行により、競落人が該建物の所有権を取得した場合には、……従前の建物所有者との間においては、右建物が取毀しを前提とする価格で競落された等特段の事情がないかぎり、右建物の所有に必要な敷地の賃借権も競落人に移転するもの」として、「**建物に抵当権が設定されたときは敷地の賃借権も原則としてその抵当権の効力の及ぶ目的物に包含される**」としている（最判昭40.5.4）。

5 ◯ 抵当権は、**その担保する債権について不履行があったとき**は、その後に生じた抵当不動産の**果実に及ぶ**（371条）。

H26-30-5

6 抵当権者は、抵当不動産につき債務者が有する賃料債権に対して物上代位権を行使することができるが、同不動産が転貸された場合は、原則として、賃借人が転借人に対して取得した転貸賃料債権を物上代位の目的とすることはできない。

H30-30-3

7 買戻特約付売買の買主が目的不動産について買主の債権者のために抵当権を設定し、その旨の登記がなされたところ、その後、売主が買戻権を行使した場合、買主が売主に対して有する買戻代金債権につき、上記抵当権者は物上代位権を行使することができる。

R6-30-3

8 Aが所有する甲建物（以下「甲」という。）につき、Bのために抵当権が設定されて抵当権設定登記が行われた後、Cのために賃借権が設定され、Cは使用収益を開始した。AがCに対して有する賃料債権をEに譲渡し、その旨の債権譲渡通知が内容証明郵便によって行われた後、Bが抵当権に基づく物上代位権の行使として当該賃料債権に対して差押えを行った場合、当該賃料債権につきCがいまだEに弁済していないときは、Cは、Bの賃料支払請求を拒むことができない。

H26-30-2

9 対抗要件を備えた抵当権者が、物上代位権の行使として目的債権を差し押さえた場合、第三債務者が債務者に対して反対債権を有していたとしても、それが抵当権設定登記の後に取得したものであるときは、当該第三債務者は、その反対債権を自働債権とする目的債権との相殺をもって、抵当権者に対抗することはできない。

H29-31-2

10 第三者が抵当不動産を不法占有することによって同不動産の交換価値の実現が妨げられ、抵当権者の優先弁済権の行使が困難となるような状態があるときは、抵当権に基づく妨害排除請求権が認められるが、抵当権は占有を目的とする権利ではないため、抵当権者が占有者に対し直接自己への抵当不動産の明渡しを求めることは常にできない。

図表1

6 ○ 抵当権者は、抵当不動産の賃借人を所有者と同視することを相当とする場合を除き、その賃借人が取得すべき転貸賃料債権について物上代位権を行使できない（最決平12.4.14）。

7 ○ 判例は、「買戻特約付売買の買主から目的不動産につき抵当権の設定を受けた者は、抵当権に基づく物上代位権の行使として、買戻権の行使により買主が取得した買戻代金債権を差し押さえることができる」としている（最判平11.11.30）。

理解

8 ○ 抵当権の設定登記後に、目的不動産についての賃料債権が譲渡され、債権譲渡の対抗要件が具備されたとしても、「払渡し又は引渡し」には債権譲渡は含まれず、抵当権者は、自ら目的債権を差し押さえて物上代位権（372条・304条）を行使することができる（最判平10.1.30）。

9 ○ そのとおりである（最判平13.3.13）。

関連

10 ✗ 判例は、「第三者が抵当不動産を不法占有することにより抵当不動産の交換価値の実現が妨げられ抵当権者の優先弁済請求権の行使が困難となるような状態があるときは、抵当権に基づく妨害排除請求として、抵当権者が右状態の排除を求めることも許される」としている（最大判平11.11.24）。そして、権原を有する占有者に対して、抵当権に基づく妨害排除請求を行った事案ではあるが、判例は、「抵当権に基づく妨害排除請求権の行使に当たり、抵当不動産の所有者において抵当権に対する侵害が生じないように抵当不動産を適切に維持管理することが期待できない場合には、抵当権者は、占有者に対し、直接自己への抵当不動産の明渡しを求めることができる」としている（最判平17.3.10）。したがって、抵当権者が占有者に対し直接自己への抵当不動産の明渡しを求めることが、常にできないわけではない。

R3-29-4

11 抵当権設定登記後に設定者が抵当不動産を他人に賃貸した場合において、その賃借権の設定に抵当権の実行としての競売手続を妨害する目的が認められ、賃借人の占有により抵当不動産の交換価値の実現が妨げられて優先弁済請求権の行使が困難となるような状態があるときは、抵当権者は、賃借人に対して、抵当権に基づく妨害排除請求をすることができる。

H21-29-ウ

12 Aに対して債務を負うBは、Aのために、自己が所有する土地に抵当権を設定した。BがAに対し、残存元本に加えて、最後の2年分の利息および遅延損害金を支払った場合には、Aの抵当権は、確定的に消滅する。

R1-30-エ

13 A所有の甲土地とB所有の乙土地が隣接し、甲土地の上にはC所有の丙建物が存在している。Aは、自己の債務の担保として甲土地に抵当権を設定したが、それ以前に賃借権に基づいて甲土地に丙建物を築造していたCからAが当該抵当権の設定後に丙建物を買い受けた場合において、抵当権が実行されたときは、丙建物のために、地上権が甲土地の上に当然に発生する。

H20-31-2

14 AはBに金銭を貸し付け、この貸金債権を担保するためにB所有の土地の上に建っているB所有の建物に抵当権の設定を受けて、その登記を備えた。抵当権設定時にB所有の土地の登記名義はCであった場合でも、抵当権実行により買受人Dのために法定地上権が成立する。

H23-30-4

15 Aが自己所有の土地と建物に共同抵当権を設定した後、建物が滅失したため、新たに建物を再築した場合において、Aが抵当権の被担保債権について弁済することができなかったので、土地についての抵当権が実行され、その土地は買受人Bが取得した。この場合、再築の時点での土地の抵当権が再築建物について土地の抵当権と同順位の共同抵当権の設定を受けたなどの特段の事由のない限り、再築建物のために法定地上権は成立しない。

11 ○ そのとおりである（最判平17.3.10）。

---

12 ✕ 抵当権者は、利息その他の定期金を請求する権利を有するときは、その満期となった最後の２年分についてのみ、その抵当権を行使することができる（375条１項本文）。**この規定は、あくまでも後順位抵当権者や一般債権者の利益を考慮したものであるので、抵当権設定者たる債務者又は物上保証人に対する関係では、本条の制限を受けない**。したがって、抵当権設定者は、元本債権、満期となった利息、損害金等の全額を弁済しなければ、抵当権を消滅させることができない（大判昭15.9.28）。

図表2

13 ✕ 土地及びその上に存する建物が同一の所有者に属する場合に、その土地につき抵当権が設定され、その実行により所有者が異なるに至ったときは、その建物について当然に地上権が成立する（法定地上権　388条）。本問において、抵当権設定時には甲土地の所有権はＡにあり、丙建物の所有権はＣにあったのであるから、**抵当権設定時に土地と建物が同一の所有者に属するという要件を満たさない**。したがって、丙建物のために、地上権が甲土地の上に当然には発生するわけではない。

---

14 ○ 土地・建物の所有権があれば**登記名義まで同一である必要はなく**、土地の移転登記が未了であっても法定地上権（388条）の適用はある（最判昭48.9.18）。

---

15 ○ **所有者が土地及び地上建物に共同抵当権を設定した後にこの建物が取り壊され、この土地上に新たに建物が建築**された場合には、新建物の所有者が土地の所有者と同一であり、かつ、新建物が建築された時点での土地の抵当権者が新建物について土地の抵当権と同順位の共同抵当権の設定を受けたなどの特段の事情のない限り、**新建物のために法定地上権は成立しない**（最判平9.2.14）。

H23-30-2

16 AがBから土地を借りてその土地上に建物を所有している場合において、Bは、その土地上に甲抵当権を設定したが、Aから建物を取得した後に、さらにその土地に乙抵当権を設定した。その後、Bは、甲抵当権の被担保債権について弁済したので甲抵当権は消滅したが、乙抵当権の被担保債権については弁済できなかったので、乙抵当権が実行され、その土地は買受人Cが取得した。この場合、この建物のために法定地上権は成立しない。

H23-30-3

17 AがBから土地を借りてその土地上に建物を所有している場合において、Aは、その建物上に甲抵当権を設定したが、Bから土地を取得した後に、さらにその建物に乙抵当権を設定した。その後、Aは、甲抵当権の被担保債権について弁済できなかったので、甲抵当権が実行され、その建物は買受人Cが取得した。この場合、この建物のために法定地上権は成立しない。

H23-30-5

18 AとBが建物を共同で所有し、Aがその建物の敷地を単独で所有している場合において、Aがその土地上に抵当権を設定したが、抵当権の被担保債権について弁済できなかったので、その抵当権が実行され、その土地は買受人Cが取得した。この場合、この建物のために法定地上権は成立しない。

H23-30-1

19 Aは、自己所有の土地（更地）に抵当権を設定した後に、その土地上に建物を建築したが、抵当権の被担保債権について弁済をすることができなかった。この場合において、抵当権者が抵当権を実行して土地を競売すると、この建物のために法定地上権は成立せず建物は収去されなければならなくなることから、抵当権者は、土地とその上の建物を一括して競売しなければならない。

法定地上権の考え方

　法定地上権は、数多くの判例がありますが、基本は成立要件から考えることが大事です。まずは、成立要件を検討し結論を出してみましょう。成立要件を満たすか否かの判断に迷う場合、その点が判例の争点となっているわけです。成立要件から考えると、どの点が問題となるのかがつかめるようになるはずです。

16 ✘ 　土地を目的とする1番抵当権設定当時土地と地上建物の所有者が異なり、法定地上権成立の要件が充足されていなかったが、土地と建物が同一人の所有に帰した後に後順位抵当権が設定された場合に、「土地及びその上に存する建物が同一の所有者に属する」という要件を満たすかが問題となる。上記場合について、抵当権の実行により1番抵当権が消滅するときは、上記要件を充足せず、法定地上権は成立しない（最判平2.1.22）。しかしながら、上記場合について、**土地を目的とする先順位の抵当権が消滅した後に後順位の抵当権が実行された場合においては、上記要件を充足し、法定地上権が成立する**（最判平19.7.6）。

関連

17 ✘ 　**建物への1番抵当権設定時には土地と建物の所有者が同一でなかった**が、**2番抵当権設定時にはそれらの所有者が同一**となった場合には、1番抵当権が実行されたときであっても、**法定地上権は成立する**（大判昭14.7.26）。

18 ✘ 　建物の共有者の1人がその敷地を単独で所有する場合において、この土地に設定された抵当権が実行され、第三者がこれを競落したときは、この土地につき、**建物共有者全員のために、法定地上権が成立する**（最判昭46.12.21）。

19 ✘ 　更地に抵当権を設定した後にその土地の所有者がその上に建物を建てた場合は、「抵当権設定当時に、土地とその上に建物が存在する」という要件を充足せず、法定地上権は成立しない（最判昭36.2.10）。もっとも、**抵当権の設定後に抵当地に建物が築造されたときは、抵当権者は、土地とともにその建物を競売することができる**（389条1項本文）。これは土地の抵当権者にその土地上の建物を土地とともに一括して競売することを権利として認めたものであり、義務ではない。

H20-31-5

20 AはBに金銭を貸し付け、この貸金債権を担保するためにB所有の土地の上に建っているB所有の建物に抵当権の設定を受けて、その登記を備えた。抵当権設定登記後にBが同抵当建物をHに賃貸してHがその旨の登記を備えた場合、抵当権実行による買受人Iからの明渡請求に対して、賃借人Hは、明渡しまでの使用の対価を支払うことなく、6ヶ月の明渡猶予期間を与えられる。

H21-30-エ

21 Hは甲建物を抵当権の実行による競売により買い受けたが、甲建物には、抵当権設定後に従前の所有者より賃借したIが居住している。HはIに対し、相当の期間を定めて甲建物の賃料1ヶ月分以上の支払いを催告したが、期間経過後もIが賃料を支払わない場合には、Hは買受け後6ヶ月を経過した後、Iに対して建物の明渡しを求めることができる。

R2-29-1

22 根抵当権の被担保債権の範囲は、確定した元本および元本確定後の利息その他の定期金の2年分である。

R4-29-4

23 機械部品の製造販売を行うAは、材料供給者Bと継続的取引関係を結ぶにあたり、A所有の甲土地に、極度額5,000万円、被担保債権の範囲を「BのAに対する材料供給にかかる継続的取引関係から生じる債権」とする第1順位の根抵当権（以下「本件根抵当権」という。）をBのために設定してその旨の登記をした。その後、AはCから事業資金の融資を受け、その債務の担保として甲土地に第2順位の普通抵当権をCのために設定した。本件根抵当権について元本が確定した後、当該確定した元本の額が極度額に満たない場合には、Bは、当該確定した元本に係る最後の2年分の利息、損害金については、極度額を超えても、本件根抵当権を行使して優先弁済を受けることができる。

20 ✗　抵当権者に対抗することができない賃貸借により抵当権の目的である建物の使用・収益をする者であって、競売手続の開始前から使用・収益をする者は、その建物の競売における買受人の買受けの時から6か月を経過するまでは、その建物を買受人に引き渡すことを要しない（395条1項1号）。ただし、使用の対価を支払う必要がある（同条2項）。

関連

---

21 ✗　抵当権者に対抗することができない賃貸借により抵当権の目的である建物を競売手続の開始前から使用する者は、その建物の競売における買受人の買受けの時から6か月を経過するまでは、その建物を買受人に引き渡すことを要しない（395条1項1号）。もっとも、この規定は、買受人の買受けの時より後に建物の使用をしたことの対価について、買受人が抵当建物使用者に対し相当の期間を定めてその1か月分以上の支払の催告をし、その相当の期間内に履行がない場合には、適用されない（同条2項）。

---

22 ✗　民法398条の3第1項は、「根抵当権者は、確定した元本並びに利息その他の定期金及び債務の不履行によって生じた損害の賠償の全部について、極度額を限度として、その根抵当権を行使することができる。」と規定している。したがって、元本確定後の利息その他の定期金の2年分に限られない。

関連

---

23 ✗　民法398条の3第1項は、「根抵当権者は、確定した元本並びに利息その他の定期金及び債務の不履行によって生じた損害の賠償の全部について、極度額を限度として、その根抵当権を行使することができる。」と規定している。したがって、Bは、確定した元本にかかる最後の2年分の利息、損害金について、極度額を超えて、本件根抵当権を行使して優先弁済を受けることができない。

H28-31-2

24 Aは債権者Bのため、A所有の甲土地に、被担保債権の範囲をA・B間の継続的売買に係る売掛代金債権とし、その極度額を1億円とする根抵当権を設定した。元本確定前に、Bが、Aに対して有する継続的売買契約に係る売掛代金債権をDに対して譲渡した場合、Dは、その債権について甲土地に対する根抵当権を行使することはできない。

R2-29-4

25 元本確定前に根抵当権者から被担保債権を譲り受けた者は、その債権について根抵当権を行使することができないが、元本確定前に被担保債務の免責的債務引受があった場合には、根抵当権者は、引受人の債務について、その根抵当権を行使することができる。

H28-31-4

26 Aは債権者Bのため、A所有の甲土地に、被担保債権の範囲をA・B間の継続的売買に係る売掛代金債権とし、その極度額を1億円とする根抵当権を設定した。元本が確定し、被担保債権額が6,000万円となった場合、Aは、Bに対して甲土地に対する根抵当権の極度額1億円を、6,000万円と以後2年間に生ずべき利息その他の定期金および債務の不履行による損害賠償の額とを加えた額に減額することを請求できる。

R4-29-3

27 機械部品の製造販売を行うAは、材料供給者Bと継続的取引関係を結ぶにあたり、A所有の甲土地に、極度額5,000万円、被担保債権の範囲を「BのAに対する材料供給にかかる継続的取引関係から生じる債権」とする第1順位の根抵当権（以下「本件根抵当権」という。）をBのために設定してその旨の登記をした。その後、AはCから事業資金の融資を受け、その債務の担保として甲土地に第2順位の普通抵当権をCのために設定した。本件根抵当権について元本が確定した後、当該確定した元本の額が極度額に満たない場合には、Aは、Bに対して、極度額を法の定める額に減額することを請求することができる。

24 ◯　元本の確定前に根抵当権者から債権を取得した者は、その債権について根抵当権を行使することができない（398条の7第1項前段）。元本確定前の根抵当権は、随伴性が否定されているからである。

---

25 ✗　元本の確定前に根抵当権者から債権を取得した者は、その債権について根抵当権を行使することができない（398条の7第1項）とする点は正しい。しかし、元本の確定前に債務の引受けがあったときも、根抵当権者は、引受人の債務について、その根抵当権を行使することができない（同条2項）。

関連

26 ◯　元本の確定後においては、根抵当権設定者は、その根抵当権の極度額を、現に存する債務の額と以後2年間に生ずべき利息その他の定期金及び債務の不履行による損害賠償の額とを加えた額に減額することを請求することができる（398条の21第1項）。したがって、Aは、根抵当権の極度額の減額請求をすることができる。

---

27 ◯　民法398条の21第1項は、「元本の確定後においては、根抵当権設定者は、その根抵当権の極度額を、現に存する債務の額と以後2年間に生ずべき利息その他の定期金及び債務の不履行による損害賠償の額とを加えた額に減額することを請求することができる。」と規定している。

Chapter 5 非典型担保物権

H24-30-1

1 不動産の譲渡担保において、債権者はその実行に際して清算義務を負うが、清算金が支払われる前に目的不動産が債権者から第三者に譲渡された場合、原則として、債務者はもはや残債務を弁済して目的物を受け戻すことはできず、このことは譲受人が背信的悪意者にあたるときであっても異ならない。

R5-29-2

2 Aが家電製品の販売業者のBに対して有する貸金債権の担保として、Bが営業用動産として所有し、甲倉庫内において保管する在庫商品の一切につき、Aのために集合(流動)動産譲渡担保権(以下「本件譲渡担保権」という。)を設定した。本件譲渡担保権の設定後に、Bが新たな家電製品乙(以下「乙」という。)を営業用に仕入れて甲倉庫内に搬入した場合であっても、集合物としての同一性が損なわれていない限り、本件譲渡担保権の効力は乙に及ぶ。

H24-30-4

3 集合債権の譲渡担保において、それが有効と認められるためには、契約締結時において、目的債権が特定されていなければならず、かつ、将来における目的債権の発生が確実でなければならない。

R2-28-オ

4 動産の譲渡担保権を第三者に対抗するためには目的物の引渡しが必要であるが、この引渡しには、公示性の乏しい占有改定による引渡しは含まれない。

1 ⭕ 不動産を目的とする譲渡担保契約において、債務者が弁済期に債務の弁済をしない場合には、債権者は、目的物を処分する権能を取得するから、債権者がこの権能に基づいて目的物を第三者に譲渡したときは、原則として、譲受人は目的物の所有権を確定的に取得し、債務者は、清算金がある場合に債権者に対してその支払を求めることができるにとどまり、残債務を弁済して目的物を受け戻すことはできなくなる。そしてこれは、譲渡を受けた第三者がいわゆる背信的悪意者にあたる場合であっても異なるところはない（最判平6.2.22）。

2 ⭕ 債権者と債務者との間に、構成部分の変動する集合動産を目的とする譲渡担保権設定契約が締結され、債務者がその構成部分である動産の占有を取得したときは、債権者が占有改定の方法によってその占有権を取得する旨の合意に基づき、債務者が当該集合物の構成部分として現に存在する動産の占有を取得した場合には、債権者は、当該集合物を目的とする譲渡担保権につき対抗要件を具備するに至ったものということができ、この対抗要件具備の効力は、その後構成部分が変動したとしても、集合物としての同一性が損なわれない限り、新たにその構成部分となった動産を包含する集合物について及ぶ（最判昭62.11.10）。

3 ❌ 将来発生すべき債権についても、現在の時点において譲渡することができる（466条の6第1項）。また、判例によれば、将来発生すべき債権を目的とする譲渡担保契約が締結された場合には、債権譲渡の効果の発生を留保する特段の付款のない限り、譲渡担保の目的とされた債権は譲渡担保契約によって譲渡担保設定者から譲渡担保権者に確定的に譲渡されているのであり、この場合において、譲渡担保の目的とされた債権が将来発生したときには、譲渡担保権者は、譲渡担保設定者の特段の行為を要することなく当然に、当該債権を担保の目的で取得することができる（最判平19.2.15）。

4 ❌ 動産譲渡担保の対抗要件は、引渡しであり（178条）、同条の「引渡し」には、占有改定による引渡しが含まれる（最判昭30.6.2）。

知識を整理

🔳 図表 1 物上代位

定 義	何らかの理由で目的物の交換価値が現実化した場合に、その価値代表物に対して抵当権の効力を及ぼすことを認める制度（304 条等）
趣 旨	抵当目的物の交換価値が現実化した場合、設定者側の価値自体に増減はない反面、抵当権者は損失を被るから、価値代表物に対しても抵当権の効力を及ぼすべき
目的物	① 売却代金 → 抵当目的物が売却されても、抵当権者はその目的物を競売に付すことができるので（追及効）、売却代金に物上代位を認める意味はないが、通説はこれを肯定する。 ② 賃 料 → 賃料請求権に対して物上代位することができる。 → 転貸賃料債権に対しては、原則として、物上代位をすることができない（判例）。 ③ 目的物の滅失・毀損によって受けるべき金銭その他の物 → 損害賠償請求権・保険金請求権に対しても物上代位することができる（判例）。
行使の要件	払渡し又は引渡しの前に差押えをしなければならない（304 条 1 項ただし書）。 ※ 「差押え」の趣旨は、二重弁済を強いられる危険から第三債務者を保護する点にある。

図表 2　法定地上権

定　義	土地及びその上に存する建物が同一の所有者に属する場合において、その土地又は建物に抵当権を設定した場合に、抵当権設定者は競売の場合につき地上権を設定したものとみなすとして法定の地上権の成立を認める制度（388条）
趣　旨	以下より、建物収去による社会経済上の不利益を回避することを図った。 ① 土地と建物は別個の不動産（370条参照）なので所有者を異にする場合が生じ得る。 ② 自己借地権は否定されている（179条、520条参照）。
成立要件	① 抵当権設定当時の建物の存在 　→ 更地に抵当権設定後に建物を建てた場合、法定地上権は成立しない。 　→ 抵当権設定時に存在した建物が滅失し、その後再築した場合に、特段の事情がない限り、旧建物を基準として、法定地上権は成立する。 ② 抵当権設定当時、土地と建物の所有者が同一 　→ 借地上に建物があり、建物に抵当権が設定された後に、土地と建物の所有者が同一人に帰属するに至ったとしても、法定地上権は成立しない。 ③ 土地・建物の一方又は双方に対する抵当権設定 ④ 抵当権実行によって建物所有権者と土地所有権者が異なる。
効　果	法定地上権の成立

Part 4 債権総論

Chapter 1 総論

総合テキスト ▶▶▶ Chapter 21、22

H19-31-2

1 Aが「もち米」を50キロ買う契約をB米店との間で行い、Bによる引渡しの準備がまだ終わっていない場合に、Bは、目的物が特定されるまでの間は、B米店にある「もち米」の保管について善管注意義務を負うことはない。

H19-31-3

2 Aが「もち米」を50キロ買う契約をB米店との間で行い、Bによる引渡しの準備がまだ終わっていない場合に、目的物が特定される前に、隣家の火災によりB米店の「もち米」がすべて焼失してしまったときは、その焼失はBの責任ではないので、Bは他から「もち米」を再調達して引き渡す義務はない。

H19-31-5

3 Aが「もち米」を50キロ買う契約をB米店との間で行い、Bによる引渡しの準備がまだ終わっていない場合に、「もち米」50キロの所有権は、目的物が特定される前でも、特約がなければ、A・B間の売買契約をした時に移転する。

R 2-30-1

4 A・B間において、Aが、Bに対して、Aの所有する甲建物または乙建物のうちいずれかを売買する旨の契約が締結された。給付の目的を甲建物とするか乙建物とするかについての選択権は、A・B間に特約がない場合には、Bに帰属する。

R 2-30-3

5 A・B間において、Aが、Bに対して、Aの所有する甲建物または乙建物のうちいずれかを売買する旨の契約が締結された。A・B間の特約によってAが選択権者となった場合において、Aの過失によって甲建物が焼失したためにその給付が不能となったときは、給付の目的物は、乙建物になる。

1 ○ 債権の目的が特定物の引渡しであるときは、債務者は、その引渡しをするまで、契約その他の債権の発生原因及び取引上の社会通念に照らして定まる善良な管理者の注意をもって、その物を保存しなければならない（400条）。これに対して、**債権の目的が種類物の場合（種類債権）**は、目的物を種類のみで指定したものであり代替性があるから、特定（401条2項）が生じるまでは、**債務者は、このような善管注意義務は負わない。**

2 ✕ 種類債権は代替性があるから、特定が生じるまでは、**債務者は、その種類物を調達して引き渡す債務を負う。**

3 ✕ 所有権の移転は、契約時にその効力を生ずる（意思主義　176条）。もっとも、**種類債権の場合**は、特定が生じるまでは、目的物が確定していないから、**特定を待って所有権が移転する**（最判昭35.6.24）。

4 ✕ 民法406条は、「債権の目的が数個の給付の中から選択によって定まるときは、その選択権は、債務者に属する。」と規定している。したがって、選択権者が定められていないときは、選択権は債務者に帰属するのであって、本問の場合には、BではなくAに帰属する。

5 ○ 民法410条は、「債権の目的である給付の中に不能のものがある場合において、その不能が選択権を有する者の過失によるものであるときは、債権は、その残存するものについて存在する。」と規定している。したがって、本問の場合には、給付の目的物は、乙建物に特定する。

Chapter 2 債権の効力

総合テキスト ▶▶▶ Chapter 23

R3-31-エ

1 AとBは、令和3年7月1日にAが所有する絵画をBに1000万円で売却する売買契約を締結した。同契約では、目的物は契約当日引き渡すこと、代金はその半額を目的物と引き換えに現金で、残金は後日、銀行振込の方法で支払うこと等が約定され、Bは、契約当日、約定通りに500万円をAに支払った。Aの母の葬儀費用にあてられるため、残代金の支払期限が「母の死亡日」と定められていたところ、令和3年10月1日にAの母が死亡した。BがAの母の死亡の事実を知らないまま2か月が徒過した場合、Aは、Bに対して、残代金500万円に加えて2か月分の遅延損害金を請求することができる。

R3-31-オ

2 AとBは、令和3年7月1日にAが所有する絵画をBに1000万円で売却する売買契約を締結した。同契約では、目的物は契約当日引き渡すこと、代金はその半額を目的物と引き換えに現金で、残金は後日、銀行振込の方法で支払うこと等が約定され、Bは、契約当日、約定通りに500万円をAに支払った。残代金の支払期限について特段の定めがなかったところ、令和3年10月1日にAがBに対して残代金の支払いを請求した。Bが正当な理由なく残代金の支払いをしないまま2か月が徒過した場合、Aは、Bに対して、残代金500万円に加えて2か月分の遅延損害金を請求することができる。

H20-32-1

3 AがBに対して自己所有の家屋を売る契約をした場合、Aは当該家屋をBに引き渡すまでの間は善管注意義務をもって当該家屋を保存・管理しなければならないので、Aの履行遅滞中に不可抗力で当該家屋が滅失してもAが善管注意義務を尽くしていれば責任を負わない。

1 ✗　「母の死亡日」という支払期限は、不確定期限である。民法412条2項は、「債務の履行について**不確定期限があるときは、債務者は、その期限の到来した後に履行の請求を受けた時又はその期限の到来したことを知った時のいずれか早い時**から遅滞の責任を負う。」と規定している。本問において、Bは期限の到来したことを知らず、また、Aは期限の到来から2か月を経過して初めて履行の請求をしているので、Bは未だ履行遅滞の責任を負っていない。したがって、Aは、Bに対して残代金500万円に加えて2か月分の遅延損害金を請求することはできない。

2 ○　民法412条3項は、「債務の履行について**期限を定めなかったときは、債務者は、履行の請求を受けた時**から遅滞の責任を負う。」と規定している。本問では、令和3年10月1日、Aは、Bに対して、残代金の支払請求をしている。そのため、Bは、Aの請求時から遅滞の責任を負うことになる。したがって、Bが正当な理由なく残代金の支払をしないまま2か月が徒過した場合、Aは、Bに対して、残代金500万円に加えて2か月分の遅延損害金を請求することができる。

3 ✗　民法413条の2第1項は、「債務者がその債務について**遅滞の責任を負っている間に当事者双方の責めに帰することができない事由によってその債務の履行が不能**となったときは、その履行の不能は、**債務者の責めに帰すべき事由によるものとみなす。**」と規定している。そして、415条1項は、「債務者がその債務の本旨に従った履行をしないとき又は債務の履行が不能であるときは、債権者は、これによって生じた損害の賠償を請求することができる。ただし、その債務の不履行が契約その他の債務の発生原因及び取引上の社会通念に照らして債務者の責めに帰することができない事由によるものであるときは、この限りでない。」と規定している。

R4-30-2

4　Aは、BにCから贈与を受けた動産甲を売却する旨の契約（以下「本件契約」という。）をBと締結したが、引渡し期日が過ぎても動産甲の引渡しは行われていない。動産甲が、契約締結前に生じた自然災害により滅失していたために引渡しが不能である場合、本件契約は、その成立の時に不能であるから、Aは、Bに履行の不能によって生じた損害を賠償する責任を負わない。

R4-30-3

5　Aは、BにCから贈与を受けた動産甲を売却する旨の契約をBと締結したが、引渡し期日が過ぎても動産甲の引渡しは行われていない。動産甲の引渡しについて、Aが履行補助者であるDを用いた場合、Dの過失により甲が滅失し引渡しができないときには、Aに当然に債務不履行責任が認められる。

H28-33-2

6　債務者が自己の債務を履行しない場合、その債務不履行につき帰責事由がないことを債務者の側において立証することができなければ、債務者は債務不履行責任を免れることができない。

H28-33-5

7　特別の事情によって生じた損害につき、債務者が契約締結時においてその事情を予見できなかったとしても、債務不履行時までに予見可能であったと認められるときは、債務者はこれを賠償しなければならない。

R3-31-ア

8　AとBは、令和3年7月1日にAが所有する絵画をBに1000万円で売却する売買契約を締結した。同契約では、目的物は契約当日引き渡すこと、代金はその半額を目的物と引き換えに現金で、残金は後日、銀行振込の方法で支払うこと等が約定され、Bは、契約当日、約定通りに500万円をAに支払った。残代金の支払期限が令和3年10月1日と定められていたところ、Bは正当な理由なく残代金500万円の支払いをしないまま2か月が徒過した。この場合、Aは、Bに対して、2か月分の遅延損害金について損害の証明をしなくとも請求することができる。

4 ✖ 契約に基づく**債務の履行がその契約の成立の時に不能であった場合（原始的不能）でも損害賠償責任を負う**（415条1項、412条の2第2項）。もっとも、債務者は、債務不履行について帰責性が認められない場合は、債務不履行責任を負わない（415条1項ただし書）。本問では、AがBに対し債務不履行に基づく損害賠償責任を負わない理由は、債務の履行が原始的不能であることではなく、債務者に帰責性が認められないことにある。したがって、本問は、「本件契約は、その成立の時に不能であるから」としている点が誤りである。

---

5 ✖ 民法415条1項は、「債務者がその債務の本旨に従った履行をしないとき又は債務の履行が不能であるときは、債権者は、これによって生じた損害の賠償を請求することができる。ただし、その債務の不履行が契約その他の債務の発生原因及び取引上の社会通念に照らして債務者の責めに帰することができない事由によるものであるときは、この限りでない。」と規定している。債務者が債務不履行責任を負うかどうかは、契約その他の債務の発生原因及び社会通念に照らして判断されるため、**履行補助者の過失によって債務不履行に陥った場合であっても、債務者が当然に債務不履行責任を負うわけではない**。あくまでも、1つの考慮要素となるにすぎない。

---

6 ⭕ 債務者は、債務を履行するのが通常であるから、債務不履行がある場合には、その債務不履行につき**帰責事由がないことを債務者自らが立証**しない限り、債務不履行責任を免れることはできない（415条1項ただし書、大判大14.2.27）。

---

7 ⭕ 判例によれば、民法416条2項にいう特別の事情によって生じた損害の予見可能性の判断時期について、**契約締結時ではなく、債務不履行時**であると解されている（大判大7.8.27）。

---

8 ⭕ 金銭債務の不履行に基づく損害賠償については、**債権者は、損害の証明をすることを要しない**（419条2項）。したがって、Aは、Bに対して、2か月分の遅延損害金について損害の証明をしなくても請求することができる。

R3-31-ウ

9 　AとBは、令和3年7月1日にAが所有する絵画をBに1000万円で売却する売買契約を締結した。同契約では、目的物は契約当日引き渡すこと、代金はその半額を目的物と引き換えに現金で、残金は後日、銀行振込の方法で支払うこと等が約定され、Bは、契約当日、約定通りに500万円をAに支払った。残代金の支払期限が令和3年10月1日と定められていたところ、Bは残代金500万円の支払いをしないまま2か月が徒過した。Bは支払いの準備をしていたが、同年9月30日に発生した大規模災害の影響で振込システムに障害が発生して振込ができなくなった場合、Aは、Bに対して残代金500万円に加えて2か月分の遅延損害金を請求することができる。

Chapter 3　責任財産の保全

総合テキスト ▶▶▶ Chapter 24

1　債権者代位権

H28-32-1

1 　債権者は、債権の弁済期前であっても、債務者の未登記の権利について登記の申請をすることについて、裁判所の許可を得た場合に限って、代位行使することができる。

R3-32-2

2 　債権者は、債務者の相手方に対する債権の期限が到来していれば、自己の債務者に対する債権の期限が到来していなくても、被代位権利を行使することができる。

H28-32-2

3 　債権者は、債務者に属する物権的請求権のような請求権だけでなく、債務者に属する取消権や解除権のような形成権についても代位行使することができる。

9 ◯ 金銭債務の不履行に基づく損害賠償については、**債務者は、不可抗力をもって抗弁とすることができない**（419条3項）。したがって、大規模災害の影響で振込システムに障害が発生して振込ができなくなったというような不可抗力の場合であったとしても、Aは、Bに対して残代金500万円に加えて2か月分の遅延損害金を請求することができる。

1 ✗ 債権者は、その**債権の期限が到来しない間は、債務者に属する権利を行使することができない**（423条2項本文）。**ただし、保存行為は、この限りでない**（同項ただし書）。本問の「未登記の権利について登記の申請」は保存行為にあたる（大判大5.2.2）。なお、改正前の民法では、期限未到来の債務者に属する権利の行使について、裁判上の代位の許可を受ければ行使が可能であった。しかし、改正により、裁判上の代位は廃止され、期限未到来の債務者に属する権利の行使は、保存行為の場合を除き、代位行使できないとされた。

2 ✗ 民法423条2項本文は、「債権者は、**その債権の期限が到来しない間は、被代位権利を行使することができない。**」と規定している。

3 ◯ 債権者は、物権的請求権だけでなく、制限行為能力や意思表示の瑕疵を理由とする取消権、契約の解除権などの**形成権についても代位行使することができる**と解されている。

H28-32-3

4 債権者は、債務者に属する権利を、債権者自身の権利として行使するのではなく、債務者の代理人として行使することができる。

R3-32-3

5 債権者は、被代位権利を行使する場合において、被代位権利が動産の引渡しを目的とするものであっても、債務者の相手方に対し、その引渡しを自己に対してすることを求めることはできない。

R3-32-4

6 債権者が、被代位権利の行使に係る訴えを提起し、遅滞なく債務者に対し訴訟告知をした場合には、債務者は、被代位権利について、自ら取立てその他の処分をすることはできない。

R3-32-5

7 債権者が、被代位権利を行使した場合であっても、債務者の相手方は、被代位権利について、債務者に対して履行をすることを妨げられない。

H20-30-オ

8 Aは、自己所有の土地につき、Bとの間で賃貸借契約を締結した（賃借権の登記は未了）。AがBにこの土地の引渡しをしようとしたところ、この契約の直後にCがAに無断でこの土地を占拠し、その後も資材置場として使用していることが明らかとなった。Cは明渡請求に応ずる様子もない。この場合、Bは、AがCに対して行使することができる、所有権に基づく土地明渡請求権を代位行使することができる。

2 詐害行為取消権

H25-30-1

9 遺産分割協議は、共同相続人の間で相続財産の帰属を確定させる行為であるが、相続人の意思を尊重すべき身分行為であり、詐害行為取消権の対象となる財産権を目的とする法律行為にはあたらない。

4 ✗ 債権者は、**自己の名で債務者の権利を行使**するのであり、債務者の代理人として代位行使をするわけではない（423条以下参照）。

---

5 ✗ 民法423条の3前段は、「債権者は、被代位権利を行使する場合において、被代位権利が……動産の引渡しを目的とするものであるときは、相手方に対し、その……**引渡しを自己に対してすることを求めることができる。**」と規定している。

---

6 ✗ 民法423条の5前段は、「債権者が被代位権利を行使した場合であっても、債務者は、被代位権利について、**自ら取立てその他の処分をすることを妨げられない。**」と規定している。したがって、本問の場合、債務者は、被代位権利について、自ら取立てその他の処分をすることができる。

---

7 ○ 債権者が被代位権利を行使した場合であっても、相手方は、被代位権利について、**債務者に対して履行をすることを妨げられない**（423条の5後段）。

---

8 ○ **賃借人は賃貸人の所有権に基づく妨害排除請求権を代位行使**（423条）することができる（大判昭4.12.16）。

---

9 ✗ 共同相続人の間で成立した遺産分割協議（906条以下）は、相続の開始によって共同相続人の共有となった相続財産について、その全部又は一部を、各相続人の単独所有とし、又は新たな共有関係に移行させることによって、相続財産の帰属を確定させるものであり、その性質上、財産権を目的とする行為である。したがって、**遺産分割協議は、詐害行為取消権**（424条）**行使の対象となる財産権を目的とする行為にあたる**（最判平11.6.11）。

民法

part 4 債権総論

chap 3 責任財産の保全

191

H25-30-2

10 相続放棄は、責任財産を積極的に減少させる行為ではなく、消極的にその増加を妨げる行為にすぎず、また、相続放棄は、身分行為であるから、他人の意思によって強制されるべきではないので、詐害行為取消権行使の対象とならない。

H25-30-3

11 離婚における財産分与は、身分行為にともなうものではあるが、財産権を目的とする法律行為であるから、財産分与が配偶者の生活維持のためやむをえないと認められるなど特段の事情がない限り、詐害行為取消権の対象となる。

H28-32-4

12 甲不動産がAからB、AからCに二重に譲渡され、Cが先に登記を備えた場合には、AからCへの甲不動産の譲渡によりAが無資力になったときでも、Bは、AからCへの譲渡を詐害行為として取り消すことができることはない。

H20-32-5改

13 AがBに対して自己所有の家屋を売る契約をした場合に、Bが登記を備える前に、Aが、その支払不能時に、Aの債権者Fと通謀してBを害する意図をもって当該家屋を債務相当額でFに対して代物弁済し、登記を移転してしまった場合、Bは、A・F間の代物弁済を、詐害行為を理由に取り消すことができる。

10 ○ 詐害行為取消権行使の対象となる行為は、積極的に債務者の財産を減少させる行為であることを要し、消極的にその増加を妨げるにすぎないものを包含しないものと解されるところ、**相続の放棄**（938条以下）は、既得財産の増加を消極的に妨げる行為にすぎず、かつ、このような身分行為については他人の意思による強制をすべきでないから、**詐害行為取消権行使の対象とならない**（最判昭49.9.20）。

---

11 ✕ **離婚に伴う財産分与**として金銭の給付をする旨の合意は、**当然には詐害行為取消権行使の対象とはならない**が、それが民法768条3項の規定の趣旨に反してその額が不相当に過大であり、財産分与に仮託してされた財産処分であると認めるに足りるような特段の事情があるときは、**不相当に過大な部分について、その限度において詐害行為取消権行使の対象となる**（最判平12.3.9）。

---

12 ✕ 詐害行為取消権は、すべての債権者の共同担保の保全を目的とする制度であるが、特定物引渡債権といえどもその目的物を債務者が処分することにより無資力となった場合には、当該特定物債権者はその処分行為を詐害行為として取り消すことができる。なぜなら、**特定物引渡債権も、究極において損害賠償債権に変わり得る**のだから、債務者の一般財産により担保されなければならないことは、金銭債権と同様だからである（最大判昭36.7.19、最判昭53.10.5）。本問では、CがBより先に登記を備えた時点で、Bの有する特定物引渡債権は、損害賠償債権になっている。したがって、Bは、AからCへの譲渡を詐害行為として取り消すことができる。

---

13 ○ Fへの所有権移転登記がされた時点で、AからBへの特定物の給付は履行不能となっているため、**BはAに対して損害賠償を請求することができ、この損害賠償請求権を被保全債権とすることが認められる**（最大判昭36.7.19）。弁済その他の債権消滅行為については、「その行為が、債務者が支払不能の時に行われたものであること」及び「その行為が、債務者と受益者とが通謀して他の債権者を害する意図をもって行われたものであること」という要件を満たす場合には、詐害行為として取り消し得る（424条の3第1項）。なお、代物弁済が同条2項の規定する「非義務行為」（債務者がした既存の債務についての担保の供与又は債務の消滅に関する行為が、債務者の義務に属せず、又はその時期が債務者の義務に属しないものである場合）にあたるとする説もあるが、このように解しても、本問では同項各号の要件を満たすため、詐害行為として取り消し得る。

H25-30-4

14 詐害行為取消権は、総ての債権者の利益のために債務者の責任財産を保全する目的において行使されるべき権利であるから、債権者が複数存在するときは、取消債権者は、総債権者の総債権額のうち自己が配当により弁済を受けるべき割合額でのみ取り消すことができる。

H25-30-5

15 詐害行為取消権は、総ての債権者の利益のために債務者の責任財産を保全する目的において行使されるべき権利であるから、取消しに基づいて返還すべき財産が金銭である場合に、取消債権者は受益者に対して直接自己への引渡しを求めることはできない。

Chapter 4 多数当事者の債権・債務 総合テキスト ▶▶▶ Chapter 25

1 連帯債務等

H20-33-2

1 A、B、C三人がDから自動車1台を購入する契約をし、その売買代金として300万円の債務を負っている場合に、Aは、Dに対して、A、B、C三人のために自動車の引渡しを請求することができるが、Dは、A、B、C三人のためであるとしても、Aに対してだけ自動車の引渡しをすることはできない。

H20-33-5

2 A、B、C三人がDから自動車1台を購入する契約をし、その売買代金として300万円の債務を負っている。自動車の売買代金300万円について、A、B、Cの三人が連帯債務を負担する場合において、Aについては制限行為能力を理由に契約の取消しが認められるときには、Aの負担部分については、BおよびCも、その債務を免れる。

H29-32-1改

3 共同事業を営むAとBは、Cから事業資金の融資を受けるに際して、共に弁済期を1年後としてCに対し連帯して1,000万円の貸金債務(以下「本件貸金債務」という。)を負担した(負担部分は2分の1ずつとする。)。本件貸金債務につき、融資を受けるに際してAが錯誤に陥っており、錯誤に基づく取消しを主張してこれが認められた場合であっても、これによってBが債務を免れることはない。

194

14 ✗　民法424条の8第1項は、「債権者は、詐害行為取消請求をする場合において、債務者がした行為の目的が可分であるときは、自己の債権の額の限度においてのみ、その行為の取消しを請求することができる。」と規定している。他方で、詐害行為の客体が不可分の場合、取消債権者は、自己の被保全債権額に関係なく、詐害行為全部を取り消すことができる（最判昭30.10.11）。したがって、総債権者の総債権額のうち自己が配当により弁済を受けるべき割合額でのみ取り消すことができるのではない。

15 ✗　詐害行為取消権に基づいて返還すべき財産が金銭である場合、取消債権者は、受益者に対して直接自己への引渡しを求めることができる（424条の9第1項前段）。

1 ✗　不可分債権において、各債権者はすべての債権者のために履行を請求することができ、債務者はすべての債権者のために各債権者に対して履行をすることができる（428条・432条）。

関連

2 ✗　連帯債務者の1人について法律行為の取消しの原因があっても、他の連帯債務者の債務は、その効力を妨げられない（437条）。したがって、Aについて制限行為能力を理由に契約の取消しが認められるときであっても、B及びCは債務を免れない。

3 ○　連帯債務者の1人について法律行為の無効又は取消しの原因があっても、他の連帯債務者の債務は、その効力を妨げられない（437条）。したがって、Aが本件貸金債務の融資を受ける際に、錯誤に陥っており、錯誤取消しを主張したとしても、Bが債務を免れることはない。

H29-32-2

4　共同事業を営むAとBは、Cから事業資金の融資を受けるに際して、共に弁済期を1年後としてCに対し連帯して1,000万円の貸金債務（以下「本件貸金債務」という。）を負担した（負担部分は2分の1ずつとする。）。本件貸金債務につき、A・C間の更改により、AがCに対して甲建物を給付する債務に変更した場合、Bは本件貸金債務を免れる。

R5-30-エ

5　「債権者がした連帯債務者の一人に対する履行の請求」は、他の連帯債務者に対して効力が生じない。

H20-33-4

6　A、B、C三人がDから自動車1台を購入する契約をし、その売買代金として300万円の債務を負っている。自動車の売買代金300万円について、A、B、Cの三人が連帯債務を負担する場合において、Aの債務についてだけ消滅時効が完成したときは、Aの負担部分については、BおよびCも、その債務を免れる。

R5-30-ウ

7　「連帯債務者の一人が債権者に対して債権を有する場合において、その連帯債務者がした相殺の援用」は、他の連帯債務者に対して効力が生じない。

H29-32-4

8　共同事業を営むAとBは、Cから事業資金の融資を受けるに際して、共に弁済期を1年後としてCに対し連帯して1,000万円の貸金債務（以下「本件貸金債務」という。）を負担した（負担部分は2分の1ずつとする。）。本件貸金債務につき、AがBの存在を知りながら、共同の免責を得ることをBに通知することなくCに弁済した。その当時、BはCに対して500万円の金銭債権を有しており、既にその弁済期が到来していた場合、BはAから500万円を求償されたとしても相殺をもって対抗することができる。

図表1

4 ○ 連帯債務者の1人と債権者との間に更改があったときは、債権は、すべての連帯債務者の利益のために消滅する（438条）。したがって、Aが、Cとの間の更改により、AがCに対して甲建物を給付する債務に変更した場合、Bは本件貸金債務を免れる。

関連

5 ○ 連帯債務者の1人について生じた事由は、原則として、他の連帯債務者に対してその効力を生じないところ（相対的効力の原則　441条本文）、履行の請求について、民法438条、439条1項、440条などのように相対的効力の例外を定める規定は存在しない。そのため、債権者がした連帯債務者の1人に対する履行の請求は、他の連帯債務者に対して効力が生じない。

6 ✕ 連帯債務者の1人について生じた事由は、更改、相殺、混同の場合を除き、他の連帯債務者に対してその効力を生じない（相対的効力の原則　441条本文）。時効の完成は、絶対的効力を有しないから、Aに対する債権の消滅時効の完成は、B及びCに対して効力を生じない。

7 ✕ 連帯債務者の1人が債権者に対して債権を有する場合において、その連帯債務者が相殺を援用したときは、債権はすべての連帯債務者の利益のために消滅する（439条1項）。そのため、連帯債務者の1人がした相殺の援用は、他の連帯債務者に対して効力が生じる。

8 ○ 他の連帯債務者があることを知りながら、連帯債務者の1人が共同の免責を得ることを他の連帯債務者に通知しないで弁済等をした場合において、他の連帯債務者は、債権者に対抗することができる事由を有していたときは、その負担部分について、その事由をもってその免責を得た連帯債務者に対抗することができる（443条1項前段）。したがって、AがBの存在を知りながら、共同の免責を得ることをBに通知することなくCに弁済した当時に、BがCに対する金銭債権500万円を有して、すでに弁済期が到来していた場合には、BはCに対して相殺を主張することが可能であったのだから、BはAから500万円を求償されたとしても、相殺をもって対抗することができる。

H29-32-5

9 共同事業を営むAとBは、Cから事業資金の融資を受けるに際して、共に弁済期を1年後としてCに対し連帯して1,000万円の貸金債務（以下「本件貸金債務」という。）を負担した（負担部分は2分の1ずつとする。）。本件貸金債務につき、AがBの存在を知りながら、Cに弁済した後にBに対してその旨を通知しなかったため、Bは、これを知らずに、Aに対して事前に弁済する旨の通知をして、Cに弁済した。この場合に、Bは、Aの求償を拒み、自己がAに対して500万円を求償することができる。

H21-31-1

10 A、B、C三人がDに対して60万円の連帯債務を負っている。AがDに60万円を弁済した場合に、A、B、C三人の負担部分が平等であるときは、Aは、B、Cに20万円ずつ求償できるが、もしCが無資力のときは、Bに対して30万円の求償をすることができる。

H21-31-2

11 A、B、C三人がDに対して60万円の連帯債務を負っている。AがDに60万円を弁済した場合に、A、B、Cの負担部分が1：1：0であり（Cには負担部分がない）、また、Bが無資力のときは、Aは、B、Cに20万円ずつ求償することができる。

2 保証債務等

R6-31-5

12 Aは、Bから金銭を借り受け、Cが、Aの同貸金債務を保証した。Cは、その保証債務についてのみ、違約金又は損害賠償の額を約定することができる。

9 ⭕ 「弁済をし、その他自己の財産をもって共同の免責を得た連帯債務者が、他の連帯債務者があることを知りながらその免責を得たことを他の連帯債務者に通知することを怠ったため、他の連帯債務者が善意で弁済その他自己の財産をもって免責を得るための行為をしたときは、当該他の連帯債務者は、その免責を得るための行為を有効であったものとみなすことができる。」（443条2項）。したがって、AがBの存在を知りながら、Cに弁済した後にBに対してその旨を通知しなかったため、Bは、これを知らずに、Aに対して事前に弁済する旨の通知をして、Cに弁済した場合には、Bは、自己の弁済が有効であったとして、Aの求償を拒み、さらにAに対して500万円の求償をすることができる。

10 ⭕ 連帯債務者の1人が弁済をし、その他自己の財産をもって共同の免責を得たときは、その連帯債務者は、その免責を得た額が自己の負担部分を超えるかどうかにかかわらず、他の連帯債務者に対し、その免責を得るために支出した財産の額のうち各自の負担部分に応じた額の求償権を有する（442条1項）。もっとも、連帯債務者の中に償還をする資力のない者があるときは、その償還をすることができない部分は、求償者及び他の資力のある者の間で、各自の負担部分に応じて分割して負担する（444条1項）。本問では、ABCの負担部分が平等であり、Cが無資力となっているから、AとBが30万円ずつを負担することになる。

関連

11 ❌ 連帯債務者の中に償還をする資力のない者があるときは、その償還をすることができない部分は、求償者及び他の資力のある者の間で、"各自の負担部分に応じて"分割して負担する（444条1項）。本問では、Bが無資力となっており、Cの負担部分はゼロであるから、Aが60万円全額を負担することになる。

12 ⭕ 保証人は、その保証債務についてのみ、違約金又は損害賠償の額を約定することができる（447条2項）。

H22-31-4

13 「私は、AがB所有のアパートを賃借するにあたりAの保証人となりました。このたびA・B間の契約がAの賃料不払いを理由として解除されたところ、Bは、Aの滞納した賃料だけでなく、Aが立ち退くまでの間に生じた損害の賠償についても保証債務の履行をせよと主張しています。私は保証債務の履行を拒むことは可能でしょうか。」との相談に対し、民法の規定および判例に照らし、「可能です」と回答しうる。

H22-31-1

14 「私は、AがBとの間に締結した土地の売買契約につき、売主であるAの土地引渡等の債務につき保証人となりましたが、このたびBがAの債務不履行を理由として売買契約を解除しました。Bは、私に対して、Aが受領した代金の返還について保証債務を履行せよと主張しています。私が保証債務の履行を拒むことは可能でしょうか。」との相談に対し、民法の規定および判例に照らし、「可能です」と回答しうる。

H18-30-4

15 Aは、B所有の甲土地について地上権の設定を受けて、同土地上に乙建物を建築した。Aが同建物を建築するについては、そのための資金としてC銀行から融資を受け、AのC銀行に対する債務の担保のために、Aが乙建物についてC銀行のために抵当権を設定するとともに、Bが物上保証人として甲土地についてC銀行のために抵当権を設定していた。この場合、C銀行が抵当権を実行するには、まず乙建物から行う必要はない。

H21-30-ウ

16 Eは知人FがGより100万円の融資を受けるにあたり、保証（単純保証）する旨を約した。弁済期後、GはいきなりEに対して保証債務の履行を求めてきたので、Eはまずは主たる債務者に催告するよう請求した。ところがGがFに催告したときにはFの資産状況が悪化しており、GはFから全額の弁済を受けることができなかった。この場合、EはGが直ちにFに催告していれば弁済を受けられた限度で保証債務の履行を免れることができる。

R6-31-3

17 Aは、Bから金銭を借り受け、Cが、Aの同貸金債務を保証した。BのAに対する履行の請求その他の事由による時効の完成猶予及び更新は、Cに対しても、その効力を生ずる。

13 ✗　賃貸借契約が解除された場合、賃借人の保証人の責任は、当然に損害賠償義務に及ぶ（大判昭13.1.31）。したがって、「私」は保証債務の履行を拒むことができない。

14 ✗　判例は、特定物の売買契約における売主のための保証人は、特に反対の意思表示のない限り、売主の債務不履行により契約が解除された場合における原状回復義務についても、保証の責めに任ずるとしている（最大判昭40.6.30）。したがって、「私」は保証債務の履行を拒むことはできない。

15 ○　物上保証には、保証のような補充性は認められないから、物上保証人は、催告の抗弁権（452条）や検索の抗弁権（453条）を有しない。したがって、本問において、C銀行は、物上保証人Bの有する甲土地から抵当権を実行してもよい。

16 ○　債権者が保証人に債務の履行を請求したときは、保証人は、まず主たる債務者に催告をすべき旨を請求することができる（催告の抗弁　452条本文）。この保証人の請求があったにもかかわらず、債権者が催告を怠ったために主たる債務者から全部の弁済を得られなかったときは、保証人は、債権者が直ちに催告をすれば弁済を得ることができた限度において、その義務を免れる（455条）。

17 ○　主たる債務者に対する履行の請求その他の事由による時効の完成猶予及び更新は、保証人に対しても、その効力を生ずる（457条1項）。

H23-31-ア

18 連帯債務において、連帯債務者の1人が債権者に対して債権を有する場合には、その連帯債務者が相殺を援用しない間は、その連帯債務者の負担部分についてのみ他の連帯債務者は相殺を援用することができる。これに対し、連帯保証において、主たる債務者が債権者に対して債権を有する場合には、連帯保証人は、主たる債務者が債権者に対して有する債権による相殺をもって、相殺適状にあった全額について債権者に対抗することができる。

H23-31-エ

19 連帯債務において、債権者が連帯債務者の1人に対してした債務の履行の請求は、他の債務者にも効力を生じる。これに対し、連帯保証において、債権者が連帯保証人に対してした債務の履行の請求は、主たる債務者に対して効力が生じることはなく、主たる債務の時効の完成猶予はされない。

H23-31-オ

20 連帯債務において、連帯債務者の1人が債務の全額を弁済した場合には、その連帯債務者は、他の連帯債務者に対し、各自の負担部分について求償することができる。これに対し、連帯保証において、連帯保証人の1人が債務の全額を弁済した場合には、その連帯保証人は、他の連帯保証人に対し、求償することはできない。

H22-31-2

21 「私は、AがBから金銭の貸付を受けるにあたり、Aに頼まれて物上保証人となることにし、Bのために私の所有する不動産に抵当権を設定しました。このたびAの債務の期限が到来しましたが、最近資金繰りに窮しているAには債務を履行する様子がみられず、抵当権が実行されるのはほぼ確実です。私はAに資力があるうちにあらかじめ求償権を行使しておきたいのですが、これは可能でしょうか。」との相談に対し、民法の規定および判例に照らし、「可能です」と回答しうる。

18 ✕ 　連帯債務者の1人が債権者に対して債権を有する場合において、債権を有する連帯債務者が相殺を援用しない間は、その連帯債務者の負担部分の限度において、**他の連帯債務者は、債権者に対して債務の履行を拒むことができる**（439条2項）。これに対して、保証人は、主たる債務者が債権者に対して相殺権を有するときは、この権利の行使によって主たる債務者がその債務を免れるべき限度において、**債権者に対して債務の履行を拒むことができる**（457条3項）。なお、改正前民法436条2項は、ある連帯債務者が相殺を援用しない間は、その連帯債務者の負担部分についてのみ他の連帯債務者が相殺を援用することができるとしていたが、改正により、他の連帯債務者は、債権者に対して履行を拒むことができるとされた。

19 ✕ 　連帯債務において、民法438条〔更改〕、439条1項〔相殺〕、440条〔混同〕については絶対的効力を認めているが、**連帯債務者の1人に対して履行の請求をした場合については相対的効力**とされている（441条）。また、**連帯保証の場合にも**連帯債務における効力に関する規定（438条、439条1項、440条、441条）を連帯保証人に生じた事由について準用しているので（458条）、**主たる債務者に対しては効力が生じない**。

20 ✕ 　連帯債務者の1人が弁済をし、その他自己の財産をもって共同の免責を得たときは、その連帯債務者は、その免責を得た額が自己の負担部分を超えるかどうかにかかわらず、他の連帯債務者に対し、**その免責を得るために支出した財産の額のうち各自の負担部分に応じた額の求償権を有する**（442条1項）。したがって、本問の前段は正しい。これに対して、同一の債務について数人が保証債務を負担する場合（共同保証）、**各共同保証人は、主債務者のみならず、他の共同保証人に対しても求償権を有する**（465条・442条）。したがって、本問の後段は誤っている。

21 ✕ 　**物上保証人は**、被担保債権の弁済期が到来しても、**あらかじめ求償権を行使することはできない**（最判平2.12.18）。したがって、「私」はAに資力があるうちにあらかじめ求償権を行使しておくことはできない。

H26-31-2

22 AがBから金1000万円を借り受けるにあたって、CおよびDがそれぞれAから委託を受けて保証人（連帯保証人ではない通常の保証人で、かつお互いに連帯しない保証人）となり、その後CがBに対して、主たる債務1000万円の全額を、同債務の弁済期日に弁済した。この場合、CはAおよびDに対して求償することができ、求償権の範囲は、Aに対しては、1000万円および求償権行使までに生じた利息、遅延損害金等に及び、Dに対しては、500万円である。

Chapter 5 債権・債務の移転   総合テキスト ▶▶▶ Chapter 26

予備試験
R2-9-ア

1 預貯金債権以外の金銭債権で、譲渡制限の意思表示がされた債権が譲渡された場合において、その後に債務者が当該譲渡を承諾したときは、当該債権の譲渡は譲渡の時に遡って有効になる。

司法試験
R2-18-ウ

2 AがB銀行に対して有する預金債権について、譲渡はできない旨の特約がされていた場合、AがGとの間で、その預金債権をGに譲渡する契約をしても、Gが特約について悪意又は重過失であったときは、その譲渡は効力を生じない。

予備試験
R2-9-イ

3 預貯金債権以外の金銭債権で、譲渡制限の意思表示がされた債権の差押えがされた場合、当該債権の債務者は、差押債権者に対し、譲渡制限の意思表示がされたことを理由としてその債務の履行を拒むことはできない。

債権の譲渡制限特約
　債権に譲渡制限の特約があったとしても、債権譲渡自体は有効として扱われます。これを前提に、債務者が履行を拒むことができるかどうかが主な問題となるわけです。これに対して、預貯金債権については、一定の要件の下、債権譲渡自体が無効となります。

22 ○　保証人が主たる債務者の委託を受けて保証をした場合において、主たる債務者に代わって弁済その他自己の財産をもって債務を消滅させる行為（以下「債務の消滅行為」という）をしたときは、その保証人は、主たる債務者に対し、そのために支出した財産の額（その財産の額がその債務の消滅行為によって消滅した主たる債務の額を超える場合にあっては、その消滅した額）の求償権を有する（459条1項）。そして、**この求償は、弁済その他免責があった日以後の法定利息及び避けることができなかった費用その他の損害の賠償を包含する**（同条2項・442条2項）。したがって、Aに対しては、1000万円及び求償権行使までに生じた利息、遅延損害金に及ぶ。また、互いに連帯しない共同保証人間の求償については、**委託を受けない保証人の求償権の規定が準用**されており（465条2項・462条）、**保証人は、その当時利益を受けた限度において償還を請求することができる**。したがって、Dに対しては、500万円の限度で求償をすることができる。

1　✗　**預貯金債権以外の金銭債権で、譲渡制限の意思表示がされた債権の譲渡については、そもそも有効**である（466条2項）。本問のように、債務者が承諾をすることにより、遡って有効となるわけではない。

比較

- -

2　○　**預貯金債権**について当事者がした譲渡制限の意思表示は、その譲渡制限**の意思表示がされたことを知り、又は重大な過失によって知らなかった譲受人その他の第三者に対抗することができる**（466条の5第1項）。

- -

3　○　譲渡制限の意思表示がされたことを知っていた（悪意）、又は重大な過失によって知らなかった（善意重過失）譲受人その他の第三者に対しては、債務者は、その債務の履行を拒むことができる（466条3項前段）。もっとも、この規定は、譲渡制限の意思表示がされた債権に対する強制執行をした**差押債権者に対しては、適用されない**（466条の4第1項）。

司法試験
H29-19-オ

4 債権が二重に譲渡され、確定日付のある証書による通知が同時に債務者に到達したときは、譲受人の一人から弁済の請求を受けた債務者は、同順位の譲受人が他に存在することを理由として弁済の責任を免れることができる。

R2-31-1

5 AがBに対して金銭債務を負っていたところ、本件債務をCが引き受ける場合、本件債務引受について、BとCとの契約によって併存的債務引受とすることができる。

R2-31-2

6 AがBに対して金銭債務を負っていたところ、本件債務をCが引き受ける場合、本件債務引受について、AとCとの契約によって併存的債務引受とすることができ、この場合においては、BがCに対して承諾をした時に、その効力が生ずる。

H26-32-ウ

7 併存的(重畳的)債務引受があった場合、別段の意思表示がないときは、債務者(原債務者)と引受人は、債権者に対し、それぞれ等しい割合で分割債務を負う。

H26-32-ア

8 免責的債務引受は、債権者と引受人のみの契約でなすことはできず、債務者(原債務者)を含む三者間の契約でしなければならない。

R2-31-3

9 AがBに対して金銭債務を負っていたところ、本件債務をCが引き受ける場合、本件債務引受について、BとCとの契約によって免責的債務引受とすることができ、この場合においては、BがAに対してその契約をした旨を通知した時に、その効力が生ずる。

R2-31-4

10 AがBに対して金銭債務を負っていたところ、本件債務をCが引き受ける場合、本件債務引受について、AとCが契約をし、BがCに対して承諾することによって、免責的債務引受とすることができる。

4 ✗ 確定日付のある通知が同時に到達した場合、両者の間に優先関係はないため、譲受人のいずれも債権者として、その全額の弁済を請求することができ、譲受人の1人から弁済の請求を受けた債務者は、他の譲受人に対する弁済その他の債務消滅事由が存在しない限り、**弁済の責任を免れることはできない**（最判昭55.1.11）。

関連

5 ○ 民法470条2項は、「併存的債務引受は、**債権者と引受人となる者との契約によってすることができる。**」と規定している。

6 ○ 民法470条3項は、「併存的債務引受は、債務者と引受人となる者との契約によってもすることができる。この場合において、併存的債務引受は、**債権者が引受人となる者に対して承諾をした時に、その効力を生ずる。**」と規定している。

7 ✗ 併存的（重畳的）債務引受があった場合、特段の事情のない限り、**原債務者と引受人との間には「連帯債務」関係が成立**する（470条1項）。分割債務となるわけではない。

8 ✗ 免責的債務引受は、**債権者と引受人となる者との契約によってすることも可能**である（472条2項前段）。

関連

9 ○ 民法472条2項は、「免責的債務引受は、債権者と引受人となる者との契約によってすることができる。この場合において、免責的債務引受は、**債権者が債務者に対してその契約をした旨を通知した時に、その効力を生ずる。**」と規定している。

10 ○ 民法472条3項は、「免責的債務引受は、債務者と引受人となる者が契約をし、**債権者が引受人となる者に対して承諾をすることによってもすることができる。**」と規定している。

Chapter 6 債権の消滅

総合テキスト ▶▶▶ Chapter 27

H25-32-ウ

1 　Aは、B所有の甲土地上に乙建物を建てて保存登記をし、乙建物をCが使用している。Aが、Bとの間の土地賃貸借契約に基づいて乙建物を建て、Cとの間の建物賃貸借契約に基づいてCに乙建物を使用させている場合、Cは、Aに無断で甲土地の賃料をBに対して支払うことはできない。

H26-33-ア改

2 　他人名義の預金通帳と届出印を盗んだ者が銀行の窓口でその代理人と称して銀行から払戻しを受けた場合に、銀行が、そのことにつき善意であり、かつ過失がなければ、当該払戻しは、債権の表見受領権者への弁済として有効な弁済となる。

H26-33-イ改

3 　他人名義の定期預金通帳と届出印を盗んだ者が銀行の窓口で本人と称して、定期預金契約時になされた定期預金の期限前払戻特約に基づいて払戻しを受けた場合に、銀行が、そのことにつき善意であり、かつ過失がなければ、当該払戻しは、債権の表見受領権者への弁済として有効な弁済となる。

H26-33-オ改

4 　債権が二重に譲渡され、一方の譲受人が第三者対抗要件を先に具備した場合に、債務者が、その譲受人に対する弁済の有効性について疑いを抱いてもやむをえない事情があるなど、対抗要件で劣後する譲受人を真の債権者であると信ずるにつき相当の理由があるときに、その劣後する譲受人に弁済すれば、当該弁済は、債権の表見受領権者への弁済として有効な弁済となる。

H27-31-1

5 　債務者が債権者と合意して、債権者に対し本来の債務の弁済に代えて自己が所有する土地を譲渡した場合、土地所有権の移転の効果は、原則として代物弁済契約の意思表示によって生じる。

208

1 ✖ 債務の弁済は、第三者もすることができる（474条1項）。もっとも、正当な利益を有しない第三者は、債務者の意思に反して弁済をすることができない（同条2項本文）。改正前民法下の判例では、借地上の建物の賃借人は、敷地の地代の弁済について利害関係を有するものとされている（最判昭63.7.1）。同判例は、「正当な利益」（474条2項）についても妥当する。したがって、Cは、Aの承諾等を得ることなく、甲土地の賃料をBに対して支払うことができる。

2 ◯ 債権の準占有者に、債権者の代理人と称して債権を行使する者（詐称代理人）が含まれるか否かについて、判例は、民法478条の準占有者に対する弁済は、受領権限があるようにみえる外観を信頼して弁済をした善意者の保護を図る趣旨であること等から、詐称代理人もこれに含めてよいとしている（最判昭37.8.21、最判昭41.10.4、最判昭42.12.21）。民法改正により、478条の準占有者は表見受領権者と改められたが、当該判例は表見受領権者の解釈についても妥当する。

3 ◯ 定期預金の期限前払戻につき、定期預金契約の締結に際し、当該預金の期限前払戻の場合における弁済の具体的内容が契約当事者の合意により確定されているときは、当該預金の期限前の払戻しであっても民法478条の適用を受ける（最判昭41.10.4、最判昭54.9.25）。当該判例の解釈は改正民法下でも妥当する。

4 ◯ 債権の二重譲渡がされた場合において、先に具備された第三者対抗要件の有効性に疑いを抱いたとしてもやむを得ないような特別の事情があるときには、第三者対抗要件の具備の点で劣後する譲受人も債権の準占有者に該当し、その者に対する弁済は有効な弁済となる（最判昭61.4.11）。当該判例の解釈は改正民法下でも妥当する。

比較

5 ◯ 代物弁済による所有権移転の効果は、原則として当事者間の代物弁済契約の意思表示によって生ずる（最判昭57.6.4）。

H30-31-3改

6 金銭債務を負担した債務者が、債権者の承諾を得て金銭の支払に代えて不動産を給付する場合において、代物弁済によって債権を消滅させるためには、債権者に所有権を移転させる旨の意思表示をするだけでは足りず、所有権移転登記がされなければならない。

H27-32-3

7 AがBに対して電器製品を売却する旨の売買契約（両債務に関する履行期日は同一であり、AがBのもとに電器製品を持参する旨が約されたものとする。）が締結された。Bが予め受領を拒んだため、Aは履行期日に電器製品をBのもとに持参せず、その引渡しの準備をしたことをBに通知して受領を催告するにとどめた場合、Bは、Aに対して、電器製品の引渡しがないことを理由として履行遅滞に基づく損害賠償責任を問うことはできない。

H27-32-5

8 AがBに対して電器製品を売却する旨の売買契約（両債務に関する履行期日は同一であり、AがBのもとに電器製品を持参する旨が約されたものとする。）が締結された。履行期日になってBが正当な理由なく売買代金の支払をする意思がない旨を明確に示した場合であっても、Aは、電器製品の引渡しの準備をしたことをBに通知して受領を催告しなければ、Bに対して履行遅滞に基づく損害賠償責任を問うことができない。

R5-32-1

9 AとBとの間でA所有の美術品甲（以下「甲」という。）をBに売却する旨の本件売買契約が締結された。Aは、Bが予め甲の受領を明確に拒んでいる場合であっても、甲につき弁済期に現実の提供をしなければ、履行遅滞の責任を免れない。

H20-34-ア改

10 AがBに対して2025年5月5日を弁済期とする300万円の売掛代金債権を有し、BがAに対して2025年7月1日を弁済期とする400万円の貸金債権を有している。この場合に、2025年5月10日にAがBに対してする相殺は効力が生じる。

6 ○ 弁済者が、債権者との間で、債務者の負担した給付に代えて他の給付をすることにより債務を消滅させる旨の契約をした場合において、その弁済者が当該他の給付をしたときは、その給付は、弁済と同一の効力を有する（482条）。「他の給付をした」といえるためには、代物の給付の完了がなければならない。そして、**不動産を代物として給付する場合には、所有権移転登記の完了をもって、給付が完了したといえる**（最判昭40.4.30）。

7 ○ 弁済の提供は、債務の本旨に従って現実にしなければならない（現実の提供　493条本文）。ただし、**債権者があらかじめその受領を拒んでいる場合には、弁済の準備をしたことを通知してその受領の催告をすれば足りる**（口頭の提供　同条ただし書）。そして、弁済の提供により、債務者は、債務不履行に基づく損害賠償責任を負わなくなる（492条）。

8 × **双務契約の当事者の一方が自己の債務の履行をしない意思を明確にした場合**には、相手方が自己の債務の**弁済の提供をしなくても**、当事者の一方は、自己の債務の不履行について**履行遅滞の責めを免れることを得ない**（最判昭41.3.22）。

9 × 判例は、債権者が契約の存在を否定する等、**弁済を受領しない意思が明確と認められるときは、債務者は口頭の提供をしなくても債務不履行の責任を免れる**としている（最大判昭32.6.5）。本問では、Bがあらかじめ甲の受領を「明確に拒んでいる場合」であるから、Aは、現実の提供をしなくても、履行遅滞の責任を免れることができる。

10 ○ 民法505条1項は、「2人が互いに同種の目的を有する債務を負担する場合において、双方の債務が弁済期にあるときは、各債務者は、その対当額について相殺によってその債務を免れることができる。ただし、債務の性質がこれを許さないときは、この限りでない。」と規定している。また、**自働債権の債権者は、受働債権の期限の利益を放棄することができる**（136条2項本文）。

R5-31-2

11 時効によって消滅した債権が、その消滅以前に相殺適状にあった場合には、その債権者は、当該債権を自働債権として相殺することができる。

R5-31-4

12 債務者に対する貸金債権の回収が困難なため、債権者がその腹いせに悪意で債務者の物を破損した場合には、債権者は、当該行為による損害賠償債務を受働債権として自己が有する貸金債権と相殺することはできない。

R5-31-5

13 過失によって人の生命又は身体に損害を与えた場合、その加害者は、その被害者に対して有する貸金債権を自働債権として、被害者に対する損害賠償債務と相殺することができる。

H20-34-イ改

14 AがBに対して2023年5月5日を弁済期とする300万円の貸金債権を有していたところ、2023年7月1日にAがBに対して暴力行為をはたらき、2025年7月5日に、Aに対してこの暴力行為でBが被った損害300万円の賠償を命ずる判決がなされた。この場合に、2025年7月5日にAがBに対してする相殺は効力が生じる。

H20-34-ウ改

15 A銀行がBに対して2024年7月30日に期間1年の約定で貸し付けた400万円の貸金債権を有し、他方、BがA銀行に対して2025年7月25日を満期とする400万円の定期預金債権を有していたところ、Bの債権者CがBのA銀行に対する当該定期預金債権を差し押さえた。この場合に、2025年8月1日にA銀行がBに対してする相殺は効力が生じる。

11 ○ 民法508条は、「時効によって消滅した債権がその消滅以前に相殺に適するようになっていた場合には、その債権者は、相殺をすることができる。」と規定している。

関連

12 ○ 悪意による不法行為に基づく損害賠償の債務の債務者は、相殺をもって債権者に対抗することができない（509条1号）。本問の債務者は「悪意で債務者の物を破損した」ことにより、不法行為に基づく損害賠償債務を負っている。したがって、本問の債務者は、当該損害賠償債務を受働債権として自己が有する貸金債権と相殺することはできない。

13 × 人の生命又は身体の侵害による損害賠償の債務の債務者は、相殺をもって債権者に対抗することができない（509条2号）。本問の加害者は、過失ではあるものの、「人の生命又は身体に侵害」を与えたことで、損害賠償の債務を負っている。したがって、本問の加害者は、被害者に対して有する貸金債権を自働債権として、被害者に対する損害賠償債務と相殺することができない。

14 × 民法509条柱書は、「次に掲げる債務の債務者は、相殺をもって債権者に対抗することができない。ただし、その債権者がその債務に係る債権を他人から譲り受けたときは、この限りでない。」と規定している。そして、同条1号は、「悪意による不法行為に基づく損害賠償の債務」を掲げ、同条2号は、「人の生命又は身体の侵害による損害賠償の債務（前号に掲げるものを除く。）」を掲げている。本問のAの相殺は、AがBに対して暴力行為をはたらき、Bが被った損害300万円の賠償を命ずる判決による不法行為に基づく損害賠償請求権を受働債権とするものであり、Aに「悪意」があれば509条1号により、Aに「悪意」がなければ同条2号により相殺をもって債権者に対抗することができない。

理解

15 ○ 民法511条1項は、「差押えを受けた債権の第三債務者は、差押え後に取得した債権による相殺をもって差押債権者に対抗することはできないが、差押え前に取得した債権による相殺をもって対抗することができる。」と規定している。

知識を整理

📊 図表1 多数当事者の債権・債務（保証を除く）の絶対的効力

	請　求	弁済等	更　改	免　除	相　殺	混　同
分割債権						
分割債務	(すべて相対効)					
連帯債権	○	○	○	○	○	○
連帯債務		○	○		○	○
不可分債権	○	○			○	
不可分債務		○	○		○	

📊 図表2 弁済の提供

定　義	債務者側において給付を実現するために必要な準備をして、債権者の協力を求めること
趣　旨	ほとんどの債務は受領などの債権者側の協力がないと履行は完了せず、債務は消滅しないため、債務者に酷となることから、①債務者を履行遅滞責任から解放する制度として弁済の提供を規定し、②提供によって債権者には受領遅滞責任が発生することとした。
要　件	①　債務の本旨に従っていること（493条本文） ②　現実の提供又は口頭の提供（同条本文、ただし書）
効　果	①　履行遅滞責任からの解放（492条） ②　相手方の同時履行の抗弁権（533条）を奪う。 ③　約定利息の不発生
口頭の提供が許される場合（493条ただし書）	(1)　債権者があらかじめその受領を拒んだとき (2)　履行のために債権者の行為を要するとき 　→　①　取立債務 　　　②　債権者の先行協力行為が必要とされる場合
口頭の提供すら不要な場合（判例）	債権者が契約そのものの存在を否定するなど、弁済を受領しない意思が明確な場合には、口頭の提供すら不要とされる。 　→　もっとも、債務者が弁済の準備ができない経済状態にあるため口頭の提供すらできないような場合には、いかに債権者が弁済を受領しない意思が明確でも、債務不履行となる。

📊 図表 3 相殺の可否

	自働債権として相殺	受働債権として相殺
期限の定めのない債権	○	○
時効消滅した債権（508 条）	原則　× 例外　○	○
不法行為に基づく損害賠償債権等（509 条）	○	×（※）
差押禁止債権（510 条）	○	×
同時履行の抗弁権の付着した債権	× (505 条 1 項ただし書)	○
弁済期未到来の債権	× (505 条 1 項本文)	○
差押えを受けた債権	× (481 条)	差押前に取得：○（511 条） 差押後に取得：原則　× 例外　○

※　受働債権が、①悪意による不法行為に基づく損害賠償の債務にかかる債権である場合、②人の生命又は身体の侵害による不法行為又は債務不履行に基づく損害賠償の債務にかかる債権である場合である。

Part 5 契約総論（債権各論①）

Chapter 1　契約の意義・成立
総合テキスト ▶▶▶ Chapter 28

H19-33-ア

1　AはBから中古車を購入する交渉を進めていたが、購入条件についてはほぼ折り合いがついたので、Bに対して書面を郵送して購入の申込みの意思表示を行った。Aは、その際、承諾の意思表示について「8月末日まで」と期間を定めて申し入れていたが、その後、契約の成否について疑問が生じ、知り合いの法律家Cに、「私は、申込みの書面を発送した直後に気が変わり、今は別の車を買いたいと思っています。Bが承諾の意思表示をする前に申込みを撤回すれば、契約は成立しなかったということになるでしょうか。」との相談を持ちかけた。Aの質問に対し、Cは「はい、そのとおりです。」と答えるべきである。

H19-33-ウ

2　AはBから中古車を購入する交渉を進めていたが、購入条件についてはほぼ折り合いがついたので、Bに対して書面を郵送して購入の申込みの意思表示を行った。Aは、その際、承諾の意思表示について「8月末日まで」と期間を定めて申し入れていたが、その後、契約の成否について疑問が生じ、知り合いの法律家Cに、「Bからは8月末を過ぎても何の通知もありませんでしたが、期間を過ぎた以上、契約は成立したと考えるべきでしょうか。実は最近もっとよい車を見つけたので、そちらを買いたいと思っているのですが。」との相談を持ちかけた。Aの質問に対し、Cは「はい、そのとおりです。」と答えるべきである。

H19-33-イ

3　AはBから中古車を購入する交渉を進めていたが、購入条件についてはほぼ折り合いがついたので、Bに対して書面を郵送して購入の申込みの意思表示を行った。Aは、その際、承諾の意思表示について「8月末日まで」と期間を定めて申し入れていたが、その後、契約の成否について疑問が生じ、知り合いの法律家Cに、「Bには、『8月末日までにご返事をいただきたい』と申し入れていたのですが、Bの承諾の意思表示が私に到着したのは9月2日でした。消印を見るとBはそれを9月1日に発送したことがわかりました。そこで私は、これをBから新たな申込みがなされたものとみなして承諾したのですが、契約は成立したと考えてよいでしょうか。」との相談を持ちかけた。Aの質問に対し、Cは「はい、そのとおりです。」と答えるべきである。

216

1 ✘ 　承諾の期間を定めてした契約の申込みは、撤回することができない（523条1項本文）。したがって、Bの承諾の通知を期間内にAが受けたときは、本件契約は成立する。

2 ✘ 　承諾の期間を定めてした契約の申込みに対して申込者が期間内に承諾の通知を受けなかったときは、その申込みは、その効力を失う（523条2項）。したがって、本件契約は成立しない。

3 ⭕ 　申込者は、遅延した承諾を新たな申込みとみなすことができる（524条）。したがって、Aがこれに対して承諾すれば、本件契約は成立する。

R3-27-4

4　意思表示は、表意者が通知を発した後に制限行為能力者となった場合でもその影響を受けないが、契約の申込者が契約の申込み後に制限行為能力者となった場合において、契約の相手方がその事実を知りつつ承諾の通知を発したときには、当該制限行為能力者は契約を取り消すことができる。

H19-33-エ

5　AはBから中古車を購入する交渉を進めていたが、購入条件についてほぼ折り合いがついたので、Bに対して書面を郵送して購入の申込みの意思表示を行った。Aは、その際、承諾の意思表示について「8月末日まで」と期間を定めて申し入れていたが、その後、契約の成否について疑問が生じ、知り合いの法律家Cに、「Bは、『売ってもよいが、代金は車の引渡しと同時に一括して支払ってほしい』といってきました。Bが売るといった以上、契約は成立したのでしょうが、代金一括払いの契約が成立したということになるのでしょうか。実は私は分割払いを申し入れていたのですが。」との相談を持ちかけた。Aの質問に対し、Cは「はい、そのとおりです。」と答えるべきである。

Chapter 2　契約の効力

総合テキスト ▶▶▶ Chapter 29

H25-29-2

1　Aが自己所有の事務機器甲（以下、「甲」という。）をBに売却する旨の売買契約（以下、「本件売買契約」という。）が締結されたが、BはAに対して売買代金を支払わないうちに甲をCに転売してしまった。Aが甲をまだBに引き渡していない場合において、CがAに対して所有権に基づいてその引渡しを求めたとき、Aは、Bから売買代金の支払いを受けていないときは、同時履行の抗弁権を行使してこれを拒むことができる。

R2-32-1

2　双務契約が一方当事者の詐欺を理由として取り消された場合においては、詐欺を行った当事者は、当事者双方の原状回復義務の履行につき、同時履行の抗弁権を行使することができない。

4 ✗ 　意思表示後に表意者が死亡し、あるいは意思能力を失ったときや行為能力の制限を受けたときであっても、意思表示の効力に影響はないのが原則である（97条3項）。しかし、民法526条は、契約の申込みの意思表示に関して、「**申込者が申込みの通知を発した後に死亡し、意思能力を有しない常況にある者となり、又は行為能力の制限を受けた場合**において、……相手方が承諾の通知を発するまでにその事実が生じたことを知ったときは、**その申込みは、その効力を有しない。**」と規定している。したがって、当該申込みは無効であり、本問は、取り消すことができるとしている点が誤りである。

---

5 ✗ 　承諾者が、**申込みに条件を付し、その他変更を加えてこれを承諾したときは、その申込みの拒絶とともに新たな申込みをしたものとみなされる**（528条）。したがって、Aがこれに対して承諾しない限り、本件契約は成立しない。

1 ✗ 　双務契約の当事者の一方は、相手方がその債務の履行を提供するまでは、自己の債務の履行を拒むことができる（同時履行の抗弁権　533条本文）。このように、**同時履行の抗弁権は、双務契約の当事者間で認められるものである**。本問において、Aの売買契約の相手方はBであり、A・C間に契約関係はない。したがって、Aは、Cからの所有権に基づく甲の引渡請求に対し、同時履行の抗弁権を行使してこれを拒むことはできない。

---

2 ✗ 　判例は、**第三者詐欺**（96条2項）により売買契約を取り消した事案において、**当事者双方の原状回復義務は、同時履行の関係にある**としている（最判昭47.9.7、533条類推適用）。

R2-32-2

3 家屋の賃貸借が終了し、賃借人が造作買取請求権を有する場合においては、賃貸人が造作代金を提供するまで、賃借人は、家屋の明渡しを拒むことができる。

R2-32-3

4 家屋の賃貸借が終了し、賃借人が敷金返還請求権を有する場合においては、賃貸人が敷金を提供するまで、賃借人は、家屋の明渡しを拒むことができる。

H27-32-2

5 AがBに対して電器製品を売却する旨の売買契約（両債務に関する履行期日は同一であり、AがBのもとに電器製品を持参する旨が約されたものとする。）が締結された。Aが履行期日に電器製品をBのもとに持参したが、Bが売買代金を準備していなかったため、Aは電器製品を持ち帰った。翌日AがBに対して、電器製品を持参せずに売買代金の支払を求めた場合、Bはこれを拒むことができる。

H27-32-1

6 AがBに対して電器製品を売却する旨の売買契約（両債務に関する履行期日は同一であり、AがBのもとに電器製品を持参する旨が約されたものとする。）が締結された。Bが履行期日を過ぎたにもかかわらず売買代金を支払わない場合であっても、Aが電器製品をBのもとに持参していないときは、Aは、Bに対して履行遅滞に基づく損害賠償責任を問うことはできない。

H18-31-ア

7 A・B間で建物の売買契約が成立し、Aは、Bから建物の引渡しを受け、また、移転登記も得て、近く同建物に引っ越しをしようと思っていたところ、同建物は、第三者Cの放火によって焼失してしまった。この場合、BからAに対して上記建物についての売買代金の支払請求があったときは、Aは、Bに対して同時履行の抗弁権を主張して代金の支払いを拒むことができる。

220

3 ✘ 　判例は、借家法5条（現借地借家法33条1項）により造作の買取請求をした家屋の賃借人は、その代金の不払を理由として同家屋を留置し、又は代金の提供がないことを理由として同時履行の抗弁により同家屋の明渡しを拒むことはできないとしている（最判昭29.7.22）。

---

4 ✘ 　民法622条の2第1項は、「賃貸人は、敷金……を受け取っている場合において、次に掲げるときは、賃借人に対し、その受け取った敷金の額から賃貸借に基づいて生じた賃借人の賃貸人に対する金銭の給付を目的とする債務の額を控除した残額を返還しなければならない。」と規定し、同項1号は、「賃貸借が終了し、かつ、賃貸物の返還を受けたとき。」を掲げている。なお、判例は、敷金が賃貸借終了後の明渡義務履行までに賃貸人が賃借人に対して取得することがある一切の債権を担保するものであるとして、明渡義務が先履行であり、両者は同時履行の関係にはないとしている（最判昭49.9.2）。

---

5 ⭘ 　当事者の一方が一度自己の債務を提供し、相手方に債務の履行を求めたが相手方が応じず、後日に再度の履行を求める場合、改めて自身の債務の提供をしなければならない（大判明44.12.11、最判昭34.5.14）。

---

6 ⭘ 　債務者がその債務の本旨に従った履行をしないときは、債権者は、これによって生じた損害の賠償を請求することができる（415条1項本文）。もっとも、債務者に同時履行の抗弁権など、特に履行遅滞を正当づける理由があるときは、履行遅滞の責任が生じない（533条参照）。

---

7 ✘ 　双務契約の当事者の一方は、「相手方がその債務の履行（債務の履行に代わる損害賠償の債務の履行を含む。）を提供する」までは、自己の債務の履行を拒むことができる（533条本文）。本問では、BのAに対する建物引渡債務は、Aに建物を引き渡すことによって履行がなされたといえるから、相手方Bはその債務の履行を提供したといえる。したがって、Aは、同時履行の抗弁権を主張して代金の支払を拒むことはできない。

R3-33-ア

8 Aが甲建物(以下「甲」という。)をBに売却する旨の売買契約において、甲の引渡しの履行期の直前に震災によって甲が滅失した場合であっても、Bは、履行不能を理由として代金の支払いを拒むことができない。

R4-30-4

9 Aは、BにCから贈与を受けた動産甲を売却する旨の契約(以下「本件契約」という。)をBと締結したが、引渡し期日が過ぎても動産甲の引渡しは行われていない。動産甲が本件契約締結後引渡しまでの間にA・B双方の責めに帰すことができない事由によって滅失したときは、Aの引渡し債務は不能により消滅するが、Bの代金債務は消滅しないから、Bは、Aからの代金支払請求に応じなければならない。

Chapter 3 契約の解除

総合テキスト ▶▶▶ Chapter 30

H25-31-イ

1 Aが、その所有する建物をBに売却する契約を締結したが、その後、引渡し期日が到来してもAはBに建物を引き渡していない。Bが、期間を定めずに催告した場合、Bは改めて相当の期間を定めて催告をしなければ、当該売買契約を解除することはできない。

H27-32-4

2 AがBに対して電器製品を売却する旨の売買契約(両債務に関する履行期日は同一であり、AがBのもとに電器製品を持参する旨が約されたものとする。)が締結された。履行期日にAが電器製品を持参したにもかかわらず、Bが売買代金の支払を拒んだ場合、Aは、相当期間を定めて催告した上でなければ、原則として本件売買契約を解除することができない。

8 ✘ 民法536条1項は、「**当事者双方の責めに帰することができない事由によって債務を履行することができなくなったときは、債権者は、反対給付の履行を拒むことができる。**」と規定している。本問は、甲の引渡しの履行期の直前に震災によって甲が滅失していることから、当事者双方の責めに帰することができない事由によって債務を履行することができなくなったといえる。したがって、Bは、反対給付である代金の支払を拒むことができる。

9 ✘ 民法536条1項は、「**当事者双方の責めに帰することができない事由によって債務を履行することができなくなったときは、債権者は、反対給付の履行を拒むことができる。**」と規定している。したがって、動産甲がA・B双方の責めに帰することができない事由によって滅失したときは、Bは、Aからの代金支払請求を拒むことができる。

1 ✘ 当事者の一方がその債務を履行しない場合において、相手方が相当の期間を定めてその履行の催告をし、その期間内に履行がないときは、相手方は、契約の解除をすることができる（541条本文）。判例によれば、**期間を定めないで催告をした場合であっても、その催告の時から相当な期間を経過した後であれば、契約の解除をすることができる**（大判昭2.2.2）。したがって、本問の場合、Bの催告の時から相当な期間が経過すれば、Bは、改めて相当の期間を定めて催告をしなくても、売買契約を解除することができる。

2 ⭕ 当事者の一方がその債務を履行しない場合において、**相手方が相当の期間を定めてその履行の催告をし**、その期間内に履行がないときは、相手方は、契約の解除をすることができる（541条本文）。

R4-31-5

3 売買契約において、買主が代金の一部の支払を遅滞した場合、売主が相当の期間を定めてその支払の催告をし、その期間内に買主が代金を完済しなかったとしても、その時点における代金額の不足が軽微であるときは、売主の売買契約の解除が制限されることがある。

H21-30-イ

4 CはDとの間で、C所有の自動車を、代金後払い、代金額150万円の約定でDに売却する契約を締結した。Cは自動車の引き渡しを完了したが、代金支払期日を経過してもDからの代金の支払いがない。そこでCはDに対して相当の期間を定めて代金を支払うよう催告したが、期日までに代金の支払いがない。この場合、C・D間の売買契約は法律上当然に効力を失う。

H25-31-ア

5 Aが、その所有する建物をBに売却する契約を締結したが、その後、引渡しまでの間にAの火の不始末により当該建物が焼失した。Bは、引渡し期日が到来した後でなければ、当該売買契約を解除することができない。

R5-32-2

6 AとBとの間でA所有の美術品甲をBに売却する旨の本件売買契約が締結された。Aは、Bが代金の支払を明確に拒んでいる場合であっても、相当期間を定めて支払の催告をしなければ、本件売買契約を解除することができない。

R4-31-2

7 特定物の売買契約において、契約締結後に目的物が不可抗力によって滅失した場合、買主は、履行不能を理由として契約を解除することができない。

3 ⭕ 民法541条は、「当事者の一方がその債務を履行しない場合において、相手方が相当の期間を定めてその履行の催告をし、その期間内に履行がないときは、相手方は、契約の解除をすることができる。ただし、その期間を経過した時における債務の不履行がその契約及び取引上の社会通念に照らして軽微であるときは、この限りでない。」と規定している。したがって、代金額の不足が「軽微」な場合は、契約の解除が制限されることがある。

4 ❌ 当事者の一方がその債務を履行しない場合において、相手方が相当の期間を定めてその履行の催告をし、その期間内に履行がないときは、相手方は、契約の解除をすることができる（541条本文）。そして、解除は、相手方に対する意思表示によってする（540条1項）。したがって、本問の場合、Cが解除の意思表示をすることにより初めて契約関係が解消されるのであって、法律上当然に契約が効力を失うのではない。

5 ❌ 履行の全部又は一部が不能となったときは、債権者は、契約の全部又は一部の解除をすることができる（542条1項1号、2項1号）。本問では、売買の目的物である建物が焼失したことにより、Aの建物引渡債務は履行期前に履行不能になっている。そして、履行不能に基づく解除権は、履行期の到来をまたずに、履行不能時に発生する（同条参照）。したがって、本問の場合、Bは、引渡し期日が到来する前であっても、売買契約を解除することができる。

関連

6 ❌ 債務者がその債務の全部の履行を拒絶する意思を明確に表示したときは、債権者は、民法541条の規定による催告をすることなく、直ちに契約の解除をすることができる（542条1項2号）。本問では、Bが代金の支払を「明確に拒んでいる場合」であるから、Aは、相当期間を定めて履行の催告をしなくても、本件売買契約を解除することができる。

図表

7 ❌ 債務の全部の履行が不能であるときは、債権者は、相当の期間を定めて履行の催告をすることなく、直ちに契約の解除をすることができる（542条1項1号）。債務者の責めに帰すべき事由があることは、契約を解除するための要件としては掲げられていない。したがって、目的物が不可抗力によって滅失した場合であっても（債務者の責めに帰すべき事由がなかったとしても）、買主（債権者）は、契約を解除することができる。

H25-31-オ

8 Aが、B所有の自動車をCに売却する契約を締結し、Cが、使用していたが、その後、Bが、所有権に基づいてこの自動車をCから回収したため、Cは、A・C間の売買契約を解除した。この場合、Cは、Aに対しこの自動車の使用利益（相当額）を返還する義務を負う。

8 ○ 　当事者の一方がその解除権を行使したときは、各当事者は、その相手方を原状に復させる義務を負う（545条1項本文）。判例によれば、売買契約が解除された場合、目的物の引渡しを受けていた買主は、**原状回復義務の内容として、解除までの間目的物を使用したことによる利益を売主に返還すべき義務を負う**（最判昭34.9.22）。これは、本問のように、他人の権利の売買契約において、売主が目的物の所有権を取得して買主に移転することができず、561条の規定により当該契約が解除された場合についても同様であると解されている（最判昭51.2.13）。改正民法下では、解除の根拠が541条及び542条となるが、他人の権利の売買契約の解除の場合も、使用利益の返還義務を負うと考えられる。

知識を整理

図表 無催告解除の場面

全部解除 (542条1項)	次のいずれかに該当する場合、無催告で全部解除をすることができる。 ① 債務の全部の履行が不能であるとき ② 債務者がその債務の全部の履行を拒絶する意思を明確に表示したとき ③ 債務の一部の履行が不能である場合又は債務者がその債務の一部の履行を拒絶する意思を明確に表示した場合において、残存する部分のみでは契約をした目的を達することができないとき ④ 契約の性質又は当事者の意思表示により、特定の日時又は一定の期間内に履行をしなければ契約をした目的を達することができない場合において、債務者が履行をしないでその時期を経過したとき ⑤ 上記の①〜④のほか、債務者がその債務の履行をせず、債権者が541条の催告をしても契約をした目的を達するのに足りる履行がされる見込みがないことが明らかであるとき 　→ いずれも、債務不履行が債権者の帰責事由に基づく場合には、解除をすることができない（543条）。
一部解除 (542条2項)	次のいずれかに該当する場合、無催告で一部解除をすることができる。 ① 債務の一部の履行が不能であるとき ② 債務者がその債務の一部の履行を拒絶する意思を明確に表示したとき 　→ いずれも、債務不履行が債権者の帰責事由に基づく場合には、解除をすることができない（543条）。

民
法

part
5

契約総論（債権各論①）

229

Part 6 契約各論（債権各論②）

Chapter 1 　財産移転型契約

総合テキスト ▶▶▶ Chapter 32

1 　贈与契約

H27-33-1

1 　Aは、自己所有の甲建物をBに贈与する旨を約した（以下、「本件贈与」という）。本件贈与が口頭によるものであった場合、贈与契約は諾成契約であるから契約は成立するが、書面によらない贈与につき贈与者はいつでも解除することができるため、甲がBに引き渡されて所有権移転登記手続が終了した後であっても、Aは本件贈与を解除することができる。

H24-32-1

2 　定期の給付を目的とする贈与は、贈与者または受贈者の死亡によって、その効力を失う。

H23-32-1

3 　贈与契約において、受贈者が、受贈の見返りとして贈与者を扶養する義務を負担していたにもかかわらず、この扶養する義務の履行を怠る場合には、贈与者は、贈与契約を解除することができる。

H27-33-4

4 　Aは、自己所有の甲建物をBに贈与する旨を約した。本件贈与につき書面が作成され、その書面でBがAの老後の扶養を行うことが約された場合、BがAの扶養をしないときであっても、甲の引渡しおよび所有権移転登記手続が終了していれば、Aは本件贈与を解除することができない。

230

1 ✗ 書面によらない贈与は、各当事者が解除することができる。ただし、履行の終わった部分については、この限りでない（550条）。ここでいう、**「履行が終わった」とは、不動産の場合、引渡し又は移転登記が完了した時と解されている**（大判大 9.6.17、最判昭 40.3.26）。したがって、甲がBに引き渡されて所有権移転登記手続が終了した後であれば、Aは本件贈与を解除することはできない。

2 ○ そのとおりである（552条）。

関連

3 ○ 負担付贈与については、その性質に反しない限り、双務契約に関する規定が準用される（553条）。**適用される規定としては、同時履行の抗弁権、危険負担、解除の規定が挙げられる**。したがって、本問のような場合、贈与者は贈与契約を解除することができる。

4 ✗ 負担付贈与については、その性質に反しない限り、双務契約に関する規定を準用する（553条）。そのため、**負担付贈与の場合において、受贈者が契約義務を履行しない場合は、贈与契約を解除することができる**（最判昭 53.2.17）。したがって、BがAの扶養をしない場合であれば、Aは本件贈与を解除することができる。

2 売買契約

H23-32-2

5 売買契約において買主から売主に解約手付が交付された場合に、売主が売買の目的物である土地の移転登記手続等の自己の履行に着手したときは、売主は、まだ履行に着手していない買主に対しても、手付倍返しによる解除を主張することはできない。

R6-32-1

6 A所有の動産甲(以下「甲」という。)を、BがCに売却する契約において、Bが、B自身を売主、Cを買主として本件契約を締結した場合であっても、契約は原則として有効であり、Bは、Aから甲の所有権を取得してCに移転する義務を負うが、本件契約成立の当初からAには甲を他に譲渡する意思のないことが明確であり、甲の所有権をCに移転することができない場合には、本件契約は実現不能な契約として無効である。

R3-33-ウ

7 Aが甲建物(以下「甲」という。)をBに売却する旨の売買契約において、Bに引き渡された甲が契約の内容に適合しない場合、履行の追完が合理的に期待できるときであっても、Bは、その選択に従い、Aに対して、履行の追完の催告をすることなく、直ちに代金の減額を請求することができる。

R3-33-エ

8 Aが甲建物(以下「甲」という。)をBに売却する旨の売買契約において、Bに引き渡された甲が契約の内容に適合しない場合、その不適合がBの過失によって生じたときであっても、対価的均衡を図るために、BがAに対して代金の減額を請求することは妨げられない。

R3-33-イ

9 Aが甲建物(以下「甲」という。)をBに売却する旨の売買契約において、Bに引き渡された甲が契約の内容に適合しない場合、Bは、Aに対して、履行の追完または代金の減額を請求することができるが、これにより債務不履行を理由とする損害賠償の請求は妨げられない。

5 ✘ 　買主が売主に手付を交付したときは、買主はその手付を放棄し、売主はその倍額を現実に提供して、契約の解除をすることができる。**ただし、その相手方が契約の履行に着手した後は、この限りでない**（557条1項）。したがって、当事者の一方は自らが契約の履行に着手した場合でも、相手方が履行に着手するまでは、本条による解除権を行使できるので、本問の売主は解除を主張することができる。

---

6 ✘ 　他人の権利（権利の一部が他人に属する場合におけるその権利の一部を含む）を売買の目的としたときは、売主は、その権利を取得して買主に移転する義務を負う（561条）。したがって、本問の前段は妥当である。もっとも、判例は、他人の物の売買にあっては、その目的物の所有者が、売買成立当時からその物を他に譲渡する意思がなく、**売主において、これを取得し買主に移転することができないような場合であっても、なお、その売買契約は、有効に成立する**としている（最判昭25.10.26）。したがって、本問の後段が誤りである。

---

7 ✘ 　民法563条1項は、「**買主が相当の期間を定めて履行の追完の催告をし、その期間内に履行の追完がないとき**は、買主は、その不適合の程度に応じて代金の減額を請求することができる。」と規定している。また、同条2項柱書は、「前項の規定にかかわらず、次に掲げる場合には、買主は、同項の催告をすることなく、直ちに代金の減額を請求することができる。」と規定しているが、履行の追完が合理的に期待できるときであっても、債権者がその選択に従い、債務者に対して履行の追完の催告をすることなく、直ちに代金の減額を請求することができる旨の規定は存在しない。

---

8 ✘ 　契約不適合責任について、**その不適合が買主の責めに帰すべき事由によるものであるとき**は、代金の減額の請求をすることができない（563条3項）。

---

9 〇 　履行の追完請求（562条）や代金減額請求（563条）ができる場合であっても、**債務不履行に基づく損害賠償請求権や解除権の行使を妨げられるわけではない**（564条）。

H24-31-5

10　Aが甲土地についてその売主Bとの間で売買契約を締結したが、甲土地についてCの抵当権が設定されていた場合において、Aがこれを知らずに買い受けたときに限り、Aは、Bに対して、契約を直ちに解除することができ、また、抵当権の行使により損害を受けたときは、その賠償を請求することができる。

R3-33-オ

11　Aが甲建物（以下「甲」という。）をBに売却する旨の売買契約において、Bに引き渡された甲が契約の内容に適合しない場合、BがAに対して損害賠償を請求するためには、Bがその不適合を知った時から1年以内に、Aに対して請求権を行使しなければならない。

H23-28-4改

12　Aから甲建物を購入したBが、同建物の品質に関して契約不適合を理由としてAに対して損害賠償を請求する場合には、当該契約不適合を発見してから1年以内にAに対して当該契約不適合の内容を具体的に明示しなくても、その存在を通知すれば、同請求権は時効により消滅することはない。

R5-32-3

13　AとBとの間でA所有の美術品甲（以下「甲」という。）をBに売却する旨の本件売買契約が締結された。Aが弁済期に甲を持参したところ、Bが甲を管理するための準備が整っていないことを理由に受領を拒んだため、Aは甲を持ち帰ったが、隣人の過失によって生じた火災により甲が損傷した。このような場合であっても、Bは、Aに対して甲の修補を請求することができる。

契約不適合責任に関する通知制限

契約不適合責任に関する通知制限については、①1年以内に通知をすることが要求されているのであって、1年以内に請求することが要求されているわけではない、②数量・権利に関する契約不適合には、適用されない、③一般的な消滅時効にかかることはあるため、通知をしておけばいつまでも主張できるわけではない、という点を意識しておきましょう。

10 ✗ 　売買の目的である不動産に抵当権が存在することが契約の内容に適合しないと認められる場合には、**買主は、債務不履行の一般規定に従って契約を解除できる**（541条以下）。この場合、抵当権が実行されたか否か、買主が善意であるか否か、は問題にならない。そして、**損害を受けた時は、その賠償を請求できる**（415条1項）。本問は、Aの善意の場合のみ解除できるとしている点と、催告を要せず直ちに解除できる（541条）としている点で誤っている。

11 ✗ 　民法上、このような規定はない。なお、民法566条本文は、「売主が種類又は品質に関して契約の内容に適合しない目的物を買主に引き渡した場合において、**買主がその不適合を知った時から1年以内にその旨を売主に通知しないときは**、買主は、その不適合を理由として、履行の追完の請求、代金の減額の請求、損害賠償の請求及び契約の解除をすることができない。」と規定している。1年以内に請求権を行使することは求められておらず、通知が求められている。

12 ✗ 　民法566条本文は「売主が種類又は品質に関して契約の内容に適合しない目的物を買主に引き渡した場合において、買主がその不適合を知った時から1年以内にその旨を売主に通知しないときは、買主は、その不適合を理由として、履行の追完の請求、代金の減額の請求、損害賠償の請求及び契約の解除をすることができない。」と規定している。しかし、同規定は、**時効に関する一般準則を排除するものではない**。

13 ✗ 　売主が契約の内容に適合する目的物をもって、その引渡しの債務の履行を提供したにもかかわらず、**買主がその履行を受けることを拒み、又は受けることができない場合**において、**その履行の提供があった時以後に当事者双方の責めに帰することができない事由によってその目的物が滅失し、又は損傷したとき**は、買主は、その滅失又は損傷を理由として、履行の追完の請求、代金の減額の請求、損害賠償の請求及び契約の解除をすることができない。この場合において、買主は、代金の支払を拒むことができない（567条2項、1項）。本問では、Bが甲を管理するための準備が整っていないことを理由に受領を拒んでいるから、買主がその履行を受けることを拒んでいるといえる。また、甲は隣人の過失によって生じた火災により滅失しているから、当事者双方の責めに帰することができない事由によってその目的物が滅失したといえる。したがって、Bは、甲の修補（履行の追完）の請求をすることができない。

Chapter 2 貸借型契約

総合テキスト ▶▶▶ Chapter 33

H18-32-オ

1 消費貸借については、返還時期の合意がないときには、貸主の請求があれば借主は直ちに返還しなければならない。

H30-32-イ

2 「借主は、目的物の使用および収益に必要な修繕費を負担しなければならない。」という記述は、使用貸借の場合にも賃貸借の場合にも当てはまる。

H30-32-エ

3 「貸借契約は、借主の死亡によって、その効力を失う。」という記述は、使用貸借の場合にも賃貸借の場合にも当てはまる。

R5-33-ア

4 使用貸借契約においては、期間や使用収益の目的を定めているか否かにかかわらず、借主は、いつでも契約の解除をすることができる。

R2-33-2

5 A所有の甲土地をBに対して建物所有の目的で賃貸する旨の賃貸借契約が締結され、Bが甲土地上に乙建物を建築して建物所有権保存登記をした後、AがCに甲土地を売却した。乙建物の所有権保存登記がBと同居する妻Dの名義であっても、Bは、Cに対して、甲土地の賃借権をもって対抗することができる。

R2-33-1

6 A所有の甲土地をBに対して建物所有の目的で賃貸する旨の賃貸借契約が締結され、Bが甲土地上に乙建物を建築して建物所有権保存登記をした後、AがCに甲土地を売却した。本件賃貸借契約における賃貸人の地位は、別段の合意がない限り、AからCに移転する。

236

1 ✗ 消費貸借の返還時期について、返還時期の合意がないときには、貸主は、**相当の期間を定めて返還の催告**をすることができる（591条1項）。したがって、借主は、請求があれば直ちに返還しなければならないというわけではない。

2 ✗ **使用貸借契約**の場合、借主が、**借用物の通常の必要費を負担**する（595条1項）。これに対して、賃貸借契約の場合、賃貸人が、賃貸物の使用及び収益に必要な修繕をする義務を負う（606条1項本文）。

3 ✗ **使用貸借契約は、借主の死亡によって、終了**する（597条3項）。これに対して、**賃貸借契約には、本条の規定は準用されていない**（622条参照）。なお、賃貸借契約の場合、借主が死亡しても賃借権は財産権の1つとして相続人により相続されるので、契約は終了しない（大判大13.3.13参照）。

4 ◯ 使用貸借契約について、民法598条3項は、「**借主は、いつでも契約の解除をすることができる。**」と規定している。使用貸借契約は、もっぱら借主の利益となる契約であり、その借主から契約の解除をすることを何ら制限する必要がないからである。

5 ✗ 判例は、「地上建物を所有する賃借権者は、**自己の名義で登記した建物を有することにより**、始めて右賃借権を第三者に対抗し得るものと解すべく、地上建物を所有する賃借権者が、自らの意思に基づき、他人名義で建物の保存登記をしたような場合には、当該賃借権者はその賃借権を第三者に対抗することはできないものといわなければならない」としており（最判昭41.4.27）、同居の親族名義であったとしてもその結論は変わらないとしている。

関連

6 ◯ 民法605条の2第1項は、「前条〔不動産賃貸借の対抗力〕、借地借家法……第10条又は第31条その他の法令の規定による**賃貸借の対抗要件を備えた場合**において、その不動産が譲渡されたときは、その**不動産の賃貸人たる地位は、その譲受人に移転する。**」と規定しており、借地借家法10条1項は、「借地権は、その登記がなくても、土地の上に借地権者が登記されている建物を所有するときは、これをもって第三者に対抗することができる。」と規定している。

R4-32-3

7　Aは、Bとの間でA所有の甲建物の賃貸借契約を締結し、甲建物を引き渡したが、その後、Aは、同建物をCに譲渡した。Aは、同賃貸借契約締結時にBから敷金を提供され、それを受け取っていた。AとCが甲建物の賃貸人たる地位をAに留保する旨の合意および甲建物をCがAに賃貸する旨の合意をしたときは、賃貸人たる地位はCに移転しない。

H26-32-オ

8　賃貸借の目的となっている不動産の所有者がその所有権とともに賃貸人の地位を他に譲渡することは、賃貸人の義務の移転を伴うから、賃借人の承諾を必要とし、新旧所有者間の契約ですることはできない。

H25-32-イ

9　Aは、B所有の甲土地上に乙建物を建てて保存登記をし、乙建物をCが使用している。Aが、Bとの間の土地賃貸借契約に基づいて乙建物を建て、Cとの間の建物賃貸借契約に基づいてCに乙建物を使用させている場合、乙建物の所有権をAから譲り受けたBは、乙建物についての移転登記をしないときは、Cに対して乙建物の賃料を請求することはできない。

R4-32-2

10　Aは、Bとの間でA所有の甲建物の賃貸借契約を締結し、甲建物を引き渡したが、その後、Aは、同建物をCに譲渡した。Aは、同賃貸借契約締結時にBから敷金を提供され、それを受け取っていた。甲建物の譲渡によるCへの賃貸人たる地位の移転は、甲建物についてAからCへの所有権移転登記をしなければ、Bに対抗することができない。

R4-32-5

11　Aは、Bとの間でA所有の甲建物の賃貸借契約を締結し、甲建物を引き渡したが、その後、Aは、同建物をCに譲渡した。Aは、同賃貸借契約締結時にBから敷金を提供され、それを受け取っていた。賃貸人たる地位がCに移転した場合、敷金の返還に係る債務はCに承継され、Cが、Bに対し、その債務を負う。

238

7 ○ 民法605条の2第2項前段は、「前項の規定〔不動産の賃貸人たる地位の移転〕にかかわらず、**不動産の譲渡人及び譲受人が、賃貸人たる地位を譲渡人に留保する旨及びその不動産を譲受人が譲渡人に賃貸する旨の合意をしたとき**は、賃貸人たる地位は、譲受人に移転しない。」と規定している。したがって、本問のような合意をしたときは、賃貸人たる地位はAからCに移転しない。

8 ✕ 民法605条の3前段は、「不動産の譲渡人が賃貸人であるときは、その賃貸人たる地位は、**賃借人の承諾を要しないで**、譲渡人と譲受人との合意により、譲受人に移転させることができる。」と規定している。

9 ○ 民法605条の2第1項は、「前条、借地借家法……の規定による賃貸借の対抗要件を備えた場合において、その不動産が譲渡されたときは、その不動産の賃貸人たる地位は、その譲受人に移転する。」と規定し、同条2項は、「前項の規定にかかわらず、不動産の譲渡人及び譲受人が、賃貸人たる地位を譲渡人に留保する旨及びその不動産を譲受人が譲渡人に賃貸する旨の合意をしたときは、賃貸人たる地位は、譲受人に移転しない。この場合において、譲渡人と譲受人又はその承継人との間の賃貸借が終了したときは、譲渡人に留保されていた賃貸人たる地位は、譲受人又はその承継人に移転する。」と規定している。同条3項は、「第1項又は前項後段の規定による**賃貸人たる地位の移転は、賃貸物である不動産について所有権の移転の登記をしなければ、賃借人に対抗することができない。**」と規定している。

関連

10 ○ 賃貸人たる地位の移転は、**賃貸物である不動産について所有権の移転の登記をしなければ、賃借人に対抗することができない**（605条の2第3項）。したがって、賃貸人たる地位の移転は、甲建物について所有権移転登記をしていなければ、賃借人であるBに対抗することができない。

11 ○ 賃貸された不動産が譲渡されたことにより賃貸人たる地位が移転（605条の2第1項）したときは、**敷金を巡る権利義務関係も新しい賃貸人に移転する**（同条4項）。したがって、Cは、Bに対し、敷金の返還にかかる債務を負う。

民法

part **6** 契約各論（債権各論②）

chap **2** 貸借型契約

239

H20-30-ウ

12　Aは、自己所有の土地につき、Bとの間で賃貸借契約を締結した（賃借権の登記は未了）。AがBにこの土地の引渡しをしようとしたところ、この契約の直後にCがAに無断でこの土地を占拠し、その後も資材置場として使用していることが明らかとなった。Cは明渡請求に応ずる様子もない。この場合、Bは、自己の不動産賃借権に基づき土地明渡請求をすることができる。

H29-33-1

13　Aは自己所有の甲機械（以下「甲」という。）をBに賃貸し（以下、これを「本件賃貸借契約」という。）、その後、本件賃貸借契約の期間中にCがBから甲の修理を請け負い、Cによる修理が終了した。Bは、本件賃貸借契約において、Aの負担に属するとされる甲の修理費用について直ちに償還請求することができる旨の特約がない限り、契約終了時でなければ、Aに対して償還を求めることはできない。

H21-32-エ

14　Aは、Bに対して自己が所有する建物を賃貸していたが、Bが有益費を支出して同建物に増築部分を付加して同建物と一体とした場合において、後にその増築部分が隣家の火災により類焼して失われたときにも、Bは、Aに対して増築部分につき有益費の償還請求をすることができる。

H21-32-ウ

15　Aは、Bから建物を賃借して居住し、その間に同建物につき有益費を支出したが、その後に、B・C間で賃貸人たる地位の移転が生じた場合に、Aは、原則としてBに対しては有益費の償還を請求することができない。

H25-32-エ

16　Aは、B所有の甲土地上に乙建物を建てて保存登記をし、乙建物をCが使用している。Aが、Bとの間の土地賃貸借契約に基づいて乙建物を建てている場合、Aが、Cに対して乙建物を売却するためには、特段の事情のない限り、甲土地にかかる賃借権を譲渡することについてBの承諾を得る必要がある。

R1-32-エ

17　無断転貸であっても、賃借人と転借人間においては転貸借は有効であるので、原賃貸借を解除しなければ、賃貸人は、転借人に対して所有権に基づく建物の明渡しを請求することはできない。

12 ✗ 　民法605条の4柱書は、「不動産の賃借人は、第605条の2第1項に規定する対抗要件を備えた場合において、次の各号に掲げるときは、それぞれ当該各号に定める請求をすることができる。」と規定し、同条2号は、「その不動産を第三者が占有しているとき　その第三者に対する返還の請求」を掲げている。

13 ✗ 　賃借人は、賃借物について賃貸人の負担に属する必要費を支出したときは、賃貸人に対し、直ちにその償還を請求することができる（608条1項）。したがって、甲の賃借人であるBは、賃貸人であるAの負担に属する甲の修理費用について、特約がなくとも、Aに対して直ちに償還請求ができる。

比較

14 ✗ 　賃借人の賃貸人に対する有益費償還請求が認められるのは、その価格の増加が請求時に現存する場合に限られる（608条2項、196条2項）。したがって、Bによる増築部分が類焼により失われたときは、有益費の償還請求をすることはできない（最判昭48.7.17参照）。

15 〇 　有益費の償還義務は、賃貸借終了時に発生する賃貸人の義務である（608条2項）。したがって、B・C間で賃貸人たる地位の移転が生じた場合、Aに対して有益費の償還義務を負うのは、新賃貸人であるCであり、Aは、原則として、旧賃貸人であるBに対して有益費の償還を請求することはできない（605条の2第4項）。

16 〇 　借地上の建物を譲渡する場合、土地賃借権も従たる権利として譲渡される（87条2項類推適用）。そして、賃借人は、賃貸人の承諾を得なければ、その賃借権を譲り渡し、又は賃借物を転貸することができないのが原則である（612条1項）。したがって、Aは、原則として、甲土地にかかる賃借権を譲渡することについてBの承諾を得る必要がある。

図表1

17 ✗ 　判例は、賃借権の譲渡又は転貸を承諾しない家屋の賃貸人は、賃貸借契約を解除しなくても、譲受人又は転借人に対しその明渡しを求めることができるとしている（最判昭26.5.31）。

241

R1-32-ウ

18 賃貸人の承諾がある転貸であっても、これにより賃貸人と転借人間に賃貸借契約が成立するわけではないので、賃貸人は、転借人に直接に賃料の支払を請求することはできない。

H24-33-3

19 Aは自己所有の甲建物をBに賃貸し、その際、BがAに対して敷金を交付した。BがAの承諾を得て甲建物をDに転貸したが、その後、A・B間の合意により賃貸借が解除された場合、B・D間の転貸借が期間満了前であっても、AはDに対して甲建物の明渡しを求めることができる。

H18-33-ウ

20 Aはその所有する建物をBに賃貸し、BはAの承諾を得てその建物をCに転貸しているが、A・B間の賃貸借契約が終了したので、AはCに建物の明渡しを求めたいと考えている。この場合、Bの債務不履行によってA・B間の賃貸借契約が解除されたときは、Aはあらかじめcに催告をしなくてもCに対抗することができる。

H24-33-4

21 Aは自己所有の甲建物をBに賃貸し、その際、BがAに対して敷金を交付した。BがAの承諾を得て甲建物をEに転貸したが、その後、Bの賃料不払いにより賃貸借が解除された場合、B・E間の転貸借が期間満了前であれば、AはEに対して甲建物の明渡しを求めることはできない。

R5-33-イ

22 賃貸借契約は、期間の定めがある場合であっても、賃借物の全部が滅失その他の事由により使用及び収益をすることができなくなったときには、当該賃貸借契約は終了する。

R4-31-3

23 建物賃貸借契約において、賃借人の用法違反が著しい背信行為にあたり、契約関係の継続が困難となるに至った場合であっても、賃貸人は相当の期間を定めて賃借人に利用態様を改めるよう催告をし、その期間が経過しても賃借人が態度を改めようとしない場合でなければ、賃貸人は、当該契約を解除することができない。

18 ✗ 賃借人が適法に賃借物を転貸したときは、**転借人は、賃貸人と賃借人との間の賃貸借に基づく賃借人の債務の範囲を限度として、賃貸人に対して転貸借に基づく債務を直接履行する義務を負う**（613条1項前段）。かかる義務には、賃料支払債務が含まれると解されている。したがって、転借人は転貸借に基づく債務である賃料債務を賃貸人に対して直接履行しなければならないから、賃貸人は、転借人に対して直接に賃料の支払を請求することができる。

19 ✗ 民法613条3項は、「賃借人が適法に賃借物を転貸した場合には、賃貸人は、**賃借人との間の賃貸借を合意により解除したことをもって転借人に対抗することができない**。ただし、その解除の当時、賃貸人が賃借人の債務不履行による解除権を有していたときは、この限りでない。」と規定している。

比較

20 〇 賃料の延滞を理由として賃貸借契約を解除するには、**賃貸人は賃借人に対して催告をすれば足り、転借人にその支払の機会を与える必要はない**（最判昭37.3.29）。したがって、本問において、Aは、あらかじめCに催告をしなくても、Cに対抗することができる。

21 ✗ 賃貸借契約が転貸人の**債務不履行を理由とする解除**により終了した場合、賃貸人の承諾のある転貸借は、**原則として賃貸人が転借人に対して目的物の返還を請求した時**に、転貸人の転借人に対する債務の履行不能により終了する（最判平9.2.25）。したがって、B・E間の転貸借が期間満了前であっても、AはEに対して甲建物の明渡しを求めることができる。

22 〇 民法616条の2は、「**賃借物の全部が滅失その他の事由により使用及び収益をすることができなくなった場合には、賃貸借は、これによって終了**する。」と規定している。賃貸借契約において、目的物の全部が使用収益できなくなったならば、契約を存続させる必要性がない（601条参照）。

23 ✗ 賃貸借の当事者の一方が、**当事者相互の信頼関係を破壊し、賃貸借関係の継続を著しく困難にする行為**をした場合に、他方は民法541条が規定する相当の期間を定めた**履行の催告をしていなかったとしても、契約を解除することができる**（最判昭27.4.25等）。

Chapter 3 労務提供型契約・その他 総合テキスト ▶▶▶ Chapter 34

1 請負契約

H23-34-ウ

1 発注者Aと受注者Bとの間で木造建物建築工事についての請負契約が締結された。この場合、民法の規定によれば、工事の遅延が、不可抗力によるとき、または正当な理由があるときは、Bは、速やかにその事由を示して、Aに工期の延長を求めることができる。

H23-34-エ

2 発注者Aと受注者Bとの間で木造建物建築工事についての請負契約が締結された。この場合、民法の規定によれば、Bの責めに帰すことができない工事の遅延または中止があるときは、Bは、この契約を解除することができる。

H23-34-ア

3 発注者Aと受注者Bとの間で木造建物建築工事についての請負契約が締結された。この場合、民法の規定によれば、Aの請負代金の支払いは、Bの本契約の目的物の引渡しと同時になされるものとする。

R2-32-4

4 請負契約においては仕事完成義務と報酬支払義務とが同時履行の関係に立つため、物の引渡しを要する場合であっても、特約がない限り、仕事を完成させた請負人は、目的物の引渡しに先立って報酬の支払を求めることができ、注文者はこれを拒むことができない。

H23-34-イ改

5 発注者Aと受注者Bとの間で木造建物建築工事についての請負契約が締結された。この場合、民法の規定によれば、Aは、本契約の目的物に契約不適合があるときは、その目的物の補修(修補)に代え、または補修(修補)とともに、債務不履行に基づく損害賠償をBに求めることができる。

請負契約と契約不適合責任

請負契約は有償契約であることから、契約不適合責任についても、基本的に売買契約の規定が準用されます(559条)。そのため、請負契約において契約不適合責任が問われた場合でも、基本的に売買契約で学習したことに照らして解答すればよいでしょう。なお、請負契約特有の規定としては民法636条が重要なので、その内容を確認しておいてください。

1 ✗ 民法上、本問のような規定は存在しない。

2 ✗ 民法上、本問のような規定は存在しない。

3 ○ 民法によれば、請負において、**報酬は、仕事の目的物の引渡しと同時に、支払わなければならない**（633条本文）と規定されている。

関連

4 ✗ 民法633条本文は、「報酬は、仕事の目的物の引渡しと同時に、支払わなければならない。」と規定している。したがって、**請負人の目的物引渡義務と注文者の報酬支払義務は、同時履行の関係に立つ**（大判大5.11.27）。本問は、仕事完成義務と報酬支払義務とが同時履行の関係に立つとする点が誤りである。また、物の引渡しを要する場合に、請負人は、目的物の引渡しに先立って報酬の支払を求めることができるとする点も誤りである。

5 ○ 民法によれば、請負において、仕事の目的物に契約不適合があるときは、注文者は、請負人に対し、相当の期間を定めて、**その目的物の修補を請求することができ**（559条・562条1項）、さらに、**目的物の修補に代えて、又はその修補とともに、損害賠償の請求をすることもできる**（559条・564条、415条）と規定されている。

R5-33-ウ

6 請負契約においては、請負人が仕事を完成しているか否かにかかわらず、注文者は、いつでも損害を賠償して契約の解除をすることができる。

H23-32-5

7 建物の工事請負契約において、工事全体が未完成の間に注文者が請負人の債務不履行を理由に契約を解除する場合には、工事内容が可分であり、しかも当事者が既施工部分の給付に関し利益を有するときは、既施工部分については契約を解除することができず、未施工部分について契約の一部解除をすることができるにすぎない。

2 委任契約

H22-32-ウ

8 AはBのためにある事務処理を行った。Aは、その事務処理が、「A・B間における委任契約に基づく債務の履行である場合」には、Bを代理する権限が法律上当然には認められないのに対し、「Bのために行った事務管理である場合」には、Bを代理する権限が法律上当然に認められる。

H24-32-4

9 委任が無償で行われた場合、受任者は委任事務を処理するにあたり、自己の事務に対するのと同一の注意をもってこれを処理すればよい。

H22-32-エ

10 AはBのためにある事務処理を行った。Aは、その事務処理が、「A・B間における委任契約に基づく債務の履行である場合」には、事務を処理するにあたって受け取った金銭をBに引き渡さなければならないが、「Bのために行った事務管理である場合」には、Bに対しそのような義務を負わない。

6 ✗ 民法641条は、「**請負人が仕事を完成しない間は、注文者は、いつでも損害を賠償して契約の解除をすることができる。**」と規定している。請負契約は注文者の利益のために仕事を完成させるものであるところ、その注文者が仕事の完成を望まないにもかかわらず仕事を完成させることは、かえって注文者の不利益となることから、注文者に解除権を認めた。しかし、仕事が完成した場合にはこの趣旨は妥当せず、同条は解除可能な期間を仕事が完成しない間に限定している。したがって、本問は、「請負人が仕事を完成しているか否かにかかわらず」としている点が誤りである。

7 ○ 建物等の工事未完成の間に注文者が請負人の債務不履行を理由に請負契約を解除する場合において、**工事内容が可分であり、かつ、当事者が既施工部分の給付について利益を有するとき**は、特段の事情のない限り、**既施工部分についての契約を解除することはできない**（634条2号、最判昭56.2.17）。

8 ✗ 委任の場合も事務管理の場合も、受任者又は管理者は、**本人を代理する権限は法律上当然には認められない。**

9 ✗ 受任者は、委任の本旨に従い、**善良な管理者の注意をもって**、委任事務を処理する義務を負う（644条）。

図表2

10 ✗ 受任者は、**委任事務を処理するにあたって受け取った金銭その他の物を委任者に引き渡さなければならない**（646条1項前段）。また、この規定は、**事務管理に準用**されている（701条）。

R1-33-1

11　甲建物（以下「甲」という。）を所有するAが不在の間に台風が襲来し、甲の窓ガラスが破損したため、隣りに住むBがこれを取り換えた。BがAから甲の管理を頼まれていた場合であっても、A・B間において特約がない限り、Bは、Aに対して報酬を請求することができない。

H18-32-エ

12　報酬の合意がある場合には、委任の報酬は、受任者の請求があれば委任者がその前払をしなければならない。

H22-32-ア

13　AはBのためにある事務処理を行った。Aは、その事務処理が、「A・B間における委任契約に基づく債務の履行である場合」において、事務の処理に関して費用を要するときは、Bに対しその費用の前払いを請求することができるのに対し、「Bのために行った事務管理である場合」には、Bに対し事務の管理により生じる費用の前払いを請求することができない。

H23-33-2

14　Aの隣人であるBは、Aの不在の間に台風によってA所有の甲建物（以下、「甲」という。）の屋根が損傷したため修繕を行った。Bは、Aから不在中における甲の管理を頼まれていたために修繕を行ったが、屋根から下りる際にBの不注意により足を滑らせて転倒し受傷した。この場合に、Bは、Aに対して損害賠償を請求することができる。

R5-33-エ

15　委任契約は、委任者であると受任者であるとにかかわらず、いつでも契約の解除をすることができる。

11 ⭕ BがAから甲の管理を頼まれていた場合、A・B間には準委任契約が成立していることになるから、委任の規定が準用される（656条）。したがって、Bは、特約がなければ、Aに対して報酬を請求することができない（648条1項）。

12 ❌ 受任者が報酬を受ける場合には、委任事務を履行した後でなければ、これを請求することができない（648条2項本文）。したがって、委任者は、報酬の前払いをする必要はない。なお、委任事務の処理費用については、受任者の請求によって、委任者はその前払いをしなければならない（649条）。

比較

13 ⭕ 委任事務を処理するについて費用を要するときは、委任者は、受任者の請求により、その前払いをしなければならない（649条）。また、事務管理には、この規定は準用されておらず、管理者は、費用の前払請求をすることはできない（701条参照）。

14 ❌ 本問の場合、A・B間に甲の管理に関する準委任契約（656条）が成立する。そして、準委任契約には、委任契約の規定が準用される（同条）。したがって、受任者が委任者に対し委任事務を処理するために受けた損害の賠償を請求することができるのは、自己に過失なく損害を受けたときに限られる（650条3項）。本問のBは不注意により受傷したため、損害賠償を請求することはできない。

15 ⭕ 民法651条1項は、「委任は、各当事者がいつでもその解除をすることができる。」と規定している。委任契約は当事者間の信頼関係を基礎とする契約であることから、その信頼関係が失われた場合にまで契約を存続させる必要はないため、委任者・受任者のいずれからも契約の解除を認めたものである。

3 寄託契約

R5-33-オ

16 寄託契約においては、寄託物を受け取るべき時期を経過しても寄託者が受寄者に寄託物を引き渡さない場合には、書面による寄託でも無報酬の受寄者は、直ちに契約の解除をすることができる。

H24-32-5

17 寄託が無償で行われた場合、受寄者は他人の物を管理するにあたり、善良なる管理者の注意をもって寄託物を保管しなければならない。

4 組合契約

H25-33-5

18 A、B、C、D、Eの5人が、各自で出資をして共同の事業を営むことを約して組合を設立した。組合財産に属する特定の不動産について、第三者が不法な保存登記をした場合に、Aは、単独で当該第三者に対して抹消登記請求をすることができる。

H25-33-2

19 A、B、C、D、Eの5人が、各自で出資をして共同の事業を営むことを約して組合を設立した。組合契約でA、B、Cの3人を業務執行者とした場合には、組合の業務の執行は、A、B、C全員の合意で決しなければならず、AとBだけの合意では決することはできない。

250

16 ✘ 　民法657条の２第３項は、「受寄者（無報酬で寄託を受けた場合にあっては、書面による寄託の受寄者に限る。）は、寄託物を受け取るべき時期を経過したにもかかわらず、寄託者が寄託物を引き渡さない場合において、相当の期間を定めてその引渡しの催告をし、その期間内に引渡しがないときは、契約の解除をすることができる。」と規定している。**有償寄託及び書面による無償寄託の場合においては、受寄者からの引渡しの催告に対して、寄託者が寄託物の引渡しをしないときに限り、受寄者からの解除を認めた**ものである。なお、書面によらない無償寄託の場合には、同条２項により、受寄者は寄託物を受け取るまでは契約の解除をすることができる。

17 ✘ 　**無報酬で寄託**を受けた者は、**自己の財産に対するのと同一の注意**をもって、寄託物を保管する義務を負う（659条）。

18 ⭕ 　組合財産は理論上合有であるが、民法667条以下において特別の規定のなされていない限り、249条以下の共有の規定が適用される（668条）。したがって、**組合員の１人は、保存行為**（252条５項）**として、単独で**、組合財産である不動産につき登記簿上の所有名義者たる者に対して登記の抹消を求めることができる（最判昭33.7.22）。

19 ✘ 　民法670条２項は、「組合の業務の決定及び執行は、組合契約の定めるところにより、１人又は数人の組合員又は第三者に委任することができる。」と規定し、同条３項は、「前項の委任を受けた者（以下『業務執行者』という。）は、組合の業務を決定し、これを執行する。この場合において、業務執行者が数人あるときは、組合の業務は、業務執行者の過半数をもって決定し、各業務執行者がこれを執行する。」と規定している。したがって、本問の場合、組合の業務は、Ａ、Ｂ、Ｃ全員の合意で決する必要はなく、ＡとＢだけの合意で決することもできる。

R6-33-1

20 組合の業務の決定は、組合契約の定めるところにより、一人または数人の組合員に委任することができるが、第三者に委任することはできない。

H25-33-1

21 A、B、C、D、Eの5人が、各自で出資をして共同の事業を営むことを約して組合を設立した。この場合、Aは、組合の常務について単独で行うことはできず、総組合員の過半数の賛成が必要であるから、Aのほか2人以上の組合員の賛成を得た上で行わなければならない。

R6-33-5

22 組合契約の定めるところにより一人または数人の組合員に業務の決定および執行を委任した場合、その組合員は、正当な事由があるときに限り、他の組合員の一致によって解任することができる。

H29-27-ウ

23 自然人A（以下「A」という。）が団体B（以下「B」という。）に所属しており、Bが組合である場合には、Aは、いつでも組合財産についてAの共有持分に応じた分割を請求することができる。

H25-33-3

24 A、B、C、D、Eの5人が、各自で出資をして共同の事業を営むことを約して組合を設立した。組合契約で組合の存続期間を定めない場合に、Aは、やむを得ない事由があっても、組合に不利な時期に脱退することはできない。

20 ✗ 組合の業務の決定は、組合契約の定めるところにより、1人又は数人の組合員又は第三者に委任することができる（670条2項）。

---

21 ✗ 組合の業務は、原則として組合員の過半数で決する（670条1項）。もっとも、組合の常務については、原則として各組合員又は各業務執行者が単独で行うことができる（同条5項本文）。したがって、Aは、組合の常務について単独で行うことができる。

---

22 ⭕ 組合契約の定めるところにより1人又は数人の組合員に業務の決定及び執行を委任したときは、その組合員は、正当な事由がある場合に限り、他の組合員の一致によって解任することができる（672条1項、2項）。

---

23 ✗ 組合員は、清算前に組合財産の分割を求めることができない（676条3項）。したがって、Aは、いつでも組合財産について自らの共有持分に応じた分割を請求することができるわけではない。

---

24 ✗ 組合契約で組合の存続期間を定めなかったときは、各組合員は、いつでも脱退することができる（678条1項本文）。ただし、やむを得ない事由がある場合を除き、組合に不利な時期に脱退することができない（同項ただし書）。したがって、Aは、やむを得ない事由がある場合には、組合に不利な時期に脱退することができる。

民法

part 6 契約各論（債権各論②）

chap 3 労務提供型契約・その他

知識を整理

図表 1　無断譲渡・無断転貸

原　則	賃貸人の承諾なしには賃借権の譲渡・転貸はできず、無断で譲渡・転貸して第三者に使用・収益させたときは、賃貸人は契約を解除することができる（612条）。 　　→　借地上の建物を譲渡した場合には、借地権は建物の従たる権利（87条2項類推）として移転する結果、土地の賃借権の譲渡もされたことになる。
例　外	無断譲渡・転貸に賃借人の背信的行為と認めるに足りない特段の事情がある場合には、解除権は発生しない（判例）。
解除できる場合の法律関係	(1)　賃借人（B）と転借人（C） 　　→　B・C間の賃貸借契約は債権的には有効である。 　　→　BはCに対して賃貸人Aの承諾を取り付ける義務を負い、承諾を得られない場合、Bは担保責任を負う。 (2)　賃貸人（A）と賃借人（B） 　　→　Cが現実に目的物を使用していれば、AはA・B間の賃貸借契約を解除できる。 (3)　賃貸人（A）と転借人（C） 　　→　CはAに対して賃借権を対抗できず、Aとの関係では、Cは不法占拠者となる。 　　→　AはCに対して目的物の明渡し・不法占拠に基づく損害賠償を請求することができる。

図表2 委任の規定の準用

委 任	寄託（665条）	組合（671条 業務執行組合員について）	事務管理（701条）
善管注意義務 （644条）	有　償 　→　善管注意義務 　（400条） 無　償 　→　自己の財産と 　同一の義務 　（659条）	○	原　則 　→　善管注意義務 緊急事務管理 　→　注意義務軽減 　（698条）
復委任 （644条の2）	原則禁止 （658条2項）	○	×
報告義務 （645条）	危険通知義務 （660条1項）	○	○ 管理開始通知義務 （699条）
引渡義務 （646条）	○	○	○
消費責任 （647条）	○	○	○
報酬請求権 （履行割合型 648条・特約）	○	○	規定なし
報酬請求権 （成果完成型 648条の2）	× （準用なし）	○	×
費用前払請求権 （649条）	○	○	規定なし
費用償還請求権 （650条1項）	○	○	有益費用 （702条1項、3項）
代弁済請求権 （650条2項）	○	○	○ （702条2項）
損害賠償請求権 （650条3項） ※　無過失責任	× 過失責任（661条）	○	規定なし

民法

part 6 契約各論（債権各論②）

Part 7 契約以外の債権発生原因（債権各論③）

Chapter 1 事務管理

総合テキスト ▶▶▶ Chapter 35

H29-33-4

1 Aは自己所有の甲機械（以下「甲」という。）をBに賃貸し（以下、これを「本件賃貸借契約」という。）、その後、本件賃貸借契約の期間中にCがBから甲の修理を請け負い、Cによる修理が終了した。CはBに対して甲を返還したが、Bは修理代金を支払わないまま無資力となり、本件賃貸借契約が解除されたことにより甲はAに返還された。本件賃貸借契約において、甲の修理費用をBの負担とする旨の特約が存するとともに、これに相応して賃料が減額されていた場合、CはAに対して、事務管理に基づいて修理費用相当額の支払を求めることができる。

H23-33-1

2 Aの隣人であるBは、Aの不在の間に台風によってA所有の甲建物（以下、「甲」という。）の屋根が損傷したため修繕を行った。Bは、Aからあらかじめ甲の管理を頼まれていなかったにもかかわらず、Aのために修繕を行ったが、強風に煽られて屋根から落下してしまい、受傷した。この場合に、Bは、Aに対して損害賠償を請求することができない。

H23-33-3

3 Aの隣人であるBは、Aの不在の間に台風によってA所有の甲建物（以下、「甲」という。）の屋根が損傷したため修繕を行った。Bは、Aからあらかじめ甲の管理を頼まれていなかったにもかかわらず、Aのために修繕を行ったが、それがAにとって有益であるときは、Bは、Aに対して報酬を請求することができる。

H23-33-4

4 Aの隣人であるBは、Aの不在の間に台風によってA所有の甲建物（以下、「甲」という。）の屋根が損傷したため修繕を行った。Bは、Aからあらかじめ甲の管理を頼まれていなかったにもかかわらず、工務店を営むCに修繕を請け負わせた。このようなBの行為は、Aのための事務管理にあたるから、これによりCは、Aに対して工事代金の支払いを直接に請求することができる。

1 ✕   事務管理に基づいて費用償還請求をするには、**義務なく他人のために事務の管理を始めなければならない**（697条1項、702条1項）。本問においてＣは、Ｂ・Ｃ間の請負契約に基づく甲の修理義務により、甲を修理しているため、事務管理は成立しない。したがって、ＣはＡに対して、事務管理に基づいて修理費用相当額の支払を求めることはできない。

2 〇   本問の場合、事務管理（697条）が成立する。もっとも、事務管理者が管理をするに際し**自己に過失なく損害を受けた場合に、本人に対して損害の賠償を請求することができる旨の規定は存在しない**。したがって、この場合、事務管理者の本人に対する損害賠償の請求は認められない。

3 ✕   本問の場合、事務管理が成立する。もっとも、事務管理者の本人に対する**報酬の請求は、規定もなく、認められない**。したがって、Ｂは、Ａに対して報酬を請求することはできない。

4 ✕   本問の場合、事務管理が成立する。もっとも、**事務管理者が本人の名でした法律行為の効果は、当然には本人に及ぶものでない**（最判昭36.11.30）。この場合、事務管理者の行為は無権代理行為となり、本人に効果帰属させるためには、本人の追認が必要となる。したがって、Ｃは、Ａに対して代金支払を直接請求することはできない。

R1-33-2

5 甲建物（以下「甲」という。）を所有するAが不在の間に台風が襲来し、甲の窓ガラスが破損したため、隣りに住むBがこれを取り換えた。BがAから甲の管理を頼まれていなかった場合であっても、Bは、Aに対して窓ガラスを取り換えるために支出した費用を請求することができる。

R1-33-3

6 甲建物（以下「甲」という。）を所有するAが不在の間に台風が襲来し、甲の窓ガラスが破損したため、隣りに住むBがこれを取り換えた。BがAから甲の管理を頼まれていなかった場合であっても、Bが自己の名において窓ガラスの取換えを業者Cに発注したときは、Bは、Aに対して自己に代わって代金をCに支払うことを請求することができる。

Chapter 2 不当利得

総合テキスト ▶▶▶ Chapter 36

H29-33-5

1 Aは自己所有の甲機械（以下「甲」という。）をBに賃貸し（以下、これを「本件賃貸借契約」という。）、その後、本件賃貸借契約の期間中にCがBから甲の修理を請け負い、Cによる修理が終了した。CはBに対して甲を返還したが、Bは修理代金を支払わないまま無資力となり、本件賃貸借契約が解除されたことにより甲はAに返還された。本件賃貸借契約において、甲の修理費用をBの負担とする旨の特約が存するとともに、これに相応して賃料が減額されていた場合、CはAに対して、不当利得に基づいて修理費用相当額の支払を求めることはできない。

H25-34-5

2 Aは、配偶者がいるにもかかわらず、配偶者以外のBと不倫関係にあり、その関係を維持する目的で、A所有の甲建物をBに贈与した。贈与契約のいきさつにおいて、Aの不法性がBの不法性に比してきわめて微弱なものであっても、Aが未登記建物である甲建物をBに引き渡したときには、Aは、Bに対して甲建物の返還を請求することはできない。

5 〇 　BがAから甲の管理を頼まれていなかった場合、Bの行為は義務なく他人のために事務の管理を始めるものとして事務管理にあたり（697条1項）、Bは、Aのために**有益な費用を支出**したときは、Aに対し、**その償還を請求することができる**（702条1項）。

---

6 〇 　Bの行為が事務管理にあたる場合、民法702条2項により650条2項が準用され、BがAのために**有益な債務を負担**したときは、本人であるAに対し、**自己に代わってその弁済をすることを請求することができる**（同項前段）。窓ガラスの取換えはAのために有益なものであるから、Bは、Aに対して自己に代わって代金をCに支払うことを請求することができる。

1 〇 　判例は、「甲が建物賃借人乙との間の請負契約に基づき右建物の修繕工事をしたところ、その後乙が無資力になったため、甲の乙に対する請負代金債権の全部又は一部が無価値である場合において、右建物の所有者丙が法律上の原因なくして右修繕工事に要した財産及び労務の提供に相当する利益を受けたということができるのは、**丙と乙との間の賃貸借契約を全体としてみて、丙が対価関係なしに右利益を受けたときに限られる**」とする（最判平7.9.19）。本問においては、A・B間の賃貸借契約で、甲の修理費用をBの負担とする特約が存在し、これに相応して賃料の減額がされているため、A・B間の賃貸借契約を全体としてみれば、Aは対価関係なしに、甲の修理費用相当額の利益を受けたとはいえない。したがって、CはAに対して、不当利得に基づいて修理費用相当額の支払を求めることはできない。

---

2 ✖ 　契約成立のいきさつにおいて、給付をした者に多少の不法の意思があったとしても、他方当事者にも不法の点があり、前者の不法性が後者のそれに比して極めて微弱なものにすぎない場合には、民法90条及び708条の適用はなく、給付をした者は、契約目的物の返還を請求することができる（最判昭29.8.31）。したがって、本問のような事情がある場合、Aは、Bに対して甲建物の返還を請求することができる。

259

H25-34-2

3 Aは、配偶者がいるにもかかわらず、配偶者以外のBと不倫関係にあり、その関係を維持する目的で、A所有の甲建物をBに贈与した。甲建物が未登記建物である場合において、Aが甲建物をBに引き渡したときには、Aは、Bに対して甲建物の返還を請求することはできない。

H25-34-4

4 Aは、配偶者がいるにもかかわらず、配偶者以外のBと不倫関係にあり、その関係を維持する目的で、A所有の甲建物をBに贈与した。A名義の登記がなされた甲建物がBに引き渡されたときには、Aは、Bからの甲建物についての移転登記請求を拒むことはできない。

H25-34-3

5 Aは、配偶者がいるにもかかわらず、配偶者以外のBと不倫関係にあり、その関係を維持する目的で、A所有の甲建物をBに贈与した。甲建物が未登記建物である場合において、Aが甲建物をBに引き渡した後に同建物についてA名義の保存登記をしたときには、Aは、Bに対して甲建物の返還を請求することができる。

Chapter 3 不法行為

総合テキスト ▶▶▶ Chapter 37

H21-34-1

1 鍵が掛けられていた、他人の自転車を盗んだ者が、その自転車を運転している最中に不注意な運転により第三者に怪我を負わせてしまった場合、自転車の所有者は、第三者に対して不法行為責任を負う。

260

3 ○　不法な原因のために給付をした者は、原則として、その給付したものの返還を請求することができない（不法原因給付　708条本文）。本問のように不倫関係を維持する目的で物を贈与する行為は、不法原因給付にあたり得る。そして、未登記不動産の贈与については、引渡しがあれば、ここでいう「給付」となる（最大判昭45.10.21）。したがって、Aが未登記建物である甲建物をBに引き渡した場合、Aは、Bに対して甲建物の返還を請求することができない。

4 ✗　既登記不動産の贈与について、当該贈与が不法の原因に基づくものであり、民法708条本文にいう「給付」があったものとして、受贈者が贈与者からの返還請求を拒むことができるためには、当該不動産の占有の移転（引渡し）のみでは足りず、所有権移転登記手続がされていることを必要とする（最判昭46.10.28）。したがって、A名義の甲建物がBに引き渡された場合であっても、B名義の所有権移転登記がされていないときは、708条本文にいう「給付」にはあたらず、Aは、Bからの甲建物についての移転登記請求を拒むことができる。

5 ✗　贈与が不法原因給付にあたる場合、贈与者において給付した物の返還を請求することができないこと（708条本文）の反射的効果として、その物の所有権は受贈者に帰属することになる。この場合、贈与者が給付した不動産につき所有権保存登記を経由したときは、受贈者は、贈与者に対し当該不動産の所有権に基づいて所有権保存登記の抹消登記手続を請求することができる（最大判昭45.10.21）。したがって、Aが甲建物をBに引き渡した後に当該建物についてA名義の保存登記をしたとしても、Aは、Bに対して甲建物の返還を請求することができない。

1 ✗　故意又は過失によって他人の権利又は法律上保護される利益を侵害した者は、これによって生じた損害を賠償する責任を負う（709条）。本問では、自転車の所有者は、第三者が怪我を負ったことにつき過失がないため、不法行為責任を負わない。

H18-31-オ

2 A・B間で建物の売買契約が成立し、Aは、Bから建物の引渡しを受け、また、移転登記も得て、近く同建物に引っ越しをしようと思っていたところ、同建物は、第三者Cの放火によって焼失してしまった。この場合、Aは、Bに対して代金の支払いを免れることはできないが、Cに対して不法行為を理由として損害賠償請求をすることができる。

H20-30-ア

3 Aは、自己所有の土地につき、Bとの間で賃貸借契約を締結した（賃借権の登記は未了）。AがBにこの土地の引渡しをしようとしたところ、この契約の直後にCがAに無断でこの土地を占拠し、その後も資材置場として使用していることが明らかとなった。Cは明渡請求に応ずる様子もない。この場合、Aは、Cの行為を不法行為として損害賠償請求をすることができる。

R3-34-1

4 訴訟上の因果関係の立証は、一点の疑義も許されない自然科学的証明ではなく、経験則に照らして全証拠を総合検討し、特定の事実が特定の結果発生を招来した関係を是認しうる高度の蓋然性を証明することであり、その判定は、通常人が疑いを差し挟まない程度に真実性の確信を持ちうるものであることを必要とし、かつ、それで足りる。

R5-34-1

5 幼児が死亡した場合には、親は将来の養育費の支出を免れるので、幼児の逸失利益の算定に際して親の養育費は親に対する損害賠償額から控除される。

R5-34-2

6 被害者が死亡した場合に支払われる生命保険金は、同一の損害についての重複填補に当たるので、被害者の逸失利益の算定に当たって支払われる生命保険金は損害賠償額から控除される。

2 ⭕ 第三者Cは、**放火という故意**により、Aの建物所有権という権利を侵害している。したがって、Aは、Cに対して不法行為を理由として損害賠償請求をすることができる（709条）。

3 ⭕ CはAの土地所有権を侵害している。したがって、**Aは、Cに対して不法行為を理由として損害賠償を請求することができる**（709条）。

4 ⭕ 判例は、「訴訟上の因果関係の立証は、一点の疑義も許されない自然科学的証明ではなく、経験則に照らして全証拠を総合検討し、特定の事実が特定の結果発生を招来した関係を是認しうる高度の蓋然性を証明することであり、その判定は、通常人が疑いを差し挟まない程度に真実性の確信を持ちうるものであることを必要とし、かつ、それで足りるものである」としている（最判昭50.10.24）。

5 ❌ 判例は、「交通事故により死亡した幼児の損害賠償債権を相続した者が一方で幼児の養育費の支出を必要としなくなった場合においても、右養育費と幼児の将来得べかりし収入との間には前者を後者から損益相殺の法理又はその類推適用により控除すべき損失と利得との同質性がなく、したがって、**幼児の財産上の損害賠償額の算定にあたりその将来得べかりし収入額から養育費を控除すべきものではない**」としている（最判昭53.10.20）。

6 ❌ 判例は、「生命保険契約に基づいて給付される保険金は、すでに払い込んだ保険料の対価の性質を有し、もともと不法行為の原因と関係なく支払わるべきものであるから、たまたま本件事故のように不法行為により被保険者が死亡したためにその相続人たる被上告人両名に保険金の給付がされたとしても、**これを不法行為による損害賠償額から控除すべきいわれはない**」としている（最判昭39.9.25）。

H29-34-5

7 交通事故の被害者が後遺症のために身体的機能の一部を喪失した場合には、その後遺症の程度が軽微であって被害者の現在または将来における収入の減少が認められないときでも、労働能力の一部喪失を理由とする財産上の損害が認められる。

H26-34-2

8 他人の不法行為により夫が死亡した場合には、その妻は、相続によって夫本人の慰謝料請求権を行使できるので、妻には固有の慰謝料請求権は認められていない。

H26-34-4

9 他人の不法行為により死亡した被害者の父母、配偶者、子以外の者であっても、被害者との間にそれらの親族と実質的に同視し得る身分関係が存在するため被害者の死亡により甚大な精神的苦痛を受けた場合には、その者は、加害者に対して直接固有の慰謝料請求をすることができる。

H26-34-1

10 他人の不法行為により夫が即死した場合には、その妻は、相続によって夫の逸失利益について損害賠償請求権を行使することはできない。

H26-34-3

11 他人の不法行為により、夫が慰謝料請求権を行使する意思を表明しないまま死亡した場合には、その妻は、相続によって夫の慰謝料請求権を行使することはできない。

R4-34-1

12 未成年者が他人に損害を加えた場合、道徳上の是非善悪を判断できるだけの能力があるときは、当該未成年者は、損害賠償の責任を負う。

7 ✗ 　判例は、「交通事故の被害者が事故に起因する後遺症のために身体的機能の一部を喪失したこと自体を損害と観念することができるとしても、その後遺症の程度が比較的軽微であつて、しかも被害者が従事する職業の性質からみて現在又は将来における収入の減少も認められないという場合においては、**特段の事情のない限り、労働能力の一部喪失を理由とする財産上の損害を認める余地はない**」としている（最判昭56.12.22）。

8 ✗ 　**近親者である配偶者**には、**固有の慰謝料請求権**が認められている（711条）。

関連

9 ○ 　**被害者との間に民法711条所定の者と実質的に同視できる身分関係**が存し、被害者の死亡により甚大な精神的苦痛を受けた者は、**同条類推適用により慰謝料請求が認められる**（最判昭49.12.17）。

10 ✗ 　被害者が即死した場合であっても、傷害と死亡との間に観念上の時間の間隔があるから被害者には受傷の瞬間に損害賠償請求権が発生し、**被害者の死亡により相続人に承継**される（大判大15.2.16）。

関連

11 ✗ 　他人の不法行為によって財産以外の損害を被った者は、損害の発生と同時に慰謝料請求権を取得する。そのため、同人が生前に請求の意思を表明していなかったとしても、当該請求権を放棄したと解し得る特別の事情がない限り、**当該慰謝料請求権は当然に相続人に承継**され、その相続人はかかる慰謝料請求権を行使することができる（最大判昭42.11.1）。

12 ✗ 　民法712条は、「未成年者は、他人に損害を加えた場合において、自己の行為の責任を弁識するに足りる知能を備えていなかったときは、その行為について賠償の責任を負わない。」と規定している。「行為の責任を弁識するに足りる知能」とは、道徳上不正の行為であることを弁識する知能の意味ではなく、**加害行為の法律上の責任を弁識するに足るべき知能**をいう（大判大6.4.30）。したがって、本問は「道徳上の」としている点が誤りである。

R4-34-2

13 精神上の障害により自己の行為の責任を弁識する能力を欠く状態にある間に他人に損害を加えた者は、過失によって一時的にその状態を招いたとしても、損害賠償の責任を負わない。

H30-35-4

14 成年後見人は、成年被後見人の生活、療養看護および財産管理に関する事務を行う義務のほか、成年被後見人が他人に損害を加えた場合において当然に法定の監督義務者として責任を負う。

R1-34-1

15 精神障害者と同居する配偶者は法定の監督義務者に該当しないが、責任無能力者との身分関係や日常生活における接触状況に照らし、第三者に対する加害行為の防止に向けてその者が当該責任無能力者の監督を現に行い、その態様が単なる事実上の監督を超えているなどその監督義務を引き受けたとみるべき特段の事情が認められる場合には、当該配偶者は法定の監督義務者に準ずべき者として責任無能力者の監督者責任を負う。

H21-34-2

16 責任能力を有する未成年者が不法行為をなした場合、親権者の未成年者に対して及ぼしうる影響力が限定的で、かつ親権者において未成年者が不法行為をなすことを予測し得る事情がないときには、親権者は、被害者に対して不法行為責任を負わない。

未成年者が責任能力を有する場合

民法709条は、不法行為の一般規定なので、責任能力を有する未成年者の親が709条に基づいて責任を負うことはあり得るわけです。ただし、709条に基づいて請求をする場合には、714条に基づいて請求する場合と異なり、親に過失があったことを被害者側で立証する必要があります。

13 ✕ 民法713条は、「精神上の障害により自己の行為の責任を弁識する能力を欠く状態にある間に他人に損害を加えた者は、その賠償の責任を負わない。ただし、**故意又は過失によって一時的にその状態を招いたときは、この限りでない。**」と規定している。

関連

14 ✕ 責任無能力者がその責任を負わない場合に、その責任無能力者を監督する法定の義務を負う者は、その責任無能力者が第三者に加えた損害を賠償する責任を負う（714条1項本文）。ただし、監督義務者がその義務を怠らなかったとき、又はその義務を怠らなくても損害が生ずべきであったときは、この限りでない（同項ただし書）。判例は、「**成年後見人であるだけでは直ちに法定の監督義務者に該当するということはできない**」としている（最判平28.3.1）。したがって、本問後段にあるように、成年後見人は、当然に法定の監督義務者としての責任を負うわけではない。なお、本問前段は妥当である（857条本文、820条、859条1項）。

15 ○ 判例は、精神障害者と同居する配偶者であるからといって、その者が民法714条1項にいう「責任無能力者を監督する法定の義務を負う者」にあたるとすることはできないが、法定の監督義務者に該当しない者であっても、責任無能力者との身分関係や日常生活における接触状況に照らし、第三者に対する加害行為の防止に向けてその者が当該責任無能力者の監督を現に行いその態様が単なる事実上の監督を超えているなどその監督義務を引き受けたとみるべき**特段の事情が認められる場合には、法定の監督義務者に準ずべき者として、714条1項が類推適用**されるとしている（最判平28.3.1）。

16 ○ 未成年者が責任能力を有する場合であっても、監督義務者の義務違反と当該未成年者の不法行為によって生じた結果との間に相当因果関係があるときは、監督義務者につき民法709条に基づく不法行為責任が生じる（最判昭49.3.22）。しかし、親権者の未成年者に対して**及ぼし得る影響力が限定的**で、かつ**親権者において未成年者が不法行為をなすことを予測し得る事情がないとき**には、監督義務違反は認められず、**親権者は不法行為責任を負わない**（最判平18.2.24）。

R1-34-2

17 兄が自己所有の自動車を弟に運転させて迎えに来させた上、弟に自動車の運転を継続させ、これに同乗して自宅に戻る途中に、弟の過失により追突事故が惹起された。その際、兄の同乗後は運転経験の長い兄が助手席に座って、運転経験の浅い弟の運転に気を配り、事故発生の直前にも弟に対して発進の指示をしていたときには、一時的にせよ兄と弟との間に使用関係が肯定され、兄は使用者責任を負う。

H21-34-3

18 飲食店の店員が出前に自動車で行く途中で他の自動車の運転手と口論となり、ついには同人に暴力行為を働いてしまった場合には、事業の執行につき加えた損害に該当せず、店員の使用者は、使用者責任を負わない。

H28-34-ア

19 使用者Ａが、その事業の執行につき行った被用者Ｂの加害行為について、Ｃに対して使用者責任に基づき損害賠償金の全額を支払った場合には、ＡはＢに対してその全額を求償することができる。

H18-34-ウ

20 観光バス会社Ａの運転手Ｂは、営業運転中に、Ｃが運転するＤ社のタンクローリー車と衝突事故を起こし、バスの乗客が負傷した。その事故は、Ｂの前方不注意とＣの居眠り運転が競合して生じたものであり、Ｂ・Ｃの過失割合は３：７であった。この場合、Ｂが乗客の請求に応じて損害を賠償したときは、Ｂは、賠償額全額につきＡに対して求償することができる。

17 ◯ 判例は、兄が、出先から自宅に連絡し、弟に自己所有の自動車を運転して迎えに来させたうえ、更に弟をして当該自動車の運転を継続させこれに同乗して自宅に戻る途中、事故が発生した場合において、同乗後は運転経験の長い兄が助手席に座って、運転免許の取得後半年位で運転経歴の浅い弟の運転に気を配り、事故発生の直前にも同人に対し合図して発進の指示をしたというときには、**兄は、一時的にせよ弟を指揮監督して、その自動車により自己を自宅に送り届けさせるという仕事に従事させていたということができる**から、兄と弟との間に本件事故当時兄の仕事につき民法715条1項にいう使用者・被用者の関係が成立していたと解するのが相当としている（最判昭56.11.27）。

18 ✕ ある事業のために他人を使用する者は、原則として、被用者がその事業の執行について第三者に加えた損害を賠償する責任を負う（715条1項本文）。この**「事業の執行について」は、事業の執行そのものと、これに関連して行われる行為を含む**。判例は、すし屋の店員が自動車で出前中に他車の運転手と口論になり、相手を怪我させた行為について、「事業の執行行為を契機とし、これと密接な関連を有すると認められる行為」にあたるとして、使用者責任を認めている（最判昭46.6.22）。

19 ✕ ある事業のために他人を使用する者は、被用者がその事業の執行について第三者に加えた損害を賠償する責任を負う（715条1項本文）。そして、賠償をした使用者は被用者に対して、求償権を行使することができる（同条3項）。求償権の範囲について、判例は、**損害の公平な分担という見地から、信義則上相当と認められる限度においてのみ、被用者に対して求償する**ことを認めている（最判昭51.7.8）。したがって、使用者Aが被用者Bに対して損害賠償の全額を求償することができるわけではない。

関連

20 ✕ 被用者が使用者の事業の執行について第三者に損害を加え、その損害を賠償した場合には、**被用者は、損害の公平な分担という見地から相当と認められる額について、使用者に対して求償することができる**（最判令2.2.28）。

H18-34-イ

21 観光バス会社Aの運転手Bは、営業運転中に、Cが運転するD社のタンクローリー車と衝突事故を起こし、バスの乗客が負傷した。その事故は、Bの前方不注意とCの居眠り運転が競合して生じたものであり、B・Cの過失割合は3：7であった。この場合、Bが乗客の請求に応じて損害を賠償したときは、Bは、賠償額全額につきDに対して求償することができる。

H30-33-1

22 Aに雇われているBの運転する車が、Aの事業の執行中に、Cの車と衝突して歩行者Dを負傷させた。AがDに対して損害を全額賠償した場合、Aは、Bに故意または重大な過失があったときに限ってBに対して求償することができる。

H30-33-4

23 Aに雇われているBの運転する車が、Aの事業の執行中に、Cの車と衝突して歩行者Dを負傷させた。Cにも使用者Eがおり、その事業の執行中に起きた衝突事故であった場合に、AがDに対して損害を全額賠償したときは、Aは、AとEがそれぞれ指揮監督するBとCの過失の割合によるCの負担部分についてEに対して求償することができる。

使用者責任における求償関係

民法715条3項によれば、求償は、基本的に使用者からすることが想定されています。もっとも、被用者からの求償も認めないと、使用者と被用者のどちらが賠償責任を果たしたかで結論が異なることになってしまいます（使用者が賠償すれば被用者に求償できるのに、被用者が賠償しても使用者に求償できないことになってしまう）。このようなアンバランスな結論にならないように、被用者からの求償を認める必要があるわけです。

21 ✗ 被用者が使用者の事業の執行につき第三者との共同不法行為により他人に損害を加えた場合、この第三者が自己と被用者との過失割合により定まる自己の負担部分を超えて被害者に損害を賠償したときは、**第三者は、使用者に対し、被用者の負担部分について求償することができる**（最判昭63.7.1）。当該判例が、不真正連帯債務の求償につき、自己の負担部分を超える額の賠償を要するとする点について、改正民法下でこれが妥当するかについて争いがある。すなわち、不真正連帯債務に民法の連帯債務の規定の適用があるという立場に立つと改正民法442条1項により賠償額が自己の負担部分を超えたか否かにかかわらず、求償できることになるが、適用がないとする立場に立つと、当該判例が妥当することになる。いずれにせよ、第三者Bは、被用者Cの負担部分について、使用者Dに対し求償することができるにすぎず、賠償額全額につきDに対し求償することができるわけではない。

---

22 ✗ ある事業のために他人を使用する者は、被用者がその事業の執行について第三者に加えた損害を賠償する責任を負う（715条1項本文）。そして、**使用者又は監督者から被用者に対する求償権を行使することができる**（同条3項）。本問のように、被用者であるBに故意又は重過失があったときに限られない。

---

23 ◯ 本問と同様の事案において、判例は、「複数の加害者の共同不法行為につき、各加害者を指揮監督する使用者がそれぞれ損害賠償責任を負う場合においては、一方の加害者の使用者と他方の加害者の使用者との間の責任の内部的な分担の公平を図るため、求償が認められるべきで……あって、一方の加害者の使用者は、当該加害者の過失割合に従って定められる自己の負担部分を超えて損害を賠償したときは、その超える部分につき、他方の加害者の使用者に対し、**当該加害者の過失割合に従って定められる負担部分の限度で、右の全額を求償することができる**ものと解するのが相当である」としている（最判平3.10.25）。当該判例の自己の負担部分を超えて賠償した時に求償できるとする部分が本問において妥当するかについては、争いがある。いずれにせよ、Aは、加害者Cの使用者であるEに対して、Cの過失割合によるCの負担部分についてEに対して求償することができる。

H21-34-4

24 請負人がその仕事について第三者に損害を与えてしまった場合、注文者と請負人の間には使用関係が認められるので、注文者は、原則として第三者に対して使用者責任を負う。

H24-34-エ

25 Aの運転する自動車が、見通しが悪く遮断機のない踏切を通過中にB鉄道会社の運行する列車と接触し、Aが負傷して損害が生じた。この場合、線路は土地工作物にはあたらないから、AがB鉄道会社に対して土地工作物責任に基づく損害賠償を請求することはできない。

R1-34-3

26 宅地の崖地部分に設けられたコンクリートの擁壁の設置または保存による瑕疵が前所有者の所有していた際に生じていた場合に、現所有者が当該擁壁には瑕疵がないと過失なく信じて当該宅地を買い受けて占有していたとしても、現所有者は土地の工作物責任を負う。

R1-34-5

27 交通事故によりそのまま放置すれば死亡に至る傷害を負った被害者が、搬入された病院において通常期待されるべき適切な治療が施されていれば、高度の蓋然性をもって救命されていたときには、当該交通事故と当該医療事故とのいずれもが、その者の死亡という不可分の一個の結果を招来し、この結果について相当因果関係がある。したがって、当該交通事故における運転行為と当該医療事故における医療行為とは共同不法行為に当たり、各不法行為者は共同不法行為の責任を負う。

土地工作物責任の免責規定

　土地工作物責任に関する免責規定はきちんと整理しておきましょう。1次的な責任は占有者が負いますが、占有者は、損害の発生を防止するのに必要な注意をしたときは、責任を免れることができます。そして、2次的な責任は所有者が負いますが、所有者には、占有者のような免責規定が置かれていません。つまり、所有者は、無過失責任を負うわけです。

24 ✘ 　注文者は、注文又は指図についてその注文者に過失があったときを除き、請負人がその仕事について第三者に加えた損害を賠償する責任を負わない（716条）。これは、請負人は自らの責任で仕事を完成させる義務を負うため、請負人と注文者とは民法715条にいう被用者と使用者の関係に立たないことを注意的に規定したものである。

25 ✘ 　踏切道は、本来列車運行の確保と道路交通の安全とを調整するために存するものであるから、必要な保安のための施設が設けられてはじめて踏切道の機能を果たすことができるものである。したがって、土地の工作物たる踏切道の軌道施設は、保安設備とあわせ一体としてこれを考察すべきであり、もしあるべき保安設備を欠く場合には、土地の工作物たる軌道施設の設置に瑕疵があるものとして、民法717条所定の帰責原因となる（最判昭46.4.23）。

26 ⭕ 　土地の工作物の設置又は保存に瑕疵があることによって他人に損害を生じたときは、その工作物の占有者は、被害者に対してその損害を賠償する責任を負う。ただし、占有者が損害の発生を防止するのに必要な注意をしたときは、所有者がその損害を賠償しなければならない（717条1項）。同条の所有者の責任については、無過失責任であるとされている。したがって、本件宅地の占有者でもある現所有者は、当該擁壁には瑕疵がないと過失なく信じていたとしても、工作物責任を免れることができない。

27 ⭕ 　判例は、交通事故により、被害者が放置すれば死亡するに至る傷害を負ったものの、事故後搬入された病院において、被害者に対し通常期待されるべき適切な経過観察がされるなどして脳内出血が早期に発見され適切な治療が施されていれば、高度の蓋然性をもって被害者を救命できたということができる事案において、交通事故と医療事故とのいずれもが、被害者の死亡という不可分の一個の結果を招来し、この結果について相当因果関係を有する関係にあるから、本件交通事故における運転行為と本件医療事故における医療行為とは民法719条所定の共同不法行為にあたるから、各不法行為者は被害者の被った損害の全額について連帯して責任を負うべきものとしている（最判平13.3.13）。

R4-34-3

28 野生の熊が襲ってきたので自己の身を守るために他人の宅地に飛び込み板塀を壊した者には、正当防衛が成立する。

R4-34-5

29 路上でナイフを持った暴漢に襲われた者が自己の身を守るために他人の家の窓を割って逃げ込んだ場合、窓を壊された被害者は、窓を割った者に対して損害賠償を請求できないが、当該暴漢に対しては損害賠償を請求できる。

R4-34-4

30 路上でナイフを振り回して襲ってきた暴漢から自己の身を守るために他人の家の窓を割って逃げ込んだ者には、緊急避難が成立する。

H27-34-1

31 A（3歳）は母親Bが目を離した隙に、急に道路へ飛び出し、Cの運転するスピード違反の自動車に轢かれて死亡した。CがAに対して負うべき損害賠償額を定めるにあたって、A自身の過失を考慮して過失相殺するには、Aに責任能力があることが必要であるので、本件ではAの過失を斟酌することはできない。

H27-34-2

32 A（3歳）は母親Bが目を離した隙に、急に道路へ飛び出し、Cの運転するスピード違反の自動車に轢かれて死亡した。CがAに対して負うべき損害賠償額を定めるにあたって、A自身の過失を考慮して過失相殺するには、Aに事理弁識能力があることは必要でなく、それゆえ、本件ではAの過失を斟酌することができる。

28 ✘　正当防衛とは、他人の不法行為に対し、自己又は第三者の権利又は法律上保護される利益を防衛するため、やむを得ずにする加害行為のことである（720条1項本文）。本問の場合、襲ってきた「野生の熊」に対し、自己の身を守るために他人の宅地に飛び込み板塀を壊しているため、正当防衛は成立しない。民法上、「野生の熊」は「人」ではなく「物」と評価されるからである。

---

29 ○　民法720条1項は、「他人の不法行為に対し、自己又は第三者の権利又は法律上保護される利益を防衛するため、やむを得ず加害行為をした者は、損害賠償の責任を負わない。ただし、被害者から不法行為をした者に対する損害賠償の請求を妨げない。」と規定している。したがって、窓を壊された被害者は、自己の身を守るために窓を割った者（やむを得ず加害行為をした者）に対しては、損害賠償を請求することができないが、暴漢（不法行為をした者）に対しては、損害賠償を請求することができる。

---

30 ✘　緊急避難とは、他人の物から生じた急迫の危難を避けるために、その物を損傷することである（720条2項）。本問の場合、他人の不法行為に対し、自己又は第三者の権利又は法律上保護される利益を防衛するため、やむを得ず加害行為をしているため、緊急避難ではなく、正当防衛が成立し得る。

---

31 ✘　被害者自身の過失を考慮して**過失相殺**（722条2項）をする場合、不法行為の要件とは異なり、被害者が責任能力を備えていることは要せず、**事理弁識能力が備わっていれば足りる**（最大判昭39.6.24）。したがって、過失相殺を認めるためには、Aに責任能力があることは要しない。

関連

---

32 ✘　過失相殺を認めるためには、Aに**責任能力があることは要しないが、事理弁識能力があることを要する**（最大判昭39.6.24参照）。

H27-34-3

33 A（3歳）は母親Bが目を離した隙に、急に道路へ飛び出し、Cの運転するスピード違反の自動車に轢かれて死亡した。CがAに対して負うべき損害賠償額を定めるにあたって、BとAとは親子関係にあるが、BとAとは別人格なので、Bが目を離した点についてのBの過失を斟酌することはできない。

R3-34-2

34 損害賠償の額を定めるにあたり、被害者が平均的な体格ないし通常の体質と異なる身体的特徴を有していたとしても、身体的特徴が疾患に当たらない場合には、特段の事情の存しない限り、被害者の身体的特徴を斟酌することはできない。

H24-34-オ改

35 Aの運転する自動車がAの前方不注意によりBの運転する自動車に追突してBを負傷させ損害を生じさせた。BのAに対する損害賠償請求権は、Bの負傷の程度にかかわりなく、また、症状について現実に認識できなくても、事故により直ちに発生し、5年で消滅時効にかかる。

33 ✗　被害者側の過失については、**被害者と身分上ないし生活関係上一体をなすとみられるような関係にある者のみ考慮することができる**（最判昭51.3.25）。この点、AとBは親子関係にあるため、被害者と身分上ないし生活関係上一体をなすとみられるような関係であると認められる（最判昭42.6.27参照）。したがって、Bの過失を斟酌することはできる。

34 ⭕　そのとおりである（最判平8.10.29）。

35 ✗　人の生命又は身体を害する不法行為による損害賠償請求権は、被害者又はその法定代理人が損害及び加害者を知った時から5年間行使しないときは、時効によって消滅する（724条の2）。ここでいう**「損害を知った時」とは、損害発生の可能性を知った時ではなく、損害の発生を現実に認識した時**をいう（最判平14.1.29）。したがって、BのAに対する損害賠償請求権は、損害の認識に関係なく、5年で消滅時効にかかるわけではない。

Part 8 親族法

Chapter 1 親族法総説
総合テキスト ▶▶▶ Chapter 38

H25-35-エ

1　離婚をした場合には、配偶者の親族との間にあった親族関係は当然に終了するが、夫婦の一方が死亡した場合には、生存配偶者と死亡した配偶者の親族との間にあった親族関係は、当然には終了しない。

Chapter 2 夫婦関係
総合テキスト ▶▶▶ Chapter 39

H25-35-ウ

1　養親子関係にあった者どうしが婚姻をしようとする場合、離縁により養子縁組を解消することによって、婚姻をすることができる。

R1-35-ウ

2　甲山太郎を夫とする妻甲山花子は、夫が死亡した場合において、戸籍法の定めるところにより届け出ることによって婚姻前の氏である乙川を称することができる。

R1-35-イ

3　夫婦である乙川太郎と乙川花子が離婚届を提出し受理されたが、太郎が慣れ親しんだ呼称として、離婚後も婚姻前の氏である甲山でなく乙川の氏を引き続き称したいと考えたとしても、離婚により復氏が確定し、離婚前の氏を称することができない。

H30-34-ウ

4　父母が協議上の離婚をする場合に、その協議でその一方を親権者として定めなかったにもかかわらず、誤って離婚届が受理されたときであっても、当該離婚は有効に成立する。

1 ⭕ 姻族関係は、離婚によって終了する（728条1項）。これに対して、夫婦の一方が死亡した場合、姻族関係は、生存配偶者が姻族関係を終了させる意思を表示したときに終了する（同条2項）。

図表1

1 ❌ 養子及びその配偶者並びに養子の直系卑属及びその配偶者と養親及びその血族との親族関係は、離縁によって終了する（729条）。しかし、養子若しくはその配偶者又は養子の直系卑属若しくはその配偶者と養親又はその直系尊属との間では、729条の規定により親族関係が終了した後でも、婚姻をすることができない（736条）。

2 ⭕ 夫婦の一方が死亡したときは、生存配偶者は、戸籍法95条の定めにより届け出ることによって、婚姻前の氏に復することができる（民法751条1項）。

比較

3 ❌ 婚姻によって氏を改めた夫又は妻は、協議上の離婚によって婚姻前の氏に復する（767条1項）。しかし、離婚の日から3か月以内に届け出れば、離婚の際に称していた氏を称することができる（同条2項）。

4 ⭕ 父母が協議上の離婚をするときは、その協議で、その一方を親権者と定めなければならない（819条1項）。そして、離婚の届出は、その離婚が当該規定等に違反しないことを認めた後でなければ、受理することができない（765条1項）。もっとも、離婚の届出が同項に違反して受理されたときであっても、離婚は、そのためにその効力を妨げられない（同条2項）。

H30-34-ア

5 離婚における財産分与は、離婚に伴う精神的苦痛に対する損害の賠償も当然に含む趣旨であるから、離婚に際し財産分与があった場合においては、別途、離婚を理由とする慰謝料の請求をすることは許されない。

H30-34-オ

6 夫婦の別居が両当事者の年齢および同居期間との対比において相当の長期間に及び、その夫婦の間に未成熟の子が存在しない場合には、相手方配偶者が離婚により極めて苛酷な状態に置かれる等著しく社会的正義に反するといえるような特段の事情のない限り、有責配偶者からの離婚請求であるとの一事をもって離婚が許されないとすることはできない。

Chapter 3 親子関係・後見等

総合テキスト ▶▶▶ Chapter 40

H22-34-2改

1 Bは、Aとの内縁関係の継続中に懐胎し、その後、Aと適法に婚姻をし、婚姻成立後150日を経てCを出産した場合において、AがCとの間に父子関係が存在しないことを争うには、嫡出否認の訴えによらなければならない。

H22-34-3

2 Bは、Aと離婚した後250日を経てCを出産したが、Aは、離婚の1年以上前から刑務所に収容されていた場合において、Aは、Cとの父子関係を争うためには嫡出否認の訴えによらなければならない。

嫡出推定

　嫡出推定は、複雑な規定になっているように思えますが、結局のところ、婚姻を媒介として「その子は、だれの子である可能性が高いか」ということを整理しているわけです。あまり難しく考えずに、客観的にみて、だれの子である可能性が一番高いのかという観点から理解をしてみるとよいでしょう。

5 ✗　判例は、離婚における財産分与の請求は、「相手方の有責な行為によつて離婚をやむなくされ精神的苦痛を被つたことに対する慰藉料の請求権とは、その性質を必ずしも同じくするものではない」ことを理由として、「**すでに財産分与がなされたからといつて、その後不法行為を理由として別途慰藉料の請求をすることは妨げられない**」としている（最判昭46.7.23）。

6 ○　判例は、「有責配偶者からされた離婚請求であつても、夫婦の別居が両当事者の年齢及び同居期間との対比において相当の長期間に及び、その間に未成熟の子が存在しない場合には、相手方配偶者が離婚により精神的・社会的・経済的に極めて苛酷な状態におかれる等離婚請求を認容することが**著しく社会正義に反するといえるような特段の事情の認められない**限り、当該請求は、有責配偶者からの請求であるとの一事をもつて許されないとすることはできない」としている（最大判昭62.9.2）。

1 ○　**女が婚姻前に懐胎した子であって、婚姻が成立した後に生まれたものは、当該婚姻における夫の子と推定**される（772条1項後段）。そして、嫡出の推定を受ける子との父子関係を争うには、嫡出否認の訴え（775条）によらなければならない。

2 ✗　判例は、離婚による婚姻解消後300日以内に出生した子であっても、母とその夫とが、離婚の届出に先だち約2年半以前から事実上の離婚をして別居し、**全く交渉を絶って、夫婦の実態が失われていた場合**には、民法**772条による嫡出の推定を受けない**ものと解している（最判昭44.5.29）。したがって、本問の父子関係を争うには、親子関係不存在確認の訴えによらなければならない。

H22-34-4改

3　父Aによる嫡出否認の訴えは、AがCの出生を知った時から3年以内に提起しなければならない。

H28-35-1

4　家庭裁判所の審判により後見に付されているAは、認知をするには後見人の同意が必要であるが、養子縁組をするには後見人の同意は必要でない。

H22-34-1

5　AとBの内縁関係の継続中にBがCを出産し、AによってCを嫡出子とする出生届がなされた場合において、誤ってこれが受理されたときは、この届出により認知としての効力が生ずる。

R1-35-エ

6　夫婦である甲山花子と甲山太郎の間に出生した子である一郎は、両親が離婚をして、母花子が復氏により婚姻前の氏である乙川を称するようになった場合には、届け出ることで母と同じ乙川の氏を称することができる。

H20-35-イ

7　配偶者のある者が未成年者を養子とする場合には、原則として配偶者と共に縁組をしなければならないが、配偶者の嫡出である子を養子とする場合には、単独で縁組をすることができる。

H20-35-ア

8　配偶者のある者が成年者を養子とする場合には、原則として配偶者の同意を得なければならないが、配偶者がその意思を表示することができない場合には、その同意を得ないで縁組をすることができる。

H20-35-オ

9　真実の親子関係がない戸籍上の親が15歳未満の子について代諾による養子縁組をした場合には、その代諾による縁組は一種の無権代理によるものであるから、その子は、15歳に達した後はその縁組を追認することができる。

H20-35-エ

10　真実の親子関係がない親から嫡出である子として出生の届出がされている場合には、その出生の届出は無効であるが、その子が成年に達した後はその出生の届出を養子縁組の届出とみなすことができる。

3 ◯ 嫡出否認の訴えは、父が提起する場合、**父が子の出生を知った時から3年以内に提起しなければならない**（777条1号）。

4 ✕ **成年被後見人が認知をする場合は、成年後見人の同意は不要**である（780条）。したがって、本問の前段は誤りである。なお、本問の後段は正しい（799条・738条）。

5 ◯ 判例は、嫡出でない子につき、父から、これを嫡出子とする出生届がされ、又は嫡出でない子としての出生届がされた場合において、上記各出生届が戸籍事務管掌者によって受理されたときは、その**各届出は、認知届としての効力を有する**とする（最判昭53.2.24）。

6 ✕ 子が父又は母と氏を異にする場合には、子は、**家庭裁判所の許可を得て、届け出ることにより**、その父又は母の氏を称することができる（791条1項）。したがって、本問の場合は、家庭裁判所の許可が必要であり、届け出ることのみでは氏を変更することができない。

7 ◯ そのとおりである（795条）。

8 ◯ そのとおりである（796条）。

9 ◯ 真実の親ではない戸籍上の親の代諾は、一種の無権代理と解されるから、**養子は満15歳に達した後は、縁組を有効に追認することができる**（最判昭27.10.3）。

10 ✕ 養子とする意思で他人の子を嫡出子として届けた場合、**事実上親子関係が持続されていても、それによって養子縁組が成立することはない**（最判昭25.12.28）。

H28-35-4

11　F（70歳）およびG（55歳）は夫婦であったところ、子がいないことからFの弟であるH（58歳）を養子とした場合に、この養子縁組の効力は無効である。

H19-35-ウ

12　Aが死亡した場合において（Aの死亡時には、配偶者B、Bとの間の子CおよびAの母Dがいるものとする。）、Aにさらに養子Eがいる場合には、Aを相続するのはB、CおよびEであり、Eの相続分はCの相続分に等しい。

H28-35-5

13　I・J夫婦が、K・L夫婦の子M（10歳）を養子とする旨の縁組をし、その届出が完了した場合、MとK・L夫婦との実親子関係は終了する。

R2-35-エ

14　特別養子縁組が成立した場合、実父母及びその血族との親族関係は原則として終了し、特別養子は実父母の相続人となる資格を失う。

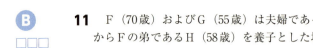
R2-35-ア

15　特別養子は、実父母と養父母の間の合意を家庭裁判所に届け出ることによって成立する。

R2-35-オ

16　特別養子縁組の解消は原則として認められないが、養親による虐待、悪意の遺棄その他養子の利益を著しく害する事由がある場合、または、実父母が相当の監護をすることができる場合には、家庭裁判所が離縁の審判を下すことができる。

11 ✗ 　年長者を養子とする縁組は、縁組の取消事由に該当する（793条、805条、803条）。したがって、Gが年長者Hを養子とした場合、その養子縁組の効力は無効ではない。なお、縁組当事者間に縁組意思がない、又は、当事者が縁組の届出をしないときは、縁組は無効である（802条）。

12 ○ 　養子は、縁組の日から養親の嫡出子の身分を取得する（809条）。したがって、養子であるEと嫡出子であるCの相続分は等しいものとなる。

13 ✗ 　普通養子縁組の場合、養子と実親の実親子関係は存続する。したがって、I・J夫婦が、K・L夫婦の子Mを養子とした場合でも、MとK・L夫婦との実親子関係は終了しない。なお、特別養子縁組の場合、養子と実親の実親子関係は終了する（817条の9本文）。

比較

14 ○ 　民法817条の9本文は、「養子と実方の父母及びその血族との親族関係は、特別養子縁組によって終了する。」と規定している。

15 ✗ 　民法817条の2第1項は、「家庭裁判所は、次条から第817条の7までに定める要件があるときは、養親となる者の請求により、実方の血族との親族関係が終了する縁組（以下この款において『特別養子縁組』という。）を成立させることができる。」と規定しており、特別養子縁組を成立させるには、当事者間の合意では足りず、家庭裁判所の審判による必要がある。

16 ✗ 　民法817条の10第1項柱書は、「次の各号のいずれにも該当する場合において、養子の利益のため特に必要があると認めるときは、家庭裁判所は、養子、実父母又は検察官の請求により、特別養子縁組の当事者を離縁させることができる。」と規定しており、同項1号は、「養親による虐待、悪意の遺棄その他養子の利益を著しく害する事由があること。」と規定し、同項2号は、「実父母が相当の監護をすることができること。」と規定している。したがって、1号と2号の要件を両方充足する場合にのみ、特別養子縁組の離縁は認められる。

H25-35-オ

17 協議離婚をしようとする夫婦に未成年の子がある場合においては、協議の上、家庭裁判所の許可を得て、第三者を親権者とすることを定めることができる。

H26-35-イ

18 親権者である母が、その子の継父が銀行から借り入れを行うにあたり、子の所有の不動産に抵当権を設定する行為は、利益相反行為にあたる。

H26-35-エ

19 親権者が、自らが債務者となって銀行から借り入れを行うにあたって、子の所有名義である土地に抵当権を設定する行為は、当該行為がどのような目的で行なわれたかに関わりなく利益相反行為にあたる。

H26-35-オ

20 親権者が、他人の金銭債務について、連帯保証人になるとともに、子を代理して、子を連帯保証人とする契約を締結し、また、親権者と子の共有名義の不動産に抵当権を設定する行為は、利益相反行為にあたる。

H26-35-ア

21 親権者が、共同相続人である数人の子を代理して遺産分割協議をすることは、その結果、数人の子の間の利害の対立が現実化しない限り、利益相反行為にはあたらない。

H21-27-2

22 未成年者Aが相続により建物を取得した後に、Aの法定代理人である母Bが、自分が金融業者Cから金銭を借りる際に、Aを代理して行ったCとの間の当該建物への抵当権設定契約は、自己契約に該当しないので、その効果はAに帰属する。

17 ✗ 父母が協議上の離婚をするときは、その協議で、その一方を親権者と定めなければならないとされており（819条1項）、本問のように、家庭裁判所の許可を得て第三者を親権者とすることを定めることができる旨の規定は置かれていない。

理解

18 ✗ 親権者である母が子の継父である夫の債務のために子の所有する不動産に抵当権を設定する行為は、利益相反行為にあたらない（最判昭35.7.15）。

19 ○ 利益相反行為に該当するか否かは、親権者が子を代理してした行為自体を外形的・客観的に考察して判定すべきであるため（最判昭42.4.18）、たとえ、行為の目的が子のためになるとしても、利益相反行為に該当する（最判昭37.10.2参照。子の養育費に充当する意図で親権者が借入金をなした事案）。

20 ○ 第三者の金銭債務について、親権者が自ら連帯保証をするとともに、子を代理した連帯保証債務負担行為及び抵当権設定行為は利益相反行為にあたる（最判昭43.10.8）。

21 ✗ 親権者が共同相続人である数人の子を代理して遺産分割の協議をすることは、利益相反行為にあたる（最判昭48.4.24）。

関連

22 ✗ 親権を行う母とその子との利益が相反する行為については、親権を行う母は、その子のために特別代理人を選任することを家庭裁判所に請求しなければならない（826条1項）。利益相反行為か否かは行為の外形に照らして定型的・外形的に判断され、その際、代理人の動機・目的を考慮すべきでない（外形説　最判昭37.10.2、最判昭43.10.8）。利益相反に該当する行為は無権代理行為となる（108条2項本文）。本問において、母Bの行為は利益相反行為にあたるが、特別代理人を選任せずして利益相反行為を行っているので、無権代理行為となり、本人Aの追認（113条1項）がないため、Aに効果は帰属しない。なお、本問のBの行為は、相手方Cの代理人となるものではないので、自己契約には該当しない（108条1項）。

H26-35-ウ

23 親権者が、自己の財産を、子に対して有償で譲渡する行為は当該財産の価額の大小にかかわらず利益相反行為にあたるから、その子の成年に達した後の追認の有無にかかわらず無効である。

H23-35-3

24 未成年後見については、未成年者に対し親権を行う者がないとき、または親権を行う者が管理権を有しないときに後見が開始し、成年後見については、後見開始の審判があったときに後見が開始する。

H23-35-1改

25 未成年後見人が選任されている場合において、家庭裁判所は、必要があると認めるときであっても、職権で、さらに別の未成年後見人を選任することはできない。

H30-35-2

26 未成年後見人は自然人でなければならず、家庭裁判所は法人を未成年後見人に選任することはできない。

H24-27-3

27 成年後見人は、正当な事由があるときは、成年被後見人の許諾を得て、その任務を辞することができるが、正当な事由がないときでも、家庭裁判所の許可を得て、その任務を辞することができる。

Chapter 4 扶 養

総合テキスト ▶▶▶ Chapter 38

H23-35-4

1 夫婦、直系血族および兄弟姉妹は、お互いに扶養する義務があるが、姻族間においては、家庭裁判所は、特別の事情がある場合でも、扶養の義務を負わせることはできない。

23 ✗ 　親権者が利益相反行為につき子を代理した行為は、無権代理行為となる。したがって、**成年に達した子が追認すれば有効**となる（116条、大判昭11.8.7）。

24 ⭕ 　未成年後見の後見開始の原因は「**未成年者に対して親権を行う者がないとき**」又は「**親権を行う者が管理権を有しないとき**」である（838条1号）。一方、成年後見の後見開始の原因は「**（成年）後見開始の審判があったとき**」である（同条2号）。

25 ✗ 　未成年後見人がある場合においても、家庭裁判所は、必要があると認めるときは、未成年後見人又はその親族その他の利害関係人若しくは未成年後見人の**請求により又は職権で、さらに未成年後見人を選任することができる**（840条2項）。

26 ✗ 　民法では、後見人となることができない者として、①未成年者、②家庭裁判所で免ぜられた法定代理人、保佐人又は補助人、③破産者、④被後見人に対して訴訟をし、又はした者並びにその配偶者及び直系血族、⑤行方の知れない者が列挙されている（847条）。本条には、**法人は挙げられていない**。したがって、法人を未成年後見に選任することはできる（840条3項参照）。

27 ✗ 　後見人は、**正当な事由があるとき**は、**家庭裁判所の許可を得て**、その任務を辞することができる（844条）。

1 ✗ 　夫婦は同居し、互いに協力し扶助しなければならない（752条）。これは夫婦間の扶養義務を意味する。また、直系血族及び兄弟姉妹は、互いに扶養をする義務がある（877条1項）。さらに、家庭裁判所は、特別の事情があるときは、この場合のほか、3親等内の親族間においても扶養の義務を負わせることができる（同条2項）。

H23-35-5

2 扶養する義務のある者が数人ある場合において、扶養すべき者の順序については、配偶者を先にし、配偶者がないときの親等の異なる血族間では、親等の近い者を先にする。

2　✖　民法は、扶養をする義務のある者が数人ある場合において、扶養をすべき者の順序について、当事者間に協議が調わないとき、又は協議をすることができないときは、家庭裁判所が、これを定めると規定し（878条前段）、本問のような具体的個別的な順位の基準を設けていない。

民法

part
8
親族法

chap
4
扶養

知識を整理

📊 図表 1 婚姻解消の効果

	離 婚	夫婦の一方の死亡
姻族関係	当然に終了（728条1項）	生存配偶者の意思表示により終了（728条2項）
復 氏	原則：当然復氏する（767条1項）。 例外：離婚後3か月以内に、戸籍法による届出により、離婚の際に称していた氏を称することができる（同条2項）。	原則：復氏しない。 例外：届出により、いつでも婚姻前の氏に復することができる（751条1項）。
財 産	財産分与（768条）	相続（890条、896条）

📊 図表 2 父子関係を否定する方法

	嫡出否認の訴え（775条）	親子関係不存在確認の訴え	父を定めることを目的とする訴え（773条）
場 面	推定される嫡出子	推定の及ばない子	二重の推定
提訴権者	父、母、子、前夫	利害関係人	子・母・夫・前夫
期 間	3年（原則）（777条） （※1、2）	な し	な し
消滅事由	承認（父又は母のみ）（776条） ※ ただし、単に命名や出生届の提出だけでは、承認にあたらない。	な し	な し

※1　起算点は、父と前夫が「子の出生を知った時」、子と母が「子の出生の時」である（777条）。

※2　子は、一定の要件を満たす場合、例外的に、21歳に達するまで、訴えを提起できる（778条の2第2項等）。

民
法

part
8
親族法

293

Part 9 相続法

Chapter 1 相続法総説

総合テキスト ▶▶▶ Chapter 41

H19-35-イ

1　Aが死亡した場合において（Aの死亡時には、配偶者B、Bとの間の子CおよびAの母Dがいるものとする。）、Aが死亡した時点でCがまだ胎児であった場合には、Aを相続するのはBおよびDであるが、その後にCが生まれてきたならば、CもBおよびDとともにAを相続する。

H19-35-エ

2　Aが死亡した場合において（Aの死亡時には、配偶者B、Bとの間の子CおよびAの母Dがいるものとする。）、Aが自己に対する虐待を理由に家庭裁判所にCの廃除を請求して、家庭裁判所がこれを認めた場合には、たとえCに子FがいたとしてもFはCを代襲してAの相続人となることはできず、Aを相続するのはBおよびDである。

H19-35-オ

3　Aが死亡した場合において（Aの死亡時には、配偶者B、Bとの間の子CおよびAの母Dがいるものとする。）、Cが相続の放棄をした場合に、Cに子FがいるときにはAを相続するのはBだけでなく、FもCを代襲してAの相続人となる。

H21-35-エ

4　相続欠格においては、被相続人の子が欠格者となった場合には、欠格者の子は代襲相続人となることができないが、相続人の廃除においては、被相続人の子について廃除が確定した場合でも、被廃除者の子は代襲相続人となることができる。

294

1 ✘ 　胎児は、①相続（886条1項）、②遺贈（965条）及び③不法行為に基づく損害賠償の請求（721条）については、すでに生まれたものとみなされる。したがって、Cが生きて生まれた場合、相続人は配偶者B（890条前段）と子C（887条1項）となり、母Dは相続人とはならない（889条1項柱書）。

2 ✘ 　遺留分を有する推定相続人が、被相続人に対して虐待をし、若しくはこれに重大な侮辱を加えたとき、又は推定相続人にその他の著しい非行があったときは、被相続人はその推定相続人の廃除を家庭裁判所に請求できる（892条）。そして、この推定相続人の廃除がされた場合、当該推定相続人の子が代襲して相続人となる（887条2項）。したがって、Aの相続人はB及びFとなる。

3 ✘ 　代襲相続とは、被相続人の死亡以前に相続人となるべき子、兄弟姉妹が死亡し、又は欠格、廃除により相続権を失ったときに、その者の子がその者に代わって、その者が受けるはずであった相続分を相続することをいう（887条2項）。しかし、自らの意思によって相続人でなくなる相続放棄の場合は、代襲原因にならないため、Aの相続人はB及びDとなる。

4 ✘ 　被相続人の子が、相続の開始以前に死亡したとき、又は相続欠格事由に該当し、若しくは廃除によって、その相続権を失ったときは、その者の子がこれを代襲して相続人となる（887条2項前段）。

遺留分
　被相続人の兄弟姉妹には遺留分がありません。これと関連して、推定相続人の廃除の対象から兄弟姉妹が除かれていることも押さえておきましょう。被相続人は、生前贈与や遺贈などによって財産を処分してしまえば足り、遺留分を有しない者をあえて相続人から廃除する必要がないからです。

H24-35-エ

5 Aは2024年10月1日に死亡したが、Aには、Dに対する遺贈以外の遺言はなく、その死亡時に妻B、長男C、長女Dおよび次男Eがいた。Eが、生前Aに対して虐待をし、またはAに重大な侮辱を加えた場合には、Eは、欠格者として相続人となることができない。

H21-35-ア

6 相続欠格においては、その対象者となりうるのは全ての推定相続人であるが、相続人の廃除においては、その対象者となるのは遺留分を有する推定相続人に限られる。

H21-35-イ

7 相続欠格においては、その効果は一定の欠格事由があれば法律上当然に生ずるが、相続人の廃除においては、その効果は被相続人からの廃除請求による家庭裁判所の審判の確定によって生ずる。

H21-35-オ

8 相続欠格においては、その効果としてすべての相続にかかわる相続能力が否定されるが、相続人の廃除においては、その効果として廃除を請求した被相続人に対する相続権のみが否定される。

R4-35-2

9 相続人は、相続開始の時から、一身専属的な性質を有するものを除き、被相続人の財産に属した一切の権利義務を承継するが、不法行為による慰謝料請求権は、被害者自身の精神的損害を填補するためのものであるから相続財産には含まれない。

R4-35-3

10 相続財産中の預金債権は、分割債権であるから、相続開始時に共同相続人に対してその相続分に応じて当然に帰属し、遺産分割の対象とはならない。

R6-35-5

11 相続財産中に銀行預金が含まれる場合、当該預金は遺産分割の対象となるから、相続開始後遺産分割の前に、当該預金口座から預金の一部を引き出すためには共同相続人の全員の同意が必要であり、目的、金額のいかんを問わず相続人の1人が単独で行うことは許されない。

5 ✕ 　相続人の欠格事由については、民法891条各号に掲げられている。そして、本問に挙げられている被相続人に対する虐待や重大な侮辱といった事由はこれらに規定されていないため、Eは欠格者に該当しない。

図表

6 ◯ 　相続欠格においては、すべての推定相続人がその対象となる（891条）が、相続廃除においては、遺留分を有する推定相続人のみがその対象となる（892条）。

関連

7 ◯ 　相続欠格は、民法891条各号に該当する欠格事由があれば、法律上当然にその効果が生ずる（891条柱書）。これに対して、相続廃除は、892条の定める事由があれば、被相続人は、その推定相続人の廃除を家庭裁判所に請求することができる（892条）。

8 ✕ 　相続欠格・相続廃除の効果は相対的であり、特定の被相続人と相続人との間でのみ生じ、他の被相続人との関係にまで及ばない（891条、892条、893条参照）ため、すべての相続にかかわる相続能力が否定されるわけではない。したがって、前段部分が誤りである。

9 ✕ 　民法896条は、「相続人は、相続開始の時から、被相続人の財産に属した一切の権利義務を承継する。ただし、被相続人の一身に専属したものは、この限りでない。」と規定している。したがって、本問の前段は妥当である。もっとも、判例は、不法行為による慰謝料請求権は、被害者が生前に請求の意思を表明しなくても、当然に相続の対象となるとしている（最大判昭42.11.1）。したがって、本問の後段が誤りである。

10 ✕ 　判例は、「共同相続された普通預金債権、通常貯金債権及び定期貯金債権は、いずれも、相続開始と同時に当然に相続分に応じて分割されることはなく、遺産分割の対象となるものと解するのが相当である」としている（最大決平28.12.19）。

11 ✕ 　各共同相続人は、遺産に属する預貯金債権のうち相続開始の時の債権額の3分の1に民法900条及び901条の規定により算定した当該共同相続人の相続分を乗じた額（諸般の事情を勘案して預貯金債権の債務者ごとに法務省令で定める額を限度とする）については、単独でその権利を行使することができる（909条の2前段）。

R3-35-ア

12 Aが死亡し、Aの妻B、A・B間の子CおよびDを共同相続人として相続が開始した。相続財産にはAが亡くなるまでAとBが居住していた甲建物がある。Aが、Aの死後、甲建物をBに相続させる旨の遺言をしていたところ、Cが相続開始後、法定相続分を持分とする共同相続登記をしたうえで、自己の持分4分の1を第三者Eに譲渡して登記を了した。この場合、Bは、Eに対し、登記なくして甲建物の全部が自己の属することを対抗することができる。

R6-35-2

13 被相続人が、相続財産中の特定の銀行預金を共同相続人中の特定の1人に相続させる旨の遺言をしていた場合、当該預金債権の価額が当該相続人の法定相続分の価額を超えるときには、当該預金債権の承継に関する債権譲渡の対抗要件を備えなければ、当該預金債権の承継を第三者に対抗できない。

R6-35-3

14 共同相続人の1人が、相続開始後遺産分割の前に、被相続人が自宅に保管していた現金を自己のために費消した場合であっても、遺産分割の対象となる財産は、遺産分割時に現存する相続財産のみである。

H22-35-イ

15 Aは、海外出張に出かけたが、帰国予定の日に帰国しないまま長期間が経過した。その間、家族としては関係者および関係機関に問い合わせ、可能な限りの捜索をしたが、生死不明のまま出張から10年以上が経過した。そこで、Aについて、Aの妻Bの請求に基づき家庭裁判所によって失踪宣告がなされた。なお、Aの相続人としては、妻Bおよび子Cの2人がいる。この場合に、Aの相続についての限定承認は、BとCが共同してのみ家庭裁判所に申述することができる。

Chapter 2 遺　言

総合テキスト ▶▶▶ Chapter 42

H29-35-イ

1 自筆証書によって遺言をするには、遺言者が、その全文、日付および氏名を自書してこれに押印しなければならず、遺言を変更する場合には、変更の場所を指示し、変更内容を付記して署名するか、または変更の場所に押印しなければ効力を生じない。

12 ✗ 　民法899条の2第1項は、「相続による権利の承継は、遺産の分割によるものかどうかにかかわらず、**次条**〔法定相続分〕**及び第901条**〔代襲相続人の相続分〕**の規定により算定した相続分を超える部分については、登記、登録その他の対抗要件を備えなければ、第三者に対抗することができない。**」と規定している。したがって、Bは、甲建物を相続したとしても、登記をしなければ、Eに対して、甲建物の全部が自己に属することを対抗することができない。

13 ○ 　債権の相続に際し、**法定相続分を超える部分**については確定日付のある証書により通知し**対抗要件を備えなければ、第三者に対抗することができない**（899条の2第2項、第1項）。

14 ✗ 　遺産の分割前に遺産に属する財産が処分された場合であっても、共同相続人は、その**全員の同意により、当該処分された財産が遺産の分割時に遺産として存在するものとみなすことができる**（906条の2第1項）。

15 ○ 　相続人が数人あるときは、**限定承認は、共同相続人の全員が共同してのみこれをすることができる**（923条）。

1 ✗ 　自筆証書によって遺言をするには、遺言者が、その全文、日付及び氏名を自書し、これに印を押さなければならず、自筆証書中の加除その他の変更は、遺言者が、その場所を指示し、これを変更した旨を付記して**特にこれに署名し、かつ、その変更の場所に印を押さなければ**、その効力を生じない（968条1項、3項）。

R5-35-イ

2　自筆証書遺言の作成に際し、カーボン紙を用いて複写の方法で作成が行われた場合であっても、自書の要件を満たし、当該遺言は有効である。

H29-35-エ

3　秘密証書によって遺言をするには、遺言者が、証書に署名、押印した上、その証書を証書に用いた印章により封印し、公証人一人および証人二人以上の面前で、当該封書が自己の遺言書である旨ならびにその筆者の氏名および住所を申述する必要があるが、証書は自書によらず、ワープロ等の機械により作成されたものであってもよい。

R5-35-ア

4　重度の認知症により成年被後見人となった高齢者は、事理弁識能力を一時的に回復した場合であっても、後見開始の審判が取り消されない限り、遺言をすることができない。

R5-35-ウ

5　夫婦は、同一の証書によって遺言をすることはできない。

R5-35-オ

6　遺言は、遺言者が死亡して効力を生じるまでは、いつでも撤回することができるが、公正証書遺言を撤回するには公正証書遺言により、自筆証書遺言を撤回するには自筆証書遺言により行わなければならない。

2 ○ 判例は、カーボン複写の方法によって記載された自筆の遺言は、民法968条1項にいう**「自書」の要件に欠けるものではなく、遺言の効力が生じるとしている**（最判平5.10.19）。

------- 比較 -------

3 ○ 秘密証書によって遺言をするには、遺言者が、その証書に署名し、印を押すことが要件として求められるが（970条1項1号）、**自筆証書遺言のように証書が自書であることは求められていない**（968条1項参照）。したがって、証書は、自書によらず、ワープロ等の機械により作成されたものであっても構わない。

4 ✕ 制限行為能力の規定は、遺言には適用されない（962条）。遺言は、遺言者の死後に効力が発生するため、制限行為能力制度により遺言者を保護する必要性がないからである。したがって、本問は、成年被後見人が遺言をすることができないとしている点で誤りである。なお、**成年被後見人が事理を弁識する能力を一時回復した時において遺言をするには、医師2人以上の立会いがなければならない**（973条1項）。

5 ○ 民法975条は、「**遺言は、2人以上の者が同一の証書ですることができない。**」と規定している。これは、夫婦であっても同様である。

6 ✕ 民法1022条は、「遺言者は、いつでも、遺言の方式に従って、その遺言の全部又は一部を撤回することができる。」と規定している。遺言の撤回は、遺言の方式に従ってなされる必要があるが、**その方式が同一であることまでは要求されない**。

Chapter 3　配偶者居住権

総合テキスト ▶▶▶ Chapter 43

R3-35-ウ

1　Aが死亡し、Aの妻B、A・B間の子CおよびDを共同相続人として相続が開始した。相続財産にはAが亡くなるまでAとBが居住していた甲建物がある。Aが遺言において、遺産分割協議の結果にかかわらずBには甲建物を無償で使用および収益させることを認めるとしていた場合、Bは、原則として終身にわたり甲建物に無償で居住することができるが、甲建物が相続開始時にAとAの兄Fとの共有であった場合には、Bは配偶者居住権を取得しない。

R3-35-エ

2　Aが死亡し、Aの妻B、A・B間の子CおよびDを共同相続人として相続が開始した。相続財産にはAが亡くなるまでAとBが居住していた甲建物がある。家庭裁判所に遺産分割の請求がなされた場合において、Bが甲建物に従前通り無償で居住し続けることを望むときには、Bは、家庭裁判所に対し配偶者居住権の取得を希望する旨を申し出ることができ、裁判所は甲建物の所有者となる者の不利益を考慮してもなおBの生活を維持するために特に必要があると認めるときには、審判によってBに配偶者居住権を与えることができる。

R3-35-オ

3　Aが死亡し、Aの妻B、A・B間の子CおよびDを共同相続人として相続が開始した。相続財産にはAが亡くなるまでAとBが居住していた甲建物がある。遺産分割の結果、Dが甲建物の所有者と定まった場合において、Bが配偶者居住権を取得したときには、Bは、単独で同権利を登記することができる。

R3-35-イ

4　Aが死亡し、Aの妻B、A・B間の子CおよびDを共同相続人として相続が開始した。相続財産にはAが亡くなるまでAとBが居住していた甲建物がある。Aの死後、遺産分割協議が調わない間に、Bが無償で甲建物の単独での居住を継続している場合、CおよびDは自己の持分権に基づき、Bに対して甲建物を明け渡すよう請求することができるとともに、Bの居住による使用利益等について、不当利得返還請求権を有する。

1 ○ 被相続人の配偶者は、被相続人の財産に属した建物に相続開始の時に居住し、かつ、配偶者居住権が遺贈の目的とされたときは、その居住していた建物の全部について無償で使用及び収益をする権利（配偶者居住権）を取得する（1028条1項2号）。もっとも、被相続人が相続開始の時に居住建物を配偶者以外の者と共有していた場合には、配偶者居住権を取得しない（同項柱書ただし書）。本問では、相続財産である甲建物が相続開始時にAとAの兄Fとの共有であったため、Bは、配偶者居住権を取得しない。

---

2 ○ 遺産の分割の請求を受けた家庭裁判所は、配偶者が家庭裁判所に対して配偶者居住権の取得を希望する旨を申し出た場合において、居住建物の所有者の受ける不利益の程度を考慮してもなお配偶者の生活を維持するために特に必要があると認めるとき、配偶者が配偶者居住権を取得する旨を定めることができる（1029条2号）。

---

3 ✗ 民法1031条1項は、「居住建物の所有者は、配偶者（配偶者居住権を取得した配偶者に限る。……）に対し、配偶者居住権の設定の登記を備えさせる義務を負う。」と規定している。また、不動産登記法60条は、「権利に関する登記の申請は、法令に別段の定めがある場合を除き、登記権利者及び登記義務者が共同してしなければならない。」と規定している。

---

4 ✗ 配偶者は、被相続人の財産に属した建物に相続開始の時に無償で居住していた場合、居住建物について配偶者を含む共同相続人間で遺産の分割をするときは、遺産の分割により居住建物の帰属が確定した日又は相続開始の時から6か月を経過する日のいずれか遅い日まで、居住建物の所有権を相続又は遺贈により取得した者に対し、居住建物について無償で使用する権利（配偶者短期居住権）を有する（1037条1項1号）。本問において、Aの配偶者であるBは、Aの相続財産である甲建物に無償で居住しているため、所定の期間、配偶者短期居住権を有する。したがって、C及びDは、遺産分割協議が調わない間に、Bに対して、甲建物の明渡しを請求することはできず、Bの居住による使用利益等について、不当利得返還請求権を有することもない。

知識を整理

図表 相続欠格と推定相続人の廃除の比較

	相続欠格	推定相続人の廃除
対　象	相続人	遺留分を有する推定相続人（※1）
対象行為	① 故意に被相続人又は相続について先順位・同順位者を死亡するに至らせ、又は至らせようとしたために刑に処せられた者（※2） ② 被相続人の殺害されたことを知って告発又は告訴しなかった者（※3） ③ 詐欺又は強迫によって、被相続人が相続に関する遺言をし、撤回し、取り消し、又は変更することを妨げた者 ④ 詐欺又は強迫によって、被相続人に相続に関する遺言をさせ、撤回させ、取り消させ、又は変更させた者 ⑤ 相続に関する被相続人の遺言書を偽造し、変造し、破棄し、又は隠匿した者（※4、5、6）	① 被相続人に対する虐待・重大な侮辱 eg. 老齢かつ病床にある父母に対して、生活費も与えず、「お前達みたいな者は首をくくって死んでしまえ」と暴言を吐いた行為 ② 推定相続人の著しい非行 eg. 大学に入ってから遊びを覚え、麻雀パチンコ等の賭事に明け暮れ、クラブ・スナックに出入りし、女遊びをして大学を中退し、親に無心を繰り返し、就職するといっては金を強要し、結婚するといっては資金を出させたのは、たちの悪い「親泣かせ」であるから「著しい非行」にあたる。
手　続	不　要 （法律上当然に欠格者）	① 生前廃除（892条） 　→ 被相続人が家庭裁判所に廃除請求 ② 遺言廃除（893条） 　→ 遺言執行者が家庭裁判所に廃除請求
効　果	相続権の喪失	
取消し	できない	廃除の取消請求 （理由を問わず・いつでも・遺言でも）

※1　兄弟姉妹は相続人であるが遺留分を有しないため（1042条1項）、推定相続人の廃除の対象とならない（892条参照）。

※2　殺人の故意が必要であるため、過失致死（刑法210条）、暴行又は傷害の故意しかない傷害致死（205条）は、これに該当しない（大判大11.9.25）。また、殺人罪についての既遂・未遂を問わない。さらに、殺人予備罪も含まれる。

※3　ただし、その者に是非の弁別がないとき又は殺害者が自己の配偶者若しくは直系血族であるときは除かれる（民法891条2号ただし書）。

※4　被相続人の意思を実現させるためにその法形式を整える趣旨で遺言書を偽造又は変造をしたにすぎないときには、その相続人は891条5号所定の相続欠格者にあたらない（最判昭56.4.3）。

※5　遺言公正証書の保管を委託された相続人が、遺産分割協議が成立するまで他の相続人の1人に遺言書の存在を告げなかったことは、891条5号所定の相続欠格者にはあたらない（最判平6.12.16）。

※6　相続人が被相続人の遺言書を破棄又は隠匿した行為が相続に関して不当な利益を目的とするものでなかったときは、その相続人は891条5号所定の相続欠格者にあたらない（最判平9.1.28）。

商　　法

Part 1　株式会社

Part 2　持分会社

Part 3　商法総則・商行為

Part 1 株式会社

Chapter 1 株式会社総論・総則

総合テキスト ▶▶▶ Chapter 1

R2-40-1

1 公開会社であり、かつ大会社である株式会社は、譲渡制限株式を発行することができない。

H21-39-ウ

2 株式会社の事業譲渡に関して、譲渡会社は、当事者の別段の意思表示がない限り、同一の市町村の区域内およびこれに隣接する市町村の区域内においては、その事業を譲渡した日から20年間は、同一の事業を行ってはならない。

H21-39-イ

3 株式会社の事業譲渡に関して、譲受会社が譲渡会社の商号を引き続き使用する場合には、譲受会社は、譲渡会社の事業によって生じた債務を弁済する責任を負い、譲渡会社は当該債務を弁済する責任を免れる。

Chapter 2 株式

総合テキスト ▶▶▶ Chapter 5

1 総論

H29-40-ア

1 「株主の責任の上限は、その有する株式の引受価額である。」という記述は、全ての株式会社に共通する内容である。

1 ✘　公開会社とは、その発行する全部又は一部の株式の内容として譲渡による当該株式の取得について株式会社の承認を要する旨の定款の定め（以下、「譲渡制限株式」という）を設けていない株式会社をいう（会社法2条5号）。したがって、公開会社は、譲渡制限株式を発行することができないわけではない。**一部でも譲渡制限の定めを設けていない株式を発行していれば、それは公開会社といえる。**

---

2 ⭕　そのとおりである（21条1項）。

---

3 ✘　譲受会社が譲渡会社の商号を引き続き使用する場合には、その譲受会社も、譲渡会社の事業によって生じた債務を弁済する責任を負う（22条1項）。この場合、譲渡会社は当該債務を弁済する責任を免れるのではなく、**譲受会社とともに連帯して責任を負う。**

1 ⭕　会社法104条は、「**株主の責任は、その有する株式の引受価額を限度とする。**」と規定している。これは、すべての株式会社に共通する内容である。

H23-40-5

2 剰余金配当請求権は、株主が会社から直接経済的利益を受ける重要な権利であるため、剰余金配当請求権を付与しない旨の定款の定めを置くことは許されない。

H30-40-1

3 株式会社は、剰余金の配当請求権および残余財産分配請求権の全部を株主に与えない旨の定款の定めを設けることができる。

H26-40-1 改

4 「公開会社でない株式会社が、剰余金の配当を受ける権利に関する事項について、株主ごとに異なる取扱いを行うこと」については、定款の定めを必要としない。

2 株式の内容

H28-38-ア改

5 種類株式発行会社でない会社法上の公開会社は、その発行する全部の株式の内容として、株主総会の決議によってその全部を会社が取得する旨の定款の定めがある株式を発行することができる。

R5-38-5

6 株式会社は、株主総会の決議事項の全部について議決権を有しないことを内容とする種類株式を発行することができる。

310

2 ✗ 株主に剰余金の配当を受ける権利及び残余財産の分配を受ける権利の全部を与えない旨の定款の定めは、その効力を有しない（105条2項）が、**一方を付与しない旨の定款の定めを置くことを許さないとする規定はない**。

比較

3 ✗ 株主に剰余金の配当を受ける権利及び残余財産の分配を受ける権利（105条1項1号、2号）の**全部を与えない旨の定款の定めは、その効力を有しない**（同条2項）。

4 ✗ **公開会社でない株式会社**は、①剰余金の配当を受ける権利、②残余財産の分配を受ける権利、③**株主総会における議決権に関する事項**について、**株主ごとに異なる取扱いを行う旨を定款**で定めることができる（109条2項、105条1項各号）。

5 ✗ 会社法107条1項柱書は、「株式会社は、その発行する全部の株式の内容として次に掲げる事項を定めることができる。」と規定しており、同項は、「譲渡による当該株式の取得について当該株式会社の承認を要すること。」（1号）、「当該株式について、株主が当該株式会社に対してその取得を請求することができること。」（2号）、「当該株式について、当該株式会社が一定の事由が生じたことを条件としてこれを取得することができること。」（3号）を掲げている。しかし、本問にあるような**「株主総会の決議によってその全部を会社が取得する旨」は、同項には掲げられていない**。

比較

6 ○ 会社法108条1項柱書本文は、「株式会社は、次に掲げる事項について異なる定めをした内容の異なる2以上の種類の株式を発行することができる。」と規定し、同項3号は、「株主総会において議決権を行使することができる事項」を掲げている。したがって、本問のような、**完全無議決権株式を発行することも可能**である。

H28-38-イ改

7 種類株式発行会社でない会社法上の公開会社は、その発行する全部の株式の内容として、株主総会において議決権を行使することができる事項について制限がある旨の定款の定めがある株式を発行することができる。

R5-38-2

8 公開会社および指名委員会等設置会社のいずれでもない株式会社は、1つの株式につき2個以上の議決権を有することを内容とする種類株式を発行することができる。なお、定款において、単元株式数の定めはなく、また、株主総会における議決権等について株主ごとに異なる取扱いを行う旨の定めはないものとする。

H30-38-1

9 株式会社は、定款において、その発行する全部の株式の内容として、または種類株式の内容として、譲渡による当該株式の取得について当該株式会社の承認を要する旨を定めることができる。

H23-38-1

10 株式会社は、合併および会社分割などの一般承継による株式の取得について、定款において、当該会社の承認を要する旨の定めをすることができる。

R2-38-1

11 株式会社は、その発行する全部または一部の株式の内容として、当該株式について、株主が当該株式会社に対してその取得を請求することができることを定めることができる。

R2-38-2改

12 株式会社は、その発行する全部または一部の株式の内容として、当該株式について、当該株式会社が一定の事由が生じたことを条件としてこれを取得することができることを定めることができる。

R5-38-3

13 株式会社は、株主総会または取締役会において決議すべき事項のうち、当該決議のほか、当該種類の株式の種類株主を構成員とする種類株主総会の決議を必要とすることを内容とする種類株式を発行することができる。

7 ✗ 設問5（311ページ）の解説のとおりであり、「株主総会において議決権を行使することができる事項について制限がある旨」は、会社法107条1項各号には掲げられていない。

8 ✗ 会社法上、本問のような複数議決権株式の制度を認める規定はない。

9 ◯ そのとおりである（107条1項1号、2項1号イ、108条1項4号、2項4号）。

10 ✗ 会社は、定款により、**発行する全部の株式の内容**として（107条1項1号、2項1号）、又は、**種類株式の内容**として（108条1項4号、2項4号）、**譲渡による当該株式の取得**につき会社の承認を要する旨を定めることができる。もっとも、譲渡による株式の取得には相続・合併のような一般承継による株式の移転は含まないとされている。

11 ◯ そのとおりである（107条1項2号、108条1項5号）。本問のような株式を**取得請求権付株式**という。

12 ◯ そのとおりである（107条1項3号、108条1項6号）。本問のような株式を**取得条項付株式**という。

13 ◯ 会社法108条1項柱書本文は、「株式会社は、次に掲げる事項について異なる定めをした**内容の異なる2以上の種類の株式を発行することができる**。」と規定し、同項8号は、「株主総会（取締役会設置会社にあっては株主総会又は取締役会……）において決議すべき事項のうち、**当該決議のほか、当該種類の株式の種類株主を構成員とする種類株主総会の決議があることを必要とするもの**」を掲げている。

R5-38-4

14 公開会社および指名委員会等設置会社のいずれでもない株式会社は、当該種類の株式の種類株主を構成員とする種類株主総会において取締役または監査役を選任することを内容とする種類株式を発行することができる。

3 株式買取請求

H19-37-イ

15 議決権制限株式を発行する旨の定款変更決議に反対する株主は、株式買取請求権を行使することができる。

H19-37-ウ

16 株主総会決議に反対する株主が買取請求権を行使するには、原則として、その決議に先立ち反対の旨を会社に通知し、かつ、その総会において反対しなければならない。

H19-37-エ

17 株式の買取りを会社に対して請求した株主であっても、会社の承諾があれば、買取請求を撤回することができる。

H29-38-1

18 発行済株式の総数は、会社が反対株主の株式買取請求に応じることにより減少する。

4 株主名簿等

H21-38-ア改

19 すべての株式会社は、株主名簿を作成して、株主の氏名または名称および住所ならびに当該株主の有する株式の種類および種類ごとの数などを記載または記録しなければならない。

14 ⭕ 会社法108条1項柱書本文は、「株式会社は、次に掲げる事項について異なる定めをした内容の異なる2以上の種類の株式を発行することができる。」と規定し、同項9号は、「当該種類の株式の種類株主を構成員とする種類株主総会において取締役……又は監査役を選任すること。」を掲げている。もっとも、同項柱書ただし書は、「ただし、**指名委員会等設置会社及び公開会社は、第9号に掲げる事項についての定めがある種類の株式を発行することができない。**」と規定している。

15 ❌ 会社が一定の行為をする場合、反対株主は株式買取請求権を有するが、**議決権制限株式を発行する旨の定款変更は対象となっていない**（116条1項各号参照）。

16 ⭕ 株主総会決議に反対する株主が株式買取請求権を行使するには、**議決権を行使できる株主は、①総会前に会社に反対の意思を通知し、②総会で反対することが必要**である（116条2項1号イ）。なお、議決権を行使できない株主については、①及び②は不要とされている（同号ロ参照）。

17 ⭕ 株式買取請求をした株主は、**会社の承諾を得た場合に限り**、その株式買取請求を撤回することができる（116条7項）。これは、会社の便宜に配慮したものである。

18 ❌ 株式会社が株主の利益に重大な影響を及ぼす一定の行為を行う場合、反対株主は、株式買取請求をすることができる（116条等）。しかし、株式会社が、**反対株主の株式買取請求に応じたとしても、発行済株式の総数は減少しない。**

19 ⭕ 株式会社は、**株主名簿を作成**して、①株主の氏名又は名称及び住所、②株主の有する株式の種類及び種類ごとの数、③株主が株式を取得した日、④株券発行会社である場合には株券の番号を記載又は記録しなければならない（121条）。

R2-39-2

20 株式会社は、基準日株主の権利を害することがない範囲であれば、当該基準日後に株式を取得した者の全部または一部を株主総会における議決権を行使することができる者と定めることができる。

5　株式の譲渡

H29-40-イ

21 「株主は、その有する株式を譲渡することができる。」という記述は、全ての株式会社に共通する内容である。

H21-38-イ

22 基準日以前に株式を取得した者で、株主名簿に株主として記載または記録されていない者について、会社は、その者を株主として扱い、権利の行使を認容することができる。

H21-38-ウ

23 株券発行会社においては、株式の譲受人は、株主名簿の名義書換えをしなければ、当該会社および第三者に対して株式の取得を対抗できない。

H21-38-エ

24 会社が株主による株主名簿の名義書換え請求を不当に拒絶した場合には、当該株主は、会社に対して、損害賠償を請求することができるが、株主であることを主張することはできない。

316

20 ○ 会社法124条4項本文は、「基準日株主が行使することができる権利が株主総会……における議決権である場合には、株式会社は、当該基準日後に株式を取得した者の全部又は一部を当該権利を行使することができる者と定めることができる。」と規定している。また、同項ただし書は、「当該株式の基準日株主の権利を害することができない。」と規定している。したがって、基準日株主の権利を害さない範囲であれば、当該基準日後に株式を取得した者の全部又は一部を株主総会における議決権を行使することができる者と定めることができる。

21 ○ 会社法127条は、「株主は、その有する株式を譲渡することができる。」と規定している。これは、すべての株式会社に共通する内容である。なお、会社は、発行する全部の株式の内容として、譲渡による当該株式の取得につき当該会社の承認を要する旨を定款で定めることができるが（107条1項1号、2項1号）、会社の承認なしに当該株式を譲渡した場合であっても、当事者間における譲渡は有効である。

22 ○ 株主は、株主名簿の名義書換をしなければ、株式会社が権利移転の存在を知っていたとしても、株式会社に対抗することができない（確定的効力130条1項）。しかし、基準日以前に株式を取得した者で、株主名簿に株主として記載又は記録されていない者について、会社は、その者を株主として扱い、権利の行使を認容することは差し支えない（最判昭30.10.20）。

23 ✗ 株式の譲渡は、その株式を取得した者の氏名又は名称及び住所を株主名簿に記載し、又は記録しなければ、株式会社その他の第三者に対抗することができない（130条1項）。ただし、株券発行会社における第三者に対する対抗要件は株券の占有である（同条2項参照）。

24 ✗ 会社が株主による株主名簿の名義書換請求を不当に拒絶した場合、当該株主は、会社に対して、損害賠償を請求できるのみならず、名義書換なしに株主であることを主張することができる（最判昭41.7.28）。

H23-38-5

25 合併後消滅する会社から親会社株式を子会社が承継する場合、子会社は、親会社株式を取得することができるが、相当の時期にその有する親会社株式を処分しなければならない。

H30-38-2

26 譲渡制限株式の株主は、その有する譲渡制限株式を当該株式会社以外の他人に譲り渡そうとするときは、当該株式会社に対し、当該他人が当該譲渡制限株式を取得することについて承認するか否かを決定することを請求することができる。

H30-38-3

27 譲渡制限株式を取得した者は、当該株式会社に対し、当該譲渡制限株式を取得したことについて承認するか否かの決定をすることを請求することができるが、この請求は、利害関係人の利益を害するおそれがない一定の場合を除き、その取得した譲渡制限株式の株主として株主名簿に記載もしくは記録された者またはその相続人その他の一般承継人と共同してしなければならない。

H30-38-4

28 取締役会設置会社ではない株式会社が譲渡制限株式の譲渡の承認をするには、定款に別段の定めがある場合を除き、株主総会の特別決議によらなければならない。

H23-38-2

29 譲渡制限株式の譲渡を承認するか否かの決定は、定款に別段の定めがない限り、取締役会設置会社では取締役会の決議を要し、それ以外の会社では株主総会の決議を要する。

H23-38-3

30 承認を受けないでなされた譲渡制限株式の譲渡は、当該株式会社に対する関係では効力を生じないが、譲渡の当事者間では有効である。

25 ○ そのとおりである（135条）。

比較

26 ○ そのとおりである（136条）。

27 ○ そのとおりである（137条）。

関連

28 ✕ 会社法139条1項は、「株式会社が第136条又は第137条第1項の承認〔譲渡制限株式の譲渡の承認〕をするか否かの決定をするには、株主総会……の決議によらなければならない。ただし、定款に別段の定めがある場合は、この限りでない。」と規定しているところ、株主総会の特別決議を定めた309条2項の各号には、139条1項は掲げられていない。したがって、譲渡制限株式の譲渡の承認についての株主総会の決議は、普通決議で足りる（309条1項）。

29 ○ そのとおりである（139条1項本文）。

30 ○ 判例は、会社の事前の承認を得ずになされた株式の譲渡は、会社に対する関係では効力を生じないが、譲渡当事者間においては有効であると解するのが相当であるとする（最判昭48.6.15）。

H25-37-ウ

31 取締役会設置会社が、その発行する全部の株式の内容として、譲渡による株式の取得について当該会社の承認を要する旨を定める場合（以下、譲渡制限とはこの場合をいう。）に関して、譲渡制限の定めのある株式の譲渡による取得について承認をするか否かの決定をすることを請求された会社が、この請求の日から2週間（これを下回る期間を定款で定めた場合はその期間）以内に譲渡等の承認請求をした者に対して当該決定の内容について通知をしなかった場合は、当該会社と譲渡等の承認請求をした者との合意により別段の定めをしたときを除き、承認の決定があったものとみなされる。

6　自己株式の取得等

R2-38-3

32 株式会社が他の会社の事業の全部を譲り受ける場合には、当該株式会社は、当該他の会社が有する当該株式会社の株式を取得することができる。

R2-38-4

33 取締役会設置会社は、市場取引等により当該株式会社の株式を取得することを取締役会の決議によって定めることができる旨を定款で定めることができる。

H30-38-5

34 株式会社は、相続その他の一般承継によって当該株式会社の発行した譲渡制限株式を取得した者に対し、当該譲渡制限株式を当該株式会社に売り渡すことを請求することができる旨を定款で定めることができる。

H26-40-2

35 「譲渡制限株式を発行する株式会社が、相続その他の一般承継により当該会社の譲渡制限株式を取得した者に対し、当該株式を当該会社に売り渡すことを請求すること」については、定款の定めを必要としない。

H29-38-2

36 発行済株式の総数は、会社が自己株式を消却することにより減少する。

31 ◯ そのとおりである（139条2項、145条1号）。

32 ◯ 会社法155条柱書は、「株式会社は、次に掲げる場合に限り、当該株式会社の株式を取得することができる。」と規定し、同条10号は、「他の会社……の事業の全部を譲り受ける場合において当該他の会社が有する当該株式会社の株式を取得する場合」を掲げている。

33 ◯ そのとおりである（165条2項）。

34 ◯ そのとおりである（174条）。

関連

35 ✗ 株式会社は、相続その他の一般承継により当該株式会社の株式（譲渡制限株式に限る）を取得した者に対し、当該株式を当該株式会社に売り渡すことを請求することができる旨を定款で定めることができる（174条）。

36 ◯ 会社法178条1項前段は、「株式会社は、自己株式を消却することができる。」と規定している。そして、株式会社が自己株式を消却すると発行済株式の総数は減少する。

7 株式の併合等

H26-38-1改

37 取締役会設置会社であり、種類株式発行会社でない株式会社が株式を併合するには、その都度、併合の割合および株式の併合がその効力を生ずる日および効力発生日における発行可能株式総数を、株主総会の決議によって定めなければならない。

H26-38-2改

38 取締役会設置会社であり、種類株式発行会社でない株式会社が株式を分割するには、その都度、株式の分割により増加する株式の総数の分割前の発行済株式の総数に対する割合および当該株式の分割に係る基準日ならびに株式の分割がその効力を生ずる日を、株主総会の決議によって定めなければならない。なお、定款に別段の定めはないものとする。

H26-38-4改

39 取締役会設置会社であり、種類株式発行会社でない株式会社が株式の分割によって定款所定の発行可能株式総数を超過することになる場合は、あらかじめ株主総会の決議により発行可能株式総数を変更するのでなければ、このような株式の分割をすることはできない。

H26-38-3改

40 取締役会設置会社であり、種類株式発行会社でない株式会社が株式の無償割当てをするには、その都度、割り当てる株式の数およびその効力の生ずる日を、株主総会の決議によって定めなければならない。なお、定款に別段の定めはないものとする。

8 単元株式

H27-38-1

41 取締役会設置会社であり、種類株式発行会社でない株式会社は、その発行する株式について、一定の数の株式をもって株主が株主総会において一個の議決権を行使することができる一単元の株式とする旨を定款で定めることができる。

37 ⭕ 　種類株式発行会社でない株式会社は、株式の併合をしようとするときは、その都度、株主総会の決議によって、①併合の割合、②株式の併合がその効力を生ずる日、③効力発生日における発行可能株式総数を定めなければならない（180条2項1号、2号、4号）。

図表2

38 ❌ 　取締役会設置会社であり、種類株式発行会社でない株式会社は、株式の分割をしようとするときは、その都度、取締役会の決議によって、①株式の分割により増加する株式の総数の株式の分割前の発行済株式の総数に対する割合及び当該株式の分割に係る基準日、②株式の分割がその効力を生ずる日を定めなければならない（183条2項1号、2号）。

39 ❌ 　株式会社（現に2以上の種類の株式を発行しているものを除く）は、株式の分割と同時に発行可能株式総数を増加する定款の変更をする場合、株主総会の決議によらないで、株式の分割がその効力を生ずる日における発行可能株式総数をその日の前日の発行可能株式総数に株式の分割により増加する株式の総数の株式の分割前の発行済株式の総数に対する割合を乗じて得た数の範囲内で増加する定款の変更をすることができる（184条2項）。したがって、上記要件を満たせば、あらかじめ株主総会の決議により発行可能株式総数を変更することなく、株式の分割をすることができる。

40 ❌ 　種類株式発行会社でない株式会社は、株式無償割当てをしようとするときは、その都度、①株主に割り当てる株式の数又はその数の算定方法、②当該株式無償割当てがその効力を生ずる日を定めなければならない（186条1項1号、2号）。そして、当該①、②に掲げる事項の決定は、定款に別段の定めがある場合を除き、取締役会設置会社にあっては、取締役会の決議によらなければならない（同条3項）。

41 ⭕ 　そのとおりである（188条1項）。

H29-38-3

42 発行済株式の総数は、会社が単元株式数を定款に定めることにより減少する。

H27-38-2

43 取締役会設置会社であり、種類株式発行会社でない株式会社は、単元未満株主が単元未満株式について残余財産の分配を受ける権利を行使することができない旨を定款で定めることができない。

H27-38-3

44 取締役会設置会社であり、種類株式発行会社でない株式会社の単元未満株主は、定款にその旨の定めがあるときに限り、株式会社に対し、自己の有する単元未満株式を買い取ることを請求することができる。

H27-38-4

45 取締役会設置会社であり、種類株式発行会社でない株式会社の単元未満株主は、定款にその旨の定めがあるときに限り、株式会社に対し、自己の有する単元未満株式と併せて単元株式となる数の株式を売り渡すことを請求することができる。

H27-38-5

46 取締役会設置会社であり、種類株式発行会社でない株式会社が単元株式数を減少し、または単元株式数についての定款の定めを廃止するときは、取締役会の決議によりこれを行うことができる。

Chapter 3　機　関

総合テキスト ▶▶▶ Chapter 6

1　機関設計

H19-38-5

1 取締役会または監査役を設置していない株式会社も設立することができる。

42 ✗ 　会社法188条1項は、「株式会社は、その発行する株式について、一定の数の株式をもって株主が株主総会又は種類株主総会において1個の議決権を行使することができる1単元の株式とする旨を定款で定めることができる。」と規定している。しかし、**株式会社が単元株式数を定款に定めても、発行済株式の総数は減少しない**。

43 ○ 　株式会社は、単元未満株主が単元未満株式について**残余財産の分配を受ける権利を定款により制限することができない**（189条2項5号）。

44 ✗ 　単元未満株主は、株式会社に対し、自己の有する**単元未満株式を買い取ることを請求**することができる（192条1項）。**定款にその旨の定めがあるときに限られるわけではない**。

比較

45 ○ 　株式会社は、単元未満株主が当該株式会社に対して**単元未満株式売渡請求**（単元未満株主が有する単元未満株式の数と併せて単元株式数となる数の株式を当該単元未満株主に売り渡すことを請求することをいう）をすることができる旨を**定款で定めることができる**（194条1項）。

46 ○ 　株式会社は、**取締役会設置会社にあっては、取締役会の決議**によって、定款を変更して単元株式数を減少し、又は単元株式数についての定款の定めを廃止することができる（195条1項）。

1 ○ 　**すべての株式会社には、株主総会と取締役が必要**である（会社法295条、326条1項参照）。しかし、それ以外の各機関（取締役会、監査役・監査役会、会計参与、会計監査人、監査等委員会、指名委員会等・執行役）については、一定のルールの下で、原則として、それぞれの会社が任意に設置することができる（326条2項）。

図表3

H29-40-エ

2 「株主総会は、その決議によって取締役を1人以上選任する。」という記述は、全ての株式会社に共通する内容である。

H28-39-3

3 監査等委員会設置会社または指名委員会等設置会社は、いずれも取締役会設置会社である。

H28-39-1

4 監査等委員会設置会社または指名委員会等設置会社は、いずれも監査役を設置することができない。

H28-39-5

5 監査等委員会設置会社または指名委員会等設置会社は、いずれも会計監査人を設置しなければならない。

H28-39-2

6 監査等委員会設置会社は、定款で定めた場合には、指名委員会または報酬委員会のいずれかまたは双方を設置しないことができる。

R2-40-4

7 公開会社であり、かつ大会社である株式会社は、会計監査人を選任しなければならない。

R4-40-ア

8 公開会社である大会社は、会計参与を置いてはならない。

2 ○ 会社法326条1項は、「**株式会社には、1人又は2人以上の取締役を置かなければならない。**」と規定している。そして、329条1項は、「役員（取締役、会計参与及び監査役をいう。……）及び会計監査人は、株主総会の決議によって選任する。」と規定している。これは、すべての株式会社に共通する内容である。

3 ○ 会社法327条1項柱書は、「次に掲げる株式会社は、**取締役会を置かなければならない。**」と規定しており、同項3号は「**監査等委員会設置会社**」を、同項4号は「**指名委員会等設置会社**」をそれぞれ掲げている。

4 ○ そのとおりである（327条4項）。

5 ○ そのとおりである（327条5項）。

6 × 監査等委員会設置会社においては、監査等委員会が唯一の委員会であり、**指名委員会及び報酬委員会を置くことはできない**（327条6項）。

7 ○ 会社法328条1項は、「大会社（公開会社でないもの、監査等委員会設置会社及び指名委員会等設置会社を除く。）は、監査役会及び会計監査人を置かなければならない。」と規定している。また、同条2項は、「公開会社でない**大会社は、会計監査人を置かなければならない。**」と規定している。本問の会社は、大会社であるため、会計監査人を選任する必要がある。なお、本問の会社は公開会社を前提としているが、同条1項、2項によれば、会計監査人は、大会社であれば必置となるため、公開会社か非公開会社かを問わない点に注意を要する。

関連

8 × 会社法上、**本問のような規定はない**。なお、公開会社は、取締役会を置かなければならず（327条1項1号）、公開会社である大会社は、監査等委員会設置会社及び指名委員会等設置会社である場合を除き、監査役会及び会計監査人を置かなければならない（328条1項）。

R4-40-イ

9　公開会社ではない大会社は、会計監査人に代えて、会計参与を置くことができる。

R5-40-1

10　大会社、監査等委員会設置会社および指名委員会等設置会社は、会計監査人の設置が義務付けられているのに対して、当該いずれの会社形態においても、会計参与は任意に設置される機関である。

2　株主総会

H26-39-1

11　取締役会設置会社の株主総会は、法令に規定される事項または定款に定められた事項に限って決議を行うことができる。

R1-40-1

12　公開会社でない株式会社で、かつ、取締役会を設置していない株式会社の株主総会は、会社法に規定する事項および株主総会の組織、運営、管理その他株式会社に関する一切の事項について決議することができる。

H26-39-2

13　取締役会設置会社以外の会社の株主総会においては、招集権者が株主総会の目的である事項として株主に通知した事項以外についても、決議を行うことができる。

機関設計の押さえ方

　試験対策上、絶対に押さえておきたいのは、①株主総会と取締役が必置であること、②公開会社では取締役会を設置する必要があること、③取締役会を設置した場合には、監査役等を置かなければならないことです。また、委員会型の会社は、特殊な会社形態であり、全く別個のものと考えておくとよいでしょう。

328

9 ✗ 会社法上、**本問のような規定はない**。なお、公開会社ではない大会社は、会計監査人を置く必要がある（328条2項）。本問と類似の規定として、327条2項は、「取締役会設置会社（監査等委員会設置会社及び指名委員会等設置会社を除く。）は、監査役を置かなければならない。ただし、公開会社でない会計参与設置会社については、この限りでない。」と規定している。

10 ○ 会社法上、**会計参与の設置を義務付ける規定はない**。また、**大会社、監査等委員会設置会社及び指名委員会等設置会社**については、**会計監査人の設置が義務付けられている**（328条、327条5項）。

11 ○ **取締役会設置会社**においては、株主総会は、**会社法に規定する事項及び定款で定めた事項に限り**、決議をすることができる（295条2項）。

比較

12 ○ **取締役会を設置していない株式会社**について、会社法295条1項において、「**株主総会は、この法律に規定する事項及び株式会社の組織、運営、管理その他株式会社に関する一切の事項について決議をすることができる**。」とし、同条2項において、「前項の規定にかかわらず、取締役会設置会社においては、株主総会は、この法律に規定する事項及び定款で定めた事項に限り、決議をすることができる。」と規定している。

13 ○ 取締役会設置会社においては、株主総会は、招集者が会議の目的と定めて株主に通知した事項以外の事項については、決議をすることができない（309条5項本文）。これに対し、**取締役会設置会社以外の株式会社**においては、**株主総会は、招集者が当該会議の目的として定めた事項以外の事項も決議できる**（295条1項、309条5項参照）。

R4-39-1

14 公開会社において、総株主の議決権の100分の3以上の議決権を6か月前から引き続き有する株主は、取締役に対し、株主総会の目的である事項および招集の理由を示して、株主総会の招集を請求することができる。なお、定款に別段の定めはなく、かつ、株主総会の目的である事項の全部または一部について議決権を有しない株主はいないものとする。

R2-40-3

15 公開会社であり、かつ大会社である株式会社の株主総会の招集通知は書面で行わなければならない。

R1-40-2

16 公開会社でない株式会社で、かつ、取締役会を設置していない株式会社の株主は、持株数にかかわらず、取締役に対して、当該株主が議決権を行使することができる事項を株主総会の目的とすることを請求することができる。

R4-39-2

17 公開会社において、総株主の議決権の100分の1以上の議決権または300個以上の議決権を6か月前から引き続き有する株主は、取締役に対し、株主総会の日の8週間前までに、一定の事項を株主総会の目的とすることを請求することができる。なお、定款に別段の定めはなく、かつ、株主総会の目的である事項の全部または一部について議決権を有しない株主はいないものとする。

H23-38-4

18 株式会社が子会社以外の特定の株主から自己株式を有償で取得する場合には、取得する株式の数および特定の株主から自己株式を取得することなどについて、株主総会の特別決議を要する。

330

14 ○ 会社法297条1項は、「**総株主の議決権の100分の3……以上の議決権を6箇月……前から引き続き有する株主**は、取締役に対し、株主総会の目的である事項（当該株主が議決権を行使することができる事項に限る。）及び招集の理由を示して、**株主総会の招集を請求することができる。**」と規定している。本問の会社は公開会社であり、6か月の保有期間の規定が適用される（同条2項参照）。

15 ○ 公開会社は、取締役会を置かなければならない（327条1項1号）。そして、株主総会を招集するには、取締役は、会社法の定める所定の期間内に、株主に対してその通知を発しなければならないところ（299条1項）、**株式会社が取締役会設置会社であるときは、当該通知は、書面で行わなければならない**（同条2項2号）。

比較

16 ○ **取締役会を設置していない株式会社**について、会社法303条1項において、「**株主は、取締役に対し、一定の事項**（当該株主が議決権を行使することができる事項に限る。次項において同じ。）**を株主総会の目的とすることを請求することができる。**」と規定し、同条2項において、「前項の規定にかかわらず、取締役会設置会社においては、総株主の議決権の100分の1……以上の議決権又は300個……以上の議決権を6箇月……前から引き続き有する株主に限り、取締役に対し、一定の事項を株主総会の目的とすることを請求することができる。この場合において、その請求は、株主総会の日の8週間……前までにしなければならない。」と規定している。

17 ○ **本問の会社は公開会社であるため、取締役会設置会社**である（327条1項1号）。したがって、会社法303条2項が定める要件を満たす必要がある。

18 ○ 特定の株主から自己株式を取得する旨の決議（160条1項）は、**株主総会の特別決議**による必要がある（309条2項2号）。

H25-37-ア

19 取締役会設置会社が、その発行する全部の株式の内容として、譲渡による株式の取得について当該会社の承認を要する旨を定める場合（以下、譲渡制限とはこの場合をいう。）に関して、会社が譲渡制限をしようとするときは、株主総会の決議により定款を変更しなければならず、この定款変更の決議は、通常の定款変更の場合の特別決議と同じく、定款に別段の定めがない限り、議決権を行使することができる株主の議決権の過半数を有する株主が出席し、出席した当該株主の議決権の3分の2以上の多数をもって行われる。

H27-39-4

20 種類株式発行会社ではない取締役会設置会社で、複数の監査役が選任されている監査役設置会社の監査役を解任するには、議決権を行使することができる株主の議決権の過半数を有する株主が株主総会に出席し、出席した当該株主の議決権の3分の2以上に当たる多数の決議をもって行わなければならない。なお、定款には別段の定めがないものとする。

H23-40-4

21 会社法上の公開会社の剰余金の配当に関して、配当される財産は金銭に限定されないが、現物でのみ配当し、金銭分配請求権を与えない場合には、株主総会の特別決議が必要である。

R2-39-3

22 株主は、株主総会ごとに代理権を授与した代理人によってその議決権を行使することができる。

H21-37-3

23 株主総会は株主が議決権を行使するための重要な機会であるため、本人が議決権を行使する場合のほか、代理人による議決権行使の機会が保障されているが、会社法上の公開会社であっても、当該代理人の資格を株主に制限する旨を定款に定めることができる。

H26-39-3

24 取締役または株主が株主総会の目的である事項について提案をした場合において、当該提案につき議決権を行使できる株主の全員が書面または電磁的記録により同意の意思表示をしたときは、当該提案を可決する旨の株主総会の決議があったとみなされる。

19 ✗ 　会社は、発行する全部の株式の内容として、譲渡による当該株式の取得につき会社の承認を要する旨を定款に定めることができる（107条1項1号）。この定めを設ける場合における株主総会の決議は、当該株主総会において**議決権を行使することができる株主の半数以上**（これを上回る割合を定款で定めた場合にあっては、その割合以上）**であって、当該株主の議決権の3分の2**（これを上回る割合を定款で定めた場合にあっては、その割合）**以上にあたる多数を**もって行わなければならない（特殊決議　309条3項1号）。

---

20 ○ 　役員は、いつでも、株主総会の決議によって解任することができる（339条1項）。監査役を解任する場合における株主総会の決議は、当該株主総会において**議決権を行使することができる株主の議決権の過半数を有する株主が出席し、出席した当該株主の議決権の3分の2以上にあたる多数を**もって行わなければならない（309条2項7号）。

---

21 ○ 　**配当財産が金銭以外の財産**である場合、株主に対し、金銭分配請求権（当該配当財産に代えて金銭を交付することを株式会社に対して請求する権利をいう）を与えるとき（454条4項1号、459条1項4号）を除き、**株主総会の特別決議を必要**とする（309条2項10号）。

---

22 ○ 　会社法310条1項前段は、「株主は、**代理人によってその議決権を行使することができる。**」と規定している。また、同条2項は、「前項の代理権の授与は、**株主総会ごとに**しなければならない。」と規定している。

関連

---

23 ○ 　株主は、代理人によってその議決権を行使することができる（310条1項）。そして、**議決権行使の代理人資格を株主に制限する**旨を定款に規定することは、公開会社であっても、株主総会が株主以外の者によりかく乱されることを防止する**合理的理由に基づく相当な程度の制限として有効**である（最判昭43.11.1）。

---

24 ○ 　そのとおりである（319条1項）。

333

3 取締役等

H21-40-1

25 すべての株式会社は、定款において、取締役の資格として当該株式会社の株主である旨を定めることができる。

R2-40-5

26 公開会社であり、かつ大会社である株式会社は、取締役が株主でなければならない旨を定款で定めることができない。

H23-39-1改

27 取締役（監査等委員会設置会社の監査等委員である取締役及び指名委員会等設置会社の取締役を除く。）は、当該会社の支配人その他の使用人を兼任することができる。

R1-40-3

28 公開会社でない株式会社で、かつ、取締役会を設置していない株式会社は、コーポレートガバナンスの観点から、2人以上の取締役を置かなければならない。

H25-38-3改

29 会社法上の公開会社（監査等委員会設置会社及び指名委員会等設置会社を除く。）において、取締役の任期を、選任後1年以内に終了する事業年度に関する定時株主総会の終結の時までとする株主総会決議がなされた場合、当該決議は、株主総会の決議無効確認の訴えにおいて無効原因となる。なお、定款に別段の定めはないものとする。

H23-39-3

30 取締役会設置会社以外の会社の取締役は、代表取締役が他に選定されても、業務執行権は当然には消滅しない。なお、定款に別段の定めはないものとする。

334

関連

25 ✗　株式会社は、取締役が株主でなければならない旨を定款で定めることができない。ただし、公開会社でない株式会社においては、この限りでない（331条2項）。

26 ○　会社法331条2項本文は、「株式会社は、取締役が株主でなければならない旨を定款で定めることができない。」と規定している。なお、非公開会社においては、当該規定は適用されないため、取締役が株主でなければならない旨を定款で定めることができる（同項ただし書）。

27 ○　監査等委員である取締役は、監査等委員会設置会社若しくはその子会社の業務執行取締役若しくは支配人その他の使用人又は当該子会社の会計参与（会計参与が法人であるときは、その職務を行うべき社員）若しくは執行役を兼ねることができない（331条3項）。また、指名委員会等設置会社の取締役は、当該指名委員会等設置会社の支配人その他の使用人を兼ねることができない（同条4項）。それ以外の株式会社の取締役について、当該株式会社の支配人その他の使用人との兼任を禁止する規定はない。

28 ✗　会社法331条5項は、「取締役会設置会社においては、取締役は、3人以上でなければならない。」と規定しているが、取締役会を設置していない株式会社については取締役の員数の制限はなく1人でもよい（326条1項参照）。

29 ✗　株式会社（監査等委員会設置会社及び指名委員会等設置会社を除く。）における取締役の任期は、原則として、選任後2年以内に終了する事業年度のうち最終のものに関する定時株主総会の終結の時までであるが、定款又は株主総会の決議によって、その任期を短縮することもできる（332条1項）。したがって、本問の決議がなされた場合でも、株主総会の決議無効確認の訴えにおける無効原因とはならない。

比較

30 ○　取締役会設置会社以外の会社の取締役は、定款に別段の定めがある場合を除き、株式会社の業務を執行するとされる（348条1項）。会社法348条1項には、「他に代表取締役その他株式会社を代表する者を定めた場合は、この限りでない。」とする349条1項ただし書のような規定はない。

H23-39-2

31 取締役会設置会社の代表取締役以外の取締役には、当該会社の代表権も業務執行権も当然には与えられていない。

R1-40-5

32 公開会社でない株式会社で、かつ、取締役会を設置していない株式会社の取締役が、自己のために株式会社の事業の部類に属する取引をしようとするときは、株主総会において、当該取引につき重要な事実を開示し、その承認を受けなければならない。

H24-38-2改

33 公開会社ではない取締役会設置会社（監査役設置会社、監査等委員会設置会社及び指名委員会等設置会社を除く。）の取締役が法令または定款に違反する行為をするおそれがある場合で、当該行為によって会社に著しい損害が生じるおそれがあるときには、株主は、当該取締役に対して、当該行為の差止めを請求することができる。

H25-39-イ改

34 取締役会設置会社（監査等委員会設置会社及び指名委員会等設置会社を除く。）の取締役が会社から受ける報酬等の額、報酬等の具体的な算定方法または報酬等の具体的な内容については、定款に当該事項の定めがある場合を除き、会社の業務執行に係る事項として取締役会の決定で足り、株主総会の決議は要しない。

H20-37-オ

35 公開会社である取締役会設置会社（監査等委員会設置会社及び指名委員会等設置会社を除く。）において、取締役会は、法定事項や重要な業務執行について決定権限を有するが、それ以外については、代表取締役に、業務執行の決定を委任することができる。

H22-37-4

36 取締役会設置会社であって公開会社である株式会社が事業拡大のために、銀行から多額の融資を受ける場合には、取締役会の決定を要する。

31 ⭕ 取締役は、株式会社を代表する。ただし、**他に代表取締役その他株式会社を代表する者を定めた場合は、この限りでない**（349条1項）。また、取締役は、定款に別段の定めがある場合を除き、株式会社の業務を執行するが、**取締役会設置会社の場合は、代表取締役等が株式会社の業務を執行する**（348条1項、363条1項）。

図表4

32 ⭕ **取締役会を設置していない株式会社**について、会社法356条1項柱書は、「取締役は、次に掲げる場合には、**株主総会において**、当該取引につき重要な事実を開示し、その**承認を受けなければならない。**」と規定し、同項1号において、「取締役が自己又は第三者のために株式会社の事業の部類に属する取引をしようとするとき。」を掲げている。なお、365条1項は、「取締役会設置会社における第356条の規定の適用については、同条第1項中『株主総会』とあるのは、『取締役会』とする。」と規定している。

33 ⭕ **監査役設置会社、監査等委員会設置会社及び指名委員会等設置会社を除き、株主は**、取締役が株式会社の目的の範囲外の行為その他法令若しくは定款に違反する行為をし、又はこれらの行為をするおそれがある場合において、当該行為によって当該株式会社に**著しい損害が生ずるおそれがあるときは、当該取締役に対し、当該行為をやめることを請求することができる**（360条）。

34 ✕ **取締役の報酬等**（報酬、賞与その他の職務執行の対価として株式会社から受ける財産上の利益）の額やその具体的な算定方法等については、定款に当該事項を定めていないときは、**株主総会の決議によって定める**（361条1項）。

関連

35 ⭕ 取締役会は、**法定事項や重要な業務執行の決定については、取締役に委任することができないが**（362条4項）、それ以外の業務執行の決定については、代表取締役に委任することができる。

36 ⭕ 取締役会設置会社において、**多額の借財をなす場合、取締役会の承認を受けなければならない**（362条4項2号）。そして、会社が事業拡大のために、銀行から多額の融資を受けることは、多額の借財にあたる。

37 取締役会設置会社であって公開会社である株式会社が事業の見直しのために、支店を統廃合する場合には、取締役会の決定を要する。

38 取締役会設置会社の代表取締役Aが、取締役会の承認を得て、会社から金銭の貸付を受けた場合であっても、Aは、事後にその貸付に関する重要な事実を取締役会に報告しなければならない。

39 取締役会設置会社の取締役が自己または第三者のために会社と取引をしようとするときには、その取引について重要な事実を開示して、取締役会の承認を受けなければならない。

40 取締役会設置会社が取締役の債務を保証することその他取締役以外の者との間において会社と当該取締役との利益が相反する取引をしようとするときには、その取引について重要な事実を開示して、取締役会の承認を受けなければならない。

41 取締役会設置会社であって公開会社である株式会社が取締役のために、当該取締役の住宅ローンの保証人となる場合には、取締役会の承認を要する。

42 取締役会設置会社の取締役が自己または第三者のために会社の事業の部類に属する取引をしようとするときには、その取引について重要な事実を開示して、取締役会の承認を受けなければならない。

43 公開会社ではない取締役会設置会社（監査役設置会社、監査等委員会設置会社及び指名委員会等設置会社を除く。）の取締役が法令または定款に違反する行為をするおそれがあると認めるときには、株主は、取締役に対して、取締役会の招集を請求することができる。

37 ⭕ 取締役会設置会社において、**支店の設置、変更及び廃止をする場合、取締役会の承認を受けなければならない**（362条4項4号）。そして、会社が事業の見直しのために、支店を統廃合することは、支店の設置、変更及び廃止にあたる。

38 ⭕ 代表取締役が会社から金銭を借り受けることは、利益相反取引（直接取引）に該当する（356条1項2号）。そして、取締役会の承認を得て金銭の貸付を受けた場合でも、取引後遅滞なく、**重要な事実を取締役会に報告しなければならない**（365条2項）。

39 ⭕ 取締役会設置会社において、取締役が自己又は第三者のために株式会社と取引をしようとするときには、その取引につき重要な事実を開示して、**取締役会の承認**を受けなければならない（365条1項、356条1項2号）。

40 ⭕ 取締役会設置会社において、株式会社が取締役の債務を保証することその他取締役以外の者との間において株式会社と当該取締役との利益が相反する取引をしようとするときには、その取引につき重要な事実を開示して、**取締役会の承認**を受けなければならない（365条1項、356条1項3号）。

41 ⭕ 取締役会設置会社である公開会社において、取締役が利益相反取引にあたる行為をする場合、**取締役会の承認**を受けなければならない（365条1項、356条1項3号）。そして、会社が取締役の住宅ローンの保証人になることは、利益相反取引にあたる。

42 ⭕ 取締役会設置会社において、取締役が自己又は第三者のために株式会社の事業の部類に属する取引をしようとするときには、その取引につき重要な事実を開示して、**取締役会の承認**を受けなければならない（365条1項、356条1項1号）。

43 ⭕ **監査役設置会社、監査等委員会設置会社及び指名委員会等設置会社を除き**、取締役会設置会社の**株主**は、取締役が取締役会設置会社の目的の範囲外の行為その他法令若しくは定款に違反する行為をし、又はこれらの行為をするおそれがあると認めるときは、**取締役会の招集を請求することができる**（367条1項）。

R1-39-イ

44 取締役会設置会社の取締役会を招集する場合には、取締役会の日の1週間前までに、各取締役（監査役設置会社にあっては、各取締役および各監査役）に対して、取締役会の目的である事項および議案を示して、招集の通知を発しなければならない。なお、定款に別段の定めはないものとする。

R1-39-ウ

45 取締役会設置会社の取締役会の決議は、議決に加わることができる取締役の過半数が出席し、その過半数をもって行う。なお、定款または取締役会において別段の定めはないものとする。

R1-39-エ

46 取締役会設置会社の取締役会の決議について特別の利害関係を有する取締役は、議決に加わることができない。

R1-39-オ

47 取締役会設置会社の取締役会の決議に参加した取締役であって、取締役会の議事録に異議をとどめないものは、その決議に賛成したものと推定する。

H21-37-4

48 取締役会は、取締役が相互の協議や意見交換を通じて意思決定を行う場であるため、本来は現実の会議を開くことが必要であるが、定款の定めにより、取締役の全員が書面により提案に同意した場合には、これに異議を唱える者は他にありえないため、当該提案を可決する旨の取締役会の決議があったものとみなすことができる。

H23-39-5改

49 取締役会決議により特別取締役に選定された取締役は、取締役会決議のうち特定事項の決定にのみ専念し、それ以外の決議事項の決定には加わらない。

44 ✗　会社法368条1項は、「取締役会を招集する者は、**取締役会の日の1週間**（これを下回る期間を定款で定めた場合にあっては、その期間）**前まで**に、**各取締役**（監査役設置会社にあっては、各取締役及び各監査役）に対してその**通知を発しなければならない。**」と規定している。株主総会の招集手続と異なり、取締役会の目的である事項及び議案を示す必要はない（298条1項2号参照）。

---

45 ○　会社法369条1項は、「取締役会の決議は、**議決に加わることができる取締役の過半数**（これを上回る割合を定款で定めた場合にあっては、その割合以上）**が出席**し、**その過半数**（これを上回る割合を定款で定めた場合にあっては、その割合以上）をもって行う。」と規定している。

---

46 ○　会社法369条2項は、「前項〔取締役会〕の決議について**特別の利害関係を有する取締役は、議決に加わることができない。**」と規定している。

---

47 ○　会社法369条5項は、「取締役会の決議に参加した取締役であって第3項の議事録〔取締役会の議事録〕に**異議をとどめないものは、その決議に賛成したものと推定**する。」と規定している。

---

48 ✗　取締役会設置会社は、取締役が取締役会の決議の目的である事項について提案をした場合において、当該提案につき**取締役の全員が書面又は電磁的記録により同意**の意思表示をしたときは、当該提案を可決する旨の取締役会の**決議があったものとみなす旨を定款で定めることができる**（370条）。ただし、監査役設置会社にあっては、**監査役が当該提案について異議を述べないことを要する**（同条かっこ書）。

関連

49 ✗　特別取締役に選定された取締役が、取締役会決議のうち特定事項の決定にのみ専念し、**それ以外の決議事項の決定には加わらないとする規定はない。**

H19-38-2改

50 取締役が6名以上で、1名以上の社外取締役がいる会社（監査等委員会設置会社及び指名委員会等設置会社を除く。）は、特別取締役を取締役会決議で選定することができる。

4 その他

H19-38-4

51 会計参与は、会計監査人とは異なる会社役員であり、取締役と共同して計算書類等を作成する。

R4-40-ウ

52 会計参与は、株主総会の決議によって選任する。

R5-40-2

53 会計参与は会社法上「役員」に位置づけられるが、会計監査人は「役員」に含まれない。

R4-40-エ

54 会計参与は、公認会計士もしくは監査法人または税理士もしくは税理士法人でなければならない。

50 ○ 会社法373条1項は、「第369条第1項の規定にかかわらず、取締役会設置会社（指名委員会等設置会社を除く。）が次に掲げる要件のいずれにも該当する場合（監査等委員会設置会社にあっては、第399条の13第5項に規定する場合又は同条第6項の規定による定款の定めがある場合を除く。）には、取締役会は、第362条第4項第1号及び第2号又は第399条の13第4項第1号及び第2号に掲げる事項についての取締役会の決議については、あらかじめ選定した3人以上の取締役（……『特別取締役』という。）のうち、議決に加わることができるものの過半数（これを上回る割合を取締役会で定めた場合にあっては、その割合以上）が出席し、その過半数（これを上回る割合を取締役会で定めた場合にあっては、その割合以上）をもって行うことができる旨を定めることができる。」と規定している。そして同項は、「取締役の数が6人以上であること。」（1号）及び「取締役のうち1人以上が社外取締役であること。」（2号）を掲げている。

51 ○ 会計参与とは、取締役（指名委員会等設置会社では執行役）と共同して、計算書類等を作成する者であり（374条1項、6項）、会社の役員である（329条1項かっこ書）。これに対して、会計監査人は、計算書類等の監査をする者であり役員ではない（396条1項、329条1項かっこ書参照）。

52 ○ 会社法329条1項は、「役員……及び会計監査人は、株主総会の決議によって選任する。」と規定している。「役員」とは、取締役、会計参与及び監査役を指す（同項かっこ書）。

53 ○ 会社法上「役員」に位置づけられるのは、取締役、会計参与及び監査役である（329条1項）。なお、役員に執行役・会計監査人を加えた者を「役員等」という（423条1項、847条1項）。

54 ○ 会社法333条1項は、「会計参与は、公認会計士若しくは監査法人又は税理士若しくは税理士法人でなければならない。」と規定している。

R5-40-3

55 会計参与は定時株主総会において選任決議が必要であるのに対して、会計監査人については、定時株主総会において別段の決議がなされなかったときは、再任されたものとみなす。

R5-40-4

56 会計参与は、取締役または執行役と共同して計算関係書類を作成するが、会計監査人は計算関係書類の監査を行う。

H20-37-ウ改

57 会社法上の公開会社であって取締役会設置会社（監査等委員会設置会社及び指名委員会等設置会社を除く。）の代表取締役は、会社の業務に関する一切の裁判上の権限を有するため、取締役の義務違反により会社に損害が生じた場合に、当該取締役に対する責任追及のための訴訟を提起する。

H25-39-エ改

58 取締役会設置会社（監査等委員会設置会社及び指名委員会等設置会社を除く。）の取締役が会社に対し、または会社が取締役に対して訴えを提起する場合には、監査役設置会社においては監査役が会社を代表し、監査役設置会社でない会社においては会計参与が会社を代表する。

R3-39-オ

59 指名委員会等設置会社においては、指名委員会、監査委員会または報酬委員会の各委員会は、3人以上の取締役である委員で組織し、各委員会の委員の過半数は、社外取締役でなければならない。

H28-39-4

60 監査等委員会設置会社を代表する機関は代表取締役であるが、指名委員会等設置会社を代表する機関は代表執行役である。

344

55 ○ **会計監査人**については、**定時株主総会において再任されたものとみなされる旨の規定がある**（338条2項）が、会計参与については、そのような規定はない（334条参照）。

56 ○ **会計参与**は、取締役又は執行役と共同して、計算書類及びその附属明細書、臨時計算書類並びに連結計算書類を**作成**する（374条1項、6項）。また、**会計監査人**は、株式会社の計算書類及びその附属明細書、臨時計算書類並びに連結計算書類を**監査**する（396条1項）。

57 ✕ 本問の会社は公開会社であるため、監査役設置会社である（327条1項1号、2項本文）。監査役設置会社が取締役に対して訴えを提起する場合には、当該訴えについては、**監査役が監査役設置会社を代表**する（386条1項1号）。

関連

58 ✕ 監査役設置会社が取締役に対し、又は取締役が監査役設置会社に対して訴えを提起する場合には、当該訴えについては、**監査役が監査役設置会社を代表**する（386条1項1号）。他方、**監査役設置会社でない会社**においては、**株主総会決議によって、当該訴えについて株式会社を代表する者を定めることができる**とされており（353条）、会計参与が会社を代表するわけではない。

59 ○ そのとおりである（400条1項、3項）。

60 ○ 監査等委員会設置会社について、会社法399条の13第3項は、「**監査等委員会設置会社の取締役会は、取締役……の中から代表取締役を選定**しなければならない。」と規定しており、349条4項は、「代表取締役は、株式会社の業務に関する一切の裁判上又は裁判外の行為をする権限を有する。」と規定している。また、指名委員会等設置会社について、420条1項は、「**取締役会は、執行役の中から代表執行役を選定**しなければならない。この場合において、執行役が1人のときは、その者が代表執行役に選定されたものとする。」と規定しており、同条3項は、「第349条第4項……の規定は代表執行役について、……準用する。」と規定している。

R5-39-1

61 利益相反取引によって株式会社に損害が生じた場合には、株主総会または取締役会の承認の有無にかかわらず、株式会社と利益が相反する取引をした取締役または執行役は任務を怠ったものと推定する。なお、本問の株式会社は、監査等委員会設置会社ではないものとする。

H19-39-3

62 取締役会設置会社の代表取締役Aが、取締役会の承認を得て、会社から金銭の貸付を受けた場合に関して、Aが金銭の返済を怠った場合には、取締役会で金銭の貸付を承認した他の取締役は、Aと連帯して会社に対する弁済責任を負う。

R5-39-2

63 取締役または執行役が競業取引の制限に関する規定に違反して取引をしたときは、当該取引によって取締役、執行役または第三者が得た利益の額は、賠償責任を負う損害の額と推定する。

R5-39-5

64 自己のために株式会社と取引をした取締役または執行役は、任務を怠ったことが当該取締役または執行役の責めに帰することができない事由によるものであることをもって損害賠償責任を免れることはできない。

H19-39-5

65 取締役会設置会社の代表取締役Aが、取締役会の承認を得て、会社から金銭の貸付を受けた場合に関して、金銭の貸付を受けたAの損害賠償責任は、株主総会の特別決議によっても一部免除することができない。

R3-39-エ

66 監査等委員会設置会社においては、3人以上の監査等委員である取締役を置き、その過半数は、社外取締役でなければならない。

R3-39-イ

67 監査役会設置会社においては、3人以上の監査役を置き、そのうち半数以上は、社外監査役でなければならない。

61 ○ 取締役又は執行役が行った利益相反取引により会社に損害が発生した場合、当該利益相反取引を行った取締役又は執行役は、その**任務を怠ったものと推定**する（423条3項1号）。なお、当該取締役（監査等委員である者を除く）が当該利益相反取引につき監査等委員会の承認を受けたときは、任務を怠ったものと推定されない（423条4項）。

62 ○ 利益相反取引によって会社に損害が生じた場合、利益相反取引に関する取締役会の承認決議に賛成した取締役も任務を怠ったものと推定され、利益相反取引を行った取締役と**連帯して賠償する責任を負う**（423条1項、3項3号、430条）。

63 ○ 取締役又は執行役が株主総会（取締役会設置会社では、取締役会）の承認を得ないで行った競業取引により会社に損害が発生した場合、当該取引によって取締役、**執行役又は第三者が得た利益の額は、賠償責任を負う損害額と推定**する（423条2項）。

64 ○ **自己のために株式会社と直接取引をした取締役**又は執行役の損害賠償責任は、任務を怠ったことが当該取締役又は執行役の**責めに帰することができない事由によるものであることをもって免れることができない**（428条1項）。

65 ○ 取締役が、**自己のために利益相反取引を行った場合**の損害賠償責任は、株主総会の特別決議による**責任の一部免除の規定は適用されない**（428条2項、425条）。

66 ○ そのとおりである（331条6項）。

比較

67 ○ そのとおりである（335条3項）。

H27-39-1

68 種類株式発行会社ではない取締役会設置会社で、複数の監査役が選任されている監査役設置会社の監査役を選任するには、議決権を行使することができる株主の議決権の過半数を有する株主が株主総会に出席し、出席した当該株主の議決権の過半数の決議をもって行わなければならない。なお、定款には別段の定めがないものとする。

Chapter 4 設 立

総合テキスト ▶▶▶ Chapter 7

H27-37-イ

1 複数の発起人がいる場合において、発起設立の各発起人は、設立時発行株式を1株以上引き受けなければならないが、募集設立の発起人は、そのうち少なくとも1名が設立時発行株式を1株以上引き受ければよい。

H29-37-1

2 株式会社の定款には、当該株式会社の目的、商号、本店の所在地、資本金の額、設立時発行株式の数、ならびに発起人の氏名または名称および住所を記載または記録しなければならない。

H29-37-2

3 金銭以外の財産を出資する場合には、株式会社（種類株式発行会社を除く。）の定款において、その者の氏名または名称、当該財産およびその価額、ならびにその者に対して割り当てる設立時発行株式の数を記載または記録しなければ、その効力を生じない。

H24-37-ア

4 発起人以外の設立時募集株式の引受人が金銭以外の財産を出資の目的とする場合には、その者の氏名または名称、目的となる財産およびその価額等を定款に記載または記録しなければ、その効力を生じない。

H24-37-イ

5 発起人が会社のために会社の成立を条件として特定の財産を譲り受ける契約をする場合には、目的となる財産、その価額および譲渡人の氏名または名称を定款に記載または記録しなければ、その効力を生じない。

68 ○ 監査役を選任する株主総会の決議は、<u>議決権を行使することができる株主の議決権の過半数を有する株主が出席</u>し、<u>出席した当該株主の議決権の過半数をもって行わなければならない</u>（341条）。

1 ✕ 各発起人は、<u>発起設立又は募集設立のいずれの方法による場合であっても</u>、株式会社の設立に際し、設立時発行株式を1株以上引き受けなければならない（25条2項）。

図表5

2 ✕ 会社法27条柱書は、「株式会社の定款には、次に掲げる事項を記載し、又は記録しなければならない。」と規定しており、同条各号は①<u>目的</u>、②<u>商号</u>、③<u>本店の所在地</u>、④<u>設立に際して出資される財産の価額又はその最低額</u>、⑤<u>発起人の氏名又は名称及び住所</u>を掲げている。したがって、「資本金の額」、「設立時発行株式の数」は、定款に記載し、又は記録しなければならないわけではない。

関連

3 ○ 会社法28条柱書は、「株式会社を設立する場合には、次に掲げる事項は、第26条第1項の<u>定款に記載し、又は記録しなければ、その効力を生じない</u>。」と規定しており、同条1号は、「金銭以外の財産を出資する者の氏名又は名称、当該財産及びその価額並びにその者に対して割り当てる設立時発行株式の数……」を掲げている。

4 ✕ 現物出資は、<u>発起人以外の者はすることができない</u>（28条1号、34条1項、58条1項3号、63条1項参照）。

関連

5 ○ 財産引受けは、<u>定款に記載しなければその効力を生じない</u>とされる相対的記載事項の1つである。財産引受けは、目的となる財産、その価額及び譲渡人の氏名又は名称を定款に記載し、又は記録しなければ、その効力を生じない（28条2号）。

349

H19-36-イ

6 会社の設立に際して現物出資を行うことができるのは発起人のみであるが、財産引受については、発起人以外の者もその相手方となることができる。

H24-37-ウ

7 会社の成立により発起人が報酬その他の特別の利益を受ける場合には、報酬の額、特別の利益の内容および当該発起人の氏名または名称を定款に記載または記録しなければ、その効力を生じない。

H24-37-エ

8 会社の設立に要する費用を会社が負担する場合には、定款の認証手数料その他会社に損害を与えるおそれがないものを除いて、定款に記載または記録しなければ、その効力を生じない。

R1-37-ウ

9 発起人が出資の履行をすることにより設立時発行株式の株主となる権利の譲渡は、成立後の株式会社に対抗することができない。

H26-37-ウ

10 設立時発行株式を引き受けた発起人が出資の履行をしない場合には、当該発起人は当然に設立時発行株式の株主となる権利を失う。

R1-37-エ

11 設立時募集株式の引受人のうち出資の履行をしていないものがある場合には、発起人は、出資の履行をしていない引受人に対して、期日を定め、その期日までに当該出資の履行をしなければならない旨を通知しなければならない。

6 ○ 会社の設立に際して現物出資を行うことができるのは発起人のみであり（34条1項）、設立時募集株式の引受人はすることができない（58条1項3号、63条1項参照）。これに対して、財産引受けには、このような規定はない。財産引受けとは、設立中の会社のために、株式引受人又は第三者との間で会社の成立後に財産を譲り受けることを約することをいう。

---

7 ○ 株式会社の成立により発起人が受ける報酬その他の特別の利益及びその発起人の氏名又は名称は、定款に記載し、又は記録しなければ、その効力を生じない（28条3号）。

---

8 ○ そのとおりである（28条4号）。

---

9 ○ 会社法35条は、「前条第1項の規定による払込み又は給付（以下この章において『出資の履行』という。）をすることにより設立時発行株式の株主となる権利の譲渡は、成立後の株式会社に対抗することができない。」と規定している。

---

10 ✕ 発起人のうち出資の履行をしていないものがある場合には、発起人は、当該出資の履行をしていない発起人に対して、期日を定め、その期日までに当該出資の履行をしなければならない旨を通知しなければならず、当該通知を受けた発起人が、当該期日までに出資の履行をしないときは、当該出資の履行をすることにより設立時発行株式の株主となる権利を失う（36条各項）。したがって、発起人のうち出資の履行をしていないものがある場合には、当然に設立時発行株式の株主となる権利を失うわけではない。

比較

---

11 ✕ 会社法63条3項は、「設立時募集株式の引受人は、第1項の規定による払込みをしないときは、当該払込みをすることにより設立時募集株式の株主となる権利を失う。」と規定しており、設立時募集株式の引受人は、払込期日又は払込期間内に出資の履行をしない場合、発起人が出資の履行をしていない場合とは異なり（36条1項、3項）、発起人は、出資の履行をしていない引受人に対して、期日を定め、その期日までに出資の履行をしなければならない旨の通知をする必要はない。

A ☐☐☐
H27-37-ウ

12 発起設立または募集設立のいずれの方法による場合であっても、発行可能株式総数を定款で定めていないときには、株式会社の成立の時までに、定款を変更して発行可能株式総数の定めを設けなければならない。

A ☐☐☐
H21-37-1

13 会社設立時に株式会社が発行する株式数は、会社法上の公開会社の場合には、発行可能株式総数の4分の1を下回ることができないため、定款作成時に発行可能株式総数を定めておかなければならないが、会社法上の公開会社でない会社の場合には、発行株式数について制限がなく、発行可能株式総数の定めを置かなくてよい。

A ☐☐☐
R4-37-オ

14 設立時発行株式の総数は、設立しようとする株式会社が公開会社でない場合を除いて、発行可能株式総数の4分の1を下ることができない。

B ☐☐☐
R5-37-オ

15 設立時取締役は、その選任後、株式会社が成立するまでの間、発起人と共同して、株式会社の設立の業務を執行しなければならない。

A ☐☐☐
H29-37-3

16 発起人は、その引き受けた設立時発行株式について、その出資に係る金銭の全額を払い込み、またはその出資に係る金銭以外の財産の全部を給付した時に、設立時発行株式の株主となる。

A ☐☐☐
H26-37-イ

17 発起人は、会社の成立後は、錯誤、詐欺または強迫を理由として設立時発行株式の引受けの取消しをすることができない。

A ☐☐☐
H26-37-エ

18 発起人または設立時募集株式の引受人が払い込む金銭の額および給付する財産の額の合計が、定款に定められた設立に際して出資される財産の価額またはその最低額に満たない場合には、発起人および設立時取締役は、連帯して、その不足額を払い込む義務を負う。

12	○	発起設立又は募集設立のいずれの方法による場合であっても、発行可能株式総数を定款で定めていない場合には、**株式会社の成立の時までに、定款を変更して発行可能株式総数の定めを設けなければならない**（37条1項、98条）。

13	×	発行可能株式総数は、公証人の認証を受ける時点で定款に定める必要はないが、会社成立の時までに定款に定めなければならない（37条1項、98条）。これは、**公開会社、公開会社でない会社を問わない。**

比較

14	○	設立時発行株式の総数は、発行可能株式総数の4分の1を下ることができない。ただし、設立しようとする株式会社が**公開会社でない場合は、この限りでない**（37条3項）。

15	×	会社法上、設立時取締役が発起人と共同して設立の業務を執行するものとする規定はない。なお、**設立時取締役は、会社が成立し取締役となるまでの間は、発起人に対する監督機関にすぎない**ものとされている（46条、93条参照。）。

16	×	会社法50条1項は、「発起人は、**株式会社の成立の時に**、出資の履行をした設立時発行株式の株主となる。」と規定している。したがって、「払い込み、または……給付をした時に」設立時発行株式の株主となるわけではない。

17	○	そのとおりである（51条2項）。

18	×	株式会社の成立の時における**現物出資財産等の価額**が当該現物出資財産等について**定款に記載され、又は記録された価額に著しく不足するとき**は、発起人及び設立時取締役は、当該株式会社に対し、連帯して、当該不足額を支払う義務を負う（52条1項）。本問のような義務は定められていない。

比較

H30-37-ア

19 株式会社の成立の時における現物出資財産等の価額が当該現物出資財産等について定款に記載または記録された価額に著しく不足するときは、発起人および設立時取締役は、当該株式会社に対し、連帯して、当該不足額を支払う義務を負い、この義務は、総株主の同意によっても、免除することはできない。

H30-37-イ

20 発起人は、出資の履行において金銭の払込みを仮装した場合には、払込みを仮装した出資に係る金銭の全額を支払う義務を負い、この義務は、総株主の同意によっても、免除することはできない。

R3-37-2

21 発起人は、その出資に係る金銭の払込みを仮装し、またはその出資に係る金銭以外の財産の給付を仮装した場合には、株式会社に対し、払込みを仮装した出資に係る金銭の全額を支払い、または給付を仮装した出資に係る金銭以外の財産の全部を給付する義務を負う。

H23-37-4

22 発起人、設立時取締役または設立時監査役が株式会社の設立にあたり任務を怠り、会社に損害を生じさせた場合には、創立総会の決議によっても、会社に対する責任を免除することはできない。

R3-37-4

23 発起人、設立時取締役または設立時監査役がその職務を行うについて過失があったときは、当該発起人、設立時取締役または設立時監査役は、これによって第三者に生じた損害を賠償する責任を負う。

19 ✕ 会社法52条1項は、「株式会社の成立の時における現物出資財産等の価額が当該現物出資財産等について定款に記載され、又は記録された価額……に著しく不足するときは、発起人及び設立時取締役は、当該株式会社に対し、連帯して、当該不足額を支払う義務を負う。」と規定している。また、55条は、「第52条第1項の規定により発起人又は設立時取締役の負う義務……は、総株主の同意がなければ、免除することができない。」と規定している。したがって、総株主の同意によっても、免除することができないわけではない。

20 ✕ 会社法52条の2第1項柱書は、「発起人は、次の各号に掲げる場合には、株式会社に対し、当該各号に定める行為をする義務を負う。」と規定し、同項1号は、「第34条第1項〔出資の履行〕の規定による払込みを仮装した場合 払込みを仮装した出資に係る金銭の全額の支払」を掲げている。また、55条は、「……第52条の2第1項の規定により発起人の負う義務……は、総株主の同意がなければ、免除することができない。」と規定している。したがって、総株主の同意によっても、免除することができないわけではない。

21 ◯ 会社法52条の2第1項柱書は、「発起人は、次の各号に掲げる場合には、株式会社に対し、当該各号に定める行為をする義務を負う。」と規定し、同項1号は、「第34条第1項〔出資の履行〕の規定による払込みを仮装した場合 払込みを仮装した出資に係る金銭の全額の支払」、同項2号は、「第34条第1項の規定による給付を仮装した場合 給付を仮装した出資に係る金銭以外の財産の全部の給付……」を掲げている。

22 ◯ そのとおりである。発起人、設立時取締役又は設立時監査役は、株式会社の設立についてその任務を怠ったときは、当該株式会社に対し、これによって生じた損害を賠償する責任を負う（53条1項）。この責任は総株主の同意がなければ、免除することができないとされており（55条）、創立総会の決議によって、責任を免除することはできない。

23 ✕ 会社法53条2項は、「発起人、設立時取締役又は設立時監査役がその職務を行うについて悪意又は重大な過失があったときは、当該発起人、設立時取締役又は設立時監査役は、これによって第三者に生じた損害を賠償する責任を負う。」と規定している。本問は、単に「過失」としている点が誤りである。

R3-37-5

24 発起人、設立時取締役または設立時監査役が株式会社または第三者に生じた損害を賠償する責任を負う場合において、他の発起人、設立時取締役または設立時監査役も当該損害を賠償する責任を負うときは、これらの者は、連帯債務者とする。

R2-37-エ

25 株式会社が成立しなかったときは、発起人および設立時役員等は、連帯して、株式会社の設立に関してした行為について、その責任を負い、株式会社の設立に関して支出した費用を負担する。

H19-36-ア

26 会社の設立に際しては、発起設立または募集設立のいずれの方法による場合も、創立総会を開催しなければならない。

H23-37-3

27 創立総会における普通決議は、株主総会における普通決議と同じく、定款に別段の定めがない限り、議決権の過半数を有する設立時株主が出席し、出席した設立時株主の議決権の過半数の賛成により成立する。

R5-37-イ

28 募集設立においては、設立時取締役の選任は、創立総会の決議によって行わなければならない。なお、設立しようとする株式会社は、種類株式発行会社ではないものとする。

H27-37-オ

29 発起設立または募集設立のいずれの方法による場合であっても、発起人でない者が、会社設立の広告等において、自己の名または名称および会社設立を賛助する旨の記載を承諾したときには、当該発起人でない者は発起人とみなされ、発起人と同一の責任を負う。

24 ○ そのとおりである（54条）。

25 ✗ 会社法56条は、「株式会社が成立しなかったときは、発起人は、連帯して、株式会社の設立に関してした行為についてその責任を負い、株式会社の設立に関して支出した費用を負担する。」と規定している。したがって、責任を負うのは発起人であり、設立時役員等が責任を負うわけではない。

26 ✗ 募集設立の場合、設立時募集株式の払込期日又は払込期間の末日のうち最も遅い日以後、遅滞なく、発起人は、創立総会を招集しなければならない（65条1項）。これに対して、発起設立の場合、創立総会についての規定はなく、これを開催する必要はない。

27 ✗ 創立総会の決議は、当該創立総会において議決権を行使することができる設立時株主の議決権の過半数であって、出席した当該設立時株主の議決権の3分の2以上にあたる多数をもって行う（73条1項）。

28 ○ 会社法88条1項は、「第57条第1項の募集〔設立時発行株式を引き受ける者の募集〕をする場合には、設立時取締役、設立時会計参与、設立時監査役又は設立時会計監査人の選任は、創立総会の決議によって行わなければならない。」と規定している。

図表6

29 ✗ 募集設立において、発起人でない者が、募集の広告その他当該募集に関する書面又は電磁的記録に自己の氏名又は名称及び株式会社の設立を賛助する旨を記載し、又は記録することを承諾したときは、発起人とみなされ、会社法52条から54条、56条、103条1項から2項の責任を負う（擬似発起人 103条4項）。しかし、発起設立においては、発起人でない者にこのような責任は規定されていない。

Chapter 5 資金調達

総合テキスト ▶▶▶ Chapter 8

H22-37-1

1 取締役会設置会社であって公開会社である株式会社が企業提携のために、特定の第三者に対して、募集株式を時価発行する場合には、取締役会の決定で足りる。

H25-40-1

2 会社法上の公開会社における資金調達に関して、特定の者を引受人として募集株式を発行する場合には、払込金額の多寡を問わず、募集事項の決定は、株主総会の決議によらなければならない。

H29-38-5

3 発行済株式の総数は、会社が募集新株予約権を発行することにより増加する。

H22-38-ア

4 新株予約権と引換えに金銭の払込みを要する募集新株予約権を発行する場合において、募集新株予約権の割当てを受けた者は、払込期間中または払込期日に払込金額の全額を払い込んだときに、新株予約権者となる。

Chapter 6 組織変更等

総合テキスト ▶▶▶ Chapter 9

H21-39-ア

1 事業譲渡を行う場合には、譲渡会社と譲受会社の間で、譲渡する資産、債務、雇用契約その他の権利義務に関する事項を包括的に定めた事業譲渡契約を締結しなければならない。

H24-40-1

2 吸収合併は、株式会社と持分会社との間で行うこともできるが、株式会社を消滅会社とする場合には、社員の責任の加重など複雑な法律問題が生じるため、株式会社が存続会社とならなければならない。

358

1 ⭕ 取締役会設置会社である公開会社において、第三者に対して募集株式を発行する場合、募集事項の決定は、原則として取締役会の決議によれば足りる（201条1項、199条2項）。

----- 比較 -----

2 ✗ 公開会社において、募集株式の発行事項の決定は、原則として取締役会の決議による（201条1項、199条2項）。もっとも、株主割当ての場合を除き、払込金額が募集株式を引き受ける者に特に有利な金額である場合には、募集事項の決定は株主総会の特別決議による必要がある（201条1項、199条2項、3項、309条2項5号）。したがって、払込金額の多寡を問わず株主総会の決議によらなければならないものではない。

----

3 ✗ 株式会社は、その発行する新株予約権を引き受ける者を募集して、新株予約権を発行することができる（238条1項）。しかし、株式会社が新株予約権を発行しても、発行済株式の総数は増加しない。

----

4 ✗ 募集新株予約権については、その払込みを待たず、割当日に申込者は新株予約権者となる（245条1項1号）。

1 ✗ 事業譲渡を行う場合、譲渡会社と譲受会社との間で事業譲渡契約を定める必要はある（467条1項参照）が、その際に、必ずしも譲渡する資産、債務、雇用契約その他の権利義務に関する事項を包括的に定める必要はない。

----

2 ✗ 吸収合併とは、会社が他の会社とする合併であって、合併により消滅する会社の権利義務の全部を合併後存続する会社に承継させるものをいう（2条27号）。したがって、株式会社は、持分会社との間で株式会社が消滅会社となる吸収合併をすることができる（751条参照）。

H18-39-オ

3 会社の合併により、消滅会社の全財産が包括的に存続会社に移転するため、財産の一部を除外することは許されないが、消滅会社の債務については、消滅会社の債権者の承諾が得られれば、存続会社は消滅会社の債務を引き継がないとすることも可能である。

Chapter 7 計　算

総合テキスト ▶▶▶ Chapter 10 ①

H29-40-オ

1 「株式会社の最低資本金は、300万円である。」という記述は、全ての株式会社に共通する内容である。

H28-37-オ

2 設立時発行株式の株主となる者が払込みをした金銭の額および給付した財産の額は、その全額を資本金として計上しなければならないが、設立時発行株式の株主となる者の全員の同意があるときに限り、その額の2分の1を超えない額を剰余金として計上することができる。

H20-38-オ

3 会社が自己株式を有する場合には、株主とともに当該会社も剰余金の配当を受けることができるが、配当財産の額は利益準備金に計上しなければならない。

H30-40-5

4 株式会社は、配当財産として、金銭以外に当該株式会社の株式、社債または新株予約権を株主に交付することはできない。

3 ✗ 　合併により存続会社又は新設会社は、消滅会社の権利義務を包括的に承継するのであり（750条1項、752条1項、754条1項、756条1項）、契約によりその一部を留保することはできない。

1 ✗ 　最低資本金制度は、会社法制定時に廃止された。したがって、本問の内容は、すべての株式会社に共通する内容ではない。

2 ✗ 　発起人は、株式会社の設立に際して、成立後の株式会社の資本金及び資本準備金の額に関する事項を定めようとするときは、その全員の同意を得なければならない（32条1項3号）。そして、株式会社の資本金の額は、会社法に別段の定めがある場合を除き、設立又は株式の発行に際して株主となる者が当該株式会社に対して払込み又は給付をした財産の額とされており（445条1項）、当該払込み又は給付にかかる額の2分の1を超えない額は、資本金として計上しないことができる（同条2項）。もっとも、資本金として計上しないこととした額は、資本準備金として計上しなければならない（同条3項）。

3 ✗ 　会社が自己株式を有する場合であっても、当該株式会社は、剰余金の配当を受けることができない（453条）。

4 ⭕ 　会社法454条1項柱書は、「株式会社は、前条の規定による剰余金の配当をしようとするときは、その都度、株主総会の決議によって、次に掲げる事項を定めなければならない。」と規定し、同項1号は、「配当財産の種類（当該株式会社の株式等を除く。）」を掲げている。そして、同号の「株式等」について、107条2項2号ホは、「株式等（株式、社債及び新株予約権をいう。以下同じ。）」と規定している。したがって、株式会社は、配当財産として、当該株式会社の株式、社債又は新株予約権を株主に交付することはできない。

H20-38-ウ

5 取締役会設置会社は、1事業年度の途中において1回に限り、取締役会決議により剰余金の配当（中間配当）をすることができる旨を定款で定めることができる。

H20-38-エ

6 純資産の額が300万円を下回る場合には、剰余金の配当をすることができない。

R2-38-5

7 株式会社が、株主総会の決議に基づいて、株主との合意により当該株式会社の株式を有償で取得する場合には、当該行為の効力が生ずる日における分配可能額を超えて、株主に対して金銭等を交付することができる。

Chapter 8 その他

総合テキスト ▶▶▶ Chapter 10 ②③

H24-38-5改

1 総株主の議決権の100分の3以上の議決権を有する、公開会社ではない取締役会設置会社（監査役設置会社、監査等委員会設置会社及び指名委員会等設置会社を除く。）の株主は、その権利を行使するために必要があるときには、裁判所の許可を得て、会計帳簿の閲覧を請求することができる。なお、定款に別段の定めはなく、かつ、株主総会の目的である事項の全部または一部について議決権を有しない株主はいないものとする。

R2-37-イ

2 株式会社の設立に際して作成される定款について、公証人の認証がない場合には、株主、取締役、監査役、執行役または清算人は、訴えの方法をもって、当該株式会社の設立の取消しを請求することができる。

5 ⭕ そのとおりである（454条5項）。

6 ⭕ 株式会社の純資産額が300万円を下回る場合には、剰余金の配当をすることはできない（458条、453条）。

7 ❌ 株式会社が株主との合意により当該株式会社の株式を有償で取得するには、あらかじめ、株主総会の決議によって、会社法所定の事項を定める必要がある（156条1項本文）。そして、461条1項柱書は、「次に掲げる行為により株主に対して交付する金銭等……の帳簿価額の総額は、当該行為がその効力を生ずる日における分配可能額を超えてはならない。」と規定し、同項2号は、「第156条第1項の規定による決定に基づく当該株式会社の株式の取得」を掲げている。したがって、本問の場合には、分配可能額を超えて、株主に対して金銭等を交付することはできない。

図表7

1 ❌ 総株主の議決権の100分の3以上の議決権を有する株主は、株式会社の営業時間内は、いつでも、会計帳簿の閲覧を請求することができる（433条1項）。

2 ❌ 会社法828条1項柱書は、「次の各号に掲げる行為の無効は、当該各号に定める期間に、訴えをもってのみ主張することができる。」と規定し、同項1号は、「会社の設立」を掲げている。そして、株式会社の設立に際して作成される定款は、公証人の認証を受ける必要があるところ（30条1項）、当該認証を受けていないことは、設立無効原因になると考えられている。したがって、株式会社の設立の取消しを請求するわけではない。なお、株式会社の設立の取消しという制度は法定されていない。

H18-39-エ

3 会社の合併が違法である場合に、各当事会社の株主等もしくは社員等または、破産管財人もしくは合併を承認しなかった債権者は、その無効を合併無効の訴えによってのみ主張することができ、合併無効の判決が確定した場合には、将来に向かってその合併は無効となる。

H26-39-4

4 株主総会の決議取消しの訴えにおいて、株主総会の決議の方法に関する瑕疵が重大なものであっても、当該瑕疵が決議に影響を及ぼさなかったものと認められる場合には、裁判所は、請求を棄却することができる。

H26-39-5

5 会社を被告とする株主総会の決議取消しの訴え、決議の無効確認の訴え、および決議の不存在確認の訴えにおいて、請求認容の判決が確定した場合には、その判決は、第三者に対しても効力を有する。

3 ⭘　会社の合併が違法である場合には、各当事会社の株主等若しくは社員等、社員等であった者又は破産管財人若しくは合併に承認しなかった債権者（828条2項7号、8号）は、その無効を合併無効の訴えによってのみ主張することができる（同条1項7号、8号）。そして、合併無効の判決が確定した場合には、合併の効果は将来に向かってその効力を失う（839条）。

4 ✖　株主総会等の招集の手続又は決議の方法が法令若しくは定款に違反し、又は著しく不公正な場合には、提訴権者は、株主総会等の決議の日から3か月以内に、訴えをもって当該決議の取消しを請求することができる（831条1項1号）。もっとも、当該訴えの提起があった場合において、株主総会等の招集の手続又は決議の方法が法令又は定款に違反するときであっても、裁判所は、その違反する事実が重大でなく、かつ、決議に影響を及ぼさないものであると認めるときは、当該取消しの請求を棄却することができる（同条2項）。

5 ⭘　株主総会等の決議取消しの訴え（831条）、決議無効確認の訴えと決議不存在確認の訴え（830条）は、いずれも認容判決が確定したときは、第三者に対してもその効力を有する（838条）。

知識を整理

図表 1 株式譲渡

	効力発生要件	会社に対する対抗要件	第三者に対する対抗要件
株券発行会社	原則、株券の交付	株主名簿の名義変更	株券の占有
株券不発行会社	意思表示のみ	株主名簿の名義変更	株主名簿の名義変更

📊 図表 2　株式の消却・併合・分割・無償割当ての比較

	決　議	資本金の額	発行済株式総数	発行可能株式総数
株式の消却	取締役会非設置会社 　→　取締役の決定 　（争いあり） 取締役会設置会社 　→　取締役会の決議	変化なし	減　少	変化なし
株式の併合	株主総会の特別決議	変化なし	減　少	その都度、株主総会決議によって、効力発生日における発行可能株式総数を定めなければならない。（※1）
株式の分割	取締役会非設置会社 　→　株主総会の普通決議 取締役会設置会社 　→　取締役会の決議	変化なし	増　加 （※2）	変化なし （※3）
株式の無償割当て	取締役会非設置会社 　→　株主総会の普通決議 取締役会設置会社 　→　取締役会の決議	変化なし	増　加 （※4）	変化なし

※1　株式併合の効力発生日に発行可能株式総数についての定款の変更をしたものとみなす旨の規定がある（182条2項）。

※2　株式の分割の場合、自己株式を交付することはできないため、発行済株式総数は必ず増加する。

※3　株式会社（現に2以上の種類の株式を発行しているものを除く）は、株式の分割と同時に発行可能株式総数を増加する定款の変更をする場合、株主総会の決議によらないで、発行可能株式総数を、株式の分割がその効力を生ずる日の前日の発行可能株式総数に株式の分割の割合を乗じて得た数の範囲内で、増加する定款の変更をすることができる（184条2項）。

※4　自己株式を交付する場合を除く。

📖 図表 3 機関設計

　会社法は、株主総会及び取締役の設置を要求し（295条、326条1項）、その他の機関は、定款で定めて設置する任意的機関としている（同条2項）。これにより、会社の実態に応じた柔軟な機関設計が可能となっている。

① 　すべての株式会社には、株主総会と取締役とが必要である。

② 　公開会社では、取締役会が必要である。

③ 　取締役会を設置した場合には、監査役（監査役会）、監査等委員会又は指名委員会等・執行役のいずれかが必要である。ただし、大会社以外の非公開会社において会計参与を置いた場合は、この限りでない。

④ 　監査役（監査役会）と監査等委員会又は指名委員会等・執行役の両方を置くことはできない。

⑤ 　取締役会を設置しない場合は、監査役会、監査等委員会、指名委員会等・執行役を設置することができない。

⑥ 　大会社では、会計監査人が必要である。

⑦ 　会計監査人を置くためには、監査役（監査役会）、監査等委員会、指名委員会等・執行役（大会社かつ公開会社では、監査役会、監査等委員会、指名委員会等・執行役のいずれか）が必要である。

⑧ 　会計監査人を置かない場合は、監査等委員会、指名委員会等・執行役を置くことができない。

⑨ 　指名委員会等・執行役を置いた場合は、監査等委員会を置くことができない。

図表 4 利益相反取引・競業取引の整理

〈承認決議と報告〉

	取締役会非設置会社	取締役会設置会社
事前の承認	株主総会の普通決議 （356条1項）	取締役会 （365条、419条2項）
報　告	規定なし	取引後遅滞なく、取締役会へ報告しなければならない（365条2項、419条2項）。

〈承認を得ないで行った取引の効力〉

原　則	有　効
例　外	会社と取締役との間では無効だが、取引の安全を図るため、会社は、株主総会の承認がないこと、及び相手方である第三者の悪意を立証しなければ、第三者に対して無効を主張することができない（相対的無効）。

〈具体例〉

承認が必要	承認は不要
① 取締役と会社との間の売買契約 ② 会社から取締役への贈与 ③ 取締役から会社への利息付の金銭貸付 ④ 取締役が会社に対して負担する債務の免除 ⑤ 会社から取締役への約束手形の振出 ⑥ 会社が取締役の第三者に対して負う債務について、保証する場合	① 会社又は取締役の債務の履行 ② 取締役から会社への負担のない贈与 ③ 取締役から会社への無利息・無担保の金銭貸付 ④ 株主全員の同意がある場合 ⑤ 取締役が会社の株式全部を所有

図表5 設立時における定款の記載事項

	絶対的記載事項	相対的記載事項	任意的記載事項
意義	定款に記載・記録を欠くと、定款自体が無効となる。	定款に記載・記録しなくても定款の効力に影響はないが、記載・記録しないとその事項の効力が認められない。	定款外で定めても、その事項の効力が認められる。
事項	・目的（27条1号） ・商号（同条2号） ・本店の所在地（同条3号） ・設立に際して出資される財産の価額又はその最低額（同条4号） ・発起人の氏名又は名称及び住所（同条5号） ・発行可能株式総数の定め（37条1項、98条）（※1）	eg ・変態設立事項（28条1号～4号） 　現物出資 　財産引受け 　発起人の報酬・特別利益 　設立費用 ・その他	eg ・定時株主総会の招集時期 ・株主総会の議長 ・取締役、監査役の員数 ・事業年度 ・公告方法（※2）

※1　原始定款に記載・記録する必要はないが、会社の成立時までには記載・記録しなければならない（37条1項、98条）。

※2　公告方法は、定款の絶対的記載事項ではない。なお、定款で定めなかった場合、公告方法は官報となる（939条4項）。

📊 図表 6 発起設立と募集設立の比較

		発起設立	募集設立
定款の作成・認証		発起人による定款の作成（26条） 公証人による定款の認証（30条1項）	
疑似発起人の責任		規定なし	規定あり
設立時発行株式の事項		発起人全員の同意により、設立時発行株式に関する一定の事項を決定する（32条）。	
設立時発行株式	引受人	各発起人は1株以上引き受ける（25条2項）。	
		発起人が株式の全部を引き受ける（25条1項1号）。	他に株式引受人を募集する（25条1項2号）。
	募集手続	なし	① 発起人が引受けの申込みをしようとする者に対し、募集に関する事項を通知（59条1項） ② 申込みをする者が発起人に対し、申込みに関する事項を記載した書面の交付又は電磁的記録による提供（59条3項、4項）
払込金保管証明書の請求		規定なし	規定あり（64条）
創立総会の有無		なし	あ り
設立時役員等	選任	発起人の議決権の過半数（40条1項）	創立総会の決議（88条）
	解任	発起人の議決権の過半数（43条1項） ただし、設立時監査等委員である設立時取締役又は設立時監査役の解任は、3分の2以上の多数（同項かっこ書）	創立総会の決議（91条）
	設立時代表取締役の選定・解職	設立時取締役の過半数（47条）	
設立時取締役による調査		設立時取締役は、選任後遅滞なく、設立経過を調査（46条、93条）	
調査の結果の通知又は報告		設立手続違反があれば、発起人に通知（46条2項）	手続違反の有無にかかわらず、調査の結果を創立総会に報告（93条2項）
法人格の取得		本店所在地における設立登記により、株式会社が成立（49条）	

▦ 図表 7 少数株主権

権利内容	議決権又は株式数	保有期間
株主総会招集請求権	総株主の議決権の 100 分の 3 以上	6 か月前から保有 （公開会社のみ）
取締役会設置会社の株主総会における議題提案権・議案要領通知請求権	総株主の議決権の 100 分の 1 以上又は 300 個以上の議決権	
株主総会検査役の選任申立権	総株主の議決権の 100 分の 1 以上	
① 業務執行に関する検査役選任の申立権 ② 会計帳簿の閲覧・謄写請求権	総株主の議決権又は発行済株式数の 100 分の 3 以上	な　し
会社解散の訴え （解散判決請求権）	総株主の議決権又は発行済株式数の 10 分の 1 以上	
最終完全親会社等の株主による特定責任追及の訴え	総株主の議決権又は発行済株式数の 100 分の 1 以上	6 か月前から保有 （公開会社のみ）
役員解任請求の訴え	総株主の議決権又は発行済株式数の 100 分の 3 以上	

　なお、単独株主権の中でも、①取締役の違法行為の差止請求権（360 条）、②指名委員会等設置会社における執行役の違法行為差止請求権（422 条）、③責任追及等の訴え請求権及び訴え提起権（847 条）については、6 か月の保有期間が定められている（公開会社のみ）。

Part 2 持分会社

総合テキスト ▶▶▶ Chapter 3

H28-40-ウ

1 合名会社および合資会社（以下、本問において併せて「会社」という。）に関して、会社の持分は、社員たる地位を細分化したものであり、均一化された割合的単位で示される。

H22-39-1

2 持分会社の無限責任社員は、株式会社の株主とは異なり、金銭出資や現物出資にかぎらず、労務出資や信用出資の方法が認められている。

H28-40-ア

3 合名会社および合資会社（以下、本問において併せて「会社」という。）に関して、会社は、定款に資本金の額を記載し、これを登記する。

H18-40-3

4 合資会社の有限責任社員は、定款記載の出資額までしか責任を負わないため、有限責任社員となる時点で出資全額の履行が要求されている。

商法

part 2 持分会社

1 ✘　持分とは、出資者が会社に対して有する地位をいい、持分会社の場合、持分は1人の社員につき1つであり、**持分の大きさは必ずしも均等ではない。**

2 ○　そのとおりである（会社法576条1項6号かっこ書参照）。無限責任社員は、会社の債務について無限に責任を負うため、**会社に現実の財産が拠出されていなくても、会社債権者を害することにならない**ためである。

3 ✘　合名会社及び合資会社においては、**資本金の額は定款の絶対的記載事項ではなく、また、登記事項でもない**（576条1項、912条、913条）。

4 ✘　持分会社のうち、合同会社の社員は定款作成後、合同会社の設立の登記をするまでにその出資する金額の全額を払い込み、又は出資財産の全部の給付が必要とされる（578条本文）。しかし、**合資会社の有限責任社員については、このような規定はなく、社員となる時点で出資全額の履行は要求されていない。**

Part 3 商法総則・商行為

Chapter 1 商法総則

総合テキスト ▶▶▶ Chapter 1

H28-36-1

1　商人の営業、商行為その他商事については、他の法律に特別の定めがあるものを除くほか、商法の定めるところによる。

H28-36-2

2　商事に関し、商法に定めがない事項については、民法の定めるところにより、民法に定めがないときは、商慣習に従う。

H28-36-4

3　当事者の一方のために商行為となる行為については、商法をその双方に適用する。

H28-36-5

4　当事者の一方が2人以上ある場合において、その1人のために商行為となる行為については、商法をその全員に適用する。

H29-36-1

5　商人とは、自己の計算において商行為をすることを業とする者をいう。

H29-36-2

6　店舗によって物品を販売することを業とする者は、商行為を行うことを業としない者であっても、商人とみなされる。

1 ⭕ そのとおりである（商法1条1項）。

2 ❌ 商法1条2項は、「商事に関し、**この法律に定めがない事項については商慣習に従い、商慣習がないときは、民法の定めるところによる。**」と規定している。

3 ⭕ そのとおりである（3条1項）。

4 ⭕ そのとおりである（3条2項）。

5 ❌ 商法4条1項は、「この法律において『商人』とは、**自己の名をもって**商行為をすることを業とする者をいう。」と規定している。したがって、商行為を「自己の計算において」するとしている点で誤りである。

6 ⭕ 商法4条2項は、「**店舗その他これに類似する設備によって物品を販売**することを業とする者又は鉱業を営む者は、商行為を行うことを業としない者であっても、これを**商人とみなす。**」と規定している。

H23-36-1

7 　商人Aが、商人Bに対してAの商号をもって営業を行うことを許諾したところ、Aの商号を使用したBと取引をした相手方Cは、当該取引（以下、「本件取引」という。）を自己とAとの取引であると誤認した。本件取引の相手方の誤認についてCに過失がなかった場合、契約はAとCの間で成立し、Aが本件取引によって生じた債務について責任を負うが、CはBに対しても履行の請求をすることができる。

H23-36-2

8 　商人Aが、商人Bに対してAの商号をもって営業を行うことを許諾したところ、Aの商号を使用したBと取引をした相手方Cは、当該取引（以下、「本件取引」という。）を自己とAとの取引であると誤認した。本件取引の相手方の誤認についてCに過失がなかった場合、契約はAの商号を使用したBとCの間で成立するが、AはBと連帯して本件取引によって生じた債務について責任を負う。

R4-36-1

9 　商人甲が営業とともにその商号を商人乙に譲渡する場合には、乙が商号の登記をしなければその効力は生じない。なお、甲および乙は小商人ではないものとする。

R4-36-2

10 　商人甲から営業を譲り受けた商人乙が甲の商号を引き続き使用する場合には、乙は、甲の営業によって生じた債務を弁済する責任を負う。ただし、営業譲渡後、遅滞なく、乙が第三者である丙に対して、甲の債務を弁済する責任を負わない旨の通知をした場合には、乙は、丙に対して弁済責任を負わない。なお、甲および乙は小商人ではないものとする。

R4-36-3

11 　商人甲から営業を譲り受けた商人乙が甲の商号を引き続き使用する場合に、甲の営業によって生じた債権について、債務者である丙が乙に対して行った弁済は、丙の過失の有無を問わず、丙が善意であるときに、その効力を有する。なお、甲および乙は小商人ではないものとする。

7 ✗ 　自己の商号を使用して営業又は事業を行うことを他人に許諾した商人（名板貸人）は、当該商人が当該営業を行うものと誤認して当該他人と取引をした者に対し、**当該他人と連帯して、当該取引によって生じた債務を弁済する責任を負う**（14条）。もっとも、名板貸人は名板借人の負う債務について連帯して弁済する責任を負うにすぎず、**相手方との間に契約が成立するわけではない。**

関連

8 ○ 　本問のとおりである（14条参照）。

9 ✗ 　商号の譲渡は、**登記をしなければ、第三者に対抗することができない**（15条2項）。登記は対抗要件であり、効力発生要件ではない。

10 ✗ 　商法17条1項は、「営業を譲り受けた商人（以下この章において『譲受人』という。）が**譲渡人の商号を引き続き使用する場合**には、その**譲受人も、譲渡人の営業によって生じた債務を弁済する責任を負う。**」と規定している。したがって、本問の前段は正しい。もっとも、同条2項後段は、「営業を譲渡した後、遅滞なく、**譲受人及び譲渡人から第三者に対しその旨の通知**をした場合において、その通知を受けた第三者について」は適用しないと規定している。本問では、甲及び乙から丙への通知が要求されるところ、譲受人である乙からのみ通知がなされており、甲からの通知がなされていない。したがって、本問は後段が誤りである。

11 ✗ 　商法17条4項は、「第1項に規定する場合〔商号続用の場合の譲受人の責任〕において、譲渡人の営業によって生じた債権について、その譲受人にした弁済は、**弁済者が善意でかつ重大な過失がないときは、その効力を有する。**」と規定している。したがって、丙が善意であったとしても、重過失があった場合には、本問の弁済は効力を有しない。

R4-36-4

12 商人甲から営業を譲り受けた商人乙が甲の商号を引き続き使用しない場合において、乙が甲の営業によって生じた債務を引き受ける旨の広告をしたときは、甲の弁済責任が消滅するため、甲の債権者である丙は、乙に対して弁済の請求をしなければならない。なお、甲および乙は小商人ではないものとする。

H26-36-2

13 支配人は、商人の営業所の営業の主任者として選任された者であり、他の使用人を選任し、または解任する権限を有する。

H26-36-3

14 支配人の代理権の範囲は画一的に法定されているため、商人が支配人の代理権に加えた制限は、悪意の第三者に対しても対抗することができない。

H18-36-ア改

15 支配人は、商人に代わってその営業に関する一切の裁判上または裁判外の行為をする権限を有し、支配人の代理権に加えた制限は、それを登記した場合に、これをもって善意の第三者に対抗することができる。

H26-36-1

16 商人が支配人を選任したときは、その登記をしなければならず、この登記の完了により支配人も商人資格を取得する。

H18-36-イ改

17 支配人は、商人の許諾がなければ自ら営業を行うことができないが、商人の許諾がなくとも自己または第三者のために商人の営業の部類に属する取引を行うことができる。

12 ✗　商法18条1項は、「譲受人が譲渡人の商号を引き続き使用しない場合においても、譲渡人の営業によって生じた債務を引き受ける旨の広告をしたときは、譲渡人の債権者は、その譲受人に対して弁済の請求をすることができる。」と規定している。2項は、「譲受人が前項の規定により譲渡人の債務を弁済する責任を負う場合には、譲渡人の責任は、同項の広告があった日後2年以内に請求又は請求の予告をしない債権者に対しては、その期間を経過した時に消滅する。」と規定している。したがって、乙が甲の営業によって生じた債務を引き受ける旨の広告をしたときは、甲の債権者である丙は、その広告から2年以内に請求又は請求の予告をする限り、乙に対してのみならず、甲に対しても弁済の請求をすることができる。本問は、乙に対して弁済の請求をしなければならないとして、甲に対する弁済の請求の可能性を排除しているため、誤りである。

13 ◯　支配人とは、商人の営業所の営業の主任者として営業主によって選任された商業使用人をいい（20条）、支配人は、他の使用人を選任し、又は解任することができる（21条2項）。

14 ✗　支配人は、商人に代わってその営業に関する一切の裁判上又は裁判外の行為をする権限を有する（21条1項）。このように支配人の代理権の範囲は画一的に規定されている。また、支配人の代理権に加えた制限は、善意の第三者に対抗することができない（同条3項）。したがって、「悪意」の第三者に対しては対抗することができる。

15 ✗　支配人は、商人に代わってその営業に関する一切の裁判上又は裁判外の行為をする権限を有するとされ（21条1項）、その代理権に加えた制限は、善意の第三者には対抗することはできないとされる（同条3項）。そして、同条には登記による代理権の制限についての対抗力付与の規定はない。

16 ✗　商人が支配人を選任したときは、その登記をしなければならない（22条前段）。しかし、その登記の完了により支配人が商人資格を取得するわけではない。

17 ✗　支配人は、商人の許可を受けなければ、自ら営業を行うことはできない（23条1項1号）。また、支配人が、自己又は第三者のためにその商人の営業の部類に属する取引をするためには、商人の許可を受けることが必要である（同項2号）。

Ⓐ H26-36-4
18 支配人は、商人に代わり営業上の権限を有する者として登記されるから、当該商人の許可を得たとしても、他の商人の使用人となることはできない。

Ⓐ H18-36-ウ改
19 商人の営業所の営業の主任者であることを示すべき名称を付した使用人は、相手方が悪意であった場合を除いて、当該営業所の営業に関する一切の裁判外の行為をなす権限を有するものとみなされる。

Ⓐ H26-36-5
20 商人の営業所の営業の主任者であることを示す名称を付した使用人は、支配人として選任されていなくても、当該営業所の営業に関しては、支配人とみなされる。

Chapter 2 商行為

総合テキスト ▶▶▶ Chapter 1

Ⓐ H29-36-4
1 商法は一定の行為を掲げて商行為を明らかにしているが、これらの行為は全て営業としてするときに限り商行為となる。

Ⓐ H29-36-5
2 商行為とは、商人が営業としてする行為または営業のためにする行為のいずれかに当たり、商人でない者の行為は、商行為となることはない。

Ⓐ R3-36-ア
3 商人でない個人が利益を得て売却する意思で、時計を買い入れる行為は、これを営業として行わない場合には商行為とならない。

Ⓐ R3-36-ウ
4 商人でない個人が報酬を受ける意思で、結婚式のビデオ撮影を引き受ける行為は、これを営業として行わない場合には商行為とならない。

18 ✗ 支配人は、商人に代わってその営業上の権限を有する者として登記されている（22条）。しかし、支配人は、**商人の許可を受ければ、他の商人**又は会社若しくは外国会社**の使用人となることができる**（23条1項3号）。

19 ○ 商人の営業所の営業の主任者であることを示す名称を付した使用人は、**相手方が悪意であった場合を除いて**、当該営業所の営業に関し、**一切の裁判外の行為をする権限を有するものとみなされる**（24条）。

比較

20 ✗ 商人の営業所の営業の主任者であることを示す名称を付した使用人は、当該営業所の営業に関し、一切の裁判外の行為をする権限を有するものとみなされるのであって（24条）、**「支配人」とみなされるわけではない。**

図表1

1 ✗ **絶対的商行為**（商法501条各号）**については、営業としてする場合に限らず商行為となる**が、営業的商行為（502条各号）については、営業としてする場合に限って商行為となる。

2 ✗ 商行為の種類として、絶対的商行為（501条）、営業的商行為（502条）、附属的商行為（503条）があるが、このうち、**絶対的商行為と営業的商行為は、商人でない者が行っても商行為となる**。これに対し、附属的商行為は、商人がその営業のためになす行為である。

3 ✗ 商法501条柱書は、「次に掲げる行為は、商行為とする。」としており、商人でなくても、また営業として行わなくても商行為となる絶対的商行為について規定している。そして、同条1号は、「**利益を得て譲渡する意思をもってする動産、不動産若しくは有価証券の有償取得又はその取得したものの譲渡を目的とする行為**」を掲げている。

4 ○ 本問の行為は、商法501条の絶対的商行為には該当しない。

A □□□
R3-36-エ

5　商人でない個人が賃貸して利益を得る意思で、レンタル用のDVDを買い入れる行為は、これを営業として行わない場合には商行為とならない。

B □□□
R5-36-1

6　商行為の代理人が本人のためにすることを示さないで商行為をした場合であっても、その行為は、本人に対してその効力を生ずる。ただし、相手方が、代理人が本人のためにすることを知らなかったときは、代理人に対して履行の請求をすることを妨げない。

A □□□
R1-36-5

7　商行為の代理人が本人のためにすることを示さないでこれをした場合であって、相手方が、代理人が本人のためにすることを知らず、知らなかったことにつき、過失がないときは、相手方は、その選択により、本人との法律関係または代理人との法律関係のいずれかを主張することができる。

B □□□
R5-36-2

8　商行為の受任者は、委任の本旨に反しない範囲内において、委任を受けていない行為をすることができる。

A □□□
H30-36-ア

9　商行為の委任による代理権は、本人の死亡によって消滅する。

B □□□
R5-36-3

10　商人である隔地者の間において承諾の期間を定めないで契約の申込みを受けた者が相当の期間内に承諾の通知を発しなかったときは、その申込みは、その効力を失う。

B □□□
R5-36-4

11　商人が平常取引をする者からその営業の部類に属する契約の申込みを受けたときは、遅滞なく、契約の申込みに対する諾否の通知を発しなければならず、当該通知を発することを怠ったときは、その商人はその申込みを承諾したものとみなす。

384

5 〇 　本問の行為は、営業としてするときは、商行為に該当する（502条1号）が、**営業としてしないときは、商行為には該当しない**（501条）。

---

6 〇 　商法504条は、「商行為の代理人が本人のためにすることを示さないでこれをした場合であっても、その行為は、本人に対してその効力を生ずる。ただし、**相手方が、代理人が本人のためにすることを知らなかったときは、代理人に対して履行の請求をすることを妨げない。**」と規定している。

図表2

関連

---

7 〇 　そのとおりである（最大判昭43.4.24）。

---

8 〇 　商法505条は、「商行為の受任者は、**委任の本旨に反しない範囲内において、**委任を受けていない行為をすることができる。」と規定している。

---

9 ✕ 　商法506条は、「商行為の委任による代理権は、**本人の死亡によっては、消滅しない。**」と規定している。

---

10 〇 　商法508条1項は、「商人である隔地者の間において承諾の期間を定めないで契約の申込みを受けた者が相当の期間内に承諾の通知を発しなかったときは、その**申込みは、その効力を失う。**」と規定している。

---

11 〇 　商法509条1項は、「商人が**平常取引**をする者からその営業の部類に属する契約の申込みを受けたときは、遅滞なく、契約の申込みに対する諾否の通知を発しなければならない。」と規定し、同条2項は、「商人が前項の**通知を発することを怠ったときは、その商人は、同項の契約の申込みを承諾したものとみなす。**」と規定している。

商法

part 3 商法総則・商行為

chap 2 商行為

385

R5-36-5

12　商人が平常取引をする者からその営業の部類に属する契約の申込みを受けた場合において、その申込みとともに受け取った物品があるときは、その申込みを拒絶したかどうかにかかわらず、申込みを受けた商人の費用をもって、その物品を保管しなければならない。

H18-37-ア

13　商人が平常取引をする者からその営業の部類に属する契約の申込みを受け、申込みとともに受け取った物品がある場合において、その申込みを拒絶するときは、相当の期間内にその物品を相手方の費用により返還しなければならない。

H18-37-イ

14　数人がその一人または全員のために商行為である行為によって債務を負担した場合は、その債務は各自が連帯してこれを負担する。

H30-36-エ

15　保証人がある場合において、債務が主たる債務者の商行為によって生じたものであるときは、その債務は当該債務者および保証人が連帯して負担する。

H18-37-ウ

16　商人がその営業の範囲内において他人のために行為をした場合は、報酬に関する契約がなくとも、相当の報酬を請求することができる。

H24-36-4

17　商人間において、その双方のために商行為となる行為によって生じた債権が弁済期にあるときは、当事者の別段の意思表示がない限り、債権者は一定の要件の下で、留置権（いわゆる商人間の留置権）を行使することができる。この「一定の要件」に関して、債権が留置の目的物に関して生じたものでなくてもよいが、目的物が債務者との間における商行為によって債権者の占有に属した物であり、かつ、目的物が債務者所有の物であることを要する。

12 ✗ 　商法510条本文は、「商人がその営業の部類に属する契約の申込みを受けた場合において、その申込みとともに受け取った物品があるときは、その申込みを拒絶したときであっても、申込者の費用をもってその物品を保管しなければならない。」と規定している。本問は、申込みを受けた商人の費用としている点で誤りである。

13 ✗ 　商人がその営業の部類に属する契約の申込みを受けた場合において、その申込みとともに受け取った物品について負う義務は、申込者の費用をもってその物品を保管する義務である（510条本文）。そのため、相当の期間内に物品を返還する必要はない。

14 ⭕ 　そのとおりである（511条1項）。

15 ⭕ 　商法511条2項は、「保証人がある場合において、債務が主たる債務者の商行為によって生じたものであるとき、又は保証が商行為であるときは、主たる債務者及び保証人が各別の行為によって債務を負担したときであっても、その債務は、各自が連帯して負担する。」と規定している。

16 ⭕ 　商人がその営業の範囲内において他人のために行為をしたときは、相当の報酬を請求することができる（512条）。

17 ⭕ 　商事留置権の成立要件は、①当事者双方が商人であること、②被担保債権が当事者双方のための商行為によって生じたこと、③目的物が債務者の所有に属すること、④その債務者との商行為によって債権者の占有に帰したこと、⑤弁済期が到来していること、である（521条）。本問は、上記要件をすべて満たしており、商事留置権が成立する。なお、民事留置権と違い、被担保債権と留置権の目的物との間の個別的牽連性は不要である。

H21-36-4改

18 A株式会社は、輸入業者Bとの間でバナナの売買契約を締結した。履行期日になったが、Aの加工工場でストライキが起こり、Aは期日にバナナを受領することができなかった。そこでBは、Aへの催告なしに、そのバナナを競売に付し、競売の代金をバナナの代金に充当したが、これについて、Bに責任はない。

H21-36-5改

19 A株式会社は、輸入業者Bとの間でクリスマス商品の売買契約を締結したが、輸出国の工場での製造工程にトラブルが生じ、商品の製造が遅れたため、納入がクリスマスに間に合わなかった。Aが、Bに対して契約の解除等何らの意向を示さずに、Bからの度重なる連絡を無視し続けた場合、クリスマス商品の受領を拒むことはできない。

H21-36-1改

20 A株式会社は、輸入業者Bとの間で牛肉の売買契約を締結し、Aの仕入れ担当者が引渡しに立ち会った。4ヶ月後に、当該牛肉に狂牛病の可能性のある危険部位があることが分かったため、直ちにBに通知した。この場合、AはBに対して売買契約の解除、履行の追完の請求、代金の減額請求、損害賠償請求をすることができる。

H21-36-2改

21 A株式会社は、輸入業者Bとの間でコーヒー豆の売買契約を締結した。Aの仕入れ担当者はコーヒー豆の納入に立ち会い、数量の確認および品質の検査を行った。その際、コーヒー豆の品質の劣化を認識していたが、Bに直ちには通知しなかった。この場合、AはBに対して売買契約の解除、履行の追完の請求、代金の減額請求、損害賠償請求をすることができない。

18 ⭕　商人間の売買において、買主がその目的物を受領することができないときは、売主は、相当の期間を定めて催告をした後に競売に付することができ、この場合、遅滞なく、買主に対してその旨の通知を発しなければならない（524条1項）。ただし、損傷その他の事由による価格の低落のおそれがある物は、催告をしないで競売に付し、その代価の全部又は一部を代金に充当することができる（同条2項、3項ただし書）。バナナは、損傷その他の事由による価格の低落のおそれがあるものなので、Bは、Aへの催告なしに、そのバナナを競売に付し、競売の代金をバナナの代金に充当することができる。

19 ✖　売買の性質又は当事者の意思表示により、特定の日時又は一定の期間内に履行をしなければ、契約をした目的を達することができないような売買を定期売買という。定期売買の場合、当事者の一方が履行をしないでその時期を経過したときは、相手方は、直ちにその履行の請求をした場合を除き、契約の解除をしたものとみなされる（525条）。クリスマス商品の売買は、定期売買であるので、クリスマスの時期が経過したときは、Aは、Bに対して何らの意思表示なくして契約は解除したものとみなされ、Aは、クリスマス商品の受領を拒むことができる。

20 ⭕　商人間の売買において、買主は、その売買の目的物を受領したときは、遅滞なく、その物を検査しなければならず（526条1項）、その検査により売買の目的物が種類、品質又は数量に関して契約の内容に適合しないことを発見したときは、直ちに売主に対してその旨の通知を発しなければ、その不適合を理由として履行の追完の請求、代金の減額の請求、損害賠償の請求及び契約の解除をすることができない（同条2項前段）。ただし、売買の目的物が種類又は品質に関して契約の内容に適合しないことを直ちに発見することができない場合は、買主が6か月以内にその不適合を発見して直ちに売主に対してその旨の通知を発すれば、その不適合を理由として履行の追完の請求、代金の減額の請求、損害賠償の請求及び契約の解除をすることができる（同項後段）。

21 ⭕　買主は、売買の目的物の検査により目的物が種類、品質又は数量に関して契約の内容に適合しないことを発見したときは、直ちに売主に対してその旨の通知を発しなければ、その不適合を理由として履行の追完の請求、代金の減額の請求、損害賠償の請求及び契約の解除をすることができない（526条2項前段）。

商法

part **3** 商法総則・商行為

chap **2** 商行為

389

B □□□
H30-36-オ

22 自己の営業の範囲内で、無報酬で寄託を受けた商人は、自己の財産に対するのと同一の注意をもって、寄託物を保管する義務を負う。

B □□□
H19-40-2改

23 場屋営業者は、客より寄託を受けた物品が滅失または損傷した場合には、それが不可抗力によることを証明しない限り、損害賠償の責任を免れることができない。

B □□□
H27-36-3改

24 場屋営業者は、客から寄託を受けた物品について、物品の保管に関して注意を怠らなかったことを証明すれば、その物品に生じた損害を賠償する責任を負わない。

B □□□
H27-36-5改

25 場屋営業者が寄託を受けた物品が高価品であるときは、客がその種類および価額を通知してこれを場屋営業者に寄託したのでなければ、場屋営業者はその物品に生じた損害を賠償する責任を負わない。

22 ✗ 　商法595条は、「商人がその営業の範囲内において寄託を受けた場合には、**報酬を受けないときであっても、善良な管理者の注意をもって、**寄託物を保管しなければならない。」と規定している。

23 ○ 　旅館、飲食店、浴場その他の客の来集を目的とする場屋における取引をすることを業とする者（「場屋営業者」）は、客から寄託を受けた物品の滅失又は損傷については、**不可抗力によるものであったことを証明**しなければ、**損害賠償の責任を免れることができない**（596条1項）。

比較

24 ✗ 　場屋営業者は、客から寄託を受けた物品の滅失又は損傷については、**不可抗力によるものであったことを証明**しなければ、**損害賠償の責任を免れることができない**（596条1項）。

25 ○ 　**貨幣、有価証券その他の高価品**については、**客がその種類及び価額を通知してこれを場屋営業者に寄託した場合を除き**、場屋営業者は、その滅失又は損傷によって生じた損害を賠償する**責任を負わない**（597条）。

知識を整理

📊 図表1 商行為

絶対的商行為（501条） （※1）	① 投機購買及びその実行行為
	② 投機売却及びその実行行為
	③ 取引所においてする取引
	④ 手形その他の商業証券に関する行為
営業的商行為（502条） （※2）	① 投機貸借及びその実行行為
	② 他人のためにする製造又は加工に関する行為
	③ 電気又はガスの供給に関する行為
	④ 運送に関する行為
	⑤ 作業又は労務の請負
	⑥ 出版、印刷又は撮影に関する行為
	⑦ 客の来場を目的とする場屋取引
	⑧ 両替その他の銀行取引
	⑨ 保　険
	⑩ 寄託の引受け
	⑪ 仲立ち又は取次ぎに関する行為
	⑫ 商行為の代理の引受け
	⑬ 信託の引受け
附属的商行為（503条）	商人がその営業のためにする行為

※1　絶対的商行為とは、行為の性質から当然に商行為となる行為をいう。商人でない者が1回限り行う場合でも商行為となる。

※2　営業的商行為とは、営業（営利の目的をもって、反復継続して行うこと）としてするときに、初めて商行為となる行為をいう。ただし、もっぱら賃金を得る目的で物を製造し、又は労務に従事する者の行為は、商行為でない（502条柱書ただし書）。

📊 図表2 　民法との比較

	商　法	民　法
本人の死亡による代理権の存続	商行為の委任による代理権は、本人の死亡によっても消滅しない（506条）。	本人の死亡によって代理権は消滅する（111条1項1号）。
顕名主義の例外	商行為の代理人が本人のためにすることを示さないで行為をしたときでも、原則として、その行為の効果は本人に帰属する（非顕名主義　504条本文）。 ※　ただし、相手方が、代理人が本人のために行為していることを知らなかったときは、代理人に対して履行の請求をすることができる。	代理人の意思表示の効果が本人に帰属するためには、原則として、代理人がその代理権の範囲内で、かつ本人のためにすることを示して（顕名）意思表示をしなければならない（顕名主義99条1項）。
諾否の通知義務	商人が平常取引をする者からその営業の部類に属する契約の申込みを受けたときは、その商人は遅滞なく契約の申込みに対する諾否の通知を発しなければならず、これを怠ったときは、申込みを承諾したものとみなされる（509条）。	契約の申込みを受けた場合であっても、受けた申込みに対し諾否の通知を発する義務はなく、契約は申込みに対する承諾の意思表示がなければ、原則として、成立しない。
報酬請求権	商人がその営業の範囲内において、他人のためにある行為をしたときは、費用の償還請求のほかに、相当な報酬を請求することができる（512条）。	委任、寄託などにより他人のためにある行為をした場合、費用の償還を請求することができるが、特約がなければ報酬を請求することはできない（無償契約）。
法定利息請求権	商人間において金銭の消費貸借をしたときは、利息に関する特約がなくても、貸主は、法定利息を請求することができる（513条1項）。	消費貸借は、特約がない限り、無利息とされる。
商事留置権 （次表参照）	①　被担保債権と留置物との牽連性は不要 ②　債務者所有の物又は有価証券に限られ、かつ債務者との商行為によって債権者の占有に帰属したことが必要 　→　留置権者は、債権の弁済を受けるまで目的物を留置し、これにより生ずる果実を取得して優先的に弁済を受けることができる（民法と同様）。	他人の物の占有者は、その物に関して生じた債権を有するときには、その債権の弁済を受けるまで、その物を留置することができる（295条）。 　→　被担保債権と留置物との牽連性が必要

商法

part
3
商法総則・商行為

393

	商　法	民　法
多数当事者間の債務の連帯	数人が、その1人以上のために商行為である行為によって債務を負担したときは、その債務を連帯して各自負担する（511条1項）。	数人の債務者がいる場合、別段の意思表示がなければ、原則として、各債務者は平等の割合で義務を負う（分割債務）。
保証人の連帯	保証人がいる場合、債務が主たる債務者の商行為によって生じたとき、又は保証が商行為であるときは、主たる債務者及び保証人が各別の行為によって債務を負担したときであっても、その債務は各自連帯して負担する（511条2項）。	保証人がいる場合、別段の意思表示がなければ、その保証は連帯保証とはならない。
流質契約の許容	商行為によって生じた債権を担保するために設定した質権については、流質契約は禁止されない（515条）。	民法上、流質契約は禁止される（349条）。
債務の履行場所	商行為によって生じた債務の履行場所がその行為の性質又は当事者の意思表示によって定まらないときは、特定物の引渡しは、行為の当時その物の存在した場所においてしなければならず、その他の債務の履行は、債権者の現在の営業所においてしなければならない（516条）。	弁済をすべき場所について別段の意思表示がないときは、特定物の引渡しは、債権発生当時その物の存在した場所においてしなければならず、その他の弁済は、債権者の現在の住所においてしなければならない（484条1項）。

〈留置権の比較〉

	代理商の留置権	民法上の留置権	商人間の留置権
牽連性	不　要	必　要	不　要
目的物を債務者が所有していること	不　要	不　要	必　要

行 政 法

Part 1	行政法の一般的な法理論
Part 2	行政手続法
Part 3	行政救済法
Part 4	地方自治法

Part 1 行政法の一般的な法理論

Chapter 1 行政法総論

総合テキスト ▶▶▶ Chapter 1、Chapter 3 ③

1 公法と私法の関係

H25-10-5

1 国の金銭債権は、私法上のものであっても、その消滅時効については、法令に特別の定めがない限り、すべて会計法の規定に基づいて判断される。

H27-9-5

2 公務災害に関わる金銭債権の消滅時効期間については、早期決済の必要性など行政上の便宜を考慮する必要がないので、会計法の規定は適用されず、民法の規定が適用される。

R5-9-ア

3 社会保障給付における行政主体と私人との間の関係は、対等なものであり、公権力の行使が介在する余地はないから、処分によって規律されることはなく、もっぱら契約によるものとされている。

H30-9-4

4 建築基準法において、防火地域または準防火地域内にある建築物で外壁が耐火構造のものについては、その外壁を隣地境界線に接して設けることができるとされているところ、この規定が適用される場合、建物を築造するには、境界線から一定以上の距離を保たなければならないとする民法の規定は適用されない。

396

1 ✗ 判例は、**国の安全配慮義務違反による損害賠償責任については、行政上の便宜を考慮する必要はなく**、また、国が義務者であっても私人相互間における損害賠償の関係とその目的性質を異にするものではないから、国に対する損害賠償請求権の消滅時効期間は、会計法30条所定の5年と解すべきではなく、**旧民法167条1項により10年と解すべき**であるとした（最判昭50.2.25）。

関連

2 ○ そのとおりである（最判昭50.2.25）。

3 ✗ 行政と受給者の間で完結する社会保障給付の仕組みについては、様々なタイプに分類し得ると解されている。判例においては、労働基準監督署長が労働者災害補償保険法の規定に基づいて行う労災就学援護費の支給に関する決定について、「**法を根拠とする優越的地位に基づいて一方的に行う公権力の行使**」であり、被災労働者又はその遺族の……権利に直接影響を及ぼす法的効果を有するものであるから、抗告訴訟の対象となる行政処分に当たる」としたものがある（最判平15.9.4）。したがって、社会保障給付における行政主体と私人との関係について、「公権力の行使が介在する余地はない」としている本問は、誤りである。

4 ○ そのとおりである（最判平元.9.19）。

H22-10-1

5 自作農創設特別措置法に基づく農地買収処分は、大量の事務処理の便宜上、登記簿の記載に沿って買収計画を立てることが是認され、またこの場合、民法の対抗要件の規定が適用されるので、仮に当該買収処分の対象となる土地の登記簿上の農地所有者が真実の所有者でないとしても、真実の所有者は当該処分を受忍しなければならない。

H22-10-5

6 農地買収処分によって、国が対象となった土地の所有権を取得したのち、第三者が相続により当該土地を取得したとして移転登記を済ませたとしても、買収処分による所有権取得について民法の対抗要件の規定は適用されないから、当該第三者は、当該土地所有権の取得を国に対して対抗することはできない。

H22-10-4

7 租税滞納処分における国と相手方との関係は、一般統治権に基づく権力関係であるから、民法の対抗要件の規定は適用されず、したがって、仮に滞納処分の対象となる土地の登記簿上の所有者が真の所有者ではないことを、所轄税務署においてたまたま把握していたとしても、滞納処分を行うに何ら妨げとなるものではない。

H30-9-1

8 公営住宅の使用関係については、一般法である民法および借家法（当時）が、特別法である公営住宅法およびこれに基づく条例に優先して適用されることから、その契約関係を規律するについては、信頼関係の法理の適用があるものと解すべきである。

H30-9-5

9 公営住宅を使用する権利は、入居者本人にのみ認められた一身専属の権利であるが、住宅に困窮する低額所得者に対して低廉な家賃で住宅を賃貸することにより、国民生活の安定と社会福祉の増進に寄与するという公営住宅法の目的にかんがみ、入居者が死亡した場合、その同居の相続人がその使用権を当然に承継することが認められる。

H22-10-3

10 普通地方公共団体が当該地方公共団体の関連団体と契約を結ぶ場合、当該地方公共団体を代表するのは長であり、また相手方である団体の代表が当該地方公共団体の長であるとしても、そのような契約の締結は、いわば行政内部における機関相互間の行為と同視すべきものであるから、民法が定める双方代理の禁止の規定の適用または類推適用はない。

5 ✗ 　判例は、自作農創設特別措置法に基づく農地買収処分は、国家が権力的手段をもって農地の強制買上げを行うものであって、民法上の売買とはその本質を異にするため、民法の対抗要件の規定（177条）は適用されないとしている（最大判昭28.2.18）。

比較

6 ✗ 　判例は、農地買収処分により国が所有権を取得した場合、不動産物権変動があったとして、所有権の取得について民法の対抗要件の規定（177条）が適用されるとしている（最判昭41.12.23）。

7 ✗ 　判例は、滞納者の財産を差し押さえた国の地位は、あたかも民事訴訟法上の強制執行における差押債権者の地位に類するものであり、租税債権がたまたま公法上のものであっても、国が一般私法上の債権者より不利益の取扱いを受ける理由はないことから、民法の対抗要件の規定（177条）が適用されるとしている（最判昭31.4.24）。

8 ✗ 　公営住宅の使用関係について、判例は、「公営住宅の使用関係については、公営住宅法及びこれに基づく条例が特別法として民法及び借家法に優先して適用されるが、法及び条例に特別の定めがない限り、原則として一般法である民法及び借家法の適用があり、その契約関係を規律するについては、信頼関係の法理の適用がある」としている（最判昭59.12.13）。

9 ✗ 　公営住宅の入居者の死亡と相続人による公営住宅を使用する権利の承継について、判例は、「公営住宅法の規定の趣旨にかんがみれば、入居者が死亡した場合には、その相続人が公営住宅を使用する権利を当然に承継すると解する余地はない」としている（最判平2.10.18）。

10 ✗ 　判例は、普通地方公共団体の長が当該普通地方公共団体を代表して行う契約締結行為であっても、長が相手方を代表又は代理することにより、私人間における双方代理行為等による契約と同様に、当該普通地方公共団体の利益が害されるおそれがある場合があるため、民法の双方代理の規定（108条）が類推適用されるとしている（最判平16.7.13）。

R5-9-ウ

11 食品衛生法の規定により必要とされる営業の許可を得ることなく食品の販売を行った場合、食品衛生法は取締法規であるため、当該販売にかかる売買契約が当然に無効となるわけではない。

H21-8-1

12 土地利用を制限する用途地域などの都市計画の決定についても、侵害留保説によれば法律の根拠が必要である。

H24-8-3

13 課税処分において信義則の法理の適用により当該課税処分が違法なものとして取り消されるのは、租税法規の適用における納税者間の平等、公平という要請を犠牲にしてもなお、当該課税処分に係る課税を免れしめて納税者の信頼を保護しなければ正義に反するといえるような特別の事情が存する場合に限られる。

R6-10-3

14 法の一般原則である信義則の法理は、行政法関係においても一般に適用されるものであるとはいえ、租税法律主義の原則が貫かれるべき租税法律関係においては、租税法規に適合する課税処分について信義則の法理の適用により当該課税処分を違法なものとして取り消すことは、争われた事案の個別の状況や特段の事情の有無にかかわらず、租税法律主義に反するものとして認められない。

R5-9-イ

15 未決勾留による拘禁関係は、勾留の裁判に基づき被勾留者の意思にかかわらず形成され、法令等の規定により規律されるものであるから、国は、拘置所に収容された被勾留者に対して信義則上の安全配慮義務を負わない。

11 ○ 判例は、「本件売買契約が食品衛生法による取締の対象に含まれるかどうかはともかくとして同法は単なる取締法規にすぎないものと解するのが相当であるから、**上告人が食肉販売業の許可を受けていないとしても、右法律により本件取引の効力が否定される理由はない**。それ故右許可の有無は本件取引の私法上の効力に消長を及ぼすものではない」としている（最判昭35.3.18）。

12 ○ 法律の留保が及ぶ行政活動の範囲については、諸説がある。そのうちの1つである侵害留保説とは、国民の権利自由を制限するような行政活動を行うためには、法律の根拠が必要であるとする考え方である。本問にあるような**都市計画の決定は、国民の権利自由を制限するため、法律の根拠が必要**である。

13 ○ そのとおりである（最判昭62.10.30）。

14 ✗ 判例は、「租税法規に適合する課税処分について、法の一般原理である信義則の法理の適用により、右課税処分を違法なものとして取り消すことができる場合があるとしても、法律による行政の原理なかんずく租税法律主義の原則が貫かれるべき租税法律関係においては、右法理の適用については慎重でなければならず、租税法規の適用における納税者間の平等、公平という要請を犠牲にしてもなお当該課税処分に係る課税を免れしめて**納税者の信頼を保護しなければ正義に反するといえるような特別の事情が存する場合に**、初めて右法理の適用の是非を考えるべきものである」とし、一定の場合に信義則の適用を認めている（最判昭62.10.30）。

比較

15 ○ 判例は、「**未決勾留による拘禁関係は、当事者の一方又は双方が相手方に対して信義則上の安全配慮義務を負うべき特別な社会的接触の関係とはいえない**。したがって、国は、拘置所に収容された被勾留者に対して、その不履行が損害賠償責任を生じさせることとなる信義則上の安全配慮義務を負わないというべきである」としている（最判平28.4.21）。

R3-8-5

16 国家公務員の雇傭関係は、私人間の関係とは異なる特別の法律関係において結ばれるものであり、国には、公務の管理にあたって公務員の生命および健康等を危険から保護するよう配慮する義務が認められるとしても、それは一般的かつ抽象的なものにとどまるものであって、国家公務員の公務上の死亡について、国は、法律に規定された補償等の支給を行うことで足り、それ以上に、上記の配慮義務違反に基づく損害賠償義務を負うことはない。

H24-8-1

17 地方公共団体が、将来にわたって継続すべき一定内容の施策を決定した後に、社会情勢の変動等が生じたとしても、決定された施策に応じた特定の者の信頼を保護すべき特段の事情がある場合には、当該地方公共団体は、信義衡平の原則により一度なされた当該決定を変更できない。

R6-10-4

18 地方公共団体が将来にわたって継続すべき施策を決定した場合でも、当該施策が社会情勢の変動等に伴って変更されることがあることは当然であるが、当該地方公共団体の勧告ないし勧誘に動機付けられて施策の継続を前提とした活動に入った者が社会観念上看過することのできない程度の積極的損害を被る場合において、地方公共団体が当該損害を補償するなどの措置を講ずることなく施策を変更することは、それがやむをえない客観的事情によるのでない限り、当事者間に形成された信頼関係を不当に破壊するものとして違法となる。

R6-10-5

19 国の通達に基づいて、地方公共団体が被爆者援護法〔原子爆弾被爆者に対する援護に関する法律〕等に基づく健康管理手当の支給を打ち切った後、当該通達が法律の解釈を誤ったものであるとして廃止された場合であっても、行政機関は通達に従い法律を執行する義務があることからすれば、廃止前の通達に基づいて打ち切られていた手当の支払いを求める訴訟において、地方公共団体が消滅時効を主張することは信義則に反しない。

16 ✕ 判例は、「国は、公務員に対し、国が公務遂行のために設置すべき場所、施設もしくは器具等の設置管理又は公務員が……遂行する公務の管理にあたつて、公務員の生命及び健康等を危険から保護するよう配慮すべき義務……を負つているものと解すべきである」と述べ、そのうえで、「**国が、公務員に対する安全配慮義務を懈怠し違法に公務員の生命、健康等を侵害して損害を受けた公務員に対し損害賠償の義務を負う**」としている（最判昭50.2.25）。したがって、国は、配慮義務違反に基づく損害賠償義務を負うことがある。

17 ✕ 判例は、地方公共団体が一定内容の継続的な施策を決定し、特定の者に対し前記施策に適合する特定内容の活動を促す個別的具体的な勧告ないし勧誘をしたのち前記施策を変更する場合、前記勧告等に動機づけられて活動又はその準備活動に入った者が前記施策の変更により社会観念上看過することができない程度の積極的損害を被ることとなるときは、これにつき補償等の措置を講ずることなく前記施策を変更した地方公共団体は、それがやむを得ない客観的事情によるのでない限り、**右の者に対する不法行為責任を免れないとした**（最判昭56.1.27）。しかし、本問のように一度なされた決定を変更できないとは述べていない。

18 ⭕ そのとおりである（最判昭56.1.27）。

19 ✕ 判例は、健康管理手当の支給認定を受けた被爆者が、外国へ出国したことに伴いその支給を打ち切られたため未支給の健康管理手当の支払を求める訴訟において、**違法な通達に基づき同手当の支給を打ち切った地方公共団体が、地方自治法236条2項を根拠に消滅時効を主張することは、信義則に反し許されない**としている（最判平19.2.6）。

R3-8-4

20 地方自治法により、金銭の給付を目的とする普通地方公共団体の権利につきその時効消滅については援用を要しないとされているのは、当該権利の性質上、法令に従い適正かつ画一的にこれを処理することが地方公共団体の事務処理上の便宜および住民の平等的取扱の理念に資するものであり、当該権利について時効援用の制度を適用する必要がないと判断されたことによるものと解されるから、普通地方公共団体に対する債権に関する消滅時効の主張が信義則に反し許されないとされる場合は、極めて限定されるものというべきである。

H25-9-4

21 行政主体が公務員の採用内定の取消しを行った場合、内定通知の相手方がその通知を信頼し、その職員として採用されることを期待して他の就職の機会を放棄するなどの準備を行っていたときは、当該行政主体はその者に対して損害賠償の責任を負うことがある。

R6-10-2

22 特定の事業者の廃棄物処理施設設置計画を知った上で定められた町の水道水源保護条例に基づき、当該事業者に対して規制対象事業場を認定する処分を行うに際しては、町は、事業者の立場を踏まえて十分な協議を尽くす等、その地位を不当に害することのないよう配慮すべきであるが、このような配慮要請は明文上の義務ではない以上、認定処分の違法の理由とはならない。

2 行政裁量

H24-26-1

23 建築主事は、一定の建築物に関する建築確認の申請について、周辺の土地利用や交通等の現状および将来の見通しを総合的に考慮した上で、建築主事に委ねられた都市計画上の合理的な裁量に基づいて、確認済証を交付するか否かを判断する。

20 ○ 　判例は、「地方自治法236条2項所定の普通地方公共団体に対する権利で金銭の給付を目的とするもの……の時効消滅につき当該普通地方公共団体による援用を要しないこととしたのは、上記権利については、その性質上、法令に従い適正かつ画一的にこれを処理することが、当該普通地方公共団体の事務処理上の便宜及び住民の平等的取扱いの理念……に資することから、時効援用の制度……を適用する必要がないと判断されたことによるものと解される。このような趣旨にかんがみると、普通地方公共団体に対する債権に関する消滅時効の主張が信義則に反し許されないとされる場合は、極めて限定される」としている（最判平19.2.6）。

---

21 ○ 　判例は、行政主体が正当な理由がなく公務員の採用内定を取り消したとき、内定通知を信頼し、職員として採用されることを期待して他の就職の機会を放棄するなど、就職するための準備を行った者に対し損害賠償の責任を負うことがあるとした（最判昭57.5.27）。

---

22 ✕ 　判例は、「被上告人としては、上告人に対して本件処分をするにあたっては、本件条例の定める上記手続において、上記のような上告人の立場を踏まえて、上告人と十分な協議を尽くし、上告人に対して地下水使用量の限定を促すなどして予定取水量を水源保護の目的にかなう適正なものに改めるよう適切な指導をし、上告人の地位を不当に害することのないよう配慮すべき義務があったものというべきであって、本件処分がそのような義務に違反してされたものである場合には、本件処分は違法となるといわざるを得ない」としている（最判平16.12.24）。

23 ✕ 　判例は、建築確認処分自体は基本的に裁量の余地のない確認的行為の性格を有するものと解したうえで、建築確認申請が処分要件を具備するに至った場合には、原則として、建築主事としては速やかに確認処分を行う義務があるとした（最判昭60.7.16）。したがって、建築主事には、本問のような合理的な裁量は認められていない。

H24-26-2

24　法務大臣は、本邦に在留する外国人から再入国の許可申請があったときは、わが国の国益を保持し出入国の公正な管理を図る観点から、申請者の在留状況、渡航目的、渡航の必要性、渡航先国とわが国との関係、内外の諸情勢等を総合的に勘案した上で、法務大臣に委ねられた出入国管理上の合理的な裁量に基づいて、その許否を判断する。

H25-8-ウ

25　道路運送法に基づく一般乗用旅客自動車運送事業（いわゆるタクシー事業）の許可について、その許可基準が抽象的、概括的なものであるとしても、判断に際して行政庁の専門技術的な知識経験や公益上の判断を必要としないことから、行政庁に裁量は認められない。

R3-9-ア

26　教科書検定の審査、判断は、申請図書について、内容が学問的に正確であるか、中立・公正であるか、教科の目標等を達成する上で適切であるか、児童、生徒の心身の発達段階に適応しているか、などの観点から行われる学術的、教育的な専門技術的判断であるから、事柄の性質上、文部大臣（当時）の合理的な裁量に委ねられる。

R3-9-エ

27　生活保護法に基づく保護基準が前提とする「最低限度の生活」は、専門的、技術的な見地から客観的に定まるものであるから、保護基準中の老齢加算に係る部分を改定するに際し、最低限度の生活を維持する上で老齢であることに起因する特別な需要が存在するといえるか否かを判断するに当たって、厚生労働大臣に政策的な見地からの裁量権は認められない。

R3-9-イ

28　国家公務員に対する懲戒処分において、処分要件にかかる処分対象者の行為に関する事実は、平素から庁内の事情に通暁し、配下職員の指揮監督の衝にあたる者が最もよく把握しうるところであるから、懲戒処分の司法審査にあたり、裁判所は懲戒権者が当該処分に当たって行った事実認定に拘束される。

24 ⭕ そのとおりである（最判平10.4.10）。

25 ❌ 判例は、道路運送法に基づく一般乗用旅客自動車運送事業の許可について、同法の許可「基準は抽象的、概括的なものであり、右基準に適合するか否かは、行政庁の専門技術的な知識経験と公益上の判断を必要とし、**ある程度の裁量的要素があることを否定することはできない**」とした（最判平11.7.19）。

26 ⭕ そのとおりである（第一次家永訴訟：最判平5.3.16）。

27 ❌ 判例は、「保護基準中の老齢加算に係る部分を改定するに際し、最低限度の生活を維持する上で老齢であることに起因する特別な需要が存在するといえるか否か及び高齢者に係る改定後の生活扶助基準の内容が健康で文化的な生活水準を維持することができるものであるか否かを判断するに当たっては、**厚生労働大臣に……専門技術的かつ政策的な見地からの裁量権が認められる**」としている（老齢加算廃止訴訟：最判平24.2.28）。

28 ❌ 判例は、「懲戒権者は、……諸般の事情を考慮して、懲戒処分をすべきかどうか、また、懲戒処分をする場合にいかなる処分を選択すべきか、を決定することができるものと考えられるのであるが、その判断は、右のような広範な事情を総合的に考慮してされるものである以上、平素から庁内の事情に通暁し、部下職員の指揮監督の衝にあたる者の裁量に任せるのでなければ、とうてい適切な結果を期待することができないものといわなければならない」としているものの、「裁判所が右の処分の適否を審査するにあたつては、……**懲戒権者の裁量権の行使に基づく処分が社会観念上著しく妥当を欠き、裁量権を濫用したと認められる場合に限り違法であると判断すべき**ものである」としており、裁判所が懲戒権者の行った事実認定に拘束されるとはしていない（神戸税関事件：最判昭52.12.20）。

R5-10-ア

29 在留期間更新の判断にあたっては、在留規制の目的である国内の治安と善良の風俗の維持など国益の保持の見地のほか、申請者である外国人の在留中の一切の行状を斟酌することはできるが、それ以上に国内の政治・経済・社会等の諸事情を考慮することは、申請者の主観的事情に関わらない事項を過大に考慮するものであって、他事考慮にも当たり許されない。

R5-10-イ

30 在留期間の更新を適当と認めるに足りる相当の理由の有無にかかる裁量審査においては、当該判断が全く事実の基礎を欠く場合、または事実に対する評価が明白に合理性を欠くこと等により当該判断が社会通念に照らし、著しく妥当性を欠くことが明らかである場合に限り、裁量権の逸脱、濫用として違法とされる。

R5-10-エ

31 外国人の在留期間中の政治活動について、そのなかに日本国の出入国管理政策や基本的な外交政策を非難するものが含まれていた場合、処分行政庁（法務大臣）がそのような活動を斟酌して在留期間の更新を適当と認めるに足りる相当の理由があるものとはいえないと判断したとしても、裁量権の逸脱、濫用には当たらない。

H24-26-4

32 行政財産の管理者は、当該財産の目的外使用許可について、許可申請に係る使用の日時・場所・目的・態様、使用者の範囲、使用の必要性の程度、許可をするに当たっての支障または許可をした場合の弊害もしくは影響の内容および程度、代替施設確保の困難性など、許可をしないことによる申請者側の不都合または影響の内容及び程度等の諸般の事情を総合考慮した上で、行政財産管理者に委ねられた合理的な裁量に基づいて、許可を行うかどうかを判断する。

R3-9-オ

33 学校施設の目的外使用を許可するか否かについては、原則として、管理者の裁量に委ねられており、学校教育上支障があれば使用を許可することができないことは明らかであるが、集会の開催を目的とする使用申請で、そのような支障がないものについては、集会の自由の保障の趣旨に鑑み、これを許可しなければならない。

29 ✗ 判例は、在留期間更新の判断にあたって、法務大臣は「当該外国人の在留中の一切の行状、**国内の政治・経済・社会等の諸事情**、国際情勢、外交関係、国際礼譲**など諸般の事情をしんしゃくし、時宜に応じた的確な判断をしなければならない**のである」としている（マクリーン事件：最大判昭53.10.4）。そのため、国内の政治・経済・社会等の諸事情を考慮することは許されないとする点で、本問は誤りである。

30 ○ 判例は、裁量権の逸脱、濫用について、本文と同様の具体的規範を示している（マクリーン事件）。

関連

31 ○ 判例は、「上告人の……活動を日本国にとつて好ましいものではないと評価し、また、上告人の……活動から同人を将来日本国の利益を害する行為を行うおそれがある者と認めて、在留期間の更新を適当と認めるに足りる相当の理由があるものとはいえないと判断したとしても、**その事実の評価が明白に合理性を欠き、その判断が社会通念上著しく妥当性を欠くことが明らかであるとはいえ」ない**、とし、裁量権の逸脱、濫用にあたらないとしている（マクリーン事件）。

32 ○ そのとおりである（最判平18.2.7）。

関連

33 ✗ 判例は、「学校施設の目的外使用を許可するか否かは、原則として、管理者の裁量にゆだねられているものと解するのが相当である。すなわち、**学校教育上支障があれば使用を許可することができないことは明らかであるが、そのような支障がないからといって当然に許可しなくてはならないものではなく**、行政財産である学校施設の目的及び用途と目的外使用の目的、態様等との関係に配慮した合理的な裁量判断により使用許可をしないこともできる」としている（最判平18.2.7）。

H28-9-5

34 裁判所が懲戒権者の裁量権の行使としてされた公務員に対する懲戒処分の適否を審査するに当たっては、懲戒権者と同一の立場に立って懲戒処分をすべきであったかどうか又はいかなる処分を選択すべきであったかについて判断し、その結果と処分とを比較してその軽重を論ずべきものではなく、それが社会観念上著しく妥当を欠き裁量権を濫用したと認められる場合に限り、違法と判断すべきものである。

R1-26-ア

35 公立高等専門学校の校長が学生に対し原級留置処分または退学処分を行うかどうかの判断は、校長の合理的な教育的裁量にゆだねられるべきものであり、裁判所がその処分の適否を審査するに当たっては、校長と同一の立場に立って当該処分をすべきであったかどうか等について判断し、その結果と当該処分とを比較してその適否、軽重等を論ずべきである。

H24-26-5

36 公立高等専門学校の校長は、学習態度や試験成績に関する評価などを総合的に考慮し、校長に委ねられた教育上の合理的な裁量に基づいて、必修科目を履修しない学生に対し原級留置処分または退学処分を行うかどうかを判断する。

H28-9-4

37 原子炉施設の安全性に関する処分行政庁の判断の適否が争われる原子炉設置許可処分の取消訴訟における裁判所の審理・判断は、原子力委員会若しくは原子炉安全専門審査会の専門技術的な調査審議及び判断を基にしてされた処分行政庁の判断に不合理な点があるか否かという観点から行われるべきであって、現在の科学技術水準に照らし、調査審議において用いられた具体的審査基準に不合理な点があり、あるいは当該原子炉施設がその具体的審査基準に適合するとした原子力委員会若しくは原子炉安全専門審査会の調査審議及び判断の過程に看過し難い過誤・欠落があり、行政庁の判断がこれに依拠してされたと認められる場合には、処分行政庁の判断に不合理な点があるものとして、その判断に基づく原子炉設置許可処分は違法となると解すべきである。

34 ○ そのとおりである（神戸税関事件：最判昭52.12.20）。

関連

35 ✗ 判例は、「高等専門学校の校長が学生に対し原級留置処分又は退学処分を行うかどうかの判断は、校長の合理的な教育的裁量にゆだねられるべきものであり、裁判所がその処分の適否を審査するに当たっては、**校長と同一の立場に立って当該処分をすべきであったかどうか等について判断し、その結果と当該処分とを比較してその適否、軽重等を論ずべきものではな**く、校長の裁量権の行使としての処分が、全く事実の基礎を欠くか又は社会観念上著しく妥当を欠き、裁量権の範囲を超え又は裁量権を濫用してされたと認められる場合に限り、違法であると判断すべきものである」としている（剣道実技拒否事件：最判平8.3.8）。

36 ○ そのとおりである（剣道実技拒否事件）。

37 ○ そのとおりである（伊方原発訴訟：最判平4.10.29）。

行政法の一般的な法理論（総論分野）の位置付け
「行政法の総論分野は、何のために勉強をしているのかがわからない」という相談を受けることがあります。様々な考え方があり得ますが、一番イメージしやすいのは、「行政の活動が適法か違法かを判断できるようになるために勉強をしている」というものです。行政の組織体系を知ることで、所掌事務の範囲がわかるようになる。行政の活動形式の特徴を掴むことで、何をすると違法と判断されるのかがわかるようになる。このようなイメージを持つと、抽象的な議論も理解しやすくなるはずです。

H25-17-3

38 A電力株式会社は、新たな原子力発電所の設置を計画し、これについて、国（原子力規制委員会）による原子炉等規制法に基づく原子炉の設置許可を得て、その建設に着手した。これに対して、予定地の周辺に居住するXらは、重大事故による健康被害などを危惧して、その操業を阻止すべく、訴訟の提起を検討している。この場合に、原子炉設置許可の取消訴訟の係属中に原子炉の安全性についての新たな科学的知見が明らかになったときは、こうした知見が許可処分当時には存在しなかったとしても、裁判所は、こうした新たな知見に基づいて原子炉の安全性を判断することが許される。

H25-9-2

39 行政庁がその裁量に任された事項について、裁量権行使の準則（裁量基準）を定めることがあっても、このような準則は、行政庁の処分の妥当性を確保するためのものであるから、処分が当該準則に違背して行われたとしても、違背したという理由だけでは違法とはならない。

R3-9-ウ

40 公害健康被害の補償等に関する法律に基づく水俣病の認定は、水俣病の罹患の有無という現在または過去の確定した客観的事実を確認する行為であって、この点に関する処分行政庁の判断はその裁量に委ねられるべき性質のものではない。

R3-8-3

41 法の一般原則として権利濫用の禁止が行政上の法律関係において例外的に適用されることがあるとしても、その適用は慎重であるべきであるから、町からの申請に基づき知事がなした児童遊園設置認可処分が行政権の著しい濫用によるものであっても、それが、地域環境を守るという公益上の要請から生じたものである場合には、当該処分が違法とされることはない。

R6-10-1

42 特定の事業者の個室付浴場営業を阻止する目的で町が行った児童福祉法に基づく児童福祉施設の認可申請に対し、県知事が行った認可処分は、仮にそれが営業の阻止を主たる目的としてなされたものであったとしても、当該処分の根拠法令たる児童福祉法所定の要件を満たすものであれば、当該認可処分を違法ということはできないから、当該個室付浴場営業は当然に違法となる。

38 〇 　そのとおりである（伊方原発訴訟：最判平4.10.29）。

39 〇 　そのとおりである（マクリーン事件：最大判昭53.10.4）。

40 〇 　そのとおりである（最判平25.4.16）。

41 ✗ 　判例は、**個室付浴場業の営業を阻止することを主たる動機**とする、児童遊園に対する知事の設置認可処分につき、「**行政権の濫用に相当する違法性があり、……効力を有しない**」としている（最判昭53.6.16）。したがって、児童遊園設置認可処分が行政権の著しい濫用によるものであれば違法となり得る。

42 ✗ 　判例は、**個室付浴場業の営業を阻止することを主たる動機**とする、児童遊園に対する知事の設置認可処分につき、「**行政権の濫用に相当する違法性があり、……効力を有しない**」としている（最判昭53.6.16）。したがって、児童福祉法所定の要件を満たすものであっても、当該認可処分は違法となる。

Chapter 2 行政組織法等

総合テキスト ▶▶▶ Chapter 2

H22-26-3

1 独立行政法人は、公共上の見地から確実に実施されることが必要な事務等であって、国が直接に実施する必要のないもののうち、民間に委ねた場合には必ずしも実施されないおそれがあるものを効率的かつ効果的に行わせることを目的として設立される法人である。

H25-25-1

2 国家行政組織法に基づいて行政組織のため置かれる国の行政機関は、省、委員会および庁であるが、その設置および廃止は、別に政令の定めるところによる。

H27-24-ア

3 国家行政組織法によれば、行政組織のために置かれる国の行政機関には、省、庁および独立行政法人があり、その設置・廃止は別に法律の定めるところによる。

R1-9-1

4 各省大臣は、国務大臣のうちから内閣総理大臣が命ずるが、内閣総理大臣が自ら各省大臣に当たることはできない。

R1-9-2

5 各省大臣は、その機関の事務を統括し、職員の服務について、これを統督するが、その機関の所掌事務について、命令または示達をするため、所管の諸機関および職員に対し、告示を発することができる。

R1-9-3

6 各省大臣は、主任の行政事務について、法律または政令の制定、改正または廃止を必要と認めるときは、案をそなえて、内閣総理大臣に提出して、閣議を求めなければならない。

414

1 ○ そのとおりである（独立行政法人通則法2条1項）。

関連

2 ✗ 行政組織のため置かれる国の行政機関は、省、委員会及び庁とし、その設置及び廃止は、**別に法律の定めるところによる**（国家行政組織法3条2項）。法律によって定めるのであり、政令で定めるのではない。

3 ✗ 国家行政組織法3条2項は、「行政組織のため置かれる**国の行政機関は、省、委員会及び庁とし**、その設置及び廃止は、別に法律の定めるところによる。」と規定している。

4 ✗ 国家行政組織法5条3項は、「各省大臣は、国務大臣のうちから、内閣総理大臣が命ずる。**ただし、内閣総理大臣が自ら当たることを妨げない。**」と規定している。

5 ✗ 国家行政組織法10条は、「各省大臣、各委員会の委員長及び各庁の長官は、その機関の事務を統括し、**職員の服務について、これを統督する**。」と規定している。そして、14条1項は、「各省大臣、各委員会及び各庁の長官は、その機関の所掌事務について、公示を必要とする場合においては、**告示を発することができる**。」と規定し、同条2項は、「各省大臣、各委員会及び各庁の長官は、その機関の所掌事務について、命令又は示達をするため、所管の諸機関及び職員に対し、訓令又は通達を発することができる。」と規定している。

6 ○ そのとおりである（国家行政組織法11条）。

B ☐☐☐
R1-9-5

7 各省大臣は、主任の大臣として、それぞれ行政事務を分担管理するものとされ、内閣総理大臣が行政各部を指揮監督することはできない。

B ☐☐☐
H18-9-3

8 諮問機関が示した答申・意見について、行政庁はそれを尊重すべきではあるが、法的に拘束されることはない。

B ☐☐☐
H18-9-5

9 補助機関とは行政主体の手足として実力を行使する機関であり、警察官、収税官などがこれに当たる。

B ☐☐☐
H21-9-ア

10 行政庁とは、行政主体の意思を決定し、これを外部に表示する権限を有する行政機関をいう。

B ☐☐☐
H18-9-1

11 行政庁は独任制でなければならず、委員会などの合議体が行政庁としての役割を果たすことはない。

B ☐☐☐
H21-9-ウ

12 上級行政庁は下級行政庁に対して監視権や取消権などの指揮監督権を有するが、訓令権については認められていない。

B ☐☐☐
H21-9-エ

13 行政庁がその権限の一部を他の行政機関に委任した場合であっても、権限の所在自体は、委任した行政庁から受任機関には移らない。

7 ✗ 内閣法6条は、「内閣総理大臣は、閣議にかけて決定した方針に基づいて、行政各部を指揮監督する。」と規定している。

8 ○ 諮問機関とは、行政庁から諮問を受けて意見を述べる機関をいい、具体的には、法制審議会、中央教育審議会、社会保障制度審議会、情報公開・個人情報保護審査会等がこれにあたる。諮問機関の答申（意見）は、行政庁を法的に拘束することはないが、最大限尊重されるべきものである（最判昭50.5.29参照）。

9 ✗ 補助機関とは、行政庁その他の行政機関の職務を補助するために、日常的な事務を遂行する機関をいい、具体的には、次官、局長及び課長をはじめ、その他の一般職員がこれにあたる。なお、警察官や収税官は執行機関である。

関連

10 ○ 行政庁とは、行政主体のためにその意思を決定し、これを外部に表示する権限を有する行政機関である。具体的には、各省大臣、都道府県知事、市町村長などがこれにあたる。なお、この他の行政機関として、補助機関、執行機関、諮問機関、参与機関、監査機関などがある。

11 ✗ 行政庁は独任制が原則であるが、政治的に中立公正な行政を営む必要のある領域や、専門技術的な知見に基づく判断を必要とする行政分野においては、合議制の行政庁が設置されている。例えば、公正取引委員会などがこれにあたる。

12 ✗ 上級行政庁が下級行政庁に対して有する指揮監督権の具体的内容として、訓令権も認められている。訓令権とは、下級行政機関に対して行政行為の内容を指示するために上級行政機関が発する命令をいう。なお、訓令を特に書面の形式により行うものを通達という。また、この他に指揮監督権としては、監視権、許認可権、取消・停止権、権限争議決定権などがある。

13 ✗ 権限の委任によって、法律によって与えられた権限の一部が移動し、委任機関はその権限を失う一方、受任機関は自己の名と責任においてその権限を行使する。なお、権限を移動せずに別の行政機関が権限を代行するものに権限の代理がある。権限の代理には、授権代理と法定代理がある。

H18-9-4

14 行政庁の権限を補助機関が専決する場合には、代決の場合とは異なり、処分権限は行政庁ではなく、補助機関に帰属することとなる。

H30-25-2

15 公図上は水路として表示されている公共用財産が、長年の間事実上公の目的に供用されることなく放置され、公共用財産としての外観を全く喪失し、もはやその物を公共用財産として維持すべき理由がなくなった場合であっても、行政庁による明示の公用廃止が行われない限り、当該水路は取得時効の対象とはなり得ない。

Chapter 3 行政作用法

総合テキスト ▶▶▶ Chapter 3

1 行政行為の分類・効力

H23-10-ア

1 「道路交通法に基づく自動車の運転免許」は、伝統的に行政裁量が広く認められると解されてきた行政行為である。

H23-10-エ

2 「食品衛生法に基づく飲食店の営業許可」は、伝統的に行政裁量が広く認められると解されてきた行政行為である。

H23-10-イ

3 「電気事業法に基づく電気事業の許可」は、伝統的に行政裁量が広く認められると解されてきた行政行為である。

14 ✗ 代決（専決）とは、行政庁が専決規定等でその補助機関に事務処理についての決定を委ねるが、外部に対する関係では本来の行政庁の名で表示させることをいい、**権限の行使は、本来の行政庁の名と責任の下に行われ、処分権限は補助機関には帰属しない**。なお、代決と専決はほぼ同意義で使用されている。

15 ✗ 判例は、「公共用財産が、長年の間事実上公の目的に供用されることなく放置され、公共用財産としての形態、機能を全く喪失し、その物のうえに他人の平穏かつ公然の占有が継続したが、そのため実際上公の目的が害されるようなこともなく、もはやその物を公共用財産として維持すべき理由がなくなつた場合には、右公共用財産については、**黙示的に公用が廃止されたものとして、これについて取得時効の成立を妨げない**」としている（最判昭51.12.24）。

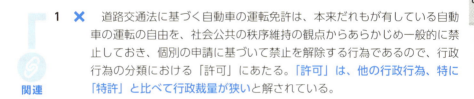

1 ✗ 道路交通法に基づく自動車の運転免許は、本来だれもが有している自動車の運転の自由を、社会公共の秩序維持の観点からあらかじめ一般的に禁止しておき、個別の申請に基づいて禁止を解除する行為であるので、行政行為の分類における「許可」にあたる。**「許可」は、他の行政行為、特に「特許」と比べて行政裁量が狭い**と解されている。

2 ✗ 食品衛生法に基づく飲食店の営業許可は、行政行為の分類における「許可」にあたる。**「許可」は、他の行政行為、特に「特許」と比べて行政裁量が狭い**と解されている。

3 ○ 電気事業法に基づく電気事業の許可は、国民に対し、国民が本来有しない権利や権利能力等を設定する行為であるので、行政行為の分類における「特許」にあたる。したがって、**伝統的に行政裁量が広く認められる**と解されてきた行政行為である。

H24-24-1

4 　Xは、A川の河川敷においてゴルフ練習場を経営すべく、河川管理者であるY県知事に対して、河川法に基づく土地の占用許可を申請した。この占用許可は、行政法学上の「許可」であるから、Xの申請に許可を与えるか否かについて、Y県知事には、裁量の余地は認められない。

H23-10-ウ

5 　「建築基準法に基づく建築確認」は、伝統的に行政裁量が広く認められると解されてきた行政行為である。

H19-17-5

6 　X所有の土地について違法な農地買収処分がなされ、それによって損害が生じた場合、Xが国家賠償請求訴訟を提起して勝訴するためには、あらかじめ、当該買収処分の取消訴訟または無効確認訴訟を提起して請求認容判決を得なければならない。

H25-20-オ

7 　違法な課税処分によって本来払うべきでない税金を支払った場合において、過納金相当額を損害とする国家賠償請求訴訟を提起したとしても、かかる訴えは課税処分の公定力や不可争力を実質的に否定することになるので棄却される。

H28-10-エ

8 　行政処分の違法性を争点とする刑事訴訟において被告人が処分の違法を前提とする主張をする場合には、あらかじめ当該行政処分について取消訴訟を提起し、取消判決を得ておかなければならない。

H22-19-3

9 　処分に対する取消訴訟の出訴期間が経過して、処分に不可争力が生じた場合には、その違法を理由として国家賠償を請求する訴訟を提起することはできない。

420

4 ✗　本問における土地の占用許可（河川法24条）は、行政法学上の「許可」ではなく、「特許」にあたる。この場合、Xの申請に許可を与えるか否かについて、Y県知事に広い裁量が認められる。また、仮に「許可」にあたる場合であっても、裁量が認められる余地がある。

5 ✗　建築基準法に基づく建築確認は、行政行為の分類における「確認」又は「許可」と解される。いずれにせよ、基本的に行政裁量が認められないと解されてきた行政行為である。

6 ✗　判例は、行政処分が違法であることを理由として国家賠償の請求をするについては、あらかじめ行政処分につき取消し又は無効確認の判決を得なければならないものではないと判示し、国家賠償の請求の前提として行政処分の取消し又は無効確認判決を要するかについて、これを不要としている（最判昭36.4.21）。

7 ✗　判例は、行政処分が違法であることを理由として国家賠償請求をするについては、あらかじめ当該行政処分について取消し又は無効確認の判決を得なければならないものではないとし、このことは、当該行政処分が金銭を納付させることを直接の目的としており、その違法を理由とする国家賠償請求を認容したとすれば、結果的に当該行政処分を取り消した場合と同様の経済的効果が得られるという場合であっても異ならないとしている（最判平22.6.3）。

8 ✗　判例は、個室付公衆浴場の営業を阻止することを主たる動機とする、児童遊園に対する県知事の設置認可処分は、「行政権の濫用に相当する違法性があり、被告会社の……営業に対しこれを規制しうる効力を有しない」として、風営法違反により起訴された被告会社に対して、無罪を言い渡している（最判昭53.6.16）。この判決は、処分について取消訴訟を経由していないにもかかわらず、刑事訴訟において認可処分が無効であることを前提に無罪としたものである。

9 ✗　不可争力とは、一定期間が経過すると、私人の側からはもはや行政行為の効力を争うことができなくなる効力をいう。国家賠償請求は、行政行為の効力を争うものではないため、取消訴訟の出訴期間が経過しても、国家賠償請求訴訟を提起することはできる。

H25-9-5改

10 審査請求に対する裁決等の一定の争訟手続を経て確定した行政庁の法的な決定については、特別の規定がない限り、関係当事者がこれを争うことができなくなることはもとより、行政庁自身もこれを変更することができない。

R2-9-5

11 旧自作農創設特別措置法に基づく農地買収計画の決定に対してなされた訴願を認容する裁決は、これを実質的に見れば、その本質は法律上の争訟を裁判するものであるが、それが処分である以上、他の一般的な処分と同様、裁決庁自らの判断で取り消すことを妨げない。

R2-9-1

12 処分に重大かつ明白な瑕疵があり、それが当然に無効とされる場合において、当該瑕疵が明白であるかどうかは、当該処分の外形上、客観的に誤認が一見看取し得るものであるかどうかにより決すべきである。

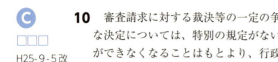
R2-9-3

13 課税処分における内容の過誤が課税要件の根幹にかかわる重大なものである場合であっても、当該瑕疵に明白性が認められなければ、当該課税処分が当然に無効となることはない。

R2-9-2

14 行政庁の処分の効力の発生時期については、特別の規定のない限り、その意思表示が相手方に到達した時ではなく、それが行政庁から相手方に向けて発信された時と解するのが相当である。

10 ○ そのとおりである（最判昭29.1.21）。

関連

11 ✗ 判例は、「この裁決が行政処分であることは言うまでもないが、実質的に見ればその本質は法律上の争訟を裁判するものである」としたうえで、「かかる性質を有する裁決は、他の一般行政処分とは異り、特別の規定がない限り、原判決のいうように裁決庁自らにおいて取消すことはできない」としている（最判昭29.1.21）。

12 ○ そのとおりである（最判昭36.3.7）。

13 ✗ 判例は、「課税処分が課税庁と被課税者との間にのみ存するもので、処分の存在を信頼する第三者の保護を考慮する必要のないこと等を勘案すれば、当該処分における内容上の過誤が課税要件の根幹についてのそれであつて、徴税行政の安定とその円滑な運営の要請を斟酌してもなお、不服申立期間の徒過による不可争的効果の発生を理由として被課税者に右処分による不利益を甘受させることが、著しく不当と認められるような例外的な事情のある場合には、前記の過誤による瑕疵は、当該処分を当然無効ならしめるものと解するのが相当である」としている（最判昭48.4.26）。この判例では、明白性について言及されていない。

14 ✗ 判例は、「行政庁の処分については、特別の規定のない限り、意思表示の一般的法理に従い、その意思表示が相手方に到達した時と解する」としている（最判昭29.8.24）。

2　行政行為の撤回・職権取消し

H18-10-2改

15　旅館業法8条が定める許可の取消は、営業者の行為の違法性を理由とするものであるから、行政行為の職権取消にあたる。
　（参考）旅館業法8条「都道府県知事は、営業者が、この法律若しくはこの法律に基づく命令の規定若しくはこの法律に基づく処分に違反したとき……は、同条第1項の許可を取り消し、又は1年以内の期間を定めて旅館業の全部若しくは一部の停止を命ずることができる。（以下略）」

H18-10-3

16　公務員の懲戒免職処分は、当該公務員の個別の行為に対しその責任を追及し、公務員に制裁を課すものであるから、任命行為の職権取消にあたる。

H18-10-4

17　行政行為の職権取消は、私人が既に有している権利や法的地位を変動（消滅）させる行為であるから、当該行政行為の根拠法令において個別に法律上の根拠を必要とする。

H18-10-5

18　行政行為の職権取消は、行政活動の適法性ないし合目的性の回復を目的とするものであるが、私人の信頼保護の要請等との比較衡量により制限されることがある。

H30-10-3

19　行政処分の職権取消しは、当該処分に対する相手方等の信頼を保護する見地から、取消訴訟の出訴期間内に行わなければならない。

R6-8-1

20　処分に瑕疵があることを理由とする処分の取消しは、行政事件訴訟法上の取消訴訟における判決のほか、行政不服審査法上の不服申立てにおける裁決または決定によってのみすることができる。

424

15 ✕ 「行政行為の撤回」とは、有効に成立した行政行為の効力を、その後に発生した新しい事情を理由として、将来に向かって消滅させることをいう。撤回という用語は、一般的には講学上の概念であり、法令では、「取（り）消し」と表現されるのが通常である。旅館業法８条にいう「取り消し」も事後的な事情を理由とするものであるから、撤回するという意味である。

---

16 ✕ 「職権取消し」とは、行政庁が瑕疵ある行政行為の効力を遡及的に失わせて、正しい法律関係を回復させることである。公務員の懲戒免職処分は任命行為の職権取消しではなく、任命行為の撤回にあたる。

---

17 ✕ 行政行為の取消しは、行政行為に瑕疵があることを前提にしている。そして、違法の瑕疵であれば、これを取り除くことは、法律による行政の原理の要請に合致する（適法性の回復）。また、公益違反の状態が生じていれば、これを取り除くことは行政目的に合致する（合目的性の回復）。以上の２点を実質的根拠に、行政行為の職権取消しには、個別に法律の根拠は必要ないと解されている。

---

18 ○ 行政行為によって利益を受けた者がいる場合（授益的行政行為がなされた場合）には、取消しをすべきでない場合がある。かかる者の利益を保護するためである。もっとも、この場合でも公益上の必要性が高ければ、取消しできると考えるべきである。実際に、行政庁は、両利益を比較衡量して、取消しの当否を決定している。

---

19 ✕ 「職権取消し」とは、行政庁が瑕疵ある行政行為の効力を遡及的に失わせて、正しい法律関係を回復させることである。行政事件訴訟法上、この職権取消しを取消訴訟の出訴期間内に行わなければならないとする規定はない。

---

20 ✕ 行政行為の取消しには、行政行為を行った後に、当該行政行為の違法を行政庁が認識して、職権で当該行政行為の効力を失わせる職権取消しと、行政行為によって不利益を受けた者が行政不服審査法・行政事件訴訟法に基づいて当該行政行為の取消しを求める争訟取消しとがある。本問は、後者の争訟取消しのみに限っている点で誤りである。

R5-8-エ

21 行政行為の瑕疵を理由とする取消しのうち、取消訴訟や行政上の不服申立てによる争訟取消しの場合は、当該行政行為は行為時当初に遡って効力を失うが、職権取消しの場合は、遡って効力を失うことはない。

H18-10-1

22 行政行為の撤回は、処分庁が、当該行政行為が違法になされたことを理由にその効力を消滅させる行為であるが、効力の消滅が将来に向かってなされる点で職権取消と異なる。

R2-9-4

23 相手方に利益を付与する処分の撤回は、撤回の対象となる当該処分について法令上の根拠規定が定められていたとしても、撤回それ自体について別途、法令上の根拠規定が定められていなければ、適法にすることはできない。

3 その他の行政行為に関する問題

H30-25-5

24 特別区の建築安全条例所定の接道要件が満たされていない建築物について、条例に基づいて区長の安全認定が行われた後に当該建築物の建築確認がされた場合であっても、後続処分たる建築確認の取消訴訟において、先行処分たる安全認定の違法を主張することは許されない。

H29-12-4改

25 最高裁判所の判例に照らすと、青色申告について行政庁が行った更正処分における理由附記の不備という違法は、同処分に対する審査裁決において処分理由が明らかにされた場合には、治癒され、更正処分の取消事由とはならない。

R5-8-ア

26 ある行政行為が違法である場合、仮にそれが別の行政行為として法の要件を満たしていたとしても、これを後者の行為として扱うことは、新たな行政行為を行うに等しいから当然に許されない。

21 ✗ 「職権取消し」とは、瑕疵ある行政行為について、**行政庁がその効力を遡及的に失わせて**、正しい法律関係を回復させることをいう。そのため、職権取消しの場合、遡って効力を失うことはないとしている本問後段は、誤りである。

22 ✗ 「行政行為の撤回」とは、**有効に成立した行政行為の効力を、その後に発生した新しい事情を理由として**、将来に向かって消滅させることをいう。本問は、「当該行政行為が違法になされたことを理由に」としている点で誤りである。

23 ✗ 判例は、相手方に利益を付与する処分である指定医師の指定の撤回に関して、「**法令上その撤回について直接明文の規定がなくとも**、指定医師の指定の権限を付与されている被上告人医師会は、その権限において上告人に対する右指定を撤回することができる」としている（最判昭63.6.17）。

24 ✗ 判例は、東京都建築安全条例4条1項所定の接道要件を満たしていない建築物について、同条3項に基づく安全認定が行われたうえで建築確認がされている場合、安全認定が取り消されていなくても、**建築確認の取消訴訟において、安全認定が違法であるために同条1項違反があると主張することは許される**としている（最判平21.12.17）。

25 ✗ 判例は、青色申告についてした更正処分における**理由附記の不備の瑕疵**は、同処分に対する審査裁決において**処分理由が明らかにされた場合であっても、治癒されない**としている（最判昭47.12.5）。

26 ✗ **旧自作農創設特別措置法施行令43条等に基づいて定められた買収計画を、同令45条等に基づく買収計画と読み替える**ことで、瑕疵ある行政行為を**適法とした判例**がある（最大判昭29.7.19）。

R2-26-3

27 運転免許証の「○年○月○日まで有効」という記載は、行政行為に付される附款の一種で、行政法学上は「条件」と呼ばれるものである。

4 行政上の強制措置

H23-8-2

28 条例に基づく命令によって課された義務を相手方が履行しない場合には、代執行等の他の手段が存在しない場合に限り、地方公共団体は民事訴訟によりその履行を求めることができる、とするのが判例である。

H27-8-1

29 国又は地方公共団体が専ら行政権の主体として国民に対して行政上の義務履行を求める訴訟は、法令の適用により終局的に解決することができないから、法律上の争訟に該当しない。

H27-8-2

30 国又は地方公共団体が専ら行政権の主体として国民に対して行政上の義務履行を求める訴訟は、このような訴訟を提起することを認める特別の規定が法律にあれば、適法となりうる。

H27-8-3

31 国又は地方公共団体が財産権の主体として国民に対して義務履行を求める訴訟は、終局的には、公益を目的とするものであって、自己の権利利益の保護救済を目的とするものではないから、法律上の争訟には該当しない。

H27-8-4

32 国又は地方公共団体が専ら行政権の主体として国民に対して行政上の義務履行を求める訴訟は、行政上の義務履行確保の一般法である行政代執行法による代執行が認められる場合に限り、不適法である。

27 ✗ **条件**とは、行政行為の効力の発生・消滅を発生不確実な事実にかからせる意思表示である。一方で、**期限とは、行政行為の効力の発生・消滅を発生確実な事実にかからせる意思表示**である。そして、運転免許証の有効期限は、条件ではなく期限であるため、本問は、これを条件としている点が誤りである。

28 ✗ 判例は、国又は地方公共団体が**もっぱら行政権の主体として国民に対して行政上の義務の履行を求める訴訟**は、法律上の争訟として当然に裁判所の審判の対象となるものではなく、**法律に特別の規定がある場合に限り、提起することが許される**としている（最判平14.7.9）。

29 ✗ 判例は、「国又は地方公共団体が専ら行政権の主体として国民に対して行政上の義務の履行を求める訴訟は、**法規の適用の適正ないし一般公益の保護を目的とするものであって、自己の権利利益の保護救済を目的とするものということはできない**から、法律上の争訟として当然に裁判所の審判の対象となるものではなく、法律に特別の規定がある場合に限り、提起することが許されるものと解される」とし（最判平14.7.9）、「法令の適用により終局的に解決することができない」ことを理由としていない。

関連

30 ○ そのとおりである（最判平14.7.9）。

31 ✗ 判例は、「国又は地方公共団体が提起した訴訟であって、**財産権の主体として自己の財産上の権利利益の保護救済を求めるような場合には、法律上の争訟に当たる**」とした（最判平14.7.9）。

32 ✗ 判例は、「国又は地方公共団体が専ら行政権の主体として国民に対して行政上の義務の履行を求める訴訟は、……法律に特別の規定がある場合に限り、提起することが許されるものと解される」としており、**行政代執行法による代執行が認められる場合に限り、不適法であるとはしていない**（最判平14.7.9）。

H23-8-1

33 行政上の義務履行の確保に関しては、行政代執行法が一般法とされ、別に法律で定めるところを除いては、この法律の定めるところによる。

H19-9-1

34 不作為義務、非代替的作為義務の履行にかかる直接強制、執行罰の仕組みについては、一般法の根拠はないので、法律もしくは条例による個別の根拠が必要である。

H22-8-1

35 A市は、風俗営業のための建築物について、条例で独自の規制基準を設けることとし、当該基準に違反する建築物の建築工事については市長が中止命令を発しうることとした。この命令の実効性を担保するための手段を条例で定める場合、当該建築物の除却について、法律よりも簡易な手続で代執行を実施する旨の定めは、法令に照らし、疑義の余地なく設けることができる。

H22-8-2

36 A市は、風俗営業のための建築物について、条例で独自の規制基準を設けることとし、当該基準に違反する建築物の建築工事については市長が中止命令を発しうることとした。この命令の実効性を担保するための手段を条例で定める場合、中止命令の対象となった建築物が条例違反の建築物であることを公表する旨の定めは、法令に照らし、疑義の余地なく設けることができる。

H22-8-3

37 A市は、風俗営業のための建築物について、条例で独自の規制基準を設けることとし、当該基準に違反する建築物の建築工事については市長が中止命令を発しうることとした。この命令の実効性を担保するための手段を条例で定める場合、中止命令を受けたにもかかわらず建築工事を続行する事業者に対して、工事を中止するまでの間、1日について5万円の過料を科す旨の定めは、法令に照らし、疑義の余地なく設けることができる。

33 ○ そのとおりである（行政代執行法1条）。

34 ✗ 明治憲法下において行政に包括的かつ強力な強制執行の権限を認めていた行政執行法は、人権保障の観点から、現行法下において廃止されており、直接強制、執行罰については、一般法の根拠はない。したがって、前段は正しい。しかし、**現行法下において、条例によって直接強制、執行罰の根拠を置くことはできない**とされており、後段は誤りである（行政代執行法1条参照）。

35 ✗ 代執行に関しては、別に「法律」で定めるものを除いては、行政代執行法の定めるところによる（1条）ため、**「条例」で法律よりも簡易な手続を定めることはできない**。

36 ○ **公表**は、**行政代執行法1条の想定した行政上の義務履行確保の手段にあたらないため、別に法律で定めることが必要とされない**。したがって、条例で定めることができる。

37 ✗ 本問の手段は執行罰にあたる。執行罰とは、義務が履行されない場合に行政庁が一定の期限を示し、その期限内に義務の履行がされないときに過料に処す旨を予告することで、義務者に心理的圧迫を加え、間接的に義務の履行を強制する作用をいう。**執行罰は、行政上の義務履行確保の手段にあたるため、別に法律で定めることが必要**となる（行政代執行法1条）。したがって、条例で定めることはできない。

H22-8-4

38 A市は、風俗営業のための建築物について、条例で独自の規制基準を設けることとし、当該基準に違反する建築物の建築工事については市長が中止命令を発しうることとした。この命令の実効性を担保するための手段を条例で定める場合、市の職員が当該建築物の敷地を封鎖して、建築資材の搬入を中止させる旨の定めは、法令に照らし、疑義の余地なく設けることができる。

H30-8-ウ

39 行政上の義務の履行確保に関しては、行政代執行法の定めるところによるとした上で、代執行の対象とならない義務の履行確保については、執行罰、直接強制、その他民事執行の例により相当な手段をとることができる旨の規定が置かれている。

H24-24-4

40 Xは、A川の河川敷においてゴルフ練習場を経営すべく、河川管理者であるY県知事に対して、河川法に基づく土地の占用許可を申請した。Xが所定の占用料を支払わない場合、Y県知事は、行政代執行法の定めによる代執行によって、その支払いを強制することができる。

R1-8-3

41 行政代執行法に基づく代執行の対象となる義務は、「法律」により直接に命じられ、または「法律」に基づき行政庁により命じられる代替的作為義務に限られるが、ここにいう「法律」に条例は含まれない旨があわせて規定されているため、条例を根拠とする同種の義務の代執行については、別途、その根拠となる条例を定める必要がある。

H30-8-エ

42 代執行の実施に先立って行われる戒告および通知のうち、戒告においては、当該義務が不履行であることが、次いで通知においては、相当の履行期限を定め、その期限までに履行がなされないときは代執行をなすべき旨が、それぞれ義務者に示される。

38 ✗ 　本問の手段は直接強制にあたる。直接強制とは、義務者が義務を履行しない場合において、行政庁が義務者の身体又は財産に強制力を加えて、義務の内容を実現する作用をいう。**直接強制は、行政上の義務履行確保の手段にあたるため、別に法律で定めることが必要**となる（行政代執行法1条）。したがって、条例で定めることはできない。

図表2

39 ✗ 　行政代執行法1条は、「行政上の義務の履行確保に関しては、別に法律で定めるものを除いては、この法律の定めるところによる。」と規定している。もっとも、同法には、代執行の対象とならない義務の履行確保について、**執行罰、直接強制、その他民事執行の例により相当な手段をとることができる旨の規定は置かれていない**。

---

40 ✗ 　行政代執行法の定める代執行とは、行政庁が自ら又は第三者をして、**金銭支払義務を除く代替的作為義務を履行しない者の義務**を代わって行い、義務を懈怠した者からその費用を強制徴収する制度である（2条）。**占用料の支払義務は金銭支払義務**であるから、行政代執行法の定めによる代執行によって、その支払を強制することはできない。

---

41 ✗ 　行政代執行法2条は、「**法律（法律の委任に基く命令、規則及び条例を含む。以下同じ。）により直接に命ぜられ**、又は法律に基き行政庁により命ぜられた行為（他人が代つてなすことのできる行為に限る。）について義務者がこれを履行しない場合、他の手段によつてその履行を確保することが困難であり、且つその不履行を放置することが著しく公益に反すると認められるときは、当該行政庁は、自ら義務者のなすべき行為をなし、又は第三者をしてこれをなさしめ、その費用を義務者から徴収することができる。」と規定している。

---

42 ✗ 　戒告について、行政代執行法3条1項は、「前条の規定による処分（代執行）をなすには、相当の履行期限を定め、その**期限までに履行がなされないときは、代執行をなすべき旨を、予め文書で戒告しなければならない**。」と規定し、通知について、同条2項は、「義務者が、前項の戒告を受けて、指定の期限までにその義務を履行しないときは、当該行政庁は、**代執行令書をもつて、代執行をなすべき時期、代執行のために派遣する執行責任者の氏名及び代執行に要する費用の概算による見積額を義務者に通知**する。」と規定している。

H30-8-イ

43 代執行を行うに当たっては、原則として、同法所定の戒告および通知を行わなければならないが、これらの行為について、義務者が審査請求を行うことができる旨の規定は、同法には特に置かれていない。

H30-8-オ

44 代執行の実施に当たっては、その対象となる義務の履行を督促する督促状を発した日から起算して法定の期間を経過してもなお、義務者において当該義務の履行がなされないときは、行政庁は、戒告等、同法の定める代執行の手続を開始しなければならない。

H30-8-ア

45 代執行に要した費用については、義務者に対して納付命令を発出したのち、これが納付されないときは、国税滞納処分の例によりこれを徴収することができる。

R1-8-2

46 直接強制は、義務者の身体または財産に直接に実力を行使して、義務の履行があった状態を実現するものであり、代執行を補完するものとして、その手続が行政代執行法に規定されている。

H25-22-1

47 A市においては、地域の生活環境の整備を図るために、繁華街での路上喫煙を禁止し、違反者には最高20万円の罰金もしくは最高5万円の過料のいずれかを科することを定めた条例を制定した。この場合に、違反者に科される過料は、行政上の義務履行確保のための執行罰に当たるものであり、義務が履行されるまで複数回科すことができる。

H29-10-1

48 執行罰とは、行政上の義務の不履行について、罰金を科すことにより、義務の履行を促す制度であり、行政上の強制執行の一類型とされる。

H29-10-2

49 執行罰は、行政上の義務の履行確保のために科されるものであるが、行政機関の申立てにより、非訟事件手続法の定める手続に従って、裁判所の決定によって科される。

行政法

part 1 行政法の一般的な法理論

chap 3 行政作用法

43 ○ 行政代執行法には、同法上の戒告及び通知について、**義務者が審査請求を行うことができる旨の規定は置かれていない。**

44 ✕ 行政代執行法には、代執行の実施にあたり、その対象となる義務の履行を督促する督促状を発した日から起算して法定の期間を経過してもなお、義務者において当該義務の履行がなされない場合に、**行政庁が戒告等の同法の定める手続を開始する旨の規定は置かれていない。**

45 ○ そのとおりである（行政代執行法5条、6条1項）。

46 ✕ **行政代執行法は、直接強制の手続について規定していない。**

47 ✕ 行政上の義務違反につき違反者に科される過料は、**執行罰ではなく、秩序罰**にあたる。

比較

48 ✕ 執行罰とは、義務者に自ら義務を履行させるため、あらかじめ義務不履行の場合には過料に処すことを予告するとともに、義務不履行の場合にはそのつど**過料を徴収**することによって、義務の履行を促す間接強制の方法である。本問は、罰金を科す、としている点で誤りである。

49 ✕ 執行罰は、将来にわたって義務の履行を確保するための手段の1つであるが、行政機関の申立てにより、裁判所の決定により科されるわけではない（砂防法36条参照）。なお、**非訟事件手続法の定める手続に従って、裁判所の決定によって科されるのは、行政上の秩序罰**である。

435

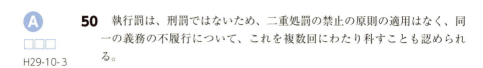

50 執行罰は、刑罰ではないため、二重処罰の禁止の原則の適用はなく、同一の義務の不履行について、これを複数回にわたり科すことも認められる。

H29-10-3

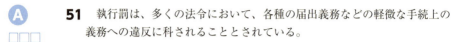

51 執行罰は、多くの法令において、各種の届出義務などの軽微な手続上の義務への違反に科されることとされている。

H29-10-5

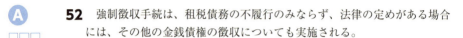

52 強制徴収手続は、租税債務の不履行のみならず、法律の定めがある場合には、その他の金銭債権の徴収についても実施される。

H21-10-4

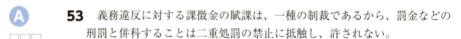

53 義務違反に対する課徴金の賦課は、一種の制裁であるから、罰金などの刑罰と併科することは二重処罰の禁止に抵触し、許されない。

H23-8-5

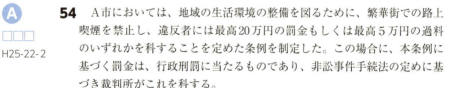

54 A市においては、地域の生活環境の整備を図るために、繁華街での路上喫煙を禁止し、違反者には最高20万円の罰金もしくは最高5万円の過料のいずれかを科することを定めた条例を制定した。この場合に、本条例に基づく罰金は、行政刑罰に当たるものであり、非訟事件手続法の定めに基づき裁判所がこれを科する。

H25-22-2

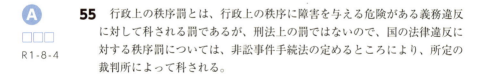

55 行政上の秩序罰とは、行政上の秩序に障害を与える危険がある義務違反に対して科される罰であるが、刑法上の罰ではないので、国の法律違反に対する秩序罰については、非訟事件手続法の定めるところにより、所定の裁判所によって科される。

R1-8-4

56 義務の不履行があった場合、直接に義務者の身体や財産に実力を加えることを即時強制という。

H21-10-2

50 ◯ 執行罰は、刑罰ではないため、二重処罰の禁止の原則の適用はない。また、執行罰とは、義務不履行の場合にはそのつど過料を徴収することによって、義務の履行を促す間接強制の方法である。したがって、**同一の義務の不履行について、これを複数回にわたり処すことも認められている。**

51 ✕ 執行罰については、**砂防法36条の規定があるのみ**である。なお、本問は、行政上の秩序罰についての説明である。

52 ◯ そのとおりである。例えば、**代執行に要した費用**（行政代執行法6条1項）**や都市計画法上の負担金・延滞料**（都市計画法75条5項）などの徴収は、「国税滞納処分の例により」強制徴収が実施される。

53 ✕ 課徴金は、刑事罰ではなく、行政上の手段として設けられていることから、**罰金などの刑罰と併科することは、二重処罰の禁止に抵触しない**（最判平10.10.13）。

54 ✕ 行政上の義務違反に対する制裁として刑罰が用いられる場合を行政刑罰といい、これは、刑法9条に刑名のある懲役、禁錮、罰金、拘留、科料、没収を科す制裁である。したがって、本条例に基づく罰金も行政刑罰に該当する。もっとも、**行政刑罰は、刑事訴訟法の定めに基づき裁判所が科するもの**である。

比較

55 ◯ 「行政上の秩序罰」とは、行政上の秩序に障害を与える危険がある義務違反に対して科される罰であり、刑法上の罰ではないので、国の法律違反に対する**秩序罰については、非訟事件手続法の定めるところにより、所定の裁判所により科される。**

56 ✕ 「即時強制」は、**相手方の義務の存在を前提とせずに**、行政機関が直接に身体又は財産に実力を行使して行政上望ましい状態を実現する作用である。したがって、本問は、即時強制を「義務の不履行があった場合」に行う行政強制、つまり義務履行確保の手段としている点で誤りである。

関連

R1-8-1

57 即時強制とは、非常の場合または危険切迫の場合において、行政上の義務を速やかに履行させることが緊急に必要とされる場合に、個別の法律や条例の定めにより行われる簡易な義務履行確保手段をいう。

H21-10-5

58 行政上の即時強制については、行政代執行法にその手続等に関する通則的な規定が置かれている。

Chapter 4 その他の行政作用

総合テキスト ▶▶▶ Chapter 3 ⑤

1 行政立法

H25-25-4

1 各省大臣は、主任の行政事務について、法律若しくは政令を施行するため、又は法律若しくは政令の特別の委任に基づいて、それぞれの機関の命令を発することができるが、国家行政組織法において、これを「訓令」又は「通達」という。

H27-24-オ

2 内閣府設置法によれば、政令のうち、特に内閣府に係る主任の事務に関わるものを内閣府令と称し、内閣総理大臣がこれを制定する。

H20-9-ア

3 政令は、憲法73条6号に基づき、内閣総理大臣が制定するもので、閣議決定を経て成立し、天皇によって公布される。

H20-9-エ

4 公正取引委員会、公害等調整委員会、中央労働委員会などの委員会は、庁と同様に外局の一種とされるが、合議体であるため、独自の規則制定権は与えられていない。

57 ✗ 「即時強制」とは、**義務の存在を前提としないで**、行政上の目的を達成するため、直接に身体若しくは財産に対して有形力を行使することをいう。本問は、行政上の義務の存在を前提としている点で誤りである。

58 ✗ 行政代執行法は、行政代執行に関する一般法である。**行政代執行法には、行政上の即時強制に関する通則的な規定は存在しない**。また、他の法律にも行政上の即時強制に関する通則的な規定は存在せず、個別法で規定されるのみである。

1 ✗ **各省大臣は**、主任の行政事務について、法律若しくは政令を施行するため、又は法律若しくは政令の特別の委任に基づいて、**それぞれその機関の命令として省令を発することができる**（国家行政組織法12条1項）。省令であって、訓令・通達ではない（14条2項参照）。

2 ✗ 内閣府設置法7条3項は、「内閣総理大臣は、内閣府に係る主任の行政事務について、法律若しくは政令を施行するため、又は法律若しくは政令の特別の委任に基づいて、内閣府の命令として内閣府令を発することができる。」と規定している。また、憲法73条柱書は、「内閣は、他の一般行政事務の外、左の事務を行ふ。」と規定しており、同条6号本文は、「この憲法及び法律の規定を実施するために、政令を制定すること。」を掲げている。したがって、**内閣府令を発するのは内閣総理大臣であり、政令を制定するのは内閣であるため、両者は別個のもの**である。

3 ✗ 政令は、内閣が制定するものである（憲法73条6号）。

4 ✗ **各委員会は**、政令及び省令以外の**規則その他の特別の命令を自ら発することができる**（国家行政組織法13条1項）。

H23-9-2

5 　各省の外局として置かれる各庁の長や各委員会は、規則その他の特別の命令を発することができるが、これについては、それぞれの設置法などの法律に別の定めを要する。

H23-9-5

6 　政令及び省令には、法律の委任があれば、罰則を設けることができるが、各庁の長や各委員会が発する規則などには、罰則を設けることは認められていない。

R3-10-5

7 　銃砲刀剣類所持等取締法が、銃砲刀剣類の所持を原則として禁止した上で、美術品として価値のある刀剣類の所持を認めるための登録の方法や鑑定基準等を定めることを銃砲刀剣類登録規則（省令）に委任している場合に、当該登録規則において登録の対象を日本刀に限定したことについては、法律によらないで美術品の所有の自由を著しく制限するものであって、法の委任の範囲を超えるものといえ、当該登録規則の規定は無効である。

R3-10-4

8 　児童扶養手当法の委任を受けて定められた同法施行令（政令）の規定において、支給対象となる婚姻外懐胎児童について「（父から認知された児童を除く。）」という括弧書きが設けられていることについては、憲法に違反するものでもなく、父の不存在を指標として児童扶養手当の支給対象となる児童の範囲を画することはそれなりに合理的なものともいえるから、それを設けたことは、政令制定者の裁量の範囲内に属するものであり、違憲、違法ではない。

R3-10-2

9 　監獄法（当時）の委任を受けて定められた同法施行規則（省令）において、原則として被勾留者と幼年者との接見を許さないと定めていることは、事物を弁別する能力のない幼年者の心情を害することがないようにという配慮の下に設けられたものであるとしても、法律によらないで被勾留者の接見の自由を著しく制限するものであって、法の委任の範囲を超えるものといえ、当該施行規則の規定は無効である。

5 〇 　**各委員会及び各庁の長官**は、別に法律の定めるところにより、政令及び省令以外の**規則その他の特別の命令を自ら発することができる**（国家行政組織法13条1項）。

6 ✕ 　政令には、特にその法律の委任がある場合を除いては、罰則を設けることができない（憲法73条6号ただし書）。また、**省令には、法律の委任がなければ、罰則を設け、又は義務を課し、若しくは国民の権利を制限する規定を設けることができない**（国家行政組織法12条3項）。これに対して、各委員会及び各庁の長官が発する、政令及び省令以外の**規則その他の特別の命令には、法律の委任がなければ、罰則を設け、又は義務を課し、若しくは国民の権利を制限する規定を設けることができない**（13条2項・12条3項）。したがって、法律の委任があれば、規則などに罰則を設けることも認められている。

7 ✕ 　判例は、「規則〔銃砲刀剣類登録規則〕が文化財的価値のある刀剣類の鑑定基準として、……美術品として文化財的価値を有する日本刀に限る旨を定め、この基準に合致するもののみを我が国において前記の価値を有するものとして登録の対象にすべきものとしたことは、法〔銃砲刀剣類所持等取締法〕14条1項の趣旨に沿う合理性を有する鑑定基準を定めたものというべきであるから、**これをもって法の委任の趣旨を逸脱する無効のものということはできない**」としている（最判平2.2.1）。

8 ✕ 　児童扶養手当法4条1項5号（当時）による委任を受けて、「父から認知された児童」を支給対象児童から除外した児童扶養手当施行令1条の2第3号（当時）について、判例は、「**法の委任の趣旨に反し、本件括弧書は法の委任の範囲を逸脱した違法な規定として無効**と解すべきである」としている（最判平14.1.31）。

9 〇 　そのとおりである（最判平3.7.9）。

H26-9-イ

10 教科書検定につき、文部大臣が、学校教育法88条の規定に基づいて、文部省令、文部省告示により、審査の内容及び基準並びに検定の施行細則である検定の手続を定めたことは、法律の委任を欠くとまではいえない。

H26-9-エ

11 地方自治法施行令が、公職の候補者の資格に関する公職選挙法の定めを議員の解職請求代表者の資格について準用し、公務員について解職請求代表者となることを禁止していることは、地方自治法の委任に基づく政令の定めとして許される範囲を超えたものとはいえない。

R3-10-3

12 薬事法（当時）の委任を受けて、同法施行規則（省令）において一部の医薬品について郵便等販売をしてはならないと定めることについて、当該施行規則の規定が法律の委任の範囲を逸脱したものではないというためには、もっぱら法律中の根拠規定それ自体から、郵便等販売を規制する内容の省令の制定を委任する授権の趣旨が明確に読み取れることを要するものというべきであり、その判断において立法過程における議論を考慮したり、根拠規定以外の諸規定を参照して判断をすることは許されない。

R3-25-2

13 墓地埋葬法13条に関する通達の取消しを求める訴えについての最高裁判所判決（最判昭43.12.24）は、「通達は、関係下級機関および職員に対する行政組織内部における命令であるが、その内容が、法令の解釈や取扱いに関するものであって、国民の権利義務に重大なかかわりをもつようなものである場合には、法規の性質を有することとなり、本件通達の場合もこれに該当する」とした。

442

10 ⭕ そのとおりである（最判平9.8.29）。

---

11 ❌ 地方自治法85条1項は、「政令で特別の定をするものを除く外、公職選挙法中普通地方公共団体の選挙に関する規定は、……解散の投票並びに……解職の投票にこれを準用する。」と規定している。そして、判例は、「地自法85条1項は、専ら解職の投票に関する規定であり、これに基づき政令で定めることができるのもその範囲に限られるものであって、解職の請求についてまで政令で規定することを許容するものということはできない。……本件各規定〔公選法89条1項を準用することにより議員の解職請求代表者の資格を制限している部分〕は、地自法85条1項に基づき公選法89条1項本文を議員の解職請求代表者の資格について準用し、公務員について解職請求代表者となることを禁止している。これは、……地自法85条1項に基づく政令の定めとして許される範囲を超えたものであって、その資格制限が請求手続にまで及ぼされる限りで無効と解するのが相当である」とした（最大判平21.11.18）。

---

12 ❌ 薬事法（当時）の委任を受けて、同法施行規則（省令）において一部の医薬品について郵便等販売をしてはならないと定めることについて、判例は、「新施行規則の規定が、これを定める根拠となる新薬事法の……委任の範囲を逸脱したものではないというためには、立法過程における議論をもしんしゃくした上で、……新薬事法中の諸規定を見て、そこから、郵便等販売を規制する内容の省令の制定を委任する授権の趣旨が、上記規制の範囲や程度等に応じて明確に読み取れることを要するものというべきである」としている（最判平25.1.11）。

---

13 ❌ 判例は、「通達は右機関〔関係下級行政機関〕および職員に対する行政組織内部における命令にすぎないから、これらのものがその通達に拘束されることはあつても、一般の国民は直接これに拘束されるものではなく、このことは、通達の内容が、法令の解釈や取扱いに関するもので、国民の権利義務に重大なかかわりをもつようなものである場合においても別段異なるところはない」としている（最判昭43.12.24）。したがって、通達は、国民の権利義務に重大なかかわりを持つようなものである場合であっても、法規の性質を有することはない。

R3-25-1

14 墓地埋葬法13条に関する通達の取消しを求める訴えについての最高裁判所判決（最判昭43.12.24）は、「通達は、原則として、法規の性質をもつものであり、上級行政機関が関係下級行政機関および職員に対してその職務権限の行使を指揮し、職務に関して命令するために発するものであって、本件通達もこれに該当する」とした。

R3-25-4

15 墓地埋葬法13条に関する通達の取消しを求める訴えについての最高裁判所判決（最判昭43.12.24）は、「本件通達は従来とられていた法律の解釈や取扱いを変更するものであり、下級行政機関は当該通達に反する行為をすることはできないから、本件通達は、これを直接の根拠として墓地の経営者に対し新たに埋葬の受忍義務を課すものである」とした。

H22-9-4

16 通達によって示された法令解釈の違法性が訴訟において問題となったとき、裁判所は、行政庁の第一次的判断権の尊重の原則により、それが重大明白に誤りでない限り、当該通達で示された法令解釈に拘束される。

H24-8-5

17 従来課税の対象となっていなかった一定の物品について、課税の根拠となる法律所定の課税品目に当たるとする通達の発出により新たに課税の対象とすることは、仮に通達の内容が根拠法律の解釈として正しいものであったとしても、租税法律主義及び信義誠実の原則に照らし、違法である。

14 ✖ 判例は、「元来、通達は、原則として、法規の性質をもつものではなく、上級行政機関が関係下級行政機関および職員に対してその職務権限の行使を指揮し、職務に関して命令するために発するもの」としている（最判昭43.12.24）。したがって、通達は、原則として、法規の性質を持つものではない。

---

15 ✖ 判例は、「本件通達は従来とられていた法律の解釈や取扱いを変更するものではあるが、それはもっぱら知事以下の行政機関を拘束するにとどまるもので、これらの機関は右通達に反する行為をすることはできないにしても、国民は直接これに拘束されることはなく、従つて、右通達が直接に上告人の所論墓地経営権、管理権を侵害したり、新たに埋葬の受忍義務を課したりするものとはいいえない」としている（最判昭43.12.24）。したがって、本件通達は、これを直接の根拠として墓地の経営者に対し新たに埋葬の受忍義務を課すものではない。

---

16 ✖ 判例は、裁判所は、法令の解釈にあたっては、通達に示された法令の解釈とは異なる独自の解釈をすることができるとしている（最判昭43.12.24）。したがって、裁判所は通達に示された法令解釈に拘束されない。

---

17 ✖ 判例は、パチンコ球遊器に対する物品税の課税がたまたま通達を機縁として行われたものであっても、通達の内容が法の正しい解釈に合致する以上、それに基づく課税処分は法の根拠に基づく処分と解するに妨げないとした（最判昭33.3.28）。したがって、仮に通達の内容が根拠法律の解釈として正しいものであったとしても、租税法律主義及び信義誠実の原則に照らし、違法であるとしている点で本問は誤りである。

445

2　行政契約

H24-9-1

18　行政契約でも、その内容が国民に義務を課したり、その権利を制限するものについては、法律の留保の原則に関する侵害留保理論に立った場合、法律の根拠が必要であると解される。

H24-9-2

19　地方公共団体が、地方自治法上、随意契約によることができない場合であるにもかかわらず、随意契約を行ったとしても、かかる違法な契約は、私法上、当然に無効となるものではない。

H24-9-3

20　地方公共団体がごみ焼却場を建設するために、建設会社と建築請負契約を結んだ場合、ごみ焼却場の操業によって重大な損害が生ずるおそれのある周辺住民は、当該契約の締結行為について、当該地方公共団体を被告として、抗告訴訟としての差止めの訴えを提起することができる。

H24-9-4

21　地方公共団体の長が、指名競争入札の際に行う入札参加者の指名に当たって、法令の趣旨に反して域内の業者のみを指名する運用方針の下に、当該運用方針に該当しないことのみを理由に、継続して入札に参加してきた業者を指名競争入札に参加させない判断をしたとしても、その判断は、裁量権の逸脱、濫用には当たらず、違法ではない。

H25-8-ア

22　地方公共団体が指名競争入札に参加させようとする者を指名するに当たり、地元の経済の活性化にも寄与することを考慮して地元企業を優先的に指名することは、合理的な裁量権の行使として許容される。

18 ✗　行政契約は、その内容が国民に義務を課したり、国民の権利を制限するものであっても、当事者の意思の合致によって成立するので、法律の根拠を要しないと一般に考えられている。侵害留保原則は、相手方の合意なしに、行政機関が一方的に権利を制限したり、義務を課したりする場合に法律の根拠を要求するものであって、**相手方の合意の下で、行政契約により、その権利を制限したり義務を課したりすることを否定するものではない**。したがって、本問で国民に義務を課し、権利を制限する行政契約について、侵害留保理論に立った場合、法律の根拠が必要である、とする点は誤りである。

19 ○　そのとおりである（最判昭62.5.19）。

20 ✗　判例は、**ごみ焼却場は、地方公共団体が私人との間に対等の立場に立って締結した私法上の契約により設置されたもの**であるとし、設置行為は地方公共団体が公権力の行使により直接周辺住民の権利義務を形成し、又はその範囲を確定することを法律上認められている場合に該当しないとして**処分性を否定**した（最判昭39.10.29）。したがって、本問で契約の締結行為について抗告訴訟が提起できるとする点は誤りである。

21 ✗　判例は、村が発注する公共工事の指名競争入札において、長年村内業者として指名及び受注の実績があった業者について、**主たる営業所が村内にないことのみを理由**として、一切の工事につき指名競争入札に参加させない措置をとることは、裁量権の逸脱濫用にあたるとしている（最判平18.10.26）。

22 ○　そのとおりである（最判平18.10.26）。

H24-9-5

23　地方公共団体が、産業廃棄物処理施設を操業する企業との間で、一定の期日をもって当該施設の操業を停止する旨の公害防止協定を結んだものの、所定の期日を過ぎても当該企業が操業を停止しない場合において、当該地方公共団体が当該企業を被告として操業差止めを求める訴訟は、法律上の争訟に該当せず、不適法である。

H25-10-3

24　地方公共団体が事業者との間で締結する公害防止協定については、公法上の契約に該当すると解されるので、根拠となる条例の定めがない限り、当該協定に法的拘束力は生じない。

H28-25-2

25　マンションを建設しようとする者に対して市町村がその指導要綱に基づいて教育施設負担金の納付を求めることは、それが任意のものであっても違法であり、それに従わない者の給水契約を拒否することは、違法である。

R1-25-イ

26　行政指導として教育施設の充実に充てるために事業主に対して寄付金の納付を求めること自体は、強制にわたるなど事業主の任意性を損なうことがない限り、違法ということはできないが、水道の給水契約の締結等の拒否を背景として、その遵守を余儀なくさせることは、違法である。

R1-25-ア

27　自然的条件において、取水源が貧困で現在の取水量を増加させることが困難である状況等があるとき、水道事業者としての市町村は、需要量が給水量を上回り水不足が生ずることのないように、もっぱら水の供給を保つという観点から水道水の需要の著しい増加を抑制するための施策をとることも、やむを得ない措置として許される。

23 ✗ 判例は、国又は地方公共団体が提起した訴訟であって、財産権の主体として自己の財産上の権利利益の保護救済を求めるような場合には、法律上の争訟にあたるとした（最判平14.7.9）。その後、判例は、地方公共団体が企業との間で締結した公害防止協定に違反し、企業が操業を停止しない場合に、当該地方公共団体が当該企業を被告として操業の差止めを求める訴訟について法律上の争訟であることを前提に、公害防止協定の法的拘束力を認めた（最判平21.7.10）。

24 ✗ 判例は、市町村と産業廃棄物処理業者の間で締結された公害防止協定のうち、最終処分場の使用期限を定めた条項につき、廃棄物処理施設にかかる許可制度を定める廃棄物処理法の趣旨に反しないとした（最判平21.7.10）。本判例は、法律ないし条例の根拠がない場合であっても、公害防止協定に法的拘束力が認められることを前提にしていると考えられる。

25 ✗ 判例は、指導要綱に基づいて「行政指導として教育施設の充実に充てるために事業主に対して寄付金の納付を求めること自体は、強制にわたるなど事業主の任意性を損うことがない限り、違法ということはできない」としている（最判平5.2.18）。なお、判例は、「水道事業者としては、たとえ指導要綱に従わない事業主らからの給水契約の申込であっても、その締結を拒むことは許されないというべきである」としている（最決平元.11.8）。

26 ○ そのとおりである（最判平5.2.18）。

27 ○ そのとおりである（最判平11.1.21）。

H28-25-3

28 市町村は、利用者について不当な差別的取扱いをすることは許されないから、別荘の給水契約者とそれ以外の給水契約者の基本料金に格差をつける条例の規定は、無効であり、両者を同一に取り扱わなければならない。

3 行政調査

H23-8-3

29 食品衛生法に基づく保健所職員による立入検査に際して、受忍義務に反してこれを拒否する相手方に対しては、職員は、実力を行使して調査を実施することが認められる。

H26-10-ウ

30 法律の規定を設ければ、行政調査に応じなかったことを理由として、刑罰を科すなど、相手方に不利益を課すことも許される。

R4-10-5

31 行政調査の実効性を確保するため、調査に応じなかった者に刑罰を科す場合、調査自体の根拠規定とは別に、刑罰を科すことにつき法律に明文の根拠規定を要する。

H26-10-イ

32 警察官職務執行法上の職務質問に付随して行う所持品検査は、検査の必要性、緊急性の認められる場合には、相手方への強制にわたるものであっても適法である。

28 ✖ 　判例は、「一般的に、水道事業においては、様々な要因により水道使用量が変動し得る中で最大使用量に耐え得る水源と施設を確保する必要があるのであるから、夏季等の一時期に水道使用が集中する別荘給水契約者に対し年間を通じて平均して相応な水道料金を負担させるために、**別荘給水契約者の基本料金を別荘以外の給水契約者の基本料金よりも高額に設定すること自体は、水道事業者の裁量として許されないものではない**」としている（最判平18.7.14）。

29 ✖ 　実力行使を伴う行政調査をするためには法律上の根拠が必要であるところ、食品衛生法には、かかる実力行使を伴う行政調査を定めた規定はない。したがって、職員は、実力を行使して調査を実施することは認められない。

30 〇 　そのとおりである（国税通則法74条の2第1項、128条3号）。

31 〇 　**罰則を担保とした調査**（間接強制調査）は、**法律の根拠を要する**（国税通則法74条の2、128条2号参照）。

32 ✖ 　判例は、「警職法2条1項に基づく職務質問に附随して行う所持品検査は、任意手段として許容されるものであるから、所持人の承諾を得てその限度でこれを行うのが原則であるが、職務質問ないし所持品検査の目的、性格及びその作用等にかんがみると、所持人の承諾のない限り所持品検査は一切許容されないと解するのは相当でなく、**捜索に至らない程度の行為は、強制にわたらない限り、たとえ所持人の承諾がなくても**、所持品検査の必要性、緊急性、これによって侵害される個人の法益と保護されるべき公共の利益との権衡などを考慮し、具体的状況のもとで相当と認められる限度において許容される場合がある」とした（最判昭53.9.7）。したがって、相手方への強制にわたるものである場合には、検査の必要性、緊急性が認められたとしても、適法とはならない。

33 自動車検問は国民の自由の干渉にわたる可能性があるが、相手方の任意の協力を求める形で、運転手の自由を不当に制約するものでなければ、適法と解される。

34 交通の取締を目的として、警察官が自動車の検問を行う場合には、任意の手段により、走行の外観上不審な車両に限ってこれを停止させることができる。

35 税務調査については、質問検査の範囲・程度・時期・場所等について法律に明らかに規定しておかなければならない。

36 税務調査の質問・検査権限は、犯罪の証拠資料の収集などの捜査のための手段として行使することも許される。

37 国税通則法には、同法による質問検査権が犯罪捜査のために認められたものと解してはならないと定められていることから、当該調査において取得した資料をその後に犯則事件の証拠として利用することは認められない。

33 ○ そのとおりである（最決昭55.9.22）。

34 ✗ 判例は、自動車検問の適否について、「警察官が、交通取締の一環として交通違反の多発する地域等の適当な場所において、交通違反の予防、検挙のための自動車検問を実施し、同所を通過する自動車に対して走行の外観上の不審な点の有無にかかわりなく短時分の停止を求めて、運転者などに対し必要な事項についての質問などをすることは、それが相手方の任意の協力を求める形で行われ、自動車の利用者の自由を不当に制約することにならない方法、態様で行われる限り、適法なものと解すべきである」としている（最決昭55.9.22）。

35 ✗ 質問検査の範囲・程度・時期・場所等実定法上特段の定めのない実施の細目については、質問検査の必要があり、かつ、これと相手方の私的利益との衡量において社会通念上相当な限度にとどまる限り、権限ある税務職員の合理的な選択に委ねられている（最決昭48.7.10）。よって、本問の項目について、法律に明らかにしておくことが常に必要なわけではない。

36 ✗ 税務調査の質問・検査権限は、犯罪の証拠収集や保全のためなど、犯則事件の調査又は捜査のための手段として行使することは許されない（最決平16.1.20）。

37 ✗ 国税通則法74条の8は、職員の質問検査権等は、犯罪捜査のために認められたものと解してはならないと規定しているが、判例は、（国税通則法の質問検査規定の前身である）法人税法の質問検査権について、「取得収集される証拠資料が後に犯則事件の証拠として利用されることが想定できたとしても、そのことによって直ちに、上記質問又は検査の権限が犯則事件の調査あるいは捜査のための手段として行使されたことにはならない」として、質問検査権の行使により取得収集した資料について犯則手続における証拠能力を肯定している（最決平16.1.20）。

知識を整理

図表 1 撤回と職権取消しの比較

		撤 回	職権取消し
共通点		法律上の根拠不要 原則として取消し・撤回は自由（もっとも、利益を受けた者がいる場合には制限され得る）	
相違点	**撤回又は取消事由の発生時期**	後発的事情	原始的瑕疵（初めから）
	権利の行使者	処分庁のみ	正当な権限を有する行政庁 （処分庁と監督行政庁）
	遡及効の有無	な し （将来に向かってのみ）	（原則として）あり

図表 2 行政上の強制措置

行政上の強制執行	代執行	行政上の代替的作為義務を義務者が履行しない場合に、行政庁が自ら義務者のなすべき行為を行い、又は第三者にそれを行わせ、その費用を義務者から徴収する作用 → 一般法として、行政代執行法が規定されている。
	執行罰 (間接強制)	主に、非代替的作為義務や不作為義務が履行されない場合に、行政庁が一定の期限を示し、その期限内に義務の履行がなされないときには過料に処す旨を予告することで、義務者に心理的圧迫を加え、間接的に義務の履行を強制する作用 → 執行罰については、一般法がなく、個別の法律の規定に基づくものに限られる。現行法上、砂防法 36 条が唯一の例として挙げられる。
	直接強制	義務者が義務を履行しない場合において、行政庁が義務者の身体又は財産に強制力を加えて、義務の内容を実現する作用 → 直接強制については、一般法がなく、個別の法律の規定に基づくものに限られる。現行法上、成田新法が例として挙げられる。
	行政上の 強制徴収	国民が税金等を納めない場合に強制的に徴収する作用 → 強制徴収については、一般法はないものの、国税徴収法に規定する滞納処分の例によるとする法律が多くあり、実質的には国税徴収法が一般法としての役割を果たしている。
行政罰	行政刑罰	行政上の重大な義務違反を犯罪として処罰する際に科される刑罰 → 刑法上の刑罰が科される。
	秩序罰	犯罪に至らない、行政上の軽微な義務違反に対して科される罰則 → 届出義務の違反等に対して科される過料

Part 2 行政手続法

総合テキスト ▶▶▶ Chapter 4

1 総説

H21-12-2

1 行政手続法は、行政運営における公正の確保と透明性の向上を図り、もって国民の権利利益の保護に資することを目的とする。

H26-13-5

2 行政手続法の規定が適用除外される事項は、同法に定められているので、個別の法律により適用除外とされるものはなく、個別の法律に同法と異なる定めがあっても同法の規定が優先して適用される。

R5-11-1

3 行政手続法の規定において用いられる「法令」とは、法律及び法律に基づく命令のみを意味し、条例及び地方公共団体の執行機関の規則はそこに含まれない。

H20-11-ア

4 審査基準とは、行政庁が不利益処分をするか否かについて判断するために必要な基準である、と定義されている。

H23-13-5

5 審査基準とは、申請により求められた許認可等をするかどうかをその法令の定めに従って判断するために必要とされる基準である。

R2-11-3

6 「処分基準」とは、不利益処分をするかどうか、またはどのような不利益処分とするかについてその法令の定めに従って判断するために必要とされる基準をいう。

456

1 ○ 行政手続法は、処分、行政指導及び届出に関する手続並びに命令等を定める手続に関し、共通する事項を定めることによって、行政運営における公正の確保と透明性の向上を図り、もって国民の権利利益の保護に資することを目的とする（1条1項）。

2 ✕ 行政手続法は、処分、行政指導及び届出に関する手続並びに命令等を定める手続に関しこの法律に規定する事項について、他の法律に特別の定めがある場合は、その定めるところによるとしている（1条2項）。したがって、個別の法律に行政手続法と異なる定めがある場合は当該個別の法律の規定が優先される。

3 ✕ 行政手続法2条1号は、「法令　法律、法律に基づく命令（告示を含む。）、条例及び地方公共団体の執行機関の規則（規程を含む。以下『規則』という。）をいう。」を掲げている。

4 ✕ 審査基準とは、申請により求められた許認可等をするかどうかをその法令の定めに従って判断するために必要とされる基準である（行政手続法2条8号ロ）。

5 ○ そのとおりである（行政手続法2条8号ロ）。

比較

6 ○ そのとおりである（行政手続法2条8号ハ）。

H20-13-イ

7 法令に基づき、自己に対して何らかの利益を付与する行政庁の応答を求める行為は、行政手続法上の届出に含まれる。

H26-13-3

8 申請に対する処分であっても、処分をするか否かに行政庁の裁量が認められないと考えられる処分については、行政庁が審査をする余地がないため、届出の手続に関する規定が適用される。

R4-13-1

9 届出は、行政手続法の定めによれば、「行政庁に対し一定の事項の通知をする行為」であるが、「申請に該当するものを除く」という限定が付されている。

H22-11-1

10 意見公募手続の対象となる命令等に含まれるのは、政令や省令などのほか、審査基準や処分基準といった行政処分の基準に限られ、行政指導の基準は含まれない。

H23-13-1

11 処分とは、行政庁の処分その他公権力の行使に当たる行為で、審査請求・再調査の請求その他の不服申立てに対する裁決・決定を含むものである。

R5-11-2

12 特定の者を名あて人として直接にその権利を制限する処分であっても、名あて人となるべき者の同意の下にすることとされている処分は、行政手続法にいう不利益処分とはされない。

H23-13-4

13 行政指導とは、行政機関がその任務又は所掌事務の範囲内において一定の行政目的を実現するため特定又は不特定の者に一定の作為又は不作為を求める指導、勧告、助言その他の行為であって処分に該当しないものである。

7 ✗ 法令に基づき、自己に対して何らかの利益を付与する行政庁の応答を求める行為は、行政手続法上の申請に含まれる（2条3号）。

関連

8 ✗ 行政手続法上、届出は、「行政庁に対し一定の事項の通知をする行為（申請に該当するものを除く。）であって、法令により直接に当該通知が義務付けられているもの」とされている（2条7号）。そして、本問のような規定は定められていない。

9 ◯ 行政手続法2条7号は、届出の定義について、「行政庁に対し一定の事項の通知をする行為（申請に該当するものを除く。）であって、法令により直接に当該通知が義務付けられているもの（自己の期待する一定の法律上の効果を発生させるためには当該通知をすべきこととされているものを含む。）をいう。」としている。

---

10 ✗ 意見公募手続の対象となる「命令等」に含まれるのは、法律に基づく命令（政令や省令）又は規則、審査基準、処分基準のほか、行政指導指針がある（行政手続法2条8号）。

---

11 ✗ 処分とは、行政庁の処分その他公権力の行使にあたる行為をいう（行政手続法2条2号）が、審査請求・再調査の請求その他の不服申立てに対する行政庁の裁決、決定その他の処分については、行政手続法の適用が除外される（3条1項15号）。

---

12 ◯ 行政手続法2条4号は、「不利益処分　行政庁が、法令に基づき、特定の者を名あて人として、直接に、これに義務を課し、又はその権利を制限する処分をいう。ただし、次のいずれかに該当するものを除く。」と規定し、同号ハは、「名あて人となるべき者の同意の下にすることとされている処分」を掲げている。

---

13 ✗ 行政指導とは、行政機関がその任務又は所掌事務の範囲内において一定の行政目的を実現するため「特定の者に」一定の作為又は不作為を求める指導、勧告、助言その他の行為であって処分に該当しないものをいい（行政手続法2条6号）、「不特定の者に」対してする場合を含まない。

R2-11-1

14 「不利益処分」とは、申請により求められた許認可等を拒否する処分など、申請に基づき当該申請をした者を名あて人としてされる処分のほか、行政庁が、法令に基づき、特定の者を名あて人として、直接に、これに義務を課し、またはその権利を制限する処分をいう。

R2-11-2

15 「行政機関」には、国の一定の機関およびその職員が含まれるが、地方公共団体の機関はこれに含まれない。

R2-11-4

16 「申請」とは、法令に基づき、申請者本人または申請者以外の第三者に対し何らかの利益を付与する処分を求める行為であって、当該行為に対して行政庁が諾否の応答をすべきこととされているものをいう。

R4-9-ア

17 行政手続法は、行政契約につき定義規定を置いており、国は、それに該当する行政契約の締結及び履行にあたっては、行政契約に関して同法の定める手続に従わなければならない。

R4-10-3

18 行政手続法においては、行政調査を行う場合、調査の適正な遂行に支障を及ぼすと認められない限り、調査の日時、場所、目的等の項目を事前に通知しなければならないとされている。

H25-26-5

19 国家公務員の懲戒処分には、行政手続法の定める不利益処分の規定が適用されるので、これを行うに当たっては、行政手続法の定める聴聞を行わなければならない。

14 ✖ 　行政手続法2条4号は、「不利益処分　行政庁が、法令に基づき、特定の者を名あて人として、直接に、これに義務を課し、又はその権利を制限する処分をいう。ただし、次のいずれかに該当するものを除く。」と規定し、同号ロは、「申請により求められた許認可等を拒否する処分その他申請に基づき当該申請をした者を名あて人としてされる処分」を掲げている。

15 ✖ 　行政手続法2条5号柱書は、「行政機関　次に掲げる機関をいう。」と規定し、「法律の規定に基づき内閣に置かれる機関若しくは内閣の所轄の下に置かれる機関、……国家行政組織法……第3条第2項に規定する機関、会計検査院若しくはこれらに置かれる機関又はこれらの機関の職員であって法律上独立に権限を行使することを認められた職員」（同号イ）と「地方公共団体の機関（議会を除く。）」（同号ロ）を掲げている。

16 ✖ 　行政手続法2条3号は、「申請　法令に基づき、行政庁の許可、認可、免許その他の自己に対し何らかの利益を付与する処分……を求める行為であって、当該行為に対して行政庁が諾否の応答をすべきこととされているものをいう。」と規定しており、申請者以外の第三者に対し利益を付与する処分を求める行為は含まれない。

17 ✖ 　行政手続法1条1項は、「この法律は、処分、行政指導及び届出に関する手続並びに命令等を定める手続に関し、共通する事項を定めることによって、行政運営における公正の確保と透明性（行政上の意思決定について、その内容及び過程が国民にとって明らかであることをいう。……）の向上を図り、もって国民の権利利益の保護に資することを目的とする。」と規定している。したがって、行政手続法は、行政契約に関する規定を置いていない（2条各号参照）。

関連

18 ✖ 　行政手続法は、行政調査に関する規定を置いていない。

19 ✖ 　国家公務員の職務又は身分に関してされる処分については、行政手続法の第2章から第4章の2までの規定は適用されない（3条1項9号参照）。したがって、国家公務員の懲戒処分を行うにあたっては、行政手続法の定める聴聞を行う必要はない。

H26-10-ア

20 行政手続法には、行政調査の手続に関する通則的な規定は置かれておらず、また、同法は、情報収集を直接の目的とする処分・行政指導には適用されない。

H24-11-1

21 廃棄物処理法に基づく産業廃棄物処理業の許可は、都道府県知事の権限とされているが、申請に対する処分の手続に関し、当該都道府県の行政手続条例に行政手続法と異なる定めがあったとしても、この処理業許可の申請の知事による処理については、行政手続法が適用される。

H26-13-1

22 行政手続法の行政指導に関する規定は、地方公共団体の機関がする行政指導については、それが国の法令の執行に関わるものであっても適用されず、国の機関がする行政指導のみに適用される。

H26-13-2

23 地方公共団体の機関が命令等を定める行為について、行政手続法の意見公募手続に関する規定は適用されないが、地方公共団体の機関がする処分については、その根拠となる規定が条例に定められているものであっても、同法の処分手続に関する規定が適用される。

H27-11-1

24 意見公募手続に関する規定は、地方公共団体による命令等の制定については適用されないこととされているが、地方公共団体は、命令等の制定について、公正の確保と透明性の向上を確保するために必要な措置を講ずるように努めなければならない。

20 ⭕ 行政手続法は、行政調査の手続に関する通則的な規定は置いておらず、「報告又は物件の提出を命ずる処分その他その職務の遂行上必要な情報の収集を直接の目的としてされる処分及び行政指導」については、第2章から第4章の2までの規定は、適用しないと規定している（3条1項14号）。

図表1

関連

21 ⭕ 地方公共団体の機関がする処分（その根拠となる規定が条例又は規則に置かれているものに限る）については、行政手続法の適用が除外される（3条3項）。本問の処理業許可は、その根拠となる規定が廃棄物処理法に置かれているため、行政手続法の適用は除外されない。これは、当該都道府県の行政手続条例に行政手続法と異なる定めがあっても同様である。したがって、処理業許可の申請の知事による処理については、行政手続法が適用される。

22 ⭕ 行政手続法は、地方公共団体の機関がする行政指導については、第2章から第6章までの規定は、適用しないとしている（3条3項）。したがって、地方公共団体の機関がする行政指導については、それが国の法令の執行にかかわるものであっても行政手続法は適用されず、国の機関がする行政指導のみに適用される。

23 ❌ 行政手続法上、地方公共団体の機関が命令等を定める行為に関しては適用除外となるため、本問の前段は正しい（3条3項）。一方、地方公共団体の機関がする処分に関しても、根拠となる規定が条例又は規則に置かれているものは適用除外となる（同項）。したがって、本問の後段は誤りである。

24 ⭕ 行政手続法3条3項は、「……地方公共団体の機関が命令等を定める行為については、次章〔第2章〕から第6章〔意見公募手続等〕までの規定は、適用しない。」と規定している。もっとも、46条は、「地方公共団体は、第3条第3項において第2章から前章〔意見公募手続等〕までの規定を適用しないこととされた処分、行政指導及び届出並びに命令等を定める行為に関する手続について、この法律の規定の趣旨にのっとり、行政運営における公正の確保と透明性の向上を図るため必要な措置を講ずるよう努めなければならない。」と規定している。

H20-13-エ

25 地方公共団体の機関が、その固有の資格においてすべきこととされている届出には、行政手続法上の届出に関する規定の適用はない。

2 申請に対する処分

H26-12-2

26 許可の申請手続において、行政庁Yは審査基準を公にしないまま手続を進めて、結果として申請者Xに許可を与えなかった。行政庁が審査基準を公にすることは努力義務に過ぎないことから、Yが審査基準を公にしなかったことも違法とはならない。

H26-12-5

27 許可の申請手続において、行政庁Yは審査基準を公にしないまま手続を進めて、結果として申請者Xに許可を与えなかった。審査基準を公にすると行政上特別の支障が生じるのであれば、Yが審査基準を公にしなかったことも違法とはならない。

H23-11-3

28 行政庁は、申請に対する処分については、審査基準を定めるものとされ、申請者から求めがあった場合は、これを書面で交付しなければならない。

H24-11-2

29 廃棄物処理法に基づく産業廃棄物処理業の許可は、都道府県知事の権限とされているが、国の法律である廃棄物処理法の適用は、全国一律になされるべきであるから、同法に基づく知事による処理業許可に関する審査基準は、当該都道府県の知事ではなく、主務大臣が設定することとなる。

H24-11-3

30 廃棄物処理法に基づく産業廃棄物処理業の許可は、都道府県知事の権限とされているが、申請に対する処分の審査基準は、行政手続法によって設定が義務付けられた法規命令であるから、廃棄物処理法に基づき知事がする処理業の許可についても、その申請を審査基準に違反して拒否すれば、その拒否処分は違法となる。

25 ○　行政手続法4条1項は、「国の機関又は地方公共団体若しくはその機関に対する処分（これらの機関又は団体がその固有の資格において当該処分の名あて人となるものに限る。）及び行政指導並びにこれらの機関又は団体がする届出（これらの機関又は団体がその固有の資格においてすべきこととされているものに限る。）については、この法律の規定は、適用しない。」と規定している。

関連

26 ✗　行政庁は、行政上特別の支障があるときを除き、法令により申請の提出先とされている機関の事務所における備付けその他の適当な方法により審査基準を公にしておかなければならない（行政手続法5条3項）。したがって、行政庁が審査基準を公にするのは法的義務であり、努力義務ではないから、Yが審査基準を公にしなかったことは違法となる。

27 ○　行政庁は、審査基準を公にする法的義務を負っているが、行政上特別の支障があるときは除かれている（行政手続法5条3項）。したがって、審査基準を公にすると行政上特別の支障が生じるときに、Yが審査基準を公にしなかったことは違法とはならない。

28 ✗　行政庁は、申請に対する処分について、審査基準を定めるものとされている（行政手続法5条1項）。しかし、申請者から求めがあった場合に、審査基準を書面で交付しなければならないとする規定はない。

29 ✗　行政手続法は、審査基準を定める主体を「行政庁」とする（5条1項）だけで、本問のように、主務大臣が審査基準を設定するとしているわけではない。

30 ✗　申請に対する処分についての審査基準は、国民の権利義務に関する一般的な規範である法規命令ではなく、国民の権利義務にかかわらない行政内部に関する一般的な規範である行政規則である。したがって、審査基準に違反した拒否処分は、当然に違法となるものではない。

R1-13-イ

31 申請に対する処分が標準処理期間内に行われない場合には、そのことを理由として直ちに、不作為の違法確認の訴えにおいて、その請求が認容される。

H22-12-1

32 地方公共団体がなす許認可等についても、法律に根拠を有するものの標準処理期間は、主務大臣が定めることとされている。

H22-12-3

33 申請の処理が標準処理期間を超える場合には、行政庁は、申請者に対して、その理由と処分の時期を通知しなければならないとされている。

H22-12-4

34 標準処理期間とは、申請が行政庁によって受理されてから当該申請に対する処分がなされるまでに通常要すべき期間をいう。

H22-12-5

35 標準処理期間を定めることは、法的な義務であるから、これを定めることなく申請を拒否する処分をすると、重大な手続上の違法として、それを理由に処分が取り消されることがある。

31 ✗ 行政庁は、申請がその事務所に到達してから当該申請に対する処分をするまでに通常要すべき標準的な期間を定めるよう努めなければならない（行政手続法6条前段）。しかし、**申請に対する処分が標準処理期間内に行われない場合でも**、必ずしも、行政事件訴訟法3条5項の「相当の期間」に該当するとして**不作為の違法確認の訴えにおいてその請求が認容されるとは限らない。**

---

32 ✗ 地方公共団体がなす許認可等の処分については、その根拠となる規定が法律に置かれているものであれば、行政手続法の適用除外とはならない（3条3項参照）。しかし、**標準処理期間の設定は、行政庁の法的義務ではなく、努力義務とされている**（6条前段）。また、**標準処理期間は、主務大臣が定めるものとはされていない。**

---

33 ✗ 行政手続法において、申請の処理が標準処理期間を超えた場合に、行政庁が申請者に対して、その理由と処分の時期を通知しなければならないという**規定は、存在しない。**

---

34 ✗ 行政手続法6条は、標準処理期間について、「**申請がその事務所に到達してから当該申請に対する処分をするまでに**通常要すべき標準的な期間（法令により当該行政庁と異なる機関が当該申請の提出先とされている場合は、併せて、当該申請が当該提出先とされている機関の事務所に到達してから当該行政庁の事務所に到達するまでに通常要すべき標準的な期間）」と規定している。

関連

35 ✗ 行政手続法6条は、「行政庁は、申請がその事務所に到達してから当該申請に対する処分をするまでに**通常要すべき標準的な期間**（法令により当該行政庁と異なる機関が当該申請の提出先とされている場合は、併せて、当該申請が当該提出先とされている機関の事務所に到達してから当該行政庁の事務所に到達するまでに通常要すべき標準的な期間）**を定めるよう努めるとともに、**これを定めたときは、これらの当該申請の提出先とされている機関の事務所における備付けその他の適当な方法により公にしておかなければならない。」と規定している。**標準処理期間の設定は、行政庁の法的義務ではなく、努力義務とされている**から、その設定がなされずに申請を拒否する処分がなされても、当該処分が違法とされることはなく、当該処分が取り消されることもない。

R4-11-1

36 行政庁は、申請がその事務所に到達してから当該申請に対する処分をするまでに通常要すべき標準的な期間を定めるよう努め、これを定めたときは、行政手続法所定の方法により公にしておかなければならない。

H30-11-4

37 行政手続法は、申請に対する処分については、行政庁が標準処理期間を定めるよう努めるべきものとしているのに対し、不利益処分については、標準処理期間にかかわる規定を設けていない。

R2-13-オ

38 行政庁が、申請の処理につき標準処理期間を設定し、これを公表した場合において、当該標準処理期間を経過してもなお申請に対し何らの処分がなされないときは、当該申請に対して拒否処分がなされたものとみなされる。

H24-11-5

39 廃棄物処理法に基づく産業廃棄物処理業の許可は、都道府県知事の権限とされているが、提出された処理業の許可申請書の記載に形式上の不備があった場合については、知事は、期限を定めて申請者に補正を求めなければならず、直ちに申請を拒否する処分をすることは許されない。

H25-12-1

40 行政庁は、申請がその事務所に到達したときは、遅滞なく当該申請の審査を開始しなければならない。

R2-13-ア

41 申請がそれをすることができる期間内にされたものではない場合、当該申請は当然に不適法なものであるから、行政庁は、これに対して諾否の応答を行わず、その理由を示し、速やかに当該申請にかかる書類を申請者に返戻しなければならない。

36 ⭕ 行政手続法 6 条は、「行政庁は、申請がその事務所に到達してから当該申請に対する処分をするまでに**通常要すべき標準的な期間**（法令により当該行政庁と異なる機関が当該申請の提出先とされている場合は、併せて、当該申請が当該提出先とされている機関の事務所に到達してから当該行政庁の事務所に到達するまでに通常要すべき標準的な期間）を**定めるよう努めるとともに、これを定めたときは**、これらの当該申請の提出先とされている機関の事務所における備付けその他の適当な方法により**公にしておかなければならない。**」と規定している。

37 ⭕ 行政手続法 6 条は、申請に対する処分について、標準処理期間を定めることを規定している。これに対し、行政手続法上、**不利益処分について、標準処理期間に関する規定は置かれていない。**

38 ❌ 申請に対する処分が**標準処理期間内に行われない場合でも、申請に対して拒否処分がなされたものとみなされるわけではない。**

39 ❌ 行政庁は、法令に定められた申請の形式上の要件に適合しない申請については、速やかに、申請者に対し相当の期間を定めて当該**申請の補正を求め、又は当該申請により求められた許認可等を拒否**しなければならない（行政手続法 7 条）。したがって、本問の場合、知事は必ずしも補正を求める必要はなく、直ちに申請を拒否する処分をすることも許される。

関連

40 ⭕ 行政手続法 7 条は、「行政庁は、**申請がその事務所に到達したときは遅滞なく当該申請の審査を開始しなければならず**、かつ、申請書の記載事項に不備がないこと、申請書に必要な書類が添付されていること、申請をすることができる期間内にされたものであることその他の法令に定められた申請の形式上の要件に適合しない申請については、速やかに、申請をした者……に対し相当の期間を定めて当該申請の補正を求め、又は当該申請により求められた許認可等を拒否しなければならない。」と規定している。

41 ❌ 行政手続法 7 条は、「行政庁は、……**法令に定められた申請の形式上の要件に適合しない申請については**、速やかに、申請をした者……に対し相当の期間を定めて**当該申請の補正を求め、又は当該申請により求められた許認可等を拒否しなければならない。**」と規定している。

H20-12-3

42 申請拒否処分の理由については、理由を示さないで処分をすべき差し迫った必要がある場合には、処分後相当の期間内に示せば足りる。

H23-11-1

43 行政庁は、申請に対する拒否処分及び不利益処分のいずれの場合においても、これを書面でするときは、当該処分の理由を書面で示さなければならない。

H24-24-3

44 Xは、A川の河川敷においてゴルフ練習場を経営すべく、河川管理者であるY県知事に対して、河川法に基づく土地の占用許可を申請した。Y県知事は、占用を許可するに際して、行政手続法上、同時に理由を提示しなければならず、これが不十分な許可は、違法として取り消される。

H28-13-2

45 行政庁は、申請により求められた許認可等を拒否する処分をする場合は、申請者に対し、同時に、当該処分の理由を提示しなければならない。

H30-11-2

46 行政庁は、申請を拒否する処分をする場合には、申請者から求めがあったときに限り当該処分の理由を示すべきものとされているのに対し、不利益処分をする場合には、処分を行う際に名宛人に対して必ず当該処分の理由を示すべきものとされている。

42 ✗ 行政手続法において、申請に対する処分について、理由を示さないで処分をすべき差し迫った必要がある場合には、処分後相当の期間内に示せば足りるという規定は存在しない。なお、不利益処分については、本問のような規定が存在する（14条1項ただし書、2項）。

43 ○ 行政庁は、申請に対する拒否処分をする場合、当該処分の理由を示さなければならず（行政手続法8条1項本文）、当該処分を書面でするときは、当該処分の理由も書面により示さなければならない（同条2項）。また、行政庁は、不利益処分をする場合、当該不利益処分の理由を示さなければならず（14条1項本文）、当該不利益処分を書面でするときは、当該不利益処分の理由も書面により示さなければならない（同条3項）。

44 ✗ 行政手続法8条1項本文は、「行政庁は、申請により求められた許認可等を拒否する処分をする場合は、申請者に対し、同時に、当該処分の理由を示さなければならない。」と規定している。したがって、行政庁が申請により求められた許認可等をする場合には、理由を示す必要はない。

45 ○ そのとおりである（行政手続法8条1項本文）。

46 ✗ 行政手続法8条1項は、「行政庁は、申請により求められた許認可等を拒否する処分をする場合は、申請者に対し、同時に、当該処分の理由を示さなければならない。ただし、法令に定められた許認可等の要件又は公にされた審査基準が数量的指標その他の客観的指標により明確に定められている場合であって、当該申請がこれらに適合しないことが申請書の記載又は添付書類その他の申請の内容から明らかであるときは、申請者の求めがあったときにこれを示せば足りる。」と規定している。これに対して、14条1項は、「行政庁は、不利益処分をする場合には、その名あて人に対し、同時に、当該不利益処分の理由を示さなければならない。ただし、当該理由を示さないで処分をすべき差し迫った必要がある場合は、この限りでない。」と規定し、同条2項は、「行政庁は、前項ただし書の場合においては、当該名あて人の所在が判明しなくなったときその他処分後において理由を示すことが困難な事情があるときを除き、処分後相当の期間内に、同項の理由を示さなければならない。」と規定している。

R1-13-エ

47 申請により求められた許認可等を拒否する場合において、申請者に対する理由の提示が必要とされるのは、申請を全部拒否するときに限られ、一部拒否のときはその限りでない。

R3-12-1

48 行政庁は、申請により求められた許認可等の処分をする場合、当該申請をした者以外の当該処分につき利害関係を有するものと認められる者から請求があったときは、当該処分の理由を示さなければならない。

R3-12-2

49 行政庁は、申請により求められた許認可等を拒否する処分をする場合でも、当該申請が法令に定められた形式上の要件に適合しないことを理由とするときは、申請者に対して当該処分の理由を示す必要はない。

R3-12-4

50 公文書の非開示決定に付記すべき理由については、当該公文書の内容を秘匿する必要があるため、非開示の根拠規定を示すだけで足りる。

H28-13-3

51 行政庁は、申請者の求めがあれば、申請に係る審査の進行状況や申請に対する処分時期の見通しを示すよう努めなければならない。

H25-12-4

52 行政庁は、申請をしようとする者の求めに応じ、申請書の記載および添付書類に関する事項その他の申請に必要な情報の提供に努めなければならない。

47 ✕ 　行政手続法8条1項本文は、申請の全部拒否と一部拒否とを区別していない。

48 ✕ 　行政手続法には、許認可等の処分につき利害関係を有すると認められる者から請求があったときは、理由を示さなければならないという規定は置かれていない。なお、申請により求められた許認可等の処分をする場合には、理由の提示義務は課されていない。

49 ✕ 　行政手続法8条1項ただし書は、「ただし、法令に定められた許認可等の要件又は公にされた審査基準が数量的指標その他の客観的指標により明確に定められている場合であって、当該申請がこれらに適合しないことが申請書の記載又は添付書類その他の申請の内容から明らかであるときは、申請者の求めがあったときにこれを示せば足りる。」と規定している。申請が法令に定められた形式上の要件に適合しないことを理由に、当該申請により求められた許認可等を拒否する処分をする場合であっても、同項ただし書には該当しないため、申請者に対して当該処分の理由を示さなければならない（7条参照）。

50 ✕ 　判例は、東京都公文書の開示等に関する条例7条に基づいてされた公文書の非開示決定が理由付記の要件を欠き違法であるとされた事例において、「理由付記制度の趣旨にかんがみれば、公文書の非開示決定通知書に付記すべき理由としては、開示請求者において、本条例9条各号所定の非開示事由のどれに該当するのかをその根拠とともに了知し得るものでなければならず、単に非開示の根拠規定を示すだけでは、当該公文書の種類、性質等とあいまって開示請求者がそれらを当然知り得るような場合は別として、本条例7条4項の要求する理由付記としては十分ではないといわなければならない」としている（最判平4.12.10）。

51 〇 　そのとおりである（行政手続法9条1項）。

52 〇 　そのとおりである（行政手続法9条2項）。

R4-11-4

53 行政庁は、定められた標準処理期間を経過してもなお申請に対し諾否の応答ができないときは、申請者に対し、当該申請に係る審査の進行状況および処分の時期の見込みを書面で通知しなければならない。

R4-11-5

54 行政庁は、申請に対する処分であって、申請者以外の者の利益を考慮すべきことが当該法令において許認可等の要件とされているものを行う場合には、当該申請者以外の者および申請者本人の意見を聴く機会を設けなければならない。

H30-11-5

55 行政庁は、申請を拒否する処分をする場合には、公聴会を開催するよう努めるべきものとされているのに対し、不利益処分をする場合には、公聴会を開催しなければならないものとされている。

3 不利益処分

H23-12-1

56 不利益処分について行政機関が定める処分基準は、当該不利益処分の性質に照らしてできる限り具体的なものとしなければならない。

H26-11-1

57 行政手続法は、不利益処分について、処分庁が処分をするかどうかを判断するために必要な処分基準を定めたときは、これを相手方の求めにより開示しなければならない旨を規定している。

H28-12-3

58 不利益処分について、処分基準を定め、かつ、これを公にしておくことは、担当行政庁の努力義務にとどまり、義務とはされていない。

53 ✖ 行政手続法上、本問のような規定はない。なお、9条1項は、「行政庁は、申請者の求めに応じ、当該申請に係る審査の進行状況及び当該申請に対する処分の時期の見通しを示すよう努めなければならない。」と規定している。

---

54 ✖ 行政手続法10条において、「行政庁は、申請に対する処分であって、申請者以外の者の利害を考慮すべきことが当該法令において許認可等の要件とされているものを行う場合には、必要に応じ、公聴会の開催その他の適当な方法により当該申請者以外の者の意見を聴く機会を設けるよう努めなければならない。」と規定している。

---

55 ✖ 設問54の解説にあるように、行政手続法10条は、「行政庁は、……必要に応じ、公聴会の開催その他の適当な方法により当該申請者以外の者の意見を聴く機会を設けるよう努めなければならない。」と規定しているのに対し、行政手続法上、不利益処分をする場合に、公聴会の開催を義務づける旨の規定は置かれていない。

---

56 ⭕ そのとおりである（行政手続法12条2項）。

---

57 ✖ 行政庁は、処分基準を定め、かつ、これを公にしておくよう努めなければならない（行政手続法12条1項）が、相手方の求めにより開示しなければならない旨は規定されていない。

---

58 ⭕ そのとおりである（行政手続法12条1項）。

H21-11-2
59 許認可等を取り消す不利益処分をしようとするときは、聴聞を行わなければならないとされているが、ここにいう許認可等を取り消す不利益処分には、行政法学上の取消しと撤回の双方が含まれる。

H25-11-1
60 行政手続法は、不利益処分を行うに当たって弁明の機会を付与する場合を列挙し、それら列挙する場合に該当しないときには聴聞を行うものと規定しているが、弁明の機会を付与すべき場合であっても、行政庁の裁量で聴聞を行うことができる。

H26-13-4
61 行政庁が不利益処分をしようとする場合、処分の名あて人となるべき者でなくても、当該処分について法律上の利益を有する者に対しては、弁明の機会の付与の手続に関する規定が適用される。

R1-12-エ
62 行政庁は、申請に対する処分であって、申請者以外の者の利害を考慮すべきことが当該処分の根拠法令において許認可等の要件とされているものを行う場合には、当該申請者以外の者に対し、不利益処分を行う場合に準じた聴聞を行わなければならない。

R4-12-2
63 行政庁は、不利益処分がされないことにより権利を害されるおそれがある第三者がいると認めるときは、必要に応じ、その意見を聴く機会を設けるよう努めなければならない。

H26-11-3
64 行政手続法は、処分庁が金銭の納付を命じ、または金銭の給付を制限する不利益処分をしようとするときは、聴聞の手続も弁明の機会の付与の手続もとる必要がない旨を規定している。

59 ○ 　行政手続法13条1項1号の「許認可等を取り消す不利益処分」には、講学（行政法学）上の取消しだけでなく、撤回もまた含むものと解されている。

60 ✗ 　行政手続法は、不利益処分を行うにあたって聴聞を行うべき場合を列挙し（13条1項1号）、それら列挙する場合に該当しないときには弁明の機会の付与を行うものとしている（同項2号）のであって、弁明の機会を付与する場合については、列挙していない。なお、聴聞手続を執るべきとされる不利益処分（同項1号イ〜ハ）以外の場合であっても、行政庁の裁量で聴聞を行うことができる（同号二）。

61 ✗ 　行政庁は、不利益処分をしようとする場合には、当該不利益処分の名あて人となるべき者について、意見陳述のための手続を執らなければならない（行政手続法13条1項）。もっとも、名あて人となるべき者以外の者への弁明の機会の付与の手続に関する規定は定められていない。

62 ✗ 　行政手続法13条1項柱書は、「行政庁は、不利益処分をしようとする場合には、次の各号の区分に従い、この章の定めるところにより、当該不利益処分の名あて人となるべき者について、当該各号に定める意見陳述のための手続を執らなければならない。」と規定し、同項1号柱書は「次のいずれかに該当するとき　聴聞」と規定している。しかし、申請に対する処分については、同様の規定はない。

63 ✗ 　行政手続法上、本問のような規定はない。なお、申請に対する処分については、公聴会に関する規定が設けられている（10条）。

64 ○ 　行政庁は、不利益処分をしようとする場合には、当該不利益処分の名あて人となるべき者について、意見陳述のための手続を執らなければならない（行政手続法13条1項）。もっとも、納付すべき金銭の額を確定し、一定の額の金銭の納付を命じ、又は金銭の給付決定の取消しその他の金銭の給付を制限する不利益処分をしようとするときは、聴聞又は弁明の機会の付与の手続のいずれも不要である（同条2項4号）。

H25-11-5

65 公益上、緊急に不利益処分をする必要があるため、行政手続法に定める聴聞又は弁明の機会の付与の手続を執ることができないときは、これらの手続を執らないで不利益処分をすることができるが、当該処分を行った後、速やかにこれらの手続を執らなければならない。

H26-11-4

66 行政手続法は、処分庁が意見陳述のための手続をとることなく不利益処分をした場合、処分の名あて人は処分後に当該手続をとることを求めることができる旨を規定している。

H26-11-2

67 行政手続法は、不利益処分について、処分と同時に理由を提示すべきこととしているが、不服申立ての審理の時点で処分庁が当該処分の理由を変更できる旨を規定している。

R3-12-3

68 行政庁は、理由を示さないで不利益処分をすべき差し迫った必要がある場合であれば、処分と同時にその理由を示す必要はなく、それが困難である場合を除き、当該処分後の相当の期間内にこれを示せば足りる。

H29-12-2改

69 最高裁判所の判例に照らすと、一級建築士免許取消処分をするに際し、行政庁が行政手続法に基づいて提示した理由が不十分であったとしても、行政手続法には理由の提示が不十分であった場合の処分の効果に関する規定は置かれていないから、その違法により裁判所は当該処分を取り消すことはできない。

478

65 ✗ 　公益上、緊急に不利益処分をする必要があるため、意見陳述のための手続（聴聞又は弁明の機会の付与の手続）を執ることができないときは、意見陳述のための手続を執らないで不利益処分をすることができる（行政手続法13条2項1号）。もっとも、当該処分を行った後、速やかにこれらの手続を執らなければならないとする規定はない。

66 ✗ 　行政手続法において、処分庁が意見陳述のための手続をとることなく不利益処分をした場合、処分の名あて人が処分後に当該手続をとることを求めることができる旨の規定はない。

67 ✗ 　行政庁は、不利益処分をする場合には、その名あて人に対し、同時に、当該不利益処分の理由を示さなければならない（行政手続法14条1項本文）。しかし、行政手続法に本問のような理由の差替えを認める規定はない。

68 ◯ 　行政手続法14条1項は、「行政庁は、不利益処分をする場合には、その名あて人に対し、同時に、当該不利益処分の理由を示さなければならない。ただし、当該理由を示さないで処分をすべき差し迫った必要がある場合は、この限りでない。」と規定し、同条2項は、「行政庁は、前項ただし書の場合においては、当該名あて人の所在が判明しなくなったときその他処分後において理由を示すことが困難な事情があるときを除き、処分後相当の期間内に、同項の理由を示さなければならない。」と規定している。

69 ✗ 　判例は、建築士法（平成18年法律第92号による改正前のもの）10条1項2号及び3号に基づいてされた一級建築士免許取消処分の通知書において、処分の理由として、名あて人が、複数の建築物の設計者として、建築基準法令に定める構造基準に適合しない設計を行い、それにより耐震性等の不足する構造上危険な建築物を現出させ、又は構造計算書に偽装が見られる不適切な設計を行ったという処分の原因となる事実と、同項2号及び3号という処分の根拠法条とが示されているのみで、同項所定の複数の懲戒処分の中から処分内容を選択するための基準として複雑な内容を定めて公にされていた当時の建設省住宅局長通知による処分基準の適用関係がまったく示されていないなど判示の事情の下では、名あて人において、いかなる理由に基づいてどのような処分基準の適用によって当該処分が選択されたのかを知ることができず、上記取消処分は、行政手続法14条1項本文の定める理由提示の要件を欠き、違法な処分であるというべきであって、取消しを免れないと判示している（最判平23.6.7）。

H19-11-2

70 不利益処分の名あて人となるべき者の所在が判明しない場合には、行政庁は聴聞の通知や掲示を省略することができる。

H23-11-2

71 行政庁は、聴聞を行うに当たっては、不利益処分の名あて人となるべき者に対し、聴聞の期日及び場所を通知しなければならないが、差し迫った必要がある場合には、書面によらず口頭でこれを行うことができる。

H25-11-2

72 行政庁が、聴聞を行うに当たっては、不利益処分の名あて人となるべき者に対して、予定される不利益処分の内容及び根拠法令に加え、不利益処分の原因となる事実などを通知しなければならないが、聴聞を公正に実施することができないおそれがあると認めるときは、当該処分の原因となる事実を通知しないことができる。

H25-11-3

73 不利益処分の名あて人となるべき者として行政庁から聴聞の通知を受けた者は、代理人を選任することができ、また、聴聞の期日への出頭に代えて、聴聞の主宰者に対し、聴聞の期日までに陳述書及び証拠書類等を提出することができる。

H18-11-5

74 聴聞の相手方については、聴聞の通知があったときから処分がなされるまでの間、関係書類の閲覧を求める権利が認められるが、弁明の機会を賦与される者には、こうした権利は認められない。

70 ✗ 　行政庁は、聴聞を行うにあたっては、聴聞を行う期日までに相当な期間をおいて、不利益処分の名あて人となるべき者に対し、必要書類を書面により通知しなければならない（行政手続法15条1項）。そして、行政庁は、不利益処分の名あて人となるべき者の所在が判明しない場合においては、同項の通知を、当該行政庁の事務所の掲示場に掲示することによって行うことができる（同条3項）。

関連

71 ✗ 　行政庁は、聴聞を行うにあたっては、聴聞を行うべき期日までに相当な期間をおいて、不利益処分の名あて人となるべき者に対し、聴聞の期日及び場所を書面により通知しなければならない（行政手続法15条1項3号）。しかし、差し迫った必要がある場合に、書面によらず口頭で通知を行うことができるとする規定はない。

---

72 ✗ 　行政庁は、聴聞を行うにあたっては、聴聞を行うべき期日までに相当な期間をおいて、不利益処分の名あて人となるべき者に対し、①予定される不利益処分の内容及び根拠となる法令の条項、②不利益処分の原因となる事実、③聴聞の期日及び場所、④聴聞に関する事務を所掌する組織の名称及び所在地を書面により通知しなければならない（行政手続法15条1項）。もっとも、聴聞を公正に実施することができないおそれがあると認めるときに、当該処分の原因となる事実を通知しないことができるとする規定はない。

---

73 ⭘ 　不利益処分の名あて人となるべき者として行政庁から聴聞の通知を受けた者は、代理人を選任することができる（行政手続法16条1項）。また、当事者は、聴聞の期日への出頭に代えて、主宰者に対し、聴聞の期日までに陳述書及び証拠書類等を提出することができる（21条1項）。

比較

74 ✗ 　当事者及び当該不利益処分がされた場合に自己の利益を害されることとなる参加人は、聴聞の通知があった時から聴聞が終結する時までの間、行政庁に対し、当該事案についてした調査の結果に係る調書その他の当該不利益処分の原因となる事実を証する資料の閲覧を求めることができる（行政手続法18条1項前段）。本問は、「処分がなされるまでの間」としている点で誤りである。なお、行政手続法31条は、18条の規定を準用していないから、弁明の機会を付与される者には、関係書類の閲覧を求める権利が認められないとする点は妥当である。

R1-12-オ

75 聴聞の通知があった時から聴聞が終結する時までの間、当事者から行政庁に対し、当該不利益処分の原因となる事実を証する資料の閲覧を求められた場合、行政庁は、第三者の利益を害するおそれがあるときその他正当な理由があるときは、その閲覧を拒むことができる。

H19-11-1

76 聴聞の主宰者の決定は、不利益処分の名あて人となるべき者（当事者）が聴聞の通知を受けた後、当事者と行政庁との合議によってなされる。

H26-11-5

77 行政手続法は、原則として聴聞の主宰者は処分庁の上級行政庁が指名する処分庁以外の職員に担当させるものとし、処分庁の職員が主宰者となること、および処分庁自身が主宰者を指名することはできない旨を規定している。

R4-12-5

78 聴聞は、行政庁が指名する職員その他政令で定める者が主宰するが、聴聞を主宰することができない者について、行政手続法はその定めを政令に委任している。

R5-12-3

79 当事者または参加人は、聴聞の期日に出頭して、意見を述べ、証拠書類等を提出し、主宰者の許可を得て行政庁の職員に対し質問を発することができる。

R5-12-4

80 当事者または参加人は、聴聞の期日への出頭に代えて、主宰者に対し、聴聞の期日までに陳述書および証拠書類等を提出することができる。

R1-12-ウ

81 主宰者は、当事者の全部または一部が正当な理由なく聴聞の期日に出頭せず、かつ、陳述書または証拠書類等を提出しない場合、これらの者に対し改めて意見を述べ、および証拠書類等を提出する機会を与えることなく、聴聞を終結することができる。

75 ⭕ そのとおりである（行政手続法18条1項）。

76 ❌ 聴聞は、行政庁が指名する職員その他政令で定める者が主宰する（行政手続法19条1項）。したがって、行政庁の指名によって行われ、当事者と行政庁との合議によってなされるわけではない。

77 ❌ 聴聞における公正性の要求、それを担保するための聴聞主宰者の公正性の確保の要求から、処分庁自身や処分担当課の責任者は、聴聞主宰者にはなり得ないと解すべきであるが、行政手続法19条1項は、「聴聞は、行政庁が指名する職員その他政令で定める者が主宰する。」と規定するのみである。これは、行政庁が自らを指名することを排除する趣旨ではないとされる。

78 ❌ 行政手続法19条2項各号において、聴聞を主宰することができない者を規定している。本問のように、政令に委任しているわけではない。

79 ⭕ そのとおりである（行政手続法20条2項）。

80 ⭕ そのとおりである（行政手続法21条1項）。

81 ⭕ そのとおりである（行政手続法23条1項）。

R5-12-5

82　当事者または参加人が正当な理由なく聴聞の期日に出頭せず、陳述書等を提出しない場合、主宰者は、当事者に対し改めて意見を述べ、証拠書類等を提出する機会を与えなければならない。

H29-13-1

83　聴聞の主宰者は、調書を作成し、当該調書において、不利益処分の原因となる事実に対する当事者および参加人の陳述の要旨を明らかにしておかなければならない。

H29-13-2

84　聴聞の主宰者は、聴聞の終結後、速やかに報告書を作成し、調書とともに行政庁に提出しなければならない。

H29-13-3

85　聴聞の当事者または参加人は、聴聞の主宰者によって作成された調書および報告書の閲覧を求めることができる。

R5-12-1

86　聴聞の当事者または参加人は、聴聞の終結後であっても、聴聞の審理の経過を記載した調書の閲覧を求めることができる。

H29-13-4

87　聴聞の終結後、聴聞の主宰者から調書および報告書が提出されたときは、行政庁は、聴聞の再開を命ずることはできない。

88　聴聞の主宰者が聴聞の結果作成される報告書に当事者等の主張に理由があるとの意見を記載した場合には、行政庁が報告書の記載に反して不利益処分をすることは許されない。

H19-11-4

82 ✗ 　行政手続法23条1項は、「主宰者は、**当事者の全部若しくは一部が正当な理由なく聴聞の期日に出頭せず**、かつ、第21条第1項に規定する陳述書若しくは証拠書類等を提出しない場合、又は**参加人の全部若しくは一部が聴聞の期日に出頭しない場合**には、**これらの者に対し改めて意見を述べ、及び証拠書類等を提出する機会を与えることなく、聴聞を終結することができる。**」と規定している。

83 ○ 　そのとおりである（行政手続法24条1項）。

84 ○ 　そのとおりである（行政手続法24条3項）。

85 ○ 　そのとおりである（行政手続法24条4項）。

86 ○ 　行政手続法24条4項は、「当事者又は参加人は、第1項の調書及び前項の報告書の閲覧を求めることができる。」と規定している。また、同条2項は、「前項の調書は、聴聞の期日における審理が行われた場合には各期日ごとに、当該審理が行われなかった場合には聴聞の終結後速やかに作成しなければならない。」と規定しており、**聴聞の審理の経過を記載した調書の閲覧が聴聞終結後であっても可能なことを前提**としている。

87 ✗ 　行政手続法25条前段は、「行政庁は、**聴聞の終結後に生じた事情にかんがみ必要があると認めるときは**、主宰者に対し、前条第3項の規定により提出された報告書を返戻して**聴聞の再開を命ずることができる**。」と規定している。

88 ✗ 　行政手続法26条は、「行政庁は、不利益処分の決定をするときは、第24条第1項の調書の内容及び同条第3項の報告書に記載された**主宰者の意見を十分に参酌してこれをしなければならない**。」と規定しており、行政庁が報告書の記載に反して不利益処分をすることが許されないわけではない。

485

H18-11-4

89　聴聞を経てなされた不利益処分については、審査請求をすることはできず、また、弁明の機会を付与したに過ぎない不利益処分についても、審査請求をすることができない。

H25-11-4

90　文書閲覧許可や利害関係人の参加許可など、行政庁又は聴聞の主宰者が行政手続法の聴聞に関する規定に基づいてした処分については、審査請求をすることができ、また、それら処分を行う際には、行政庁は、そのことを相手方に教示しなければならない。

H18-11-1

91　弁明は、行政庁が口頭ですることを認めたときを除き、書面の提出によってするのが原則であるが、聴聞は、口頭かつ公開の審理によるのが原則である。

R4-12-3

92　弁明の機会の付与は、処分を行うため意見陳述を要する場合で、聴聞によるべきものとして行政手続法が列挙している場合のいずれにも該当しないときに行われ、弁明は、行政庁が口頭ですることを認めたときを除き、弁明書の提出により行われる。

R2-12-3

93　聴聞が口頭で行われるのに対し、弁明の機会の付与の手続は、書面で行われるのが原則であるが、当事者から求めがあったときは、口頭により弁明する機会を与えなければならない。

H18-11-2

94　聴聞においては、処分の相手方以外の利害関係人にも意見を述べることが認められることがあるが、弁明の機会は、処分の相手方のみに与えられる。

89 ✗ 聴聞を経てされた不利益処分については、審査請求をすることができるものと解されている（行政手続法27条参照）。弁明の機会の付与がされた不利益処分についても同様である（31条参照）。

比較

90 ✗ 行政手続法27条は、「この節〔聴聞〕の規定に基づく処分又はその不作為については、審査請求をすることができない。」と規定している。文書閲覧許可や利害関係人の参加許可について主宰者がする処分は、聴聞の規定に基づいてした処分にあたるから（18条1項、17条1項）、主宰者が参加を不許可とした場合、当該不許可処分に対して審査請求をすることはできない。

図表3

91 ✗ 行政手続法29条1項は、「弁明は、行政庁が口頭ですることを認めたときを除き、弁明を記載した書面（以下『弁明書』という。）を提出してするものとする。」と規定している。そして、20条6項は、「聴聞の期日における審理は、行政庁が公開することを相当と認めるときを除き、公開しない。」と規定している。

92 ○ 弁明の機会の付与は、処分を行うため意見陳述を要する場合で、聴聞によるべきものとして法が列挙している場合のいずれにも該当しないときに行われる（行政手続法13条1項2号）。また、行政手続法29条1項は、「弁明は、行政庁が口頭ですることを認めたときを除き、弁明を記載した書面（……『弁明書』という。）を提出してするものとする。」と規定している。

93 ✗ 行政手続法29条1項は、「弁明は、行政庁が口頭ですることを認めたときを除き、弁明を記載した書面……を提出してするものとする。」と規定しており、口頭での弁明の機会を与えるのは義務ではない。

94 ○ 行政手続法17条1項は、「第19条の規定により聴聞を主宰する者（以下『主宰者』という。）は、必要があると認めるときは、当事者以外の者であって当該不利益処分の根拠となる法令に照らし当該不利益処分につき利害関係を有するものと認められる者（……『関係人』という。）に対し、当該聴聞に関する手続に参加することを求め、又は当該聴聞に関する手続に参加することを許可することができる。」と規定している。そして、31条は、17条の規定を準用していないから、弁明の機会は、処分の相手方のみに与えられる。

R2-12-1

95 聴聞、弁明の機会の付与のいずれの場合についても、当事者は代理人を選任することができる。

R2-12-5

96 聴聞、弁明の機会の付与のいずれの場合についても、当事者は処分の原因に関するすべての文書を閲覧する権利を有する。

行政手続法の法的義務と努力義務

　行政手続法では、法的義務・努力義務をきちんと整理して記憶できているかが大きなポイントです。丸暗記だと攻略が難しいので、理屈をつけて考えてみるようにしましょう。例えば、処分基準の設定・公開が努力義務とされているのは、不利益処分をするかどうかの基準を設定し公開をしてしまうと、処分を受けないギリギリを狙うことが可能となってしまうからであると考えられています。このような要領で記憶をしていくと忘れにくくなるでしょう。

4　行政指導・届出

H22-13-2

97 行政指導に携わる者は、とくに必要がある場合には、当該行政機関の任務または所掌事務の範囲に属さない事項についても行政指導を行うことができる。

H22-13-3

98 行政指導に携わる者は、行政主体への負担金の納付を求める行政指導に相手方が同意したにもかかわらず、納期限までに当該納付がなされないときは、その実効性を確保するために、国税または地方税の滞納処分と同様の徴収手続を執ることができる。

R3-13-ア

99 行政指導に携わる者は、その相手方が行政指導に従わなかったことを理由として、不利益な取扱いをしてはならないとされているが、その定めが適用されるのは当該行政指導の根拠規定が法律に置かれているものに限られる。

95 **○**　そのとおりである（行政手続法16条1項、31条）。

---

96 **✕**　行政手続法18条1項前段は、「当事者……は、聴聞の通知があった時から聴聞が終結する時までの間、行政庁に対し、当該事案についてした調査の結果に係る調書その他の当該不利益処分の原因となる事実を証する資料の閲覧を求めることができる。」と規定し、聴聞については、処分の原因に関する文書を閲覧する権利を認めている。これに対して、聴聞に関する規定の弁明の機会の付与への準用を定める31条は、18条1項を準用していないから、弁明の機会の付与の場合には、当事者に文書の閲覧権は認められない。

---

97 **✕**　行政手続法2条6号は、行政指導について、「行政機関がその任務又は所掌事務の範囲内において一定の行政目的を実現するため特定の者に一定の作為又は不作為を求める指導、勧告、助言その他の行為であって処分に該当しないものをいう。」と規定している。

---

98 **✕**　行政手続法32条1項は、「行政指導にあっては、行政指導に携わる者は、いやしくも当該行政機関の任務又は所掌事務の範囲を逸脱してはならないこと及び行政指導の内容があくまでも相手方の任意の協力によってのみ実現されるものであることに留意しなければならない。」と規定しており、行政指導は、相手方に義務を課すものではないので、本問のような場合に義務の履行を確保するための行政上の強制徴収の手段を用いることはできない。

---

99 **✕**　行政手続法32条2項は、「行政指導に携わる者は、その相手方が行政指導に従わなかったことを理由として、不利益な取扱いをしてはならない。」と規定しており、当該規定が適用されるのは当該行政指導の根拠規定が法律に置かれているものに限られない。

H22-13-4

100 申請に関する行政指導に携わる者は、申請の内容が明白に法令の要件を満たしていない場合であって、申請内容の変更を求める行政指導について申請者が従う意思のない旨を表明したときは、申請の取り下げがあったものとみなすことができる。

R2-13-エ

101 行政庁が申請の取下げまたは内容の変更を求める行政指導を行うことは、申請者がそれに従う意思がない旨を表明したにもかかわらずこれを継続すること等により当該申請者の権利の行使を妨げるものでない限り、直ちに違法とされるものではない。

H20-12-5

102 申請拒否処分が許されない場合において、それをなしうるとして申請の取下げを求める行政指導は、違法な行政指導である。

H28-12-4

103 行政指導について、その相手方に対して、当該行政指導の趣旨および内容ならびに責任者を示すことは、当該行政指導に携わる者の努力義務にとどまり、義務とはされていない。

R5-11-4

104 行政指導に携わる者が、その相手方に対して、当該行政指導の趣旨及び内容並びに責任者を明確に示さなければならないのは、法令に違反する行為の是正を求める行政指導をする場合に限られる。

H30-12-2

105 行政指導が既に文書により相手方に通知されている事項と同一内容の行政指導である場合、行政機関はその内容を記載した書面を求められても、これを交付する必要はない。

100 ✕　行政手続法上、申請の取下げ又は内容の変更を求める行政指導について、**本問のような規定はない。**

関連

101 ◯　行政手続法33条は、「申請の取下げ又は内容の変更を求める行政指導にあっては、行政指導に携わる者は、申請者が当該行政指導に従う意思がない旨を表明したにもかかわらず当該行政指導を継続すること等により当該申請者の権利の行使を妨げるようなことをしてはならない。」と規定しているから、**内容の変更を求める行政指導であっても直ちに違法にはならない。**

102 ◯　行政手続法34条は、「許認可等をする権限又は許認可等に基づく処分をする権限を有する行政機関が、**当該権限を行使することができない場合又は行使する意思がない場合においてする行政指導**にあっては、行政指導に携わる者は、**当該権限を行使し得る旨を殊更に示すことにより相手方に当該行政指導に従うことを余儀なくさせるようなことをしてはならない。**」と規定している。

103 ✕　行政手続法35条1項は、「行政指導に携わる者は、その相手方に対して、**当該行政指導の趣旨及び内容並びに責任者を明確に示さなければならない。**」と規定しており、行政指導の趣旨及び内容並びに責任者を示すことを法令上の義務としている。

104 ✕　行政手続法35条1項は、「行政指導に携わる者は、その相手方に対して、当該行政指導の趣旨及び内容並びに責任者を明確に示さなければならない。」と規定している。本問のように行政指導の内容についての限定はない。

105 ◯　行政手続法35条4項柱書は、「前項の規定〔**行政指導が口頭でされた場合の書面の交付**〕は、次に掲げる行政指導については、**適用しない。**」と規定し、同項2号は、「**既に文書（前項の書面を含む。）……によりその相手方に通知されている事項と同一の内容を求めるもの**」を掲げている。

H30-12-3

106 同一の行政目的を実現するために複数の者に対し行政指導をする場合、行政機関はあらかじめ当該行政指導の共通する内容を定め、行政上特別の支障がない限りそれを公表しなければならない。

H30-12-4

107 行政指導（その根拠となる規定が法律に置かれているものに限る。）の相手方は、当該行政指導が法律所定の要件に適合しないと思料する場合、当該行政指導をした行政機関に対し、その旨を申し出て、当該行政指導の中止を求めることができる。

R1-11-1

108 法令に違反する行為の是正を求める行政指導で、その根拠となる規定が法律に置かれているものが当該法律に規定する要件に適合しないと思料するときは、何人も、当該行政指導をした行政機関に対し、その旨を申し出て、当該行政指導の中止その他必要な措置をとることを求めることができる。

H28-11-5改

109 処分または行政指導であって、その根拠となる規定が法律に置かれているものに関して、「何人も、法令に違反する事実がある場合において、法令違反の是正のためにされるべき行政指導がされていないと思料するときは、権限を有する行政機関に対し、当該行政指導をすることを求め得る」ことは、行政手続法に規定されていない。

R3-13-ウ

110 行政指導をすることを求める申出が、当該行政指導をする権限を有する行政機関に対して適法になされたものであったとしても、当該行政機関は、当該申出に対して諾否の応答をすべきものとされているわけではない。

H22-12-2

111 申請に対する処分と異なり、届出の処理については、標準処理期間が定められることはない。

492

106 ○ 　そのとおりである（行政手続法36条、2条8号ニ）。

107 ○ 　そのとおりである（行政手続法36条の2第1項本文）。

108 ✗ 　行政手続法36条の2第1項本文は、「**法令に違反する行為の是正を求める行政指導（その根拠となる規定が法律に置かれているものに限る。）の相手方**は、当該行政指導が当該法律に規定する要件に適合しないと思料するときは、当該行政指導をした行政機関に対し、その旨を申し出て、当該行政指導の中止その他必要な措置をとることを求めることができる。」と規定している。当該行政指導の中止を求めることができるのは、当該行政指導の相手方である。

109 ✗ 　行政手続法36条の3第1項は、「**何人も、法令に違反する事実がある場合において**、その是正のためにされるべき……行政指導（その根拠となる規定が法律に置かれているものに限る。）がされていないと思料するときは、……当該行政指導をする権限を有する行政機関に対し、その旨を申し出て、当該……行政指導をすることを求めることができる。」と規定している。

110 ○ 　行政手続法36条の3第3項は、「当該行政庁又は行政機関は、第1項の規定による申出があったときは、**必要な調査を行い、その結果に基づき必要があると認めるときは、当該処分又は行政指導をしなければならない。**」と規定しており、当該行政機関が、当該申出に対して諾否の応答をすべきものとされているわけではない。

111 ○ 　行政手続法において、**届出の処理について標準処理期間が定められるとする規定はない。**

H28-13-5

112　形式上の要件に適合する届出については、提出先とされる機関の事務所に届出書が到達したときに届出の義務が履行されたものとする。

R4-13-4

113　法令に定められた届出書の記載事項に不備があるか否かにかかわらず、届出が法令によりその提出先とされている機関の事務所に到達したときに、当該届出をすべき手続上の義務が履行されたものとされる。

5　命令等

H23-12-3

114　行政機関が法律に基づく命令を定める場合には、当該命令がこれを定める根拠となる法令の趣旨に適合するものとなるようにしなければならない。

H23-12-5

115　行政機関は法律に基づく命令を定めた後においても、当該命令の実施状況や社会経済情勢の変化等を勘案し、その内容について検討を加えるよう努めなければならない。

H19-12-エ

116　審査基準の設定には、意見公募手続の実施が義務付けられており、それに対しては、所定の期間内であれば、何人も意見を提出することができる。

H21-8-2

117　広範な計画裁量については裁判所による十分な統制を期待することができないため、計画の策定は、行政手続法に基づく意見公募手続の対象となっている。

112 ○ そのとおりである（行政手続法37条）。

関連

113 ✗ 行政手続法37条は、「届出が届出書の記載事項に不備がないこと、届出書に必要な書類が添付されていることその他の法令に定められた届出の形式上の要件に適合している場合は、当該届出が法令により当該届出の提出先とされている機関の事務所に到達したときに、当該届出をすべき手続上の義務が履行されたものとする。」と規定している。

114 ○ そのとおりである（行政手続法38条1項）。

115 ○ そのとおりである（行政手続法38条2項）。

116 ○ 審査基準は「命令等」に含まれるところ（行政手続法2条8号ロ）、行政手続法39条1項は、「命令等制定機関は、命令等を定めようとする場合には、当該命令等の案（命令等で定めようとする内容を示すものをいう。以下同じ。）及びこれに関連する資料をあらかじめ公示し、意見（情報を含む。以下同じ。）の提出先及び意見の提出のための期間（以下『意見提出期間』という。）を定めて広く一般の意見を求めなければならない。」と規定し、同条3項は、「第1項の規定により定める意見提出期間は、同項の公示の日から起算して30日以上でなければならない。」と規定している。

117 ✗ 意見公募手続（行政手続法38条以下）の対象である命令等とは、内閣又は行政機関が定める法律に基づく命令、審査基準、処分基準、行政指導指針をいう（2条8号）。行政計画は「命令等」に含まれていないため、行政計画は意見公募手続の対象とはなっていない。

H23-12-2

118 行政機関が行政指導指針を定めるときには、これが行政指導の相手方の利害に重大な影響を及ぼす場合に限り、意見公募の手続をとらなければならない。

H24-12-1

119 意見公募手続の対象となる命令等は、外部に対して法的拘束力を有するものに限られるから、行政処分の基準は含まれるが、行政指導の指針は含まれない。

H30-13-4

120 行政庁が、不利益処分をするかどうか、またはどのような不利益処分をするかについて、その法令の定めに従って判断するために必要とされる処分基準を定めるに当たっては、意見公募手続を実施する必要はない。

H27-11-3

121 意見公募手続においては、広く一般の意見が求められ、何人でも意見を提出することができるが、当該命令等について、特別の利害関係を有する者に対しては、意見の提出を個別に求めなければならない。

H18-13-1

122 命令等を定めようとする場合において、やむを得ない理由があるときは、その理由を公示した上で、30日を下回る意見提出期間を定めることができる。

H18-13-2

123 他の行政機関が意見公募手続を実施して定めた命令等と実質的に同一の命令等を定めようとする場合に、意見公募手続を省略することができる。

118 ✗　行政機関が定める**行政指導指針は「命令等」に含まれる**（行政手続法2条8号ニ）。また、**行政機関が行政指導指針を定めるときには、原則として、意見公募手続をとることが義務づけられる**（39条1項）。したがって、行政指導指針が行政指導の相手方の利害に重大な影響を及ぼす場合に限り、意見公募手続をとることが義務づけられるわけではない。

119 ✗　意見公募手続の対象となる**命令等**（行政手続法2条8号）**には、法律に基づく命令又は規則**（同号イ）、**審査基準**（同号ロ）、**処分基準**（同号ハ）のほか、**行政指導指針**（同号ニ）**も含まれており**、外部に対して法的拘束力を有するものに限られない。

120 ✗　命令等制定機関が命令等を定めようとする場合、原則として、意見公募手続が必要となる（行政手続法39条1項）。ここにいう**「命令等」には処分基準が含まれる**（2条8号ハ）。

121 ✗　行政手続法39条1項は、「命令等制定機関は、命令等を定めようとする場合には、当該命令等の案……及びこれに関連する資料をあらかじめ公示し、意見（情報を含む。以下同じ。）の提出先及び意見の提出のための期間（以下『意見提出期間』という。）を定めて広く一般の意見を求めなければならない。」と規定している。もっとも、同法上、**特別の利害関係を有する者に対して、意見の提出を個別に求めなければならないとする規定はない。**

122 ○　行政手続法39条3項は、「第1項の規定により定める意見提出期間は、同項の公示の日から起算して30日以上でなければならない。」と規定しているが、40条1項は、「命令等制定機関は、命令等を定めようとする場合において、**30日以上の意見提出期間を定めることができないやむを得ない理由があるときは、前条第3項の規定にかかわらず、30日を下回る意見提出期間を定めることができる。**この場合においては、当該命令等の案の公示の際その理由を明らかにしなければならない。」と規定している。

123 ○　行政手続法39条4項柱書は「次の各号のいずれかに該当するときは、第1項の規定は、適用しない。」と規定し、同項5号は**「他の行政機関が意見公募手続を実施して定めた命令等と実質的に同一の命令等を定めようとするとき。」**を掲げている。

関連

R3-11-3

124 命令等制定機関は、命令等を定める根拠となる法令の規定の削除に伴い当然必要とされる当該命令等の廃止をしようとするときでも、意見公募手続を実施しなければならない。

H18-13-5

125 委員会等の議を経て命令を定めようとする場合に、当該委員会等が意見公募手続に準じた手続を実施していることのみを理由として、自ら意見公募手続を実施せずに命令等を公布することができる。

H28-12-5

126 意見公募手続について、当該手続の実施について周知することおよび当該手続の実施に関連する情報を提供することは、命令等制定機関の努力義務にとどまり、義務とはされていない。

H18-13-3

127 意見公募手続を実施したが、当該命令等に対して提出された意見（提出意見）が全く存在しなかった場合に、結果を公示するのみで再度の意見公募手続を実施することなく命令等を公布することができる。

H27-11-2

128 意見公募手続を実施して命令等を定めた場合には、当該命令等の公布と同時期に、結果を公示しなければならないが、意見の提出がなかったときは、その旨の公示は必要とされない。

H24-12-3

129 意見公募手続を実施して命令等を定めた場合には、その公布と同時期に、その題名や公示日とともに、提出された意見のうち、同一の意見が法定された数を超えたものについて、その意見を考慮した結果を公示しなければならない。

H27-11-4

130 意見公募手続において提出された意見は、当該命令等を定めるに際して十分に考慮されなければならず、考慮されなかった意見については、その理由が意見の提出者に個別に通知される。

124 ✕　行政手続法39条4項柱書は「次の各号のいずれかに該当するときは、第1項の規定は、適用しない。」と規定し、同項7号は「命令等を定める根拠となる法令の規定の削除に伴い当然必要とされる当該命令等の廃止をしようとするとき。」を掲げている。

125 ◯　そのとおりである（行政手続法40条2項）。

126 ◯　そのとおりである（行政手続法41条）。

127 ◯　そのとおりである（行政手続法43条1項3号かっこ書）。

128 ✕　行政手続法43条1項柱書は、「命令等制定機関は、意見公募手続を実施して命令等を定めた場合には、当該命令等の公布……と同時期に、次に掲げる事項を公示しなければならない。」と規定し、同項3号は、「提出意見（提出意見がなかった場合にあっては、その旨）」を掲げている。したがって、意見の提出がない場合にも、その旨を公示する必要がある。

129 ✕　命令等制定機関は、意見公募手続を実施して命令等を定めた場合には、当該命令等の公布と同時期に、命令等の題名、命令等の案の公示の日、提出意見、提出意見を考慮した結果及びその理由を公示しなければならない（行政手続法43条1項各号）。したがって、公示しなければならない「提出意見を考慮した結果」は、「提出された意見のうち、同一の意見が法定された数を超えたもの」に限られない。

130 ✕　行政手続法43条1項4号は、「提出意見を考慮した結果（意見公募手続を実施した命令等の案と定めた命令等との差異を含む。）及びその理由」を公示しなければならないと規定している。もっとも、同法上、考慮されなかった意見について、その理由が意見の提出者に個別に通知されるとする規定はない。

H30-13-2

131 命令等制定機関は、意見公募手続を実施して命令等を定めるに当たり、意見提出期間内に当該命令等制定機関に対して提出された当該命令等の案についての意見について、整理または要約することなく、そのまま命令制定後に公示しなければならない。

R3-11-4

132 命令等制定機関は、意見公募手続の実施後に命令等を定めるときには所定の事項を公示する必要があるが、意見公募手続の実施後に命令等を定めないこととした場合には、その旨につき特段の公示を行う必要はない。

R3-11-5

133 命令等制定機関は、所定の事由に該当することを理由として意見公募手続を実施しないで命令等を定めた場合には、当該命令等の公布と同時期に、命令等の題名及び趣旨について公示しなければならないが、意見公募手続を実施しなかった理由については公示する必要はない。

H24-13-1

134 行政手続は刑事手続とその性質においておのずから差異があることから、常に必ず行政処分の相手方等に事前の告知、弁解、防御の機会を与えるなどの一定の手続を設けることを必要とするものではない。

H24-13-2

135 公害健康被害補償法に基づく水俣病患者認定申請を受けた処分庁は、早期の処分を期待していた申請者が手続の遅延による不安感や焦燥感によって内心の静穏な感情を害されるとしても、このような結果を回避すべき条理上の作為義務を負うものではない。

H24-13-4

136 国税犯則取締法上、収税官吏が犯則嫌疑者に対し質問する際に拒否権の告知は義務付けられていないが、供述拒否権を保障する憲法の規定はその告知を義務付けるものではないから、国税犯則取締法上の質問手続は憲法に違反しない。

131 ✕ 　行政手続法43条2項前段は、「命令等制定機関は、前項の規定にかかわらず、必要に応じ、同項第3号の提出意見に代えて、**当該提出意見を整理又は要約したものを公示することができる。**」と規定している。

132 ✕ 　行政手続法43条4項は、「命令等制定機関は、意見公募手続を実施したにもかかわらず**命令等を定めないこととした場合**には、その旨（別の命令等の案について改めて意見公募手続を実施しようとする場合にあっては、その旨を含む。）並びに第1項第1号及び第2号に掲げる事項〔命令等の題名及び命令等の案の公示の日〕を速やかに**公示しなければならない。**」と規定している。

133 ✕ 　行政手続法43条5項柱書本文は、「命令等制定機関は、第39条第4項各号のいずれかに該当することにより**意見公募手続を実施しないで命令等を定めた場合には**、当該命令等の公布と同時期に、次に掲げる事項を公示しなければならない。」と規定しており、同項1号で、「命令等の題名及び趣旨」を、同項2号で、「**意見公募手続を実施しなかった旨及びその理由**」を掲げている。

134 ⭕ 　判例は、一般に、行政手続は、刑事手続とその性質においておのずから差異があり、また、行政目的に応じて多種多様であるから、**常に必ず行政処分の相手方に事前の告知、弁解、防御の機会を与えることを必要とするものではない**としている（成田新法事件：最大判平4.7.1）。

135 ✕ 　判例は、一般に、処分庁が認定申請を相当期間内に処分すべきは当然であり、これにつき不当に長期間にわたって処分がされない場合には、早期の処分を期待していた申請者が不安感、焦燥感を抱かされ内心の静穏な感情を害されるに至るであろうことは容易に予測できることであるから、**処分庁には、こうした結果を回避すべき条理上の作為義務があるとしている**（最判平3.4.26）。

136 ⭕ 　判例は、国税犯則取締法に供述拒否権告知の規定を欠き、収税官吏が犯則嫌疑者に対し、同法1条の規定に基づく質問をするにあたり、**あらかじめ供述拒否権の告知をしなかったからといって、その質問手続が憲法38条1項に違反することとなるものでない**としている（最判昭59.3.27）。

H24-13-3

137 一般旅客自動車運送事業の免許拒否処分につき、公聴会審理において申請者に主張立証の機会が十分に与えられなかったとしても、運輸審議会（当時）の認定判断を左右するに足る資料等が追加提出される可能性がなかった場合には、当該拒否処分の取消事由とはならない。

H24-13-5

138 教育委員会の秘密会で為された免職処分議決について、免職処分の審議を秘密会で行う旨の議決に公開原則違反の瑕疵があるとしても、当該瑕疵は実質的に軽微なものであるから、免職処分の議決を取り消すべき事由には当たらない。

137 ○ 判例は、一般旅客自動車運送事業の免許拒否処分につき、運輸審議会の認定判断を左右するに足る意見及び資料を追加提出し得る可能性があったとは認め難い事情の下では、公聴会審理において申請者に主張立証の機会が十分に与えられなかったという不備は、**運輸審議会（当時）の決定（答申）自体に瑕疵があるということはできないから、免許拒否処分の取消事由とはならない**とした（最判昭50.5.29）。

---

138 ○ 判例は、免職処分の審議を秘密会で行う旨の教育委員会の議決についての**公開原則違反の瑕疵は軽微**であり、これをもって当該免職処分の議決そのものを**取り消すべき事由にはあたらない**とした（最判昭49.12.10）。

知識を整理

図表 1 地方公共団体における行政手続法の適用除外

○：対象となる　×：対象とならない

	処分・届出	行政指導・命令等
法律が根拠	○	×
条例・規則が根拠	×	×

図表 2 申請に対する処分と不利益処分の理由の提示の比較

	申請に対する処分	不利益処分
原　則	同時に理由を示す必要がある。	
例　外	審査基準が数量的指標その他の客観的指標により明確に定められている場合であって、当該申請がこれらに適合しないことが申請書の記載又は添付書類その他の申請の内容から明らか 　→　申請者の求めがあったときにこれを示せば足りる。	理由を示さないで処分をすべき差し迫った必要がある場合 　→　当該名あて人の所在が判明しなくなったときその他処分後において理由を示すことが困難な事情があるときを除き、処分後相当の期間内に、同項の理由を示さなければならない。
書　面	処分を書面でするときは、書面により示さなければならない。	

図表 3 聴聞手続と弁明手続の異同

		聴聞手続	弁明手続
手続の特徴		不利益の大きい処分について厳格な手続（行政手続法 13 条）	左記以外の不利益処分について略式な手続
共通点		・処分基準の設定・公開義務（12 条・努力義務） ・理由提示義務（14 条） ・通知（15 条、30 条） ・代理人の選任（16 条 1 項、31 条） ・証拠書類等提出権（20 条 2 項、29 条 2 項）	
相違点	**防御権**	文書閲覧権あり（18 条）	な　し
	審理方式	口頭主義（20 条）	書面主義（29 条）
	手続保障	調書・報告書（24 条、26 条）	な　し
	参加人	あ　り（17 条）	な　し

Part 3 行政救済法

Chapter 1 行政不服審査法

総合テキスト ▶▶▶ Chapter 6

1 総　説

H23-14-1

1　行政不服審査制度は「国民の権利利益の救済を図る」ことを目的としているので、同法に基づく不服申立てを行うことができるのは、日本国籍を有する者に限られる。

H27-15-5

2　審査請求は、簡易迅速に国民の権利利益の救済を図るための制度であるから、審査請求に対する審査庁の判断が一定期間内に示されない場合、審査請求が審査庁によって認容されたとみなされる。

R1-16-1

3　地方公共団体は、行政不服審査法の規定の趣旨にのっとり、国民が簡易迅速かつ公正な手続の下で広く行政庁に対する不服申立てをすることができるために必要な措置を講ずるよう努めなければならない。

R5-26-2

4　行政不服審査法は、地方公共団体には、それぞれ常設の不服審査機関（行政不服審査会等）を置かなければならないと定めている。

H24-14-1

5　行政不服申立てにおいては、行政処分の取消しを求めることだけではなく、公法上の法律関係の確認を求めることも許される。

506

1 ✗ 行政不服審査法は、「国民の権利利益の救済を図る」ことを目的としているが（1条1項）、ここでの**「国民」とは外国人を排除する趣旨ではない**と解されている。また、法人のほか、権利能力なき社団・財団も不服申立てを行うことができる（10条、61条、66条1項参照）。

2 ✗ **行政不服審査法上、審査請求に対する審査庁の判断が一定期間内に示れない場合、審査請求が審査庁によって認容されたとみなされるという規定は存在しない**。なお、個別法において、所定の期間を経過したときは棄却裁決があったものとみなすことができるとする規定がある（生活保護法65条2項参照）。

3 ✗ 行政不服審査法に、**本問のような規定は存在しない**。なお、類似の規定が行政手続法46条に置かれている。

4 ✗ 行政不服審査法に、**地方公共団体には、それぞれ常設の不服審査機関を置かなければならない、とする規定は存在しない**。

5 ✗ 行政不服審査法は、行政事件訴訟法とは異なり、**公法上の法律関係の確認を求めることは認めていない**。

行政不服審査法の出題傾向

　行政不服審査法は、行政手続法や行政事件訴訟法に規定されている内容とミックスして出題するという傾向が目立ちます。例えば、行政手続法に規定されている地方公共団体の適用除外に関する規定（行政手続法3条3項）や行政指導中止等の求め等が、あたかも行政不服審査法にあるかのように問題を作り、受験生を惑わせようとするのです。常日頃から、この3法は比較しながら学習する必要があるでしょう。

H20-15-4

6 行政不服審査法は、不服申立制度全般について統一的、整合的に規律することを目的とするので、別に個別の法令で特別な不服申立制度を規定することはできない。

R1-15-5

7 行政庁の処分に不服がある者は、当該処分が法律上適用除外とされていない限り、当該処分の根拠となる法律に審査請求をすることができる旨の定めがないものについても、審査請求をすることができる。

H29-14-1

8 全ての行政庁の処分は、行政不服審査法または個別の法律に特別の定めがない限り、行政不服審査法に基づく審査請求の対象となる。

R4-14-3

9 法令に違反する事実がある場合において、その是正のためにされるべき処分がされていないと思料する者は、行政不服審査法に基づく審査請求によって、当該処分をすることを求めることができる。

6 ✗ 　行政不服審査法1条2項は、「行政庁の処分その他公権力の行使に当たる行為（以下単に『処分』という。）に関する不服申立てについては、他の法律に特別の定めがある場合を除くほか、この法律の定めるところによる。」と規定しているから、別に個別の法令で特別な不服申立制度を規定することができる。

---

7 〇 　行政不服審査法1条1項は、「この法律は、行政庁の違法又は不当な処分その他公権力の行使に当たる行為に関し、国民が簡易迅速かつ公正な手続の下で広く行政庁に対する不服申立てをすることができるための制度を定めることにより、国民の権利利益の救済を図るとともに、行政の適正な運営を確保することを目的とする。」と規定している。同法は、行政庁の処分又は不作為であれば、適用除外を除き（7条）、広く行政不服審査法によって不服申立ての対象（2条、3条）とする（一般概括主義）。

関連

---

8 〇 　行政不服審査法1条2項は、「行政庁の処分その他公権力の行使に当たる行為（以下単に『処分』という。）に関する不服申立てについては、他の法律に特別の定めがある場合を除くほか、この法律の定めるところによる。」と規定している。また、行政庁の行為が、「行政庁の処分その他公権力の行使に当たる行為」であったとしても、これを行政不服審査制度によって解決することが望ましくない法律関係については、同法は、除外規定を定め（7条）、不服申立ての対象から排除している。したがって、すべての行政庁の処分は、行政不服審査法又は個別の法律に特別の定めがない限り、行政不服審査法に基づく審査請求の対象となる。

---

9 ✗ 　行政不服審査法上、本問のような規定はない。なお、行政手続法36条の3第1項は、「何人も、法令に違反する事実がある場合において、その是正のためにされるべき処分又は行政指導（その根拠となる規定が法律に置かれているものに限る。）がされていないと思料するときは、当該処分をする権限を有する行政庁又は当該行政指導をする権限を有する行政機関に対し、その旨を申し出て、当該処分又は行政指導をすることを求めることができる。」と規定している。

関連

H29-14-4

10 行政指導の相手方は、当該行政指導が違法だと思料するときは、行政不服審査法に基づく審査請求によって当該行政指導の中止を求めることができる。

H30-14-4

11 不作為についての審査請求の審理中に申請拒否処分がなされた場合については、当該審査請求は、拒否処分に対する審査請求とみなされる。

2 要件・審理手続

H27-15-3

12 審査請求は、行政の適正な運営を確保することを目的とするため、対象となる処分に利害関係を有さない者であっても、不服申立てができる期間であれば、これを行うことができる。

H30-14-1

13 不作為についての審査請求は、当該処分についての申請をした者だけではなく、当該処分がなされることにつき法律上の利益を有する者がなすことができる。

R6-15-2

14 行政不服審査法が審査請求の対象とする「行政庁の不作為」には、法令に違反する事実がある場合において、その是正のためにされるべき処分がされていない場合も含まれる。

10 ✗ 審査請求の対象は、処分及び不作為である（行政不服審査法2条、3条）。行政不服審査法2条の「処分」には、行政指導は一般的に含まれないと解されている。したがって、行政指導の相手方は、当該行政指導が違法だと思料するときであっても、当該行政指導に対して審査請求をすることはできない。なお、行政手続法36条の2に行政指導の中止等の求めが規定されている。

11 ✗ 行政不服審査法上、不作為についての審査請求の審理中に申請拒否処分がなされた場合に、当該審査請求が拒否処分に対する審査請求とみなされる旨の規定はない。

12 ✗ 判例は、「不服がある者」（行政不服審査法2条）について、「当該処分について不服申立をする法律上の利益がある者、すなわち、当該処分により自己の権利若しくは法律上保護された利益を侵害され又は必然的に侵害されるおそれのある者をいう」としている（主婦連ジュース不当表示事件：最判昭53.3.14）。したがって、処分に利害関係を有しない者は、審査請求を行うことができない。

比較

13 ✗ 行政不服審査法3条は、「法令に基づき行政庁に対して処分についての申請をした者は、当該申請から相当の期間が経過したにもかかわらず、行政庁の不作為（法令に基づく申請に対して何らの処分をもしないことをいう。以下同じ。）がある場合には、次条の定めるところにより、当該不作為についての審査請求をすることができる。」と規定している。

14 ✗ 行政不服審査法における不作為とは、法令に基づく申請に対して何らの処分をもしないことをいう（行政不服審査法3条かっこ書）。法令に違反する事実がある場合において、その是正のためにされるべき処分がされていない場合は含まれない。なお、行政手続法36条の3第1項は、「何人も、法令に違反する事実がある場合において、その是正のためにされるべき処分又は行政指導……がされていないと思料するときは、……行政機関に対し、その旨を申し出て、当該処分又は行政指導をすることを求めることができる。」と規定している。

511

H29-15-2

15 審査請求人は、国の機関が行う処分について処分庁に上級行政庁が存在しない場合、特別の定めがない限り、行政不服審査会に審査請求をすることができる。

H19-16-1

16 主任の大臣がした処分については、審査請求をすべき行政庁は、内閣総理大臣となるのが原則である。

R4-14-1

17 行政庁の処分につき処分庁以外の行政庁に審査請求をすることができる場合には、行政不服審査法の定める例外を除き、処分庁に対して再調査の請求をすることができる。

H29-14-5

18 個別の法律により再調査の請求の対象とされている処分は、行政不服審査法に基づく審査請求の対象とはならない。

R3-15-1

19 行政庁の処分につき処分庁以外の行政庁に対して審査請求をすることができる場合に審査請求を行ったときは、法律に再調査の請求ができる旨の規定がある場合でも、審査請求人は、当該処分について再調査の請求を行うことができない。

R3-15-2

20 行政庁の処分につき処分庁に対して再調査の請求を行ったときでも、法律に審査請求ができる旨の規定がある場合には、再調査の請求人は、当該再調査の請求と並行して、審査請求もすることができる。

15 ✖ 審査請求は、原則として、処分庁に最上級行政庁がある場合には、最上級行政庁に対して行い、**上級行政庁がない場合には、当該処分庁に対して行う**ものであり（行政不服審査法4条参照）、行政不服審査会に審査請求をすることができるわけではない。

---

16 ✖ 処分庁が主任の大臣である場合には、**審査請求をすべき行政庁は、当該処分庁である主任の大臣**である（行政不服審査法4条1号）。

---

17 ✖ 行政不服審査法5条1項本文は、「行政庁の処分につき処分庁以外の行政庁に対して審査請求をすることができる場合において、**法律に再調査の請求をすることができる旨の定めがあるとき**は、当該処分に不服がある者は、処分庁に対して再調査の請求をすることができる。」と規定している。

---

18 ✖ 行政不服審査法5条1項は、「行政庁の処分につき処分庁以外の行政庁に対して審査請求をすることができる場合において、法律に再調査の請求をすることができる旨の定めがあるときは、当該処分に不服がある者は、処分庁に対して再調査の請求をすることができる。ただし、当該処分について第2条の規定により審査請求をしたときは、この限りでない。」と規定している。同法は、**審査請求と再調査の請求について、自由選択主義を採用している**。

---

19 ⭕ そのとおりである（行政不服審査法5条1項）。

---

20 ✖ 行政不服審査法5条2項柱書は、「再調査の請求をしたときは、当該**再調査の請求についての決定を経た後でなければ、審査請求をすることができない**。ただし、次の各号のいずれかに該当する場合は、この限りでない。」と規定している。そして、同項各号には、法律に審査請求ができる旨の規定がある場合は掲げられていない。

R3-15-3

21 法令に基づく処分についての申請に対して、当該申請から相当の期間が経過したにもかかわらず、行政庁が何らの処分をもしない場合、申請者は当該不作為につき再調査の請求を行うことができる。

R2-15-1

22 法律に再審査請求をすることができる旨の定めがない場合であっても、処分庁の同意を得れば再審査請求をすることが認められる。

R2-15-4

23 再審査請求をすることができる処分について、審査請求の裁決が既になされている場合には、再審査請求は当該裁決を対象として行わなければならない。

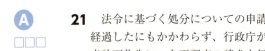
H27-15-2

24 審査請求は、行政の適正な運営を確保することを目的とするため、一般概括主義がとられており、国会および裁判所が行う処分以外には、適用除外とされている処分はない。

R6-15-3

25 地方公共団体の機関がする処分でその根拠となる規定が条例または規則に置かれているものについては、行政不服審査法の規定は適用されない。

R6-15-4

26 地方公共団体またはその機関に対する処分で、当該団体または機関がその固有の資格において処分の相手方となるものについては、行政不服審査法の規定は適用されない。

21 ✗ 　行政不服審査法5条1項本文は、「行政庁の処分につき処分庁以外の行政庁に対して審査請求をすることができる場合において、法律に再調査の請求をすることができる旨の定めがあるときは、当該処分に不服がある者は、処分庁に対して再調査の請求をすることができる。」と規定している。したがって、不作為につき再調査の請求を行うことはできない。

---

22 ✗ 　行政不服審査法上、再審査請求をすることができるのは、「法律に再審査請求をすることができる旨の定めがある場合」に限定されている（6条1項）。

---

23 ✗ 　再審査請求の対象は、「原裁決（再審査請求をすることができる処分についての審査請求の裁決をいう。以下同じ。）又は当該処分（以下『原裁決等』という。）」である（行政不服審査法6条2項）。

---

24 ✗ 　行政不服審査法2条では、一般概括主義がとられている。もっとも、7条1項は、「次に掲げる処分及びその不作為については、第2条及び第3条の規定は、適用しない。」としたうえで、「国会の両院若しくは一院又は議会の議決によってされる処分」（1号）、「裁判所若しくは裁判官の裁判により、又は裁判の執行としてされる処分」（2号）のほか、3号から12号までの処分を掲げている。したがって、国会及び裁判所が行う処分以外にも、適用除外とされている処分がある。

---

25 ✗ 　行政不服審査法7条1項各号は、適用除外を規定しているが、本問の事柄については規定されていない。なお、行政手続法においては、地方公共団体の機関がする処分のうちその根拠となる規定が条例又は規則に置かれているものは、行政手続法は適用されない（行政手続法3条3項）。

---

26 ◯ 　行政不服審査法7条2項は、「国の機関又は地方公共団体その他の公共団体若しくはその機関に対する処分で、これらの機関又は団体がその固有の資格において当該処分の相手方となるもの及びその不作為については、この法律の規定は、適用しない。」と規定している。

27 審理員による審理手続は、処分についての審査請求においてのみなされ、不作為についての審査請求においてはなされない。

28 不作為についての審査請求の審理に際しては、迅速な救済を図るために、審査庁は、審理員を指名して審理手続を行わせるのではなく、審理手続を省いて裁決を下さなければならない。

29 審理員は、審査請求がされた行政庁が、審査請求の対象とされた処分の処分庁または不作為庁に所属する職員から指名する。

30 審理員は、審査庁に所属する職員のうちから指名され、審査庁となるべき行政庁は、審理員となるべき者の名簿を作成するよう努めなければならない。

31 法人でない社団または財団であっても、代表者または管理人の定めがあるものは、当該社団または財団の名で審査請求をすることができる。

27 ✕ 　行政不服審査法3条は、「法令に基づき行政庁に対して処分についての申請をした者は、当該申請から相当の期間が経過したにもかかわらず、行政庁の不作為（法令に基づく申請に対して何らの処分をもしないことをいう。以下同じ。）がある場合には、次条の定めるところにより、当該不作為についての審査請求をすることができる。」と規定している。ここでいう次条とは、4条のことをいうところ、9条1項本文は、「第4条……の規定により審査請求がされた行政庁（……以下『審査庁』という。）は、審査庁に所属する職員……のうちから第3節に規定する審理手続……を行う者を指名……しなければならない。」と規定している。したがって、不作為についての審査請求についても、審理員による審査手続がなされる。

----

28 ✕ 　行政不服審査法9条1項柱書本文は、「第4条又は他の法律若しくは条例の規定により審査請求がされた行政庁（……以下『審査庁』という。）は、審査庁に所属する職員……のうちから第3節に規定する審理手続……を行う者を指名するとともに、その旨を審査請求人及び処分庁等（審査庁以外の処分庁等に限る。）に通知しなければならない。」と規定している。ここにいう「審査請求」には、処分についての審査請求だけではなく、不作為についての審査請求も含まれる（9条2項1号参照）。本問は、審理員を指名して審理手続を行わせるのではなく、としている点で誤りである。

----

29 ✕ 　審理員は、審査庁に所属する職員のうちから指名する（行政不服審査法9条1項柱書）。なお、「審査請求に係る処分若しくは当該処分に係る再調査の請求についての決定に関与した者又は審査請求に係る不作為に係る処分に関与し、若しくは関与することとなる者」は、審理員となることはできない（同条2項1号）。

----

30 ◯ 　そのとおりである（行政不服審査法9条1項本文、17条）。

----

31 ◯ 　そのとおりである（行政不服審査法10条）。

R6-14-3

32 多数人が共同して審査請求をしようとする場合、1人の総代を選ばなければならない。

H29-15-5

33 共同審査請求人の総代は、他の共同審査請求人のために、審査請求の取下げを含め、当該審査請求に関する一切の行為をすることができる。

R2-14-オ

34 多数人が共同して行った審査請求においては、法定数以内の総代を共同審査請求人により互選することが認められているが、その場合においても、共同審査請求人各自が、総代を通じることなく単独で当該審査請求に関する一切の行為を行うことができる。

H30-15-ア

35 審査請求は、代理人によってもすることができ、その場合、当該代理人は、各自、審査請求人のために、原則として、当該審査請求に関する一切の行為をすることができるが、審査請求の取下げは、代理人によってすることはできない。

H25-14-4

36 行政事件訴訟法は、訴訟の結果により権利を害される第三者の訴訟参加に関する規定を置いているが、行政不服審査法は、利害関係人の不服申立てへの参加について明示的には定めていない。

32 ✖　行政不服審査法11条1項は、「多数人が共同して審査請求をしようとするときは、3人を超えない総代を互選することができる。」と規定している。総代の互選は義務ではなく、任意である。

---

33 ✖　行政不服審査法11条1項は、「多数人が共同して審査請求をしようとするときは、3人を超えない総代を互選することができる。」と規定している。そして、同条3項は、「総代は、各自、他の共同審査請求人のために、審査請求の取下げを除き、当該審査請求に関する一切の行為をすることができる。」と規定している。

---

34 ✖　行政不服審査法11条1項は、「多数人が共同して審査請求をしようとするときは、3人を超えない総代を互選することができる。」と規定し、同条4項は、「総代が選任されたときは、共同審査請求人は、総代を通じてのみ、前項の行為〔審査請求に関する一切の行為〕をすることができる。」と規定しており、総代が選出された場合には、共同審査請求人は、総代を通じることなく単独で審査請求に関する一切の行為をすることができない。

---

35 ✖　行政不服審査法12条1項は、「審査請求は、代理人によってすることができる。」と規定している。そして、同条2項は、「前項の代理人は、各自、審査請求人のために、当該審査請求に関する一切の行為をすることができる。ただし、審査請求の取下げは、特別の委任を受けた場合に限り、することができる。」と規定している。

---

36 ✖　行政事件訴訟法22条1項は、「裁判所は、訴訟の結果により権利を害される第三者があるときは、当事者若しくはその第三者の申立てにより又は職権で、決定をもつて、その第三者を訴訟に参加させることができる。」と規定しており、訴訟の結果により権利を害される第三者の訴訟参加に関する規定を置いている。また、行政不服審査法13条1項は、「利害関係人（審査請求人以外の者であって審査請求に係る処分又は不作為に係る処分の根拠となる法令に照らし当該処分につき利害関係を有するものと認められる者をいう。……）は、審理員の許可を得て、当該審査請求に参加することができる。」と規定しており、利害関係人の不服申立てへの参加について明示的に定めている。

A □□□ R2-14-エ

37　一定の利害関係人は、審理員の許可を得て、参加人として当該審査請求に参加することができるが、参加人は、審査請求人と同様に、口頭で審査請求に係る事件に関する意見を述べる機会を与えられ、証拠書類または証拠物を提出することができる。

B □□□ H30-15-エ

38　審査請求人が死亡したときは、相続人その他法令により審査請求の目的である処分に係る権利を承継した者は、審査請求人の地位を承継する。

C □□□ R2-14-ア

39　審査請求の目的である処分に係る権利を譲り受けた者は、審査請求人の地位を承継することができるが、その場合は、審査庁の許可を得ることが必要である。

A □□□ H30-15-イ

40　審査庁となるべき行政庁は、必ず標準審理期間を定め、これを当該審査庁となるべき行政庁および関係処分庁の事務所における備付けその他の適当な方法により公にしておかなければならない。

B □□□ R1-14-ア

41　審査請求人は、処分についての審査請求をした日（審査請求書につき不備の補正を命じられた場合は、当該不備を補正した日）から、行政不服審査法に定められた期間内に裁決がないときは、当該審査請求が審査庁により棄却されたものとみなすことができる。

A □□□ H30-10-2

42　行政処分が無効である場合、行政不服審査法が定める審査請求期間にかかわらず、当該行政処分の審査請求をすることができる。

37 ⭕ そのとおりである（行政不服審査法13条1項、31条1項、32条1項）。

38 ⭕ そのとおりである（行政不服審査法15条1項）。

比較

39 ⭕ そのとおりである（行政不服審査法15条6項）。

40 ❌ 行政不服審査法16条は、「第4条又は他の法律若しくは条例の規定により審査庁となるべき行政庁（以下『審査庁となるべき行政庁』という。）は、審査請求がその事務所に到達してから当該審査請求に対する裁決をするまでに通常要すべき標準的な期間を定めるよう努めるとともに、これを定めたときは、当該審査庁となるべき行政庁及び関係処分庁……の事務所における備付けその他の適当な方法により公にしておかなければならない。」と規定している。

41 ❌ 行政不服審査法上、処分についての審査請求をした日（審査請求書につき不備の補正を命じられた場合は、当該不備を補正した日）から、同法の定められた期間内に裁決がないときは、当該審査請求が審査庁により棄却されたものとみなすことができるとする規定は存在しない。

関連

42 ❌ 「処分」（行政不服審査法18条1項）の意義について、行政不服審査法1条2項は、「行政庁の処分その他公権力の行使に当たる行為……」と規定している。したがって、行政処分が無効である場合でも、行政不服審査法に基づく審査請求をすることは可能である。また、同法上、行政処分が無効であることを理由として審査請求期間の制限に服しないとする旨の規定は置かれていない。したがって、行政処分が無効である場合、行政不服審査法に基づく審査請求をするときは、同法上の審査請求期間の制約に服することとなる。

R3-16-ア

43 処分の取消しを求める審査請求は、所定の審査請求期間を経過したときは、正当な理由があるときを除き、することができないが、審査請求期間を経過した後についても処分の無効の確認を求める審査請求ができる旨が規定されている。

H30-14-3

44 不作為についての審査請求の審査請求期間は、申請がなされてから「相当の期間」が経過した時点から起算される。

R2-14-イ

45 処分についての審査請求に関する審査請求期間については、処分があったことを知った日から起算するものと、処分があった日から起算するものの2つが定められているが、いずれについても、その初日が算入される。

R3-16-イ

46 審査請求は、他の法律または条例にこれを口頭ですることができる旨の定めがある場合を除き、審査請求書を提出してしなければならない。

R5-16-2

47 審査請求は書面により行わなければならないが、行政不服審査法以外の法律や条例に口頭ですることができる旨の規定のある場合には、審査請求人は審査請求を口頭で行うことができる。

R5-16-1

48 審査請求をすべき行政庁が処分庁と異なる場合、審査請求人は処分庁を経由して審査請求を行うこともできる。

R1-15-1

49 審査請求は、審査請求をすべき行政庁が処分庁と異なる場合には、処分庁を経由してすることもできるが、処分庁は提出された審査請求書を直ちに審査庁となるべき行政庁に送付しなければならない。

43 ✗　行政不服審査法18条1項は、「処分についての審査請求は、処分があったことを知った日の翌日から起算して3月……を経過したときは、することができない。ただし、正当な理由があるときは、この限りでない。」と規定しており、同条2項は、「処分についての審査請求は、処分……があった日の翌日から起算して1年を経過したときは、することができない。ただし、正当な理由があるときは、この限りでない。」と規定している。もっとも、審査請求期間を経過した後についても処分の無効の確認を求める審査請求ができる旨は規定されていない。

---

44 ✗　不作為についての審査請求は、行政庁による不作為の状態の是正を求めるものである。行政庁の不作為の状態は、行政庁が何らかの処分をしない限り永遠に続くものであるから、不作為についての審査請求に期間制限はないと解されている。

比較

---

45 ✗　行政不服審査法18条は、審査請求期間について規定しているが、処分を知った日から起算する場合も、処分があった日から起算する場合のどちらも、翌日から起算するとしている（同条1項、2項）。いずれについても、初日が算入されるわけではない。

---

46 ○　そのとおりである（行政不服審査法19条1項）。

関連

---

47 ○　行政不服審査法19条1項は、「審査請求は、他の法律（条例に基づく処分については、条例）に口頭ですることができる旨の定めがある場合を除き、政令で定めるところにより、審査請求書を提出してしなければならない。」と規定している。

---

48 ○　そのとおりである（行政不服審査法21条1項前段）。

---

49 ○　そのとおりである（行政不服審査法21条1項前段、2項）。

B H26-15-イ
50 処分庁が誤って審査請求すべき行政庁でない行政庁を教示し、当該行政庁に審査請求書が提出された場合、当該行政庁は処分庁または本来の審査請求すべき行政庁に審査請求書を送付しなければならない。

A H18-14-4
51 審査請求書が、審査請求書の提出の規定に違反する場合、審査庁は、原則として、相当の期間を定め、その期間内に不備を補正すべきことを命じなければならない。

A R1-15-2
52 審査庁は、審査請求が不適法であって補正をすることができないことが明らかなときは、審理員による審理手続を経ないで、裁決で、当該審査請求を却下することができる。

B R5-16-3
53 審査請求人は、裁決があるまでは、いつでも審査請求の取下げをすることができ、取下げの理由に特に制限は設けられていない。

A H29-15-3
54 審査請求人は、処分庁が提出した反論書に記載された事項について、弁明書を提出することができる。

B R5-16-5
55 審査請求人から申立てがあった場合には、審理員は原則として口頭意見陳述の機会を与えなければならず、口頭意見陳述には参加人だけでなく、審理員の許可を得て補佐人も参加することができる。

50 ○ そのとおりである（行政不服審査法22条1項）。

51 ○ そのとおりである（行政不服審査法23条、24条）。

52 ○ 行政不服審査法24条1項は、「前条〔審査請求書の補正〕の場合において、審査請求人が同条の期間内に不備を補正しないときは、審査庁は、次節に規定する審理手続を経ないで、第45条第1項又は第49条第1項の規定に基づき、裁決で、当該審査請求を却下することができる。」と規定し、同条2項は、「審査請求が不適法であって補正することができないことが明らかなときも、前項と同様とする。」と規定している。

53 ○ 行政不服審査法27条1項は、「審査請求人は、裁決があるまでは、いつでも審査請求を取り下げることができる。」と規定している。また、同法上、取下げの理由に制限は設けられていない。

54 ✕ 行政不服審査法30条1項前段は、「審査請求人は、前条第5項の規定により送付された弁明書に記載された事項に対する反論を記載した書面（以下『反論書』という。）を提出することができる。」と規定しており、審査請求人が提出できるのは、反論書であり、弁明書ではない。弁明書を提出するのは、処分庁である（29条2項、5項）。

55 ○ 行政不服審査法31条1項本文は、「審査請求人又は参加人の申立てがあった場合には、審理員は、当該申立てをした者（……『申立人』という。）に口頭で審査請求に係る事件に関する意見を述べる機会を与えなければならない。」と規定している。そして、同条3項は、「口頭意見陳述において、申立人は、審理員の許可を得て、補佐人とともに出頭することができる。」と規定している。

A □□□ H30-15-ウ
56 審理員は、審査請求人または参加人の申立てがあった場合において、審理の進行のため必要と認めるときに限り、当該申立てをした者に、口頭で意見を述べる機会を与えることができる。

A □□□ R1-15-4
57 審理員は、審査請求人の申立てがあった場合には、口頭意見陳述の機会を与えなければならないが、参加人がこれを申し立てることはできない。

C □□□ R4-15-2
58 審理員は、職権により、物件の所持人に対し物件の提出を求めた上で、提出された当該物件を留め置くことができる。

C □□□ R4-15-3
59 審理員は、審査請求人または参加人の申立てがなければ、必要な場所についての検証をすることはできない。

B □□□ R4-15-4
60 審理員は、審査請求人または参加人の申立てがなければ、審査請求に係る事件に関し、審理関係人に質問することはできない。

C □□□ R1-15-3
61 審査請求人は、審理手続が終了するまでの間、審理員に対し、提出書類等の閲覧を求めることができるが、その写しの交付を求めることもできる。

A □□□ R4-14-2
62 行政不服審査法に基づく審査請求を審理した審理員は、審理手続を終結したときは、遅滞なく、審査庁がすべき裁決に関する意見書を作成し、速やかに、これを事件記録とともに、審査庁に提出しなければならない。

56 ✗ 　行政不服審査法31条1項は、「審査請求人又は参加人の申立てがあった場合には、審理員は、当該申立てをした者（……『申立人』という。）に口頭で審査請求に係る事件に関する意見を述べる機会を与えなければならない。ただし、当該申立人の所在その他の事情により当該意見を述べる機会を与えることが困難であると認められる場合には、この限りでない。」と規定している。

関連

57 ✗ 　行政不服審査法31条1項本文は、「審査請求人又は参加人の申立てがあった場合には、審理員は、当該申立てをした者……に口頭で審査請求に係る事件に関する意見を述べる機会を与えなければならない。」と規定している。

58 ⭕ 　行政不服審査法33条は、「審理員は、審査請求人若しくは参加人の申立てにより又は職権で、書類その他の物件の所持人に対し、相当の期間を定めて、その物件の提出を求めることができる。この場合において、審理員は、その提出された物件を留め置くことができる。」と規定している。

59 ✗ 　行政不服審査法35条1項は、「審理員は、審査請求人若しくは参加人の申立てにより又は職権で、必要な場所につき、検証をすることができる。」と規定している。

60 ✗ 　行政不服審査法36条は、「審理員は、審査請求人若しくは参加人の申立てにより又は職権で、審査請求に係る事件に関し、審理関係人に質問することができる。」と規定している。

61 ⭕ 　そのとおりである（行政不服審査法38条1項前段）。

62 ⭕ 　行政不服審査法42条1項は、「審理員は、審理手続を終結したときは、遅滞なく、審査庁がすべき裁決に関する意見書（以下『審理員意見書』という。）を作成しなければならない。」と規定しており、同条2項は、「審理員は、審理員意見書を作成したときは、速やかに、これを事件記録とともに、審査庁に提出しなければならない。」と規定している。

行政法

part 3 行政救済法

chap 1 行政不服審査法

527

H28-15-5

63　審理員は、行政不服審査法が定める例外に該当する場合を除いて、審理手続を終結するに先立ち、行政不服審査会等に諮問しなければならない。

R4-14-5

64　地方公共団体の機関がする処分であってその根拠となる規定が条例に置かれているものにも行政不服審査法が適用されるため、そのような処分についての審査請求がされた行政庁は、原則として総務省に置かれた行政不服審査会に諮問をしなければならない。

3　執行停止

H27-15-4

65　審査請求は、簡易迅速に国民の権利利益の救済を図るための制度であるから、審査請求が行われた場合には、処分の効力は、裁決が行われるまで停止する。

H18-15-5

66　処分庁の上級行政庁又は処分庁である審査庁は、審査請求人の申立てによることなく職権により執行停止をすることは許されない。

H29-16-1

67　処分庁の上級行政庁または処分庁のいずれでもない審査庁は、必要があると認めるときは、審査請求人の申立てによりまたは職権で、処分の効力、処分の執行または手続の続行の全部または一部の停止その他の措置をとることができる。

H28-15-3

68　審理員は、処分についての審査請求において、必要があると認める場合には、処分庁に対して、処分の執行停止をすべき旨を命ずることができる。

63 ✗ 　行政不服審査法43条1項は、審査庁が、審理員意見書の提出を受けたときは、同項各号のいずれかに該当する場合を除き、行政不服審査会等に諮問しなければならない旨規定している。したがって、諮問をする義務を負うのは、審理員ではなく、審理員意見書の提出を受けた審査庁である。

64 ✗ 　行政不服審査法43条1項柱書は、「……審査庁が地方公共団体の長（地方公共団体の組合にあっては、長、管理者又は理事会）である場合にあっては第81条第1項又は第2項の機関〔地方公共団体に置かれる執行機関の附属機関〕に、それぞれ諮問しなければならない。」と規定している。

65 ✗ 　審査請求は簡易迅速に国民の権利利益の救済を図るための制度である（行政不服審査法1条1項）が、行政不服審査法25条1項は、「審査請求は、処分の効力、処分の執行又は手続の続行を妨げない。」として、執行不停止原則を規定している。

66 ✗ 　行政不服審査法25条2項は、「処分庁の上級行政庁又は処分庁である審査庁は、必要があると認める場合には、審査請求人の申立てにより又は職権で、処分の効力、処分の執行又は手続の続行の全部又は一部の停止その他の措置（以下『執行停止』という。）をとることができる。」と規定している。

図表1

比較

67 ✗ 　行政不服審査法25条3項は、「処分庁の上級行政庁又は処分庁のいずれでもない審査庁は、必要があると認める場合には、審査請求人の申立てにより、処分庁の意見を聴取した上、執行停止をすることができる。ただし、処分の効力、処分の執行又は手続の続行の全部又は一部の停止以外の措置をとることはできない。」と規定している。

68 ✗ 　処分庁の上級行政庁若しくは処分庁である審査庁、又は処分庁の上級行政庁若しくは処分庁のいずれでもない審査庁は、一定の場合執行停止をすることができる（行政不服審査法25条2項、3項）が、審理員に、執行停止を命じる権限を認める規定はない。なお、行政不服審査法40条は、「審理員は、必要があると認める場合には、審査庁に対し、執行停止をすべき旨の意見書を提出することができる。」と規定している。

関連

529

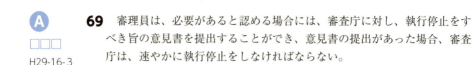

69 審理員は、必要があると認める場合には、審査庁に対し、執行停止をすべき旨の意見書を提出することができ、意見書の提出があった場合、審査庁は、速やかに執行停止をしなければならない。

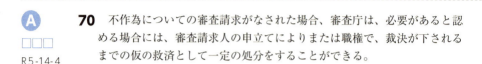

70 不作為についての審査請求がなされた場合、審査庁は、必要があると認める場合には、審査請求人の申立てによりまたは職権で、裁決が下されるまでの仮の救済として一定の処分をすることができる。

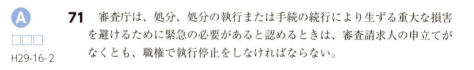

71 審査庁は、処分、処分の執行または手続の続行により生ずる重大な損害を避けるために緊急の必要があると認めるときは、審査請求人の申立てがなくとも、職権で執行停止をしなければならない。

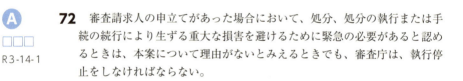

72 審査請求人の申立てがあった場合において、処分、処分の執行または手続の続行により生ずる重大な損害を避けるために緊急の必要があると認めるときは、本案について理由がないとみえるときでも、審査庁は、執行停止をしなければならない。

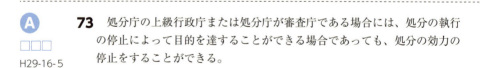

73 処分庁の上級行政庁または処分庁が審査庁である場合には、処分の執行の停止によって目的を達することができる場合であっても、処分の効力の停止をすることができる。

74 執行停止の決定がなされた場合において、それに内閣総理大臣が異議を述べたときは、審査庁は、執行停止を取消さなければならないこととされている。

69 ✕　行政不服審査法40条は、「審理員は、必要があると認める場合には、審査庁に対し、執行停止をすべき旨の意見書を提出することができる。」と規定している。そして、25条7項は、「……審理員から第40条に規定する執行停止をすべき旨の**意見書が提出されたときは、審査庁は、速やかに、執行停止をするかどうかを決定しなければならない。**」と規定している。

70 ✕　行政不服審査法において、**不作為についての審査請求に対する仮の救済の手段は規定されていない。**

71 ✕　行政不服審査法25条4項本文は、「……**審査請求人の申立てがあった場合において、**処分、処分の執行又は手続の続行により生ずる重大な損害を避けるために緊急の必要があると認めるときは、審査庁は、執行停止をしなければならない。」と規定しており、必要的執行停止は審査請求人の申立てを必要としている。

72 ✕　行政不服審査法25条4項は、「……審査請求人の申立てがあった場合において、処分、処分の執行又は手続の続行により生ずる重大な損害を避けるために緊急の必要があると認めるときは、審査庁は、執行停止をしなければならない。ただし、公共の福祉に重大な影響を及ぼすおそれがあるとき、又は**本案について理由がないとみえるときは、この限りでない。**」と規定している。

73 ✕　行政不服審査法25条6項は、「……**処分の効力の停止は、処分の効力の停止以外の措置によって目的を達することができるときは、することができない。**」と規定しており、処分の執行の停止によって目的を達することができる場合は、処分の効力の停止をすることはできない。

74 ✕　行政不服審査法には、**本問のような内閣総理大臣の異議の制度は規定されていない。**内閣総理大臣の異議の制度が規定されているのは、行政事件訴訟法である（27条）。

R3-16-オ

75　処分の効力、処分の執行または手続の続行の全部または一部の停止その他の措置をとるよう求める申立ては、当該処分についての審査請求をした者でなければすることができない。

H29-16-4

76　執行停止をした後において、執行停止が公共の福祉に重大な影響を及ぼすことが明らかとなったとき、その他事情が変更したときには、審査庁は、その執行停止を取り消すことができる。

4　審理の終結等

R1-14-エ

77　審査請求においては、処分その他公権力の行使に当たる行為が違法または不当であるにもかかわらず、例外的にこれを認容せず、裁決主文で違法または不当を宣言し、棄却裁決をする制度（いわゆる事情裁決）があるが、再調査の請求に対する決定についても、類似の制度が規定されている。

R1-14-オ

78　事実上の行為のうち、処分庁である審査庁に審査請求をすべきとされているものについて、審査請求に理由がある場合には、審査庁は、事情裁決の場合を除き、裁決で、当該事実上の行為が違法または不当である旨を宣言するとともに、当該事実上の行為の全部もしくは一部を撤廃し、またはこれを変更する。

H27-14-4

79　事実行為についての審査請求に理由があるときは、処分庁以外の審査庁は、裁決で、当該事実行為が違法又は不当である旨を宣言するとともに、処分庁に対し、当該事実行為の全部又は一部を撤廃すべき旨を命ずる。

75 ⭕ 　執行停止の申立てが認められるのは、**審査請求人のみ**である（行政不服審査法25条2項、3項参照）。

76 ⭕ 　そのとおりである（行政不服審査法26条）。

77 ❌ 　行政不服審査法45条3項は、「審査請求に係る処分が違法又は不当ではあるが、これを取り消し、又は撤廃することにより公の利益に著しい障害を生ずる場合において、審査請求人の受ける損害の程度、その損害の賠償又は防止の程度及び方法その他一切の事情を考慮した上、処分を取り消し、又は撤廃することが公共の福祉に適合しないと認めるときは、審査庁は、裁決で、当該審査請求を棄却することができる。この場合には、審査庁は、裁決の主文で、当該処分が違法又は不当であることを宣言しなければならない。」と規定している。しかし、**審査請求に関する規定の再調査の請求への準用を定める61条前段は、45条3項を準用していない**。

78 ⭕ 　行政不服審査法47条柱書本文は、「事実上の行為についての審査請求が理由がある場合（第45条第3項の規定の適用がある場合を除く。）には、審査庁は、裁決で、当該事実上の行為が違法又は不当である旨を宣言するとともに、次の各号に掲げる審査庁の区分に応じ、当該各号に定める措置をとる。」と規定し、同条2号は、「**処分庁である審査庁　当該事実上の行為の全部若しくは一部を撤廃し、又はこれを変更すること。**」を掲げている。

79 ⭕ 　事実行為についての審査請求に理由がある場合について、行政不服審査法47条柱書及び同条1号は、**処分庁以外の審査庁は、「当該事実上の行為が違法又は不当である旨を宣言**するとともに、」「**処分庁に対し、当該事実上の行為の全部若しくは一部を撤廃……すべき旨を命ずる**」と規定している。

A □□□ H27-14-1
80 処分についての審査請求が法定の期間経過後にされたものであるとき、その他不適法であるとき、または審査請求に理由がないときは、審査庁は、裁決で当該審査請求を却下する。

B □□□ H27-14-5
81 処分についての審査請求の裁決には、行政事件訴訟法の定める事情判決と同様の事情裁決の制度があるが、事情裁決が行われるのは、処分が違法である場合に限られ、処分が不当である場合には行われない。

A □□□ R5-15-1
82 審査庁が不利益処分を取り消す裁決をした場合、処分庁は、当該裁決の趣旨に従い当該不利益処分を取り消さなければならない。

A □□□ H28-16-2
83 処分についての審査請求に対する認容裁決で、当該処分を変更することができるのは、審査庁が処分庁の上級行政庁または処分庁の場合に限られるが、審査庁が処分庁の場合は、審査請求人の不利益に当該処分を変更することもできる。

A □□□ H28-16-4
84 法令に基づく申請を却下し、または棄却する処分の全部または一部を取り消す場合において、審査庁が処分庁の上級行政庁である場合、当該審査庁は、当該申請に対して一定の処分をすべきものと認めるときは、自らその処分を行うことができる。

A □□□ R5-15-4
85 審査庁は、処分庁の上級行政庁または処分庁でなくとも、審査請求に対する認容裁決によって処分を変更することができるが、審査請求人の不利益に処分を変更することは許されない。

80 ✖ 行政不服審査法45条1項は、「処分についての審査請求が法定の期間経過後にされたものである場合その他**不適法である場合**には、審査庁は、裁決で、**当該審査請求を却下**する。」と規定している。また、同条2項は、「処分についての審査請求が**理由がない場合**には、審査庁は、裁決で、**当該審査請求を棄却**する。」と規定している。

---

81 ✖ 事情裁決は、処分が違法な場合だけではなく、**「不当」な場合においても行うことができる**（行政不服審査法45条3項）。

---

82 ✖ 行政不服審査法46条1項本文は、「処分（事実上の行為を除く。以下この条及び第48条において同じ。）についての審査請求が理由がある場合（前条第3項の規定の適用がある場合を除く。）には、審査庁は、裁決で、当該処分の全部若しくは一部を取り消し、又はこれを変更する。」と規定している。したがって、**処分庁が改めて処分を取り消す必要はない。**

---

83 ✖ 行政不服審査法46条1項本文は、「処分……についての審査請求が理由がある場合……には、審査庁は、裁決で、当該処分の全部若しくは一部を取り消し、又はこれを変更する。」と規定している。しかし、48条は、「第46条1項本文……の場合において、審査庁は、**審査請求人の不利益に当該処分を変更……することはできない。**」と規定している。

---

84 ✖ 行政不服審査法46条2項は、「法令に基づく申請を却下し、又は棄却する処分の全部又は一部を取り消す場合において、次の各号に掲げる審査庁は、当該申請に対して一定の処分をすべきものと認めるときは、当該各号に定める措置をとる。」と規定し、同項1号は、**処分庁の上級行政庁である審査庁**については、**「当該処分庁に対し、当該処分をすべき旨を命ずること。」**と規定している。したがって、審査庁が処分庁の上級行政庁である場合に、審査庁が自ら一定の処分をすることはできない。

---

85 ✖ 行政不服審査法46条1項ただし書は、「ただし、**審査庁が処分庁の上級行政庁又は処分庁のいずれでもない場合には、当該処分を変更することはできない。」**と規定している。

535

R5-15-5

86 審査庁が処分庁である場合、許認可の申請に対する拒否処分を取り消す裁決は、当該申請に対する許認可処分とみなされる。

H22-15-4

87 不作為についての審査請求が、当該不作為に係る処分についての申請から相当の期間が経過しないでされたものである場合、審査庁は、裁決で、当該審査請求を却下する。

H24-15-4

88 不作為についての審査請求が理由がない場合には、審査庁は、裁決で、当該審査請求を却下する。

H27-14-2

89 不作為についての審査請求に理由があるときは、審査庁は、常に、当該不作為庁に対しすみやかに申請を認める処分をすべき旨を命ずるとともに、裁決で、その旨を宣言する。

R5-14-2

90 不作為についての審査請求について理由があり、申請に対して一定の処分をすべきものと認められる場合、審査庁が不作為庁の上級行政庁であるときは、審査庁は、当該不作為庁に対し当該処分をすべき旨を命じる。

R2-16-エ

91 不作為についての審査請求について理由がある場合、不作為庁の上級行政庁ではない審査庁は、当該不作為庁に対し、当該処分をすべき旨を勧告しなければならない。

86 ✕ 行政不服審査法46条2項は、「前項の規定により法令に基づく申請を却下し、又は棄却する処分の全部又は一部を取り消す場合において、次の各号に掲げる審査庁は、当該申請に対して一定の処分をすべきものと認めるときは、当該各号に定める措置をとる。」と規定し、同項2号は、「処分庁である審査庁　当該処分をすること。」を掲げている。したがって、「一定の処分をすべきものと認めるとき」に、許認可等の一定の処分をするのであり、取消裁決が、許認可処分とみなされるわけではない。

87 ○ そのとおりである（行政不服審査法49条1項）。

比較

88 ✕ 行政不服審査法49条2項は、「不作為についての審査請求が理由がない場合には、審査庁は、裁決で、当該審査請求を棄却する。」と規定している。

89 ✕ 行政不服審査法49条3項は、「不作為についての審査請求が理由がある場合には、審査庁は、裁決で、当該不作為が違法又は不当である旨を宣言する。この場合において、次の各号に掲げる審査庁は、当該申請に対して一定の処分をすべきものと認めるときは、当該各号に定める措置をとる。」と規定している。そして、同項1号は、「不作為庁の上級行政庁である審査庁　当該不作為庁に対し、当該処分をすべき旨を命ずること。」を掲げており、同項2号は、「不作為庁である審査庁　当該処分をすること。」を掲げている。

比較

90 ○ 設問89の解説参照（行政不服審査法49条3項）。

91 ✕ 行政不服審査法49条3項1号については、設問89の解説参照。同項2号は、「不作為庁である審査庁　当該処分をすること。」を掲げている。同項から、一定の処分をすべきものと認める場合であって、不作為庁の上級行政庁が審査庁となっているときは、当該不作為庁に対して処分を命ずる措置をとることができ、不作為庁が審査庁であるときは、当該処分をすることができることがあるものの、それ以外の行政庁が審査庁となっている場合には、このような措置をとることができない。

比較

R2-16-ウ

92 不作為についての審査請求について理由がある場合には、審査庁は、裁決で、当該不作為が違法または不当である旨を宣言する。

R3-16-エ

93 審査請求に対する裁決の裁決書に記載する主文が、審理員意見書または行政不服審査会等の答申書と異なる内容である場合であっても、異なることとなった理由を示すことまでは求められていない。

R4-16-5

94 審査庁は、再審査請求をすることができる裁決をなす場合には、裁決書に、再審査請求をすることができる旨並びに再審査請求をすべき行政庁および再審査請求期間を記載してこれらを教示しなければならない。

H22-15-5

95 行政不服審査法には、それに基づく裁決について、行政事件訴訟法が定める取消判決の拘束力に相当する規定は設けられていない。

R5-15-2

96 不利益処分につき、その根拠となった事実がないとしてこれを取り消す裁決を受けた処分庁は、事実を再調査した上で、同一の事実を根拠として同一の不利益処分を再び行うことができる。

R1-14-ウ

97 審査請求および再審査請求に対する裁決については、認容、棄却、却下の3つの類型があるが、再調査の請求については請求期間の定めがないので、これに対する決定は、認容と棄却の2つの類型のみである。

92 ○ そのとおりである（行政不服審査法49条3項柱書前段）。

93 ✕ 行政不服審査法50条1項4号は、「理由（第1号の主文が審理員意見書又は行政不服審査会等若しくは審議会等の答申書と異なる内容である場合には、異なることとなった理由を含む。）」を掲げている。

94 ○ そのとおりである（行政不服審査法50条3項）。

95 ✕ 行政事件訴訟法33条1項は、「処分又は裁決を取り消す判決は、その事件について、処分又は裁決をした行政庁その他の関係行政庁を拘束する。」と規定し、取消判決の拘束力を認めている。また、行政不服審査法52条1項は、「裁決は、関係行政庁を拘束する。」と規定して、裁決の関係行政庁に対する拘束力を認めている。

96 ✕ 行政不服審査法52条1項は、「裁決は、関係行政庁を拘束する。」と規定し、同条2項は、「申請に基づいてした処分が手続の違法若しくは不当を理由として裁決で取り消され、又は申請を却下し、若しくは棄却した処分が裁決で取り消された場合には、処分庁は、裁決の趣旨に従い、改めて申請に対する処分をしなければならない。」と規定している。したがって、裁決の拘束力により、処分庁は、違法又は不当とされたのと同一の根拠により同一の処分を行うことが禁止される。

97 ✕ 行政不服審査法58条1項は、「再調査の請求が法定の期間経過後にされたものである場合その他不適法である場合には、処分庁は、決定で、当該再調査の請求を却下する。」と規定している。

5 再調査の請求等・その他

H28-14-3

98 再調査の請求においても、原則として、その審理は審理員によってなされなければならないが、行政不服審査会等への諮問は要しない。

H28-14-4

99 再調査の請求において、請求人または参加人の申立てがあった場合には、それが困難であると認められないかぎり、口頭で意見を述べる機会を与えなければならない。

H28-14-5

100 再調査の請求がなされた場合、処分庁は、職権で、処分の効力、執行または手続の続行を停止することができるが、これらを請求人が申し立てることはできない。

R1-14-イ

101 審査請求については、裁決は関係行政庁を拘束する旨の規定が置かれており、この規定は、再審査請求の裁決についても準用されているが、再調査の請求に対する決定については、準用されていない。

98 ✗ 　行政不服審査法61条は、審査請求に関する一部の規定を再調査の請求に準用する旨規定しているが、行政不服審査会等への諮問に関する規定（43条）は準用されていない。したがって、再調査の請求においては、行政不服審査会等への諮問を要しない。さらに、61条は、審理員の指名に関する規定（9条1項）を準用していない。また、審査請求の審理手続に関する規定を一部準用しているが、「審理員」の字句は、すべて「処分庁」に読み替えて準用する旨規定している（別表第2）。よって、再調査の請求において、その審理が審理員によってなされなければならないわけではない。

99 ⭕ 　行政不服審査法61条は、審査請求の審理における口頭意見陳述に関する規定である31条（第5項を除く）を別表第2に従って読み替えたうえ、再調査の請求について準用する旨規定している。そして、別表第2に従って、31条1項を読み替えると「審査請求人又は参加人の申立てがあった場合には、処分庁は、当該申立てをした者（以下……『申立人』という。）に口頭で審査請求に係る事件に関する意見を述べる機会を与えなければならない。ただし、当該申立人の所在その他の事情により当該意見を述べる機会を与えることが困難であると認められる場合には、この限りでない。」となる。

100 ✗ 　行政不服審査法61条は、審査請求の手続における執行停止に関する規定である25条（第3項を除く）を別表第2に従って読み替えたうえ、再調査の請求について準用する旨規定している。そして、別表第2に従って、25条2項本文を読み替えると「処分庁は、必要があると認める場合には、審査請求人の申立てにより又は職権で、処分の効力、処分の執行又は手続の続行の全部又は一部の停止その他の措置（以下『執行停止』という。）をとることができる。」となる。したがって、執行停止を請求人が申し立てることはできないとする点で誤りである。

101 ⭕ 　行政不服審査法52条1項は、「裁決は、関係行政庁を拘束する。」と規定している。そして、審査請求に関する規定の再審査請求への準用を定める66条1項前段は、52条1項を準用している。他方、審査請求に関する規定の再調査の請求への準用を定める61条前段は、52条1項を準用していない。

R3-15-4

102 再調査の請求については、審理員による審理または行政不服審査会等への諮問は必要ないが、処分庁は決定を行った後に、行政不服審査会等への報告を行う必要がある。

R2-15-5

103 再審査請求の再審査請求期間は、原裁決があった日ではなく、原処分があった日を基準として算定する。

H19-14-3

104 再審査請求は、処分についての審査請求の裁決により権利を害された第三者で、自己の責めに帰することができない理由により手続に参加できなかった者が行うものであるから、再審査請求期間についての規定はない。

R2-15-2

105 審査請求の対象とされた処分（原処分）を適法として棄却した審査請求の裁決（原裁決）があった場合に、当該審査請求の裁決に係る再審査請求において、原裁決は違法であるが、原処分は違法でも不当でもないときは、再審査庁は、裁決で、当該再審査請求を棄却する。

R4-16-1

106 処分庁が審査請求をすることができる処分をなす場合においては、それを書面でするか、口頭でするかにかかわらず、当該処分につき不服申立てをすることができる旨その他所定の事項を書面で教示をしなければならない。

R4-16-2

107 処分庁が審査請求をすることができる処分をなす場合において、処分の相手方に対し、当該処分の執行停止の申立てをすることができる旨を教示する必要はない。

102 ✖ 行政不服審査法61条は、審査請求に関する一部の規定を再調査の請求に準用する旨規定しているところ、**審理員による審理に関する規定**（9条1項、2項、3項）及び**行政不服審査会等への諮問に関する規定**（43条）**は準用されていない**。もっとも、行政不服審査法には、再調査の請求について処分庁が決定を行った後に、行政不服審査会等への報告を行う必要がある旨の規定は存在しない。

関連

103 ✖ 再審査請求期間は、「**原裁決があったことを知った日の翌日から起算して1月**」以内（行政不服審査法62条1項）又は、「**原裁決があった日の翌日から起算**して1年」以内（同条2項）であり、原処分のあった日からではない。

104 ✖ 再審査請求についても期間制限がある（行政不服審査法62条1項）。設問103の解説参照。

理解

105 ⭕ 行政不服審査法64条3項は、「**再審査請求に係る原裁決……が違法……**である場合において、**当該審査請求に係る処分が違法又は不当のいずれでもない**ときは、再審査庁は、裁決で、**当該再審査請求を棄却**する。」と規定している。

106 ✖ 行政不服審査法82条1項は、「行政庁は、審査請求若しくは再調査の請求又は他の法令に基づく不服申立て（以下この条において『不服申立て』と総称する。）をすることができる処分をする場合には、処分の相手方に対し、当該処分につき不服申立てをすることができる旨並びに不服申立てをすべき行政庁及び不服申立てをすることができる期間を書面で教示しなければならない。ただし、**当該処分を口頭でする場合は、この限りでない**。」と規定している。

107 ⭕ 教示義務が求められる事項は、「当該処分につき不服申立てをすることができる旨並びに不服申立てをすべき行政庁及び不服申立てをすることができる期間」である。**執行停止の申立てをすることができる旨を教示する必要はない**（行政不服審査法82条1項参照）。

R4-16-3

108 処分庁は、利害関係人から、当該処分が審査請求をすることができる処分であるかどうかにつき書面による教示を求められたときは、書面で教示をしなければならない。

R4-16-4

109 処分をなすに際し、処分庁が行政不服審査法において必要とされる教示をしなかった場合、当該処分に不服がある者は、当該処分庁に不服申立書を提出することができる。

108 ○ そのとおりである（行政不服審査法82条2項、3項）。

---

109 ○ 行政不服審査法83条1項は、「行政庁が前条の規定による教示をしなかった場合には、当該処分について不服がある者は、当該処分庁に不服申立書を提出することができる。」と規定している。

知識を整理

図表 1 執行停止の整理

〈任意的執行停止〉

① 処分庁の上級行政庁又は処分庁が**審査庁である場合**（行政不服審査法 25 条 2 項）
必要があると認める場合には、審査請求人の申立てにより又は職権で、処分の効力、処分の執行又は手続の続行の全部又は一部の停止その他の措置をとることができる。
② 処分庁の上級行政庁又は処分庁のいずれでもない**審査庁である場合**（25 条 3 項）
必要があると認める場合には、審査請求人の申立てにより、処分庁の意見を聴取したうえ、処分の効力、処分の執行又は手続の続行の全部又は一部の停止をすることができる。

〈**必要的執行停止**〉（25 条 4 項）

原 則	① 審査請求人からの申立てがあったこと ② 処分、処分の執行又は手続の続行により生ずる重大な損害を避けるため緊急の必要があること
例 外	次のいずれかの場合、執行停止をしなくてもよい。 ① 執行停止によって公共の福祉に重大な影響を及ぼすおそれがあるとき ② 本案について理由がないとみえるとき

📊 図表2 認容裁決の整理

対象		キーワード	審査庁が処分庁	審査庁が上級行政庁	審査庁が左記以外
処分	処分（事実上の行為を除く）（46条）	取消し	審査庁は、裁決で、当該処分の全部若しくは一部を取り消す。		
			法令に基づく申請を却下し、又は棄却する処分の全部又は一部を取り消す場合において		
			審査庁は、当該申請に対して一定の処分をすべきものと認めるときは、当該処分をする。	審査庁は、当該申請に対して一定の処分をすべきものと認めるときは、当該処分庁に対し、当該処分をすべき旨を命ずる。	
		変更	審査庁は、裁決で、当該処分の全部若しくは一部を変更する。		
	事実上の行為（47条）	撤廃	審査庁は、裁決で、当該事実上の行為が違法又は不当である旨を宣言するとともに		
			当該事実上の行為の全部若しくは一部を撤廃する。	当該処分庁に対し、当該事実上の行為の全部若しくは一部を撤廃すべき旨を命ずる。	
		変更	当該事実上の行為の全部若しくは一部を変更する。	当該処分庁に対し、当該事実上の行為の全部若しくは一部を変更すべき旨を命ずる。	
不作為（49条3項）		宣言	審査庁は、裁決で、当該不作為が違法又は不当である旨を宣言する。		
			審査庁は、当該申請に対して一定の処分をすべきものと認めるときは、当該処分をする。	審査庁は、当該申請に対して一定の処分をすべきものと認めるときは、当該不作為庁に対し、当該処分をすべき旨を命ずる。	

※ 審査庁は、審査請求人の不利益に当該処分を変更し、又は当該事実上の行為を変更すべき旨を命じ、若しくはこれを変更することはできない（不利益変更の禁止）。

Chapter 2 行政事件訴訟法

総合テキスト ▶▶▶ Chapter 7

1 訴訟類型

H19-17-4

1 Xが行った営業許可申請に対してなされた不許可処分について、同処分に対する取消訴訟の出訴期間が過ぎた後においてなお救済を求めようとする場合には、Xは、公法上の当事者訴訟として、当該処分の無効の確認訴訟を提起することができる。

H20-16-3

2 不作為の違法確認訴訟は、行政庁において一定の処分を行わないことが行政庁の義務に違反することの確認を求める公法上の当事者訴訟である。

H22-19-1

3 国家賠償を請求する訴訟は、民事訴訟であるから、その訴訟手続について行政事件訴訟法が適用されることはない。

H30-18-2

4 A県県営空港の騒音被害について、被害を受けたと主張する周辺住民がA県に対して集団で損害の賠償を求める訴訟は、民衆訴訟である。

H30-18-5

5 A県がB市立中学校で発生した学校事故にかかわる賠償金の全額を被害者に対して支払った後、B市が負担すべき分についてA県がB市に求償する訴訟は、機関訴訟である。

A
R4-17-1

6 行政庁の公権力の行使に関する不服の訴訟である抗告訴訟として適法に提起できる訴訟は、行政事件訴訟法に列挙されているものに限られる。

548

1 ✗　処分の無効の確認訴訟は、「公法上の法律関係に関する訴訟」たる公法上の当事者訴訟（行政事件訴訟法4条）ではなく、「無効等確認の訴え」（3条4項）という抗告訴訟の一類型であり、異なる訴訟類型に属する。Xが行った営業許可申請になされた不許可処分は行政行為であるため公定力が認められ、取消訴訟の排他的管轄の原則から、取消訴訟以外の訴訟で行政行為の効力を否定することはできず、公法上の当事者訴訟を提起することはできない。さらに、出訴期間が過ぎた場合には取消訴訟も提起することができないが、なお救済を求めようとする場合には、「時機に後れた取消訴訟」と位置づけられる無効確認訴訟を提起し得る。

2 ✗　不作為の違法確認訴訟は、法令に基づく申請をした場合に提起できる訴訟であり（行政事件訴訟法3条5項）、抗告訴訟である。

3 ○　国家賠償請求訴訟は、民事訴訟であるから、行政事件訴訟にはあたらず（行政事件訴訟法2条）、行政事件訴訟法は適用されない（1条）。

4 ✗　本問と同様の事案においては、大阪国際空港公害訴訟がある（最大判昭56.12.16）。同訴訟において、周辺住民は、国家賠償法に基づき損害賠償請求をした。この訴訟は民事訴訟である。したがって、本問の訴訟は、民衆訴訟ではない。

5 ✗　これは、国家賠償法3条2項に基づく求償請求訴訟であり、民事訴訟である。したがって、本問の訴訟は、機関訴訟ではない。

6 ✗　行政事件訴訟法3条1項では、「この法律において『抗告訴訟』とは、行政庁の公権力の行使に関する不服の訴訟をいう。」と規定されており、これに該当すれば、同条2項以下で列記されている訴訟類型以外にも認められる（これを法定外抗告訴訟や、無名抗告訴訟という）。

R6-19-1

7 機関訴訟は、国または公共団体の機関相互間における権限の存否またはその行使に関する紛争についての訴訟であり、そのような紛争の一方の当事者たる機関は、特に個別の法律の定めがなくとも、機関たる資格に基づいて訴えを提起することができる。

H30-18-3

8 A県が保管する国の文書について、A県知事が県情報公開条例に基づき公開の決定をした場合において、国が当該決定の取消しを求める訴訟は、機関訴訟である。

R6-19-2

9 民衆訴訟とは、特に法律が定める場合に国または公共団体の機関の法規に適合しない行為の是正を求める訴訟で、自己の法律上の利益にかかわらない資格で何人も提起することができるものをいう。

H30-18-1

10 A県知事に対してA県住民がA県職員への条例上の根拠を欠く手当の支給の差止めを求める訴訟は、民衆訴訟である。

H30-18-4

11 A県議会議員の選挙において、その当選の効力に関し不服がある候補者がA県選挙管理委員会を被告として提起する訴訟は、機関訴訟である。

H23-16-1

12 A県収用委員会は、起業者であるB市の申請に基づき、同市の市道の用地として、2000万円の損失補償によってX所有の土地を収用する旨の収用裁決（権利取得裁決）をなした。この場合に、Xが土地の収用そのものを違法として争うときには、収用裁決の取消しを求めることとなるが、この訴訟は、B市を被告とする形式的当事者訴訟となる。

A
H22-16-ウ

13 土地収用法に基づく都道府県収用委員会による収用裁決の無効を前提とした所有権の確認を求める土地所有者の訴えは、抗告訴訟にあたる。

7 ✗ 行政事件訴訟法42条は、「民衆訴訟及び機関訴訟は、**法律に定める場合において、法律に定める者に限り**、提起することができる。」と規定している。

理解

8 ✗ 県が保管する国の文書について、**県知事が県情報公開条例に基づき公開の決定**をした場合において、**国が当該決定の取消しを求める**訴訟は、**機関相互間における権限の存否又はその行使に関する紛争にはあたらない**。本問の訴訟は、取消訴訟（行政事件訴訟法3条2項）であり（最判平13.7.13）、抗告訴訟（同条1項）に分類される。

9 ✗ 行政事件訴訟法42条は、「民衆訴訟及び機関訴訟は、法律に定める場合において、**法律に定める者に限り**、提起することができる。」と規定している。したがって、何人も提起できるわけではない。

10 ○ 県知事に対して住民が県職員への条例上の根拠を欠く手当の支給の差止めを求める訴訟は、**地方自治法242条の2第1項1号に基づく住民訴訟**であり、住民訴訟は民衆訴訟（行政事件訴訟法5条）の1つである。

11 ✗ 県議会議員の選挙において、当選の効力に関し不服がある候補者が県の選挙管理委員会を被告として提起する訴訟は、選挙に関する訴訟であり（公職選挙法203条以下）、**民衆訴訟**（行政事件訴訟法5条）の1つである。

12 ✗ 土地の収用そのものを違法として争うために、**収用裁決の取消しを求める訴訟は、抗告訴訟**である（行政事件訴訟法3条3項）。

比較

13 ✗ **本問の訴えは、争点訴訟にあたる**。争点訴訟とは、私法上の法律関係に関する訴訟において、処分若しくは裁決の存否又はその効力の有無が争われている場合をいう（行政事件訴訟法45条1項）。

H23-16-3

14 A県収用委員会は、起業者であるB市の申請に基づき、同市の市道の用地として、2000万円の損失補償によってX所有の土地を収用する旨の収用裁決（権利取得裁決）をなした。この場合に、Xが収用裁決に示された損失補償の額に不服があるときには、A県を被告として、損失補償を増額する裁決を求める義務付け訴訟を提起すべきこととなる。

H23-18-1

15 実質的当事者訴訟は、行政主体と一般市民との間における対等当事者としての法律関係に関する訴訟のうち、公法上の法律関係に関する訴訟であり、私法上の法律関係に関する訴訟は民事訴訟となる。

H23-18-2

16 個別法の中に損失補償に関する規定がない場合であっても、憲法に直接基づいて損失補償を請求することが可能だと解されているが、この損失補償請求の訴訟は実質的当事者訴訟に該当する。

H23-18-3

17 国に対して日本国籍を有することの確認を求める訴えを提起する場合、この確認の訴えは実質的当事者訴訟に該当する。

H29-18-1

18 「裁決の取消しの訴え」の対象とされている裁決は、「義務付けの訴え」や「差止めの訴え」の対象ともされている。

H29-18-3

19 「裁決の取消しの訴え」は、審査請求の対象とされた原処分に対する「処分の取消しの訴え」の提起が許されない場合に限り、提起が認められる。

H29-18-4

20 「裁決の取消しの訴え」については、審査請求に対する裁決のみが対象とされており、再調査の請求に対する決定は、「処分の取消しの訴え」の対象とされている。

552

14 ✗ 土地収用法133条2項、3項において、損失の補償に関する訴えが規定されている。このような、当事者間の法律関係を確認し又は形成する処分又は裁決に関する訴訟で法令の規定によりその法律関係の当事者の一方を被告とするものを、形式的当事者訴訟という（行政事件訴訟法4条前段）。Xが損失補償の額に不服がある場合には、A県ではなく、起業者であるB市を被告として（土地収用法133条3項）、形式的当事者訴訟を提起すべきこととなる。

15 ○ 実質的当事者訴訟とは、公法上の法律関係に関する確認の訴えその他の公法上の法律関係に関する訴訟をいう（行政事件訴訟法4条後段）。したがって、行政主体と一般市民との間における対等当事者としての法律関係に関する訴訟のうち、私法上の法律関係に関する訴訟は、実質的当事者訴訟にはあたらず、民事訴訟となる。

16 ○ そのとおり、憲法に直接基づき損失補償を請求できる（最大判昭43.11.27）。また、憲法29条3項を根拠として国又は公共団体に対して損失補償の請求をする訴えは、実質的当事者訴訟に該当する。

17 ○ 判例は、原告が日本国籍を有することの確認を求める実質的当事者訴訟を提起した事件において、国籍法3条1項について国籍取得に関する区別を生じさせていることが違憲であるとした（国籍法違憲判決：最大判平20.6.4）。したがって、国に対して日本国籍を有することの確認を求める訴えは、実質的当事者訴訟に該当する。

18 ○ そのとおりである（行政事件訴訟法3条3項第2かっこ書）。行政事件訴訟法上「裁決」とは、審査請求その他の不服申立てに対する行政庁の裁決、決定その他の行為をいい、この意義は行政事件訴訟法上のすべての訴訟類型において共通している。

19 ✗ 行政事件訴訟法上、裁決の取消しの訴えは、審査請求の対象とされた原処分に対する処分の取消しの訴えの提起が許されない場合に限り、提起が認められるとする規定はない。

20 ✗ 再調査の請求に対する決定についても、裁決の取消しの訴えの対象となる。

H29-9-2

21　無効の行政行為については、それを取り消すことはできないから、たとえ出訴期間内であっても、それに対して提起された取消訴訟は不適法とされる。

H19-17-1

22　Xの家の隣地にある建築物が建築基準法に違反した危険なものであるにもかかわらず、建築基準法上の規制権限の発動がなされない場合、Xは、当該規制権限の不行使につき、不作為違法確認訴訟を提起することができる。

H26-16-1

23　不作為の違法確認の訴えは、行政庁が、法令に基づく申請に対して、相当の期間内に申請を認める処分又は審査請求を認容する裁決をすべきであるにかかわらず、これをしないことについての違法の確認を求める訴訟をいう。

H21-18-4

24　行政庁が一定の処分をすべきであるにかかわらずこれがされないとき、行政庁がその処分をすべき旨を命ずることを求める訴訟は、当事者訴訟である。

H22-16-ア

25　建築基準法に基づき私法人たる指定確認検査機関が行った建築確認拒否処分の取消しを求める申請者の訴えは、抗告訴訟にあたる。

2　訴訟要件①（処分性）

R1-26-ウ

26　公立学校の儀式的行事における教育公務員としての職務の遂行の在り方に関し校長が教職員に対して発した職務命令は、教職員個人の身分や勤務条件に係る権利義務に直接影響を及ぼすものではないから、抗告訴訟の対象となる行政処分には当たらない。

21 ✖ 無効な行政行為について取消訴訟を提起できないとすれば、瑕疵が取消原因にすぎない場合には原告勝訴となり、より重大な無効原因である瑕疵が存在する場合には原告敗訴となるという不合理が生じ得る。また、無効確認訴訟の補充性にかんがみても、**出訴期間内においては、無効な処分に対し取消訴訟を提起することができる**と解されている。

---

22 ✖ **不作為の違法確認訴訟**（行政事件訴訟法3条5項）**を提起するためには、**処分又は裁決についての**申請をしたことが必要**である（37条）。本問の場合は、申請がなされていないので不作為の違法確認訴訟は提起できない。

---

23 ✖ 不作為の違法確認の訴えとは、行政庁が法令に基づく申請に対し、相当の期間内に何らかの処分又は裁決をすべきであるにかかわらず、**これをしないことについての違法の確認を求める訴訟**をいう（行政事件訴訟法3条5項）。したがって、必ずしも申請を認める処分又は審査請求を認容する裁決をすべき場合に限られるわけではない。

---

24 ✖ 行政庁が一定の処分をすべきであるにかかわらずこれがされないとき、行政庁がその処分をすべき旨を命ずることを求める訴訟を、義務付け訴訟という（行政事件訴訟法3条6項1号）。**義務付け訴訟は抗告訴訟の一種**である。したがって、本問の訴訟は当事者訴訟ではない。

---

25 ⭘ 本問では処分を行ったものが、私法人たる指定確認検査機関であるが、処分の取消訴訟にいう「行政庁」とは、通常の行政機関に限らず、法律で公権力の行使の権限を与えられていれば、私法人もこれに含まれる。したがって、**本問の訴えは、処分の取消訴訟であることから**（行政事件訴訟法3条2項）、**抗告訴訟にあたる。**

26 ⭘ そのとおりである（最判平24.2.9）。

H28-18-2

27 供託法に基づく供託金の取戻請求権は、供託に伴い法律上当然に発生するものであり、一般の私法上の債権と同様、譲渡、質権設定、仮差押等の目的とされるものであるから、その請求が供託官により却下された場合には、民事訴訟により争うべきである。

H28-25-4

28 水道料金を値上げする市町村条例の改正がなされると、給水契約者は、個別の処分を経ることなく、値上げ後の水道料金を支払う義務を負うこととなるから、給水契約者は、当該条例改正の無効確認を求める抗告訴訟を提起することが許される。

H28-19-1

29 保育所の廃止のみを内容とする条例は、他に行政庁の処分を待つことなく、その施行により各保育所廃止の効果を発生させ、当該保育所に現に入所中の児童およびその保護者という限られた特定の者らに対して、直接、当該保育所において保育を受けることを期待し得る法的地位を奪う結果を生じさせるものであるから、その制定行為は、行政庁の処分と実質的に同視し得るものということができる。

H30-26-5

30 処分の取消判決や執行停止の決定には第三者効が認められているため、市立保育所廃止条例の制定行為の適法性を抗告訴訟によって争うことには合理性がある。

R3-26-ウ

31 公立小学校を廃止する条例について、当該条例は一般的規範を定めるにすぎないものの、保護者には特定の小学校で教育を受けさせる権利が認められることから、その処分性が肯定される。

27 ✕ 判例は、「供託官が供託物取戻請求を理由がないと認めて却下した行為は行政処分であり、弁済者は右却下行為が権限のある機関によつて取り消されるまでは供託物を取り戻すことができないものといわなければならず、供託関係が民法上の寄託関係であるからといつて、供託官の右却下行為が民法上の履行拒絶にすぎないものということは到底できない」とし、「上告人が本件供託物取戻の請求を却下した処分に対し、被上告人が行政事件訴訟法3条2項に基づき上告人を被告として提起した本訴は適法」としている（最大判昭45.7.15）。

28 ✕ 判例（最判平18.7.14）は、普通地方公共団体が営む水道事業にかかる条例所定の水道料金を改定する条例の制定行為は、同条例が上記水道料金を一般的に改定するものであって、限られた特定の者に対してのみ適用されるものではなく、同条例の制定行為をもって行政庁が法の執行として行う処分と実質的に同視することはできないという事情の下では、抗告訴訟の対象となる行政処分にあたらないとしているから、給水契約者は、当該条例改正の無効確認を求める抗告訴訟（行政事件訴訟法3条4項）を提起することは許されない。

比較

29 ○ そのとおりである（最判平21.11.26）。

関連

30 ○ そのとおりである（最判平21.11.26）。

理解

31 ✕ 判例は、本問のような条例について、「本件条例は一般的規範にほかならず、上告人ら〔保護者ら〕は、被上告人東京都千代田区が社会生活上通学可能な範囲内に設置する小学校においてその子らに法定年限の普通教育を受けさせる権利ないし法的利益を有するが、具体的に特定の区立小学校で教育を受けさせる権利ないし法的利益を有するとはいえない」として、本件条例は抗告訴訟の対象となる処分にはあたらないとしている（最判平14.4.25）。

557

R5-19-2

32 行政庁が建築基準法に基づいて、いわゆるみなし道路を告示により一括して指定する行為は、特定の土地について個別具体的な指定をしたものではなく、一般的基準の定立を目的としたものにすぎず、告示による建築制限等の制限の発生を認めることができないので、抗告訴訟の対象となる行政処分には当たらない。

R4-18-2

33 都市計画区域内において用途地域を指定する決定は、地域内の土地所有者等に建築基準法上新たな制約を課すものではあるが、その効果は、新たにそのような制約を課する法令が制定された場合と同様の当該地域内の不特定多数の者に対する一般的抽象的なものにすぎず、当該地域内の個人の具体的な権利を侵害するものではないから、抗告訴訟の対象となる行政処分に該当しない。

R4-18-3

34 市町村の施行に係る土地区画整理事業計画の決定により、事業施行地区内の宅地所有者等は、所有権等に対する規制を伴う土地区画整理事業の手続に従って換地処分を受けるべき地位に立たされるため、当該計画の決定は、その法的地位に直接的な影響を及ぼし、抗告訴訟の対象となる行政処分に該当する。

R4-18-1

35 都市計画法に基づいて、公共施設の管理者である行政機関等が行う開発行為への同意は、これが不同意であった場合には、開発行為を行おうとする者は後続の開発許可申請を行うことができなくなるため、開発を行おうとする者の権利ないし法的地位に影響を及ぼすものとして、抗告訴訟の対象となる行政処分に該当する。

R5-19-4

36 市町村長が住民基本台帳法に基づき住民票に続柄を記載する行為は、公の権威をもって住民の身分関係を証明し、それに公の証明力を与える公証行為であるから、それ自体によって新たに国民の権利義務を形成し、又はその範囲を確定する法的効果を有するため、抗告訴訟の対象となる行政処分に当たる。

32 ✗ 判例は、「特定行政庁による**2項道路の指定は、それが一括指定の方法でされた場合であっても、個別の土地についてその本来的な効果として具体的な私権制限を発生させるもの**であり、個人の権利義務に対して直接影響を与えるものということができる。したがって、本件告示のような一括指定の方法による2項道路の指定も、**抗告訴訟の対象となる行政処分に当たる**と解すべきである」としている（最判平14.1.17）。

33 ○ 判例は、都市計画法8条1項に基づき用途地域を指定する決定が告示されて効力を生ずると、当該地域内においては、建築物の高さ等につき従前と異なる基準が適用され、これらの基準に適合しない建築物については、建築確認を受けることができず、ひいてその建築等をすることができないこととなるが、このような効果は、**新たにこのような制約を課する法令が制定された場合と同様の当該地域内の不特定多数の者に対する一般的抽象的な効果にすぎない**から、**行政処分に該当しない**とした（最判昭57.4.22）。

比較

34 ○ 判例は、「市町村の施行に係る土地区画整理事業の事業計画の決定は、施行地区内の宅地所有者等の法的地位に変動をもたらすものであって、**抗告訴訟の対象とするに足りる法的効果を有する**ものということができ、**実効的な権利救済を図るという観点**から見ても、これを対象とした**抗告訴訟の提起を認めるのが合理的**である」とし、処分性を肯定した（最大判平20.9.10）。

35 ✗ 判例は、「開発行為を行おうとする者が、……同意を得ることができず、開発行為を行うことができなくなったとしても、その権利ないし法的地位が侵害されたものとはいえないから、……同意を拒否する行為が、国民の権利ないし法律上の地位に直接影響を及ぼすものであると解することはできない」としたうえで、「公共施設の管理者である行政機関等が法〔**都市計画法**〕**32条所定の同意を拒否する行為は、抗告訴訟の対象となる処分には当たらない**」とした（最判平7.3.23）。

36 ✗ 判例は、「住民票に特定の住民と世帯主との続柄がどのように記載されるかは、その者が選挙人名簿に登録されるか否かには何らの影響も及ぼさないことが明らかであり、**住民票に右続柄を記載する行為が何らかの法的効果を有すると解すべき根拠はない**。したがって、住民票に世帯主との続柄を記載する行為は、**抗告訴訟の対象となる行政処分には当たらない**ものというべきである」としている（最判平11.1.21）。

比較

H26-26-2

37 市町村に転入した者は市町村長に届出なければならないこととされているが、この転入届を受理せずに住民票を作成しないことは、事実上の取扱いに過ぎず、行政処分には該当しないから、届出をした者は、これを処分取消訴訟により争うことはできない。

R1-8-5

38 道路交通法に基づく違反行為に対する反則金の納付通知について不服がある場合は、被通知者において、刑事手続で無罪を主張するか、当該納付通知の取消訴訟を提起するかのいずれかを選択することができる。

H24-18-4

39 （旧）関税定率法の規定に基づき税関長が行う「輸入禁制品に該当する貨物と認めるのに相当の理由がある」旨の通知は、行政事件訴訟法3条2項の行政処分に該当しない。

R5-19-3

40 労災就学援護費に関する制度の仕組みに鑑みると、被災労働者またはその遺族は、労働基準監督署長の支給決定によって初めて具体的な労災就学援護費の支給請求権を取得するため、労働基準監督署長が行う労災就学援護費の支給または不支給の決定は、抗告訴訟の対象となる行政処分に当たる。

H28-18-5

41 登録免許税を過大に納付した者は、そのことによって当然に還付請求権を取得し、その還付がなされないときは、還付金請求訴訟を提起することができるから、還付の請求に対してなされた拒否通知について、取消訴訟を提起することは認められない。

37 ✗ 　住民票に特定の住民の氏名等を記載する行為は、その者が当該市町村の選挙人名簿に登録されるか否かを決定づけるものであって、その者は選挙人名簿に登録されない限り原則として投票することができないため、**かかる行為に法的効果が与えられている**ということができる。したがって、**転入届を受理せずに住民票を作成しないことは行政処分に該当**すると解され、市町村長が転入届を受理せずに住民票を作成しないことを処分取消訴訟により争うことができる。

38 ✗ 　判例は、「道路交通法は、通告を受けた者が、……反則金を納付し、これによる事案の終結の途を選んだときは、もはや当該通告の理由となった反則行為の不成立等を主張して通告自体の適否を争い、これに対する**抗告訴訟によってその効果の覆滅を図ることはこれを許さず**、右のような主張をしようとするのであれば、**反則金を納付せず**、後に公訴が提起されたときにこれによって開始された**刑事手続の中でこれを争い、これについて裁判所の審判を求める途を選ぶべき**」としている（最判昭57.7.15）。

39 ✗ 　判例は、旧関税定率法の規定に基づき税関長が行う「輸入禁制品に該当する貨物と認めるのに相当の理由がある」旨の通知は、**実質的な拒否処分として機能**していることを理由に、**行政処分に該当する**とした（税関検査合憲判決：最大判昭59.12.12）。

40 ○ 　判例は、「労働基準監督署長の行う労災就学援護費の支給又は不支給の決定は、法を根拠とする優越的地位に基づいて一方的に行う公権力の行使であり、**被災労働者又はその遺族の上記権利に直接影響を及ぼす法的効果を有する**ものであるから、**抗告訴訟の対象となる行政処分に当たる**ものと解するのが相当である」としている（最判平15.9.4）。

41 ✗ 　判例は、「登録免許税法31条2項は、登記等を受けた者に対し、簡易迅速に還付を受けることができる手続を利用することができる地位を保障しているものと解するのが相当である。そして、同項に基づく還付通知をすべき旨の請求に対してされた拒否通知は、登記機関が還付通知を行わず、還付手続を執らないことを明らかにするものであって、これにより、登記等を受けた者は、**簡易迅速に還付を受けることができる手続を利用することができなくなる**。そうすると、上記の拒否通知は、登記等を受けた者に対して上記の**手続上の地位を否定する法的効果を有する**ものとして、**抗告訴訟の対象となる行政処分に当たる**」としている（最判平17.4.14）。

H28-19-3

42 (旧）医療法の規定に基づく病院開設中止の勧告は、医療法上は当該勧告を受けた者が任意にこれに従うことを期待してされる行政指導として定められており、これに従わない場合でも、病院の開設後に、保険医療機関の指定を受けることができなくなる可能性が生じるにすぎないから、この勧告は、行政事件訴訟法3条2項にいう「行政庁の処分その他公権力の行使に当たる行為」に当たらない。

R3-25-5

43 墓地埋葬法13条に関する通達の取消しを求める訴えについての最高裁判所判決（最判昭43.12.24）は、「取消訴訟の対象となりうるものは、国民の権利義務、法律上の地位に直接具体的に法律上の影響を及ぼすような行政処分等でなければならないのであるから、本件通達の取消しを求める訴えは許されないものとして棄却されるべきものである」とした。

3 訴訟要件②（原告適格）

H26-14-1

44 審査請求の裁決に不服がある審査請求人は、これに対して取消訴訟を提起して争うことができるが、それ以外の者は、裁決に不服があっても取消訴訟を提起することはできない。

H23-26-ア

45 里道は住民に個別的具体的な利益をもたらすものではなく、その用途廃止により住民の生活に支障が生じるとしても、住民に里道の用途廃止処分の取り消しを求めるについての原告適格が認められる余地はない。

R3-19-3

46 不当景品類及び不当表示防止法は、公益保護を目的とし、個々の消費者の利益の保護を同時に目的とするものであるから、消費者が誤認をする可能性のある商品表示の認定によって不利益を受ける消費者には、当該商品表示の認定の取消しを求める原告適格が認められる。

42 ✕ 　判例は、「（旧）医療法30条の7の規定に基づく病院開設中止の勧告は、医療法上は当該勧告を受けた者が任意にこれに従うことを期待してされる行政指導として定められているけれども、当該勧告を受けた者に対し、これに従わない場合には、相当程度の確実さをもって、病院を開設しても保険医療機関の指定を受けることができなくなるという結果をもたらすものということができる」と述べ、結論として処分性を肯定した（最判平17.7.15）。

---

43 ✕ 　判例は、「現行法上行政訴訟において取消の訴の対象となりうるものは、国民の権利義務、法律上の地位に直接具体的に法律上の影響を及ぼすような行政処分等でなければならないのであるから、本件通達中所論の趣旨部分の取消を求める本件訴は許されないものとして却下すべきものである」としている（最判昭43.12.24）。したがって、本件通達の取消しを求める訴えは、棄却されるべきものではなく、却下すべきものである。

44 ✕ 　裁決の取消しの訴えは、裁決の取消しを求めるにつき法律上の利益を有する者に限り提起できる（行政事件訴訟法9条）。したがって、審査請求の裁決に不服がある審査請求人以外の者であっても、裁決の取消しを求めるにつき法律上の利益を有する者であれば、裁決の取消しの訴えを提起することができる。

---

45 ✕ 　判例は、里道の用途廃止処分の取消訴訟において、当該里道が住民に個別的具体的な利益をもたらしていて、その用途廃止により当該住民の生活に著しい支障が生ずるという特段の事情があるといえないときは、当該住民に原告適格は認められないとしている（最判昭62.11.24）。したがって、特段の事情があるといえるときには、原告適格が認められる余地がある。

---

46 ✕ 　判例は、「単に一般消費者であるというだけでは、公正取引委員会による公正競争規約の認定につき景表法10条6項（当時）による不服申立をする法律上の利益をもつ者であるということはできない」としている（最判昭53.3.14）。本判例は行政不服申立ての当事者適格に関する判例であるが、行政事件訴訟の原告適格についても同じように考えられる。

563

H26-17-ア

47 公衆浴場法の適正配置規定は、許可を受けた業者を濫立による経営の不合理化から守ろうとする意図まで有するものとはいえず、適正な許可制度の運用によって保護せらるべき業者の営業上の利益は単なる事実上の反射的利益にとどまるから、既存業者には、他業者への営業許可に対する取消訴訟の原告適格は認められない。

R3-19-4

48 航空機の騒音の防止は、航空機騒音防止法の目的であるとともに、航空法の目的でもあるところ、定期航空運送事業免許の審査にあたっては、申請事業計画を騒音障害の有無および程度の点からも評価する必要があるから、航空機の騒音によって社会通念上著しい障害を受ける空港周辺の住民には、免許の取消しを求める原告適格が認められる。

R3-19-5

49 都市計画事業の認可に関する都市計画法の規定は、事業地の周辺に居住する住民の具体的利益を保護するものではないため、これらの住民であって騒音、振動等による健康または生活環境に係る著しい被害を直接的に受けるおそれのあるものであっても、都市計画事業認可の取消しを求める原告適格は認められない。

H26-17-エ

50 自転車競技法に基づく場外車券発売施設の設置許可の処分要件として定められている位置基準は、用途の異なる建物の混在を防ぎ都市環境の秩序有る整備を図るという一般的公益を保護するにすぎないから、当該場外施設の設置・運営に伴い著しい業務上の支障が生ずるおそれがあると位置的に認められる区域に医療施設等を開設する者であっても、位置基準を根拠として当該設置許可の取消しを求める原告適格は認められない。

R3-19-1

51 地方鉄道法（当時）による鉄道料金の認可に基づく鉄道料金の改定は、当該鉄道の利用者に直接の影響を及ぼすものであるから、路線の周辺に居住し、特別急行を利用している者には、地方鉄道業者の特別急行料金の改定についての認可処分の取消しを求める原告適格が認められる。

47 ✕　判例は、「公衆浴場法が許可制を採用し前述のような規定〔適正配置規定〕を設けたのは、主として『国民保健及び環境衛生』という公共の福祉の見地から出たものであることはむろんであるが、他面、同時に、無用の競争により経営が不合理化することのないように濫立を防止することが公共の福祉のため必要であるとの見地から、被許可者を濫立による経営の不合理化から守ろうとする意図をも有するものであることは否定し得ないところであって、適正な許可制度の運用によって保護せらるべき業者の営業上の利益は、単なる事実上の反射的利益というにとどまらず公衆浴場法によって保護せられる法的利益と解するを相当とする」として、既存業者に原告適格を認めた（最判昭37.1.19）。

- -

48 ⭕　そのとおりである（新潟空港訴訟：最判平元.2.17）。

- -

49 ✕　判例は、「都市計画事業の事業地の周辺に居住する住民のうち当該事業が実施されることにより騒音、振動等による健康又は生活環境に係る著しい被害を直接的に受けるおそれのある者は、当該事業の認可の取消しを求めるにつき法律上の利益を有する者として、その取消訴訟における原告適格を有する」としている（小田急高架事件：最大判平17.12.7）。

- -

50 ✕　判例は、「場外施設の周辺において居住し又は事業（医療施設等に係る事業を除く。）を営むにすぎない者や、医療施設等の利用者は、位置基準を根拠として場外施設の設置許可の取消しを求める原告適格を有しない」とした。これに対して、「当該場外施設の設置、運営に伴い著しい業務上の支障が生ずるおそれがあると位置的に認められる区域に医療施設等を開設する者は、位置基準を根拠として当該場外施設の設置許可の取消しを求める原告適格を有する」とした（最判平21.10.15）。

- -

51 ✕　判例は、鉄道株式会社の路線の周辺に居住し、通勤定期券を購入するなどしたうえ、日常同社が運行している特別急行旅客列車を利用している者について、「特別急行料金の改定（変更）の認可処分によつて自己の権利利益を侵害され又は必然的に侵害されるおそれのある者に当たるということができず、右認可処分の取消しを求める原告適格を有しないというべきである」としている（最判平元.4.13）。

H26-17-イ

52 森林法の保安林指定処分は、一般的公益の保護を目的とする処分であるから、保安林の指定が違法に解除され、それによって自己の利益を侵害された者であっても、解除処分に対する取消しの訴えを提起する原告適格は認められない。

R3-19-2

53 文化財保護法は、文化財の研究者が史跡の保存・活用から受ける利益について、同法の目的とする一般的、抽象的公益のなかに吸収・解消させずに、特に文化財の学術研究者の学問研究上の利益の保護について特段の配慮をしている規定を置いているため、史跡を研究の対象とする学術研究者には、史跡の指定解除処分の取消しを求める原告適格が認められる。

4 訴訟要件③（訴えの利益）

H29-17-4

54 申請拒否処分の取消訴訟の係属中に当該申請拒否処分が職権で取り消され、許認可がなされた場合には、当該取消訴訟は訴えの利益を失い、請求は棄却されることとなる。

52 ✖ 判例は、森林法の保安林指定処分における「『直接の利害関係を有する者』は、**保安林の指定が違法に解除され、それによって自己の利益を害された場合**には、右解除処分に対する取消しの訴えを提起する**原告適格を有する者ということができる**けれども、その反面、それ以外の者は、たといこれによってなんらかの事実上の利益を害されることがあっても、右のような取消訴訟の原告適格を有するものとすることはできない」とした（最判昭57.9.9）。したがって、自己の利益を害された場合には、解除処分に対する取消しの訴えを提起する原告適格を有する。

- -

53 ✖ 判例は、「本件史跡指定解除処分の根拠である静岡県文化財保護条例（昭和36年静岡県条例第23号。以下『本件条例』という。）は、文化財保護法（以下『法』という。）98条2項の規定に基づくものであるが、……本件条例及び法は、**文化財の保存・活用から個々の県民あるいは国民が受ける利益については、本来本件条例及び法がその目的としている公益の中に吸収解消**させ、その保護は、もっぱら右公益の実現を通じて図ることとしているものと解される。そして、本件条例及び法において、文化財の学術研究者の学問研究上の利益の保護について特段の配慮をしていると解しうる規定を見出すことはできない」としたうえで、遺跡を研究の対象としてきた学術研究者について、「本件史跡指定解除処分の取消しを求めるにつき法律上の利益を有せず、本件訴訟における**原告適格を有しない**」としている（最判平元.6.20）。

54 ✖ 裁判所が取消判決をするためには、行政処分を取り消すことの客観的可能性と実益がなければならないと解されている。これを狭義の訴えの利益という。この狭義の訴えの利益に関して、「法益の回復の可能性が存する限り、たとえその回復が十全のものでなくとも、なお取消訴訟の利益が肯定される反面、このような回復の可能性が皆無となつた場合には、たとえその処分が違法であつても、……処分の取消しの訴えとしてはその利益を欠くに至つたものとしなければならない」とした判例がある（最判昭57.4.8）。この判例を敷えんすれば、申請拒否処分の取消訴訟の係属中に当該申請拒否処分が職権で取り消され、許認可がなされた場合には、**当該取消訴訟は訴えの利益を失い、訴えが却下される**こととなる。

R1-26-イ

55 公立中学校教員を同一市内の他の中学校に転任させる処分は、仮にそれが被処分者の法律上の地位に何ら不利益な変更を及ぼすものではないとしても、その名誉につき重大な損害が生じるおそれがある場合は、そのことを理由に当該処分の取消しを求める法律上の利益が認められる。

R2-17-ウ

56 建築基準法に基づく建築確認の取消しが求められた場合において、当該建築確認に係る建築物の建築工事が完了した後でも、当該建築確認の取消しを求める訴えの利益は失われない。

H26-18-1改

57 市街化区域内における都市計画法に基づく開発許可の取消しを求める利益は、開発行為に関する工事の完了によっても失われない。

R2-17-エ

58 都市計画法に基づく開発許可のうち、市街化調整区域内にある土地を開発区域とするものの取消しが求められた場合において、当該許可に係る開発工事が完了し、検査済証の交付がされた後でも、当該許可の取消しを求める訴えの利益は失われない。

55 ✗ 　判例は、「本件転任処分は、E二中教諭として勤務していた被上告人ら
を同一市内の他の中学校教諭に補する旨配置換えを命じたものにすぎず、
被上告人らの身分、俸給等に異動を生ぜしめるものでないことはもとよ
り、客観的また実際的見地からみても、被上告人らの勤務場所、勤務内容
等においてなんらの不利益を伴うものでないことは、原判決の判示すると
おりであると認められる。したがつて、他に特段の事情の認められない本
件においては、被上告人らについて本件転任処分の取消しを求める法律上
の利益を肯認することはできないものといわなければならない（原判決の
いう名誉の侵害は、事実上の不利益であつて、本件転任処分の直接の法的
効果ということはできない。）」としている（最判昭61.10.23）。

---

56 ✗ 　判例は、「建築確認は、それを受けなければ右工事をすることができ
ないという法的効果を付与されているにすぎないものというべきである
から、当該工事が完了した場合においては、建築確認の取消しを求め
る訴えの利益は失われるものといわざるを得ない」としている（最判昭
59.10.26）。したがって、本問は、建築確認にかかる建築物の建築工事が
完了した後でも、当該建築確認の取消しを求める訴えの利益は失われない
としている点で誤りである。

---

57 ✗ 　判例は、都市計画法29条による許可を受けた開発行為に関する工事が
完了し、当該工事の検査済証の交付がされた後においては、右許可の取消
しを求める訴えの利益は失われるとしている（最判平5.9.10）。なお、最判
平27.12.14は、「市街化調整区域内にある土地を開発区域とする開発許可
に関する工事が完了し、当該工事の検査済証が交付された後においても、
当該開発許可の取消しを求める訴えの利益は失われない」としているが、
上記最判平5.9.10は、「市街化区域内」における土地を開発区域とする
開発許可に関するものであり、「市街化調整区域内」における場合とは開
発許可の取消しにより排除し得る法的効果が異なるから、本件で採用する
ことは適切でないとしている。

理解

比較

---

58 ⭕ 　そのとおりである（最判平27.12.14）。

H20-17-4

59 再入国の許可申請に対する不許可処分について取消訴訟を提起した外国人は、本邦を出国した場合、当該処分の取消しを求める利益を失う。

R2-17-イ

60 土地改良法に基づく土地改良事業施行認可処分の取消しが求められた場合において、当該事業の計画に係る改良工事及び換地処分がすべて完了したため、当該認可処分に係る事業施行地域を当該事業施行以前の原状に回復することが、社会的、経済的損失の観点からみて、社会通念上、不可能であるとしても、当該認可処分の取消しを求める訴えの利益は失われない。

R2-25-3

61 条例に基づく公文書非公開決定の取消訴訟において、当該公文書が書証として提出された場合には、当該決定の取消しを求める訴えの利益は消滅する。

R6-17-5

62 市立保育所廃止条例を制定する行為の取消訴訟における訴えの利益は、当該保育所で保育を受けていた原告ら児童の保育の実施期間が満了した場合であっても、当該条例が廃止されない限り、消滅しない。

H26-18-5

63 衆議院議員選挙を無効とすることを求める利益は、その後に衆議院が解散され、当該選挙の効力が将来に向かって失われたときでも失われない。

R2-26-2

64 道路交通法に違反した行為を理由として運転免許停止処分を受けた者が、その取消しを求めて取消訴訟を提起したところ、訴訟係属中に免許停止期間が終了した場合、当該違反行為を理由とする違反点数の効力が残っていたとしても、当該訴訟の訴えの利益は消滅する。

59 ⭕ そのとおりである（最判平10.4.10）。

60 ⭕ そのとおりである（最判平4.1.24）。

61 ❌ 判例は、「請求に係る公文書の非公開決定の取消訴訟において当該公文書が書証として提出されたとしても、当該公文書の非公開決定の取消しを求める訴えの利益は消滅するものではないと解するのが相当である」としている（最判平14.2.28）。したがって、本問は、公文書が書証として提出された場合には、当該決定の取消しを求める訴えの利益は消滅するとしている点で誤りである。

62 ❌ 判例は、「被上告人における保育所の利用関係は、保護者の選択に基づき、保育所及び保育の実施期間を定めて設定されるものであり、保育の実施の解除がされない限り……、保育の実施期間が満了するまで継続するものである。そうすると、特定の保育所で現に保育を受けている児童及びその保護者は、保育の実施期間が満了するまでの間は当該保育所における保育を受けることを期待し得る法的地位を有するものということができる」としている（最判平21.11.26）。したがって、当該保育所で保育を受けていた原告ら児童の保育の実施期間が満了した場合、訴えの利益は失われるということになる。

63 ❌ 判例は、「衆議院が解散されたことは公知の事実であり、解散によって本件選挙の効力は将来に向かって失われたものと解すべきであるから、本件訴えについては、訴えの利益が失われたというべきである」としている（最判平17.9.27）。

関連

64 ❌ 違反点数の効力が残っていた場合には、回復されるべき権利利益があるため訴えの利益は消滅しない。したがって、本問は、違反点数の効力が残っていたとしても、訴えの利益が消滅するという点が誤りである。

R6-17-4

65 運転免許停止処分の取消訴訟における訴えの利益は、免許停止期間が経過した場合であっても、取消判決により原告の名誉・感情・信用等の回復可能性がある場合には、消滅しない。

R6-17-1

66 公務員に対する免職処分の取消訴訟における訴えの利益は、免職処分を受けた公務員が公職の選挙に立候補した後は、給料請求権等の回復可能性があるか否かにかかわらず、消滅する。

R2-17-ア

67 森林法に基づく保安林指定解除処分の取消しが求められた場合において、水資源確保等のための代替施設の設置によって洪水や渇水の危険が解消され、その防止上からは当該保安林の存続の必要性がなくなったと認められるとしても、当該処分の取消しを求める訴えの利益は失われない。

H20-17-3

68 生活保護法に基づく保護変更決定の取消しを求める利益は、原告の死亡によって失われず、原告の相続人が当該訴訟を承継できる。

65 ✕　判例は、「本件原処分の日から1年を経過した日の翌日以降、被上告人が本件原処分を理由に道路交通法上不利益を受ける虞がなくなつたことはもとより、他に本件原処分を理由に被上告人を不利益に取り扱いうることを認めた法令の規定はないから、行政事件訴訟法9条の規定の適用上、被上告人は、本件原処分及び本件裁決の取消によつて回復すべき法律上の利益を有しないというべきである」としている（最判昭55.11.25）。

66 ✕　判例は、「公務員免職の行政処分は、それが取り消されない限り、免職処分の効力を保有し、当該公務員は、違法な免職処分さえなければ公務員として有するはずであつた給料請求権その他の権利、利益につき裁判所に救済を求めることができなくなるのであるから、本件免職処分の効力を排除する判決を求めることは、右の権利、利益を回復するための必要な手段であると認められる。そして、新法〔行政事件訴訟法〕9条が、たとえ注意的にもしろ、括弧内において前記のような規定を設けたことに思いを致せば、同法の下においては、広く訴の利益を認めるべきであつて、上告人が郵政省の職員たる地位を回復するに由なくなつた現在においても、特段の事情の認められない本件において、上告人の叙上のごとき権利、利益が害されたままになつているという不利益状態の存在する余地がある以上、上告人は、なおかつ、本件訴訟を追行する利益を有するものと認めるのが相当である」としており、給料請求権等の回復可能性を理由に訴えの利益を認めている（最大判昭40.4.28）。

67 ✕　判例は、「いわゆる代替施設の設置によつて右の洪水や渇水の危険が解消され、その防止上からは本件保安林の存続の必要性がなくなつたと認められるに至つたときは、もはや乙と表示のある上告人らにおいて右指定解除処分の取消しを求める訴えの利益は失われるに至つたものといわざるをえない」としている（最判昭57.9.9）。したがって、本問は、訴えの利益は失われないとしている点で誤りである。

68 ✕　生活保護法に基づく保護変更決定の取消しを求める利益は、原告の死亡により失われる。そして、生活保護法上の受給権は、一身専属性を有するため、原告の相続人は当該訴訟を承継することは認められない（朝日訴訟：最大判昭42.5.24）。

5 訴訟要件④（その他）

A
☐☐☐
H21-16-ア

69 国の行政庁がした処分に関する取消訴訟の被告は、国である。

A
☐☐☐
H21-16-イ

70 国の行政庁が行うべき処分に関する不作為の違法確認訴訟の被告は、当該行政庁である。

A
☐☐☐
H21-16-ウ

71 国の行政庁が行うべき処分に関する義務付け訴訟の被告は、当該行政庁である。

A
☐☐☐
H21-16-エ

72 国の行政庁が行おうとしている処分に関する差止め訴訟の被告は、当該行政庁である。

A
☐☐☐
H21-16-オ

73 国又は地方公共団体に所属しない行政庁がした処分に関する取消訴訟の被告は、当該行政庁である。

B
☐☐☐
R3-18-3

74 処分をした行政庁が国または公共団体に所属しない場合における処分取消訴訟は、法務大臣を被告として提起しなければならない。

B
☐☐☐
R1-18-2

75 処分をした行政庁は、当該処分の取消訴訟について、裁判上の一切の行為をする権限を有する。

69 ○ 　処分をした行政庁が国又は公共団体に所属する場合には、当該処分をした行政庁の所属する国又は公共団体を被告として、取消訴訟を提起しなければならない（行政事件訴訟法11条1項1号）。したがって、国に所属する行政庁がした処分に関する取消訴訟の被告は、「国」である。

70 ✕ 　被告適格に関する行政事件訴訟法11条1項の規定は、不作為の違法確認訴訟に準用される（38条1項）。したがって、「国に所属する」行政庁が行うべき処分に関する不作為の違法確認訴訟の被告は、当該行政庁の所属する「国」である（38条1項、11条1項1号）。

関連

71 ✕ 　被告適格に関する行政事件訴訟法11条1項の規定は、義務付け訴訟に準用される（38条1項）。したがって、「国に所属する」行政庁が行うべき処分に関する義務付け訴訟の被告は、「国」である（38条1項、11条1項1号）。

72 ✕ 　被告適格に関する行政事件訴訟法11条1項の規定は、差止訴訟に準用される（38条1項）。したがって、「国に所属する」行政庁が行おうとしている処分に関する差止訴訟の被告は、「国」である（38条1項、11条1項1号）。

73 ○ 　処分をした行政庁が国又は公共団体に所属しない場合には、取消訴訟は、当該行政庁を被告として提起しなければならない（行政事件訴訟法11条2項）。したがって、本問のとおりである。

関連

74 ✕ 　行政事件訴訟法11条2項は、「処分又は裁決をした行政庁が国又は公共団体に所属しない場合には、取消訴訟は、当該行政庁を被告として提起しなければならない。」と規定している。したがって、本問は、「法務大臣を被告として」としている点で、誤っている。

75 ○ 　そのとおりである（行政事件訴訟法11条6項）。

B H22-17-ア
76 取消訴訟は、原告の普通裁判籍の所在地を管轄する地方裁判所にも提起することができる。

C H22-17-イ
77 取消訴訟は、処分をした行政庁の所在地を管轄する地方裁判所にも提起することができる。

C H22-17-ウ
78 土地の収用など特定の不動産または場所に係る処分の取消訴訟は、その不動産または場所の所在地を管轄する地方裁判所にも提起することができる。

C H22-17-エ
79 取消訴訟は、処分に関し事案の処理に当たった下級行政機関の所在地を管轄する地方裁判所にも提起することができる。

C H22-17-オ
80 国を被告とする取消訴訟は、原告の普通裁判籍の所在地を管轄する高等裁判所の所在地を管轄する地方裁判所にも提起することができる。

A H29-17-3
81 申請拒否処分の取消訴訟については、出訴期間の制限はなく、申請を拒否された者は、申請された許認可がなされない限り、当該申請拒否処分の取消訴訟を提起できる。

A R2-18-1
82 処分または裁決の取消しの訴えは、処分または裁決の日から6箇月を経過したときは提起することができないが、正当な理由があるときはこの限りでない。

| 76 | ✗ | 行政事件訴訟法12条1項は、「取消訴訟は、**被告の普通裁判籍の所在地を管轄する裁判所**又は処分若しくは裁決をした行政庁の所在地を管轄する裁判所の管轄に属する。」と規定している。したがって、取消訴訟は、原告の普通裁判籍の所在地を管轄する地方裁判所には提起できない。 |

関連

| 77 | ○ | そのとおりである（行政事件訴訟法12条1項後段）。 |

| 78 | ○ | そのとおりである（行政事件訴訟法12条2項）。 |

| 79 | ○ | そのとおりである（行政事件訴訟法12条3項）。 |

| 80 | ○ | そのとおりである（行政事件訴訟法12条4項）。 |

| 81 | ✗ | 行政事件訴訟法14条1項は、「取消訴訟は、**処分又は裁決があつたことを知つた日から6箇月を経過**したときは、提起することができない。ただし、正当な理由があるときは、この限りでない。」と規定し、同条2項は、「取消訴訟は、**処分又は裁決の日から1年を経過**したときは、提起することができない。ただし、正当な理由があるときは、この限りでない。」と規定している。**取消訴訟には、出訴期間の制限があるのであって、このことは申請拒否処分の場合であっても異なることはない。** |

| 82 | ✗ | 行政事件訴訟法14条1項は、出訴期間につき「**処分又は裁決があつたことを知つた日から6箇月を経過したとき**」と規定している。したがって、本問は、処分又は裁決の日から、という点が誤りである。 |

R2-18-2

83　処分につき審査請求をすることができる場合において審査請求があったときは、処分に係る取消訴訟は、その審査請求をした者については、これに対する裁決があったことを知った日から6箇月を経過したときは提起することができないが、正当な理由があるときはこの限りではない。

H18-17-5

84　審査請求の前置が処分取消訴訟の要件とされている場合には、その出訴期間も審査請求の裁決の時点を基準として判断されることとなるが、それ以外の場合に審査請求をしても、処分取消訴訟の出訴期間は処分の時点を基準として判断されることとなる。

R3-18-5

85　処分取消訴訟は、当該処分につき法令の規定により審査請求をすることができる場合においては、特段の定めがない限り、当該処分についての審査請求に対する裁決を経た後でなければこれを提起することができない。

H18-17-4

86　審査請求の前置が処分取消訴訟の要件とされている場合には、その審査請求は適法なものでなければならないが、審査庁が誤って不適法として却下したときは、却下裁決に対する取消訴訟を提起すべきこととなる。

6　審理手続

H25-14-5

87　行政事件訴訟法は、取消訴訟における取消しの理由の制限として、自己の法律上の利益に関係のない違法を理由とすることはできないと定めているが、行政不服審査法は、このような理由の制限を明示的には定めていない。

88　処分の取消訴訟において、原告は、自己の法律上の利益に関係のない違法を理由として処分の取消しを求めることはできず、こうした理由のみを主張する請求は棄却される。
H28-17-ア

83 ⭕ 行政事件訴訟法14条3項は、「処分又は裁決につき審査請求をすることができる場合……において、審査請求があつたときは、処分又は裁決に係る取消訴訟は、その**審査請求をした者については、……これに対する裁決があつたことを知つた日から6箇月を経過**したとき……は、提起することができない。ただし、正当な理由があるときは、この限りでない。」と規定している。

84 ❌ 審査請求がなされた場合、その結果を待っている間に出訴期間が経過したとすると、不当に出訴の機会を奪うことになるので、この間は取消訴訟の出訴期間が進行せず、**審査請求に対する裁決を基礎として出訴期間を算定する**（行政事件訴訟法14条3項）。

85 ❌ 行政事件訴訟法8条1項本文は、「**処分の取消しの訴えは、当該処分につき法令の規定により審査請求をすることができる場合においても、直ちに提起することを妨げない。**」と規定している。

86 ❌ 審査請求前置主義がとられる場合には、適法に審査請求をし、本案裁決を受けてから出訴しなければならない。ところで、適法な審査請求を審査庁が誤って却下した場合は、却下裁決は違法である。**この場合、裁判所としては、適法な審査請求を経たものと解すべき**である（最判昭36.7.21）。そこで、処分取消訴訟を提起することもできる。

87 ⭕ 行政事件訴訟法10条1項は、「取消訴訟においては、自己の法律上の利益に関係のない違法を理由として取消しを求めることができない。」と規定しているが、**行政不服審査法は、このような理由の制限を明示的に定めてはいない。**

88 ⭕ 行政事件訴訟法10条1項は、「取消訴訟においては、自己の法律上の利益に関係のない違法を理由として取消しを求めることができない。」と規定している。そして、本条は、本案審理における原告の主張制限を規定したものであり、**原告が自己の法律上の利益に関係のない違法のみを理由に処分の取消しを求めても、請求は棄却**される。

579

R1-19-3

89 取消訴訟の訴訟物は、処分の違法性一般であるから、取消訴訟を提起した原告は、自己の法律上の利益に関係のない違法についても、それを理由として処分の取消しを求めることができる。

H29-12-5改

90 最高裁判所の判例に照らすと、情報公開条例に基づく公文書の非公開決定において、行政庁がその処分理由を通知している場合に、通知書に理由を附記した以上、行政庁が当該理由以外の理由を非公開決定処分の取消訴訟において主張することは許されない。

H18-17-2

91 行政事件訴訟法は原処分主義を採用しているため、審査請求に対する棄却裁決を受けた場合には、元の処分に対して取消訴訟を提起して争うべきこととなり、裁決に対して取消訴訟を提起することは許されない。

H26-14-2

92 違法な処分に対する審査請求について、審査庁が誤って棄却する裁決をした場合、審査請求人は、裁決取消訴訟により、元の処分が違法であったことを理由として、棄却裁決の取消しを求めることができる。

H18-17-1

93 個別法が裁決主義を採用している場合においては、元の処分に対する取消訴訟は提起できず、裁決取消訴訟のみが提起でき、元の処分の違法についても、そこで主張すべきこととなる。

R3-18-4

94 裁判所は、訴訟の結果により権利を害される第三者があるときは、決定をもって、当該第三者を訴訟に参加させることができるが、この決定は、当該第三者の申立てがない場合であっても、職権で行うことができる。

R1-19-1

95 裁判所は、処分または裁決をした行政庁以外の行政庁を訴訟に参加させることが必要であると認めるときは、当事者または当該行政庁の申立てを待たず、当該行政庁を職権で訴訟に参加させることができる。

89 ✗ 取消訴訟の訴訟物は、処分の違法性一般であるのは、そのとおりである。しかし、行政事件訴訟法10条1項は、「取消訴訟においては、自己の法律上の利益に関係のない違法を理由として取消しを求めることができない。」と規定している。

90 ✗ 判例は、「一たび通知書に理由を付記した以上、実施機関が当該理由以外の理由を非公開決定処分の取消訴訟において主張することを許さない……と解すべき根拠はない」と判示している（最判平11.11.19）。

91 ✗ 原処分と審査請求に対する棄却裁決があったときには、裁決主義がとられている場合は別として、原告は処分の取消訴訟、裁決の取消訴訟のいずれも提起することができる。もっとも、裁決の取消訴訟では、原処分の違法を攻撃することはできず、裁決固有の瑕疵のみを主張できる（行政事件訴訟法10条2項）。これを原処分主義という。

92 ✗ 処分の取消しの訴えとその処分についての審査請求を棄却した裁決の取消しの訴えとを提起することができる場合には、原処分主義が妥当する。したがって、当該裁決の取消しの訴えにおいては、原処分の違法を主張することはできず、裁決固有の瑕疵のみ主張することができる（行政事件訴訟法10条2項）。

比較

93 ⭕ 裁決主義とは、原処分の違法を攻撃する場合にも棄却裁決の取消訴訟を提起すべしとする方式をいう。個別の法律で裁決主義がとられている場合があり、この場合には原処分の違法を理由にその取消しを求める場合にも、裁決の取消訴訟を提起しなければならない（例えば、電波法96条の2）。

理解

94 ⭕ そのとおりである（行政事件訴訟法22条1項）。

95 ⭕ そのとおりである（行政事件訴訟法23条1項）。

H25-18-2

96 取消訴訟において、裁判所は、必要があると認めるときは、職権で証拠調べをすることができるが、その結果について当事者の意見をきかなければならない。

R1-19-2

97 処分の取消しの訴えにおいて、裁判所は職権で証拠調べをすることができるが、その対象は、訴訟要件に関するものに限られ、本案に関するものは含まれない。

7 執行停止

H27-17-3

98 本案訴訟を審理する裁判所は、原告が申し立てた場合のほか、必要があると認めた場合には、職権で処分の執行停止をすることができる。

H30-26-1

99 特定の市立保育所のみを廃止する条例の効力を停止するために、当該条例の効力の停止の申立てのみを、それに対する抗告訴訟の提起の前に行うことができる。

H27-17-2

100 処分の執行停止の申立ては、本案訴訟の提起と同時になさなければならず、それ以前あるいはそれ以後になすことは認められない。

R1-17-3

101 執行停止の決定は、償うことができない損害を避けるための緊急の必要がある場合でなければ、することができない。

H27-17-4

102 処分の執行の停止は、処分の効力の停止や手続の続行の停止によって目的を達することができる場合には、することができない。

96 **O**　そのとおりである（行政事件訴訟法24条）。

---- 関連 ----

97 **×**　行政事件訴訟法24条本文は、「裁判所は、必要があると認めるときは、職権で、証拠調べをすることができる。」と規定しており、その**対象を訴訟要件に限定していない。**

98 **×**　**職権**による処分の執行停止はすることが**できない**（行政事件訴訟法25条2項本文）。なお、行政不服審査法には、職権による執行停止の制度がある（25条2項）。

99 **×**　行政事件訴訟法25条2項本文は、「**処分の取消しの訴えの提起があつた場合において**、処分、処分の執行又は手続の続行により生ずる重大な損害を避けるため緊急の必要があるときは、裁判所は、申立てにより、決定をもつて、処分の効力、処分の執行又は手続の続行の全部又は一部の停止……をすることができる。」と規定している。

---- 関連 ----

100 **×**　処分の執行停止の申立ては、**本案訴訟係属前には認められないものの**（行政事件訴訟法25条2項本文）、**同時になさなければならないわけではなく、**本案訴訟の提起以降は本問のような制限はない。

101 **×**　行政事件訴訟法25条2項本文は、「処分の取消しの訴えの提起があつた場合において、処分、処分の執行又は手続の続行により生ずる**重大な損害を避けるため緊急の必要があるとき**は、裁判所は、申立てにより、決定をもつて、処分の効力、処分の執行又は手続の続行の全部又は一部の停止（以下『執行停止』という。）をすることができる。」と規定している。

102 **×**　行政事件訴訟法25条2項ただし書は、「**処分の効力の停止は、処分の執行又は手続の続行の停止によつて目的を達することができる場合**には、することが**できない。**」と規定している。

比較

R1-17-5

103 執行停止による処分の効力の停止は、処分の執行または手続の続行の停止によって目的を達することができる場合には、することができない。

R1-17-4

104 執行停止の決定は、本案について理由があるとみえる場合でなければ、することができない。

H27-17-5

105 処分の執行停止に関する決定をなすにあたり、裁判所は、あらかじめ、当事者の意見をきかなければならないが、口頭弁論を経る必要はない。

H29-17-2

106 申請拒否処分の取消訴訟を提起した者は、終局判決の確定まで、申請された許認可の効果を仮に発生させるため、当該申請拒否処分の効力の停止を申し立てることができる。

H21-17-3

107 申請に対する拒否処分に対して執行停止を申し立て、それが認められた場合、当該申請が認められたのと同じ状態をもたらすことになるので、その限りにおいて当該処分について仮の義務付けが認められたのと変わりがない。

H23-17-1

108 内閣総理大臣の異議は、裁判所による執行停止決定の後に述べなければならず、決定を妨げるために決定以前に述べることは許されない。

H23-17-3

109 内閣総理大臣の異議が執行停止決定に対して述べられたときは、その理由の当否について裁判所に審査権限はなく、裁判所は、必ず決定を取り消さなければならない。

103 ○ そのとおりである（行政事件訴訟法25条2項ただし書）。

理解

104 ✗ 行政事件訴訟法25条4項は、「執行停止は、公共の福祉に重大な影響を及ぼすおそれがあるとき、又は**本案について理由がないとみえるときは、することができない。**」と規定している。

105 ○ そのとおりである（行政事件訴訟法25条6項）。

関連

106 ✗ 申請拒否処分について執行停止をすることは、拒否処分がされる前の状態（申請があった状態）に戻ることを意味するが、**執行停止決定に従って行政庁が改めて処分をやり直す手続は法定されていない**（行政事件訴訟法33条4項は、執行停止の決定につき同条2項を準用していない）。したがって、裁判実務上、申請拒否処分の執行停止は、申立ての利益がないとされるのが一般的である。

107 ✗ **申請に対する拒否処分の効力を停止**しても申請が係属している状態に戻るのみであり、**許可の効果を生じさせるわけではない**（行政事件訴訟法33条2項は執行停止には準用されていない）。

108 ✗ 執行停止の申立てがあった場合には、内閣総理大臣は、裁判所に対し、異議を述べることができ、執行停止の決定があった後においても、同様とする（行政事件訴訟法27条1項）。したがって、内閣総理大臣の異議は、**裁判所による執行停止決定以前に述べることも許される。**

109 ○ そのとおりである（行政事件訴訟法27条4項）。

H23-17-4

110　内閣総理大臣が異議を述べたときは、国会に承認を求めなければならず、これが国会によって否決された場合には、異議を取り消さなければならない。

H23-17-5

111　内閣総理大臣の異議の制度については、違憲ではないかとの疑義もあり、実際にも用いられた例が少ないため、他の抗告訴訟における仮の救済手続には準用されていない。

8　判決等

H20-18-1

112　事情判決は、処分の違法を認める判決であるから、請求認容の判決である。

R1-19-4

113　裁判所は、処分の取消しの訴えにおいて、当該処分が違法であっても、これを取り消すことにより公の利益に著しい障害を生ずる場合において、原告の受ける損害の程度、その損害の賠償または防止の程度および方法その他一切の事情を考慮した上、当該処分を取り消すことが公共の福祉に適合しないと認めるときは、当該訴えを却下することができる。

H27-16-1

114　事情判決は、処分取消しの請求を棄却する判決であるが、その判決理由において、処分が違法であることが宣言される。

H20-18-3

115　事情判決においては、処分の違法を宣言するとともに、それを理由として、被告に損害賠償を命ずることができる。

110 ✗ 　内閣総理大臣が異議を述べたときは、次の常会において**国会に報告をしなければならない**（行政事件訴訟法27条6項後段）のであり、国会に承認を求めなければならないわけではない。

111 ✗ 　内閣総理大臣の異議は、**仮の義務付け、仮の差止め、無効等確認訴訟における執行停止などについても準用されている**（行政事件訴訟法37条の5第4項、38条3項・27条）。

112 ✗ 　事情判決は、主文で処分の違法を宣言することになるが、**請求棄却**の判決である（行政事件訴訟法31条1項）。

関連

113 ✗ 　行政事件訴訟法31条1項前段は、「取消訴訟については、処分又は裁決が違法ではあるが、これを取り消すことにより公の利益に著しい障害を生ずる場合において、原告の受ける損害の程度、その損害の賠償又は防止の程度及び方法その他一切の事情を考慮したうえ、処分又は裁決を取り消すことが公共の福祉に適合しないと認めるときは、裁判所は、**請求を棄却することができる。**」と規定しており、訴えを却下できるとはしていない。

114 ✗ 　行政事件訴訟法31条1項は、「取消訴訟については、処分又は裁決が違法ではあるが、これを取り消すことにより公の利益に著しい障害を生ずる場合において、原告の受ける損害の程度、その損害の賠償又は防止の程度及び方法その他一切の事情を考慮したうえ、処分又は裁決を取り消すことが公共の福祉に適合しないと認めるときは、裁判所は、請求を棄却することができる。この場合には、**当該判決の主文において、処分又は裁決が違法であることを宣言しなければならない。**」と規定している。したがって、判決の主文において、処分が違法であることが宣言される。

115 ✗ 　事情判決において**損害賠償を命ずることができるとする規定はない**。

R6-18-ア

116 裁判所は、相当と認めるときは、終局判決前に、判決をもって、処分が違法であることを宣言することができる。

H30-17-1

117 申請を認める処分を取り消す判決は、原告および被告以外の第三者に対しても効力を有する。

H22-18-ア

118 不利益処分の取消訴訟において原告勝訴判決（取消判決）が確定した場合に、処分をした行政庁は、判決確定の後、判決の拘束力により、訴訟で争われた不利益処分を職権で取り消さなければならない。

H22-18-イ

119 不利益処分の取消訴訟において原告勝訴判決（取消判決）が確定した場合に、判決後に新たな処分理由が発生した場合、処分をした行政庁は、これを根拠として、判決の拘束力と関わりなく、原告に対しより厳しい内容の不利益処分を行うことができる。

R6-18-イ

120 申請を拒否した処分が判決により取り消されたときは、その処分をした行政庁は、速やかに申請を認める処分をしなければならない。

H30-17-4

121 申請を認める処分が判決により手続に違法があることを理由として取り消された場合、その処分をした行政庁は、判決の趣旨に従い改めて申請に対する処分をしなければならない。

H22-18-ウ

122 不利益処分の取消訴訟において原告勝訴判決（取消判決）が確定した場合に、不利益処分をした処分庁が地方公共団体に所属する場合、不利益処分にかかわった関係行政庁のうち国に所属する行政庁には、判決の拘束力は及ばない。

116 ○　そのとおりである（行政事件訴訟法31条2項）。

117 ○　そのとおりである（行政事件訴訟法32条1項）。

理解

118 ✕　取消判決には形成力があるため、その確定により、訴訟で争われた処分は、行政庁による取消しをするまでもなく、当然にその効力を失う。

119 ○　取消判決は拘束力を有するため（行政事件訴訟法33条1項）、その消極的効果として、行政庁は、取り消された処分と同一事情の下で、同一理由、同一内容の処分を行うことができなくなる。本問は判決後に生じた新たな処分理由を根拠とするため、行政庁は、拘束力とかかわりなく、不利益処分をすることはできる。

関連

120 ✕　行政事件訴訟法33条2項は、「申請を却下し若しくは棄却した処分……が判決により取り消されたときは、その処分……をした行政庁は、判決の趣旨に従い、改めて申請に対する処分……をしなければならない。」と規定している。したがって、行政庁は同一理由に基づき、再度の申請拒否処分を行うことはできない。もっとも、異なる理由に基づき再度拒否処分をすることは可能である。申請を認める処分を下す判決を求めるには、申請型義務付け訴訟（37条の2第1項）を提起する必要がある。

121 ○　行政事件訴訟法33条3項は、「前項の規定は、申請に基づいてした処分又は審査請求を認容した裁決が判決により手続に違法があることを理由として取り消された場合に準用する。」と規定している。

122 ✕　取消判決は、処分をした行政庁その他の関係行政庁を拘束する（行政事件訴訟法33条1項）。そして、関係行政庁の範囲については、原告救済の観点から、処分庁の所属する行政主体とは異なる行政主体に所属する行政庁も含まれると解されている。

H22-18-エ

123 不利益処分の取消訴訟において原告勝訴判決（取消判決）が確定した場合に、判決の拘束力が生じるのは主文に限られず、主文に含まれる判断を導くために不可欠な理由中の判断についても及ぶ。

H30-17-2

124 申請を認める処分についての取消請求を棄却する判決は、処分をした行政庁その他の関係行政庁への拘束力を有さない。

R6-18-ウ

125 処分または裁決を取り消す判決により権利を害された第三者で、自己の責めに帰することができない理由により訴訟に参加することができなかったため判決に影響を及ぼすべき攻撃または防御の方法を提出することができなかったものは、これを理由として、確定の終局判決に対し、再審の訴えをもって、不服の申立てをすることができる。

9 その他の訴訟

R4-19-1

126 無効確認訴訟は、処分が無効であることを主張して提起する訴訟であるから、当該処分に無効原因となる瑕疵が存在しない場合、当該訴えは不適法なものとして却下される。

H24-16-5

127 無効確認訴訟は、取消訴訟の出訴期間経過後において、処分により重大な損害を生じた場合に限り提起することができる。

H28-17-イ

128 処分の無効確認の訴えは、当該処分に続く処分により損害を受けるおそれのある者その他当該処分の無効の確認を求めるにつき法律上の利益を有する者で、当該処分の無効を前提とする現在の法律関係に関する訴えによって目的を達することができないものに限り、提起することができる。

123 ◯　判例は、**拘束力は、判決主文だけでなく、判決理由についても生じる**とされ、判決主文が導き出されるのに必要な事実認定及び法律判断にわたるとしている（最判平4.4.28）。

124 ◯　行政事件訴訟法33条1項は、「**処分又は裁決を取り消す判決は、その事件について、処分又は裁決をした行政庁その他の関係行政庁を拘束する。**」と規定している。本問は、取消請求が棄却されているため、同項の取消判決としての拘束力が生じない。

125 ◯　そのとおりである（行政事件訴訟法34条1項）。

理解

126 ✕　無効確認訴訟において、当該処分に無効原因となる瑕疵が存在しない場合に、**当該請求は棄却**される。

127 ✕　無効等確認の訴えは、処分により**損害を受けるおそれのある者**等に限り提起することができるが（行政事件訴訟法36条）、**損害が重大であることは要件とされていない**。また、取消訴訟の出訴期間経過後に限られていない。

128 ◯　そのとおりである（行政事件訴訟法36条）。

関連

B H28-18-3　**129**　核原料物質、核燃料物質及び原子炉の規制に関する法律に基づく発電用原子炉の設置許可の無効を主張する者は、その運転差止めを求める民事訴訟を提起できるからといって、当該許可処分の無効確認訴訟を提起できないわけではない。

A H28-10-イ　**130**　行政処分が無効と判断される場合であっても、その効力の有無を争うためには抗告訴訟を提起する必要があり、当事者訴訟や民事訴訟においてただちに行政処分の無効を主張することは許されない。

A R6-8-2　**131**　金銭納付義務を課す処分の違法を理由として国家賠償請求をするためには、事前に当該処分が取り消されていなければならない。

A H29-9-4　**132**　無効の行政行為については、客観的に効力が認められないのであるから、その無効を主張する者は、何人でも、無効確認訴訟を提起して、これを争うことができる。

A H24-16-1　**133**　取消訴訟、無効確認訴訟ともに、行政上の法関係の早期安定を図るという観点から、出訴期間の定めが置かれているが、その期間は異なる。

A H24-16-2　**134**　取消判決は第三者に対しても効力を有すると規定されているが、この規定は、無効確認訴訟には準用されていない。

A H24-16-3　**135**　執行停止について、取消訴訟においては執行不停止原則がとられているが、無効確認訴訟においては執行停止原則がとられている。

129 ⭕ そのとおりである（もんじゅ原発訴訟：最判平 4.9.22）。

130 ❌ 行政処分が無効と判断される場合には、公定力は生じず、取消訴訟の排他的管轄は認められない。そのため、先に抗告訴訟を提起する必要はない。そして、当事者訴訟及び民事訴訟において、無効を前提とした主張をすることも許される。

131 ❌ 判例は、「行政処分が違法であることを理由として国家賠償の請求をするについては、あらかじめ右行政処分につき取消又は無効確認の判決を得なければならないものではない」としている（最判昭 36.4.21）。

132 ❌ 行政事件訴訟法 36 条は、「無効等確認の訴えは、当該処分又は裁決に続く処分により損害を受けるおそれのある者その他当該処分又は裁決の無効等の確認を求めるにつき法律上の利益を有する者で、当該処分若しくは裁決の存否又はその効力の有無を前提とする現在の法律関係に関する訴えによつて目的を達することができないものに限り、提起することができる。」と規定しており、何人でも、無効確認訴訟を提起して、行政行為の無効を争うことができるわけではない。

133 ❌ 無効等確認の訴えは、出訴期間の定めを置いておらず、また、取消訴訟の出訴期間の定め（行政事件訴訟法 14 条）も準用していない（38 条 1 項〜3 項参照）。

134 ⭕ 無効等確認の訴えは、取消判決の第三者効の規定（行政事件訴訟法 32 条 1 項）を準用していない（38 条 1 項〜3 項参照）。

135 ❌ 無効等確認の訴えは、執行停止の規定（行政事件訴訟法 25 条）を準用している（38 条 3 項）。したがって、執行停止原則がとられているとはいえない。

H24-16-4

136 取消訴訟においては、自己の法律上の利益に関係のない違法を理由として取消しを求めることができないが、この制限規定は、無効確認訴訟には準用されていない。

H28-17-エ

137 不作為の違法確認訴訟は、処分について申請をした者以外の者であっても、当該不作為の違法の確認を求めるにつき法律上の利益を有する者であれば提起することができる。

R4-17-3

138 不作為の違法確認の訴えは、処分または裁決についての申請をした者に限り提起することができるが、この申請が法令に基づくものであることは求められていない。

H20-16-2

139 不作為の違法確認訴訟を提起するときは、対象となる処分の義務付け訴訟も併合して提起しなければならない。

H25-16-2

140 申請型と非申請型の義務付け訴訟いずれにおいても、一定の処分をすべき旨を行政庁に命ずることを求めるにつき「法律上の利益を有する者」であれば、当該処分の相手方以外でも提起することができることとされている。

行政事件訴訟法の申請拒否処分等に対する義務付けの訴え

申請とは、「法令に基づく申請」なので、当然のことながら、法令に申請権があることが前提です（行政手続法2条3号、行政事件訴訟法3条6項第2号参照）。つまり、法令に申請権が規定されていないにもかかわらず、行政に対して何かを求めたとしても、それは申請とはいわないのです。行政に対して、何らかの求めをしたところ断られたという事案をすべて「申請拒否だ！」と認定しないように注意しましょう。

136 ○ 無効等確認の訴えは、自己の法律上の利益に関係のない違法を理由とする取消し制限の規定（行政事件訴訟法10条1項）を準用していない（38条1項〜3項参照）。

---

137 ✗ 行政事件訴訟法37条は、「不作為の違法確認の訴えは、処分又は裁決についての申請をした者に限り、提起することができる。」と規定している。

---

138 ✗ 行政事件訴訟法3条5項は、「この法律において『不作為の違法確認の訴え』とは、行政庁が法令に基づく申請に対し、相当の期間内に何らかの処分又は裁決をすべきであるにかかわらず、これをしないことについての違法の確認を求める訴訟をいう。」と規定している。したがって、申請が法令に基づくものであることが必要である。

---

139 ✗ 不作為の違法確認訴訟は、単独で提起することができる。なお、行政庁の不作為状態が続いている場合に、義務付け訴訟（申請型）を提起するときには、不作為の違法確認訴訟の併合提起が必要である（行政事件訴訟法37条の3第3項1号）。

図表3

140 ✗ 非申請型の義務付け訴訟に関しては、一定の処分をすべき旨を行政庁に命ずることを求めるにつき「法律上の利益を有する者」であれば、当該処分の相手方以外でも提起することができるとされているが（行政事件訴訟法37条の2第3項）、申請型の義務付け訴訟に関しては、「法令に基づく申請又は審査請求をした者」が提起できるとされ（37条の3第2項）、法律上の利益を有する者が提起できるとする規定はない。

A ☐☐☐
H25-16-3

141 申請型と非申請型の義務付け訴訟いずれにおいても、一定の処分がされないことによる損害を避けるため「他に適当な方法がないとき」に限り提起できることとされている。

A ☐☐☐
R2-19-5

142 義務付け訴訟は、行政庁の判断を待たず裁判所が一定の処分を義務付けるものであるから、申請型、非申請型のいずれの訴訟も、「重大な損害を生じるおそれ」がある場合のみ提起できる。

A ☐☐☐
R6-18-エ

143 直接型（非申請型）義務付け訴訟において、その訴訟要件がすべて満たされ、かつ当該訴えに係る処分について行政庁がこれをしないことが違法である場合には、裁判所は、行政庁がその処分をすべき旨を命じる判決をする。

A ☐☐☐
H19-17-3

144 Xが市立保育園に長女Aの入園を申込んだところ拒否された場合において、Xが入園承諾の義務付け訴訟を提起する場合には、同時に拒否処分の取消訴訟または無効確認訴訟も併合して提起しなければならない。

A ☐☐☐
H24-24-2

145 Xは、A川の河川敷においてゴルフ練習場を経営すべく、河川管理者であるY県知事に対して、河川法に基づく土地の占用許可を申請した。申請が拒否された場合、Xは、不許可処分の取消訴訟と占用許可の義務付け訴訟を併合提起して争うべきであり、取消訴訟のみを単独で提起することは許されない。

A ☐☐☐
H26-16-2

146 不作為の違法確認の訴えが提起できる場合においては、申請を認める処分を求める申請型義務付け訴訟を単独で提起することもでき、その際には、不作為の違法確認の訴えを併合提起する必要はない。

141 ✗ 非申請型の義務付け訴訟に関しては、一定の処分がされないことによる損害を避けるため「他に適当な方法がないとき」に限り提起することができるとされているが（行政事件訴訟法37条の2第1項）、**申請型の義務付け訴訟に関しては、そのような場合に限り提起できるとする規定はない**（37条の3参照）。

142 ✗ 行政事件訴訟法37条の2第1項は、非申請型義務付け訴訟において、「重大な損害を生ずるおそれ」を要求している。しかし、**申請型義務付け訴訟では、かかる要件は要求されていない**（37条の3第1項参照）。したがって、本問は、申請型、非申請型のいずれの訴訟も、という点が誤りである。

143 ○ 行政事件訴訟法37条の2第5項は、「義務付けの訴えが第1項及び第3項に規定する要件に該当する場合において、その義務付けの訴えに係る処分につき、行政庁がその処分をすべきであることがその処分の根拠となる法令の規定から明らかであると認められ又は行政庁がその処分をしないことがその裁量権の範囲を超え若しくはその濫用となると認められるときは、**裁判所は、行政庁がその処分をすべき旨を命ずる判決をする。**」と規定している。

144 ○ 本問の場合に、義務付け訴訟（行政事件訴訟法3条6項2号・37条の3第1項2号）を提起する場合の要件として、**取消訴訟か無効等確認訴訟と併合提起することが必要**になる（37条の3第3項2号）。

比較

145 ✗ 許認可等の申請に対し拒否処分がされた場合、当該許認可等の義務付け訴訟を提起するには、当該申請拒否処分の取消訴訟の併合提起が必要である（行政事件訴訟法37条の3第3項2号）。逆に、**申請拒否処分の取消訴訟を提起するには、当該許認可等の義務付け訴訟の併合提起は必要とされない**。したがって、Xは、不許可処分の取消訴訟のみを単独で提起することは可能である。

146 ✗ 申請型義務付け訴訟を提起するためには、区分に応じた訴訟を義務付け訴訟に併合して提起する必要がある（行政事件訴訟法37条の3第3項）。そして、行政庁の不作為に対し**申請を認める処分を求める義務付け訴訟を提起するためには、不作為の違法確認訴訟を併合提起する必要**がある。

R2-19-2

147 行政庁が義務付け判決に従った処分をしない場合には、裁判所は、行政庁に代わって当該処分を行うことができる。

H22-16-オ

148 住民基本台帳法に基づき、行政機関が住民票における氏名の記載を削除することの差止めを求める当該住民の訴えは、抗告訴訟にあたる。

H21-17-4

149 執行停止は、本案について理由がないとみえるときはすることができないのに対して、仮の義務付けおよび仮の差止めは、本案について理由があるとみえるときでなければすることができない。

H21-17-5

150 処分の執行停止は、当該処分の相手方のほか、一定の第三者も申し立てることができるが、処分の仮の義務付けおよび仮の差止めは、当該処分の相手方に限り申し立てることができる。

H25-16-4

151 申請型と非申請型の義務付け訴訟いずれにおいても、「償うことのできない損害を避けるため緊急の必要がある」ことなどの要件を満たせば、裁判所は、申立てにより、仮の義務付けを命ずることができることとされている。

H29-19-2

152 仮の差止めの申立てがなされた場合、行政庁は、仮の差止めの可否に関する決定がなされるまで、対象とされた処分をすることができない。

147 ✕ 　義務付け判決の執行に関して、**行政事件訴訟法は特段の規定を置いていない**。したがって、判決が不履行の場合であっても、裁判所が行政庁に代わって処分を行うことはできない。したがって、本問は、誤りである。

148 〇 　本問の訴えは、**差止訴訟であることから、抗告訴訟にあたる**。差止訴訟とは、行政庁が一定の処分又は裁決をすべきでないにかかわらずこれがされようとしている場合において、行政庁がその処分又は裁決をしてはならない旨を命ずることを求める訴訟をいう（行政事件訴訟法3条7項）。

149 〇 　執行停止は、本案について理由がないとみえるときはすることができない（行政事件訴訟法25条4項）。これに対して、**仮の義務付け・仮の差止めは、本案について理由があるとみえるときでなければすることができない**（37条の5第1項、2項）。

150 ✕ 　**執行停止、仮の義務付け・仮の差止めの申立ては、それぞれの本案の訴訟を提起した者がすることができる**。そして、処分の相手方以外の一定の第三者が提起することができる取消訴訟、直接型（非申請型）義務付け訴訟、差止訴訟の場合、訴訟を提起した当該第三者がそれぞれ執行停止、仮の義務付け、仮の差止めの申立てをすることができる。したがって、本問は、仮の義務付け及び仮の差止めを申し立てることができる者を当該処分の相手方に限っている点で誤りである。

151 〇 　そのとおりである（行政事件訴訟法37条の5第1項）。

152 ✕ 　仮の差止めの申立てがなされた場合に、仮の差止めの可否に関する決定がなされるまで、行政庁が、仮の差止めの対象となる処分をすることができないという規定はないので、行政庁は、**仮の申立てがなされても、当該申立てに対する決定がなされる前までは、仮の差止めの対象とされた処分をすることができる**。

H29-19-3

153　仮の差止めは、処分がされることにより重大な損害を生ずるおそれがあり、かつ、その損害を避けるため他に適当な方法がないときに限り、申立てにより、または職権で裁判所がこれを命ずる。

H29-19-4

154　仮の差止めは、緊急の必要があるときは、本案訴訟である差止めの訴えの提起に先立って、申し立てることができる。

H29-19-5

155　仮の差止めについては、公共の福祉に重大な影響を及ぼすおそれがあるときは、裁判所は、これを命ずる決定をすることができない。

R2-19-4

156　処分がされないことにより生ずる償うことのできない損害を避けるため緊急の必要がある場合には、当該処分につき義務付け訴訟を提起しなくとも、仮の義務付けのみを単独で申し立てることができる。

H27-16-3

157　事情判決に関する規定は、義務付け訴訟や差止訴訟にも明文で準用されており、これらの訴訟において、事情判決がなされた例がある。

R2-18-4

158　義務付けの訴えは、処分または裁決がされるべきことを知った日から6箇月を経過したときは提起することができないが、正当な理由があるときはこの限りではない。

159　差止めの訴えは、処分または裁決がされようとしていることを知った日から6箇月を経過したときは提起することができないが、正当な理由があるときはこの限りではない。

R2-18-5

153 ✗　行政事件訴訟法37条の5第2項は、「差止めの訴えの提起があつた場合において、その差止めの訴えに係る処分又は裁決がされることにより生ずる償うことのできない損害を避けるため緊急の必要があり、かつ、本案について理由があるとみえるときは、裁判所は、申立てにより、決定をもつて、仮に行政庁がその処分又は裁決をしてはならない旨を命ずること（以下この条において『仮の差止め』という。）ができる。」と規定しており、裁判所が職権で行うことはできない。

---

154 ✗　行政事件訴訟法37条の5第2項は、「差止めの訴えの提起があつた場合において、……」と規定しており、仮の差止めを申し立てるための手続要件として、本案訴訟である差止めの訴えの提起が必要である。

---

155 ○　そのとおりである（行政事件訴訟法37条の5第3項）。

---

156 ✗　行政事件訴訟法37条の5第1項は「義務付けの訴えの提起があつた場合」に仮の義務付けができると規定している。したがって、本問は、義務付け訴訟を提起しなくとも、仮の義務付けのみを単独で申し立てることができる、という点が誤りである。

---

157 ✗　行政事件訴訟法38条1項は、取消訴訟以外の抗告訴訟について、取消訴訟に関する規定の準用を定めているが、事情判決に関する31条は準用していない。また、義務付け訴訟に関する37条の2、37条の3、差止訴訟に関する37条の4においても、事情判決に関する規定は存在しない。

---

158 ✗　義務付けの訴えにおいて出訴期間の規定は準用されていない。したがって、本文は誤りである。

---

159 ✗　差止めの訴えにおいて出訴期間の規定は準用されていない。したがって、本問は誤りである。

R6-18-オ

160　処分を取り消す判決は、その事件について処分をした行政庁その他の関係行政庁を拘束すると規定されているが、この規定は、取消訴訟以外の抗告訴訟には準用されない。

R2-19-3

161　義務付け判決には、取消判決の拘束力の規定は準用されているが、第三者効の規定は準用されていない。

R4-17-2

162　不作為の違法確認の訴えに対し、請求を認容する判決が確定した場合、当該訴えに係る申請を審査する行政庁は、当該申請により求められた処分をしなければならない。

H26-16-3

163　不作為の違法確認の訴えの提起があった場合において、当該申請に対して何らかの処分がなされないことによって生ずる重大な損害を避けるため緊急の必要があるときは、仮の義務付けの規定の準用により、仮の義務付けを申し立てることができる。

R4-17-5

164　当事者訴訟については、具体的な出訴期間が行政事件訴訟法において定められているが、正当な理由があるときは、その期間を経過した後であっても、これを提起することができる。

H23-18-4

165　実質的当事者訴訟における原告勝訴の判決は、その事件について、被告だけでなく、関係行政機関をも拘束する。

H27-18-イ

166　取消判決は、その事件について、処分庁その他の関係行政庁を拘束すると定められているが、同規定は、公法上の当事者訴訟に準用されている。

160 ✗ 　判決の拘束力を定めた行政事件訴訟法33条は、取消訴訟以外の抗告訴訟に準用されている（38条1項）。

161 ○ 　行政事件訴訟法38条1項によると、取消訴訟の拘束力の規定（33条）が準用されている。また、第三者効の規定（32条）は準用されていない。したがって、本問は正しい。

162 ✗ 　不作為の違法確認判決は、判決の拘束力（行政事件訴訟法38条1項・33条）により行政庁は何らかの処分をすることを義務付けられるが、申請を認容することを義務付けられるわけではない。

163 ✗ 　不作為の違法確認の訴えにおいて、仮の義務付けの規定は準用されていない（行政事件訴訟法38条参照）。したがって、仮の義務付けを申し立てることはできない。

164 ✗ 　行政事件訴訟法には、当事者訴訟の具体的な出訴期間を定めた規定は存在しない。なお、個別法の規定では、出訴期間についての規定が置かれることがある（土地収用法133条1項、2項など）。

165 ○ 　当事者訴訟については、取消訴訟における取消判決の拘束力を定めた行政事件訴訟法33条1項が準用される（41条1項）。したがって、実質的当事者訴訟における原告勝訴の判決は、その事件について、被告だけでなく、関係行政庁をも拘束する。

関連

166 ○ 　行政事件訴訟法33条1項は、「処分又は裁決を取り消す判決は、その事件について、処分又は裁決をした行政庁その他の関係行政庁を拘束する。」と規定している。また、41条1項は、「第33条第1項……の規定は当事者訴訟について……準用する。」と規定している。

B □□□ H27-16-4
167 事情判決に関する規定は、すべての類型の民衆訴訟に明文で準用されているわけではないが、民衆訴訟の一種である選挙の無効訴訟において、これと同様の判決がなされた例がある。

A □□□ H21-17-1
168 行政庁の処分その他公権力の行使に当たる行為については、行政事件訴訟法の定める執行停止、仮の義務付けおよび仮の差止めのほか、民事保全法に規定する仮処分を行うことができる。

A □□□ H23-18-5
169 実質的当事者訴訟の対象となる行政活動については、他の法律に特別の定めがある場合を除いて、民事保全法に規定する仮処分をすることができない。

B □□□ R4-17-4
170 「行政庁の処分その他公権力の行使に当たる行為」に該当しない行為については、民事保全法に規定する仮処分をする余地がある。

B □□□ R6-19-3
171 機関訴訟で、処分の取消しを求めるものについては、行政事件訴訟法所定の規定を除き、取消訴訟に関する規定が準用される。

B □□□ R6-19-5
172 行政事件訴訟法においては、行政事件訴訟に関し、同法に定めがない事項については、「民事訴訟の例による」との規定がなされているが、当該規定には、民衆訴訟および機関訴訟を除くとする限定が付されている。

167 ⭕ 　行政事件訴訟法43条は、民衆訴訟について、抗告訴訟や当事者訴訟の規定を準用しているが、事情判決に関する31条を明文では当然に準用しているわけではない。また、公職選挙法219条1項は、行政事件訴訟法31条を準用しないと規定している。もっとも、議員定数不均衡を理由とする選挙無効確認訴訟において最高裁は、主文で選挙の違法性を宣言しつつ無効確認請求を棄却した。その根拠としては、行政事件訴訟法31条1項の準用によるのではなく、「行政事件訴訟法の規定〔31条1項〕に含まれる法の基本原則」に従ったとしている（最大判昭51.4.14）。

168 ❌ 　行政庁の処分その他公権力の行使にあたる行為については、民事保全法に規定する仮処分をすることができない（仮処分の排除　行政事件訴訟法44条）。

169 ❌ 　民事保全法に規定する仮処分をすることができないのは、行政庁の処分その他公権力の行使にあたる行為である（行政事件訴訟法44条）。これに対して、実質的当事者訴訟の対象となる行政活動については、明文で仮処分が禁止されているわけではない。したがって、本問は誤りである。

関連

170 ⭕ 　行政事件訴訟法44条は、「行政庁の処分その他公権力の行使に当たる行為については、民事保全法（平成元年法律第91号）に規定する仮処分をすることができない。」と規定している。もっとも、「行政庁の処分その他公権力の行使に当たる行為」に該当しない行為については、民事保全法に基づいて仮処分をする余地がある。

171 ⭕ 　行政事件訴訟法43条1項は、「民衆訴訟又は機関訴訟で、処分又は裁決の取消しを求めるものについては、第9条〔原告適格〕及び第10条第1項〔取消しの理由の制限〕の規定を除き、取消訴訟に関する規定を準用する。」と規定している。

172 ❌ 　行政事件訴訟法7条は、「行政事件訴訟に関し、この法律に定めがない事項については、民事訴訟の例による。」と規定している。民衆訴訟及び機関訴訟を除くとする限定は付されていない。

10 教　示

H27-18-オ

173 行政庁は、取消訴訟を提起することができる処分をする場合には、相手方に対し、取消訴訟の被告とすべき者等を教示しなければならないが、審査請求に対する裁決をする場合には、それに対する取消訴訟に関する教示の必要はない。

H18-19-2

174 取消訴訟を提起することができる処分が口頭でされた場合に、相手方から書面による教示を求められたときは、書面で教示しなければならない。

H18-19-3

175 原処分ではなく裁決に対してのみ取消訴訟を認める旨の定めがある場合に、当該原処分を行う際には、その定めがある旨を教示しなければならない。

H18-19-4

176 当該処分または裁決の相手方以外の利害関係人であっても、教示を求められた場合には、当該行政庁は教示をなすべき義務がある。

H18-19-5

177 誤った教示をした場合、または教示をしなかった場合についての救済措置の規定がおかれている。

173 ✕ 　行政事件訴訟法46条1項柱書は、「行政庁は、取消訴訟を提起することができる処分又は裁決をする場合には、当該処分又は裁決の相手方に対し、次に掲げる事項を書面で教示しなければならない。ただし、当該処分を口頭でする場合は、この限りでない。」と規定しており、同項各号は処分又は裁決の両方について、取消訴訟の被告とすべき者等を教示しなければならないとしている。

174 ✕ 　行政庁は、取消訴訟を提起することができる処分又は裁決をする場合には、当該処分又は裁決の相手方に対し、当該処分又は裁決にかかる取消訴訟の被告とすべき者等を、書面で教示しなければならない（行政事件訴訟法46条1項本文）。もっとも、処分が口頭で行われる場合には、教示義務はない（同項ただし書）。

175 ◯ 　行政事件訴訟法46条2項本文は、「行政庁は、法律に処分についての審査請求に対する裁決に対してのみ取消訴訟を提起することができる旨の定めがある場合において、当該処分をするときは、当該処分の相手方に対し、法律にその定めがある旨を書面で教示しなければならない。

176 ✕ 　教示の相手方は、処分又は裁決の相手方に限られており、処分又は裁決の相手方以外の利害関係人に対する教示義務はない。なお、行政不服審査法には、これに関する規定が置かれている（82条2項、3項）。

177 ✕ 　行政事件訴訟法46条が定める教示義務に関し、教示をしなかった場合や誤った教示をした場合等について、同法は訴訟手続上救済を図るための特別な仕組みを規定していない。なお、行政不服審査法には、これらに該当する規定が置かれている（22条、83条）。

知識を整理

図表 1　訴訟類型の整理

〈訴訟類型〉

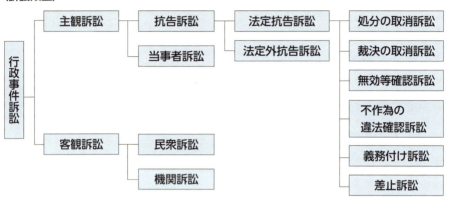

〈各訴訟の定義及び具体例〉

		定　義	具体例
主観訴訟	抗告訴訟	行政庁の公権力の行使に関する不服の訴訟	① 取消訴訟 ② 無効等確認訴訟 ③ 不作為の違法確認訴訟 ④ 義務付け訴訟 ⑤ 差止訴訟
主観訴訟	当事者訴訟	対等な当事者間において、公法上の法律関係に関する紛争の解決を求める訴訟	① 形式的当事者訴訟 ② 実質的当事者訴訟
客観訴訟	民衆訴訟	国又は公共団体の機関の法規に適合しない行為の是正を求める訴訟で、選挙人たる資格その他自己の法律上の利益にかかわらない資格で提起するもの	① 公職選挙法に基づく当選訴訟・選挙訴訟 ② 最高裁判所裁判官国民審査の審査無効の訴訟 ③ 地方自治法上の住民訴訟
客観訴訟	機関訴訟	国又は公共団体の機関相互間における権限の存否又はその行使に関する紛争についての訴訟	① 地方公共団体の議会の議決に関する訴訟 ② 国の関与に対する、地方公共団体の機関による取消訴訟

図表2 執行停止と仮の義務付け等の比較

	執行停止	仮の義務付け等
申立ての難易	・重大な損害 ・本案について理由がないとみえるときはできない	・償うことができない損害 ・本案について理由があるとみえるときである必要がある
効果	処分の効力等の停止	暫定的に処分等があったのと同様の状態を創出

申立ての難易: 執行停止 < 仮の義務付け等

図表3 義務付け訴訟の類型

Chapter 3 国家賠償法

総合テキスト ▶▶▶ Chapter 8

1 国家賠償法1条

H22-19-5

1 国家賠償を請求する訴訟の被告とされるのは国または地方公共団体に限られ、それ以外の団体が被告となることはない。

R4-20-3

2 公立学校における教職員の教育活動は、私立学校の教育活動と変わるところはないため、原則として、国家賠償法1条1項にいう「公権力の行使」に当たらない。

H24-20-2

3 国家賠償法1条1項にいう「公権力の行使」には、公立学校における教師の教育活動が含まれるが、課外クラブ活動中に教師が生徒に対して行う監視・指導は「公権力の行使」には当たらない。

R6-20-ウ

4 町立中学校の生徒が、放課後に課外のクラブ活動中の運動部員から顔面を殴打されたことにより失明した場合において、当該事故の発生する危険性を具体的に予見することが可能であるような特段の事情のない限り、顧問の教諭が当該クラブ活動に立ち会っていなかったとしても、当該事故の発生につき当該教諭に過失があるとはいえない。

1 ✕ 　国家賠償責任を負う主体は「国又は公共団体」（国家賠償法1条1項）である。ここでいう**「公共団体」とは、地方公共団体のほか、特殊法人等も含まれる。**

2 ✕ 　判例は、「学校の教師は、学校における教育活動により生ずるおそれのある危険から生徒を保護すべき義務を負つており、危険を伴う技術を指導する場合には、事故の発生を防止するために十分な措置を講じるべき注意義務がある」として、国家賠償法1条1項にいう**「公権力の行使」には、公立学校における教師の教育活動も含まれる**ものと解するのが相当としている（最判昭62.2.6）。

関連

3 ✕ 　判例は、公立学校における教師の教育活動が国家賠償法1条1項の「公権力の行使」にあたるとした（最判昭62.2.6）。したがって、前段は正しい。しかし、判例は、**公立中学校の課外クラブ活動中の事故についての教諭の監督についても同項の「公権力の行使」にあたる**とした（最判昭58.2.18）。したがって、後段は誤っている。

4 ⭕ 　判例は、町立中学校の生徒が、放課後、体育館において、課外のクラブ活動中の運動部員の練習の妨げとなる行為をしたとして同部員から顔面を殴打されたなど判示のような事情の下で生じた喧嘩により左眼を失明した場合に、同部顧問の教諭がこのクラブ活動に立ち合っていなかったとしても、**当該事故の発生する危険性を具体的に予見することが可能であるような特段の事情のない限り**、左眼失明につき同教諭に過失があるとはいえないとしている（最判昭58.2.18）。

国家賠償法の攻略

　国家賠償法は、過去問の再出題率が非常に高い分野です。基礎的な理論を理解したら、あとは一問一答を繰り返し解いて判例の結論を押さえていきましょう。過去未出題の判例や理論が問われた場合、正答率が40％前後まで下がることが多いので、あまり気にする必要はありません。それもあってか、国家賠償法は、本試験での正答率が70％以上の高いものか、40％以下の低いものかという両極端になることが多いです。

H21-25-3

5 国家公務員の不法行為について国が国家賠償法1条1項により賠償責任を負うのは、国家公務員法上の公務員に限られる。

H26-19-オ

6 公務員の定期健康診断におけるレントゲン写真による検診及びその結果の報告は、医師が専らその専門的技術及び知識経験を用いて行う行為であって、医師の一般的診断行為と異なるところはないから、国の機関の嘱託に基づいて保健所勤務の医師により行われた診断であっても、特段の事由のない限り、それ自体としては公権力の行使たる性質を有するものではない。

R2-20-ア

7 同一の行政主体に属する複数の公務員のみによって一連の職務上の行為が行われ、その一連の過程で他人に損害が生じた場合、損害の直接の原因となった公務員の違法行為が特定できないときには、当該行政主体は国家賠償法1条1項に基づく損害賠償責任を負うことはない。

R6-21-4

8 国家賠償法1条1項が定める「公務員が、その職務を行うについて」という要件につき、公務員が主観的に権限行使の意思をもってするものではなく、専ら自己の利をはかる意図をもってするような場合には、たとえ客観的に職務執行の外形をそなえる行為をした場合であったとしても、この要件には該当しない。

R6-20-イ

9 政府が物価の安定等の政策目標を実現するためにとるべき具体的な措置についての判断を誤り、ないしはその措置に適切を欠いたため当該政策目標を達成できなかった場合、法律上の義務違反ないし違法行為として、国家賠償法上の損害賠償責任の問題が生ずる。

5 ✘　国家賠償法1条1項の公務員は、国家公務員法上の公務員に限られず、公権力の行使を委ねられている者を広く含むと解されている。

---

6 ⭕　そのとおりである（最判昭57.4.1）。

---

7 ✘　判例は、「国又は公共団体の公務員による一連の職務上の行為の過程において他人に被害を生ぜしめた場合において、それが具体的にどの公務員のどのような違法行為によるものであるかを特定することができなくても、右の一連の行為のうちのいずれかに行為者の故意又は過失による違法行為があつたのでなければ右の被害が生ずることはなかつたであろうと認められ、かつ、それがどの行為であるにせよこれによる被害につき行為者の属する国又は公共団体が法律上賠償の責任を負うべき関係が存在するときは、国又は公共団体は、加害行為不特定の故をもつて国家賠償法又は民法上の損害賠償責任を免れることができないと解するのが相当」としている（最判昭57.4.1）。

---

8 ✘　判例は、国家賠償法1条は公務員が主観的に権限行使の意思をもってする場合に限らず自己の利をはかる意図をもってする場合でも、客観的に職務執行の外形をそなえる行為をしてこれによって、他人に損害を加えた場合には、国又は公共団体に損害賠償の責を負わしめて、ひろく国民の権益を擁護することをもって、その立法の趣旨とするとしている（最判昭31.11.30）。したがって、本問のような場合でも「公務員が、その職務を行うについて」の要件を満たすことになる。

---

9 ✘　判例は、政府が物価の安定等の政策目標を実現するためにとるべき具体的な措置についての判断を誤り、ないしはその措置に適切を欠いたため当該目標を達成できなかったとしても、法律上の義務違反ないし違法行為として国家賠償法上の損害賠償責任の問題を生ずるものではないとしている（最判昭57.7.15）。

R6-20-ア

10 教科用図書の検定にあたり文部大臣（当時）が指摘する検定意見は、すべて、検定の合否に直接の影響を及ぼすものではなく、文部大臣の助言、指導の性質を有するものにすぎないから、これを付することは、教科書の執筆者または出版社がその意に反してこれに服さざるを得なくなるなどの特段の事情のない限り、原則として、国家賠償法上違法とならない。

H30-20-ア

11 建築主事は、建築主の申請に係る建築物の計画について建築確認をするに当たり、建築主である個人の財産権を保護すべき職務上の法的義務を負うものではないから、仮に当該建築主の委託した建築士が行った構造計算書の偽装を見逃したとしても、そもそもその点について職務上の法的義務違反も認められないことから、当該建築確認は国家賠償法1条1項の適用上違法にはならない。

R2-25-4

12 条例に基づく公文書非開示決定に取消し得べき瑕疵があった場合には、そのことにより直ちに、国家賠償請求訴訟において、当該決定は国家賠償法1条1項の適用上違法であるとの評価を受ける。

R2-21-5

13 検察官が公訴を提起した裁判において、無罪の判決が確定したとしても、そのことから直ちに、起訴前の逮捕や勾留とその後の公訴の提起などが国家賠償法1条1項の適用上違法の評価を受けるということにはならない。

10 ✗　判例は、「修正意見を付することは、……合格に条件を付するものであり、これが国家賠償法上違法となるかどうかについては前記のような判断を要する。これに対して、改善意見は、検定の合否に直接の影響を及ぼすものではなく、文部大臣の助言、指導の性質を有するものと考えられるから、教科書の執筆者又は出版社がその意に反してこれに服さざるを得なくなるなどの特段の事情がない限り、その意見の当不当にかかわらず、原則として、違法の問題が生ずることはないというべきである」としている（最判平9.8.29）。1989年の検定規則改正により、修正意見、改善意見の区別は廃止され検定意見に一本化されたが、検定意見のうち、改善意見に該当する部分についてのみ、本問の内容が該当するため、「すべて」とする点が誤りである。

11 ✗　判例は、「建築主事による当該計画に係る建築確認は、例えば、当該計画の内容が建築基準関係規定に明示的に定められた要件に適合しないものであるときに、申請書類の記載事項における誤りが明らかで、当該事項の審査を担当する者として他の記載内容や資料と符合するか否かを当然に照合すべきであったにもかかわらずその照合がされなかったなど、建築主事が職務上通常払うべき注意をもって申請書類の記載を確認していればその記載から当該計画の建築基準関係規定への不適合を発見することができたにもかかわらずその注意を怠って漫然とその不適合を看過した結果当該計画につき建築確認を行ったと認められる場合に、国家賠償法1条1項の適用上違法となる」としている（最判平25.3.26）。

12 ✗　判例は、「条例に基づく公文書の非開示決定に取り消し得べき瑕疵があるとしても、そのことから直ちに国家賠償法1条1項にいう違法があったとの評価を受けるものではな」いとしている（最判平18.4.20）。したがって、本問は、公文書非開示決定に取消し得べき瑕疵があった場合には、そのことにより直ちに、国家賠償請求訴訟において、当該決定は国家賠償法1条1項の適用上違法であるとの評価を受けるとしている点で誤りである。

13 ○　そのとおりである（最判昭53.10.20）。

関連

R4-20-1

14 検察官が公訴を提起したものの、裁判で無罪が確定した場合、当該公訴提起は、国家賠償法1条1項の適用上、当然に違法の評価を受けることとなる。

H20-20-1

15 裁判官の裁判過程における行為は、司法作用にかかわる行為なので、「公権力の行使」には該当しない。

R2-21-4

16 裁判官がおこなう争訟の裁判については、その裁判の内容に上訴等の訴訟法上の救済方法で是正されるべき瑕疵が存在し、当該裁判官が付与された権限の趣旨に明らかに背いてこれを行使したと認め得るような事情がみられたとしても、国家賠償法1条1項の適用上違法の評価を受けることはない。

H29-20-1

17 通達は、本来、法規としての性質を有しない行政組織内部の命令にすぎず、その違法性を裁判所が独自に判断できるから、国の担当者が、法律の解釈を誤って通達を定め、この通達に従った取扱いを継続したことは、国家賠償法1条1項の適用上も当然に違法なものと評価される。

H29-20-4

18 国会議員の立法行為（立法不作為を含む。）は、国家賠償法1条の定める「公権力の行使」に該当するものではなく、立法の内容が憲法の規定に違反する場合であっても、国会議員の当該立法の立法行為は、国家賠償法1条1項の適用上違法の評価を受けることはない。

14 ✗　判例は、「**刑事事件において無罪の判決が確定したというだけで直ちに起訴前の逮捕・勾留、公訴の提起・追行、起訴後の勾留が違法となるということはない**。……逮捕・勾留はその時点において犯罪の嫌疑について相当な理由があり、かつ、必要性が認められるかぎりは適法であり、公訴の提起は、検察官が裁判所に対して犯罪の成否、刑罰権の存否につき審判を求める意思表示にほかならないのであるから、起訴時あるいは公訴追行時における検察官の心証は、その性質上、判決時における裁判官の心証と異なり、起訴時あるいは公訴追行時における各種の証拠資料を総合勘案して合理的な判断過程により有罪と認められる嫌疑があれば足りるものと解するのが相当である」としている（最判昭53.10.20）。

15 ✗　判例は、裁判官の職務行為に関して、「**公権力の行使**」（国家賠償法１条）**にあたる**としている（最判昭43.3.15）。

関連

16 ✗　判例は、「当該裁判官が違法又は不当な目的をもつて裁判をしたなど、**裁判官がその付与された権限の趣旨に明らかに背いてこれを行使したものと認めうるような特別の事情がある**」場合に国家賠償法１条１項の規定にいう違法な行為があったものとして損害賠償責任が肯定されるとしている（最判昭57.3.12）。

17 ✗　判例は、「上告人〔国〕の担当者の発出した通達の定めが法の解釈を誤る違法なものであったとしても、そのことから直ちに同通達を発出し、これに従った取扱いを継続した上告人の担当者の行為に国家賠償法１条１項にいう違法があったと評価されることにはならず、上告人の担当者が**職務上通常尽くすべき注意義務を尽くすことなく漫然と上記行為をしたと認められるような事情がある場合に限り**、上記の評価がされることになる」としている（最判平19.11.1）。

18 ✗　判例は、「国会議員は、立法に関しては、原則として、国民全体に対する関係で政治的責任を負うにとどまり、個別の国民の権利に対応した関係での法的義務を負うものではないというべきであつて、国会議員の立法行為は、**立法の内容が憲法の一義的な文言に違反しているにもかかわらず国会があえて当該立法を行うというごとき、容易に想定し難いような例外的な場合でない限り**、国家賠償法１条１項の規定の適用上、違法の評価を受けない」としている（最判昭60.11.21）。

関連

H20-20-2

19 国会議員の立法過程における行為は、国の統治作用にかかわる行為なので、「公権力の行使」には該当しない。

H25-20-イ

20 税務署長が行った所得税の更正が、所得金額を過大に認定したものであるとして取消訴訟で取り消されたとしても、当該税務署長が資料を収集し、これに基づき課税要件事実を認定、判断する上において、職務上通常尽くすべき注意義務を尽くしていた場合は、国家賠償法1条1項の適用上違法とはされない。

H18-20-5

21 パトカーが逃走車両を追跡中、逃走車両が第三者の車両に追突し、当該第三者が死傷した場合、被害者たる第三者の救済は、国家賠償法1条による損害賠償ではなく、もっぱら憲法29条に基づく損失補償による。

H24-20-4

22 警察官のパトカーによる追跡を受けて車両で逃走する者が事故を起こして第三者に損害を与えた場合、損害の直接の原因が逃走車両の運転手にあるとしても、当該追跡行為は国家賠償法1条1項の適用上違法となり得る。

R4-20-5

23 警察官が交通法規に違反して逃走する車両をパトカーで追跡する職務執行中に、逃走車両の走行によって第三者が負傷した場合、当該追跡行為は、当該第三者との関係において、国家賠償法1条1項の適用上、当然に違法の評価を受けることとなる。

19 ✗ 判例は、国会議員の立法過程における行為について、「公権力の行使」にあたるとしている（最判昭60.11.21、在外日本人選挙権訴訟：最大判平17.9.14）。

20 ○ そのとおりである（最判平5.3.11）。

21 ✗ 警察官は、その職責を遂行するために被疑者をパトカーで追跡することも許される。しかし、追跡が職務目的を遂行するうえで不必要であるか、又は、追跡の開始・継続若しくは追跡の方法が不相当であれば、追跡行為は違法となり得る。したがって、国家賠償法１条による損害賠償が認められ得る（最判昭61.2.27）。

関連

22 ○ そのとおりである（最判昭61.2.27）。

23 ✗ 判例は、「警察官は、異常な挙動その他周囲の事情から合理的に判断してなんらかの犯罪を犯したと疑うに足りる相当な理由のある者を停止させて質問し、また、現行犯人を現認した場合には速やかにその検挙又は逮捕に当たる職責を負うものであつて……、右職責を遂行する目的のために被疑者を追跡することはもとよりなしうるところであるから、警察官がかかる目的のために交通法規等に違反して車両で逃走する者をパトカーで追跡する職務の執行中に、逃走車両の走行により第三者が損害を被つた場合において、右追跡行為が違法であるというためには、右追跡が当該職務目的を遂行する上で不必要であるか、又は逃走車両の逃走の態様及び道路交通状況等から予測される被害発生の具体的危険性の有無及び内容に照らし、追跡の開始・継続若しくは追跡の方法が不相当であることを要する」としている（最判昭61.2.27）。

行政法

part
3
行政救済法

chap
3
国家賠償法

R3-21-ア

24 石綿製品の製造等を行う工場または作業場の労働者が石綿の粉じんにばく露したことにつき、一定の時点以降、労働大臣（当時）が労働基準法に基づく省令制定権限を行使して罰則をもって上記の工場等に局所排気装置を設置することを義務付けなかったことは、国家賠償法1条1項の適用上違法である。

R2-21-1

25 宅地建物取引業法は、宅地建物取引業者の不正な行為によって個々の取引関係者が被る具体的な損害の防止、救済を制度の直接の目的とするものであるから、不正な行為をした業者に対する行政庁の監督権限の不行使は、被害者との関係においても、直ちに国家賠償法1条1項の適用上違法の評価を受ける。

H21-20-2

26 医薬品の副作用による被害が発生した場合であっても、監督権者が当該被害の発生を防止するために監督権限を行使しなかった不作為は、不作為当時の医学的・薬学的知見の下で当該医薬品の有用性が否定されるまでに至っていない場合には、被害を受けた者との関係において国家賠償法1条1項の適用上違法となるものではない。

H21-20-3

27 国または公共団体の公務員による規制権限の不行使は、その権限を定めた法令の趣旨、目的や、その権限の性質等に照らし、具体的事情の下において、その不行使が許容される限度を逸脱して著しく合理性を欠くと認められるときは、その不行使により被害を受けた者との関係において国家賠償法1条1項の適用上違法となる。

H21-20-4

28 鉱山労働者を保護するための省令が後に科学的知見に適合しない不十分な内容となったとしても、制定当時の科学的知見に従った適切なものである場合には、省令を改正しないことが、被害を受けた者との関係において国家賠償法1条1項の適用上違法となるものではない。

24 ◯　そのとおりである（最判平26.10.9）。

25 ✗　判例は、宅地建物取引業法の免許制度は、「免許を付与した宅建業者の人格・資質等を一般的に保証し、ひいては当該業者の不正な行為により個々の取引関係者が被る具体的な損害の防止、救済を制度の直接的な目的とするものとはにわかに解しがたく、かかる損害の救済は一般の不法行為規範等に委ねられているというべきであるから、知事等による免許の付与ないし更新それ自体は法所定の免許基準に適合しない場合であっても、当該業者との個々の取引関係者に対する関係において直ちに国家賠償法1条1項にいう違法な行為にあたるものではない」としている（最判平元.11.24）。

26 ◯　そのとおりである（最判平7.6.23）。

27 ◯　判例は、「国又は公共団体の公務員による規制権限の不行使は、その権限を定めた法令の趣旨、目的や、その権限の性質等に照らし、具体的事情の下において、その不行使が許容される限度を逸脱して著しく合理性を欠くと認められるときは、その不行使により被害を受けた者との関係において、国家賠償法1条1項の適用上違法となる」としている（最判平元.11.24）。また、判例は、省令制定権限は、鉱山労働者の労働環境を整備し、その生命、身体に対する危害を防止し、その健康を確保することをその主要な目的として、できる限り速やかに技術の進歩や最新の医学的知見等に適合したものに改正すべく、適時にかつ適切に行使されるべきものであるとした（最判平16.4.27）。

関連

28 ✗　設問27の後段の判例解説を参照。（最判平16.4.27）。したがって、鉱山労働者を保護するための省令が後に科学的知見に適合しない不十分な内容となった場合に当該省令を改正しないことは、著しく合理性を欠くといえれば、被害を受けた者との関係において国家賠償法1条1項の適用上違法となり得る。

H27-19-3

29 飲食店の中でナイフで人を脅していた者が警察署まで連れてこられた後、帰宅途中に所持していたナイフで他人の身体・生命に危害を加えた場合、対応した警察官が当該ナイフを提出させて一時保管の措置をとるべき状況に至っていたとしても、当該措置には裁量の余地が認められるから、かかる措置をとらなかったことにつき国家賠償法1条1項の違法性は認められない。

H27-19-4

30 旧陸軍の砲弾類が海浜に打ち上げられ、たき火の最中に爆発して人身事故が生じた場合、警察官は警察官職務執行法上の権限を適切に行使しその回収等の措置を講じて人身事故の発生を防止すべき状況に至っていたとしても、当該措置には裁量の余地が認められるから、かかる措置をとらなかったことにつき国家賠償法1条1項の違法性は認められない。

R1-25-エ

31 建築基準法に違反し、建築確認を受けずになされた増築部分につき、水道事業者である地方公共団体の職員が給水装置新設工事の申込書を返戻した場合、それが、当該申込みの受理を最終的に拒否する旨の意思表示をしたものではなく、同法違反の状態を是正し、建築確認を受けた上で申込みをするよう一応の勧告をしたものにすぎないものであったとしても、かかる措置は、違法な拒否に当たる。

29 ✗ 　本問と同様の事案において判例は、「同人に本件ナイフを携帯したまま帰宅することを許せば、帰宅途中右ナイフで他人の生命又は身体に危害を及ぼすおそれが著しい状況にあったというべきであるから、同人に帰宅を許す以上少なくとも同法〔銃砲刀剣類所持等取締法〕24条の2第2項の規定により**本件ナイフを提出させて一時保管の措置をとるべき義務があったものと解するのが相当**であって、前記警察官が、かかる措置をとらなかったことは、**その職務上の義務に違背し違法であるというほかはない**」とした（最判昭57.1.19）。

---

30 ✗ 　本問と同様の事案において判例は、「砲弾類が毎年のように海浜に打ち上げられ、……島民等の生命、身体の安全が確保されないことが相当の蓋然性をもって予測されうる状況のもとにおいて、かかる状況を警察官が容易に知りうる場合には、警察官において右権限を適切に行使し、自ら又はこれを**処分する権限・能力を有する機関に要請するなどして積極的に砲弾類を回収するなどの措置を講じ、もって砲弾類の爆発による人身事故等の発生を未然に防止することは、その職務上の義務でもある**」とし、かかる措置をとらなかったことは、その職務上の義務に違背し違法であるとした（最判昭59.3.23）。

---

31 ✗ 　本問と同様の事案において判例は、「被上告人市の水道局給水課長が上告人の本件建物についての給水装置新設工事申込の受理を事実上拒絶し、**申込書を返戻した措置は、右申込の受理を最終的に拒否する旨の意思表示をしたものではなく、上告人に対し、右建物につき存する建築基準法違反の状態を是正して建築確認を受けたうえ申込をするよう一応の勧告をしたものにすぎないと認められる**ところ、これに対し上告人は、その後1年半余を経過したのち改めて右工事の申込をして受理されるまでの間右工事申込に関してなんらの措置を講じないままこれを放置していたのであるから、右の事実関係の下においては、前記被上告人市の水道局給水課長の当初の措置のみによっては、未だ、被上告人市の職員が上告人の給水装置工事申込の受理を違法に拒否したものとして、**被上告人市において上告人に対し不法行為法上の損害賠償の責任を負うものとするには当たらない**」としている（最判昭56.7.16）。

H30-20-ウ

32 法令に基づく水俣病患者認定申請をした者が、相当期間内に応答処分されることにより焦燥、不安の気持ちを抱かされないという利益は、内心の静穏な感情を害されない利益として、不法行為法上の保護の対象になるが、当該認定申請に対する不作為の違法を確認する判決が確定していたとしても、そのことから当然に、国家賠償法1条1項に係る不法行為の成立が認められるわけではない。

R3-21-エ

33 いわゆる水俣病による健康被害につき、一定の時点以降、健康被害の拡大防止のために、水質規制に関する当時の法律に基づき指定水域の指定等の規制権限を国が行使しなかったことは、国家賠償法1条1項の適用上違法とはならない。

R4-20-2

34 指定確認検査機関による建築確認事務は、当該確認に係る建築物について確認権限を有する建築主事が置かれた地方公共団体の事務であり、当該地方公共団体が、当該事務について国家賠償法1条1項に基づく損害賠償責任を負う。

R6-21-5

35 都道府県警察の警察官が、交通犯罪の捜査を行うにつき故意または過失によって違法に他人に損害を加えた場合において、国家賠償法1条1項により当該損害につき賠償責任を負うのは国であり、当該都道府県が賠償責任を負うことはない

32 〇　そのとおりである（最判平3.4.26）。

33 ✕　判例は、「昭和34年……12月末には、主務大臣として定められるべき通商産業大臣において、……規制権限を行使して、……必要な措置を執ることを命ずることが可能であり、しかも、水俣病による健康被害の深刻さにかんがみると、直ちにこの権限を行使すべき状況にあったと認めるのが相当である。また、この時点で上記規制権限が行使されていれば、それ以降の水俣病の被害拡大を防ぐことができたこと、ところが、実際には、その行使がされなかったために、被害が拡大する結果となったことも明らかである。本件における以上の諸事情を総合すると、昭和35年1月以降、水質二法に基づく上記規制権限を行使しなかったことは、上記規制権限を定めた水質二法の趣旨、目的や、その権限の性質等に照らし、著しく合理性を欠くものであって、国家賠償法1条1項の適用上違法というべきである」としている（水俣病関西訴訟最高裁判決：最判平16.10.15）。

34 〇　判例は、指定確認検査機関に対する建築確認の取消しを求めた訴訟について、「指定確認検査機関による確認に関する事務は、建築主事による確認に関する事務の場合と同様に、地方公共団体の事務であり、その事務の帰属する行政主体は、当該確認に係る建築物について確認をする権限を有する建築主事が置かれた地方公共団体であると解するのが相当である。……指定確認検査機関の確認に係る建築物について確認をする権限を有する建築主事が置かれた地方公共団体は、指定確認検査機関の当該確認につき行政事件訴訟法21条1項所定の『当該処分又は裁決に係る事務の帰属する国又は公共団体』に当たるというべき」であるとして、地方公共団体に対する国家賠償請求訴訟への変更を認めた（最決平17.6.24）。

35 ✕　判例は、都道府県警察の警察官がいわゆる交通犯罪の捜査を行うにつき故意又は過失によって違法に他人に損害を加えた場合において国家賠償法1条1項によりその損害の賠償の責めに任ずるのは、原則として当該都道府県であり、国は原則としてその責めを負うものではないとしている（最判昭54.7.10）。

H26-19-イ

36 都道府県が児童福祉法に基づいて要保護児童を国又は公共団体以外の者の設置運営する児童養護施設に入所させたところ、当該施設の被用者がその入所児童に損害を加えたため、当該被用者の行為が都道府県の公権力の行使に当たるとして都道府県が被害者に対して国家賠償法1条1項に基づく損害賠償責任を負う場合であっても、被用者個人は、民法709条に基づく損害賠償責任を負わないが、施設を運営する使用者は、同法715条に基づく損害賠償責任を負う。

H26-19-ア

37 1条1項に基づく国家賠償請求については、国または公共団体が賠償の責に任ずるのであって、公務員が行政機関としての地位において賠償の責任を負うものではなく、また公務員個人もその責任を負うものではないから、行政機関を相手方とする訴えは不適法であり、公務員個人を相手方とする請求には理由がない。

H28-20-5

38 A県内のB市立中学校に在籍する生徒Xは、A県が給与を負担する同校の教師Yによる監督が十分でなかったため、体育の授業中に負傷した。Xは、Yに過失が認められれば、B市に国家賠償を求めるのと並んで、Yに対して民法上の損害賠償を求めることができる。

H28-20-3

39 A県内のB市立中学校に在籍する生徒Xは、A県が給与を負担する同校の教師Yによる監督が十分でなかったため、体育の授業中に負傷した。B市がXに対して国家賠償をした場合には、B市は、Yに故意が認められなければ、Yに求償することはできない。

R6-21-2

40 公権力の行使に当たる国または公共団体の公務員が、その職務を行うについて、過失によって違法に他人に損害を加えた場合には、国または公共団体がその被害者に対して賠償責任を負うが、故意または重過失の場合には、公務員個人が被害者に対して直接に賠償責任を負う。

H28-20-4

41 A県内のB市立中学校に在籍する生徒Xは、A県が給与を負担する同校の教師Yによる監督が十分でなかったため、体育の授業中に負傷した。B市がYの選任および監督について相当の注意をしていたとしても、Yの不法行為が認められれば、B市はXへの国家賠償責任を免れない。

理解

36 ✗　判例は、本問のような事例において、「国家賠償法1条1項……の趣旨からすれば、国又は公共団体以外の者の被用者が第三者に損害を加えた場合であっても、当該被用者の行為が国又は公共団体の公権力の行使に当たるとして国又は公共団体が被害者に対して同項に基づく損害賠償責任を負う場合には、被用者個人が民法709条に基づく損害賠償責任を負わないのみならず、使用者も同法715条に基づく損害賠償責任を負わない」として、使用者の損害賠償責任を否定している（最判平19.1.25）。

37 ○　そのとおりである（最判昭30.4.19）。

関連

38 ✗　判例は、国家賠償請求は、「国または公共団体が賠償の責に任ずるのであつて、公務員が行政機関としての地位において賠償の責任を負うものではなく、また公務員個人もその責任を負うものではない」としている（最判昭30.4.19）。

39 ✗　国家賠償法1条1項は、「国又は公共団体の公権力の行使に当る公務員が、その職務を行うについて、故意又は過失によつて違法に他人に損害を加えたときは、国又は公共団体が、これを賠償する責に任ずる。」と規定し、同条2項は、「前項の場合において、公務員に故意又は重大な過失があつたときは、国又は公共団体は、その公務員に対して求償権を有する。」と規定している。したがって、Ｙに重過失がある場合にも、Ｂ市はＹに対して求償することができる。

比較

40 ✗　判例は、公権力の行使にあたる公務員の職務行為に基づく損害については、国又は公共団体が賠償の責めに任ずるのであって、公務員が行政機関としての地位において賠償の責任を負うものではなく、また公務員個人もその責任を負うものではないとしている（最判昭30.4.19）。

41 ○　国家賠償法1条1項には、民法715条1項ただし書のような免責条項が規定されていない。したがって、Ｂ市がＹの選任及び監督について相当の注意をしていたとしても、Ｂ市はＸへの国家賠償を免れない。

R6-21-3

42 国または公共団体の公権力の行使に当たる複数の公務員が、その職務を行うについて、共同して故意によって違法に他人に加えた損害につき、国または公共団体がこれを賠償した場合においては、当該公務員らは、国または公共団体に対し、国家賠償法1条2項による求償債務を負うが、この債務は連帯債務であると解される。

2 国家賠償法2条

R6-20-エ

43 市内の河川について市が法律上の管理権をもたない場合でも、当該市が地域住民の要望にこたえて都市排水路の機能の維持及び都市水害の防止など地方公共の目的を達成するために河川の改修工事をして、これを事実上管理することになったときは、当該市は、当該河川の管理につき、国家賠償法2条1項の責任を負う公共団体に当たる。

R5-20-4

44 道路の周辺住民から道路の設置・管理者に対して損害賠償の請求がされた場合において、当該道路からの騒音、排気ガス等が周辺住民に対して現実に社会生活上受忍すべき限度を超える被害をもたらしたことが認定判断されたとしても、当該道路が道路の周辺住民に一定の利益を与えているといえるときには、当該道路の公共性ないし公益上の必要性のゆえに、当該道路の供用の違法性を認定することはできないものと解するのが相当である。

H21-19-2

45 公の営造物の設置又は管理の瑕疵とは、公の営造物が通常有すべき安全性を欠いていることをいうが、賠償責任が成立するのは、当該安全性の欠如について過失があった場合に限られる。

42 ○ 判例は、国又は公共団体の公権力の行使にあたる複数の公務員が、その職務を行うについて、共同して故意によって違法に他人に加えた損害につき、国又は公共団体がこれを賠償した場合においては、当該公務員らは、国又は公共団体に対し、**連帯して国家賠償法1条2項による求償債務を負う**ものと解すべきであるとしている（最判令2.7.14）。

43 ○ 判例は、市内を流れる普通河川について市が法律上の管理権を持たない場合であっても、もと農業用水路であった当該河川が周辺の市街化により都市排水路としての機能を果たすようになり、水量の増加及びヘドロの堆積等によりしばしば溢水したため、市が地域住民の要望にこたえて、都市排水路の機能の維持及び都市水害の防止など地方公共の目的を達成するために河川の改修工事をし、これを**事実上管理することになったときは、市は国家賠償法2条1項の責任を負う公共団体にあたる**としている（最判昭59.11.29）。

44 ✕ 判例は、「国家賠償法2条1項にいう営造物の設置又は管理の瑕疵とは、営造物が通常有すべき安全性を欠いている状態、すなわち他人に危害を及ぼす危険性のある状態をいうのであるが、これには営造物が供用目的に沿って利用されることとの関連においてその利用者以外の第三者に対して危害を生ぜしめる危険性がある場合をも含むものであり、営造物の設置・管理者において、このような危険性のある営造物を利用に供し、その結果**周辺住民に社会生活上受忍すべき限度を超える被害が生じた場合には、原則として同項の規定に基づく責任を免れることができない**ものと解すべきである」と述べており、周辺住民に社会生活上受忍すべき限度を超える被害が生じた場合であっても、道路が周辺住民に一定の利益を与えているときには、当該道路の供用の違法性を認定することはできないとはしていない（最判平7.7.7）。

45 ✕ 国家賠償法2条の「営造物の設置又は管理の瑕疵」とは、営造物が通常有すべき安全性を欠いていることをいう。そして、**国家賠償法2条に基づく国及び公共団体の賠償責任については、その過失の存在を必要としない**（最判昭45.8.20）。

H19-20-1

46 国家賠償法2条に定める営造物は、道路・河川などの不動産を指し、公共団体が管理する動産の瑕疵については、それを管理する公務員の同法1条に基づく責任が問題となるほかは、同法2条の適用を受けることはない。

H21-19-1

47 公の営造物とは、国や公共団体が所有するすべての物的施設をいうわけではなく、公の用に供しているものに限られる。

H21-19-3

48 河川・海浜等の自然公物は公の営造物に当たらないが、これに付随する堤防や防波堤は人工公物であり公の営造物に当たるので、賠償責任が成立するのは、堤防等に起因する損害の場合に限られる。

R5-20-1

49 落石事故の発生した道路に防護柵を設置する場合に、その費用の額が相当の多額にのぼり、県としてその予算措置に困却するであろうことが推察できる場合には、そのことを理由として、道路管理者は、道路の管理の瑕疵によって生じた損害に対する賠償責任を免れ得るものと解するのが相当である。

R4-21-ア

50 営造物の設置または管理の瑕疵には、当該営造物が供用目的に沿って利用されることとの関連においてその利用者以外の第三者に対して危害を生ぜしめる危険性がある場合を含むものと解されるが、具体的に道路の設置または管理につきそのような瑕疵があったと判断するにあたっては、当該第三者の被害について、道路管理者において回避可能性があったことが積極的要件とされる。

R5-20-2

51 事故発生当時、道路管理者が設置した工事標識板、バリケードおよび赤色灯標柱が道路上に倒れたまま放置されていたことは、道路の安全性に欠如があったといわざるをえず、それが夜間の事故発生直前に生じたものであり、道路管理者において時間的に遅滞なくこれを原状に復し道路を安全良好な状態に保つことが困難であったとしても、道路管理には瑕疵があったと認めるのが相当である。

46 ✗ 　「営造物」には、**不動産だけでなく、動産も含まれる**。判例は、公用車や拳銃のような動産を「営造物」と解している（公用車につき札幌高函館支判昭29.9.6、拳銃につき大阪高判昭62.11.27）。

---

47 ○ 　国家賠償法2条の**「公の営造物」とは、国又は公共団体により直接に公の目的に供されている有体物**をいう。

---

48 ✗ 　国家賠償法2条の「公の営造物」には、道路のような**人工公物**も、河川、海浜、湖沼などの**自然公物も両方含まれる**。

---

49 ✗ 　判例は、落石及び崩土があった「本件道路における防護柵を設置するとした場合、その費用の額が相当の多額にのぼり、上告人県としてその**予算措置に困却するであろうことは推察できるが、それにより直ちに道路の管理の瑕疵によつて生じた損害に対する賠償責任を免れうるものと考えることはできない**のであり、その他、本件事故が不可抗力ないし回避可能性のない場合であることを認めることができない旨の原審の判断は、いずれも正当として是認することができる」としている（最判昭45.8.20）。

---

50 ✗ 　判例は、「国家賠償法2条1項は、危険責任の法理に基づき被害者の救済を図ることを目的として、国又は公共団体の責任発生の要件につき、公の営造物の設置又は管理に瑕疵があったために他人に損害を生じたときと規定しているところ、所論の回避可能性があったことが本件道路の設置又は管理に瑕疵を認めるための積極的要件になるものではないと解すべき」としている（最判平7.7.7）。

---

51 ✗ 　判例は、「本件事故発生当時、被上告人において設置した工事標識板、バリケード及び赤色灯標柱が道路上に倒れたまま放置されていたのであるから、道路の安全性に欠如があつたといわざるをえないが、それは夜間、しかも事故発生の直前に先行した他車によつて惹起されたものであり、**時間的に被上告人において遅滞なくこれを原状に復し道路を安全良好な状態に保つことは不可能であつたというべく、このような状況のもとにおいては、被上告人の道路管理に瑕疵がなかつたと認めるのが相当である**」としている（最判昭50.6.26）。

631

H22-20-5

52 道路の設置管理に関する国家賠償について、道路の欠陥を原因とする事故による被害についても、道路管理者は、それを原状に戻すことが時間的に不可能であった場合には、賠償責任を負わない。

H23-19-2

53 国家賠償法2条は、無過失責任を定めたものであるが、無過失責任と結果責任とは異なるので、不可抗力ないし損害の回避可能性のない場合については、損害賠償責任を負うものとは解されない。

H19-20-4

54 営造物の瑕疵は、営造物そのものに物理的瑕疵がある場合を元来指すが、第三者の行為により営造物が瑕疵ある状態になった場合にも、その状態を速やかに改善して瑕疵のない状態に回復させる責任が営造物管理者にはある。

H30-25-4

55 運転者が原動機付自転車を運転中に、道路上に長時間放置してあった事故車両に衝突して死亡した事故が発生した場合であっても、道路上の自動車の放置は、国家賠償法に定める「公の営造物の設置又は管理」上の瑕疵とはいえないから、道路の管理費用を負担すべき県には国家賠償法に基づく責任は認められない。

R5-20-3

56 防護柵は、道路を通行する人や車が誤って転落するのを防止するために設置されるものであり、材質、高さその他その構造に徴し、通常の通行時における転落防止の目的からみればその安全性に欠けるところがないものであったとしても、当該転落事故の被害者が危険性の判断能力に乏しい幼児であった場合、その行動が当該道路および防護柵の設置管理者において通常予測することができなくとも、営造物が本来具有すべき安全性に欠けるところがあったと評価され、道路管理者はその防護柵の設置管理者としての責任を負うと解するのが相当である。

52 ○ そのとおりである（最判昭50.6.26）。

53 ○ そのとおりである（最判昭45.8.20）。

54 ○ そのとおりである（最判昭50.6.26）。

関連

55 × 判例は、幅員7.5メートルの国道の中央線近くに故障した大型貨物自動車が約87時間駐車したままになっていたにもかかわらず、道路管理者がこれを知らず、道路の安全保持のために必要な措置を全く講じなかった判示の事実関係の下においては、道路の管理に瑕疵があるというべきであるとしている（最判昭50.7.25）。

56 × 判例は、「本件防護柵は、本件道路を通行する人や車が誤つて転落するのを防止するために被上告人によつて設置されたものであり、その材質、高さその他その構造に徴し、通行時における転落防止の目的からみればその安全性に欠けるところがないものというべく、上告人の転落事故は、同人が当時危険性の判断能力に乏しい6歳の幼児であつたとしても、本件道路及び防護柵の設置管理者である被上告人において通常予測することのできない行動に起因するものであつたということができる。したがつて、右営造物につき本来それが具有すべき安全性に欠けるところがあつたとはいえず、上告人のしたような通常の用法に即しない行動の結果生じた事故につき、被上告人はその設置管理者としての責任を負うべき理由はないものというべきである」としている（最判昭53.7.4）。

R3-26-イ

57 公立中学校の校庭が一般に開放され、校庭を利用していた住民が負傷したとしても、当該住民は本来の利用者とはいえないことから、その設置管理者が国家賠償法上の責任を負うことはない。

H21-19-5

58 公の営造物の設置または管理に起因する損害について賠償を請求することができるのは、その利用者に限られる。

R4-21-イ

59 営造物の供用が第三者に対する関係において違法な権利侵害ないし法益侵害となり、当該営造物の設置・管理者が賠償義務を負うかどうかを判断するにあたっては、侵害行為の開始とその後の継続の経過および状況、その間に採られた被害の防止に関する措置の有無およびその内容、効果等の事情も含めた諸要素の総合的な考察によりこれを決すべきである。

R4-21-ウ

60 道路等の施設の周辺住民からその供用の差止めが求められた場合に差止請求を認容すべき違法性があるかどうかを判断するにあたって考慮すべき要素は、周辺住民から損害の賠償が求められた場合に賠償請求を認容すべき違法性があるかどうかを判断するにあたって考慮すべき要素とほぼ共通するが、双方の場合の違法性の有無の判断に差異が生じることがあっても不合理とはいえない。

57 ✗ 　判例は、一般市民に開放中の町立中学校校庭内のテニスコートで幼児が、審判台の下敷きになって死亡した事案において、「幼児を含む一般市民の校庭内における安全につき、校庭内の設備等の設置管理者に全面的に責任があるとするのは当を得ない」としつつも、「公の営造物の設置管理者は、本件の例についていえば、**審判台が本来の用法に従って安全であるべきことについて責任を負うのは当然**」としている（最判平5.3.30）。したがって、本問の場合、設置管理者が国家賠償法上の責任を負うことがあり得る。

---

58 ✗ 　判例は、国際空港におけるジェット機運航による騒音等の被害について、**本来の利用者ではない周辺住民が損害賠償を求めた事案**で、空港そのものには物理的欠陥がなく、空港が航空機の離発着という**通常の用法に従って使用されているにすぎない場合であっても、そこから生じる騒音等の被害について国家賠償法2条の責任を認めた**（大阪国際空港事件：最大判昭56.12.16）。したがって、国家賠償法2条の損害賠償を請求する者は、公の営造物の利用者に限られない。

---

59 ⭕ 　判例は、「営造物の供用が第三者に対する関係において違法な権利侵害ないし法益侵害となり、営造物の設置・管理者において賠償義務を負うかどうかを判断するに当たっては、**侵害行為の態様と侵害の程度、被侵害利益の性質と内容**、侵害行為の持つ公共性ないし公益上の必要性の内容と程度等を比較検討するほか、**侵害行為の開始とその後の継続の経過及び状況、その間に採られた被害の防止に関する措置の有無及びその内容、効果等の事情をも考慮**し、これらを総合的に考察してこれを決すべきものである」としている（最判平7.7.7）。

---

60 ⭕ 　判例は、「道路等の施設の周辺住民からその供用の差止めが求められた場合に差止請求を認容すべき違法性があるかどうかを判断するにつき考慮すべき要素は、周辺住民から損害の賠償が求められた場合に賠償請求を認容すべき違法性があるかどうかを判断するにつき考慮すべき要素とほぼ共通するのであるが、施設の供用の差止めと金銭による賠償という請求内容の相違に対応して、違法性の判断において各要素の重要性をどの程度のものとして考慮するかにはおのずから相違があるから、右両場合の違法性の有無の判断に差異が生じることがあっても不合理とはいえない」としている（最判平7.7.7）。

R5-20-5

61　走行中の自動車がキツネ等の小動物と接触すること自体により自動車の運転者等が死傷するような事故が発生する危険性は高いものではなく、通常は、自動車の運転者が適切な運転操作を行うことにより死傷事故を回避することを期待することができるものというべきであって、金網の柵をすき間なく設置して地面にコンクリートを敷くという小動物の侵入防止対策が全国で広く採られていたという事情はうかがわれず、そのような対策を講ずるためには多額の費用を要することは明らかであり、当該道路には動物注意の標識が設置され自動車の運転者に対して道路に侵入した動物についての適切な注意喚起がされていたということができるなどの事情の下においては、高速道路で自動車の運転者がキツネとの衝突を避けようとして起こした自損事故において、当該道路に設置または管理の瑕疵があったとはいえない。

R4-21-エ

62　営造物の設置または管理の瑕疵には、当該営造物が供用目的に沿って利用されることとの関連においてその利用者以外の第三者に対して危害を生ぜしめる危険性がある場合を含むものと解すべきであるが、国営空港の設置管理は、営造物管理権のみならず、航空行政権の行使としても行われるものであるから、事理の当然として、この法理は、国営空港の設置管理の瑕疵には適用されない。

3　国家賠償法その他

H23-19-4

63　国家賠償法2条が定める公の営造物の設置又は管理の瑕疵について、設置又は管理に当る者（設置管理者）とその費用を負担する者（費用負担者）とが異なるときは、費用負担者は、設置管理者が損害の発生を防止するのに必要な注意をしたときに限り、被害者に対する損害賠償責任を負う。

行政法

part 3 行政救済法

chap 3 国家賠償法

61 ⭕ 判例は、本件と同様の事案において、「**対策が講じられていなかったからといって、本件道路が通常有すべき安全性を欠いていたということはできず**、本件道路に設置又は管理の瑕疵があったとみることはできない」としている（最判平22.3.2）。

---

62 ✖ 判例は、「空港における航空機の離着陸の規制等は、これを法律的にみると、単に本件空港についての営造物管理権の行使という立場のみにおいてされるべきもの、そして現にされているものとみるべきではなく、航空行政権の行使という立場をも加えた、複合的観点に立つた総合的判断に基づいてされるべきもの」として差止めを求める請求にかかる部分は不適法としているものの、「営造物の設置・管理者において、かかる危険性があるにもかかわらず、これにつき特段の措置を講ずることなく、また、適切な制限を加えないままこれを利用に供し、その結果利用者又は第三者に対して現実に危害を生ぜしめたときは、それが右設置・管理者の予測しえない事由によるものでない限り、国家賠償法2条1項の規定による責任を免れることができない」としている（大阪国際空港事件：最大判昭56.12.16）。

---

63 ✖ 国家賠償法2条の規定によって国又は公共団体が損害を賠償する責めに任ずる場合において、**公の営造物の設置又は管理にあたる者と公の営造物の設置又は管理の費用を負担する者とが異なるときは、費用を負担する者もまた、その損害を賠償する責めに任ずる**（3条1項）。したがって、費用負担者が被害者に対する損害賠償責任を負うのは、設置管理者が損害の発生を防止するのに必要な注意をしたときに限られるわけではない。

関連

637

A ☐☐☐ H28-20-1
64　A県内のB市立中学校に在籍する生徒Xは、A県が給与を負担する同校の教師Yによる監督が十分でなかったため、体育の授業中に負傷した。Yの給与をA県が負担していても、Xは、A県に国家賠償を求めることはできず、B市に求めるべきこととなる。

B ☐☐☐ R3-26-エ
65　市が設置する中学校の教員が起こした体罰事故について、当該教員の給与を負担する県が賠償金を被害者に支払った場合、県は国家賠償法に基づき、賠償金の全額を市に求償することができる。

B ☐☐☐ H25-19-1
66　公権力の行使に該当しない公務員の活動に起因する国の損害賠償責任については、民法の規定が適用される。

B ☐☐☐ H25-19-2
67　公権力の行使に起因する損害の賠償責任については、国家賠償法に規定がない事項に関し、民法の規定が適用される。

B ☐☐☐ H25-19-3
68　公の営造物に該当しない国有財産の瑕疵に起因する損害の賠償責任については、民法の規定が適用される。

B ☐☐☐ H25-19-5
69　公権力の行使に起因する損害についても、公の営造物の瑕疵に起因する損害についても、損害賠償請求権の消滅時効に関しては、民法の規定が適用される。

A ☐☐☐ H20-19-3
70　国家賠償法は、国または公共団体の損害賠償責任について、補充的に「民法の規定による」としているが、民法典以外の失火責任法や自動車損害賠償保障法なども、ここにいう「民法の規定」に含まれる。

64 ✖ 　国家賠償法3条1項は、「前2条の規定によつて国又は公共団体が損害を賠償する責に任ずる場合において、**公務員の選任若しくは監督又は公の営造物の設置若しくは管理に当る者**と公務員の俸給、給与その他の費用又は公の営造物の設置若しくは管理の費用を負担する者とが異なるときは、費用を負担する者もまた、その損害を賠償する責に任ずる。」と規定している。したがって、A県にも国家賠償を求めることができる。

---

65 ⭕ 　そのとおりである（最判平21.10.23）。

---

66 ⭕ 　そのとおりである（国家賠償法1条1項、4条）。

---

67 ⭕ 　そのとおりである（国家賠償法1条1項、4条）。

---

68 ⭕ 　そのとおりである（国家賠償法2条、4条）。

---

69 ⭕ 　そのとおりである（国家賠償法4条）。

---

70 ⭕ 　国家賠償法4条の「民法の規定」には、**民法の特別法たる「失火責任法」や「自動車損害賠償保障法」も含まれる**（前者につき最判昭53.7.17）。

H20-19-5

71 国家賠償法は、憲法17条の規定を受けて制定されたものであるから、特別法において、公務員の不法行為による国または公共団体の損害賠償責任を免除し、または制限する規定を置くことは憲法違反であり、許されない。

H23-19-3

72 外国人が被害者である場合、国家賠償法が、同法につき相互の保証があるときに限り適用されるとしているのは、公権力の行使に関する国家賠償法1条の責任についてのみであるから、2条の責任については、相互の保証がなくとも、被害者である外国人に対して国家賠償責任が生じる。

H28-20-2

73 A県内のB市立中学校に在籍する生徒Xは、A県が給与を負担する同校の教師Yによる監督が十分でなかったため、体育の授業中に負傷した。Xが外国籍である場合には、その国が当該国の国民に対して国家賠償を認めている場合にのみ、Xは、B市に国家賠償を求めることができる。

Chapter 4 損失補償制度

総合テキスト ▶▶▶ Chapter 9

H28-21-2

1 都市計画法上の用途地域の指定について、土地の利用規制を受けることとなった者は、当該都市計画を定める地方公共団体に対して、通常生ずべき損害の補償を求めることができる旨が同法に規定されているため、利用規制を受けたことによって被った損失の補償を求めることができる。

71 ✗ 郵便法における国の責任の免除・制限規定の合憲性について、判例は、一部違憲の判断をしている（郵便法免責規定違憲判決：最大判平14.9.11）。すなわち、郵便法68条、73条（平成14年改正前）の全部について違憲とせず、書留郵便について郵便業務従事者の軽過失の場合に責任免除をしている点は合憲としている。よって、国家賠償責任を免除・制限する規定を置くことは憲法違反となり許されないとする本問は、合憲となる場合を排除しているため、誤りである。

関連

72 ✗ 外国人が被害者である場合には、相互の保証があるときに限り、国家賠償法が適用される（国家賠償法6条）。

---

73 ✗ 国家賠償法6条は、「この法律は、外国人が被害者である場合には、相互の保証があるときに限り、これを適用する。」と規定しており、外国籍のXがB市に国家賠償請求できるのは、Xの本国が日本国民に対して国家賠償請求を認めている場合に限られるので、「当該国の国民に対して国家賠償を認めている場合にのみ」という点で誤りである。

理解

---

1 ✗ 都市計画法上の用途地域の指定について、土地の利用規制を受けることとなった者が通常生ずべき損害の補償を求めることができる旨の規定は、都市計画法にはない。なお、旧都市計画法3条に基づき内務大臣が決定した都市計画にかかる道路に関し、道路の区域内に土地を所有する者が損失を受けていると主張した事案について、その損失は、一般的に当然に受忍すべきものとされる制限の範囲を超えて特別の犠牲を課せられたものということがいまだ困難であるから、直接憲法29条3項を根拠として上記の損失につき補償請求をすることはできないとした判例がある（最判平17.11.1）。

B □□□ H28-21-1

2 火災の際の消防活動において、消防長等は、消火もしくは延焼の防止または人命の救助のために緊急の必要があるときは、消防対象物ないし延焼対象物以外の建築物等を破壊することができるが、当該行為は延焼を防ぐために必要な緊急の措置であるため、損害を受けた者は、消防法による損失補償を請求することができない。

B □□□ H28-21-5

3 道路管理者である地方公共団体が行った地下横断歩道の新たな設置によって自己の所有する地下埋設ガソリンタンクが消防法の規定違反となり、事業者が当該ガソリンタンクを移転した場合には、事業者は、移転に必要な費用につき道路法による損失補償を求めることができる。

A □□□ H25-9-1

4 事業者に対する行政財産の目的外使用許可が所定の使用期間の途中で撤回された場合に、撤回を行った行政主体に損失補償の責任が生じるのは、許可に際して損失補償をする旨の取り決めを行ったときに限られる。

B □□□ H26-20-1

5 土地収用に伴う損失補償は、「相当な補償」で足るものとされており、その額については、収用委員会の広範な裁量に委ねられている。

B □□□ H30-21-1

6 土地を収用することによって土地所有者が受ける損失は、当該道路を設置する起業者に代わり、収用裁決を行った収用委員会が所属する都道府県がこれを補償しなければならない。

2 ✖ 　判例は、消防法29条1項、2項に規定する消防対象物・延焼対象物について、消火若しくは延焼の防止又は人命の救助のために必要があるときに、これを使用し、処分し又はその使用を制限した場合、その損失の補償は不要であるとしている。もっとも、それ以外の消防対象物について、同判例は、「損害を受けた者からその損失の補償の要求があれば、その損失を補償しなければならない」としている（最判昭47.5.30）。したがって、消防対象物ないし延焼対象物以外の建築物等を破壊した場合には、消防法による損失補償が必要となる。

---

3 ✖ 　判例は、「道路工事の施行の結果、警察違反の状態を生じ、危険物保有者が右技術上の基準に適合するように工作物の移転等を余儀なくされ、これによつて損失を被つたとしても、それは道路工事の施行によつて警察規制に基づく損失がたまたま現実化するに至つたものにすぎず、このような損失は、道路法70条1項の定める補償の対象には属しないものというべきである」としている（最判昭58.2.18）。

---

4 ✖ 　判例は、使用許可によって与えられた使用権は、それが期間の定めのない場合であれば、行政財産本来の用途又は目的上の必要を生じたときは、その時点において原則として消滅すべきものであり、例外は、使用許可に際し別段の定めがされている場合のほか、使用権者が使用許可を受けるときに対価の支払をしているが行政財産の使用収益により対価を償却するに足りないと認められる期間内に行政財産に本来の用途等に基づく必要を生じた場合など、使用権者がなお当該使用権を保有する実質的理由を有すると認めるに足りる特別の事情がある場合に限られるとした（最判昭49.2.5）。したがって、行政主体に損失補償の責任が生じるのは、許可に際して損失補償をする旨の取決めを行ったときに限られるわけではない。

---

5 ✖ 　判例は、土地収用法による補償金の額は、「相当な価格」（71条参照）等の不確定概念をもって定められているものではあるが、通常人の経験則及び社会通念に従って、客観的に認定され得るものであり、かつ、認定すべきものであって、補償の範囲及びその額の決定につき収用委員会に裁量権が認められるものと解することはできないとしている（最判平9.1.28）。

---

6 ✖ 　土地収用法68条は、「土地を収用し、又は使用することに因つて土地所有者及び関係人が受ける損失は、起業者が補償しなければならない。」と規定している。

Part 4 地方自治法

Chapter 1 地方公共団体の組織

総合テキスト ▶▶▶ Chapter 10

H24-22-イ

1 地方自治法は、その目的として、「地方公共団体の健全な発達を保障すること」をあげている。

H24-22-ウ

2 地方自治法は、「地方自治の本旨」の内容につき、それが「住民自治」と「団体自治」とを意味すると規定している。

H30-22-1

3 特別区は、かつては特別地方公共団体の一種とされていたが、地方自治法の改正により、現在は、市町村などと同様の普通地方公共団体とされており、その区長も、公選されている。

R5-22-4

4 市となるべき普通地方公共団体の要件として、地方自治法それ自体は具体的な数を示した人口要件を規定していないが、当該都道府県の条例で人口要件を定めることはできる。

H20-25-5

5 地方自治法が定める一定の人口要件を下回った市は、町または村となる。

H20-25-2

6 指定都市が市長の権限に属する事務を分掌させるために条例で設ける区を、特別区という。

644

1 ○ 　地方自治法は、地方自治の本旨に基づいて、地方公共団体の区分並びに地方公共団体の組織及び運営に関する事項の大綱を定め、あわせて国と地方公共団体との間の基本的関係を確立することにより、地方公共団体における民主的にして能率的な行政の確保を図るとともに、「地方公共団体の健全な発達を保障すること」を目的としている（1条）。

2 ✕ 　地方自治法には、「地方自治の本旨」の内容につき、それが「住民自治」と「団体自治」とを意味するとの規定はない。

3 ✕ 　地方自治法1条の3第1項は、「地方公共団体は、普通地方公共団体及び特別地方公共団体とする。」と規定し、同条3項は、「特別地方公共団体は、特別区、地方公共団体の組合及び財産区とする。」と規定しており、特別区は特別地方公共団体とされている。なお、特別区の区長が公選されているという点は妥当である（283条1項、17条、19条3項）。

関連

4 ✕ 　地方自治法8条1項は、「市となるべき普通地方公共団体は、左に掲げる要件を具えていなければならない。」と規定しており、同項1号は、「人口5万以上を有すること。」を掲げている。本問は、「市となるべき普通地方公共団体の要件として、地方自治法それ自体は具体的な数を示した人口要件を規定していない」としているため、誤りである。

5 ✕ 　地方自治法が定める一定の人口要件（8条1項1号）を下回った市でも、引き続き市であり続けることができる。

比較

6 ✕ 　都の区は、これを特別区という（地方自治法281条1項）。これに対して、指定都市が条例で設ける区（252条の20）は、行政区と呼ばれている。

H22-22-1

7 地方自治法が定める大都市制度について、中核市は、指定都市と同様、市長の権限に属する事務を分掌させるため、条例でその区域を分けて区を設けることができる。

H22-22-4

8 地方自治法が定める大都市制度について、指定都市は、必要と認めるときは、条例で、区の議会を置くことができる。

H30-22-2

9 特別区は、独立の法人格を有する地方公共団体である点においては、指定都市に置かれる区と相違はないが、議会や公選の区長を有すること、さらには条例制定権限を有する点で後者とは異なる。

H22-22-5

10 地方自治法が定める大都市制度について、指定都市は、地方自治法において列挙された事務のうち、都道府県が法律またはこれに基づく政令の定めるところにより処理することとされているものの全部または一部で政令で定めるものを処理することができる。

H28-22-5

11 地方公共団体は、その権限に属する事務を分掌させる必要があると認めるときは、条例で、その区域を分けて特別区を設けることができる。

H30-22-4

12 特別区は、地方自治法上は、都に設けられた区をいうこととされているが、新たな法律の制定により、廃止される関係市町村における住民投票などの手続を経て、一定の要件を満たす他の道府県においても設けることが可能となった。

646

7 ✕ 　指定都市については、市長の権限に属する事務を分掌させるため、条例で、その区域を分けて区を設けるものとする（地方自治法252条の20第1項前段）。しかし、**中核市については、このような規定はない**（13条2項参照）。

8 ✕ 　指定都市については、**区の「議会」を置くことができるとする規定はない**（地方自治法252条の20第7項参照）。

---- 比較 -----

9 ✕ 　地方自治法1条の3第1項は、「地方公共団体は、普通地方公共団体及び特別地方公共団体とする。」と規定し、同条3項は、「特別地方公共団体は、特別区、地方公共団体の組合及び財産区とする。」と規定している。そして、2条1項は、「地方公共団体は、法人とする。」と規定しているから、**特別区は独立の法人格を有する地方公共団体**である。しかし、**指定都市の区は特別区とは異なり、法人格があるわけではなく、市の行政事務処理の便宜のために設けられる行政区にとどまる**。なお、特別区が議会や公選の区長を有し、条例制定権限を有する（283条1項、17条、14条1項）という点は妥当である。

10 ⭕ 　そのとおりである（地方自治法252条の19第1項）。

11 ✕ 　地方自治法において、地方公共団体がその権限に属する**事務を分掌させる必要があると認めるときに条例でその区域を分けて特別区を設けることができるとする規定はない**。

12 ⭕ 　地方自治法281条1項は、「都の区は、これを特別区という。」と規定している。もっとも、大都市地域における特別区の設置に関する法律が2012年に成立したため、**道府県内においても、一定の実体的・手続的要件を満たせば、特別区の設置が可能になった**。

H21-23-4

13 地方自治法の定める「地方公共団体の組合」には、一部事務組合のほか、広域連合などがある。

H21-23-2

14 市町村や特別区は、一部事務組合に加入できるが、都道府県は、これに加入することができない。

Chapter 2 住民の直接参政制度

総合テキスト ▶▶▶ Chapter 11

1 選挙権・被選挙権

H25-24-3

1 公職選挙法上の住所とは、各人の生活の本拠、すなわち、その人の生活に最も関係の深い一般的生活、全生活の中心を指す。

H25-24-4

2 都市公園内に不法に設置されたテントを起居の場所としている場合、テントにおいて日常生活を営んでいる者は、テントの所在地に住所を有するということはできない。

R2-22-ア

3 市町村の区域内に住所を有する者は、当該市町村およびこれを包括する都道府県の住民とする。

R2-22-ウ

4 住民は、法律の定めるところにより、その属する普通地方公共団体の役務の提供をひとしく受ける権利を有し、その負担を分任する義務を負う。

648

13 ⭕ **地方公共団体の組合は、一部事務組合及び広域連合**とする（地方自治法284条1項）。なお、平成23年の法改正前には全部事務組合と役場事務組合があったが、同年の法改正により廃止された。

---

14 ❌ 普通地方公共団体及び特別区は、その事務の一部を共同処理するため、その協議により規約を定め、**都道府県の加入するものにあっては総務大臣の許可を得て、一部事務組合を設けることができる**（地方自治法284条2項前段）。したがって、普通地方公共団体である都道府県は一部事務組合に加入することができる。

1 ⭕ 判例は、およそ法令において人の住所につき法律上の効果を規定している場合、反対の解釈をなすべき特段の事由のない限り、その住所とは各人の生活の本拠を指すものとしている（最大判昭29.10.20）。

2 ⭕ 判例は、都市公園内に不法に設置されたキャンプ用テントを起居の場所とし、公園施設である水道設備等を利用して日常生活を営んでいる場合には、社会通念上、テントの所在地が客観的に生活の本拠としての実体を具備しているものとみることはできないとした（最判平20.10.3）。

---

3 ⭕ そのとおりである（地方自治法10条1項）。

---

4 ⭕ そのとおりである（地方自治法10条2項）。

H30-23-オ

5　日本国民たる普通地方公共団体の住民は、当該普通地方公共団体の条例の定めるところにより、その属する普通地方公共団体の選挙に参与する権利を有する。

H22-23-ウ

6　都道府県は、その住民につき、住民たる地位に関する正確な記録を整備しておかなければならない。

H25-24-1改

7　日本国民たる年齢満18歳以上の者で引き続き一定期間以上市町村の区域内に住所を有するものは、その属する普通地方公共団体の議会の議員及び長の選挙権を有する。

R4-26-4

8　日本国籍を有しない住民のうち、一定の期間、同一地方公共団体の区域内に居住したものは、当該地方公共団体の長や議会の議員の選挙権を有する。

H22-23-ア

9　都道府県知事の被選挙権は、当該都道府県の住民ではなくとも、法定の年齢以上の日本国籍を有する者であれば認められる。

2　直接請求

H30-26-4

10　特定の市立保育所の廃止条例の制定に関する議決を阻止するため、一定数の選挙人の署名により、地方自治法上の直接請求をすることができる。

5 ✗ 地方自治法11条は、「日本国民たる普通地方公共団体の住民は、**この法律の定めるところにより**、その属する普通地方公共団体の選挙に参与する権利を有する。」と規定している。

6 ✗ 市町村は、別に法律の定めるところにより、その住民につき、住民たる地位に関する正確な記録を常に整備しておかなければならない（地方自治法13条の2）。

7 ○ そのとおりである（地方自治法18条）。

8 ✗ **日本国民たる年齢満18年以上の者**で引き続き3か月以上市町村の区域内に住所を有するものは、普通地方公共団体の議会の議員及び長の選挙権を有する（地方自治法18条）。したがって、日本国籍を有しない者は、選挙権を有しない。

9 ○ 都道府県知事の被選挙権は、**当該都道府県の住民ではなくとも、年齢満30年以上の日本国籍を有する者**であれば認められる（地方自治法19条2項、18条参照）。

図表1

10 ✗ 地方自治法74条1項は、「普通地方公共団体の議会の議員及び長の選挙権を有する者……は、政令で定めるところにより、その総数の50分の1以上の者の連署をもつて、その代表者から、普通地方公共団体の長に対し、条例（地方税の賦課徴収並びに分担金、使用料及び手数料の徴収に関するものを除く。）の制定又は改廃の請求をすることができる。」と規定している。**同項に基づく直接請求の対象は、条例そのものの制定又は改廃**である。したがって、本問のように特定の市立保育所の廃止条例の制定に関する議決を阻止するために、直接請求をすることはできない。

R5-23-2

11 普通地方公共団体の事務のうち法定受託事務に関する条例については、条例の制定改廃の直接請求の対象とすることはできない。

R2-22-エ

12 日本国民たる普通地方公共団体の住民は、その属する普通地方公共団体のすべての条例について、その内容にかかわらず、制定または改廃を請求する権利を有する。

R3-23-5

13 普通地方公共団体の議会の議員および長の選挙権を有する者は、法定数の連署をもって、当該普通地方公共団体の長に対し、条例の制定または改廃の請求をすることができるが、地方税の賦課徴収等に関する事項はその対象から除外されている。

H18-23-3

14 条例の制定改廃を求める直接請求が成立した場合、首長は住民投票を行って過半数の同意が得られれば、議会の同意を経ることなく条例を公布することができる。

H19-22-4

15 条例の制定改廃の請求は、普通地方公共団体の長に対して行われ、長から議会に対して付議される。

H26-23-1

16 選挙権を有する者からの一定の者の連署による条例の制定又は改廃の請求がなされた場合、適法な請求を受理した長は、これを議会に付議しなければならず、付議を拒否することは認められていない。

11 ✗ 地方自治法74条1項は、その対象として、「条例（地方税の賦課徴収並びに分担金、使用料及び手数料の徴収に関するものを除く。）」としているのみで、**法定受託事務を対象としていないわけではない**。したがって、本問は、「法定受託事務に関する条例については、条例の制定改廃の直接請求の対象とすることはできない」としている点で誤りである。

12 ✗ 地方自治法74条1項は、「**普通地方公共団体の議会の議員及び長の選挙権を有する者**……は、政令で定めるところにより、その総数の50分の1以上の者の連署をもつて、その代表者から、普通地方公共団体の長に対し、条例（**地方税の賦課徴収並びに分担金、使用料及び手数料の徴収に関するものを除く。**）の制定又は改廃の請求をすることができる。」と規定しているため、条例の制定又は改廃を請求するには選挙権を有する者である必要があり、また、条例の内容によっては請求することができないものもある。

13 ○ 制定又は改廃の請求ができる条例の内容については、地方自治法74条1項かっこ書において「**地方税の賦課徴収並びに分担金、使用料及び手数料の徴収に関するものを除く**」とされており、その制約が明示されている。

14 ✗ 条例の制定又は改廃の請求（地方自治法12条1項、74条）は、住民に対して、あくまで当該条例を議会に発案する権利を与えるもの（イニシアティブ）であるにすぎない。住民投票に付して、住民自らが条例の制定又は改廃を決めるわけではない。**当該請求にかかる条例の制定又は改廃の最終決定権を持つのは議会**である。

15 ○ 選挙権を有する者は、普通地方公共団体の長に対し、条例の制定改廃の請求をすることができる（地方自治法74条1項）。そして、その長は、かかる請求を受理した日から20日以内に**議会を招集し、意見を付けてこれを議会に付議**しなければならない（同条3項前段）。

16 ○ そのとおりである（地方自治法74条3項）。

R5-23-3

17 市町村の条例の制定改廃の直接請求における署名簿の署名に関し異議があるとき、関係人は、法定の期間内に総務大臣にこれを申し出ることができる。

H18-23-2

18 知事・市町村長のみならず、選挙管理委員、監査委員などの役員も、直接請求としての解職請求の対象となる。

H18-23-4

19 首長等の解職を求める直接請求は、あくまでも解職請求権の行使を議会に求めるものであり、直接請求が成立した場合においても、首長を解職するか否かの最終判断は議会が行う。

H21-22-2

20 普通地方公共団体の事務の執行に関する事務監査請求は、当該普通地方公共団体の住民であれば、1人でも行うことができる。

R5-23-1

21 事務監査請求は、当該普通地方公共団体の住民であれば、日本国民であるか否か、また普通地方公共団体の議会の議員及び長の選挙権を有するか否かにかかわらず、これを請求することができる。

17 ✕ 地方自治法74条の2第4項は、「署名簿の署名に関し異議があるときは、関係人は、第2項の規定による縦覧期間内に当該市町村の選挙管理委員会にこれを申し出ることができる。」と規定している。本問は、「総務大臣にこれを申し出ることができる」としている点で誤りである。

---

18 ◯ 地方自治法上、長の解職請求だけでなく、選挙管理委員、監査委員等の主要公務員の解職請求も認められている（81条、86条）。

---

19 ✕ 例えば、地方公共団体の長は、解職請求に基づき行われる選挙人の投票において過半数の同意があったときは、その職を失う（地方自治法81条、83条）。議会が地方公共団体の長の解職について最終判断を行うわけではない。

---

20 ✕ 選挙権を有する者は、政令で定めるところにより、その総数の50分の1以上の者の連署をもって、その代表者から、普通地方公共団体の監査委員に対し、当該普通地方公共団体の事務の執行に関し、監査の請求をすることができる（地方自治法12条2項、75条1項）。

---

21 ✕ 地方自治法75条1項は、「選挙権を有する者……は、政令で定めるところにより、その総数の50分の1以上の者の連署をもって、その代表者から、普通地方公共団体の監査委員に対し、当該普通地方公共団体の事務の執行に関し、監査の請求をすることができる。」と規定し、ここでの「選挙権を有する者」とは、「普通地方公共団体の議会の議員及び長の選挙権を有する者」とされている（74条1項）。そして、「日本国民たる年齢満18年以上の者で引き続き3箇月以上市町村の区域内に住所を有するものは、……その属する普通地方公共団体の議会の議員及び長の選挙権を有する。」とされている（18条）。したがって、本問は、「日本国民であるか否か、また……選挙権を有するか否かにかかわらず、これを請求できる」としているため誤りである。

行政法

part 4 地方自治法

chap 2 住民の直接参政制度

655

R5-23-4

22 議会の解散請求は、日本国民たる普通地方公共団体の住民であって、普通地方公共団体の議会の議員及び長の選挙権を有する者の総数のうち、地方自治法所定の数以上の連署をもって成立するが、この総数が一定数以上の普通地方公共団体については、成立要件を緩和する特例が設けられている。

R5-23-5

23 議会の解散請求が成立した後に行われる解散の住民投票において、過半数の同意があった場合、議会は解散するが、普通地方公共団体の議会の議員及び長の選挙権を有する者の総数が一定以上の普通地方公共団体については、過半数の同意という成立要件を緩和する特例が設けられている。

3　住民監査請求・住民訴訟

H18-24-2

24 住民監査請求を提起できるのは、当該普通地方公共団体の住民のうち選挙権を有する者に限られる。

H21-24-1

25 住民監査請求をすることができる者は、当該地方公共団体の住民に限られ、それ以外の者が請求することは認められていない。

R4-23-4

26 普通地方公共団体において違法な財務会計行為があると認めるときは、当該財務会計行為と法律上の利害関係のある者は、当該地方公共団体の住民でなくとも住民監査請求をすることができる。

22 ⭕ 地方自治法76条1項は、「選挙権を有する者は、政令の定めるところにより、その総数の3分の1（その総数が40万を超え80万以下の場合にあつてはその40万を超える数に6分の1を乗じて得た数と40万に3分の1を乗じて得た数とを合算して得た数、その総数が80万を超える場合にあつてはその80万を超える数に8分の1を乗じて得た数と40万に6分の1を乗じて得た数と40万に3分の1を乗じて得た数とを合算して得た数）以上の者の連署をもつて、その代表者から、普通地方公共団体の選挙管理委員会に対し、当該普通地方公共団体の議会の解散の請求をすることができる。」と規定している。

23 ❌ 地方自治法78条は、「普通地方公共団体の議会は、第76条第3項の規定による解散の投票において過半数の同意があつたときは、解散するものとする。」と規定している。そして、これに関しては、76条1項と異なり、選挙権を有する者の総数が一定以上の普通地方公共団体に関する特例は存在していない。したがって、本問は、「選挙権を有する者の総数が一定以上の普通地方公共団体については、過半数の同意という成立要件を緩和する特例が設けられている」としている点で誤りである。

24 ❌ 住民監査請求を行うことができるのは、「普通地方公共団体の住民」である（地方自治法242条1項）。したがって、選挙権を有しない者であっても住民監査請求を提起できる。

25 ⭕ 住民監査請求ができるのは、当該普通地方公共団体の住民である（地方自治法242条1項）。

26 ❌ 住民監査請求は、当該普通地方公共団体の住民でなければ行うことができない（地方自治法242条1項）。

H29-24-3

27 住民監査請求をするに当たって、住民は、当該地方公共団体の有権者のうち一定数以上の者とともに、これをしなければならない。

H21-24-2

28 住民監査請求の対象は、公金の支出などの地方公共団体の職員等の作為に限られ、公金の賦課徴収を怠るなどの不作為は、対象とならない。

H30-24-5

29 都道府県の自治事務と法定受託事務は、いずれも事務の監査請求および住民監査請求の対象となることがある。

H21-24-3

30 地方公共団体の長の行為についての住民監査請求は、長に対してすべきこととなるが、長は、監査委員の意見を聴いて、監査結果を通知すべきこととされている。

H21-24-4

31 住民監査請求によって請求できる内容は、当該行為の差止めなど、法定された4類型に限定されている。

H25-21-4

32 住民監査請求においては、その請求方式は、当該行為の一部または全部の差止の請求などの4種類に限定されており、それ以外の請求方式は認められていないが、事務監査請求については、このような請求方式の制限はない。

27 ✗ 　住民監査請求は、住民であればだれでも、地方公共団体の財務会計行為の適正を期すために、単独で行うことができる（地方自治法242条1項）。なお、事務監査請求を行う場合には、有権者の一定数以上の署名が必要である（75条1項）。

28 ✗ 　住民監査請求の対象は、地方公共団体の長等又は職員が行った、違法・不当な公金の支出、財産の取得、管理若しくは処分、契約の締結若しくは履行若しくは債務その他の義務の負担、又は違法・不当に公金の賦課若しくは徴収若しくは財産の管理を怠る事実（「怠る事実」）である（地方自治法242条1項）。したがって、住民監査請求の対象には不作為も含まれる。

29 ○ 　自治事務も法定受託事務も、地方公共団体の事務であるから、事務監査請求（地方自治法12条2項、75条1項）における「普通地方公共団体の事務」に含まれる。また、住民監査請求（242条）における違法又は不当な財務会計上の行為又は怠る事実には、自治事務のみならず、法定受託事務も含まれる。したがって、自治事務と法定受託事務はいずれも事務の監査請求及び住民監査請求の対象となることがある。

30 ✗ 　住民監査請求は、監査委員に対して監査を求めるものである（地方自治法242条1項）。

31 ✗ 　住民監査請求の内容は、当該行為を防止し、若しくは是正し、若しくは当該怠る事実を改め、又は当該行為若しくは怠る事実によって当該普通地方公共団体の被った損害を補塡するために必要な措置を講ずべきことを請求するものである（地方自治法242条1項）。なお、請求内容が法定された4つの類型に限定されているのは住民訴訟である（242条の2第1項各号）。

図表2
関連

32 ✗ 　請求方式について4種類に限定されているのは住民訴訟であって、住民監査請求ではない（地方自治法242条の2第1項各号参照）。なお、事務監査請求については正しい（75条参照）。

H25-21-2

33 住民監査請求については、対象となる行為があった日または終わった日から一定期間を経過したときは、正当な理由がある場合を除き、これをすることができないこととされているが、事務監査請求については、このような請求期間の制限はない。

H19-25-オ

34 住民監査請求にも住民訴訟にも期間の制限があり、これを徒過すると提起することはできなくなる。

H19-25-ア

35 住民監査請求は事務監査請求とは異なり、当該地方公共団体の住民に限らず、何人であっても一人で提起することができる。

H25-21-1

36 住民監査請求をすることができる者は、当該地方公共団体の住民のみに限られているが、事務監査請求については、当該事務の執行に特別の利害関係を有する者であれば、当該地方公共団体の住民以外でもすることができることとされている。

H22-24-ウ

37 地方自治法に定める住民訴訟について、他の住民による住民訴訟が係属しているときには、当該普通地方公共団体の住民であっても、別訴をもって同一の請求をすることはできない。

H22-24-エ

38 地方自治法に定める住民訴訟について、住民訴訟は、当該普通地方公共団体の事務所の所在地を管轄する高等裁判所に提起することとされている。

33 ⭕ 　住民監査請求は、「当該行為のあつた日又は終わつた日から1年を経過したときは、これをすることができない。ただし、正当な理由があるときは、この限りでない。」と定められている（地方自治法242条2項）。一方、事務監査請求については、請求期間の制限は設けられていない（75条参照）。

34 ⭕ 　住民監査請求は、当該行為のあった日又は終わった日から1年以内にしなければならないので、期間の制限がある（地方自治法242条2項）。他方、住民訴訟も、監査委員の監査の結果又は勧告に不服がある場合は、当該監査の結果又は当該勧告の内容の通知があった日から30日以内にしなければならない等、期間の制限がある（242条の2第2項）。そして、これらの期間を徒過すると、住民監査請求も、住民訴訟も提起できなくなる。

35 ✖ 　住民監査請求の請求権者は「普通地方公共団体の住民」であり、当該普通地方公共団体の住民であれば、1人でも住民監査請求することができる（地方自治法242条1項）。一方、事務監査請求は「普通地方公共団体の議会の議員及び長の選挙権を有する者」の総数の50分の1以上の者の連署をもって行う（75条1項）から、事務監査請求は、当該普通地方公共団体の住民以外はすることができず（18条参照）、1人で提起することはできない。

36 ✖ 　住民監査請求の請求権者は「普通地方公共団体の住民」であり、前段は正しい（地方自治法242条1項）。一方、事務監査請求の請求権者は「普通地方公共団体の議会の議員及び長の選挙権を有する者」とされ（75条1項、74条1項参照）、当該普通地方公共団体の住民以外ではすることができない（18条参照）。

37 ⭕ 　そのとおりである（地方自治法242条の2第4項）。

38 ✖ 　住民訴訟は、当該普通地方公共団体の事務所の所在地を管轄する「地方裁判所」の管轄に専属する（地方自治法242条の2第5項）。

H23-21-ア

39 「公金の支出を行うことを当該普通地方公共団体の長に対して義務付ける請求」は、地方自治法の定める住民訴訟における請求として行うことができる。

H23-21-イ

40 「執行機関に対する財産の管理を怠る事実の違法確認の請求」は、地方自治法の定める住民訴訟における請求として行うことができる。

H23-21-ウ

41 「公金の支出の相手方に対して損害賠償請求をすることを執行機関に対して求める請求」は、地方自治法の定める住民訴訟における請求として行うことができる。

H23-21-エ

42 「違法な公金の支出に関与した職員に対する懲戒処分を懲戒権者に対して求める請求」は、地方自治法の定める住民訴訟における請求として行うことができる。

H23-21-オ

43 「財産の管理又は処分のために行われた行政処分の取消し又は無効確認の請求」は、地方自治法の定める住民訴訟における請求として行うことができる。

H19-25-イ

44 住民訴訟を提起するには、原則として住民監査請求を経ている必要があり、これを住民監査請求前置（主義）という。

H25-21-5

45 住民監査請求においては、監査の結果に不服のある請求者は、住民訴訟を提起することができることとされているが、事務監査請求においては、監査の結果に不服のある請求者は、監査結果の取消しの訴えを提起できることとされている。

39 ✗ 　住民訴訟における請求として行うことができるものは、①執行機関又は職員に対する違法な**財務会計上の行為の全部又は一部の差止めの請求**、②行政処分たる違法な**財務会計上の行為の取消し又は無効確認の請求**、③執行機関又は職員に対する**違法な財務に関する怠る事実の違法確認の請求**、④職員、又は違法な財務会計上の行為若しくは財務に関する怠る事実にかかる**相手方に、損害賠償又は不当利得返還の請求をすることを普通地方公共団体の執行機関又は職員に対して求める請求**（ただし書以下は省略）、の４つである（地方自治法242条の２第１項）。公金の支出を行うことを当該普通地方公共団体の長に対して義務付ける請求は、**上記の４つの請求のいずれにも該当しない**（同項参照）。

40 ⭘ 　そのとおりである（地方自治法242条の２第１項３号）。

関連

41 ⭘ 　そのとおりである（地方自治法242条の２第１項４号）。

42 ✗ 　設問39の前段の解説参照（地方自治法242条の２第１項）。したがって、違法な公金の支出に関与した**職員に対する懲戒処分を懲戒権者に対して求める請求は、前記４つの請求のいずれにも該当しない**（同項参照）。

43 ⭘ 　そのとおりである（地方自治法242条の２第１項２号）。

44 ⭘ 　そのとおりである。**住民訴訟をするには、住民監査請求を経ている必要**がある（地方自治法242条の２第１項）。そして、このことは住民監査請求前置（主義）といわれている。

45 ✗ 　住民訴訟を提起することができるのは住民監査請求を行った請求人であり、前段は正しい（地方自治法242条の２第１項）。一方、**事務監査請求について、監査の結果に不服のある請求者が監査結果の取消しの訴えを提起できるとする規定は設けられていない**。

663

H29-24-2

46 住民訴訟によって、住民は、地方公共団体の契約締結の相手方に対し、不当利得返還等の代位請求をすることができる。

R6-23-5

47 損害賠償の請求をすることを普通地方公共団体の執行機関に対して求める住民訴訟において、原告住民の請求を認容する判決が確定した場合は、当該原告住民に対して、当該損害賠償請求に係る賠償金が支払われることになる。

H27-21-エ

48 住民訴訟は、行政事件訴訟法の定める機関訴訟であり、それに関する行政事件訴訟法の規定が適用される。

46 ✖ 　地方自治法242条の2第1項4号本文は、住民訴訟の類型として、「当該職員又は当該行為若しくは怠る事実に係る相手方に損害賠償又は不当利得返還の請求をすることを当該普通地方公共団体の執行機関又は職員に対して求める請求」を掲げている。同号については、従前は、原告住民が地方公共団体に代位して当該職員又は当該行為若しくは怠る事実にかかる相手方に損害賠償又は不当利得返還の請求をする訴訟（代位訴訟）とされていたが、2002年の地方自治法改正により、執行機関等を被告として長、職員、相手方への損害賠償等の請求を行うことを求める義務付け訴訟に再構成された。したがって、**住民は、住民訴訟によって、地方公共団体の契約締結の相手方に対し、不当利得返還等の代位請求をすることはできない。**

---

47 ✖ 　「当該職員又は当該行為若しくは怠る事実に係る相手方に損害賠償又は不当利得返還の請求をすることを当該普通地方公共団体の執行機関又は職員に対して求める請求」（地方自治法242条の2第1項4号本文、いわゆる4号請求）については、執行機関等を被告として、長、職員、相手方への損害賠償等の請求を行うことを求める義務付け訴訟とされており、原告住民の請求を認容する判決が確定した場合、普通地方公共団体の長は、当該判決が確定した日から60日以内の日を期限として、当該請求にかかる損害賠償金又は不当利得の返還金の支払を請求しなければならず（242条の3第1項）、また、当該判決が確定した日から60日以内に当該請求にかかる損害賠償金又は不当利得による返還金が支払われないときは、当該普通地方公共団体は、当該損害賠償又は不当利得返還の請求を目的とする訴訟を提起しなければならない（同条2項）とされているから、本問において、原告住民の請求を認容する判決が確定した場合、**当該原告住民に対してではなく、当該普通地方公共団体に対して、当該損害賠償請求にかかる賠償金が支払われる**ことになる。

---

48 ✖ 　住民訴訟は、「国又は公共団体の機関の法規に適合しない行為の是正を求める訴訟で、選挙人たる資格その他自己の法律上の利益にかかわらない資格で提起するもの」である**民衆訴訟**（行政事件訴訟法5条）**の一種**であって、機関訴訟（6条）ではない。なお、地方自治法242条の2第11項は、「第2項から前項までに定めるもののほか、第1項の規定による訴訟〔住民訴訟〕については、行政事件訴訟法第43条の規定の適用があるものとする。」と規定しており、行政事件訴訟法43条は民衆訴訟について抗告訴訟又は当事者訴訟に関する規定を準用しているから、住民訴訟においては、民衆訴訟に関する行政事件訴訟法の規定が適用されることになる。

665

H29-24-1

49 地方公共団体が随意契約の制限に関する法令の規定に違反して契約を締結した場合、当該契約は当然に無効であり、住民は、その債務の履行の差止めを求める住民訴訟を提起することができる。

R4-23-3

50 普通地方公共団体における違法な財務会計行為について住民訴訟を提起しようとする者は、当該財務会計行為について、その者以外の住民が既に提起した住民監査請求の監査結果が出ている場合は、自ら別個に住民監査請求を行う必要はない。

H29-24-5

51 監査委員が適法な住民監査請求を不適法として却下した場合、当該請求をした住民は、適法な住民監査請求を経たものとして、直ちに住民訴訟を提起することができる。

R2-24-1

52 住民訴訟を提起した者が当該訴訟の係属中に死亡したとき、その相続人は、当該地方公共団体の住民である場合に限り、訴訟を承継することができる。

R4-23-1

53 住民訴訟は、普通地方公共団体の住民にのみ出訴が認められた客観訴訟であるが、訴訟提起の時点で当該地方公共団体の住民であれば足り、その後他に転出しても当該訴訟が不適法となることはない。

49 ✗　判例は、「随意契約の制限に関する法令に違反して締結された……契約であっても私法上当然に無効になるものではなく、……当該契約の効力を無効としなければ随意契約の締結に制限を加える前記法〔地方自治法〕及び令〔地方自治法施行令〕の規定の趣旨を没却する結果となる特段の事情が認められる場合に限り、私法上無効になる」としたうえで、「当該契約が仮に随意契約の制限に関する法令に違反して締結された点において違法であるとしても、それが私法上当然無効とはいえない場合には、普通地方公共団体は契約の相手方に対して当該契約に基づく債務を履行すべき義務を負うのであるから、右債務の履行として行われる行為自体はこれを違法ということはできず、このような場合に住民が法242条の2第1項1号所定の住民訴訟の手段によつて普通地方公共団体の執行機関又は職員に対し右債務の履行として行われる行為の差止めを請求することは、許されない」としている（最判昭62.5.19）。

50 ✗　住民監査請求を行った住民でなければ、住民訴訟を提起することはできない（地方自治法242条の2第1項、242条1項）。

51 〇　判例は、「監査委員が適法な住民監査請求を不適法であるとして却下した場合、当該請求をした住民は、適法な住民監査請求を経たものとして、直ちに住民訴訟を提起することができるのみならず、当該請求の対象とされた財務会計上の行為又は怠る事実と同一の財務会計上の行為又は怠る事実を対象として再度の住民監査請求をすることも許される」としている（最判平10.12.18）。

52 ✗　判例は、地方自治法242条の2に規定する住民訴訟は、原告の死亡により終了するとしている（最判昭55.2.22）。

関連

53 ✗　住民訴訟の出訴権者は、普通地方公共団体の「住民」である（地方自治法242条の2第1項）。そして、事実審の口頭弁論終結時までに当該地方公共団体から転出した者の訴えは、不適法として却下される（大阪高判昭59.1.25参照）。

R2-24-2

54 住民訴訟を提起する者は、その対象となる財務会計行為が行われた時点において当該普通地方公共団体の住民であることが必要である。

H18-24-1

55 住民監査請求の監査の結果もしくは勧告が出されるまでは、住民訴訟を提起することは許されない。

R4-23-5

56 違法に公金の賦課や徴収を怠る事実に関し、住民が住民監査請求をした場合において、それに対する監査委員の監査の結果または勧告に不服があるとき、当該住民は、地方自治法に定められた出訴期間内に住民訴訟を提起することができる。

H22-24-イ

57 地方自治法に定める住民訴訟においては、住民監査請求と同様、公金支出の違法の問題のみならず不当の問題についても争うことができる。

H29-24-4

58 地方公共団体の住民が違法な公金の支出の差止めを求める住民訴訟を適法に提起した場合において、公金の支出がなされることによる重大な損害を避けるため、同時に執行停止の申立ても行うことができる。

54 ✗ 　地方自治法242条の2第1項は、「普通地方公共団体の住民は、前条第1項の規定による請求をした場合において、同条第5項の規定による監査委員の監査の結果若しくは勧告……措置に不服があるとき……裁判所に対し、同条第1項の請求に係る違法な行為又は怠る事実につき、訴えをもって次に掲げる請求をすることができる。」と規定しており、住民訴訟を行うことができる者を、242条1項の住民監査請求を行った当該地方公共団体の住民と定めている。したがって、本問のように、対象となる財務会計行為が行われた時点で当該地方公共団体の住民である必要はない。

---

55 ✗ 　住民監査請求があった日から60日以内に、当該請求にかかる監査又は勧告が行われないときには、住民訴訟を提起することができる（地方自治法242条の2第1項柱書）。

---

56 ○ 　住民監査請求の結果に不服がある住民は、住民訴訟を提起できる。また、地方自治法242条の2第2項には、出訴期間に関する定めが置かれている。

---

57 ✗ 　住民訴訟においては、公金支出の違法の問題について争うことはできるが、不当の問題については争うことができない（地方自治法242条の2第1項）。

---

58 ✗ 　地方自治法242条の2第11項は、「第2項から前項までに定めるもののほか、第1項の規定による訴訟については、行政事件訴訟法第43条の規定の適用があるものとする。」と規定し、行政事件訴訟法43条3項は、「民衆訴訟又は機関訴訟で、前2項に規定する訴訟〔処分又は裁決の取消し・無効の確認を求めるもの〕以外のものについては、第39条及び第40条第1項の規定を除き、当事者訴訟に関する規定を準用する。」と規定しているから、違法な公金の支出の差止めを求める住民訴訟については、当事者訴訟に関する規定が準用される。そして、当事者訴訟に関する規定においては、執行停止に関する行政事件訴訟法25条が準用されていないから（41条）、違法な公金の支出の差止めを求める住民訴訟を適法に提起した場合でも、同時に執行停止の申立てを行うことはできない。

R2-24-5

59 住民訴訟を提起した者は、当該住民訴訟に勝訴した場合、弁護士に支払う報酬額の範囲内で相当と認められる額の支払いを当該普通地方公共団体に対して請求することができる。

Chapter 3 地方公共団体の機関 総合テキスト ▶▶▶ Chapter 12

H28-22-3

1 地方公共団体は、それぞれの議会の議員の定数を条例で定めるが、議員の任期について条例で定めることはできない。

H20-21-2

2 町村は、議会を設置せず、選挙権を有する者の総会をもってこれに代える旨の条例を制定することができる。

H29-23-1

3 町村は、議会に代えて、選挙権を有する者の総会を設ける場合、住民投票を経なければならない。

H19-23-4

4 私法上の契約の締結は、非権力的行為であるので、普通地方公共団体の契約締結は議会の議決事件には属さない。

R2-10-5

5 契約を締結する場合に議会の議決を要するのは、種類および金額について政令で定める基準に従い条例で定めるものを締結するときであって、かつ指名競争入札による場合に限られる。

59 ◯ そのとおりである（地方自治法242条の2第12項）。

1 ◯ 地方自治法90条1項は、「都道府県の議会の議員の定数は、条例で定める。」と規定し、91条1項は、「市町村の議会の議員の定数は、条例で定める。」と規定している一方で、93条1項は、「普通地方公共団体の議会の議員の任期は、4年とする。」と規定している。

2 ◯ 町村は、条例で、議会を置かず、選挙権を有する者の総会を設けることができる（地方自治法94条）。

関連

3 ✕ 地方自治法89条1項は、「普通地方公共団体に……議会を置く。」と規定し、94条は、「町村は、条例で、第89条第1項の規定にかかわらず、議会を置かず、選挙権を有する者の総会を設けることができる。」と規定している。

4 ✕ 普通地方公共団体の長は、予算を執行する（地方自治法149条2号）。そして、契約の締結は、予算の執行にあたる行為なので、地方公共団体の長が行う。ただし、条例で定める契約等を締結する場合には、議会の議決が必要となる（96条1項5号～8号）。

5 ✕ 地方自治法96条1項柱書は、「普通地方公共団体の議会は、次に掲げる事件を議決しなければならない。」と規定し、同項5号は、「その種類及び金額について政令で定める基準に従い条例で定める契約を締結すること。」と規定する。一方で、指名競争入札による場合に限られるとの規定はない。

R2-24-4

6 普通地方公共団体の議会は、住民訴訟の対象とされた当該普通地方公共団体の不当利得返還請求権が裁判において確定したのちは、当該請求権に関する権利放棄の議決をすることはできない。

H19-23-1

7 予算を定めることは議会の議決事件とされているが、議会は、予算について増額して議決することはできない。

H24-23-3

8 議会の審議に必要な説明のため議長から出席を求められたときは、原則として長は議場に出席しなければならない。

H22-23-エ

9 市町村議会の議員が住所を移したため被選挙権を失っても、その住所が同一都道府県の区域内に在るときは、そのために失職することはない。

R6-24-1

10 普通地方公共団体の長が規則を定めるのは、法律または条例による個別の委任がある場合に限られる。

6 ✗ 　判例は、「地方自治法においては、普通地方公共団体がその債権の放棄をするに当たって……は、住民による直接の選挙を通じて選出された議員により構成される普通地方公共団体の議決機関である議会の裁量権に基本的に委ねられているものというべきである。もっとも、……住民訴訟の対象とされている損害賠償請求権又は不当利得返還請求権を放棄する旨の議決がされた場合についてみると、このような請求権が認められる場合は様々であり、個々の事案ごとに、当該請求権の発生原因である財務会計行為等の性質、内容、原因、経緯及び影響、当該議決の趣旨及び経緯、当該請求権の放棄又は行使の影響、住民訴訟の係属の有無及び経緯、事後の状況その他の諸般の事情を総合考慮して、これを放棄することが普通地方公共団体の民主的かつ実効的な行政運営の確保を旨とする同法の趣旨等に照らして不合理であって上記の裁量権の範囲の逸脱又はその濫用に当たると認められるときは、その議決は違法となり、当該放棄は無効となる」としている（最判平24.4.20）。したがって、**裁量権の範囲内である限り、請求権（債権）を放棄する旨の議決は有効となる場合がある。**

---

7 ✗ 　議会は、**予算について増額して議決することはできる。**ただし、普通地方公共団体の長の予算の提出の権限を侵すことはできない（地方自治法97条2項）。

---

8 ⭕ 　普通地方公共団体の長は、議会の審議に必要な説明のため**議長から出席を求められたときは、議場に出席しなければならない**（地方自治法121条1項）。なお、平成24年の地方自治法改正により、出席すべき日時に議場に出席できないことについて正当な理由がある場合において、その旨を議長に届け出たときは、出席義務を負わないとする規定が設けられた（同項ただし書）。

---

9 ✗ 　市町村議会の議員が住所を移したため被選挙権を失った場合、その住所**が同一都道府県の区域内にある場合であっても失職**する（地方自治法127条1項、19条1項、127条2項参照）。

---

10 ✗ 　地方自治法15条1項は、「普通地方公共団体の長は、法令に違反しない限りにおいて、その権限に属する事務に関し、規則を制定することができる。」と規定しているから、**普通地方公共団体の長が規則を定めるのは、法律又は条例による個別の委任がある場合に限られるわけではない。**

A ☐☐☐
H23-22-3

11 執行機関として置かれる委員会は、法律の定めるところにより法令又は当該普通地方公共団体の条例若しくは規則に違反しない限りにおいて、規則その他の規程を定めることができる。

B ☐☐☐
H23-22-5

12 執行機関としての長、委員会及び委員は、一定の場合、議会において議決すべき事件について専決処分を行うことができる。

A ☐☐☐
H26-23-5

13 条例の制定は、議会に固有の権限であるから、条例案を議会に提出できるのは議会の議員のみであり、長による提出は認められていない。

A ☐☐☐
R4-22-1

14 A市議会においては、屋外での受動喫煙を防ぐために、繁華街での路上喫煙を禁止し、違反者に罰金もしくは過料のいずれかを科することを定める条例を制定しようとしている。この条例に基づく過料は、行政上の秩序罰に当たるものであり、非訟事件手続法に基づき裁判所が科する。

A ☐☐☐
H26-21-ア

15 長は、その管理に属する行政庁の処分が法令、条例または規則に違反すると認めるときは、その処分を取り消し、または停止することができる。

A ☐☐☐
H19-23-2

16 議会の議決がその権限を超え、または法令もしくは会議規則に違反すると認めるとき、長は、高等裁判所に当該議決の取消しを求めて出訴しなければならない。

A ☐☐☐
R3-24-イ

17 普通地方公共団体の議会の議決が法令に違反していると認めた場合、長は裁量により、当該議決を再議に付すことができる。

A ☐☐☐
H20-22-5

18 市町村議会における条例制定の議決についての都道府県知事による裁定の結果に不服があるときは、当該市町村の議会又は長は、この裁定について出訴することができる。

11 ○ そのとおりである（地方自治法138条の4第2項）。

比較

12 ✗ 普通地方公共団体の長は、一定の場合、議会において議決すべき事件について専決処分をすることができる（地方自治法179条1項）。これに対して、**委員会及び委員が、専決処分をすることができるとする規定はない**。

---

13 ✗ 普通地方公共団体の長が担任する事務として「普通地方公共団体の議会の議決を経べき事件につきその議案を提出すること。」が挙げられているところ（地方自治法149条1号）、「普通地方公共団体の議会の議決を経べき事件」の中には、「条例を設け又は改廃すること。」（96条1項1号）が含まれるから、**長には条例案の提出権が認められている**ことになる。

図表3

14 ✗ 本問の過料は、行政上の秩序維持のために違反者に制裁として金銭的負担を課すものであるから、**行政法学上の秩序罰にあたり**、長が弁明の機会を与えたうえで科するものである（地方自治法149条3号、255条の3）。

---

15 ○ そのとおりである（地方自治法154条の2）。

図表4

16 ✗ 普通地方公共団体の議会の議決がその権限を超え又は法令若しくは会議規則に違反すると認めるときは、当該普通地方公共団体の長は、**理由を示してこれを再議に付さなければならない**（地方自治法176条4項）。

---

17 ✗ 地方自治法176条4項は、「普通地方公共団体の議会の議決……が……法令……に違反すると認めるときは、当該普通地方公共団体の長は、理由を示してこれを再議に付し又は再選挙を行わせなければならない。」と規定しており、本問のような場合、**再議に付すことは義務**とされている。

---

18 ○ そのとおりである（地方自治法176条6項、7項）。

A □□□ H24-23-4

19 議会の議決が法令に違反すると認められるときは、長は専決処分により、議決を適法なものとするための是正措置をとることができる。

A □□□ H26-21-ウ

20 普通地方公共団体の議会の議決がその権限を超えまたは法令もしくは会議規則に違反すると認めるときは、長は、議決の日から所定の期間内に、議会を被告として、当該議決の無効確認の請求を裁判所に行うことができる。

B □□□ H24-23-5

21 議会において法令により負担する経費を削除し又は減額する議決をしたときは、その経費及びこれに伴う収入について、長は再議に付さなければならない。

A □□□ H30-23-ウ

22 普通地方公共団体の長は、普通地方公共団体の議会による条例の制定に関する議決について、再議に付すことができる。

A □□□ H19-23-3

23 議会の解散は、議会が長の不信任の議決を行ったとき、または住民から解散請求がなされたときにありうるが、議会が自らの議決に基づき自主解散することはできない。

A □□□ H26-21-イ

24 普通地方公共団体の議会が長の不信任の議決をした場合において、長は議会を解散することができ、その解散後初めて招集された議会においては、再び不信任の議決を行うことはできない。

676

19 ✗ 普通地方公共団体の議会の議決又は選挙がその権限を超え又は法令若しくは会議規則に違反すると認めるときは、当該普通地方公共団体の長は、理由を示してこれを再議に付し又は再選挙を行わせなければならない（地方自治法176条4項）。この場合、長は、再議に付すのであって、専決処分をするわけではない。

20 ✗ 普通地方公共団体の議会の議決又は選挙がその権限を超え又は法令若しくは会議規則に違反すると認めるときは、長は理由を示してこれを再議に付し又は再選挙を行わせなければならない（地方自治法176条4項）。この規定による再議がなお違法であるような場合に、審査申立て・出訴をすることは認められるが（同条5項、7項）、審査申立てをせずに出訴をすることは認められない。

21 ○ そのとおりである（地方自治法177条1項1号）。

22 ○ 地方自治法176条1項は、「普通地方公共団体の議会の議決について異議があるときは、当該普通地方公共団体の長は、この法律に特別の定めがあるものを除くほか、その議決の日（条例の制定若しくは改廃又は予算に関する議決については、その送付を受けた日）から10日以内に理由を示してこれを再議に付することができる。」と規定している。

23 ✗ 議会が長の不信任の議決を行ったとき、議会は解散され得る（地方自治法178条）。また、住民から解散請求がなされたときにも、議会は解散され得る（13条、76条以下）。そして、議会は自らの議決に基づき自主解散することができる（地方公共団体の議会の解散に関する特例法2条1項）。

24 ✗ 普通地方公共団体の議会が長の不信任の議決をした場合、長はその通知を受けた日から10日以内に議会を解散することができる（地方自治法178条1項）。そして、解散後初めて招集された議会において「再び不信任の議決があり」、議長から長に対しその旨の通知があったときは、長は通知があった日にその職を失う（同条2項）。

関連

R3-24-ア

25 普通地方公共団体の議会による長の不信任の議決に対して、長が議会を解散した場合において、解散後に招集された議会において再び不信任が議決された場合、長は再度議会を解散することができる。

R3-24-エ

26 普通地方公共団体の議会が成立し、開会している以上、議会において議決すべき事件が議決されないことを理由に、長が当該事件について処分（専決処分）を行うことはできない。

27 議会の権限に属する軽易な事項で、その議決により特に指定したものは、長において専決処分にすることができる。

H24-23-1

28 町村は、教育委員会を設置せず、教育長にその事務を行わせる旨の条例を制定することができる。

H20-21-3

29 町村は、選挙管理委員会を設置せず、首長またはその補助機関に選挙管理の事務を行わせる旨の条例を制定することができる。

H20-21-4

30 町村は、監査委員を置かず、監査に関する事務を外部に委託する旨の条例を制定することができる。

H20-21-5

31 普通地方公共団体の議会の議員は、条例に特に定めのない限り、当該普通地方公共団体の監査委員となることができない。

R1-24-2

25 ✗　地方自治法178条2項は、「議会において当該普通地方公共団体の長の不信任の議決をした場合において、……その解散後初めて招集された議会において再び不信任の議決があり、議長から当該普通地方公共団体の長に対しその旨の通知があつたときは、普通地方公共団体の長は、……その職を失う。」と規定しており、**再度の解散はできない**とされている。

26 ✗　議会が成立し、開会している場合でも、**「議会において議決すべき事件を議決しない」**ときであれば、長は**専決処分をすることができる**（地方自治法179条1項）。

27 ○　そのとおりである（地方自治法180条1項）。

28 ✗　**教育委員会は、普通地方公共団体に置かなければならない委員会**である（地方自治法180条の5第1項1号）。また、町村は、教育委員会を設置せず、教育長にその事務を行わせる旨の条例を制定することができるとする規定はない。

関連

29 ✗　**選挙管理委員会は、普通地方公共団体に置かなければならない委員会**である（地方自治法180条の5第1項2号）。

30 ✗　**監査委員は、普通地方公共団体に置かなければならない委員**である（地方自治法180条の5第1項4号）。

比較

31 ✗　地方自治法196条1項本文は、「監査委員は、普通地方公共団体の長が、議会の同意を得て、人格が高潔で、普通地方公共団体の財務管理、事業の経営管理その他行政運営に関し優れた識見を有する者（議員である者を除く。……『識見を有する者』という。）及び議員のうちから、これを選任する。」と規定している。

R1-24-1

32 普通地方公共団体の常勤の職員は、監査委員を兼務することができない。

H18-21-3

33 都道府県の監査委員は、自治事務の執行については原則として監査できるが、法定受託事務の執行については、政令で定めるものについてのみ監査できる。

H22-23-イ

34 地域協議会の構成員は、地域自治区の区域内に住所を有する住民の中から市町村長によって選任される。

Chapter 4 地方公共団体の権能

総合テキスト ▶▶▶ Chapter 13

1 地方公共団体の事務

H21-21-4

1 市町村が当該都道府県の条例に違反して事務を処理した場合には、その市町村の行為は無効とされる。

R6-22-1

2 普通地方公共団体が処理する事務には、地域における事務と、その他の事務で法律またはこれに基づく政令により処理することとされるものとがある。

H30-24-2

3 都道府県の事務は、自治事務、法定受託事務および機関委任事務の3種類に分類される。

R6-22-5

4 地方自治法は、かつての同法が定めていた機関委任事務制度のような仕組みを定めていないため、現行法の下で普通地方公共団体が処理する事務は、その全てが自治事務である。

32 ⭕ そのとおりである（地方自治法196条3項）。

33 ❌ 自治事務も法定受託事務も地方公共団体の事務であるから、監査委員は、**原則として双方の事務の執行について監査できる**（地方自治法199条2項前段）。

34 ⭕ そのとおりである（地方自治法202条の5第2項）。

1 ⭕ 地方公共団体は、法令に違反してその事務を処理してはならない。なお、市町村及び特別区は、当該都道府県の条例に違反してその事務を処理してはならない（地方自治法2条16項）。**この規定に違反して行った地方公共団体の行為は、これを無効**とする（同条17項）。

2 ⭕ そのとおりである（地方自治法2条2項）。

3 ❌ 地方分権一括法（地方分権の推進を図るための関係法律の整備等に関する法律）による地方自治法の改正に伴い、機関委任事務は廃止され、都道府県、市町村又は特別区が処理する事務は、**自治事務と法定受託事務に区分されている**（地方自治法2条8項、9項）。

4 ❌ 現行の地方自治法においては、**普通地方公共団体は自治事務と法定受託事務を処理することとされている**から（2条8項、9項参照）、普通地方公共団体が処理する事務のすべてが自治事務とされるわけではない。

681

H30-24-3

5 　都道府県の自治事務については、地方自治法上、どのような事務がこれに該当するかについて、例示列挙されている。

H21-21-1

6 　地方自治法に定める「自治事務」とは、地方公共団体が処理する事務のうち、法定受託事務以外のものをいう。

R2-23-1

7 　都道府県知事が法律に基づいて行政処分を行う場合、当該法律において、当該処分を都道府県の自治事務とする旨が特に定められているときに限り、当該処分は自治事務となる。

H28-23-ア

8 　自治事務とは、自らの条例またはこれに基づく規則により都道府県、市町村または特別区が処理することとした事務であり、都道府県、市町村および特別区は、当該条例または規則に違反してその事務を処理してはならない。

H28-23-イ

9 　第一号法定受託事務とは、法律またはこれに基づく政令により都道府県、市町村または特別区が処理することとされる事務のうち、国が本来果たすべき役割に係るものであって、国においてその適正な処理を特に確保する必要があるものとして法律またはこれに基づく政令に特に定めるものである。

R6-22-2

10 　都道府県の法定受託事務とは、国においてその適正な処理を特に確保する必要があるものとして法律またはこれに基づく政令に特に定めるものであり、都道府県知事が国の機関として処理することとされている。

地方自治法の自治事務の定義

　自治事務の定義は、本試験でも繰り返し出題されていますが、要は、「自治事務は、法定受託事務以外の事務全般であり、積極的な定義が置かれていない」ということを押さえておけば足ります（地方自治法2条8項参照）。本試験では、「自治事務とは、〇〇という事務のことをいう。」というような問題で、自治事務について「積極的な定義」をしていれば、それは誤りであると判断できます。

5 ✗　地方自治法2条8項は、「この法律において『自治事務』とは、地方公共団体が処理する事務のうち、法定受託事務以外のものをいう。」と規定しており、自治事務を例示列挙していない。例示列挙されているのは法定受託事務についてである（同条9項参照）。

6 ○　そのとおりである（地方自治法2条8項）。

関連

7 ✗　地方自治法2条8項は、「……『自治事務』とは、地方公共団体が処理する事務のうち、法定受託事務以外のものをいう。」と規定しており、本問のような定義づけはなされていない。

8 ✗　地方自治法2条8項は、「この法律において『自治事務』とは、地方公共団体が処理する事務のうち、法定受託事務以外のものをいう。」と規定している。

9 ○　そのとおりである（地方自治法2条9項1号前段）。

10 ✗　地方自治法2条9項柱書は、「この法律において『法定受託事務』とは、次に掲げる事務をいう。」と規定し、同項1号は、「法律又はこれに基づく政令により都道府県、市町村又は特別区が処理することとされる事務のうち、国が本来果たすべき役割に係るものであつて、国においてその適正な処理を特に確保する必要があるものとして法律又はこれに基づく政令に特に定めるもの（以下『第1号法定受託事務』という。）」を掲げているから、本問前段は妥当である。しかし、都道府県の法定受託事務は、地方公共団体である都道府県の事務であって、国の事務が委託によって地方公共団体の事務になるわけではないから、都道府県知事が国の機関として処理することとされているわけではなく、本問後段は誤りである。

H30-24-4

11 都道府県の法定受託事務は、国が本来果たすべき役割に係るものであるから、法定受託事務に関する賠償責任は国にあり、都道府県に賠償責任が生じることはないものとされている。

H25-23-4

12 条例による事務処理の特例としては、都道府県知事の権限に属する事務の一部を条例に基づき市町村に委ねることが許されている。

2 条例制定

H25-22-3

13 A市においては、地域の生活環境の整備を図るために、繁華街での路上喫煙を禁止し、違反者には最高20万円の罰金もしくは最高5万円の過料のいずれかを科することを定めた条例を制定した。この場合に、条例の効力は属人的なものであるので、A市の住民以外の者については、たとえA市域内の繁華街で路上喫煙に及んだとしても、本条例に基づき処罰することはできない。

H18-21-2

14 都道府県議会は、自治事務に関しては、国の法令に違反しなければ条例を制定できるが、法定受託事務については、国の法令の特別の委任がなければ条例を制定できない。

H18-22-5

15 条例によって地方公共の安寧と秩序を維持する規制を行うことは許されるが、国の法令による規制とその目的が同一であったり、部分的に共通するような規制を行うことは許されない。

11 ✕　自治事務も法定受託事務も、地方公共団体の事務であるから、地方公共団体は国の公権力を行使するのではなく、地方公共団体の公権力を行使するものである。この結果、地方公共団体は、自治事務であれ、法定受託事務であれ、地方公共団体として自らの権限を自らの責任において行使することになるから、国家賠償法1条はこのことを前提として適用される。したがって、都道府県に法定受託事務に関する賠償責任が生じることはあり得ることになる。なお、法定受託事務については、国が様々な関与を行って地方公共団体の行為に強い影響を及ぼしている場合があり、そのような場合には、国も責任を負うことがあり得る。

12 〇　そのとおりである（地方自治法252条の17の2第1項）。

13 ✕　条例は、原則として属地的に適用される（最大判昭29.11.24）。したがって、A市域内の繁華街で路上喫煙をした者は、A市の住民であるか否かにかかわらず、本条例に基づき処罰されることになる。

14 ✕　地方公共団体は、地方自治法2条2項の事務に関して条例を制定できるが（14条1項）、これについて、法定受託事務と自治事務は区別されていない。法定受託事務も、地方公共団体の事務である以上、これに関して条例を制定することができる。

15 ✕　判例は、国の法令と条例とが同一の目的に出たものであっても、国の法令が必ずしもその規定によって全国的に一律に同一内容の規制を施す趣旨ではなく、それぞれの普通地方公共団体において、その地方の実情に応じて、別段の規制を施すことを容認する趣旨であると解されるときは、国の法令と条例との間に矛盾抵触はなく、条例による規制は許されるとしている（最大判昭50.9.10）。

H19-21-2

16 自治事務に関する条例は法律の個別授権を受けることなく定めることができるが、私人の権利義務に直接かかわる規定は、必ず法律の個別授権を受けなければならない。

17 地方自治法14条に基づく地方議会の条例制定権限は、当該事務が自治事務である場合のみならず、法定受託事務である場合にも及ぶ。

H22-8-5

18 A市は、風俗営業のための建築物について、条例で独自の規制基準を設けることとし、当該基準に違反する建築物の建築工事については市長が中止命令を発しうることとした。この命令の実効性を担保するための手段を条例で定める場合、当該建築物により営業を行う事業者に対して1千万円以下の罰金を科す旨の定めは、法令に照らし、疑義の余地なく設けることができる。

H25-22-4

19 A市においては、地域の生活環境の整備を図るために、繁華街での路上喫煙を禁止し、違反者には最高20万円の罰金もしくは最高5万円の過料のいずれかを科すことを定めた条例を制定した。この場合に、条例に懲役刑を科する旨の規定を置くことは許されていないことから、仮に本条例が違反者に対して懲役を科するものであれば、違法無効になる。

R6-24-5

20 普通地方公共団体は条例で罰則を設けることができるが、その内容は禁錮、罰金、科料などの行政刑罰に限られ、行政上の秩序罰である過料については、長が定める規則によらなければならない。

686

16 ✕ 　地方公共団体が条例を制定するにあたり、法律の個別授権は不要である（地方自治法14条1項参照）。したがって、前段は正しい。他方、私人の権利義務に直接かかわる規定（財産権）に関しては、憲法29条2項が「財産権の内容は、公共の福祉に適合するやうに、法律でこれを定める。」としていることから、条例で法律の授権なく定めることができるか問題となる。この点、地方議会が民主的基盤を有すること、地方の実情に応じた規定の必要性を理由に、法律の授権なくして条例で定めることができる。したがって、必ず法律の個別授権を受けなければならないわけではなく、後段は誤りである。

---

17 ⭕ 　地方公共団体の条例制定権限は、法令に違反しない限りにおいて、地方自治法2条2項の事務に及ぶ（14条1項）。そして、2条2項の「地域における事務」は、地方公共団体の事務の2区分の定義（同条8項、9項）とは連動しておらず、その中には、自治事務もあれば、法定受託事務もある。したがって、条例制定権限は、当該事務が自治事務である場合のみならず、法定受託事務である場合にも及ぶ。

---

18 ✕ 　普通地方公共団体は、その条例中に、条例に違反した者に対し、2年以下の懲役若しくは禁錮、100万円以下の罰金、拘留、科料若しくは没収の刑又は5万円以下の過料を科する旨の規定を設けることができる（地方自治法14条3項）。

関連

---

19 ✕ 　普通地方公共団体は、条例中に、2年以下の懲役若しくは禁錮、100万円以下の罰金、拘留、科料若しくは没収の刑又は5万円以下の過料を科する旨の規定を設けることができる（地方自治法14条3項）。

---

20 ✕ 　地方自治法14条3項は、「普通地方公共団体は、法令に特別の定めがあるものを除くほか、その条例中に、条例に違反した者に対し、2年以下の懲役若しくは禁錮、100万円以下の罰金、拘留、科料若しくは没収の刑又は5万円以下の過料を科する旨の規定を設けることができる。」と規定しているから、過料についても、条例によって定めることができる。

H25-22-5

21 A市においては、地域の生活環境の整備を図るために、繁華街での路上喫煙を禁止し、違反者には最高20万円の罰金もしくは最高5万円の過料のいずれかを科することを定めた条例を制定した。この場合に、長の定める規則に罰金を科する旨の規定を置くことは認められていないことから、本条例にかえて長の規則で違反者に罰金を科することは許されない。

H27-23-1

22 普通地方公共団体は、法令に特別の定めがあるものを除くほか、その条例中に、条例に違反した者に対し、刑罰を科す旨の規定を設けることができるが、法律の委任に基づかない条例を定める場合には、設けることができない。

H27-23-2

23 普通地方公共団体は、法令に特別の定めがあるものを除くほか、その条例中に、条例に違反した者に対し、刑罰を科す旨の規定を設けることができるが、行政上の強制執行が許される場合には、設けることができない。

R3-23-2

24 普通地方公共団体は、法定受託事務についても条例を制定することができるが、条例に違反した者に対する刑罰を規定するには、個別の法律による委任を必要とする。

21 ◯　長の定める規則により科することができるのは、5万円以下の過料のみであり、罰金を科すことはできない（地方自治法15条2項）。

22 ✕　地方自治法14条3項は、「普通地方公共団体は、法令に特別の定めがあるものを除くほか、その条例中に、条例に違反した者に対し、2年以下の懲役若しくは禁錮、100万円以下の罰金、拘留、科料若しくは没収の刑又は5万円以下の過料を科する旨の規定を設けることができる。」と規定している。同法上、法律の委任に基づかない条例を定める場合には刑罰を科す旨の規定を設けることができないとする規定はみられず、また、同条の「条例」について法律の委任に基づく条例に限定して解されているわけでもないから、法律の委任に基づかない条例を定める場合においても、刑罰を科す旨の規定を設けることができる。

23 ✕　地方自治法14条3項は、「普通地方公共団体は、法令に特別の定めがあるものを除くほか、その条例中に、条例に違反した者に対し、2年以下の懲役若しくは禁錮、100万円以下の罰金、拘留、科料若しくは没収の刑又は5万円以下の過料を科する旨の規定を設けることができる。」と規定している。同法上、行政上の強制執行が許される場合には刑罰を科す旨の規定を設けることができないとする規定はみられず、また、刑罰を科す旨の規定を設けることができる場合について行政上の強制執行が許されない場合に限定して解されているわけでもないから、行政上の強制執行が許される場合においても、刑罰を科す旨の規定を設けることができる。

24 ✕　地方自治法14条1項は、「普通地方公共団体は、法令に違反しない限りにおいて第2条第2項の事務に関し、条例を制定することができる。」と規定している。そして、この事務は、自治事務、法定受託事務を問わない。したがって、本問前段は正しい。もっとも、判例は、「条例によつて刑罰を定める場合には、法律の授権が相当な程度に具体的であり、限定されておればたりる」としている（最大判昭37.5.30）。したがって、条例によって刑罰を定める際には、個別の法律による委任までは必要とされていないため、本問後段は誤りである。

3　地方公共団体の財務

R6-24-3

25　普通地方公共団体は、特定の者のためにする事務につき手数料を徴収することができるが、この手数料については、法律またはこれに基づく政令に定めるものを除いて、長の定める規則によらなければならない。

H28-24-2

26　普通地方公共団体は、分担金、使用料、加入金および手数料を設ける場合、条例でこれを定めなければならない。

R4-9-イ

27　地方公共団体が必要な物品を売買契約により調達する場合、当該契約は民法上の契約であり、専ら民法が適用されるため、地方自治法には契約の締結に関して特別な手続は規定されていない。

R2-10-1

28　売買、賃借、請負その他の契約は、一般競争入札、指名競争入札、随意契約、せり売りのほか、条例で定める方法によっても締結することができる。

R2-10-2

29　売買、賃借、請負その他の契約を、指名競争入札、随意契約またはせり売りの方法により締結することができるのは、政令が定める場合に該当するときに限られる。

H19-24-1

30　指名競争入札とは、資産、信用その他についてあらかじめ適切と認める特定多数の者を通知によって指名し、入札により競争させる方法であり、政令に特段の定めのない場合にはこの方法によるものとされる。

H19-24-2

31　随意契約とは、競争の方法によらないで、特定の相手方を任意に選択して締結する方法であり、政令で定められる場合に該当するときに限り、この方法によることができる。

25 ✕　地方自治法227条は、「普通地方公共団体は、当該普通地方公共団体の事務で特定の者のためにするものにつき、手数料を徴収することができる。」と規定しているから、本問前段は正しい。そして、228条1項前段は、「分担金、使用料、加入金及び手数料に関する事項については、条例でこれを定めなければならない。」と規定しているから、本問後段は誤りである。

26 ◯　そのとおりである（地方自治法228条1項前段）。

27 ✕　地方自治法234条1項は、「売買、貸借、請負その他の契約は、一般競争入札、指名競争入札、随意契約又はせり売りの方法により締結するものとする。」と規定している。

28 ✕　地方自治法234条1項は、「売買、貸借、請負その他の契約は、一般競争入札、指名競争入札、随意契約又はせり売りの方法により締結するものとする。」と規定している。一方で、条例で定める方法によっても締結することができるとは規定されていない。

29 ◯　そのとおりである（地方自治法234条2項）。

30 ✕　指名競争入札の定義は、そのとおりである。しかし、指名競争入札は政令で定める場合に該当するときに限りできる（地方自治法234条2項）。

関連

31 ◯　随意契約の定義は、そのとおりである。そして、政令で定める場合に該当するときに限り、随意契約によることができる（地方自治法234条2項）。

691

H19-24-4

32　せり売りとは、入札の方法によらないで、不特定多数の者を口頭または挙手によって競争させる方法であり、遺失物等の売り払いのような場合にこの方法がとられることもある。

H19-24-5

33　一般競争入札とは、不特定多数の者を入札に参加させ契約の相手方とするために競争させる方法であり、地方公共団体にとって有利な相手方を広く募ることができるという長所があるとされる。

R2-10-4

34　随意契約の手続に関し必要な事項は、当該普通地方公共団体が条例でこれを定める。

H19-24-3

35　予算の執行としての契約締結行為の効力は、原則として当該予算の会計年度内にとどまるが、電気の供給や水道の供給のように、年度を超えて長期の契約を締結することも許される場合がある。

R1-23-1

36　公の施設とは、地方公共団体が設置する施設のうち、住民の福祉を増進する目的のため、その利用に供する施設をいう。

H29-22-2

37　普通地方公共団体は、住民が公の施設を利用することについて、不当な差別的取扱いをしてはならないが、正当な理由があれば、利用を拒むことができる。

R3-22-エ

38　普通地方公共団体は、住民が公の施設を利用することについて不当な差別的取扱いをしてはならないが、この原則は、住民に準ずる地位にある者にも適用される。

692

32 ○ せり売りの定義は、そのとおりである。そして、**遺失物の売り払いのような場合**に、せり売りが用いられる（地方自治法施行令167条の3参照）。

33 ○ 一般競争入札の定義は、そのとおりである。そして、**本問にあるような長所がある**とされる。

34 ✕ 地方自治法234条6項は、「……随意契約……の手続その他契約の締結の方法に関し必要な事項は、政令でこれを定める。」と規定している。

35 ○ 地方自治法は、208条2項で会計年度独立の原則を定めている。また、電気供給契約等は、**年度を超えて長期契約を締結することが認められている**（234条の3）。

36 ○ そのとおりである（地方自治法244条1項）。

37 ○ そのとおりである（地方自治法244条2項、3項）。

関連

38 ○ 地方自治法244条3項は、「普通地方公共団体は、住民が公の施設を利用することについて、不当な差別的取扱いをしてはならない。」と規定している。また、判例は、「普通地方公共団体の住民ではないが、その区域内に事務所、事業所、家屋敷、寮等を有し、その普通地方公共団体に対し地方税を納付する義務を負う者など**住民に準ずる地位にある者**……による公の施設の利用……について、当該公の施設の性質やこれらの者と当該普通地方公共団体との結び付きの程度等に照らし**合理的な理由なく差別的取扱いをすることは、同項〔地方自治法244条3項〕に違反**するものというべきである」としている（最判平18.7.14）。

R4-26-3

39 公の施設の利用関係については、日本国籍を有しない住民についても、不当な差別的な取り扱いをしてはならない。

H22-21-2

40 公の施設の設置および管理に関する事項について、法律またはこれに基づく政令に特別の定めがない場合には、地方公共団体の長が規則でこれを定めなければならない。

H23-23-3

41 公の施設の利用料金は、地方公共団体が条例で定めることとされ、指定管理者が定めることはできない。

H23-23-4

42 公の施設の使用許可などの行政処分は、地方公共団体の長が行わなければならず、これを指定管理者が行うことは認められていない。

H29-22-1

43 普通地方公共団体は、法律またはこれに基づく政令に特別の定めがあるものを除くほか、公の施設の設置に関する事項を、条例で定めなければならない。

H29-22-3

44 普通地方公共団体は、公の施設を管理する指定管理者の指定をしようとするときは、あらかじめ議会の議決を経なければならない。

H29-22-5

45 普通地方公共団体が、公の施設の管理を指定管理者に行わせる場合には、指定管理者の指定の手続等の必要な事項を条例で定めなければならない。

39 ○　地方自治法244条3項は、「普通地方公共団体は、**住民が公の施設を利用することについて、不当な差別的取扱いをしてはならない。**」と規定している。そして、**「住民」については国籍が要件とされていないため**（10条1項）、日本国籍を有しない住民についても、不当な差別的な取扱いをしてはならない。

40 ✕　普通地方公共団体は、法律又はこれに基づく政令に特別の定めがあるものを除くほか、**公の施設の設置及びその管理に関する事項は、「条例」で**これを定めなければならない（地方自治法244条の2第1項）。

41 ✕　公の施設の利用料金は、公益上必要があると認める場合を除くほか、**条例の定めるところにより、指定管理者が定める**ものとする（地方自治法244条の2第9項前段）。

42 ✕　地方自治法244条の4第1項は、「普通地方公共団体の長以外の機関**（指定管理者を含む。）がした公の施設を利用する権利に関する処分**についての審査請求は、普通地方公共団体の長が当該機関の最上級行政庁でない場合においても、当該普通地方公共団体の長に対してするものとする。」と規定している。このように、同条1項かっこ書によれば、**指定管理者も公の施設を利用する権利に関する処分を行うことが想定されている**。したがって、公の施設の使用許可などの行政処分を指定管理者が行うことは認められている。

43 ○　そのとおりである（地方自治法244条の2第1項）。

44 ○　そのとおりである（地方自治法244条の2第6項）。

45 ○　そのとおりである（地方自治法244条の2第3項）。

695

R1-23-5

46 普通地方公共団体は、適当と認めるときは、当該普通地方公共団体が指定する法人その他の団体に、その管理する公の施設の利用に係る料金をその者の収入として収受させることができる。

R3-22-ウ

47 普通地方公共団体が公の施設のうち条例で定める特に重要なものについて、これを廃止したり、特定の者に長期の独占的な使用を認めようとしたりするときは、議会の議決に加えて総務大臣の承認が必要となる。

H22-21-1

48 地方公共団体は、住民の福祉を増進する目的であれば、その区域外においても公の施設を設けることができる。

R3-22-イ

49 普通地方公共団体の長以外の機関（指定管理者を含む。）がした公の施設を利用する権利に関する処分についての審査請求は、審査請求制度の客観性を確保する観点から、総務大臣に対してするものとされている。

Chapter 5 国と地方公共団体及び地方公共団体相互の関係

総合テキスト ▶▶▶ Chapter 14

H24-21-5

1 A市に対する国の補助金交付の決定について、それが少額であるとしてA市が不服をもっている場合、A市が救済を求める際の訴訟上の手段としては、地方自治法に機関訴訟が法定されている。

696

46 ⭕ そのとおりである（地方自治法244条の2第8項）。

47 ❌ 地方自治法244条の2第2項は、「普通地方公共団体は、条例で定める重要な公の施設のうち条例で定める特に重要なものについて、これを廃止し、又は条例で定める長期かつ独占的な利用をさせようとするときは、議会において出席議員の3分の2以上の者の同意を得なければならない。」と規定している。したがって、「総務大臣の承認が必要」としている本問は誤りである。

48 ⭕ そのとおりである（地方自治法244条の3第1項）。

49 ❌ 地方自治法244条の4第1項は、「普通地方公共団体の長以外の機関（指定管理者を含む。）がした公の施設を利用する権利に関する処分についての審査請求は、普通地方公共団体の長が当該機関の最上級行政庁でない場合においても、当該普通地方公共団体の長に対してするものとする。」と規定している。

1 ❌ 地方自治法には、国又は都道府県の関与に関する機関訴訟が法定されている（251条の5以下）。しかし、本問のような、国又は都道府県の普通地方公共団体に対する支出金の交付及び返還にかかるものは、地方自治法上の関与から除外されており（245条柱書かっこ書）、地方自治法上の機関訴訟として法定されていない。

H29-23-5

2 自治事務とは異なり、法定受託事務に関する普通地方公共団体に対する国または都道府県の関与については、法律に基づかないでなすことも認められている。

H28-23-ウ

3 各大臣は、その担任する事務に関し、都道府県の自治事務の処理が法令の規定に違反していると認めるとき、または著しく適正を欠き、かつ、明らかに公益を害していると認めるときは、当該都道府県に対し、当該自治事務の処理について違反の是正または改善のため必要な措置を講ずべきことを求めることができる。

H28-23-エ

4 各大臣は、その所管する法律またはこれに基づく政令に係る都道府県の法定受託事務の処理が法令の規定に違反していると認めるとき、または著しく適正を欠き、かつ、明らかに公益を害していると認めるときは、当該都道府県に対し、当該法定受託事務の処理について違反の是正または改善のため講ずべき措置に関し、必要な指示をすることができる。

R2-23-5

5 都道府県知事は、市町村長の担任する自治事務の処理が法令の規定に違反していると認めるとき、または著しく適正を欠き、かつ明らかに公益を害していると認めるときは、当該市町村に対し、当該自治事務の処理について違反の是正または改善のため必要な措置を講ずべきことを勧告することができる。

H18-21-5

6 都道府県による法定受託事務の執行については、国の大臣による代執行の手続があるが、自治事務の執行については、こうした手続はない。

2 ✗ 　地方自治法245条の2は、「普通地方公共団体は、**その事務の処理に関し、法律又はこれに基づく政令によらなければ**、普通地方公共団体に対する**国又は都道府県の関与を受け、又は要することとされることはない。**」と規定しており、「その事務」について、法定受託事務と自治事務を区別していないから、法定受託事務に関する普通地方公共団体に対する国又は都道府県の関与については、法律に基づかないでなすことは認められない（関与の法定主義）。

---

3 ○ 　そのとおりである（地方自治法245条の5第1項）。

---

4 ○ 　そのとおりである（地方自治法245条の7第1項）。

---

5 ○ 　そのとおりである（地方自治法 245条の6第1号）。

---

6 ○ 　法定受託事務について、地方公共団体の事務処理が法令に違反し、又は事務処理を怠っているときは、一定の要件の下で国の大臣は代執行（地方自治法245条1号ト）を行うことができる（245条の8）。一方、自治事務については、できる限り、普通地方公共団体が、自治事務の処理に関して代執行を受けることのないようにしなければならないとされている（245条の3第2項）。この条文の文言上は、自治事務の代執行の規定を設けることも可能なように読めるが、政府は、**自治事務に対する代執行の規定を設けることは考えられない**としている。

H20-22-3

7 都道府県知事が所定の期限内に法定受託事務に関する是正勧告に係る事項を行わないときは、各大臣は、この不作為について出訴することができる。

H28-23-オ

8 各大臣は、その所管する法律に係る都道府県知事の法定受託事務の執行が法令の規定に違反する場合、当該都道府県知事に対して、期限を定めて、当該違反を是正すべきことを勧告し、さらに、指示することができるが、当該都道府県知事が期限までに当該事項を行わないときは、地方裁判所に対し、訴えをもって、当該事項を行うべきことを命ずる旨の裁判を請求することができる。

H24-21-2

9 A市の法定受託事務に関する国の関与が違法であると認めるときは、国地方係争処理委員会は、当該関与を行った国の行政庁に対して、理由を付し、期間を示した上で、必要な措置を講ずべきことを勧告することになる。

R2-23-4

10 自治紛争処理委員は、普通地方公共団体の自治事務に関する紛争を処理するために設けられたものであり、都道府県は、必ず常勤の自治紛争処理委員をおかなければならない。

7 ○ 　都道府県知事が所定の期限内に法定受託事務に関する事項を行わない場合、各大臣は、勧告をすることができる（地方自治法245条の8第1項）。そして、勧告にかかる事項を行わないときは、各大臣は、都道府県知事に対して、期限を定めて当該事項を行うべきことを指示することができる（同条2項）。さらに、**都道府県知事がこの期限までに当該事項を行わないときは、各大臣は、当該事項を行うよう高等裁判所に対し出訴することができる**（同条3項）。したがって、本問では指示について触れられていないが、勧告にかかる事項を行わないときはこの不作為について出訴することができるとしている点で、正しいと判断できる。

8 ✕ 　地方自治法245条の8第1項は、「各大臣は、その所管する法律若しくはこれに基づく政令に係る都道府県知事の法定受託事務の管理若しくは執行が法令の規定……に違反するものがある場合……において、……当該都道府県知事に対して、……期限を定めて、当該違反を是正……〔する〕べきことを勧告することができる。」と規定し、同条2項は、「各大臣は、都道府県知事が前項の期限までに同項の規定による勧告に係る事項を行わないときは、……当該都道府県知事に対し、期限を定めて当該事項を行うべきことを指示することができる。」と規定し、同条3項は、「各大臣は、**都道府県知事が前項の期限までに当該事項を行わないときは、高等裁判所に対し**、訴えをもつて、当該事項を行うべきことを命ずる旨の裁判を請求することができる。」と規定しているところ、本問は、「地方裁判所に対し」としている点で誤りである。

9 ○ 　そのとおりである（地方自治法250条の14第2項後段）。

10 ✕ 　地方自治法251条2項前段は、「自治紛争処理委員は、3人とし、事件ごとに、優れた識見を有する者のうちから、総務大臣又は都道府県知事がそれぞれ任命する。」と規定しており、**必ず常勤の委員を置くとはしていない**（同条3項参照）。

11 都道府県が担当する事務に関する国の是正の要求について国地方係争処理委員会が行った審査の結果に不服があるときは、当該都道府県の知事は、この是正の要求について出訴することができる。

H20-22-4

12 A市長は、自治事務に関する国の関与に不服があるときは、地方裁判所に対し、当該関与を行った国の行政庁を被告として、その取消しを求める抗告訴訟を提起することができる。

H24-21-1

11 ○ 　普通地方公共団体の長は、国地方係争処理委員会が行った審査の結果に不服があるときは、高等裁判所に対し、国の行政庁を被告として、是正の要求について出訴することができる（地方自治法251条の5第1項本文、1号）。

関連

12 ✕ 　国の関与に関する審査の申出をした普通地方公共団体の長は、国地方係争処理委員会の審査の結果又は勧告に不服があるとき、国地方係争処理委員会の勧告に対する国の行政庁の措置に不服があるとき等には、「高等裁判所」に対し、当該審査の申出の相手方となった国の行政庁を被告として、訴えをもって当該審査の申出にかかる違法な国の関与の取消し又は当該審査の申出にかかる国の不作為の違法の確認を求めることができる（地方自治法251条の5第1項本文、各号）。

知識を整理

📊 図表1　直接請求の種類と手続

要　件	種　類	請求先	請求後の対応
有権者の 50分の1 以上の連署	条例の制定・改廃請求 （地方自治法74条）（※1）	長	長は20日以内に議会を招集し、付議（※2）。結果を代表者に通知し公表
	事務の監査請求 （75条）（※3）	監査委員	監査後、結果を公表
有権者の 3分の1 以上の連署 （※4）	議会の解散請求 （76条～79条）	選挙管理委員会	選挙人の投票 ↓ 過半数の同意 ↓ 解散・失職
	議員の解職請求 （80条、82条～84条）		
	長の解職請求 （81条～84条）		
	役員の解職請求 （86条～88条）（※5）	長	議会において3分の2以上の議員が出席し、4分の3以上の同意があると失職

※1　地方税の賦課徴収、分担金・使用料・手数料の徴収に関する条例については、請求できない（74条1項かっこ書）。

※2　議会は、条例案を修正して議決することができる。

※3　原則として、すべての事務が請求の対象となる。財務会計上の行為に限らない。

※4　直接請求制度をより利用しやすくするため、平成24年の法改正により、有権者の3分の1以上という署名数要件は、算定の基礎となる有権者総数が40万から80万の部分については6分の1、80万を超える部分については8分の1とそれぞれ緩和されている。

※5　対象となる役員には、副知事、副市町村長、指定都市の総合区長、選挙管理委員、監査委員、公安委員会の委員がある。

📊 図表2 事務の監査請求・住民監査請求・住民訴訟の比較

	事務の監査請求 （75条）	住民監査請求 （242条）	住民訴訟 （242条の2） （※4）
だれが	選挙権を有する者の総数の50分の1以上の者の連署	住民各自 （※1）	住民各自 （※5）
だれに	監査委員	監査委員（※2）	裁判所
対象となる行為	違法・不当な事務（財務会計上の行為に限らない）	違法・不当な財務会計上の行為・怠る事実	違法な財務会計上の行為・怠る事実（請求内容は4類型に限定）
請求期限	な　し	違法、又は不当な財務会計上の行為のあった日から1年を経過する前まで（※3）	監査の結果・勧告から30日以内 措置にかかる通知があってから30日以内（※6）

※1　1人でよい。また、住民である限り、年齢、国籍、選挙権や納税義務の有無を問わず請求できる。法人も請求できる。

※2　監査委員による監査及び勧告は、監査請求があった日から60日以内に行わなければならない（242条6項）。

※3　正当な理由がある場合には、1年を経過した後でもすることができる（242条2項）。

※4　住民訴訟を提起するには、その前に住民監査請求をしておかなければならない（住民監査請求前置主義　242条の2第1項）。なお、住民訴訟の手続は、行政事件訴訟法に従う（242条の2第11項）。

※5　住民監査請求をした者である。なお、訴訟において請求できる内容は、①差止め、②取消し又は無効確認、③怠る事実の違法確認、④損害賠償請求・不当利得返還請求をするよう請求することである（242条の2第1項）。

※6　正確には、①監査の結果、又は勧告に不服のある場合は、監査の結果、又は勧告の通知があった日から30日以内、②監査委員の勧告を受けた機関、又は職員の措置に不服がある場合は、監査委員よりその措置にかかる通知を受けてから30日以内（242条の2第2項）。

▦ 図表3 行政罰の整理

	行政刑罰	秩序罰	
		法律が根拠	**条例・規則が根拠**
手続等	刑事訴訟法	非訟事件手続法	地方自治法
だれが	裁判所	裁判所	長

▦ 図表4 付再議権の整理

	一般的拒否権	特別的拒否権		
項　目	議会の議決事件（地方自治法176条1項）	議決・選挙がその権限を超え又は法令・会議規則違反(同条4項)	法令負担経費・義務に属する経費等の削除・減額（177条1項1号）	非常災害復旧費等の削除・減額（同項2号）
付再議の要否	裁量的	義務的		
期　間	10日以内	な　し		
方　式	理由を示す			
再議の要件	出席議員の過半数。ただし、条例の制定若しくは改廃又は予算に関するものについては、出席議員の3分の2以上	出席議員の過半数		
同じ議決のときの効果	議決確定	都道府県知事にあっては総務大臣、市町村長にあっては都道府県知事に対し、21日以内に審査申立て	長は予算に計上してその経費を支出することができる。	長はその議決を不信任の議決とみなすことができる。

基 礎 法 学

Part 1 基礎法学

Part 1 基礎法学

Chapter 1 法とは何か・法の分類等 　総合テキスト ▶▶▶ Chapter 1 ②

H30-2-ア

1 　自然法に対して、国家機関による制定行為や、慣習などの経験的事実といった人為に基づいて成立した法を「実定法」という。

H30-2-イ

2 　手続法に対して、権利の発生、変更および消滅の要件など法律関係について規律する法を「実質法」という。

H30-2-ウ

3 　ある特別法との関係において、当該特別法よりも適用領域がより広い法を「基本法」という。

H30-2-エ

4 　社会の法的確信を伴うに至った慣習であって、法的効力が認められているものを「社会法」という。

H30-2-オ

5 　渉外的な法律関係に適用される法として、国際私法上のルールによって指定される法を「準拠法」という。

1 ○ 「実定法」の説明については、本問のとおりである。実定法は、制定法や慣習法などがその基本形態であり、「自然法」の対立概念である。

2 ✕ 本問は、「実体法」についての説明である。実体法は、法律関係（権利義務、犯罪の要件と効果など）の内容を定めた法であり、それを実現する手続を定めた法である「手続法」の対立概念である。例えば、民法、商法、刑法などは実体法に分類され、民事訴訟法、刑事訴訟法などは手続法に分類される。

3 ✕ 本問は、「一般法」についての説明である。適用の対象が特定の事物、人などに限定されている法を特別法といい、このような限定がない法を一般法という。特別法は一般法に優先して適用され、特別法の規定がない場合に一般法が補充的に適用される。例えば、民法と商法は一般法と特別法の関係にある。

4 ✕ 本問は、「慣習法」についての説明である。慣習法は、人々の間で行われる慣習規範であり、法的効力を有する（法の適用に関する通則法3条参照）。

5 ○ 「準拠法」の説明については、本問のとおりである。準拠法は、国際私法によって、法律関係を規律すべきものとして決定された法である。日本では、「法の適用に関する通則法」が国際私法の中心的な法源とされる。

基礎法学の学習戦略

基礎法学は、①自然法思想、②英米法系と大陸法系、③裁判制度、④法の効力、⑤法律用語が頻出分野なので、試験対策としてもこれらを中心に学習するようにしましょう。過去問の知識が繰り返し問われることもあるので、一問一答形式でしっかりと知識を身に付けておきたいところです。

Chapter 2 法の効力・法の適用等

H20-1-1

1 わが国の法令は、原則としてわが国の領域内でのみ効力を有するが、わが国に属する船舶および航空機内では、外国の領域内や公海においても効力を有することがある。

H20-1-3

2 法律は、その法律または他の法令に定められた日から施行されるが、施行期日の定めがない場合には、公布の日から20日を経過した日から施行される。

R3-2-1

3 法律の内容を一般国民に広く知らせるには、法律の公布から施行まで一定の期間を置くことが必要であるため、公布日から直ちに法律を施行することはできない。

R3-2-2

4 法律の効力発生日を明確にする必要があるため、公布日とは別に、必ず施行期日を定めなければならない。

H20-1-4

5 法令に違反する行為に対して刑罰の定めがあり、その法令の失効前に違反行為が行われた場合には、その法令の失効後においても処罰を行うことができる。

1 ○ そのとおりである。例えば、刑法は、日本国外にある日本船舶又は日本航空機内において罪を犯した者についても、適用される（刑法1条2項）。

2 ○ 法律は、公布の日から起算して20日を経過した日から施行する。ただし、法律でこれと異なる施行期日を定めたときは、その定めによる（法の適用に関する通則法2条）。なお、具体的な施行期日の決定は、政令等に委任される場合がある。

3 × 法の適用に関する通則法2条は、「法律は、公布の日から起算して20日を経過した日から施行する。ただし、法律でこれと異なる施行期日を定めたときは、その定めによる。」と規定している。本問のように、公布日から直ちに法律を施行することはできない旨の規定はない。なお、公布の日から即日施行されることが定められた法律の効力が問題となった事案において、最高裁判所は、成文の法令が一般的に国民に対し、現実にその拘束力を生ずるためには、その法令の内容が一般国民の知り得べき状態に置かれることを前提要件とするものである旨を述べたうえで、公布の日における官報の最初の閲読可能時から施行されるとしている（最大判昭33.10.15）。

4 × 法の適用に関する通則法2条は、「法律は、公布の日から起算して20日を経過した日から施行する。ただし、法律でこれと異なる施行期日を定めたときは、その定めによる。」と規定している。本問のように、公布日とは別に施行期日を定めなければならないとはされていない。

5 ○ 「何人も、実行の時に適法であつた行為……については、刑事上の責任を問はれない。」（刑罰不遡及の原則　憲法39条前段前半）が、本問のように行為が刑罰規定の失効前になされている場合は、失効後に処罰を行ったとしても、同原則には反しない。実際、刑罰規定の失効前の行為につき失効後も処罰する旨の経過規定が置かれる場合があり、この場合に失効前の行為につき失効後においても処罰を行うことができることに争いはない。

A □□□ H23-1-5

6 日本国憲法は遡及処罰の禁止を定めており、法律の廃止に当たって廃止前の違法行為に対し罰則の適用を継続する旨の規定をおくことは許されない。

A □□□ H23-1-1

7 わが国の法律は基本的には属人主義をとっており、法律によって日本国民以外の者に権利を付与することはできない。

A □□□ H18-2-イ

8 外国人が日本国外において犯罪を行った場合には、日本の刑法が適用されることはない。

A □□□ H23-1-2

9 限時法とは、特定の事態に対応するために制定され、その事態が収束した場合には失効するものをいう。

A □□□ R3-2-5

10 法律の有効期間を当該法律の中で明確に定めている場合には、原則としてその時期の到来により当該法律の効力は失われる。

A □□□ R3-2-4

11 一般法に優先する特別法が制定され、その後に一般法が改正されて当該特別法が適用される範囲について一般法の規定が改められた場合には、当該改正部分については、後法である一般法が優先して適用され、当該特別法は効力を失う。

6 ✗ 憲法は刑罰不遡及の原則を定めている（39条前段前半）。ただし、法令の改廃における経過措置として、「廃止前の行為についても罰則についてはなお従前の例による」等の規定を設け、新法令の規定にかかわらず、一定の期間、一定の範囲について旧法令の規定を適用することは許される。

7 ✗ わが国の法律は、基本的には属地主義をとっている（刑法1条1項等）。また、法律による外国人に対する権利付与について、地方選挙権に関する判例は、外国人には地方レベルの選挙権は保障されないとしながらも、法律をもって、地方公共団体の長、その議会の議員等に対する選挙権を付与する措置を講ずることは、憲法上禁止されていないとしている（最判平7.2.28）。

8 ✗ 刑法は、犯人の国籍を問わず、日本国内で犯された犯罪に適用されるのが原則である（属地主義　1条1項）。もっとも、3条の2によれば、日本国民以外の者が日本国民に対して一定の重大な罪を犯した場合、刑法が適用される（消極的属人主義）。また、2条によれば、日本人・外国人を問わず、日本国外において、日本国の国益を害する一定の重大な罪を犯した場合、刑法が適用される（保護主義）。したがって、外国人が日本国外において犯罪を行った場合にも、日本の刑法が適用されることがある。

9 ✗ 限時法（時限立法）とは、有効期間が限定されている法令をいう。一般的に、特定の事態に対応するために制定され、有効期間が定められていないものは、臨時法と呼ばれ、限時法とは区別される。

10 ⭕ 本問のように、有効期間が限定されている法令を限時法という。例えば、「市町村の合併の特例に関する法律」（平成16年法律第59号）がこれにあたる。同法は附則2条本文において、「この法律は、令和12年3月31日限り、その効力を失う。」と規定している。

11 ✗ 法令が新たに制定され又は改正された場合には、「後法は前法を破る」の原則により、後法が優先することになる。もっとも、これは双方が同等の形式的効力を持つ法規の間の原則であり、本問のように、特別法が前法で一般法が後法である場合には、特別法優先の原理により、特別法が優先して適用されるのが原則である。

H21-1-イ

12　法律と法律、条例と条例など、形式的な効力が同等の法規の間に矛盾抵触が生じる場合は、一般に、「特別法は一般法に優先する」「後法は前法に優先する」という法原則に従って処理されることになる。

H21-1-ウ

13　教育基本法、環境基本法など「基本法」という名称を持つ法律は、法律の形式をとってはいるものの各議院の特別多数決を経て制定される特別の法律であるから、通常の法律をもって基本法の規定を改廃することはできない。

H28-2-ア

14　現在の立法実務の慣行に照らすと、法律は、「条」を基本的単位として構成され、漢数字により番号を付けて条名とするが、「条」には見出しを付けないこととされている。

H28-2-イ

15　現在の立法実務の慣行に照らすと、「条」の規定の中の文章は、行を改めることがあり、そのひとつひとつを「項」という。

H28-2-ウ

16　現在の立法実務の慣行に照らすと、ひとつの「条」およびひとつの「項」の中で用語等を列挙する場合には、漢数字により番号を付けて「号」と呼ぶが、「号」の中で用語等を列挙する場合には、片仮名のイロハ順で示される。

H28-2-エ

17　現在の立法実務の慣行に照らすと、法律の一部改正により特定の「条」の規定をなくす場合において、その「条」の番号を維持し、その後の「条」の番号の繰り上げを避けるときは、改正によってなくす規定の「条」の番号を示した上で「削除」と定めることとされている。

12 ⭕ 「特別法は一般法に優先する」（特別法優先の原則）とは、ある事柄について一般的に規定した法令（一般法）がある場合に、同じ事柄について、そのうちの特定の場合を限って、又は特定の人若しくは地域を限って適用されるような法令（特別法）があるときには、特別法が優先して適用されるということである。例えば、取引の一般法である民法に対して、商取引を規制する商法は特別法であるとされているが、商取引の一般法である商法に対して、手形取引を規制する手形法は特別法であるとされている。また、「後法は前法に優先する」とは、法令の制定・改廃の際には、それと抵触する規定が残存していたとしても後法が優先するということである。なお、これは同等の効力を持つ法規の間で妥当するのであって、一般法と特別法の間では、特別法優先の原理により決定される。

13 ❌ 「基本法」という名称を持つ法律も、法形式としては通常の法律と異ならず、原則として各議院で出席議員の過半数の賛成により可決することで制定される（憲法59条1項、56条2項）。また、「基本法」という名称を持つ法律と通常の法律との間に効力上の上下関係はないから、通常の法律をもって基本法の規定を改廃することもできる。

14 ❌ 法令は、基本的に、「第1条、第2条……」というように、「条」によって区分される。そして、条文には、かっこ書で「見出し」が付けられる（古い法令の条文には、見出しがないものもある）ところ、法令の本則においては、見出しは「条」に付けられる。

15 ⭕ 1つの「条」を内容に応じて区分する場合、「条」の中で改行（段落分け）をする。この段落を「項」という。

16 ⭕ 「条」又は「項」の中において、いくつかの事項を列記する場合、「一、二、三……」と漢数字で番号を付けて列記する。この個々の列記を「号」という。また、「号」の中を細分して列記する場合、「イ、ロ、ハ……」が用いられる。

17 ⭕ 「削除」は、法改正において、改正部分を消去する場合に、「第○○条削除」という形で用いられる。これは、廃止された「条」が欠番になることや、廃止された「条」の後ろの条文番号がすべて繰り上がるという不都合を防ぐための立法技術である。

715

H28-2-オ

18 現在の立法実務の慣行に照らすと、法律の一部改正により新たに「条」の規定を設ける場合には、その新しい「条」の規定の内容が直前の「条」の規定の内容に従属しているときに限り、その新しい「条」には直前の「条」の番号の枝番号が付けられる。

Chapter 3 法と裁判・裁判制度等

H19-1-2

1 高等裁判所、地方裁判所および家庭裁判所の裁判官については65歳の定年制が施行されているが、最高裁判所および簡易裁判所の裁判官については定年の定めが存在しない。

H19-1-3

2 地方裁判所や家庭裁判所の裁判は、事案の性質に応じて、三人の裁判官による合議制で行われる場合を除き、原則として一人の裁判官によって行われるが、高等裁判所の裁判は、法律に特別の定めがある場合を除き、複数の裁判官による合議制で行われることになっている。

H19-1-4

3 簡易裁判所は軽微な事件の処理のために設けられた下級裁判所であり、訴訟の目的の価額が一定額を超えない請求に関する民事事件、罰金以下の刑にあたる罪など一定の軽微な犯罪についての刑事事件の第一審を担当する。

H19-1-5

4 最高裁判所は、大法廷または小法廷で審理を行うが、法令等の憲法違反の判断や最高裁判所の判例を変更する判断をするときは、大法廷で裁判しなければならない。

18 ✕ 　「枝番号」は、法改正において、「条」を追加する場合の立法技術であり、例えば、法改正で「第○○条の次に次の2条を加える」とした場合に、「第○○条の2」「第○○条の3」という形で用いられる。これは、「削除」とは反対に、**「条」の追加により後の条文番号がすべて繰り下がるという不都合を防ぐための立法技術**である。「枝番号」は、新しい「条」の規定の内容が直前の「条」の規定の内容に従属しているときに限って用いられるというわけではない。

1 ✕ 　最高裁判所の裁判官も、下級裁判所の裁判官も法律の定める年齢に達した時に退官する（憲法79条5項、80条1項後段ただし書）。裁判所法はこれを受けて、**最高裁判所及び簡易裁判所の裁判官の定年を70歳**、それ以外の裁判所の裁判官の定年を65歳と定めている（裁判所法50条）。

- -

2 〇 　**地方裁判所の裁判**は、裁判所法26条2項各号で定められている事件以外については、**原則として1人の裁判官によって行われる**（26条1項）。**家庭裁判所の裁判**についても、裁判所法31条の4第2項各号に定められている事件以外については、**原則として1人の裁判官によって行われる**（31条の4第1項）。これに対して、**高等裁判所の裁判**は、**原則として複数の裁判官の合議体で行われる**（18条1項本文、2項参照）。

- -

3 〇 　簡易裁判所は、**訴訟の目的の価額が140万円を超えない請求に関する民事事件や、罰金以下の刑にあたる罪など軽微な犯罪についての刑事事件**の第一審の裁判権を有する（裁判所法33条1項各号）。

- -

4 〇 　事件を大法廷又は小法廷のいずれで取り扱うかについては、最高裁判所の定めるところによるが（裁判所法10条柱書本文）、**法令等が憲法に適合しないと認めるとき**や（同条ただし書2号）、**憲法その他の法令の解釈適用について、意見が前に最高裁判所のした裁判に反するとき**（同条ただし書3号）などは、**小法廷で裁判することができない**とされている。

H23-2-1

5 わが国の裁判制度は、三審制を採用していることから、高等裁判所が第一審裁判所になることはない。

H23-2-2

6 民事訴訟または刑事訴訟のいずれであっても、第一審裁判所が簡易裁判所である場合には、控訴裁判所は地方裁判所となり、上告裁判所は高等裁判所となる。

H23-2-3

7 裁判官が合議制により裁判を行う場合には、最高裁判所の裁判を除いて、裁判官の意見が一致しないときであっても、少数意見を付すことはできない。

H23-2-4

8 刑事訴訟においては、有罪判決が確定した場合であっても、あらたに証拠が発見されるなど重大な理由があるときには、有罪判決を受けた者の利益のために再審を行うことができるが、民事訴訟においては、再審の制度は認められていない。

H23-2-5

9 家庭裁判所は、家庭に関する事件の審判および調停ならびに少年保護事件の審判など、民事訴訟や刑事訴訟になじまない事件について権限を有するものとされ、訴訟事件は取り扱わない。

5 ✘ 日本の裁判における審級制度は三審制を採用しているが、内乱罪（刑法77条）にかかる裁判など、**高等裁判所が第一審の裁判所とされる場合がある**（裁判所法16条4号等）。

6 ✘ 民事訴訟における判決手続では、第一審の裁判所は簡易裁判所、地方裁判所又は家庭裁判所である（裁判所法33条1項1号、24条1号等）。これに対応して、控訴審の裁判所は地方裁判所、高等裁判所であり（24条3号、4号、16条1号、2号）、上告審の裁判所は高等裁判所又は最高裁判所である（16条3号、7条1号）。これに対して、**刑事訴訟における判決手続では、第一審が簡易裁判所であっても、その控訴審、上告審は、それぞれ高等裁判所と最高裁判所**となる（16条1号、2号、7条1号）。

7 ○ 少数意見とは、合議体の評決で多数を占めなかった意見をいい、裁判においては、慣行上、補足意見、反対意見、意見の3つがあるとされている。日本の裁判制度においては、裁判の評議は公開しない建前がとられている（裁判所法75条1項本文）ため、**原則として、少数意見は外部には公表されない**。ただし、**最高裁判所の裁判においては、各裁判官の意見を裁判書に表示**することとされている（11条）ことから、少数意見も外部に公表されることとなる。

8 ✘ **刑事訴訟においては、有罪の言渡しをした確定判決に対し、再審の請求をすることができる場合がある**（刑事訴訟法435条）。他方、**民事訴訟においても**、判決の証拠となった文書その他の物件が偽造又は変造されたものであったなど、**一定の事由がある場合には**、確定した終局判決に対し、**再審の訴えをもって不服を申し立てることが認められている**（民事訴訟法338条1項）。

9 ✘ 家庭裁判所は、家庭に関する事件の審判及び調停、少年の保護事件の審判のほか、**人事訴訟**（婚姻の無効及び取消しの訴え等、身分関係の形成又は存否の確認を目的とする訴えにかかる訴訟）**の第一審の裁判をする権限を有する**ものとされている（裁判所法31条の3第1項）。

R1-2-イ

10 民事訴訟における控訴審の裁判は、第1審の裁判の記録に基づいて、その判断の当否を事後的に審査するもの（事後審）とされている。

R1-2-ウ

11 刑事訴訟における控訴審の裁判は、第1審の裁判の審理とは無関係に、新たに審理をやり直すもの（覆審）とされている。

R1-2-エ

12 上告審の裁判は、原則として法律問題を審理するもの（法律審）とされるが、刑事訴訟において原審の裁判に重大な事実誤認等がある場合には、事実問題について審理することがある。

R2-2-イ

13 簡易裁判所における一部の民事事件の訴訟代理業務は、法務大臣の認定を受けた司法書士および行政書士にも認められている。

10 ✕ 　審判の対象についての裁判資料の範囲に関しては、覆審主義、事後審主義、続審主義などの原則が対立している。覆審主義は、第一審の裁判資料とは別個独立に、控訴審が裁判資料を収集し、控訴の当否や請求の当否などを判断する原則である。これに対して、事後審主義は、第一審で提出された資料のみに基づいて、控訴審が第一審判決の当否を判断する原則である。また、続審主義は、両原則の中間にあり、第一審の裁判資料に加えて、控訴審において新たに資料を収集したうえで第一審判決の当否を判断し、第一審判決の取消しによって必要が生じたときは、請求の当否についても控訴審が判断するというものである。現行の民事訴訟法において、296条2項は、「当事者は、第一審における口頭弁論の結果を陳述しなければならない。」と規定しており、156条は、「攻撃又は防御の方法は、訴訟の進行状況に応じ適切な時期に提出しなければならない。」と規定し、297条が控訴審の訴訟手続にこれを準用する旨を定めている。これらの規定は、続審主義を定めたものと解されている。したがって、本問は、民事訴訟における控訴審の裁判が事後審とされているとしている点で、誤りである。

関連

11 ✕ 　設問10の解説の前段参照。現行の刑事訴訟法において、控訴審は続審として運用されている（393条1項）ものの、原則的には、事後審主義を採用したものと解されている。したがって、本問は、刑事訴訟における控訴審の裁判が覆審とされているとしている点で、誤りである。

12 〇 　刑事訴訟法411条柱書は、「上告裁判所は、第405条各号〔上告申立ての理由〕に規定する事由がない場合であつても、左の事由があつて原判決を破棄しなければ著しく正義に反すると認めるときは、判決で原判決を破棄することができる。」と規定し、同条3号で、「判決に影響を及ぼすべき重大な事実の誤認があること。」と規定している。

13 ✕ 　司法書士法3条1項6〜8号、2項は、簡易裁判所における一部の民事事件の訴訟代理業務は、業務を行うのに必要な能力を有すると法務大臣が認定した司法書士に限り、行うことができると規定している。他方、行政書士は、かかる業務を行う権限は認められていない。本問は、簡易裁判所における一部の民事事件の訴訟代理業務が、行政書士にも認められるとしている点で、誤りである。

基礎法学

part **1** 基礎法学

chap **3** 法と裁判・裁判制度等

721

R1-2-オ

14 上級審の裁判所の裁判における判断は、その事件について、下級審の裁判所を拘束する。

R2-2-ウ

15 簡易裁判所で行う民事訴訟では、訴えは口頭でも提起することができる。

R2-2-エ

16 少額訴訟による審理および裁判には、同一人が同一の簡易裁判所において同一の年に一定の回数を超えて求めることができないとする制限がある。

H24-1-1

17 判例は、一般的見解によれば、英米法系の国では後の事件に対して法的な拘束力を有する法源とされてきたが、大陸法系の国では法源とはされてこなかった。

H24-1-2

18 英米法系の国では、判決のうち、結論を導く上で必要な部分を「主文（レイシオ・デシデンダイ）」、他の部分を「判決理由」と呼び、後者には判例法としての拘束力を認めない。

H27-2-1

19 「判決」とは、訴訟事件の終局的判断その他の重要な事項について、裁判所がする裁判であり、原則として口頭弁論（刑事訴訟では公判と呼ばれる。以下同じ。）に基づいて行われる。

H27-2-2

20 「決定」とは、訴訟指揮、迅速を要する事項および付随的事項等について、「判決」よりも簡易な方式で行われる裁判所がする裁判であり、口頭弁論を経ることを要しない。

14 ◯ 　裁判所法4条は、「上級審の裁判所の裁判における判断は、その事件について**下級審の裁判所を拘束する**。」と規定している。

15 ◯ 　そのとおりである。民事訴訟法271条は、「**訴えは、口頭で提起することができる**。」と規定している。

16 ◯ 　少額訴訟手続とは、**60万円以下の金銭の支払を求める訴え**について、**原則として1回の審理で紛争を解決する特別の手続**をいう（民事訴訟法368条1項、370条1項）。市民間の規模の小さな紛争を、少ない時間と費用で迅速に解決することを目的として、新しく作られた手続である。そして、少額訴訟手続の利用回数は、**1人につき同じ裁判所に年間10回までと制限**されている（368条1項ただし書、民事訴訟規則223条）。

17 ◯ 　一般的に、判例法主義をとる英米法系の国家においては、判例は法源性を有し、後の事件における法的な拘束力が認められているが、判例法主義をとらない**大陸法系の国家**においては、**判例は法源性を有しない**ものとされている。

18 ✕ 　判決のうち、「結論」の部分を「主文」という。また、判決の理由として述べられているもののうち、**判決の結論に達するために不可欠な基礎となった部分を「判決理由（レイシオ・デシデンダイ）」**といい、**それ以外の部分を「傍論（オビタ・ディクタム）」**という。一般的に、「判決理由」と「傍論」のうち、判例法主義のもとにおいて先例としての拘束力が認められるのは、「判決理由」のみであるとされている。

19 ◯ 　「判決」の意義については、本問前段のとおりである。また、**判決は、原則として、口頭弁論（刑事訴訟においては公判）に基づいて行われる**（民事訴訟法87条1項本文、刑事訴訟法43条1項）。

20 ◯ 　「決定」の意義については、本問前段のとおりである。また、**決定をするについて、口頭弁論を経ることを要しない**（民事訴訟法87条1項ただし書、刑事訴訟法43条2項）。

H27-2-3

21 「命令」は、「決定」と同じく、「判決」よりも簡易な方式で行われる裁判であるが、裁判所ではなく個々の裁判官が機関としてする裁判であり、口頭弁論を経ることを要しない。

H27-2-5

22 「判決」の告知は、公開法廷における言渡し、または宣告の方法により行われるが、「決定」および「命令」の告知は、相当と認められる方法により行うことで足りる。

Chapter 4　司法制度等

H22-2-イ

1　大陸法系の諸国では、ローマ法および教会法の影響を受けて、近代以降に民法典や刑法典等の成文法が整備され、それらの成文法が主要な法源となっている。これに対して、英米法系の諸国では、英国の古来の慣習から発展した判例が主要な法源となっているが、刑法の領域については、罪刑法定主義の観点から、判例を法源とすることは一切認められていない。わが国においても、犯罪は法律により明確に定められていることを要する。

H22-2-ウ

2　大陸法系の諸国では、公法と私法の区別が重視され、行政事件を取り扱う特別の裁判所が設置されているのが通例である。これに対して、英米法系の諸国では、公法と私法の区別は重視されず、行政事件も通常の裁判所が裁判を行う。わが国においては、大日本帝国憲法に基づいて行政裁判所が設置されていたが、日本国憲法の施行にともない廃止された。

H22-2-オ

3　刑事裁判において、大陸法系の諸国では、国民から選任された参審員が裁判官と合議体を構成して裁判を行う参審制度が採用されている場合がある。これに対して、刑事裁判において、英米法系の諸国では、国民から選任された陪審員が事実を認定して評決を行う陪審制度が採用されているのが通例である。わが国の裁判員制度は、裁判員が裁判官と合議体を構成して事実の認定とともに量刑に係る判断に関与することから、英米法系の陪審制度と異なるが、他方で、裁判員は法令の解釈に係る判断に関与しないことから、大陸法系の参審制度とも異なっている。

21 ⭕ 「命令」の意義については、本問前段のとおりである。また、**命令の手続においては、口頭弁論を経ることを要しない**（刑事訴訟法43条2項等参照）。

22 ⭕ 「判決」の告知の方式については、本問のとおりである（民事訴訟法250条、刑事訴訟法342条）。また、**「決定」「命令」の告知は、相当と認められる方法により行うことで足りる**ものとされる（民事訴訟法119条等参照）。

1 ✖ **大陸法系の諸国では、成文法が主要な法源**となる。これに対して、**英米法系の諸国では、判例が主要な法源**となり、これは、刑法の領域についても同様である。したがって、本問は、英米法系の諸国において、刑法の領域について判例を法源とすることは一切認められていないとする点で誤りである。なお、日本においては、犯罪は刑法により明確に定められていることを要する（憲法31条）。

2 ⭕ 行政裁判所に関しては本問のとおりである。なお、日本においても戦前は、行政裁判所が設置されていたが（大日本帝国憲法61条参照）、現在は廃止されている。

3 ⭕ 参審制度、陪審制度、日本の裁判員制度については、本問のとおりである。

Chapter 5 法の解釈・法律用語等 総合テキスト ▶▶▶ Chapter 1 ③④

H25-1-1

1 甲の事件につき規定がなく、類似の乙の事件に関しては明文の規定がある場合、甲にも乙の規定を準用しようとするのは、「反対解釈」である。

H25-1-2

2 乙についてのみ規定があり、甲に関する規定が欠けているのは、甲に対する乙の規定の準用を排除する立法者の意志である、という理由から、甲に対しては乙の場合と反対の解釈を下すのは、「勿論解釈」である。

H26-2-1

3 「及び」と「並びに」は、いずれもその前後の語句を並列させる接続語であり、並列される語句に段階がある場合には、一番小さな並列的連結にだけ「及び」を用い、他の大きな並列的連結には全て「並びに」を用いる。

H26-2-2

4 「又は」と「若しくは」は、いずれも前後の語句を選択的に連結する接続語であり、選択される語句に段階がある場合には、一番大きな選択的連結にだけ「又は」を用い、他の小さな選択的連結には全て「若しくは」を用いる。

H26-2-3

5 法令に「A、Bその他のX」とある場合には、AとBは、Xの例示としてXに包含され、「C、Dその他Y」とある場合は、C、D、Yは、並列の関係にある。

H26-2-4

6 法令に「適用する」とある場合は、その規定が本来の目的としている対象に対して当該規定を適用することを意味し、「準用する」とある場合は、他の事象に関する規定を、それに類似する事象について必要な修正を加えて適用することを意味する。なお、解釈により準用と同じことを行う場合、それは「類推適用」と言われる。

1 ✖ 本問のように、甲の事件につき規定がなく、類似の乙の事件に関しては明文の規定がある場合において、甲にも乙の規定を準用しようとするのは、「類推解釈」である。

2 ✖ 本問のように、乙についてのみ規定があり、甲に関する規定が欠けているのは、甲に対する乙の規定の準用を排除する立法者の意志である、という理由から、甲に対しては乙の場合と反対の解釈を下すのは、「反対解釈」である。なお、「勿論解釈」とは、ある事項について法が規定していることを他の同一属性を持つ事項にあてはめることが、常識的に当然とされる場合をいう。

図表

3 ○ 「及び」と「並びに」の用語法については、本問のとおりである。

4 ○ 「又は」と「若しくは」の用語法については、本問のとおりである。

5 ○ 本問で述べられているとおり、「その他の」は、その後ろに続く語句が、前に置かれる語句を含む、より広い意味を示す場合に用いられ、前に置かれる語句は後ろに続く語句の例示となっている。これに対して、「その他」は、その前後の語句を並列の関係で並べる場合に用いられる。

6 ○ 「適用する」と「準用する」の用語法については、本問のとおりである。また、「類推適用」とは、法規に規定された事項の意味を、法規にはない類似の事項に拡充して解釈する手法をいい、解釈により準用と同じことを行うものであるといえる。

A ☐☐☐ H26-2-5

7 「遅滞なく」、「直ちに」、「速やかに」のうち、時間的即時性が最も強いのは「直ちに」であり、その次が「遅滞なく」である。これらのうち、時間的即時性が最も弱いのは「速やかに」である。

B ☐☐☐ R4-2-ウ

8 「構成要件」とは、犯罪行為を特徴付ける定型的な外形的事実のことであり、故意などの主観的な要素は、これには含まれない。

B ☐☐☐ R4-2-エ

9 「立法事実」とは、法律を制定する場合において、当該立法の合理性を根拠付ける社会的、経済的、政治的または科学的事実のことをいう。

B ☐☐☐ R4-2-オ

10 「要件事実」とは、法律要件に該当する具体的な事実のことをいう。

B ☐☐☐ R5-2-イ

11 法人は、営利法人と非営利法人に大別されるが、合名会社やそれと実質的に同様の実態を有する行政書士法人、弁護士法人および司法書士法人は非営利法人である。

B ☐☐☐ R5-2-ウ

12 一般社団法人および一般財団法人は、いずれも非営利法人であることから、一切の収益事業を行うことはできない。

7 ✖ 「遅滞なく」、「直ちに」、「速やかに」は、法令上、いずれも「すぐに」という意味で、時間的即時性をあらわす用語として用いられる。一般的に、「遅滞なく」は、時間的即時性は求められるものの、正当な、あるいは合理的理由に基づく遅れは許されるという意味で用いられるのに対して、「直ちに」は、一切の遅滞が許されないという強い意味で用いられる。そして、「速やかに」は、時間的即時性に関して両者の中間に位置する用語として用いられる。以上から、3つのうち、時間的即時性が最も弱いものは「遅滞なく」であり、次いで、「速やかに」、「直ちに」の順となる。

---

8 ✖ 「構成要件」とは、罪刑法定主義の要請から、あらかじめ当罰的行為を類型化し、刑罰法規に犯罪の要件を明確に規定したものをいい、客観的構成要件と主観的構成要件がある。したがって、「主観的な要素は、これには含まれない」という部分が誤りである。

---

9 ○ 「立法事実」とは、法律を制定する場合の基礎を形成し、かつその合理性を支える社会的・経済的・政治的・科学的事実のことをいう。

---

10 ○ 「要件事実」とは、実体法に規定された法律効果の発生要件（構成要件）に該当する具体的事実をいう。

---

11 ✖ 非営利法人とは、社員等への利益分配を目的としない法人をいう（一般社団・財団法人法11条2項参照）。合名会社、弁護士法人、行政書士法人及び司法書士法人では、剰余金等の分配が可能であり、非営利法人ではない。

---

12 ✖ 一般社団法人及び一般財団法人は、収益事業を行うことができる。なお、一般社団法人及び一般財団法人は、社員や設立者に利益の分配を行うことはできない（一般社団・財団法人法11条2項、153条3項2号）。

知識を整理

▦ 図表 法令用語

法令基礎用語	働 き	使い方
「又は」 と 「若しくは」	あるものを選択する場合に用いる。	・単なる選択には「又は」を用いる。 ・選択的に並べられる語句に段階がある場合には、1番大きな意味の語句のつながりには「又は」を、2番目以下の意味の語句のつながりには「若しくは」を用いる。
「及び」 と 「並びに」	いくつか並べられた事項を併合する場合に用いる。	・単なる併合の場合は「及び」を用いる。 ・併合させる語句に段階がある場合には、1番小さな意味の併合的な語句のつながりには「及び」を、それよりも大きな意味の併合的な語句のつながりには「並びに」を用いる。
「以上」 と 「超える」	数量的限定をする場合に用いる。	「以上」は基準点となる数量を含むのに対し、「超える」は基準点となる数量は含まない。
「以下」 と 「未満」		「以下」は基準点となる数量を含むのに対し、「未満」は基準点になる数量を含まない。
「推定する」 と 「みなす」	異なるものを同一に扱う場合に用いる。	・両者とも、本来性質の異なる事柄を、一定の法律関係については同一視して取り扱う点では共通する。 ・「推定する」は、当事者間の別段の取決めや反対の証拠がある場合にはそれに従うことになるのに対し、「みなす」は反証を許さず、絶対的なものとして取り扱う点で異なる。
「違法」 と 「不当」	一定の行為又は状態に対する否定的判断の際に用いる。	一定の行為又は状態が、法に反する場合を「違法」といい、法に反しないが実質的に妥当性を欠いている場合を「不当」という。

「適用する」 と 「準用する」	特定の法令をそのままあてはめるか、修正してあてはめる場合に用いる。	・ある特定の法令の規定をそのままあてはめる場合は、「適用する」を用いる。 ・本来Aという事実に適用する法令の規定をAに類似しているA'という事実に、多少の修正を加えてあてはめる場合は、「準用する」を用いる。 ※　なお、ある法令の制度や規定を包括的に他の事柄に当てはめようとする場合には、「例による」と表現する。
「直ちに」 と 「速やかに」 と 「遅滞なく」	「急いで行うべき」ことを意味するものとして用いる。	・時間的即時性の要求度が最も強いのは「直ちに」であり、その次が「速やかに」であり、時間的即時性の要求度が最も弱いのは「遅滞なく」である。 ・「遅滞なく」＜「速やかに」＜「直ちに」の順で、時間的即時性が強くなる。

基礎法学

part
1

基礎法学

基 礎 知 識

Part 1 一般知識

Part 2 諸法令

Part 3 情報系（個人情報保護）

Part 1 一般知識

Chapter 1 政治

総合テキスト ▶▶▶ Chapter 4

1 選挙制度

H19-48-ア

1 小選挙区制の特徴は、一般に大きな政党に有利に、また小さな政党に不利に作用して、二大政党制を促進することにあるが、死票が多くなり、政党の得票率と議席率の間に大きな差がでることが多いという問題点がある。

H21-47-ウ

2 衆議院議員選挙では、小選挙区比例代表並立制がとられ、重複立候補が認められているが、小選挙区での得票順位と当落が逆転するなどの問題点があったため、重複立候補の場合の比例区での当選の要件を厳しくした。

H27-48-3

3 比例代表により選出された衆議院議員は、所属する政党を離党し、当該選挙における他の衆議院名簿届出政党に所属した時でも、失職しない。

2 政党政治

H26-47-3

4 政府は、政治腐敗防止のために政治資金規正法の制定を目指したが、国会議員からの反対が強く、まだ成立には至っていない。

H26-47-4

5 政党への企業・団体献金は、政治腐敗防止のために禁止されているが、違法な政治献金が後を絶たない。

1 ◯ 小選挙区制では、二大政党になりやすいという意味で政局は安定するが、死票が多く、少数派の意見が政治に反映されない結果となりやすい。

---

2 ◯ 日本の衆議院議員選挙では重複立候補制が認められているが、小選挙区での得票順位と当落が逆転するなどの事例が出てきたために、2000年に公職選挙法が改正され、復活当選のためには、小選挙区における有効投票総数の10分の1以上を獲得することが条件となった。

---

3 ✖ 比例代表により選出された衆議院議員は、当選後所属する政党を離脱し、当該選挙における他の衆議院名簿届出政党に所属することとなったときは、失職する（国会法109条の2、公職選挙法99条の2参照）。なお、自発的離党や除名で無所属議員になること、当選時の所属政党を離れた後、新党の結成に参加すること、当選後に結成された新党に入党することでは失職しない。

---

4 ✖ 政治資金規正法は、政党、政治団体、議員、議員候補などが政治活動を行う際に使う資金（政治資金）の入口と出口を明確にして公明性を確保する目的で、1948年に制定された。

---

5 ✖ 1994年に制定された政党助成法の成立に伴い改正された政治資金規正法により、2000年からは政治家個人への企業・団体献金が禁止されたが、政党への企業・団体献金は禁止されておらず、政党支部に献金を受け入れ、そこから自らの資金管理団体に還流させる迂回献金の例が増えている。

R6-47-1

6 政党助成法は、衆議院または参議院に一定数以上の議席を有するか、議席を有して一定の国政選挙で有効投票総数の一定割合以上の得票があった政党に対して、政党交付金による助成を行う旨を規定している。

3 国際政治

H27-47-4

7 国際連合では米・英・仏・中・ソの5大国がすべて原加盟国となったが、国際連盟ではアメリカは途中から加盟しソ連は加盟しなかった。

R4-47-5

8 1980年代前半は新冷戦が進行したが、ソ連の最高指導者ゴルバチョフは新思考外交を展開し、1989年の米ソ両首脳のマルタ会談において、東西冷戦の終結が宣言された。

R1-47-5

9 1972年に佐藤栄作首相は中華人民共和国を訪れ、日中共同宣言を発表して、日中の国交を正常化したが、台湾の国民政府に対する外交関係をとめた。さらに、1978年に田中角栄内閣は、日中平和友好条約を締結した。

Chapter 2 経 済

総合テキスト ▶▶▶ Chapter 5

1 国際経済

R5-49-ア

1 1967年に、インドネシア、マレーシア、フィリピン、シンガポール、タイの5ヵ国が東南アジア諸国連合（ASEAN）を結成した。

736

6　◯　政党交付金の交付の対象となる政党は、①国会議員5人以上を有する政治団体、又は②国会議員を有し、かつ、前回の衆議院議員総選挙の小選挙区選挙若しくは比例代表選挙又は前回若しくは前々回の参議院議員通常選挙の選挙区選挙若しくは比例代表選挙で得票率が2％以上の政治団体とされている（政党助成法2条1項各号）。

7　✗　前段の記述は正しく、国際連合では米・英・仏・中・ソの5大国がすべて原加盟国となった。しかし、国際連盟では、アメリカは上院共和党の反対で参加せず、ソ連は1934年に加盟したものの1939年に除名された。

8　◯　ソ連のアフガニスタン侵攻以降、1970年代末から米ソの対立が激化した（新冷戦）。1985年にソ連でゴルバチョフ政権が誕生し、ゴルバチョフがいわゆる新思考外交を展開して以降、対立は解消に向かい、1989年のブッシュ大統領とゴルバチョフ書記長のマルタ会談で冷戦の終結が宣言された。

図表

9　✗　日本と中国の国交正常化は、1972年の田中角栄首相と周恩来首相との間で調印された「日中共同声明」で実現した。また、日中共同声明で締結を目指すとされた日中平和友好条約は、1978年に「福田赳夫内閣」によって締結された。なお、日中共同声明と同時に、日本は「一つの中国」の原則を尊重し、台湾の国民政府に対する外交関係をとめており、台湾との関係については非政府間の実務関係として維持してきている。

1　◯　東南アジア10か国から成るASEAN（東南アジア諸国連合）は、1967年の「バンコク宣言」によって設立され、原加盟国はインドネシア、マレーシア、フィリピン、シンガポール、タイの5か国である。

H18-50-4

2 WTO（世界貿易機関）は、貿易について二国間主義を掲げており、関税同盟などの地域経済統合についても認める立場をとっている。

H18-50-5

3 日本は、これまでアジアのどの国・地域に対してもセーフガード（緊急輸入制限）を発動したことはない。

2 日本の経済

H25-49-1

4 日本では第二次世界大戦直後に年率100％を超えるハイパー・インフレーションが起こり、その後も、「復金インフレ」と呼ばれた激しいインフレーションが続いた。

H26-50-ア

5 財政法の規定では、赤字国債の発行は認められていないが、特例法の制定により、政府は赤字国債の発行をしている。

R5-51-2

6 諸外国ではマイナス金利政策を導入する事例があるが、マイナス金利政策の導入は、預金残高縮小をもたらすことから、日本では導入されていない。

2 ✖ WTOは、**最恵国待遇と内国民待遇を原則とする多国間貿易体制**をとる。ただし、地域経済統合内外で貿易に対する障害を引き上げることなく、地域内の実質上すべての貿易について関税等を撤廃することにより、貿易を容易にする場合には、貿易自由化を促進し、WTOを補完する意義がある。そのため、一定の要件を課すことで最恵国待遇原則の例外として地域経済統合を認める。

---

3 ✖ セーフガードとは、特定産品の輸入急増が国内産業に重大な損害を与えないよう、当該品目の輸入を制限することである。日本は、2001年、**中国に対して**農産物3品について暫定的なセーフガード（緊急輸入制限）を発動した。なお、**アメリカに対しては**、2021年に、牛肉についてセーフガードを発動している。

---

4 ⭕ 日本では第二次世界大戦直後に年率100％を超えるハイパー・インフレーションが起こった。その後、石炭・鉄鋼の増産によって、この経済効果を他産業に及ぼす傾斜生産方式がとられたが、復興金融金庫によって基幹産業にもたらされた融資の多くは日銀引受けの赤字公債であったため、**「復金インフレ」と呼ばれた激しいインフレーションが続いた**。

---

5 ⭕ そのとおりである。国債は、財政法4条1項ただし書に基づき、公共事業費、出資金及び貸付金の財源を調達するために建設国債の発行が認められている。しかし、**建設国債を発行してもなお歳入が不足すると見込まれる場合**に、公共事業費等以外の歳出にあてる財源を調達することを目的として、**特例法の制定により赤字国債を発行**している。

---

6 ✖ マイナス金利政策について、諸外国では、デンマークやスウェーデンで導入された事例がある。また、日本においても、2016年1月に導入された「マイナス金利付き量的・質的金融緩和」の下で、補完当座預金制度が改正され、**政策金利として、日本銀行当座預金のうち「政策金利残高」に－0.1％のマイナス金利を適用すること**が決定された。したがって、日本でもマイナス金利政策が導入されたことがある。なお、2024年3月の金融政策会合で、マイナス金利の解除が決定された。

Chapter 3 社 会

総合テキスト ▶▶▶ Chapter 6

1 社会保障

R5-53-1

1 社会保障は主に社会保険、公的扶助、社会福祉および公衆衛生からなるが、これらの財源の全額が租税でまかなわれている。

H29-48-3

2 老齢基礎年金の受給資格を得ることができるのは、年金保険料を5年以上納付した場合だけである。

H21-53-3

3 たとえ生活に困窮する高齢者であっても、公的年金の給付を受けている場合には、生活保護の受給権は認められない。

2 環境問題

H23-53-エ

4 公害対策で当初から採用されていた「濃度規制」のみでは、排出量が増えれば低濃度の排出であっても汚染物質の総排出量を抑制することはできない。このため、日本では1970年代半ばから、汚染物質の総排出量を一定地域ごとに規制する「総量規制」の方式を併用するようになった。

R1-53-ア

5 廃棄物処理法〔廃棄物の処理及び清掃に関する法律〕では、廃棄物を、産業廃棄物とそれ以外の一般廃棄物とに大きく区分している。

R3-52-ウ

6 パリ協定に基づき、2050年までに温室効果ガスの80％排出削減を通じて「脱炭素社会」の実現を目指す長期戦略を日本政府はとりまとめた。

1 ✗ 社会保障制度は、社会保険、公的扶助、社会福祉、保健医療・公衆衛生からなっている。しかし、これらの財源は、2023年度予算ベースにおいて、保険料が59.3％、租税を含む公費が40.7％であり、**財源の全額が租税でまかなわれてはいない**。

2 ✗ 老齢基礎年金は、保険料納付済期間と保険料免除期間などを合算した**受給資格期間が10年以上ある場合**に、65歳から受け取ることができる。なお、2017年7月31日までは受給資格期間が25年以上必要であったが、法律の改正により**2017年8月1日から受給資格期間が10年に短縮**された。

3 ✗ **公的年金を受給している場合であっても、生活保護の受給が認められる**ことがある。

4 ○ そのとおりである。工場密集地域である四日市市を抱える三重県で、1972年に「総量規制」を盛り込んだ条例が設けられ、**1974年に国が大気汚染防止法の改正により「総量規制」を導入**した。

5 ○ そのとおりである。廃棄物処理法2条2項では、「この法律において『一般廃棄物』とは、産業廃棄物以外の廃棄物をいう。」と定められている。したがって、**廃棄物処理法では、廃棄物を、産業廃棄物と産業廃棄物以外の廃棄物である一般廃棄物とに大きく区分**している。

6 ○ 2019年6月、日本政府は、「パリ協定に基づく成長戦略としての長期戦略」を閣議決定した。これは、**2050年までに温室効果ガスの80％排出削減を通じて「脱炭素社会」の実現を目指す**ものである。なお、2021年10月、2050年カーボンニュートラルに向けた基本的な考え方等を示した。

知識を整理

図表 歴代内閣と主なできごと

	内　閣	歴　史
1945	東久邇宮稔彦王	ポツダム宣言受諾
1945～46	幣原喜重郎	戦後初の総選挙、女性初の参政権行使
1946～47	吉田　茂	日本国憲法公布
1947～48	片山　哲	初の社会主義政党の政権
1948	芦田　均	昭和電工事件（昭和疑獄）
1948～54	吉田　茂	サンフランシスコ平和条約調印、旧安保条約調印、自衛隊発足
1954～56	鳩山一郎	日ソ共同宣言（国交回復）、国連へ加盟
1956～57	石橋湛山	（3か月で総辞職）
1957～60	岸　信介	新安保条約調印
1960～64	池田勇人	所得倍増計画、東京オリンピック開催
1964～72	佐藤栄作	日韓基本条約調印、非核三原則を表明、小笠原諸島返還、沖縄返還協定調印
1972～74	田中角栄	日中共同声明（国交回復）、日本列島改造論（狂乱物価）
1974～76	三木武夫	ロッキード事件発覚（田中前首相逮捕）
1976～78	福田赳夫	日中平和友好条約調印
1978～80	大平正芳	初の衆参同日選挙
1980～82	鈴木善幸	増税なき財政再建、中国残留孤児の正式来日開始
1982～87	中曽根康弘	日本国有鉄道・日本専売公社・日本電信電話公社の民営化
1987～89	竹下　登	消費税導入、リクルート事件発覚、平成に改元
1989	宇野宗佑	日米構造協議
1989～91	海部俊樹	日米構造協議、ペルシャ湾へ自衛隊掃海艇派遣
1991～93	宮沢喜一	自衛隊をPKO活動でカンボジア派遣
1993～94	細川護熙	非自民連立政権成立（55年体制の崩壊）
1994	羽田　孜	ゼネコン汚職事件発覚

1994 ～ 96	村山富市	阪神淡路大震災
1996 ～ 98	橋本龍太郎	中央省庁改革法成立、消費税引上げ（3%→5%）
1998 ～ 2000	小渕恵三	周辺事態法制定
2000 ～ 01	森　喜朗	三宅島噴火
2001 ～ 06	小泉純一郎	郵政事業民営化 テロ対策特別措置法で自衛隊をインド洋へ派遣 イラク復興支援特別措置法で自衛隊をイラクへ派遣
2006 ～ 07	安倍晋三 （第1次）	「年金記録漏れ」判明
2007 ～ 08	福田康夫	サブプライムローン不況
2008 ～ 09	麻生太郎	リーマンショック不況
2009 ～ 10	鳩山由紀夫	民主党政権誕生
2010 ～ 11	菅　直人	東日本大震災
2011 ～ 12	野田佳彦	消費税増税法成立
2012 ～ 20	安倍晋三 （第2次～ 第4次）	自民党政権復活 TPP交渉参加 特定秘密保護法成立 消費税引上げ（5%→8%） 集団的自衛権の行使容認を閣議決定 平和安全法制関連2法成立（平和安全法制整備法・国際平和支援法） 令和に改元 消費税引上げ（8%→10%） 東京オリンピック・パラリンピックの延期決定 新型コロナウイルス感染拡大による緊急事態宣言の発令
2020 ～ 21	菅　義偉	東アジア地域包括的経済連携（RCEP）交渉に合意・署名 新型コロナウイルス感染拡大による緊急事態宣言の再発令、「まん延防止等重点措置」の創設・適用 東京オリンピック・パラリンピック開催 デジタル庁発足
2021 ～ 24	岸田文雄	変異株による新型コロナウイルス感染再拡大、こども家庭庁発足、記録的円安
2024 ～	石破　茂	衆議院議員総選挙で与党過半数割れ

基礎知識

part
1

一般知識

743

Part 2 諸法令

Chapter 1 行政書士法

総合テキスト ▶▶▶ Chapter 1

1 行政書士の業務

H13-25-5

1 行政書士でない者が、全く報酬を受けることなく、官公署に提出する書類の作成を他人のために行うことは、行政書士法に違反しない。

H12-25-5改

2 裁判所、検察庁または法務局に提出する書類の作成を行うことは、行政書士が他人の依頼に応じ報酬を得て、業として適法に行うことができる。

H14-25-2

3 行政書士が非独占の業務を行う場合にも、行政書士法に定める行政書士の義務規定が原則的に適用される。

R6-52-2

4 行政書士は、自ら作成した官公署に提出する書類に係る許認可等に関する審査請求について、その手続を代理することはできない。

H15-23-オ

5 行政書士が作成できる書類の作成について相談に応じることは、行政書士法上で行政書士の業務として明示的に定められていない。

1 ◯ 行政書士は、「他人の依頼を受け報酬を得て」、官公署に提出する書類を作成することを業とする（行政書士法1条の2第1項）。したがって、**全く報酬を受けないのであれば**、行政書士でない者が本問のような行為をすることは、行政書士法に違反しない。

2 ✗ 行政書士は、行政書士法1条の2第1項に定める書類の作成であっても、その業務を行うことが他の法律において制限されているものについては、業務を行うことができない（同条2項）。**本問の業務は司法書士法3条に法定されている業務**であるため、行政書士が業として適法に行うことはできない。

3 ◯ 行政書士法1条の3で規定されている**非独占業務も、行政書士の法定業務である**ため、行政書士法に定める行政書士の義務規定が適用される。

4 ✗ 行政書士は、自ら作成した官公署に提出する書類に係る許認可等に関する**審査請求について、その手続を代理することができる**（行政書士法1条の3第1項2号）。なお、本問の業務は、特定行政書士に限り行うことができる（同条2項）。

5 ✗ **行政書士が作成できる書類の作成について相談**に応じる業務は、行政書士法1条の3第1項4号に**明示的に定められている**。

基礎知識の攻略

　基礎知識は、文章理解、諸法令、個人情報保護法の学習を重点的にしておけば、基準点を割る可能性はほとんどありません。また、一般知識分野（政治・経済・社会）についても、本書に掲載されている問題を参考にして、頻出テーマに絞って学習をしましょう。

2　行政書士の資格・欠格事由

H16-22-1

6　弁護士となる資格を有する者、弁理士となる資格を有する者は、行政書士となる資格を有するが、社会保険労務士となる資格を有する者、公認会計士となる資格を有する者は行政書士となる資格を有しない。

R6-52-3

7　国または地方公共団体の公務員として行政事務を担当した期間が通算して2年以上になる者は、行政書士となる資格を有する。

R6-52-4

8　破産手続開始の決定を受けた場合、復権をした後においても行政書士となる資格を有しない。

R6-52-5

9　地方公務員が懲戒免職の処分を受けた場合、無期限に行政書士となる資格を有しない。

3　行政書士の登録

H13-24-5

10　行政書士としての登録期間は10年であり、10年を経過した時点で、登録更新の手続をとることが必要である。

H16-24-2

11　行政書士の登録を拒否された者は、当該処分に不服があるときは、総務大臣に対して行政不服審査法による審査請求をすることができる。

図表2

6 ✗ **弁護士・弁理士・公認会計士・税理士となる資格を有する者は、行政書士となる資格を有する**（行政書士法2条参照）。本問は、弁護士・弁理士となる資格を有する者が行政書士となる資格を有するとしている点及び社会保険労務士となる資格を有する者が行政書士となる資格を有しないとしている点は正しいが、**公認会計士となる資格を有する者は行政書士となる資格を有しない**としている点が誤りである。

7 ✗ 国又は地方公共団体の公務員として**行政事務を担当した期間が通算して20年以上になる者**は、行政書士となる資格を有する（行政書士法2条6号参照）。

8 ✗ **破産手続開始の決定を受けて復権を得ない者**は、行政書士となる資格を有しない（行政書士法2条の2第2号）。

9 ✗ 公務員で懲戒免職の処分を受け、当該**処分の日から3年を経過しない者**は、行政書士となる資格を有しない（行政書士法2条の2第4号）。

10 ✗ 行政書士の登録について、**有効期間の定めはない**。

11 ○ 行政書士の登録を拒否された者は、当該処分に不服があるときは、**総務大臣に対して審査請求をすることができる**（行政書士法6条の2第2項、6条の3第1項）。

H15-24-3

12 登録を受けて行政書士としての活動を行っている行政書士が、事後的に有罪確定判決を受けるなどの行政書士法の定める欠格事由に該当するに至った場合には、当該行政書士は登録行政書士としての資格を自動的に失う。

H16-24-4改

13 日本行政書士会連合会による行政書士の登録抹消に対しては、日本行政書士会連合会に対して、審査請求をすることができる。

4 行政書士の義務

オリジナル

14 行政書士は、正当な事由がある場合において依頼を拒むときは、依頼人から請求がなくとも、その事由を記載した文書を交付しなければならない。

H15-25-イ改

15 行政書士が正当な事由なく業務の依頼を拒むことは、行政書士法上、その違反に対し刑事罰が定められている。

R6-52-1

16 行政書士は、その事務所の見やすい場所に、その業務に関し受ける報酬の額を掲示しなければならない。

5 行政書士に対する懲戒

オリジナル

17 行政書士が行政書士法等に違反した場合、都道府県知事は、2年以内の業務の停止処分をすることができるが、当該処分をしようとするときは、意見陳述のための手続として聴聞を行わなければならない。

12 ✗ 　日本行政書士会連合会は、行政書士の登録を受けた者が行政書士法2条の2第2号から第4号まで又は第6号から第8号までに掲げる欠格事由のいずれかに該当するに至ったときは、**その登録を抹消しなければならない**（7条1項1号）。自動的に資格を失うわけではない。

---

13 ✗ 　行政書士の登録抹消に不服があるときは、**総務大臣に対して**審査請求をすることができる（行政書士法7条3項、6条の3第1項）。

14 ✗ 　行政書士法施行規則8条は、「行政書士は、正当な事由がある場合において依頼を拒むときは、その事由を説明しなければならない。この場合において**依頼人から請求があるとき**は、その事由を記載した文書を交付しなければならない。」と規定している。

---

15 ○ 　行政書士は、正当な事由がある場合でなければ、依頼を拒むことができない（行政書士法11条）。**当該義務に違反すると、刑事罰の対象となる**（23条1項）。

---

16 ○ 　行政書士は、その事務所の見やすい場所に、**その業務に関し受ける報酬の額を掲示**しなければならない（行政書士法10条の2第1項）。

17 ○ 　行政書士が行政書士法等に違反したとき又は行政書士たるに相応しくない重大な非行があったときは、都道府県知事は、当該行政書士に対し、①戒告、②**2年以内の業務の停止**、③業務の禁止処分をすることができる（行政書士法14条）。そして、業務の停止処分をしようとするときは、行政手続法の規定にかかわらず、**聴聞を行わなければならない**（14条の3第3項）。

749

Chapter 2 戸籍法

総合テキスト ▶▶▶ Chapter 2

1 戸籍の届出（通則）

A H15-31-イ
1 婚姻届は、報告的届出である。

A H15-31-ア
2 死亡届は、報告的届出である。

B オリジナル
3 届出は、報告的届出であるか創設的届出であるかを問わず、書面または口頭のいずれの方法でもすることができる。

B オリジナル
4 協議離婚届は、当事者の合意がなされた日から14日以内に届け出なければならない。

2 戸籍の届出（各則）

B オリジナル
5 出生の届出は、届出事件本人の本籍地または届出人の所在地でしなければならず、子の出生地ですることはできない。

B H14-31-4
6 死亡の届出は、届出義務者が死亡の事実を知った日から14日以内にしなければならない。

B オリジナル
7 やむを得ない事由によって氏を変更しようとする場合には、家庭裁判所の許可が必要である。

750

1 ✗ 婚姻届は、**創設的届出**である（戸籍法74条）。

2 ○ そのとおりである（戸籍法86条1項）。

図表3

3 ○ 届出は、**書面又は口頭でこれをすることができる**（戸籍法27条）。

4 ✗ 協議離婚届は、**創設的届出であり、当該届出には届出期間の定めはない**。なお、報告的届出については、その届出の内容に応じて、届出期間が定められている。

5 ✗ 出生届は、**子の出生地でもすることができる**（戸籍法51条1項）。

6 ✗ 死亡の届出は、届出義務者が、**死亡の事実を知った日から7日以内**（国外で死亡があったときは、その事実を知った日から3か月以内）に、これをしなければならない（戸籍法86条1項）。

7 ○ **やむを得ない事由によって氏を変更**しようとするときは、戸籍の筆頭に記載した者及びその配偶者は、**家庭裁判所の許可を得て**、その旨を届け出なければならない（戸籍法107条1項）。

Chapter 3 住民基本台帳法

総合テキスト ▶▶▶ Chapter 3

1 住民票の作成・記載事項

H12-32-2

1 住民基本台帳は、原則として世帯を単位とする住民票を作成するが、市町村長が適当であると認めるときは、個人を単位とすることができる。

R6-53-1

2 前年度の住民税納税額は、住民票の記載事項として、住民基本台帳法に明示されている。

R6-53-2

3 緊急時に連絡可能な者の連絡先は、住民票の記載事項として、住民基本台帳法に明示されている。

R6-53-3

4 地震保険の被保険者である者については、その資格に関する事項は、住民票の記載事項として、住民基本台帳法に明示されている。

R6-53-4

5 海外渡航歴は、住民票の記載事項として、住民基本台帳法に明示されている。

R6-53-5

6 世帯主についてはその旨、世帯主でない者については世帯主の氏名及び世帯主との続柄は、住民票の記載事項として、住民基本台帳法に明示されている。

1　✕　市町村長は、**個人を単位とする住民票を世帯ごとに編成**して、住民基本台帳を作成しなければならない（住民基本台帳法6条1項）。もっとも、市町村長は、**適当であると認めるときは、住民票の全部又は一部につき世帯を単位とすることができる**（同条2項）。

2　✕　前年度の住民税納税額は、住民票の記載事項として、住民基本台帳法に**明示されていない**。

3　✕　緊急時に連絡可能な者の連絡先は、住民票の記載事項として、住民基本台帳法に**明示されていない**。

4　✕　地震保険の被保険者である者については、その資格に関する事項は、住民票の記載事項として、住民基本台帳法に**明示されていない**。

5　✕　海外渡航歴は、住民票の記載事項として、住民基本台帳法に**明示されていない**。

6　〇　世帯主についてはその旨、世帯主でない者については世帯主の氏名及び**世帯主との続柄**は、住民票の記載事項として、**住民基本台帳法7条4号において、明示されている**。

2 住民票の写し等の交付

オリジナル

7 市町村長は、当該市町村が備える住民基本台帳について、特定事務受任者から住民票の写し等の交付の申出を受けた場合において、法の定める所定の要件を満たせば、これを交付することができるが、ここでいう「特定事務受任者」に、弁理士は含まれない。

3 戸籍の附票

H15-32-イ

8 市町村長は、その市町村の区域内に住所を有する者について、その戸籍を単位として、戸籍の附票を作成しなければならない。

4 届 出

オリジナル

9 転居した者は、転居をした日から1か月以内に、氏名、住所、転居をした年月日、従前の住所、世帯主についてはその旨、世帯員については世帯主の氏名及び世帯主との続柄を市町村長に届け出なければならない。

- -

H13-32-イ

10 転出をする者は、あらかじめ、その氏名、転出先及び転出の予定年月日を市町村長に届け出なければならない。

7 ✗ 　特定事務受任者とは、**弁護士、司法書士、土地家屋調査士、税理士、社会保険労務士、弁理士、海事代理士又は行政書士**をいう（法人があるものは、法人であるものも含む。）（住民基本台帳法12条の3第3項）。

8 ✗ 　市町村長は、**その市町村の区域内に「本籍」を有する者**につき、その戸籍を単位として、戸籍の附票を作成しなければならない（住民基本台帳法16条1項）。

9 ✗ 　住民基本台帳法23条柱書は、「転居（一の市町村の区域内において住所を変更することをいう。以下この条において同じ。）をした者は、**転居をした日から14日以内に**、次に掲げる事項を市町村長に届け出なければならない。」と規定している。

10 ○ 　転出をする者は、**あらかじめ、その氏名、転出先及び転出の予定年月日を市町村長に届け出なければならない**（住民基本台帳法24条）。

知識を整理

📖 図表 1 行政書士の法定業務

独占業務

行政書士は、他人の依頼を受け報酬を得て、次の書類を作成することを業とする（行政書士法1条の2第1項）。

① 官公署に提出する書類

例えば、許認可等の申請書がこれに該当する。

② 権利義務に関する書類

例えば、契約書がこれに該当する。

なお、和解契約書も該当するが、和解契約の成立過程に行政書士がかかわることは、弁護士法72条に違反するため、許されない。本条は、あくまでも当事者間で締結された契約の契約内容を書面化することを指す。

③ 事実証明に関する書類（実地調査に基づく図面類を含む）

例えば、財務諸表、交通事故調査報告書がこれに該当する。

※ 上記の書類の作成であっても、その業務を行うことが他の法律において制限されているものについては、業務を行うことができない（1条の2第2項）。「他の法律」として、弁護士法、司法書士法、社会保険労務士法、税理士法等がある。

非独占業務

行政書士は、独占の業務のほか、他人の依頼を受け報酬を得て、次に掲げる事務を業とすることができる。ただし、他の法律においてその業務を行うことが制限されている事項については、この限りでない（1条の3第1項）。

① 行政書士が作成することができる官公署に提出する書類を官公署に提出する手続について代理すること

② 官公署に提出する書類にかかる許認可等に関して行われる聴聞又は弁明の機会の付与の手続その他の意見陳述のための手続において当該官公署に対してする行為（弁護士法72条に規定する法律事件に関する法律事務に該当するものを除く）について代理すること

③ 行政書士が作成した官公署に提出する書類にかかる許認可等に関する審査請求、再調査の請求、再審査請求等行政庁に対する不服申立ての手続について代理し、及びその手続について官公署に提出する書類を作成すること

なお、この業務については、特定行政書士に限り、行うことができる（1条の3第2項）。

④ 行政書士が作成することができる契約その他に関する書類を代理人として作成すること

⑤ 行政書士が作成することができる書類の作成について相談に応ずること

📊 図表 2　行政書士の資格・欠格事由

資格条項 （2条）	次のいずれかに該当する者は、行政書士となる資格を有する。 ① 行政書士試験に合格した者 ② 弁護士となる資格を有する者 ③ 弁理士となる資格を有する者 ④ 公認会計士となる資格を有する者 ⑤ 税理士となる資格を有する者 ⑥ 国又は地方公共団体の公務員として行政事務を担当した期間及び行政執行法人又は特定地方独立行政法人の役員又は職員として行政事務に相当する事務を担当した期間が通算して 20 年以上（高等学校を卒業した者等にあっては 17 年以上）になる者
欠格事由 （2条の2）	次のいずれかに該当する者は、行政書士となる資格を有しない。 ① 未成年者 ② 破産手続開始の決定を受けて復権を得ない者 ③ 禁錮以上の刑に処せられ、その執行を終わり、又は執行を受けることがなくなってから3年を経過しない者 ④ 公務員（行政執行法人又は特定地方独立行政法人の役員又は職員を含む）で懲戒免職の処分を受け、当該処分の日から3年を経過しない者 ⑤ 登録の取消しの処分を受け、当該処分の日から3年を経過しない者 ⑥ 業務の禁止の処分を受け、当該処分の日から3年を経過しない者 ⑦ 懲戒処分により、弁護士会から除名され、公認会計士の登録の抹消の処分を受け、弁理士、税理士、司法書士若しくは土地家屋調査士の業務を禁止され、又は社会保険労務士の失格処分を受けた者で、これらの処分を受けた日から3年を経過しないもの ⑧ 税理士であった者が、税理士であった期間に脱税相談等により懲戒処分を受けるべきであったことについて決定を受け、その決定を受けた日から3年を経過しないもの

📊 図表 3　戸籍法上の届出

	報告的届出	創設的届出
意　義	すでに発生した事実や判決等	届出をすることによって一定の効力が発生
届出方法	書面又は口頭	
届出地	本人の本籍地又は届出人の所在地（原則）	
届出期間	あ　り	な　し
罰　則	あ　り	な　し

Part 3 情報系（個人情報保護）

Chapter 1　総　説

総合テキスト ▶▶▶ Chapter 7 ④

H21-54-1 改

1　個人情報保護法〔個人情報の保護に関する法律〕は、「プライバシーの権利」という言葉を明文で目的規定に掲げ、デジタル社会におけるこの権利の重要性を説いている。

R5-57-エ

2　デジタル改革関連法の一部として、個人情報保護法の令和3（2021）年改正が行われ、行政機関個人情報保護法〔行政機関の保有する個人情報の保護に関する法律〕が廃止されて個人情報保護法に一元化された結果、個人情報保護法に規定される規律は、公的部門と民間部門について、まったく同一となった。

R4-57-1

3　個人情報保護に関しては、一部の地方公共団体が先行して制度を整備した情報公開とは異なり、国の制度がすべての地方公共団体に先行して整備された。

R6-57-5

4　国の行政機関や地方公共団体の機関にも、個人情報保護法の規定は適用される。

1 ✖ 個人情報保護法1条は、「この法律は、デジタル社会の進展に伴い個人情報の利用が著しく拡大していることに鑑み、個人情報の適正な取扱いに関し、基本理念及び政府による基本方針の作成その他の個人情報の保護に関する施策の基本となる事項を定め、国及び地方公共団体の責務等を明らかにし、個人情報を取り扱う事業者及び行政機関等についてこれらの特性に応じて遵守すべき義務等を定めるとともに、個人情報保護委員会を設置することにより、行政機関等の事務及び事業の適正かつ円滑な運営を図り、並びに個人情報の適正かつ効果的な活用が新たな産業の創出並びに活力ある経済社会及び豊かな国民生活の実現に資するものであることその他の個人情報の有用性に配慮しつつ、個人の権利利益を保護することを目的とする。」と規定している。したがって、目的規定において、「プライバシーの権利」という言葉は用いられていないため、本問は誤りである。

---

2 ✖ 法改正により、個人情報保護法と行政機関個人情報保護法は一元化されたが、改正後の個人情報保護法に規定される規律は、公的部門と民間部門について、全く同一となったわけではない。すなわち、同法では、第4章において「個人情報取扱事業者等の義務等」に関する規定が置かれ、第5章において「行政機関等の義務等」に関する規定が置かれている。

---

3 ✖ 国の個人情報保護に関する最初の法律は、昭和63年12月に制定された行政機関の保有する電子計算機処理に係る個人情報の保護に関する法律である。これに対して、地方公共団体では、昭和50年3月に全国で初めて東京都国立市で「国立市電子計算組織の運営に関する条例」が制定された。また、昭和59年7月に、電算処理にかかるものだけではなく個人情報全般を保護する条例として、全国最初に、福岡県春日市で「春日市個人情報保護条例」が制定された。そのため、個人情報保護に関しては、国の制度がすべての地方公共団体に先行して整備されたわけではない。

---

4 ⭘ 個人情報保護法第5章「行政機関等の義務等」に、国の行政機関や地方公共団体の機関の義務が規定されている。

759

Chapter 2 定　義

総合テキスト ▶▶▶ Chapter 7 ④

H21-54-2

1　個人情報保護法にいう「個人情報」は、生存する個人に関する情報であれば、日本国民のみならず外国人の個人情報も含む。

H19-54-1

2　死者の個人情報は、原則として、「個人情報の保護に関する法律」による規律の対象とならない。

H24-55-1

3　個人情報保護法は、原則として生存者の個人情報を守るものであるが、死者の情報であっても、それが、同時にその遺族の個人情報でもある場合には、個人情報に含まれるものと解している。

R5-57-ウ

4　日本では要配慮個人情報と呼ばれて、その取扱いに特に配慮を要する情報は、諸外国では機微情報（センシティブインフォメーション）と呼ばれ、その内容は日本を含め、各国において違いはない。

1 ○ 個人情報保護法2条1項柱書は、「この法律において『個人情報』とは、生存する個人に関する情報であって、次の各号のいずれかに該当するものをいう。」と規定し、同項1号は、「当該情報に含まれる氏名、生年月日その他の記述等……により特定の個人を識別することができるもの（他の情報と容易に照合することができ、それにより特定の個人を識別することができることとなるものを含む。）」を掲げている。「生存する個人」は日本国民に限定されない。したがって、個人情報には、外国人に関する個人情報も含まれる。

2 ○ 個人情報保護法の対象となるのは、生存する個人に関する情報である（2条1項柱書）。したがって、死者の個人情報は、原則として規律の対象とならない。なお、死者の情報が同時に遺族等の個人情報ともいえる場合には、それは遺族等の個人情報として保護される。

比較

3 ○ 原則として死者に関する情報は「個人情報」（個人情報保護法2条1項柱書）に含まれないが、その情報が、同時に、遺族等の生存する個人に関する情報（死者の相続財産に関する情報が同時に相続人の情報となる場合等）でもある場合には、個人情報に含まれると解されている。

4 ✗ センシティブインフォメーションについて、日本の個人情報保護法では、「本人の人種、信条、社会的身分、病歴、犯罪の経歴、犯罪により害を被った事実その他本人に対する不当な差別、偏見その他の不利益が生じないようにその取扱いに特に配慮を要するものとして政令で定める記述等が含まれる個人情報」を、「要配慮個人情報」として定義している（2条3項）。他方、諸外国のセンシティブインフォメーションの内容をみると、例えばイギリスの法律では、「人種的・民族的出自、政治的意見……」と定義されているのに対して、フランスの法律では、「人種・民族的起源、政治的、哲学的又は宗教的意見……」と定義されている。このように、センシティブインフォメーションの内容については、各国において相違がみられる。

A □□□
H24-55-4

5 個人情報保護法では、前科情報は公共の利益に関わるものであるから、個人情報に含まれないと解されている。

B □□□
R5-57-ア

6 ある情報を他の情報と組み合わせることによって、不開示規定により守られるべき不開示情報が認識されるかを判断することを、モザイク・アプローチという。

A □□□
H30-57-ア

7 携帯電話番号は個人情報保護法2条2項にいう「個人識別符号」にあたる。

A □□□
H30-57-イ

8 個人番号（マイナンバー）は個人情報保護法2条2項にいう「個人識別符号」にあたる。

A □□□
H30-57-オ

9 指紋データは個人情報保護法2条2項にいう「個人識別符号」にあたる。

5 ✕ 「個人に関する情報」（個人情報保護法2条1項）は、氏名、性別、生年月日等に限られず、個人の身体、財産、職種、肩書等の属性に関して、事実、判断、評価をあらわすすべての情報であり、評価情報、公刊物等によって公にされている情報や、映像、音声による情報も含まれ、暗号化等によって秘匿化されているかどうかを問わない。したがって、前科情報も個人情報に含まれる。

6 ⭕ 「モザイク・アプローチ」の定義については、本問のとおりである。個人情報保護法では、モザイク・アプローチについて、生存する個人に関する情報であって、「他の情報と容易に照合することができ、それにより特定の個人を識別することができることとなるもの」も、同法の「個人情報」に該当することを規定している（2条1項1号）。

7 ✕ 携帯電話番号は、個人情報保護法2条2項及び同法施行令1条によれば、「個人識別符号」であるとはいえない。

8 ⭕ 個人情報保護法施行令1条柱書は、個人識別符号について、「〔個人情報保護法〕第2条第2項の政令で定める文字、番号、記号その他の符号は、次に掲げるものとする。」と規定している。そして、同施行令1条9号は、「行政手続における特定の個人を識別するための番号の利用等に関する法律〔マイナンバー法〕第2条第5項に規定する個人番号」を掲げている。したがって、個人番号（マイナンバー）は、「個人識別符号」である。

9 ⭕ 個人情報保護法施行令1条1号は、「次に掲げる身体の特徴のいずれかを電子計算機の用に供するために変換した文字、番号、記号その他の符号であって、特定の個人を識別するに足りるものとして個人情報保護委員会規則で定める基準に適合するもの」を掲げており、同号トは、「指紋又は掌紋」を掲げている。したがって、指紋データは、「個人識別符号」である。

H30-56-1 改

10 匿名加工情報は個人情報には該当せず、匿名加工情報の取扱い等については、個人情報の取扱い等とは異なる規律が設けられている。

H30-56-4 改

11 個人情報保護法の適用の対象となるのは、個人情報取扱事業者が取り扱う個人情報データベース等を構成する個人データであり、個人情報データベース等を構成しない散在する個人情報については、個人情報保護法の適用の対象とならない。

H27-56-ア改

12 個人情報保護法は、行政機関ではない会計検査院には適用されない。

Chapter 3 国及び地方公共団体の責務等

総合テキスト ▶▶▶ Chapter 7 ④

H22-56-オ

1 個人情報保護法は、個人の人格尊重の理念の下に個人情報を慎重に取り扱うべき旨を明文で定めている。

10 〇 「匿名加工情報」は、個人情報保護法2条6項各号に掲げる個人情報の区分に応じて当該各号に定める措置を講じて特定の個人を識別することができないように個人情報を加工して得られる個人に関する情報であって、当該個人情報を復元することができないようにしたものである。匿名加工情報に関する規定は、個人情報の取扱いよりも緩やかな規律の下、パーソナルデータの自由な流通・利活用を促進することを目的として、2015年の同法の改正により新たに設けられたものである。匿名加工情報は、個人情報（同条1項）とは異なる概念であり、個人情報保護法では、個人情報については、「第4章　個人情報取扱事業者等の義務等」のうち「第2節　個人情報取扱事業者及び個人関連情報取扱事業者の義務」で規律されている。一方、匿名加工情報については、第4章のうち「第4節　匿名加工情報取扱事業者等の義務」で規律されている。

11 ✕ 個人情報保護法の適用の対象となるのは、個人データにとどまらない。個人データ以外の個人情報も同法の適用の対象となるし、個人情報に該当しない匿名加工情報なども同法の適用の対象となる（2条1項、6項、16条3項等参照）。

12 ✕ 個人情報保護法は、適用対象となる「行政機関」に会計検査院も含めている（2条8項6号）。

1 〇 個人情報保護法は基本理念として、「個人情報は、個人の人格尊重の理念の下に慎重に取り扱われるべきものであることに鑑み、その適正な取扱いが図られなければならない。」と規定している（3条）。

Chapter 4 個人情報取扱事業者等の義務等

総合テキスト ▶▶▶ Chapter 7 ④

H21-54-5

1 行政書士会、税理士会などの士業の団体は、営利事業を営むものではないので、個人情報保護法にいう「個人情報取扱事業者」に該当することはない。

H19-53-2

2 個人情報保護法は、中小規模の事業者に配慮して、一定の数を超える従業者を有する事業者のみを規律の対象としている。

R2-57-5

3 個人情報取扱事業者は、個人情報の取得にあたって通知し、又は公表した利用目的を変更した場合は、変更した利用目的について、個人情報によって識別される特定の個人である本人に通知し、又は公表しなければならない。

R2-57-1

4 個人情報取扱事業者は、個人データの取扱いの安全管理を図る措置をとった上で、個人データの取扱いについて、その一部を委託することは可能であるが、全部を委託することは禁止されている。

R6-57-1

5 個人情報取扱事業者は、個人データの漏えい等が発生し、個人の権利利益を害するおそれが大きい場合には、個人情報保護委員会への報告を行わなければならない。

766

1 ✗ 「個人情報取扱事業者」とは、個人情報データベース等を事業の用に供している者をいう（個人情報保護法16条2項柱書本文）。ここでいう「事業」とは、一定の目的をもって反復継続して遂行される同種の行為であって、かつ一般通念上事業と認められるものをいい、営利事業のみを対象とするものではない。

2 ✗ 個人情報取扱事業者とは、個人情報データベース等を事業の用に供している者をいう（個人情報保護法16条2項柱書本文）。従業者の数や取り扱う個人情報の量にかかわらず、個人情報データベース等を事業の用に供している事業者であれば、一律に個人情報取扱事業者にあたり、個人情報保護法の規律の対象となる。

3 ○ 個人情報保護法21条3項は、「個人情報取扱事業者は、利用目的を変更した場合は、変更された利用目的について、本人に通知し、又は公表しなければならない。」と規定している。

4 ✗ 個人情報保護法23条は、「個人情報取扱事業者は、その取り扱う個人データの漏えい、滅失又は毀損の防止その他の個人データの安全管理のために必要かつ適切な措置を講じなければならない。」と規定しているから、本問の前段は正しい。しかし、25条は、「個人情報取扱事業者は、個人データの取扱いの全部又は一部を委託する場合は、その取扱いを委託された個人データの安全管理が図られるよう、委託を受けた者に対する必要かつ適切な監督を行わなければならない。」と規定しており、個人データの取扱いの全部を委託することを認めているから、本問の後段は誤りである。

5 ○ 個人情報保護法26条1項本文は、「個人情報取扱事業者は、その取り扱う個人データの漏えい、滅失、毀損その他の個人データの安全の確保に係る事態であって個人の権利利益を害するおそれが大きいものとして個人情報保護委員会規則で定めるものが生じたときは、個人情報保護委員会規則で定めるところにより、当該事態が生じた旨を個人情報保護委員会に報告しなければならない。」と規定している。

H25-56-3

6 個人情報取扱事業者が児童虐待を受けたと思われる児童に関する情報を福祉事務所等に連絡する場合は原則としてあらかじめ本人の同意を得る必要がある。

H25-56-4

7 個人情報取扱事業者が顧客の住所、氏名を自社の取引先に提供する場合は原則としてあらかじめ本人の同意を得る必要がある。

R2-57-3

8 個人情報取扱事業者は、合併その他の事由による事業の承継に伴って個人データの提供を受ける者が生じる場合には、個人情報によって識別される特定の個人である本人の同意を得なければならない。

R2-57-4

9 個人情報取扱事業者は、地方公共団体が法令の定める事務を遂行することに対して協力する必要がある場合でも、個人情報によって識別される特定の個人である本人の同意を得た場合に限り、個人データを当該地方公共団体に提供することができる。

H26-57-3改

10 個人情報の保護に関する法律では、個人情報取扱事業者の義務について定めているが、放送機関、新聞社、通信社その他の報道機関（報道を業として行う個人を含む。）が、報道の用に供する目的で、個人情報を取扱う場合については、義務規定の適用が除外されることが定められている。

6 ✗ 　児童虐待の防止等に関する法律6条1項は、児童虐待を受けたと思われる児童を発見した者は、速やかに、これを市町村、都道府県の設置する福祉事務所若しくは児童相談所又は児童委員を介して市町村、都道府県の設置する福祉事務所若しくは児童相談所に通告しなければならないと定めている。したがって、個人情報保護法27条1項1号に掲げる「法令に基づく場合」に該当し、あらかじめ本人の同意を得ずして個人情報を第三者に提供することができる。

比較

7 ○ 　本問の場合は、個人情報保護法27条1項各号に該当しないため、あらかじめ本人の同意を得ずして個人データを第三者に提供することができない。

8 ✗ 　個人情報保護法27条1項柱書は、「個人情報取扱事業者は、次に掲げる場合を除くほか、あらかじめ本人の同意を得ないで、個人データを第三者に提供してはならない。」と規定し、同条5項柱書は、「次に掲げる場合において、当該個人データの提供を受ける者は、前各項の規定の適用については、第三者に該当しないものとする。」と規定し、同項2号は、「合併その他の事由による事業の承継に伴って個人データが提供される場合」を掲げているから、本問の場合、本人の同意を得る必要はない。

関連

9 ✗ 　個人情報保護法27条1項柱書は、「個人情報取扱事業者は、次に掲げる場合を除くほか、あらかじめ本人の同意を得ないで、個人データを第三者に提供してはならない。」と規定し、同項4号は、「……地方公共団体……が法令の定める事務を遂行することに対して協力する必要がある場合であって、本人の同意を得ることにより当該事務の遂行に支障を及ぼすおそれがあるとき。」を掲げているから、本問の場合、本人の同意を得なくても、個人データを当該地方公共団体に提供することができる。

10 ○ 　放送機関、新聞社、通信社その他の報道機関（報道を業として行う個人を含む）が、報道の用に供する目的で、個人情報を取り扱う場合については、個人情報保護法57条1項（義務規定の適用除外）に掲げられている（同項1号）。

H26-57-5

11 個人情報の保護に関する法律では、個人情報取扱事業者の義務について定めているが、政治団体が、政治活動の用に供する目的で、個人情報を取扱う場合については、義務規定の適用が除外されることが定められている。

R6-57-4

12 学術研究機関が学術研究目的で個人情報を取り扱う場合には、個人情報取扱事業者の義務に関する規定は適用されない。

Chapter 5 行政機関等の義務等

総合テキスト ▶▶▶ Chapter 7 ④

H20-54-2 改

1 個人情報保護法第5章にいう「個人情報ファイル」とは、保有個人情報を含む情報の集合物で体系性、検索性のあるもののことをいい、これは個人情報保護法第4章にいう「保有個人データ」という概念にほぼ等しい。

H23-55-ア改

2 個人情報保護法の保有個人情報が記録されている「行政文書」は、情報公開法のそれと同じ概念である。

H20-53-ウ

3 行政機関の長は、利用目的の達成に必要な範囲内で、保有個人情報を過去または現在の事実と合致させるよう努めなければならない。

H20-53-エ改

4 行政機関の長に対する当該行政機関の長の属する行政機関の保有する自己を本人とする保有個人情報の開示請求は、当該行政機関の長に対し、開示請求者の氏名および住所等の所定事項を記載した開示請求書を提出して行わなければならない。

11 〇 　政治団体が、政治活動（これに付随する活動を含む）の用に供する目的で、個人情報を取り扱う場合については、個人情報保護法57条1項（義務規定の適用除外）に掲げられている（同項4号）。

12 ✕ 　かつて学術研究機関は適用除外として列挙されていたが、令和3年改正により、削除された。現在は、一部の規定を除き、個人情報保護法が適用される。

1 ✕ 　個人情報保護法第5章にいう「個人情報ファイル」（60条2項）とは、第4章にいう「個人情報データベース等」（16条1項）という概念にほぼ等しい。

2 〇 　個人情報保護法60条1項は、「この章及び第8章において『保有個人情報』とは、行政機関等の職員……が職務上作成し、又は取得した個人情報であって、当該行政機関等の職員が組織的に利用するものとして、当該行政機関等が保有しているものをいう。ただし、行政文書（行政機関の保有する情報の公開に関する法律〔情報公開法〕……第2条第2項に規定する行政文書をいう。）……に記録されているものに限る。」と規定している。したがって、個人情報保護法の保有個人情報が記録されている「行政文書」は、情報公開法のものと同じ概念となる。

3 〇 　そのとおりである（個人情報保護法65条）。個人情報が不正確なまま利用目的の達成のために用いられることによる個人の権利利益の侵害を防止しようとする趣旨である。

4 〇 　行政機関の長に対する当該行政機関の長の属する行政機関の保有する自己を本人とする保有個人情報の開示請求は、①開示請求をする者の氏名及び住所又は居所、②開示請求に係る保有個人情報が記録されている行政文書等の名称その他の開示請求に係る保有個人情報を特定するに足りる事項を記載した書面（開示請求書）を行政機関の長に提出してしなければならない（個人情報保護法76条1項、77条1項）。

H27-56-ウ改

5 個人は成人にならなくとも、行政機関の長に対し、当該行政機関の長の属する行政機関の保有する自己を本人とする保有個人情報の開示を請求することはできる。

H20-53-オ

6 行政機関の長は、開示請求に係る保有個人情報に不開示情報が含まれている場合には、開示請求者に対し、原則として当該保有個人情報を開示してはならない。

R2-56-2改

7 行政機関の長は、開示請求に係る保有個人情報の全部を開示する旨の決定をする場合において、開示することにより、公共の安全と秩序の維持に支障を及ぼすおそれがあると当該行政機関の長が認めることにつき相当の理由がある情報は、開示する必要はない。

R2-56-4

8 行政機関の長は、開示請求に係る保有個人情報に個人識別符号が含まれていない場合には、当該開示請求につき情報公開法にもとづく開示請求をするように教示しなければならない。

5 ⭕ 　個人情報保護法の定めるところにより、何人も、行政機関の長に対し、当該行政機関の長の属する行政機関の保有する自己を本人とする保有個人情報の開示を請求することができ（76条1項）、また、未成年者の法定代理人は、本人に代わって開示請求をすることができる（同条2項）。

6 ⭕ 　個人情報保護法78条1項各号の不開示情報に該当する情報は、原則として開示することはできない。なお、行政機関の長は、開示請求にかかる保有個人情報に不開示情報が含まれている場合であっても、個人の権利利益を保護するため、特に必要があると認めるときは、開示請求者に対し、当該保有個人情報を開示することができる（80条）。

7 ⭕ 　個人情報保護法78条1項柱書は、「行政機関の長等は、開示請求があったときは、開示請求に係る保有個人情報に次の各号に掲げる情報（以下……『不開示情報』という。）のいずれかが含まれている場合を除き、開示請求者に対し、当該保有個人情報を開示しなければならない。」と規定し、同項5号は、「行政機関の長又は地方公共団体の機関（都道府県の機関に限る。）が開示決定等〔開示請求に係る保有個人情報の全部若しくは一部を開示する旨の決定又は開示請求に係る保有個人情報の全部を開示しない旨の決定〕をする場合において、開示することにより、犯罪の予防、鎮圧又は捜査、公訴の維持、刑の執行その他の公共の安全と秩序の維持に支障を及ぼすおそれがあると当該行政機関の長又は地方公共団体の機関が認めることにつき相当の理由がある情報」を掲げている。

8 ❌ 　個人情報保護法78条1項柱書は、「行政機関の長等は、開示請求があったときは、開示請求に係る保有個人情報に次の各号に掲げる情報（以下……『不開示情報』という。）のいずれかが含まれている場合を除き、開示請求者に対し、当該保有個人情報を開示しなければならない。」と規定し、同項2号本文は「開示請求者以外の個人に関する情報……であって、……個人識別符号が含まれるもの……。」を掲げている。したがって、本問の場合、行政機関の長は、開示請求者に対し、当該保有個人情報を開示しなければならない。なお、本問の場合、行政機関の長は、開示請求者に対し、本問のような教示をする必要はない。

R2-56-5

9 行政機関の長は、開示請求に係る保有個人情報に法令の規定上開示することができない情報が含まれている場合には、請求を却下する前に、開示請求者に対して当該請求を取り下げるように通知しなければならない。

R2-56-3

10 行政機関の長は、開示請求に係る保有個人情報については、必ず当該保有個人情報の存否を明らかにしたうえで、開示または非開示を決定しなければならない。

H23-55-ウ

11 情報公開法にも個人情報保護法にも、開示請求に対する存否応答拒否の制度が存在する。

Chapter 6 個人情報保護委員会　　総合テキスト ▶▶▶ Chapter 7 ④

H22-54-4

1 本人の開示請求に対して処分庁が不開示の決定を行い、この不開示決定に対して審査請求がなされた場合には、行政機関の長は、原則として、情報公開・個人情報保護審査会に諮問をしなければならず、また、裁決または決定に際しては、諮問に対する審査会の答申に法的に拘束される。

9 ✗ 　個人情報保護法79条1項は、「行政機関の長等は、開示請求に係る保有個人情報に不開示情報が含まれている場合において、不開示情報に該当する部分を容易に区分して除くことができるときは、開示請求者に対し、当該部分を除いた部分につき開示しなければならない。」と規定し（部分開示）、82条2項は、「行政機関の長等は、開示請求に係る保有個人情報の全部を開示しないとき（前条の規定により開示請求を拒否するとき、及び開示請求に係る保有個人情報を保有していないときを含む。）は、開示をしない旨の決定をし、開示請求者に対し、その旨を書面により通知しなければならない。」と規定している（全部不開示）。したがって、本問の場合、行政機関の長は、開示請求者に当該請求を取り下げるように通知する必要はない。

10 ✗ 　個人情報保護法81条は、「開示請求に対し、当該開示請求に係る保有個人情報が存在しているか否かを答えるだけで、不開示情報を開示することとなるときは、行政機関の長等は、当該保有個人情報の存否を明らかにしないで、当該開示請求を拒否することができる。」と規定している。したがって、行政機関の長は、必ず当該保有個人情報の存否を明らかにする必要はない。

関連

11 ⭕ 　情報公開法は、行政文書の存否に関する情報について「開示請求に対し、当該開示請求に係る行政文書が存在しているか否かを答えるだけで、不開示情報を開示することとなるときは、行政機関の長は、当該行政文書の存否を明らかにしないで、当該開示請求を拒否することができる。」と規定している（8条）。また、個人情報保護法は、「開示請求に対し、当該開示請求に係る保有個人情報が存在しているか否かを答えるだけで、不開示情報を開示することとなるときは、行政機関の長等は、当該保有個人情報の存否を明らかにしないで、当該開示請求を拒否することができる。」と規定している（81条）。

1 ✗ 　開示決定等、訂正決定等、利用停止決定等について審査請求があったときは、当該審査請求に対する裁決をすべき行政機関の長等は、原則として、情報公開・個人情報保護審査会に諮問しなければならない（個人情報保護法105条1項柱書）。もっとも、行政機関の長等は、当該答申を尊重すべきであるが、法的に拘束されることはない。

775

R1-57-1

2　個人情報保護委員会は、総務大臣、経済産業大臣および厚生労働大臣の共管である。

R1-57-5

3　個人情報保護委員会の委員長、委員、専門委員および事務局の職員は、その職務を退いた後も、職務上知ることのできた秘密を漏らし、または盗用してはならない。

R4-57-2

4　個人情報保護委員会は、個人情報保護条例を制定していない地方公共団体に対して、個人情報保護法違反を理由とした是正命令を発出しなければならない。

R4-57-4

5　個人情報保護委員会は、内閣総理大臣に対して、地方公共団体への指揮監督権限の行使を求める意見を具申することができる。

R4-57-5

6　個人情報保護委員会は、認定個人情報保護団体に関する事務をつかさどる。

Chapter 7　罰則・その他

総合テキスト ▶▶▶ Chapter 7 ④

H24-54-4

1　個人情報取扱事業者である法人の従業者が、当該法人の業務における個人情報の取扱いに関して個人情報保護委員会に虚偽報告をした場合、当該従業者個人が罰せられることはあっても、当該法人が罰せられることはない。

H23-55-オ

2　情報公開法にも個人情報保護法にも、偽りその他不正の手段により、開示決定に基づく情報開示を受けた者を過料に処する旨の定めが存在する。

2 ✖ 個人情報保護法130条1項は、「内閣府設置法第49条第3項の規定に基づいて、個人情報保護委員会（以下『委員会』という。）を置く。」と規定し、同条2項は、「委員会は、内閣総理大臣の所轄に属する。」と規定している。

---

3 ⭘ 個人情報保護法143条は、個人情報保護委員会の委員長、委員、専門委員及び事務局の職員について、「職務上知ることのできた秘密を漏らし、又は盗用してはならない。その職務を退いた後も、同様とする。」と規定している。

---

4 ✖ 個人情報保護制度において、個人情報保護委員会は、個人情報保護条例を制定していない地方公共団体に対して、個人情報保護法違反を理由とした是正命令を発出しなければならないとする規定はない。

---

5 ✖ 個人情報保護法において、個人情報保護委員会が、内閣総理大臣に対して、地方公共団体への指揮監督権限の行使を求める意見を具申することができるとする規定はない。

---

6 ⭘ 個人情報保護委員会は、認定個人情報保護団体に関する事務をつかさどる（個人情報保護法132条3号）。

---

1 ✖ 個人情報取扱事業者である法人の従業者が、当該法人の業務における個人情報の取扱いに関して個人情報保護委員会に虚偽報告をした場合、当該従業者個人が罰せられるほか、その法人にも罰金刑が科される（個人情報保護法184条1項2号、182条1号）。したがって、法人であっても罰せられることはある。

---

2 ✖ 個人情報保護法には、偽りその他不正の手段により、開示決定に基づく情報開示を受けた者を過料に処する旨の定めが存在する（185条3号）が、情報公開法にはこのような定めは存在しない。

R4-57-3

3 個人番号カードは、個人情報保護法に基づいて、各都道府県が交付している。

3 ✘ 　個人番号カードは、「行政手続における特定の個人を識別するための番号の利用等に関する法律」**（マイナンバー法、番号法）に基づいて**、市区町村長が交付している（17条1項柱書）。

■ 編者紹介

伊藤塾（いとうじゅく）
　毎年、行政書士、司法書士、司法試験など法律科目のある資格試験や公務員試験の合格者を多数輩出している受験指導校。社会に貢献できる人材育成を目指し、司法試験の合格実績のみならず、合格後を見据えた受験指導には定評がある。1995年5月3日憲法記念日に、法人名を「株式会社 法学館」とし設立。憲法の心と真髄をあまねく伝えること、また、一人一票を実現し、日本を真の民主主義国家にするための活動を行っている。
（一人一票実現国民会議　https://www2.ippyo.org/）

平林 勉（ひらばやし・つとむ）専任講師
　2008年　行政書士試験合格
　2010年3月　横浜国立大学大学院 国際社会科学研究科修了
　2013年3月　高等学校教諭専修免許（公民）、中学校教諭専修免許（社会）取得
　2017年　司法書士試験合格
　2019年　宅地建物取引士試験合格
　2011年より伊藤塾行政書士試験対策講座の初学者向け及び中上級者向けの講義を担当し、現在は、司法書士試験対策講座及び中小企業診断士（経営法務）の受験指導も行っている。
　「体系と思考を重視」し、本質論から導かれる解法メソッドは、再現性と実践性が高く多くの受験生から支持を受け、毎年多数の合格者を輩出している。教育者としての一面も持ち合わせ、カウンセリング予約が取れないほど、直接の指導を求める受験生が後を絶たない。

伊藤塾　〒150-0031　東京都渋谷区桜丘町17-5　https://www.itojuku.co.jp/

■正誤に関するお問い合わせは、まずは弊社ウェブサイト［https://bookplus.nikkei.com/catalog/］で本書名を入力・検索いただき、正誤情報をご確認の上、ご連絡は下記にて承ります。
https://nkbp.jp/booksQA
※正誤のお問い合わせ以外の書籍に関する解説や受験指導は、一切行っておりません。
※本書は2025年度試験受験用のため、お問い合わせ期限は2025年10月29日（水）までとさせていただきます。

うかる！ 行政書士 一問一答過去問セレクション 2025年度版

2025年5月12日　　1刷

編　者	平林 勉／伊藤塾
	©Tsutomu Hirabayashi, Ito-Juku, 2025
発行者	中川 ヒロミ
発　行	株式会社日経BP
	日本経済新聞出版
発　売	株式会社日経BPマーケティング
	〒105-8308　東京都港区虎ノ門4-3-12
装　丁	斉藤 よしのぶ
組　版	朝日メディアインターナショナル
印刷・製本	シナノ印刷

ISBN978-4-296-12158-8
Printed in Japan

本書の無断複写・複製（コピー等）は著作権法上の例外を除き、禁じられています。購入者以外の第三者による電子データ化および電子書籍化は、私的使用を含め一切認められておりません。